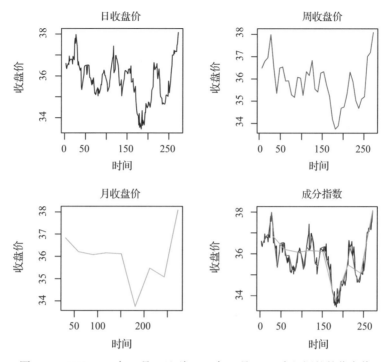

图 1.2　INTC 2017 年 1 月 1 日到 2017 年 9 月 30 日未经调整的收盘价

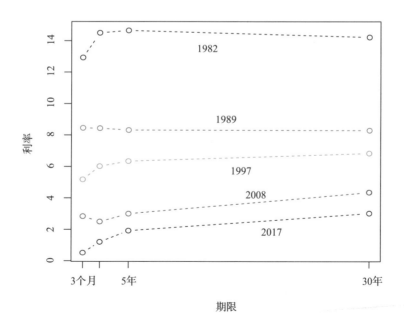

图 1.5　收益率曲线（根据表 1.2 绘制）

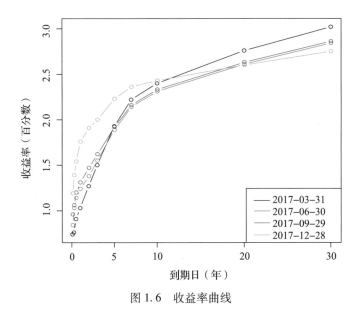

图 1.6　收益率曲线

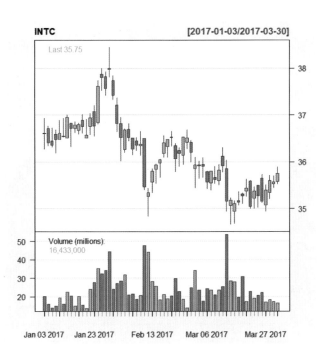

图 1.8　2017 年 1 月 1 日到 2017 年 3 月 31 日，INTC 的每日开盘价、最高价、
　　　　最低价和收盘价（OHLC）和交易量

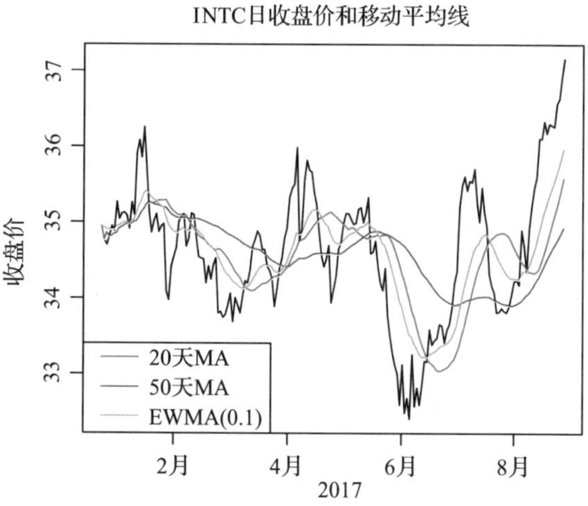

INTC日收盘价和移动平均线

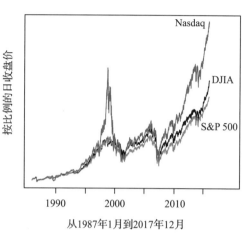

图 1.9　2017 年 1 月 1 日到 2017 年 9 月 30 日，
　　　　INTC 移动平均线

图 1.10　1987—2017 年间主要指数的
　　　　日收盘价

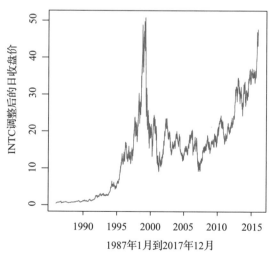

图 1.11　1987—2017 年 INTC 调整后的
　　　　日收盘价

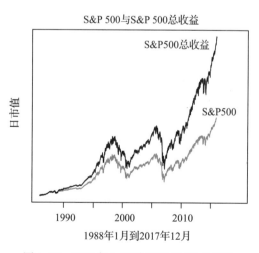

图 1.12　1988 年 1 月到 2017 年 12 月每日
　　　　S&P 500 与 S&P 500 总收益数据

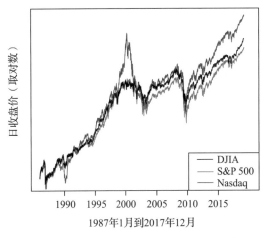

图 1.13　取对数后，主要指数的日收盘价

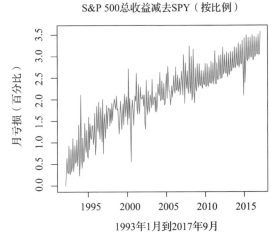

图 1.14　1993 年到 2017 年调整后的 S&P 500
（总收益）和 SPY 的日收盘价之差

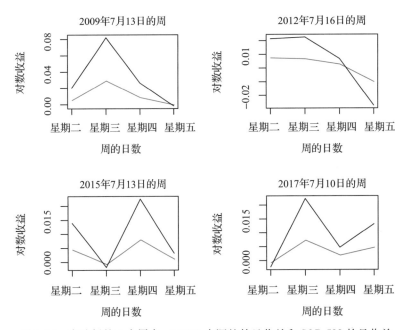

图 1.15　在选择的 4 个周中，UPRO 未调整的日收益和 S&P 500 的日收益

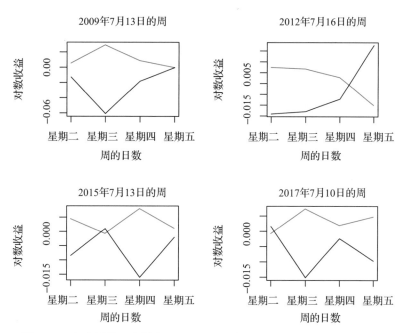

图 1.16　在选择的 4 个周中，SDS 未调整的日收益和 S&P 500 的日收益

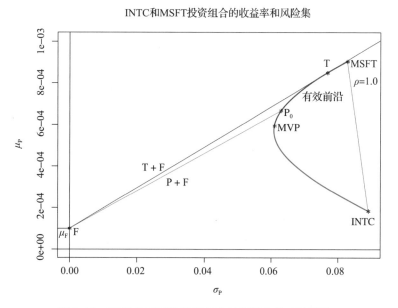

图 1.18　INTC 和 MSFT 投资组合的期望收益率和风险

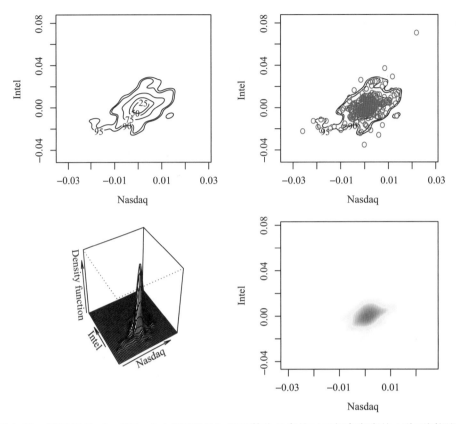

图 1.23　2017 年 Nasdaq 和 Intel（未调整的）日对数收益率的二元频率密度的 4 种不同视图

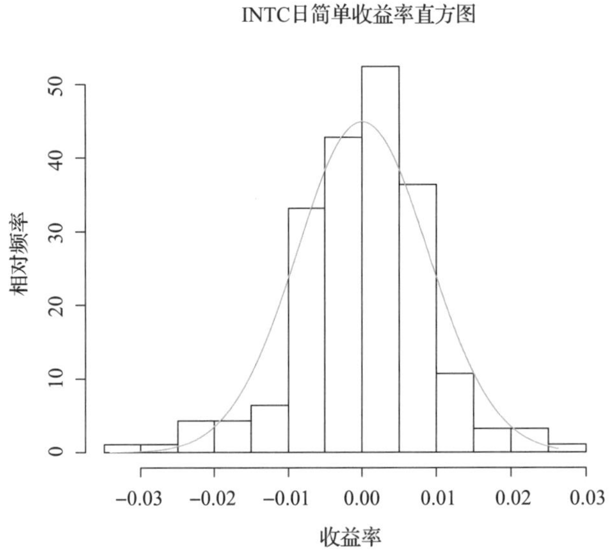

INTC日简单收益率直方图

图 1.24　INTC 日简单收益率的频率与理想正态频率分布的比较

S&P 500日对数收益率直方图

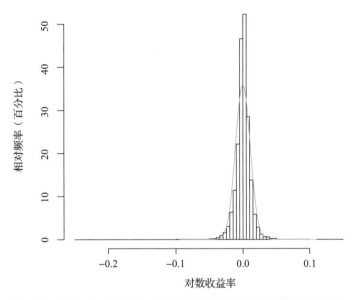

图 1.25　S&P 500 日对数收益率的频率与理想正态频率分布的比较

S&P 500日收益率密度对数

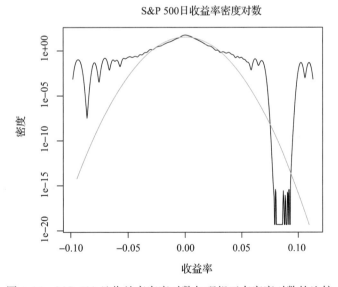

图 1.26　S&P 500 日收益率密度对数与理想正态密度对数的比较

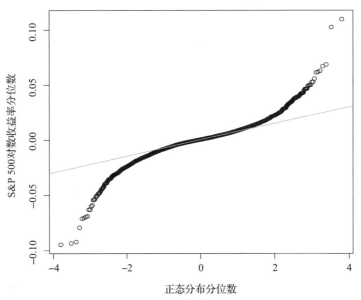

图 1.27　从 1990 年 1 月 1 日到 2017 年 12 月 31 日间，S&P 500 日对数收益率的 q-q 图

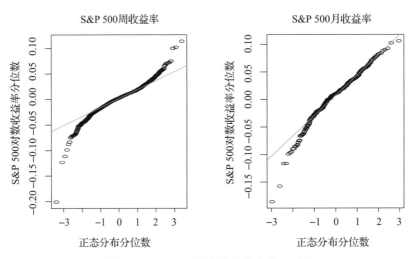

图 1.28　S&P 500 周和月收益率的 q-q 图

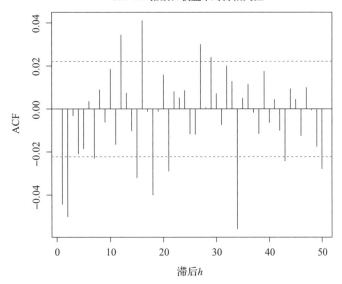

图 1.30 1987 年 1 月至 2017 年 12 月，S&P 500 指数日收益率的自相关函数

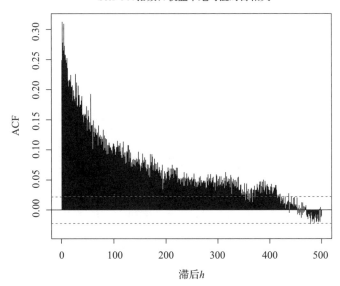

图 1.31 1987 年 1 月至 2017 年 12 月，S&P 500 指数日收益率绝对值的自相关函数

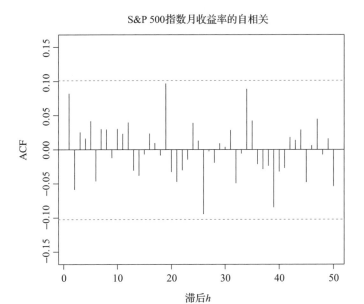

图 1.32　1987 年 1 月至 2017 年 12 月，S&P 500 指数月收益率的自相关函数（与图 1.30 相比）

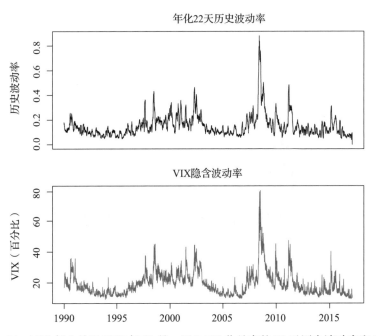

图 1.34　1990 年 1 月至 2017 年 12 月，S&P 500 收益率的 22 天历史波动率和 VIX

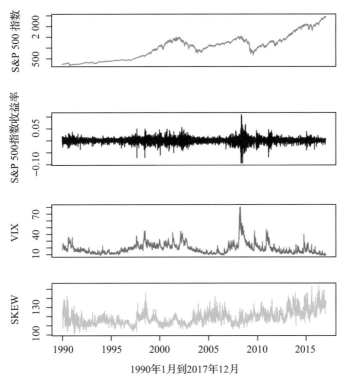

图 1.35　S&P 500 指数（引自图 1.10）、S&P 500 指数收益率（引自图 1.29）、
　　　　 VIX（引自图 1.34）和 SKEW

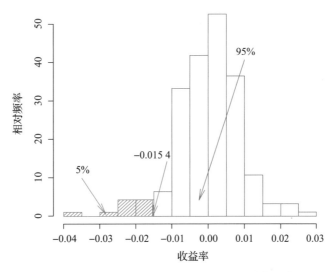

图 1.37　用直方图表示的收益率服从某个假设的频率分布，其 5% 的风险值

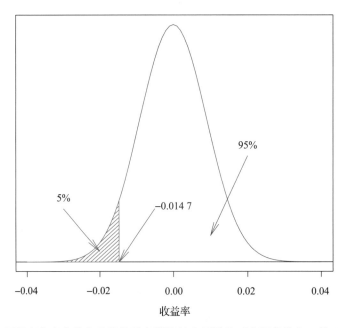

图 1.38　用概率密度曲线表示的收益率服从某个假设的正态频率分布，其 5% 的风险值

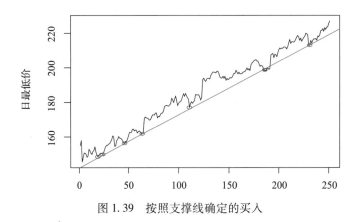

图 1.39　按照支撑线确定的买入

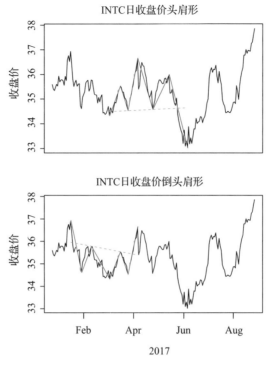

图 1.40　INTC 日收盘价模式

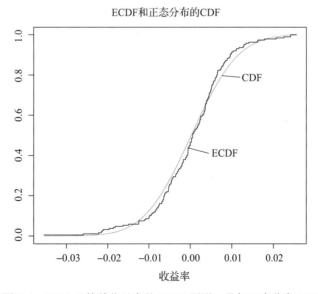

图 2.1　INTC 日简单收益率的 ECDF 图形，叠加正态分布 CDF

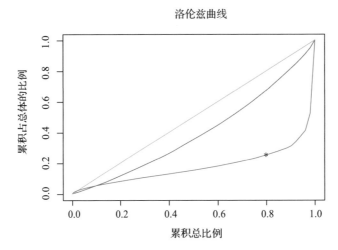

图 2.3　与偏斜数据的 ECDF 相应的洛伦兹曲线

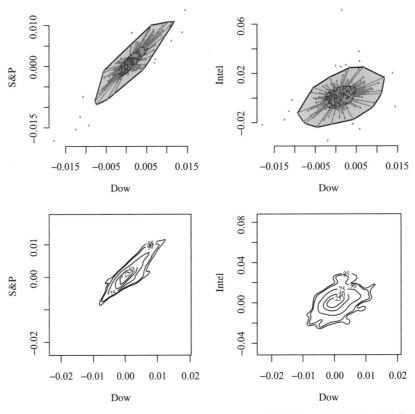

图 2.8　S&P 与 DOW、Intel 与 Dow 的袋状图，以及所估计的二元概率密度的等高线

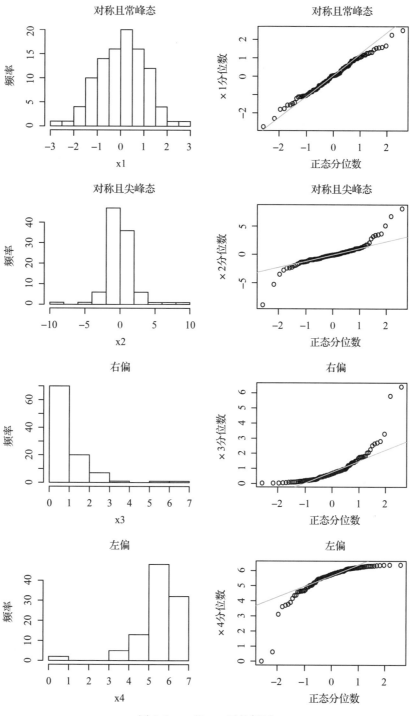

图 2.9　一些 q-q 图的例子

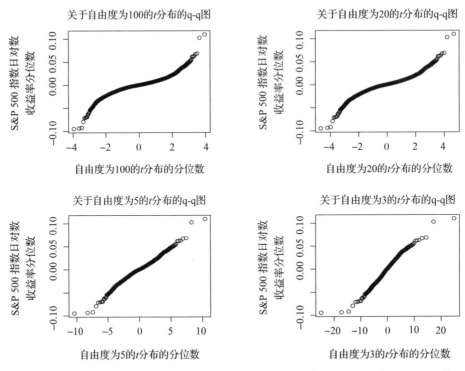

图 2.10　S&P 500 指数日对数收益率关于不同自由度的 t 分布的 q-q 图（与图 1.27 比较）

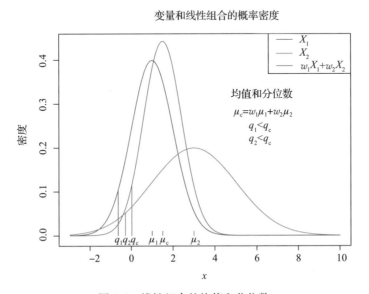

图 3.1　线性组合的均值和分位数

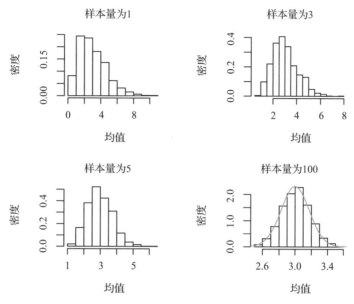

图 3.3 来自伽马（3,1）分布的样本均值

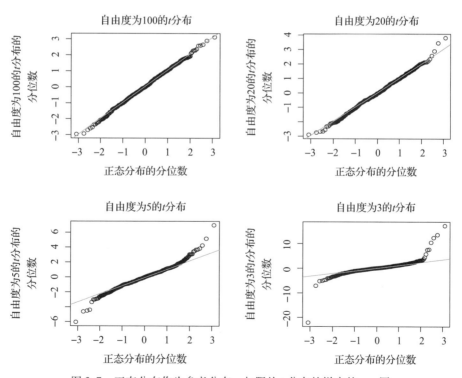

图 3.7 正态分布作为参考分布，与服从 t 分布的样本的 q-q 图

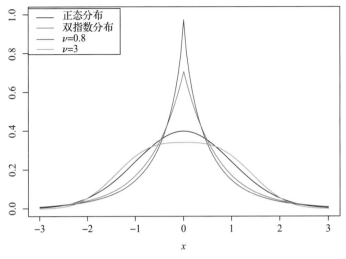

图 3.8　标准广义误差概率分布

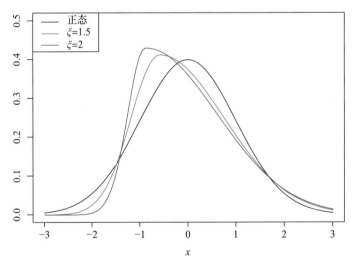

图 3.9　偏正态的概率分布

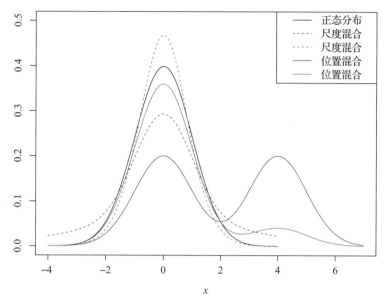

图 3.10　正态概率分布的混合

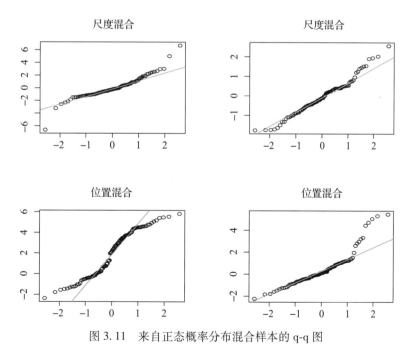

图 3.11　来自正态概率分布混合样本的 q-q 图

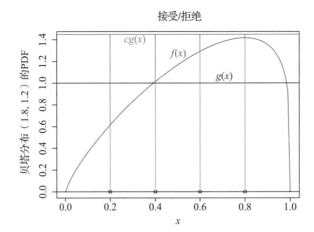

图 3.14　具有均匀优化函数的四个点的接受/拒绝

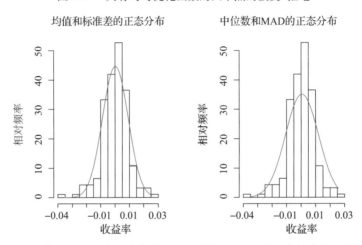

图 4.5　与理想的正态频率分布进行比较的 INTC 日简单收益率的频率图

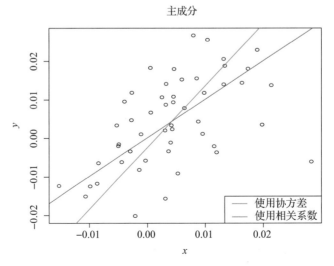

图 4.7　散点图和主成分

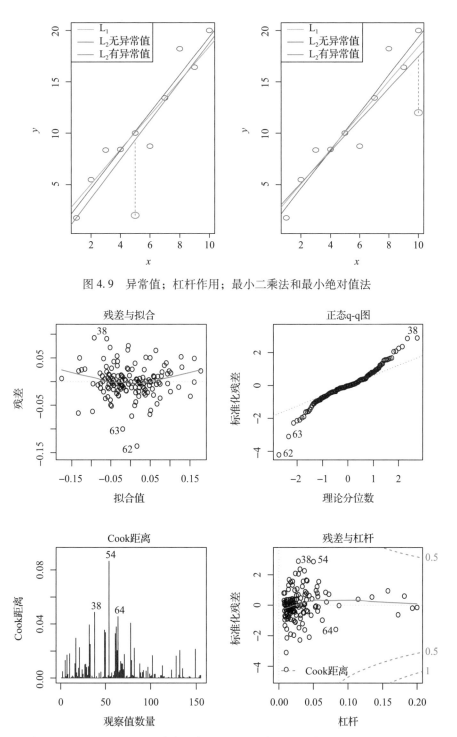

图 4.9 异常值；杠杆作用；最小二乘法和最小绝对值法

图 4.13 各种残差图和 Baa 级公司债券利率变化量对联邦基金利率和国债利率变化量回归的影响

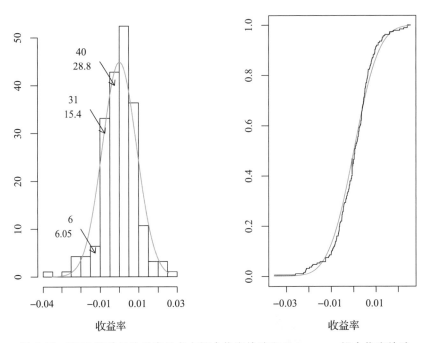

图 4.15　INTC 简单日收益率的卡方拟合优度检验和 Kolmogorov 拟合优度检验

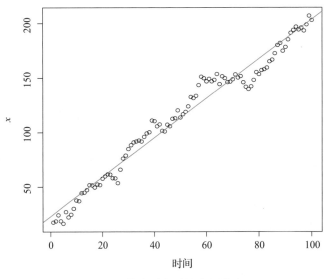

图 5.2　带有漂移项的随机游动

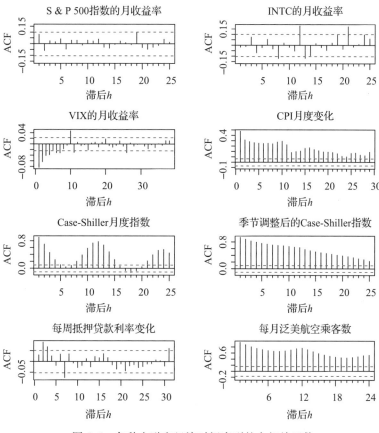

图 5.5　各种金融和经济时间序列的自相关函数

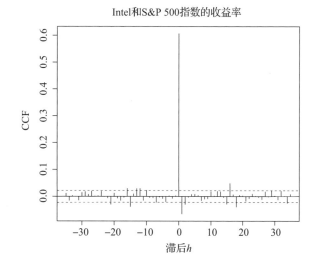

图 5.6　1987 年至 2017 年 S&P 500 指数和 Intel（INTC）日对数收益率的互相关系数

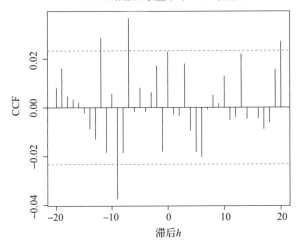

图 5.7　1987 年至 2017 年 S&P 500 指数日对数收益率与 VIX 的互相关系数

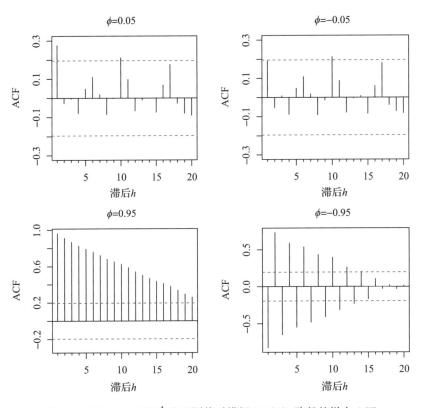

图 5.9　图 5.8 显示的 ϕ 取不同值时模拟 AR(1) 路径的样本 ACF

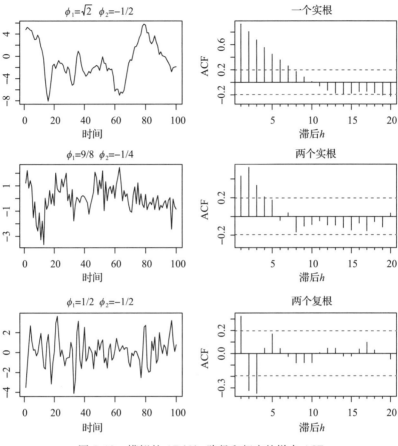

图 5.10　模拟的 AR(2) 路径和相应的样本 ACF

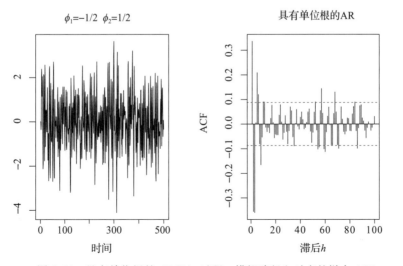

图 5.11　具有单位根的 AR(2) 过程；模拟路径和对应的样本 ACF

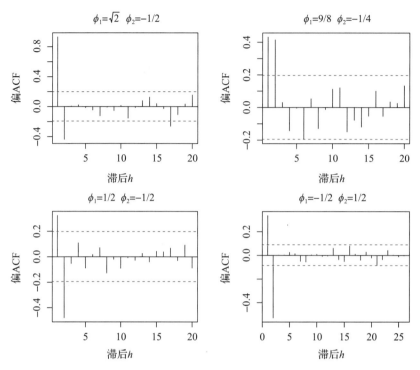

图 5.12　图 5.10 和图 5.11 中模拟的 AR(2) 数据的 PACF

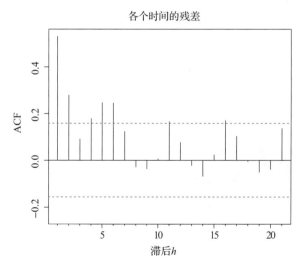

图 5.18　公司债券和国债残差的 ACF

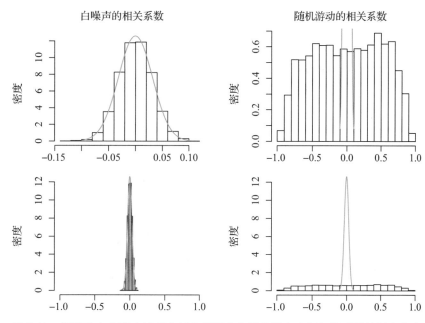

图 5.21　模拟独立白噪声过程之间和模拟独立随机游走之间相关系数的频率分布

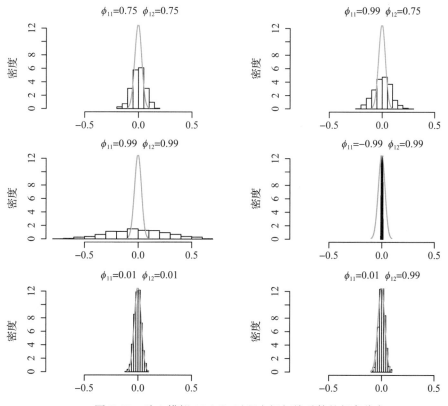

图 5.22　独立模拟 AR(1) 过程之间相关系数的频率分布

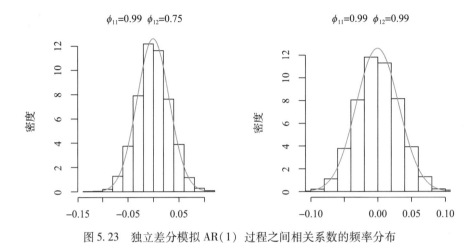

图 5.23　独立差分模拟 AR(1) 过程之间相关系数的频率分布

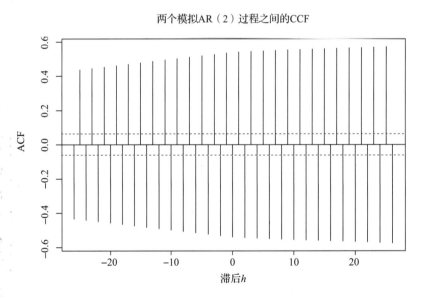

图 5.25　两个模拟独立 AR(2) 过程之间的 CCF，每个过程中 $\phi_1 = -0.749\ 9$ 和 $\phi_2 = 0.25$

现代统计学丛书

金融数据统计分析
基于R语言实例

Statistical Analysis of Financial Data With Examples in R

[美] 詹姆斯·E. 金特尔（James E. Gentle）著

王远林 王瑞芳 译

机械工业出版社

CHINA MACHINE PRESS

北京市版权局著作权合同登记　图字：01-2020-7590 号。

图书在版编目（CIP）数据

金融数据统计分析：基于 R 语言实例 /（美）詹姆斯·E. 金特尔（James E. Gentle）著；王远林，王瑞芳译.—北京：机械工业出版社，2024.6
（现代统计学丛书）
书名原文：Statistical Analysis of Financial Data With Examples in R
ISBN 978-7-111-75817-4

Ⅰ.①金… Ⅱ.①詹…②王…③王… Ⅲ.①金融统计-统计分析 Ⅳ.①F830.2

中国国家版本馆 CIP 数据核字（2024）第 097965 号

机械工业出版社（北京市百万庄大街 22 号　邮政编码 100037）
策划编辑：刘　慧　　　　　责任编辑：刘　慧
责任校对：甘慧彤　张　薇　　责任印制：常天培
北京铭成印刷有限公司印刷
2024 年 8 月第 1 版第 1 次印刷
186mm×240mm·28 印张·14 插页·659 千字
标准书号：ISBN 978-7-111-75817-4
定价：139.00 元

电话服务　　　　　　　　　网络服务
客服电话：010-88361066　　机　工　官　网：www.cmpbook.com
　　　　　010-88379833　　机　工　官　博：weibo.com/cmp1952
　　　　　010-68326294　　金　书　网：www.golden-book.com
封底无防伪标均为盗版　　　机工教育服务网：www.cmpedu.com

译者序

进入 21 世纪，以数字经济为代表的第四次产业革命深刻地影响着人类的生产生活方式。基于互联网、移动互联网和人工智能技术的金融科技为各类投资者进行金融交易和资产管理提供了广泛的途径和便利的手段，同时，也产生了海量的金融大数据需要进行分析。本书是著名统计学家詹姆斯·E. 金特尔面对新的形势撰写的一本金融数据统计分析教材。

詹姆斯·E. 金特尔是美国统计协会、美国科学促进会、英国皇家统计学会等多个学术机构的成员，曾担任 *The American Statistician*（1989—1990）、*ACM Transactions on Mathematical Software*（1994—1997）和 *Journal of Computational and Graphical Statistics*（1992—1996）的副主编，以及多个计算统计学期刊的编辑，目前担任 *Computational Statistics* 的编辑和 *Communications in Statistics* 的资深编辑，主要从事统计计算、数据科学方面的研究，至今已经出版了多本统计计算方面的书籍。

本书将金融数据、统计方法和 R 软件密切结合。书中首先对金融市场、金融资产和交易机制进行了简单、清晰的介绍，以帮助读者正确地理解金融数据的生成过程，为进行金融数据统计分析奠定基础；其次，以目前金融数据统计分析使用的基本方法为基准，介绍了概率论、数理统计、时间序列分析的基本概念和基本方法，并且侧重于金融数据的应用；最后，在对 R 语言进行介绍的基础上，给出了实例的计算程序，提供了数据链接，读者可以下载计算，从而加深对统计分析方法的了解和掌握。因此，尽管金融数据的统计分析方法非常复杂，但是读者通过学习本书的内容，特别是通过实例练习，可以很容易地掌握和应用这些复杂的统计方法。

本书由东北财经大学经济学院王远林副教授和山东省沂水县水务公司王瑞芳经济师共同翻译，是国家社会科学基金重大项目"数据要素促进共同富裕的理论机制与实践路径研究"（23&ZD082）和辽宁省教育厅人文社会科学重点研究基地项目"我国股指期货市场价格发现功能的实证研究"（ZJ2015017）的阶段性成果。参与本书初稿翻译工作的还有东北财经大学数量经济学研究生姜博文、张静、张洪玮和张文旭。由于时间和水平所限，书中难免存在错漏、翻译不当之处，敬请读者批评指正。

王远林

2024 年 6 月

东北财经大学

前　　言

本书可供对金融数据分析有兴趣且具有一定数学和统计学基础知识的读者使用。虽然本书不要求读者有金融知识基础，但是具有金融交易经验和使用过金融数据的读者可以更容易地理解本书讨论的内容。本书也为具有一定金融知识基础的读者提供了理解金融数据、发现金融数据的某些性质的新视角。金融数据具有许多有趣的性质，这些性质对统计学家提出了挑战，因此，统计学家也热衷于研究和分析金融数据。

本质上，许多著作讨论了同样的内容。与大多数学术著作的不同之处在于，本书讨论的内容正是实际交易者热衷于讨论的金融数据的那些迷人性质。本书的重点在于金融数据。尽管本书网站提供的分析实例所使用的数据都是一些过时的数据，但是本书也为读者提供了获取当前实时金融数据并进行建模和分析的方法。

虽然更好地理解金融数据可以提高投资者在金融市场获利的可能性，但是本书并不为投资者提供投资建议。

本书以数据驱动组织和安排讨论的内容。首先，本书对产生金融数据的数据生成过程进行了一般性描述。第 1 章使用了许多数据集进行探索性统计分析，几乎没有对统计方法本身进行讨论，主要讲述了如何进行探索性统计分析，或者如何得到金融数据。分析的重点在于各种金融资产和市场的金融数据的生成过程，以及它们的运行方式。

虽然第 1 章篇幅似乎非常大，但是我认为对于金融数据生成过程有一个一般性认识非常重要。金融数据分析师不仅要知道分析使用的相关统计方法，而且必须要对金融市场有所了解，例如，要了解成熟公司债券和国债的区别，要明白短期指数 ETF 的收益率和 VIX 呈正相关的原因。

读者在阅读第 1 章并查看各种数据集的图表和其他分析时，可能会问："我从哪里可以下载这些数据或者类似数据？我如何进行类似的分析？"例如："我如何得到 SPY ETF 的日超额收益率？比如在市场模型中使用的数据。"

第 1 章附录 A1 讨论了使用计算机从网络上下载实际实时金融数据（例如，调整后的股票收盘价和国债利率）的方法，以及如何对这些数据进行修改、绘图和分析。

本书使用 R 软件。除非数据以可以使用的形式下载和保存，否则不能做进一步的分析。在附录练习中，要求读者使用其他数据集进行类似的分析。

在随后的章节和相关练习中，重点对金融数据的分析方法进行讨论。尽管为了说明方便，使用了一些特定的数据集，但是读者也可以使用其他金融数据进行类似的探索性分析。

金融数据

本书是一本关于金融数据及其分析方法的书。统计学家沉溺于有趣的数据。金融数据的魅力无穷，并不遵从简单的模型。金融数据不可预测，也不受物理法则支配。金融数据是"大数据"。也许我们最好从那些可以大量免费获得的金融数据开始讨论。

现在获得金融数据和进入金融市场的方法，与50多年前我刚进入金融市场时相比，发生了非常大的变化。那时市场存在非常大的交易摩擦，佣金也非常高。对于一般的投资者和交易者来说，几乎不存在期权市场，也没有上市期权（1973年才出现上市期权），对冲机会非常有限。那时也没有ETF市场（ETF最早的形式在1989年才出现，于一年后退市；后来，1993年推出第一个ETF"标普500存托凭证（Spider或SPDR）"）。多数共同基金都进行"主动管理"，收费很高。

这真是一次有趣的回顾。美国金融市场经历了20世纪60年代的繁荣期，随后处于长期的萧条期（除了1975年的强劲反弹外）。1968年道琼斯指数首次触及1000点后，开始下跌，以943点收盘。尽管道琼斯指数有两年（分别为1972年和1976年）收盘价超过1000点，但是直到1982年，其收盘价才稳定在1000点以上。从1999年开始，除了两次暴跌外，道琼斯指数都在万点以上。20世纪80年代和90年代，道琼斯指数走势为一个方向：向上！由于"互联网泡沫崩溃"造成了严重的影响，道琼斯指数跌回万点以下。不只是互联网公司，几乎所有公司股价都下跌。随后，重回涨势，直到金融危机引起暴跌，道琼斯指数再次跌回万点以下。2018年初，道琼斯指数处于历史上低波动时期，突破26 000点，随后两年内，达到29 000点。没有人理解这样的波动性，但是许多交易者（特别是"精明的投资者"）都通过交易波动率赚了钱，直到他们的交易突然亏了很多钱。同样，没有人弄明白2018年圣诞前夜的暴跌（尽管许多分析师做了"解释"），但是那些冒险抄底的人在新的一年大赚了一笔。

作为统计学家，我对金融数据产生兴趣比我进入金融市场更晚，我的兴趣也不是来自我的交易。我为自己投资组合所做的勉强能算得上"正式"的分析，就是每个星期建立市场模型（式（1.35）），为此我手工输入数据，直到20世纪90年代某个时候使用Fortran；随后在2000年左右我使用电子表格程序；后来，我使用R。我再也不用手工输入数据了。直到几年前，我还是直接使用R，但是，现在我经常使用我编写的一个简单的Shiny应用来输入时间范围等。我使用quantmod直接从雅虎金融获取大多数价格数据，但是，期权数据还存在很多问题。数据生成过程本身就会引起人们的兴趣，观察到它很开心，这也是我进行金融数据分析的原因。

和其他人一样，我曾经相信金融数据生成过程是理性的，但是和其他交易者一样，我现在知道该过程并不是理性的。这恰好使得我对金融数据分析更有兴趣。

各章概要

第 1 章是关于金融数据的探索性分析（EDA）。与其他章相比，第 1 章的定量分析稍弱。第 1 章以对一般的"典型事实"的总结结尾，使用探索性分析不能发现这些典型事实；以对金融数据十分简短而轻松的概述开始，随着后面各节内容的展开，引入的术语和讨论的主题也逐渐增加。

我认为作为数据分析师，除了要了解数据的一般特征，至少还要对数据生成过程有基本的了解，第 1 章提供了这些背景知识。第 1 章引入了与金融数据和产生金融数据的市场有关的术语和概念。（在第 1 章内容的其他介绍中，我尽量介绍一些金融术语，这些术语大家可能在 CNBC 日常节目或其他媒体的财经报道中听到过。）在后面的例子和练习中，当我使用来自穆迪成熟的 Baa 级公司债券数据时，希望读者在此之前了解穆迪、成熟以及Baa 级公司债券的含义，不希望再解释这些术语的含义。第 1 章给出了这些术语的定义或者进行了解释。

第 1 章的练习基本上都是概念性的，计算很少，这与第 1 章附录和后面各章的练习完全不同。

读者可以在本书网站上找到第 1 章中大多数图和计算的 R 代码。第 1 章附录讨论了 R代码，并介绍了如何得到这些数据。我在此增加这个附录的主要原因是后面各章会大量地使用 R，而对 R 本身不再进行说明，那些章的许多练习也要使用 R，并且要求通过网络获得真实的实时金融数据。第 1 章附录练习包括如何使用 R，一些练习仅仅是重复第 1 章的实例。

与本书网站上过时的数据或某些来历不明的专门数据集不同，我希望读者获得真实的实时数据，并进行分析。

后面各章是关于统计方法的。这些方法也能应用到其他领域，但是人们提出这些方法的动机来自金融应用领域。

第 2 章再回到第 1 章的探索性数据分析，讨论了探索性数据所使用的一般的非参数方法和图示方法。

第 3 章包括随机变量和概率分布。尽管第 3 章没有进行统计分析，但是这些数学概念是所有统计推断的基础。这里特别强调了与金融数据有关的分布问题，例如厚尾分布和尾部性质。

第 3 章也描述了计算机生成随机数的方法，以及用这些随机数模拟概率分布的实现值。3.3 节讨论了模拟的一些基本思想。随后的各章和练习中使用了蒙特卡罗方法。

第 4 章讨论了概率分布在统计推断中的作用。我们从统计模型和如何使用数据拟合这些模型开始讨论。拟合模型的标准涉及某种形式的最优（"最小"二乘、"最大"似然等），因此，第 4 章简单介绍了一般的优化方法。这一章还讨论了统计推断的基本概念：估计、假设检验和预测，也介绍了一些具体的方法（比如自助法的使用方法）以及相关的应用（如 VaR 的估计等），还分析了变量之间的关系模型，特别是回归模型，并举例进行了说明。

考虑到最近一些统计学家对"显著"一词的使用持反对意见，这里我不得不指出我大量地使用了这个术语，参见第 4 章注释。

第 5 章简要介绍了标准的时间序列模型，并且分析了实践中时间序列模型使用效果较差的原因；讨论了能够解释某种异方差性（GARCH）的时间序列模型，也给出了在自回归模型中识别和分析单位根的步骤。第 5 章还讨论了向量自回归过程这个主题，特别是多个序列的协整模型。

本书没有讨论固定资产（比如债券）分析，以及使用连续时间扩散模型分析衍生资产定价问题等主题。然而，这些主题偶尔也会提到。对于本书所讨论的任何主题，许多其他的细节也值得深入讨论。某些内容在"注释和深入阅读"中间接提到。

当然，由于篇幅所限，本书没有讨论许多更小的主题，比如流数据处理、高频交易和由此产生的市场动态等。

软件和程序

本书使用的软件是 R。尽管我在本书中经常提到 R，也给出了许多 R 代码的例子，许多练习也要求使用 R，但是，读者也可以使用其他软件包。

对使用 R 有兴趣的读者，即使没有使用过 R，也可以快速地掌握足够的 R 知识来绘制一些简单图并进行简单的分析。学习 R 最好的方法就是学一些代码片段，执行代码，然后稍微改动一下，看看这些改动的影响。第 1 章附录给出了几个 R 代码的例子，在本书网站上可以找到第 1 章所有图和计算代码。

如果读者的目的是能够使用 R 代码处理一些具体的工作，类似于绘图，那么读者可以很容易地找到处理这样任务的 R 代码，然后使用这些代码，在必要时进行修正（这不是"编程"）。

R 是一个丰富的编程语言。如果读者的目的是使用 R 编程，我常说的一句话就是"学习编程的方法就是马上开始进行编程"。这就是我学习编程的方法，我还能给出什么建议呢？这句话也可以应用到其他事情上：学习打字的方法就是马上找一个键盘，看看各个字母的位置开始学习打字；学习游泳的方法就是马上找一个不太深的水池开始学习游泳。

尽管我曾经用许多语言编程，从 Ada 到 APL，但是，我认为能够使用所有语言进行编程，却不能精通任何一种语言，这种情况是不合适的。我宁愿只掌握一种语言（或者三种语言）。

前提要求

本书对读者基础知识的要求很低。显然，本书要求读者掌握包括矩阵代数的数学基础。有几本书可以提供这些基础知识。偶尔我会参考我写的关于这些主题的书。由于我知道这些内容在这些书中的位置，所以这样处理是最合适的，当然这不是必要的。

本书也要求读者具有统计学或数据分析方面的基础，以及一定的科学计算能力。我要求读者掌握概率论的基本概念，比如随机变量、分布、期望、方差和相关等。对于更高深的概念和理论，我建议读者参考我的著作 *Theory of Statistics*，参见：mason. gmu. edu/～jgentle/books/MathStat. pdf。

我在本书中偶尔会提及一些非常高深的数学主题，即使读者不了解这些主题，也能够理解本书相关的内容。但是，如果读者熟悉这些主题，那么提及的这些主题就应该添加到读者所掌握的内容之中。

本书不要求读者具有金融学的基础知识，但如果读者具有金融背景，就可以迅速地理解本书所讨论的内容。

我在几个地方提到了编程，特别是使用 R 编程。一些练习需要简单编程，但是，大多数练习只要求使用计算器即可，并不涉及编程。

例子和练习的注释

本书的例子使用了实际金融数据，也要求读者能够获取实际数据并使用这些数据做练习。读者能够从本书网站获取过时的数据集。数据的时期通常是 21 世纪的前十几年。

本书也给出了从网络这个宝库中获取真实数据和感兴趣数据的方法。我鼓励使用本书的读者或教师把练习替换为"2017 年""2018 年"或读者更感兴趣的任何其他过去的时间段。

除了真实数据，本书还讨论了根据各种模型模拟人工数据的方法，以及如何使用模拟数据理解和比较各种统计方法。一些练习要求读者在各种情况下使用模拟数据评价一种统计方法的优劣。

本书还讨论了数据的准备和整理。一些练习要求读者对数据进行一定程度的前期处理。

每章练习的排序和主题的顺序不是相互对应的。尽管每个练习的标题给出了该练习的主题，但是我也鼓励读者在做练习前阅读或略读整章的内容。各个练习的难度和篇幅存在非常大的差别。一些练习内容非常多，涉及的面非常广。

补充材料

本书的网址为 mason. gmu. edu/～jgentle/books/StatFinBk/。网站上的文件包括部分

练习的解答提示、评论以及答案。网站补充材料也包括本书例子所使用的 R 代码。尽管我不断强调真实鲜活的数据，但是网站也有一些过去的金融数据。

网站上还提供了本书勘误表，该表随着本书的错误被发现而及时更新。

本书网站上还有完整的习题解答，只有教师在核对身份信息后，才能获得该解答，网址为 www. crcpress. com。

因为资产价格会随时调整，所以读者根据自己获取的数据计算得到的结果和本书中的结果可能稍有不同。

致谢

首先，我要感谢 John Chambers、Robert Gentleman 和 Ross Ihaka 在 R 语言上所做的基础性工作。感谢 R 代码团队和许多程序包的开发者，以及这些程序包的维护者，他们的工作使得 R 更便于使用。

Jim Shine 阅读了本书的大部分内容，还给出了本书许多练习的解答。感谢 Jim 提供了许多有帮助的意见。

感谢本书的匿名审稿者，他们提了许多有帮助的意见和建议。

感谢本书的编辑 John Kimmel，他也是我以前几本书的编辑。和 John 再次合作，我感到非常愉快。

感谢我的妻子 María 所做的一切。我把本书献给她。

整本书的打字输入、编程等工作都是我一个人完成的，欢迎读者指出本书的错误并提出改进的建议，对此，我将非常感激。

詹姆斯·E. 金特尔

2019 年 12 月 27 日

目　　录

第1章 金融数据的性质

我们在本章讨论金融市场的运作和金融数据的性质。本章重点内容在于数据，特别是金融资产的收益率数据。本章讨论的大多数数据都来自20世纪末和21世纪初美国各个金融市场。然而，本书讨论的重点并不在于我所使用的特定数据，或者本书网站上的那些数据，而在于那些实时数据，也就是你可以从网络上获取的数据。

本章的学习目标：

第一，概要介绍金融资产、金融市场和它们的交易机制，以及为了理解它们我们使用的各种数据。

第二，为了对金融数据进行探索性分析，介绍了各种图和计算统计方法，并举例说明。

第三，对历史金融数据进行了展示和分析，介绍了各种金融数据的关键性质的确定和描述分析方法，比如它们的波动率和频率分布图。

第四，介绍了风险和收益的基础知识。

本章使用的统计方法是探索性数据分析，缩写为EDA。我们将在第2章介绍EDA。

我在本章引入和介绍了许多金融概念和术语（PE、账面价值、GAAP、SKEW、EBITDA、看涨期权，等等）。在首次使用这些术语时，我一般使用楷体表示。许多术语将在本章以后会再次出现。

所有例子的图和计算都是使用R生成的。然而，本章并没有讨论计算机代码和网络数据来源。我在本章附录中将介绍R的基础知识，然后说明如何使用R从网络上获取金融数据，并把它们输入R进行分析。在该附录中，我会提到本章使用的一些具体数据集。读者从本书网站上可以获得本章所有例子使用的R代码。

金融数据的类型

金融数据有各种各样的形式。这些数据可以是发生交易时的价格，也可以是计算利息时引用的利率，还可以是在某个时间段报告的盈余，等等。金融数据通常也根据观察到的或者报告的数据计算得到，比如每股股票价格和每股股票的年收益之比。

金融数据要么与特定的时间点有关，要么与特定的时间段有关。因此，金融数据本身可能是用某种货币表示的某个时间点的价格，它们也可能是在某个时间点许多价格的某种平均值（比如指数），它们也可能是百分数（比如某个时间点的利率或者某个时间段价格的变化率），它们也可能是非负整数（比如某个特定时间段交易的股数），或者它们也可能是某个瞬时量和某个特定时间段累积量的比率（比如市盈率）。

当金融数据是资产价格或者商品价格时，通常我们使用通用的货币单位作为记账单位，收益和衍生资产的估值也使用同样的记账单位。本书大多数金融数据都是价格数据，用美元（USD）作为度量单位。

通常我们对数据的兴趣在于弄明白产生这些数据的根本现象，也就是数据生成过程。就金融数据来说，数据生成过程由"市场"的各种动态变化构成。

本书讨论统计方法的目的就是为了更好地理解数据生成过程，特别是金融数据的生成过程。

我们对金融数据的分析通常从画散点图或折线图开始，其横轴表示时间。尽管正如图 1.1 中左边的散点图所示，每个数据都与某个时间点有关，但是我们通常都把这些点用线段连接起来，正如图 1.1 中右边的折线图所示。这仅仅是为了看起来方便，不管这些点是我们观察得到的还是计算得到的，连接两个点所得到的线段上每个点对应的数值没有任何实际的意义，我们的实际数据还是离散有限集。

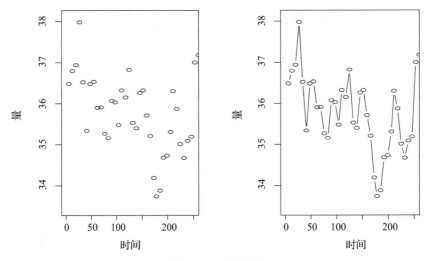

图 1.1 金融数据

模型和数据；随机变量和实现值：表示符号

我们将经常讨论随机变量，并且我们也将经常讨论数据，即随机变量的实现值。随机变量是在统计模型中有用的抽象数学概念。数据是观察到的数值。我们经常使用大写字母表示随机变量，如 X，Y，X_i 等。我们使用相应的小写字母表示随机变量的观察值或实现值，如 x，y，x_i，等。

我喜欢十分精确地区分随机变量和它们的实现值（从记号上看，人们习惯用大写字母表示随机变量，用小写字母表示它们的实现值），但是这种区分方法通常会导致符号非常烦琐。因此，我在本书中总是使用简单符号，不管是随机变量还是它们的实现值，都可能用大写字母或小写字母表示。

我们构造随机变量和数据的各种函数，在模型和相应的数据集中，这些函数有相同的解释。这些函数是均值、方差、协方差等。有时，对于观察数据，我们把这些函数的计算值称为"样本均值""样本方差"等，但不总是这样称呼。

一个与随机变量有关的重要概念就是其期望值或期望，我用符号 E(·) 表示。假设读者熟悉这个术语。（将在 3.1 节给出正式定义。）

随机变量的期望值就是其均值，我们通常用符号 μ 表示，对于随机变量 X，我们记作

$$E(X) = \mu_X \tag{1.1}$$

另一个与随机变量有关的重要概念是其方差，通常用 σ^2 表示，我用符号 V(·) 表示。我们把方差定义为随机变量与其期望值之差的平方的期望值，对于随机变量 X，我们记作

$$V(X) = E((X - \mu_X)^2) = \sigma_X^2 \tag{1.2}$$

我们把方差的平方根称为标准差。

对于两个随机变量 X 和 Y，我们用符号 $\text{Cov}(\cdot, \cdot)$ 表示协方差，其定义为

$$\text{Cov}(X, Y) = E((X - \mu_X)(Y - \mu_Y)) \tag{1.3}$$

与此相关的另一个概念是相关系数，我们用符号 $\text{Cor}(\cdot, \cdot)$ 表示，其定义为

$$\text{Cor}(X, Y) = \frac{\text{Cov}(X, Y)}{\sqrt{V(X)V(Y)}} \tag{1.4}$$

我们通常用 ρ_{XY} 表示两个随机变量 X 和 Y 的相关系数。由于相关系数的数值总是在 -1 到 1 之间，所以对相关系数的解释更容易。如前所述，我们总是认为读者非常熟悉这些术语，但是，我们还是在这里给出这些我们在后边要用到的符号。我们在 3.1 节给出这些术语的正式定义，在 1.3 节给出它们相应的样本定义。

对于一组有序随机变量 $X_1, \cdots, X_d$，我把由这有序 d 元组构成的 d 维向量用符号 X 表示，也就是说，没有使用特殊符号区分向量和标量。我记作 $X = (X_1, \cdots, X_d)$，这个向量不是"行向量"，它与矩阵中的列有同样的算术性质。d 维向量 X 的均值为 d 维向量 $E(X) = \mu_X$。（向量均值的符号和标量相同，具体含义依上下文而定。）

X 的方差-协方差矩阵，我们通常用 Σ_X 表示，按照上述等式的表示方法，有

$$V(X) = E((X - \mu_X)(X - \mu_X)^T) = \Sigma_X \tag{1.5}$$

其中，符号 w^T 表示向量 w 的转置。（我们使用同样的符号表示矩阵转置，在上面期望函数表达式中，$(X - \mu_X)(X - \mu_X)^T$ 是残差向量与其本身的外积。）

随机变量的线性组合

在金融数据的统计分析中，我们经常构造随机变量的线性组合。这里，我们给出一些符号，并给出初等概率论中的一些事实。我们将在 3.1.8 节给出详细推导和其他事实。

假设我们有随机向量 $X = (X_1, \cdots, X_d)$，其均值为 $E(X) = \mu_X$，其方差为 $V(X) = \Sigma_X$。下面，考虑常数 $w_1, \cdots, w_d$，我们用 $w = (w_1, \cdots, w_d)$ 表示 d 维向量。点积 $w^T X$ 为线性组合

$$w^T X = w_1 X_1 + \cdots + w_d X_d \tag{1.6}$$

我们使用期望算子的性质，容易得到

$$E(w^T X) = w^T \mu_X \tag{1.7}$$

和

$$V(w^T X) = w^T \Sigma_X w \tag{1.8}$$

我们将在第 3 章更详细地推导这些结果，但是，我们在本章各种应用中使用这些结果。

1.1 金融时间序列

我们把按照时间顺序收集得到的数据称为时间序列数据，正如图 1.1 所示，这样得到的数据集本身也称为时间序列。如果每个时间点只有一个观察值，这样的时间序列为单变量序列；如果在每个时间点有多个观察值，这样的时间序列为多变量序列。

我们首先应该注意到金融数据生成过程的一个性质就是它们是可能具有非零自相关系

数的时间序列。不同的观察值之间不具有独立性。然而，与其他一般的时间序列相比，金融时间序列至少有两方面不同。首先，金融时间序列中相邻两个观察值之间的时间间隔通常不是恒定的。其次，金融时间序列中的数据通常都要进行修正或者调整。

金融时间序列的表示符号和一般性质

我们通常使用变量符号和时间下标表示某个时间序列的构成元素，例如 X_t。我们也可以用集合符号 $\{X_t\}$ 表示整个时间序列，但是，在此情况下，该集合中的元素有严格的顺序。对许多其他类型的数据，我们用相同的变量符号表示，下标仅仅是区分变量不同观察值的索引，例如 X_i 或 (Y_i, Z_i)。对这样的变量，我们通常假设它们是可交换的；也就是说，在进行分析计算时，我们可以把处理数据的过程按照 $X_1, X_2, \cdots$ 排序，也可以按照任何顺序排序，例如 $\cdots, X_2, X_1$。

对于时间序列来说，顺序非常重要；数据是不可交换的。事实上，顺序本身也是我们要进行分析的一个重要特征。

因为我们感兴趣的量 X 是时间的函数，所以，我们有时用 $X(t)$ 而不是 X_t 表示。

对许多统计分析来说，我们假设数据是独立同分布的（iid）。显然，我们在对时间序列进行分析时不能做这样的假设。给定一个观察值，其性质可能与前面观察值的性质有关；因此，数据可能既不独立也不同分布。

在一定程度上，一个时间序列仅仅是一个多元随机变量的一个观察值，并且，一个具体值，例如 x_t，仅仅是一个多元观察值中具有特殊性质的一个元素。在 t_0 点的值，即为 x_{t_0}，可能取决于其他值 x_t，其中 $t < t_0$。现在数值的大小与过去取值的大小有关，但是与未来取值的大小无关。（一种更准确的数学解释，我们可以把这种情况表示为由基本的 σ 域构成的域流，这也是我经常使用"条件期望""条件方差"等术语的原因，并且，有时我可能使用 $E(X_t \mid \mathcal{F}_{t-1})$ 这样的符号，我将保持对数学理论的最低要求，但是我将尽力使用精确的术语，我将在第 3 章深入讨论条件分布和条件期望。）

在许多时间序列统计模型中，都假设时间是离散量，用线性尺度度量；也就是说，它是"等距的"。虽然我们将发现大多数金融数据不是以等距间隔观察到的，不过一旦有了这个假设，我们就有大量适当的模型可以使用。当然，时间是一个连续量（或者，至少我们认为它可以以任何间隔尺度度量）。

对于一个简单的离散时间序列来说，我们可以认为数据具有等距时间间隔，可以用整数度量时间，对于给定时间 t，"下一个时间"可以表示为 $t+1$。考虑到时间是离散的和等距的，通常我们可以把取决于过去的时间序列 x_t 表示为

$$x_t = f(\cdots, x_{t-2}, x_{t-1}) + \epsilon_t \tag{1.9}$$

其中 f 是某个可能未知的函数，并且 ϵ_t 是不可观察的随机变量。在统计应用中我们经常使用类似式（1.9）的模型表示一个可观察变量依赖于其他变量。随机变量 ϵ_t 是"残差""误差项"，或者在时间序列应用中特别称其为"新息"。我们通常假设误差项是随机变量，具有下面的性质：

- 对于每个 t，误差项的期望值为 0，即有 $E(\epsilon_t) = 0$。
- 对于每个 t，误差项的方差为常数，即 $V(\epsilon_t) = \sigma^2$，其中 σ 是正数，但是我们可能不知道其数值。

● 对于每个 t 和每个 $h>0$，两个误差项的相关系数为 0，即 $\mathrm{Cor}(\epsilon_t,\epsilon_{t+h})=0$。

我们通常假设有序集 $\{\epsilon_t\}$ 中的元素是独立同分布的。具有独立同分布的性质的随机变量具有相同的方差且相关系数为 0，正如我们前面所做的假设。另一个通常的假设就是误差项服从正态分布。（在此情形下，相关系数为 0 意味着独立。）然而，我们将在后边发现，对于金融数据来说，这些假设通常都不成立。

我们应该把式（1.9）看作一个模型。此时，该模型对它所包括的时间阶段没有任何要求，也就是说，除了 t 为整数（即时间序列是"离散的"），该模型没有设定 t 的取值。当然，在这个模型中也可以限制 t 的取值范围，但是，我们通常都不会这样做。这意味着 t 的取值范围比较广，即

$$t=\cdots,-2,-1,0,1,2,\cdots$$

我将在第 5 章中更详细地对时间序列进行讨论，并且考虑模型（1.9）的一些具体形式。在本节的后半部分，我将提到处理时间序列数据（特别是金融数据）的一些基本问题。

1.1.1　自相关系数

时间序列最重要的性质之一就是序列 X_t 和滞后值 X_{t-h} 这两项之间具有相关性。我们称这些相关系数 $\mathrm{Cor}(X_t,X_{t-h})$ 为自相关系数。我们也把非零的相关系数（或自相关系数）非正式地称为"相依"。

自相关系数可以是 0、正数或负数。通常，对不同的 h，其值也不同，并且对于给定的 h，对于所有的 t，它们可能相同也可能不同。

我们提到，通常假设模型式（1.9）的误差项 ϵ_t 满足独立同分布。当然，这意味着对于任何 t 和 $h\neq0$，误差项之间的自相关系数都为 0。（然而，这并不意味着我们观察得到的 X_t 的自相关系数都为 0。）

对于一个金融时间序列 $\{X_t\}$ 来说，较小的滞后值 h 与较大的滞后值 h 相比，前者的 $\mathrm{Cor}(X_t,X_{t-h})$ 在绝对值意义上更大。对于足够大的 h，对任何的金融数据，比如股票价格，自相关系数似乎都为 0。

金融数据中一个有趣的问题就是长间隔相依。一些实证研究表明对于较大的 h 值，存在非零的自相关系数，这与一般的经济理论得到的结论不同。

1.1.2　平稳性

通常"平稳性"是指数据生成过程具有时不变性。时不变并不是指观察值是恒定的，它是指该过程具有一个重要性质，如（边际）方差和相关系数是恒定的。

按照自相关系数来说，一种类型的平稳性是指对于给定的 h，对所有的 t，$\mathrm{Cor}(X_t,X_{t-h})$ 为恒定的。这种类型的平稳性意味着对所有 t，方差 $\mathrm{V}(X_t)$ 为恒定的。如果这种情况成立，由于我们可以在时间上对数据进行汇总，所以，直觉上我们认为统计分析非常简单。

对这种类型的平稳性，自相关函数（ACF）是一个非常有用的工具。由于序列具有平稳性，ACF 仅仅是滞后值 h 的函数：

$$\rho(h)=\mathrm{Cor}(X_t, X_{t-h}) \tag{1.10}$$

我们将在第 5 章给出平稳性的严格定义，但是，下面我们将注意到对于金融数据的生成过程来说，比如股票交易，该过程不可能具有时不变性。多数金融过程随着总体经济的外生变化而变化，甚至可能随着气候的变化而变化。

1.1.3　时间尺度和数据加总

许多简单的金融时间序列模型都假设数据是离散的且具有等距间隔。如果时间间隔相等，那么数据分析和结果解释通常都非常简单。对于这样的数据，我们可以把时间表示为 t，$t+1$，$t+2$ 等，而实际的时间，不管用什么索引度量，我们简单地把数据用下标表示为 x_t。

对于金融时间序列来说，这种情况几乎从来都不成立。

图 1.1 给出的一个简单时间序列，它是 Intel 公司 2017 年 1 月 1 日到 2017 年 9 月 30 日未经调整的普通股周收盘价 $x_1, x_2, \cdots$，该股票在 Nasdaq 市场交易，代码是 INTC。第一周周收盘价为 x_1，时间为 1 月 6 日。随后，我将继续使用 INTC 的价格说明股票价格的性质，并且推广到一般金融数据的性质。

"周收盘价"是指该周最后交易日的收盘价格。图 1.1 显示有 35 个观察值，这是由于在这段时间有 35 周。

除了观察值 15、16 和 17，其他两个相邻观察值的时间间隔为 7 天。由于 4 月 14 日休市，x_{15} 就是 4 月 13 日星期四交易日结束时的收盘价，在 $t=15$ 和 $t=16$ 之间真实时间相隔 6 天，在 $t=16$ 和 $t=17$ 之间真实时间相隔 8 天。在 $t=15$ 和 $t=16$ 之间实际交易日仅为 4 天。同样的情形，由于 1 月 16 日是马丁·路德·金纪念日，在 $t=2$ 和 $t=3$ 之间实际交易日仅为 4 天。如果我们要对金融时间序列进行仔细分析，那么就需要考虑到与等距时间间隔的简单时间序列相比的这些差异。

在图 1.2 中我们还发现同一时期 INTC 的日收盘价和月收盘价。对于日收盘价来说，图 1.2 的左上图有 188 个观察值，这是因为在该时期，市场有 188 个交易日。同样，正如我们对图 1.1 的评论指出，虽然我们没有使用第 t 天和第 $t+1$ 天之间的任何数据，但是我们把这些离散数据用线段连接起来，这似乎表明价格是连续变量。正如图 1.1 所示，时间序列中两个观察值之间的实际时间间隔是变化的。由于存在周末和假期，日数据的时间间隔存在非常大的变化。

图 1.2 的右上图和图 1.1 所给出的图形相同，都使用相同的数据，也就是 INTC 的周收盘价。同样，横轴表示从 2017 年 1 月 1 日开始按天计算的时间。虽然为了看起来方便，用连续线段绘图，但是我们绘图仅用了 35 个实际观察值。

图 1.2 的左下图表示同样时期 INTC 的月收盘价，仅有 8 个观察值。因为各月的天数不同，所以两个相邻观察值之间的时间间隔也不同。除此之外，由于上述原因，再考虑到假期，两个相邻观察值之间的交易日数也可能不同。

图 1.2 中的图形表明可以根据同一个数据生成过程按照不同时间间隔收集数据。不同的数据集有不同的抽样频率。按照较高频率收集到的时间序列数据，与按照较低频率从同一个过程收集到的数据相比，它们呈现出不同的特征。

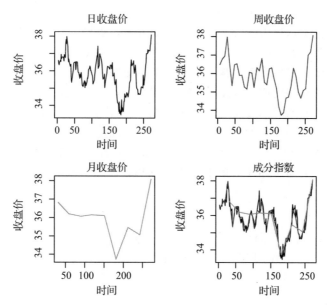

图 1.2　INTC 2017 年 1 月 1 日到 2017 年 9 月 30 日未经调整的收盘价（见彩插）

来源：雅虎金融

时间的非规则性

"交易日"取决于有交易发生的市场。尽管世界上有几个市场都有少量的 INTC 股票交易，但是 INTC 主要交易市场是 Nasdaq 全国市场，其总部在纽约。Nasdaq 和纽约股票交易所的交易日都是从纽约时间上午 9:30 到下午 4:00。因此，收盘时间是纽约时间下午 4:00。（在收盘后，还有一个持续 4 个小时的"盘后交易"市场，在开盘前 5 个半小时，有一个"盘前交易"市场，在交易商满足一套交易规则的情况下允许进行交易。）

如上所述，由于美国市场在周末和每年的 9 个法定假日关闭交易，所以即使对于"日"股价数据，比如 $y_1, y_2, \cdots$，时间间隔也不相同。对于图 1.2 的左上图日数据来说，例如 y_1 是 1 月 3 日星期二第一个交易日的价格；y_4 是 3 天后 1 月 6 日的交易价格（与周数据的 x_1 相同）；并且，y_5 是 6 天后 1 月 9 日的交易价格，跳过了周末。这些差别都非常小，通常都忽略它们，但是，我们应该意识到有这样的差别存在。这些时间差别的影响，不管是由于周末还是假期的影响，都称为"周末效应"。（在练习 A1.10 中，要求读者使用真实数据研究这些差别。）

表 1.1 表明了这些不规则的间隔。

表 1.1　时间的非规则性：2017 年 1 月

2017 年日数	1	2	3	4	5	6	7	8	9	10	11	12	13	14	15	16	17	⋯
交易日数据			1	2	3	4				5	6	7	8	9			10	⋯
交易周数据						1							2					⋯

偶尔灾难事件将导致市场关闭。例如，2001 年 9 月 11 日（星期二）开盘前，发生了恐怖袭击，美国市场推迟该天的交易，市场关闭 6 天，直到下一个星期一才开始交易。

即使对于每天都进行的交易，比如今天和明天，日收盘价的确定时间也不相同，这是由于对于给定的股票，最后一笔交易时间每天都不相同。

尽管相邻交易的时间间隔不同，这样的交易也确定了一系列价格，我们称为"非同步"交易。人们对"非同步"交易和"周末效应"对股票价格的影响进行了大量地研究。这些研究（以及基于这些现象的理论）还没有达成一致结论。

大多数日股价数据的图形，所标注的时间轴似乎表明价格是按照相同间隔观察得到的。虽然图 1.2 的左上图所标注的横轴与实际时间成比例，但是我们很难观察到图形中周末和假期的缺口。

度量时间

时间是一个连续量。我们用各种单位度量时间，比如秒、小时、天等。一个时间序列的某个观察值与某个具体的时间有关，我们可能用日期度量它，那么这个具体的时间就按照正式的日历表或时间格式确定，或者用从某个给定的起点开始计算的时间单位数度量它。

在下一节的例子中，我们将使用各种时间单位，包括日、周和月。这些时间度量方法存在两类问题。首先，月和年不是时间的线性度量单位。月与天、月与年的关系不同。同样，年与天、年与周、年与月的关系也不同。

其次，另一类与这些度量单位有关的问题就是，使用上述任何一种单位表示时间，在此单位内进行金融交易的次数不是恒定的。两个周收盘价之间的真实时间间隔通常为 7 天，但是，有时是 6 天或 8 天，并且在两个周收盘价之间通常有 5 个交易日，但是，如同我们前面所提到的，根据 INTC 数据，在某些情形下，一周仅有 4 个交易日。

即使使用天作为时间的基本度量单位，由于存在周末和假期，我们还是会遇到交易日和实际时间相一致的问题。

另外一种度量时间的方法就是忽略交易日和实际时间的关系。不考虑周末和假期，一个交易日就是一个时间单位。对于许多金融时间序列来说，比如股票价格，这样表示是合理的，尽管两次交易的间隔不是恒定的。

时钟滴答计时

我们甚至可以使用下面这种方法度量时间：钟表的滴答计算时间，也就是说，只要有交易发生就记录时间。这种时间度量单位，对于各种金融量，例如，不管是 INTC 的价格还是 IBM 的价格，都不相同，并且与实际时间没有线性关系，

我们发现按照分钟这样较短的时间间隔收集的数据，有一些有趣的奇特性质。按照这样的频率，数据呈现出人们没有预期到的性质，我们通常称为"市场微观结构"。我们早已发现这种频率效应。开始，一分钟是非常短的间隔，单个股票在一分钟内交易的次数通常也很少。然而，按照高频收集的数据显示出完全不同的市场行为。

自从 20 世纪 90 年代以来，许多金融机构买卖同一只股票的订单越来越大。它们可能刚买了一只股票，不到一秒，又卖出。买卖决策基于"算法"，并且所有订单都是限价指

令。我们把快速地买卖称为"高频交易"。（没有严格定义"高频"。）在高频交易分析中，我们通常认为时间间隔就是同一只股票连续交易之间的时间长度；因此，时间间隔不同。在本章中，实际上是在本书中，我们通常对分析日、周或者类似的数据感兴趣，而不是对分析高频交易或市场微观结构的性质感兴趣。

加总时间

金融数据最重要的性质之一就是从一个时期到另一个时期的变化成比例。这些变化的频率分布的性质取决于度量这些变化的时间间隔的长度。按照天数这样较短时期度量的变化，与按照月数这样较长时期度量的变化，其统计分布不同。而更短的时间间隔，比如秒，其差别非常明显。

间隔时间的选择取决于我们进行金融数据分析的目的，我们有时愿意使用较长时间间隔的数据。尽管这是一类数据加总，但是它与统计数据分析中使用均值或中位数这样忽略时间特征的加总不同。

1.2　金融资产和市场

金融通常与资产价格有关，特别是与这些资产价格的改变量和利率有关。

资产种类

资产是任何可以进行交易的东西。我们也把一组资产当作一项资产，尽管作为单独的一组资产，该组资产整体上可能不能进行交易。一般的金融资产有现金、债券、股票、业主有限合伙制（MLP）股份、不动产投资信托（REIT）股份、合约和期权，或者由这些资产构成的投资组合。我们有时称债券为"固定收益资产"、股票为"股权资产"、合约为"期货"以及期权为"衍生资产"。我们把一类特殊的合约称为"互换"。互换是双方为在未来一些时期交换一系列现金流而达成的协议。

债券是表示一笔借款的合约，其支付的利息通常按照约定分期偿还。股票是表示拥有和所有权的文件（可能是虚拟的文件）。按照资产的总价值计算，任何经济体现在所有债券的价值通常都远高于所有股权资产的价值。

REIT 和 MLP 在美国税收代码中都是课税"穿透"实体。多数公司盈利都课税两次，一次是当盈利记入公司账目时，再一次是红利分配时。然而，由于不对 REIT 和 MLP 的盈利征收公司税，所以这两类企业都规避了两次课税。

REIT 拥有基于不动产的资产，通过不动产管理，它们也可能产生收入。我们可以把 REIT 看作一家持有抵押债的公司，可以获得利息收入，或者是一家业务涉及管理不动产的公司，从租金中产生收入。多数 MLP 都拥有或管理能源和自然资源。

美国税法规定 REIT 把 90% 的收入以红利的形式支付给股东，但是，对 MLP 收入的分配，没有任何要求。

金融公司也提供大量由其他资产构成的产品进行销售。由股票或债券构成的共同基金、对冲基金、ETF 等产品的数量超过了基础资产的数量。

金融工具本身就是一项资产或者拥有资产所有权的文件。我们通常也把金融工具称为证券或基金。最简单的金融工具就是股份，这是我们讨论最多的一类金融工具，并且我们通常把它称为"股票"。其他金融工具都是由各种资产或贷款或其他承诺构成。金融服务公司很大一部分收入来自它们所设计和销售的各种金融工具或者提取的各种"管理费"。一些金融工具非常简单,仅仅由债券或股票构成。其他金融工具包括所借的资金(必须偿还)和其他将来的债务。我们把这些将来的债务称为"杠杆",由它们构成的基金称为杠杆金融工具。

外汇

如果人们未来需要使用另一种货币进行支付,那么为了对冲货币交换率的变化,通常人们需要在货币之间进行交易。然而,在外汇市场("FX"或"forex")进行的多数交易活动,其目的都是进行投机,预期所买入的货币与基准货币相比将升值。当然,每笔交易都有两面。

某些货币与其他货币的汇率确实会有非常大的变化,这样,某项外汇市场交易活动的收益可能远高于股票交易的盈利。然而,其他货币两两之间的汇率,其波动性较小。

图 1.3 给出了自欧元正式替代以前的欧盟货币单位后,欧元兑美元的日汇率。(图中汇率是 1 欧元兑美元数。这种形式表示的汇率和用美元表示股价或其他资产的价值相同。汇率升值贬值的方向和传统表示方法相同,例如每英镑兑美元数,但是也有每美元兑日元数的表示方法。)

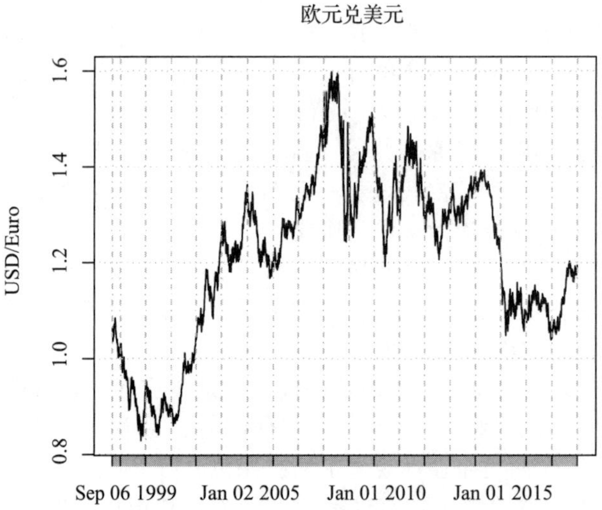

欧元兑美元

图 1.3 美元与欧元,1999 年 1 月到 2017 年 12 月

来源:Quandl

用诸如比特币或以太坊等加密数字货币表示金融资产,在一定程度上,和用各国货币表示现金相同。然而,大多数人持有用加密数字货币表示的资产,并不是作为价值储藏,而是预期它们价值的变化。

所有者类型

金融资产的所有者可以是个人或者"机构"。机构投资者包括捐赠基金、养老基金、共同基金、对冲基金、商业银行和保险公司。(这些术语和通常含义相同,但是它们法律上的含义由政府监管机构定义。）机构投资者的资产通常最终也由个人所有，但是机构投资者的金融决策通常不直接与个人所有者有关。就大型上市公司来说，其大部分股份由持有带来好处的机构投资者拥有。（例如，2017 年 INTC 接近三分之二的股份由机构投资者所有。）

在本书中，我经常提及个人或机构买卖资产。我将使用术语"交易者"或"投资者"，其意义相同，都是指这样的买方或卖方。（在一些金融文献中，基于交易的目的对这两个术语进行了区分，这种区分与我们这里的讨论无关。）

收益

金融资产产生收益，也就是说，以利息或股利形式获得的收入，或者资产自身价值的改变量（因此，收益可以是负的）。对于一个给定的时期，计算收益通常用该时期开始时资产价格的比例或百分数表示。

我们把收入（利息或股利）加上价格的相对改变量，称为资产的总收益。我们把利息或股利称为收益。通常，无特别说明的术语"收益"指仅仅由于价格波动带来的收益。

我们用同样的记账单位表示价格和收益。如果货币本身在变化，那么有可能由于汇率的变化带来额外的收益。

风险

风险通常是指资产价值或资产收益的变化。某些资产比其他资产风险更高。例如，INTC 比美元（USD）现金风险更高。然而，美元现金也不是没有风险。通货膨胀和其他因素都会影响其实际价值。

一般说来，"风险"是指收益的变化，而不是资产价值的变化。在金融分析中，一个有用的概念就是价值不变和收益率不变的资产，我们把这样的资产称为无风险资产；其他资产称为风险资产。尽管确实不存在无风险资产，但是我们通常认为美国国债无风险。

1.2.1　市场和监管机构

我们用不同的方式使用术语"市场"。在一些情况下，"市场"是指允许资产价格变化的交易动态集合。在另一种情况下，"市场"是指一个组织，其提供了金融工具进行交易的机制。此外，"市场"还指某个度量资产总价值的手段，其度量了在"市场"（在前一个意义上）内进行交易的资产总价值。

市场和交易所

金融工具通过各种金融市场进行交易。最常见的市场就是交易所。交易所曾经是进行所有交易的建筑或大厅（"交易大厅"），但是现在交易所可以是"电子的"，这意味着交易者不需要到公共的交易大厅，只需要相互之间通过电子连接。最著名的交易所包括纽约股票交易所（NYSE）、Nasdaq 全国市场（Nasdaq）、伦敦股票交易所（LSE）和东京股票交易所（TSE）。交易所被各种政府机构监管（参见下文）。同样，交易所也要求交易成员和在交易所内进行交易的证券遵守它们自己制定的各种规则。

另类交易系统（ATS）是由一些交易者建立的平台，撮合其成员的买卖订单。通常，ATS 的监管和交易所的监管不同。多数另类交易系统注册为经纪人-交易商。一类重要的另类交易系统就是"场外交易"（OTC）市场。场外柜台交易系统（OTCBB）和场外交易链接（OTC Link）是电子报价系统，该系统为中间交易商提供报价和其他信息。

另类交易系统的用户通常为机构投资者（也就是"大交易商"），供他们寻找交易的另一方。由于 ATS 的交易并不出现在全国交易指令目录中，机构投资者可以使用 ATS 大量买入某只股票，以阻止其他投资者提前买入。就 ATS 的这些功能来说，我们可以把它看作一个黑池。大多数国家的政府机构都在增加对 ATS 监管的力度。

某些市场专门交易一些特殊的金融工具。例如，两个最大的美国市场 NYSE 和 Nasdaq，主要进行股票交易。芝加哥期权交易所（CBOE）是世界上最大的股票期权交易市场。尽管 1973 年 CBOE 才成立，但是其发展迅速，现在也进行其他期权的交易，例如，基于交易所交易基金、利率和波动率指数的期权。芝加哥商品交易所（CME），以及 CME 集团的其他市场，即芝加哥期货交易所（CBOT）、纽约商业交易所（NYMEX）及其纽约商品交易所（COMEX）部门，提供了基于利率、股票指数、外汇、能源、农产品、金属、气候和不动产的期货和期权。这些期货和期权提供了应对基础资产价格变化的保险或"对冲"。我们在 1.2.7 节讨论期权，在 1.2.9 节讨论对冲。

公司的资产在市场上进行交易，市场收取这些公司的服务费来盈利，市场在对交易者和经纪人收取服务费后允许他们在市场进行交易。最终，对所有交易来说，市场收取的服务费很少。

市场也充当监管者的角色，对金融工具的市场交易进行监管。任何想在各种市场上进行证券交易的公司，每个市场都要求这些公司满足一些经济指标的最低要求。市场可以采取各种措施保证交易有序进行，例如，提供做市商，其责任就是在一些情况下担任交易发起方的对手盘。如果某个证券的价格呈现出明显的趋势或者波动剧烈，那么市场也可以对这类特殊证券停止交易。

监管机构

多数国家政府都有一个或多个监管机构对证券交易进行监管。美国在 1934 年成立了证券交易委员会（SEC），其使命就是"保护投资者，维持市场公平、有序、有效，有利于资本形成"。除了监管上市公司的股票形成和交易，SEC 还监管各种股票和股票指数的期权合约。SEC 也对 NYSE、Nasdaq 和其他美国股票市场进行监督。

SEC 也对市场上各种参与者的交易行为进行监管。例如，一项监管规则就是对于客户向经纪人或交易商借款购买股票的行为，限定了客户的借款额。如果客户使用从经纪人或交易商所借资金购买股票，那么客户需要有保证金。随着价格的变动，客户账户的价值可能低于保证金要求。在此情形下，客户就遇到了追加保证金问题，客户必须增加存款保证金或者减少头寸。

SEC 也对各种金融产品进行监管，例如开放式和封闭式共同基金、对冲基金、交易所交易基金（ETF）。这些金融产品由债券、股票、期权和其他衍生产品组合而成，其价值由组合中资产的市场价值决定。基金所有者把基金分为若干份额，根据 SEC 确定的规则，进行销售或交易。

这些基金产品之间的差别由 SEC 确定的这些基金产品规则之间的差别而定。例如，共同基金和对冲基金的差别，与"共同"和"对冲"这两个词汇之间的差别一点关系也没有，只不过是 SEC 的不同规则决定了这两种资产的不同类别。例如，共同基金几乎可以销售给任何人，只要给购买者一份产品说明书，该说明书描述了基金的所有性质；但是，对冲基金只能销售给合格投资者。"合格投资者"可以是个人或机构，美国国会确定"合格投资者"的条件。合格投资者包括高净值个人（HNWI）。当然，也存在其他监管方面的差别。开放式共同基金进行交易的价格，根据每个交易日结束时计算得到的该基金包含资产的净资产价值决定。

共同基金可以是"主动管理"，也就是说，基金管理者可以选择基金包含的个股以及购买的数量（可能受一些约束条件限制），或者基金也可以由一组固定的股票组成，其相对比例不变。后一类基金通常由构成特定指数的股票组成，每只股票所占比例和该基金包含股票的比例相同。（我们将在 1.2.6 节开始讨论市场指数。）我们把这样的共同基金称为"指数基金"，并且是当前共同基金中最多的基金。

ETF 在公开市场进行交易，其定价模式与公开市场上其他股权资产的定价相同，由市场动态决定。如果构成 ETF 的证券支付股利，通常 ETF 把股利直接分给 ETF 的持有者，与普通股票分配股利的方式相同（也就是说，有"公告日"和除息日）。（不同 ETF 的分红方式之间存在细微的差别，ETF 标的资产的分红方式取决于所持有资产的性质。例如，在美国 MLP 的分红与 ETF 分红在税收方面存在非常大的差别，即使 ETF 只包括 MLP，也是如此。当然，任何情况下，在分红前，都扣除费用。）

一些特殊的债务也可以在交易所进行交易。交易所交易的债券（ETN）是由金融机构发行、在股票市场交易、无担保的非次级债务。它是发行机构的债务，通常是商业银行，但是不保本。机构发行 ETN 的目的是追踪某个市场指数，其价值就是合约追踪的那个指数。然而，ETN 并不持有追踪指数所包含的任何资产，相反，ETN 的资产通常是互换或衍生品。

商品期货交易委员会（CFTC）对外汇（"FX"或"forex"）市场上的期权合约和期货合约进行同样的管理监督。CFTC 监督 CBOE、CBOT、CME 和其他期权和期货市场。除了这些政府机构，美国在 2007 年成立了美国金融行业监管局（FINRA），该机构不属于政府部门，设立该机构的目的是通过自律监管，加强投资者保护和市场的可信赖性。美国全国期货协会（NFA）是类似的非政府机构，对外汇市场和商品市场上的期权和期货合约进行监督。

总体经济状况受两类政策的影响，这涉及两个不同的方面：财政政策（税收和支出）和货币政策（通货和国债）。财政政策通常由政府行政部门或政府立法部门确定，而货币政策通常由政府银行机构确定，一般把这些机构称为中央银行。在美国，这个机构就是联邦储备系统，由国会 1933 年批准成立，承担中央银行的职能。

各个国际金融组织通常都签署各种正式监管协议，由各个国家政府机构采纳和执行。最有影响力的协会之一称为十国集团，该协会 1962 年由 10 个国家成立，目的是为成员国提供金融稳定性方面的合作。（不要把十国集团和七国集团混淆，根据是否包括俄罗斯，七国集团表示为"G7"或"G8"。）十国集团成立了巴塞尔委员会，来提高世界银行业监管水平，并且该委员会作为论坛，为成员国开展银行监管事务提供合作，现在成员国已超过40 个国家。巴塞尔委员会颁布了一系列协议，分别称为巴塞尔 I（1988）、巴塞尔 II

(2006) 和巴塞尔Ⅲ（2010，以及随后的修订版），这些协议规定了编制银行资产负债表的准则，提出了确保满足这些准则的编制过程。

其他金融交易被各种机构监管，不管这些机构是政府机构还是非政府机构。金融业的各个部门都有监管机构。例如，在美国，财务会计准则委员会（FASB）是一个非政府监管机构，颁布一些会计准则，CFA 协会（正式名称为注册金融分析师协会）也是非政府机构，制定投资公司计算和报告投资业绩的准则，以及其他一些事务。

所有欧盟成员国的金融交易都受各个成员国商定的各种监管规则的制约。所有欧洲各个国家的市场组合到一起称为"欧洲市场（Euromarket)"，这些市场上监督交易的规则集合到一起也称为"欧洲市场"。

一些监管机构，不管是政府部门还是私人机构，都从它们监管的金融交易中收费赚钱。例如，SEC 目前对在其市场进行交易的所有股票和 ETF 收取 0.002％的费用，FINRA 对股票和 ETF 交易收取 0.01％的费用。这还不是全部。尽管美国国会还没有（截止到2019 年）对股票、ETF 和期权交易征税，但是这些税偶尔被列入众议院的议案中。

评级机构

有公司对金融工具或公司、整个政府机构进行信用评级。这些进行评级的公司被称为信用评级机构。（同样，对个人信用进行评级的机构称为信用局。）

三大信用评级机构为穆迪投资服务公司、标准普尔（S&P）和惠誉评级。这三个机构一起控制了全球市场 95％的评级业务。

信用评级机构最普通的评级业务就是对某家公司债券或其他债务工具进行评级。

评级基于概率或概率期望。当然，这些概念是抽象数学概念，但是为了对于评级有用，它们必须对应到经验频率分布。信用评级机构给出的评级与观察到的实际情况并没有很强的历史对应关系。人们对此现象有许多原因可以解释，其中之一就是被评工具的提供者，也就是被评机构，需要支付给信用评级机构评级费用。

有史以来最大的金融危机之一就是 2008 年的金融危机，由于各种金融工具的评级未能反映各种金融工具真实（或已实现的）风险，导致危机加剧。除了评级机构的基本经营结构所隐含的偏差，还有一个原因就是推出金融产品进行销售的生产者总比产品的评级者、监管者甚至这些产品的购买者更聪明，简单说就是因为他们在这场博弈中相对来说有更多的筹码。2008 年以前，政府政策鼓励商业银行给贫困群体发放贷款。商业银行大量发放贷款，随后商业银行把这些贷款捆绑到金融产品中，这样就使得由许多高风险贷款构成的金融产品的总体风险被掩盖了。这样似乎是"分散化"，但是没有进行分散化。我们把最简单的这些捆绑产品称为担保债务凭证（CDO），但是有许多标的资产为 CDO 的衍生产品。CDO 和贷款的其他组合通常也分为不同部分，各部分的风险、利息和到期状况都不同。这种划分称为分割。我们认为也可能仅仅由于信用评级机构的确没弄明白这些产品。

2010 年，美国国会通过的《多德-弗兰克华尔街改革和消费者保护法》，对信用评级机构施加了一些监管措施，目的是使得风险产品评级错误的可能性降低。

1.2.2 利息

贷款是一种金融交易，一方给交易对方提供金融工具，通常是现金，在将来某个具体时间，交易对方将返还金融工具的全部价值，并且支付给第一方在这段时间内使用金融工具的费用。我们把贷款量称为本金，由于使用本金而支付的部分称为利息。本金可以在贷款的过程中逐渐一次性偿还或者分期偿还。

债券，包括政府发行的"短期债券"和"中期债券"，本质上是一笔债券持有者发放给债券发行者的贷款。债券有一个"持续期"，在持续期末也就是债券的到期日，发行者必须返还贷款的本金，称为票面值或债券的面值。在某些情形下，发行者在固定时间支付给持有者固定数量的利息。我们把按照固定时间支付利息的债券称为息票债券。（这个名字来自20世纪早期，当时债券是附印有利息票券（"息票"）的印刷凭证，息票用来兑换现金利息。）通常利息按照债券面值一定的百分比计算。名义利率是每年支付的面值的百分比，与支付的次数没有关系。一年的利息可以在年末支付，或者在一年内每隔一段固定的时间支付一次。由此，我们把一年支付的总利息看作面值的百分比，称为名义年百分比率或名义年利率。（然而，这些术语的使用不一致。）一个特定债券的利率取决于其他债券的利率（"现行利率"）以及人们认为的发行者偿付全部面值的概率（或者，发行者违约的概率）。

债券是可流通的工具，也就是说，它们可以在公开市场进行交易。债券的交易价格可以高于或低于债券的面值，这是由于现行利率可能变化，或人们对于违约概率的认识也可能发生变化。持续期也是一个需要考虑的因素，由于离到期日时间越长，债券价值变化的概率越大。另一个对债券价格有显著影响的因素，就是与世界其他货币相比，债券计价货币的相对价值，即汇率，这个因素比大多数其他金融资产产生的影响都大。

只要发行者不违约，发行者就会在固定时间不断地支付给息票债券持有者同样的利息。然而，由于债券价格随市场情况变化而变化，有效利率或收益率也在波动。

利率

在某些情况下，利率由贷款发行者确定。在其他情形下，固定面值、固定持续期的债券在公开市场发售。这样，实际利率取决于购买者愿意以多高价格购买。随着"二级市场"后续交易的发生，利率也继续波动。

金融资产不断地产生价值，这样，存款类机构，比如银行和资产的其他持有者，借贷资产即使是暂时性的（例如，隔夜）也要向贷借资产的另一方支付或收取利息。这些资金的利率通常由国家的中央银行或国际管理机构设定。在美国，由联邦储备系统构成的联邦公开市场委员会（FOMC）为这些资金设定"目标"利率。这个利率被称为联邦基金利率或联邦折现率。在储备账户中有资金余额的银行可以借给需要大量资金的其他银行。借款机构支付给贷款机构的利率由两个银行确定。我们把所有这些谈判确定的利率的加权平均利率称为有效联邦基金利率。虽然有效联邦基金利率由市场确定，但是联邦储备通过公开市场运作对它产生影响，使其达到联邦基金利率目标。

在全球经济中，另外两个中央银行的利率非常重要，一个是欧洲中央银行（ECB），它是欧洲市场的中央银行，另一个是日本银行（BOJ）。

另一个标准利率就是最优惠利率，这个利率是银行借款给它们最优惠客户的利率。显然，各家银行不会执行统一的利率，此外，各家银行"要借出的货币"所要求的利率是多少也不是一个可观察到的现象。华尔街日报报道的利率是被大家广泛接受的"最优惠利率"。许多商业利率都对标华尔街日报优惠利率。例如，经纪公司通常都把保证金的利率设定为华尔街日报报道的最优惠利率再加一个固定值。还有一些其他标准利率，比如银行间贷款利率。这些利率中最重要的利率之一就是伦敦银行同业拆借利率（LIBOR）。

当然，利率通常都表示为百分数。因为通常利率的变化相对较小，所以谈到利率时，我们通常使用不同的单位，特别是利率改变量。一个基点是 0.01 百分点。例如，联邦折现率的一个重要改变可能是 50 个基点，或 1％ 的一半。

在金融学中，术语"风险"通常指资产价值的波动或资金流的波动。因为通货膨胀和其他经济过程，所有利率都有风险。然而，正如在金融学的许多领域一样，我们构想一个理想化状态。我们通常谈到无风险利率。在计算时，我们通常使用三个月美国国债（T-Bill）的当前利率为"无风险利率"。

图 1.4 给出了几十年的利率（二级市场，月利率）。最高利率为 16.3％，发生在 20 世纪 80 年代中期。最低利率为 0.1％，发生在 20 世纪 30 年代，再次出现在 2011 年。

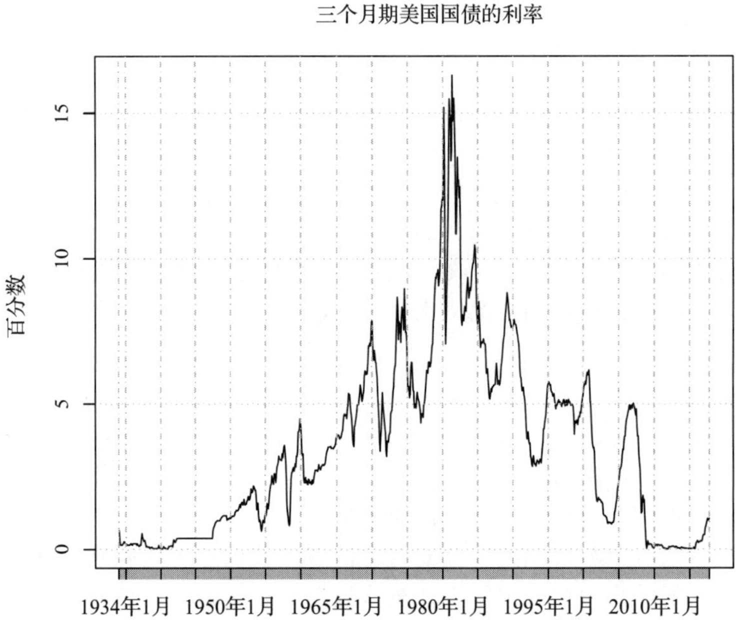

三个月期美国国债的利率

图 1.4 "无风险"利率，从 1934 年 1 月到 2017 年 9 月

来源：FRED

美国国债

美国财政部发行各种期限的债券。我们把这些固定利率资产总体上称为"国债"。一般情况下，我们把期限少于 1 年的国债称为"短期国债"，把期限多于 1 年少于 10 年的国债称为"中期国债"，把期限超过 10 年的国债称为"长期国债"。

国债的利率取决于供给和需求。利率通常取决于贷款的期限。一般来说，期限越长，利率越高。然而，这种说法也不总是正确的，对不同期限的贷款产品的收益率的变化进行分析，可以为我们提供一些总体经济的信息，以及股票和其他资产价格可能变动方向的信息。

　　表 1.2 给出了历史利率的一些样本，我们发现总体上从 20 世纪 80 年代早期开始利率下降。我们从表 1.2 中也发现利率作为国债期限的函数，其变化的规律通常是，期限越长利率越高。

表 1.2　美国短期国债、中期国债和长期国债的历史利率

日期	期限			
	三个月	两年	五年	三十年
1982 年 1 月	12.92	14.57	14.65	14.22
1989 年 6 月	8.43	8.41	8.29	8.27
1997 年 1 月	5.17	6.01	6.33	6.83
2008 年 1 月	2.82	2.48	2.98	4.33
2017 年 1 月	0.52	1.21	1.92	3.02

来源：FRED

　　我们把作为期限函数的收益率称为收益率曲线。简单收益率曲线由每一对相邻观察值间的线性插值组成，我们将使用这种类型的收益率曲线。与用折线曲线不同，我们可以用各种方法拟合观察值得到一条光滑曲线，比如使用样条方法（参见 Fisher，Nychka 和 Zervos，1995），或者使用结合指数折现函数的参数线性组合方法（参见 Nelson 和 Siegel，1987，或 Svensson，1994）。在这里我们不描述这些方法。对于给定的一类公司债券，我们可以有很多观察值，使用它们可以构造收益率曲线。

　　基本动态通常指期限结构。经常报道的收益率曲线都与 3 个月、2 年、5 年和 30 年美国国债的利率比较。（30 年期国债固定期限利率序列在 2002 年中断，但是在 2006 年重新延续。）

　　表 1.2 中最后三个日期（1997、2008 和 2017）给出的结构是一个"正常"收益率曲线（2008 年有一个小的暂时性问题）。1989 年 6 月的结构是一个倒收益率曲线，1982 年 1 月是一个"驼峰"曲线。美国在 20 世纪 80 年代早期经历了一段通货膨胀非常高的时期，高利率反映了这个现象。图 1.5 可以帮助我们想象这些曲线的形状。

　　收益率曲线的结构是经济衰退和市场调整的最可信赖的主要指标之一。我们通常把衰退定义为按照国内生产总值（GDP）度量的两个相邻季度负的经济增长，通常把市场调整定义为相关的市场指数从前一个高点下降 10%。

　　在 20 世纪美国所经历的绝大多数衰退中，有时在前 12 个月出现倒收益率曲线，并且相反地，在几乎所有的倒收益率曲线出现后，经济都会在 12 个月内陷入衰退。例如，图 1.5 显示 1989 年出现倒收益率曲线，随后出现了 1990 年的衰退。大多数出现倒收益

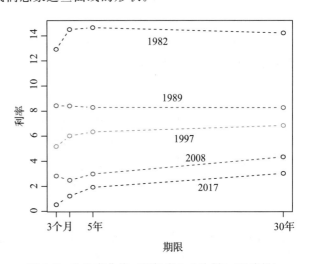

图 1.5　收益率曲线（根据表 1.2 绘制）（见彩插）

率曲线的时期都随后出现或者同时发生市场调整。然而，在更多的调整之前并没有出现倒收益率曲线（或者可以辨认的指标）。（2019 年 6 月 5 日出现了一条有趣的收益率曲线，练习 A1.3（c）ⅲ 要求读者下载数据且画图。）

FOMC 设定的联邦基金利率是国债的一个确定性利率，特别是对短期国债来说。这是因为购买国债的出价取决于资金成本，对银行来说，资金成本由联邦基金利率决定。

图 1.6 给出了 2017 年每个季度末更完整的收益率曲线。（注意到图中用不同的表示单位。）这是 11 只国债的收益率曲线，到期日分别为 1 个月、3 个月、6 个月、1 年、3 年、5 年、7 年、10 年、20 年和 30 年。这些收益率曲线是更典型的低利率时期的曲线。这些曲线都显示到期日不到 1 年的短期国债收益率有一个快速增长。这是 FOMC 政策影响最大的收益率，2008 年金融危机后，实行了低利率政策（甚至称为"ZIRP"，即零利率政策）。2015 年末 FOMC 开始慢慢升高利率。（在 4.5.6 节，我们给出在那个时期有效联邦基金利率图，并且对其调整进行了评论。）

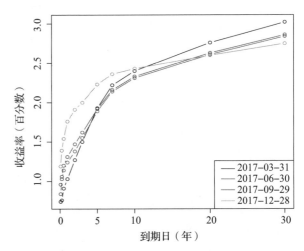

图 1.6　收益率曲线（见彩插）

来源：美国财政部

商业银行的利润一定程度上取决于一条上升的收益率曲线。它们的大多数利润来自短期利率和长期利率的价差，短期利率是商业银行支付给存款的利率，长期利率是商业银行收到的贷款的利率。较小或反的价差往往收缩信贷，从而抑制经济增长。

公司债券

我们把公司发行的固定利息的证券，称为公司债券。公司债券有各种类型。和国债一样，它们的利率也取决于供给和需求，也就是说，对于给定面值和到期日的债券，投资者愿意支付的价格。对于一只公司债券，投资者愿意支付的价格也考虑其他因素：公司对该债券可能违约的概率。

州和地方政府也发行债券，通常都称为"地方市政债券"或"市政债券"。除了一个主要区别外，这些债券的价格和利率的决定方式和公司债券相同。投资者购买的大多数这些债券获得的收入免征联邦收入税，也免征相应地方征税区的收入税。

信用评级机构把公司债券和市政债券分为几个等级（通常为 7 级），不同等级表示不同的风险水平。各个评级机构使用不同的符号表示不同风险等级，但是，基本上都是用 1 到 3 个字母表示，也可能添加"＋"或"－"，例如"AAA""AA＋""B""Caa"等。最高的几级称为"投资级"债券，其他的债券称为"投机级"债券。一个债券评级比较大的数据库就是穆迪成熟的 Aaa 级公司债券数据。

利息计算和现值

资产产生的利息可以追加到资产本金上，然后，该利息产生利息。我们把这称为复利。

正如上文所述，通常利息在一年中定期分期支付。如果年利率为 r，一年 n 次定期分期支付利息（息票），那么每次利率为 r/n。（这是息票率 r_c。）如果利息按照复利计算（也就是说，利息追加到本金中，以前累计的利息也产生利息），那么到年末初始本金 P 加上产生的利息，其值为 $P(1+r/n)^n$。这就推导出了一个著名的本息和公式，年利率为 r，每年 n 次分期付息，t 年后按复利计算的本息和为

$$P(1+r/n)^{nt} \tag{1.11}$$

这是将来值，比如，记为 A。按照有限期简单收益率复利计算的 A 的现值为

$$A(1+r/n)^{-nt} \tag{1.12}$$

这样，给定将来值、利率、复利计算的方式和期限，我们就可以计算得到现值。我们把利率因子（在此式子中为 r/n）称为远期利率。

我们可以把式（1.11）和式（1.12）中的因子推广，如果不同时期的利率不同，那么得到一个因子 $(1+r_1)(1+r_2)\cdots(1+r_n)$。当然，在对利率的任何讨论中，我们必须清楚期限的长度。大多数引用的利率，期限都为一年。

我们通常在二级市场交易债券，所以我们不讨论本金，而讨论保持不变的面值、可能变动的债券的价格或债券的价值。如果有一只从现在开始到期日为 T 年的债券，其面值为 A，每年支付 n 次利息，每次利息为 c，那么经过 T 年后，累计的总价值将为 $nTc+A$。其现值为 $nTc+A$ 的折现值，可能是二级市场上现在的价格。使用息票利率 r_c，A 的折现值仅仅是 $A(1+r_c)^{-nT}$。然而，由于支付利息的时间不同，所以息票的折现率也不同。第 1 期的折现率为 $(1+r_c)^{-1}$，第二期为 $(1+r_c)^{-2}$，以此类推。因此，所有将来支付的利息的现值为

$$\sum_{t=1}^{nT} c(1+r_c)^{-t} \tag{1.13}$$

我们可以把上式展开，得到

$$\frac{c}{r_c}(1-(1+r_c)^{-nT})$$

（上式根据关系式 $\sum_{t=1}^{k} b^{-t} = (1-b^{k+1})/(1-b)$ 得到，对任何 $b \neq 1$，我们得到因子表达式 $1-b^{k+1}$。）

下面，加上折现的面值，我们有

$$\frac{c}{r_c}(1-(1+r_c)^{-nT})+A(1+r_c)^{-nT}$$

并且，把这个表达式简化，我们得到现值，它也是债券当前公平的市场价格：

$$p = \frac{c}{r_c}+\left(A-\frac{c}{r_c}\right)(1+r_c)^{-nT} \tag{1.14}$$

对于本金固定、利息分期支付的资产，其到期收益为复合收益，即本金加支付的所有利息的折现，得到资产当前的价格。

对于给定当前价格 p、给定支付利息 c、给定面值 A，解方程（1.14）得到 T 年到期的息票收益率 r_c。

息票表示在将来固定时间不变的支付，我们可以把息票看作可兑现工具；因此，我们可以把息票与债券"分拆"，并单独销售。（如果息票是附着于债券的凭证，这个类比更合适。）本金部分没有息票，息票可以用各种方式兑现，也可以保留在发行机构手中。当然，实际上息票分拆可以用各种方式进行，在20世纪80年代，许多投资公司都提供了各种分拆的美国国债。（法国巴黎银行提供了"政府收入凭证（COUGRs）"，所罗门兄弟推出了"国债自然增值凭证（CATS）"，美林公司销售了"国债投资增长收益（TIGEs）"，雷曼发行了"雷曼投资机会票据（LIONs）"，由于这些术语第一个字母构成的缩略词都是猫科动物，我们称这些金融工具为猫科证券。）

零息债券除了不支付利息，其他方面和付息债券都相同，都有面值和支付名义利息的计划。零息债券的付息计划就是设定利率和计息时期，在该时期利息按复利计算。这样我们就得到了零息债券的折现价格。如果面值为 A、利率为 r_c，每年按复利计息 n 次，T 年到期的债券的现值为

$$p = A(1+r_c)^{-nT}$$

美国财政部在1985年推出了将证券利息和本金拆开进行交易的产品（STRIPS），允许国债本金和利息分别销售。美国财政部发行的10年期或更长期限的国债都可以把本金和利息分拆交易（STRIPS）。

连续复利

通常，利息按照连续复利计算，对式（1.11）在 $n \to \infty$ 时取极限，我们可以得到按照复利计算的 t 年期债券的本息和公式：

$$Pe^{rt} \tag{1.15}$$

在金融应用中，任何将来值的现值或折现值通常都使用无风险利率按照连续复利计算，其中，无风险利率是三个月期美国国债的利率。因此，对于 t 年期无风险利率为 r 的将来值为 A 的债券，其折现值为

$$Ae^{-rt} \tag{1.16}$$

把上式与式（1.12）比较，可以发现二者的差别。

1.2.3 资产收益率

金融资产的利息是已实现盈余的分配，其价值的变化可以归结于累计的利息，也可能仅仅是由于资产市场价值的改变量所引起。当然，市场价值的改变量可以是正的，也可以是负的。不管这个改变量本身是正还是负，我们都把它看作收益。我们也把改变量的百分比称为收益。本书使用后面这个含义，有时为了强调，我称这个收益为收益率。对大多数资产，通常人们对收益率的分析比对资产价格本身的分析更有兴趣。

如果某资产在 t_0 时刻的价值为 P_0、在 t_1 时刻的价值为 P_1，对于 $t = t_1 - t_0$，简单时期收益率百分比为

$$R = (P_1 - P_0)/P_0 \tag{1.17}$$

我们仅把它称为简单收益率，大家把它理解为一个时期的收益率。

期初值为 P_0，经过一个时期，期末值 P_1 为

$$P_1 = P_0(1+R) \tag{1.18}$$

如果 R 为常数，经过长度为 t 的 n 个时期，在每个时期的期末，将价值的增量记入本金（按复利计算），那么对于期初值 P_0，经过 n 个时期，期末值 P_n 为

$$P_n = P_0(1+R)^n \tag{1.19}$$

上式本质上与式（1.11）表示的结果相同。

为了使上述表达式更精确，我们需要具体设定时期的长度。标准的方式就是用年作为基本的时间单位。为了把简单收益率转换为年利率，通常假设利息年末追加到本金，按复利计算。因此，给定 t 年期的简单收益率，求年化简单收益率仅仅把 t 年期的简单收益率除以 t 即可，其中 t 通常为一年的一部分。反之，例如，为了把年化简单收益率转化为日收益率，除以 365 即可。标准化是必要的，例如，要比较一家金融机构的投资业绩报告与另一公司的报告，就要进行标准化。全球投资业绩标准（GIPS）就是由前面提到的 CFA 协会负责制定的，规定了报告金融机构收益率的方法。

连续复利、对数收益率

在大多数金融分析报告中，与给公众的报告不同，我们通常假设收益率是连续复利。尽管这个假设简化了不同时间各个收益率加总的分析，但是，多个资产总收益率的计算要复杂一些。

如果 r 是年利率，按照连续复利计算，经过 t 年，P_0 变为

$$P_1 = P_0 e^{rt} \tag{1.20}$$

由此得到

$$r = (\log(P_1) - \log(P_0))/t \tag{1.21}$$

我们把上式称为对数收益率。

给定两个值 P_0 和 P_1，以及按年计算的时间期限 t，我们把式（1.21）中的 r 称为年化对数收益率。

对于给定的时间期限，对数收益率就是

$$r = \log(P_2) - \log(P_1) \tag{1.22}$$

或者 $\log(P_2/P_1)$。如果 t 是一天的长度，P_1 和 P_2 是相邻的日收盘价，那么上式就是我们通常说的日对数收益率。（回想大多数资产，按照"日"事件计算，少于 80% 的时间其交易期限为 1 天，通常为 3 天，有时为 4 天或更长。）同样，我们谈到周对数收益率和月对数收益率，当然，按"周"计算的期限或按"月"计算的期限，其长度都变化。

我们可以用同样的方法使用股票价格计算收益率，这和根据资产价值计算收益率一样。例如，使用 INTC 股票未调整的收盘价，计算从 2017 年 1 月 3 日到 2017 年 9 月 30 日的年化对数收益率，

$$r = (\log(38.08) - \log(36.60))/0.661 \tag{1.23}$$

$$= 0.0600 \tag{1.24}$$

（未调整的收盘价没考虑股利，所以该时期的"总收益率"更大，我将在 1.2.5 节再讨论这个问题。）

对数收益率和简单收益率并不相同，根据式（1.19），对数收益率和简单收益率的关系为

$$r = \log(1+R) \tag{1.25}$$

其中 r 为对数收益率，R 为简单收益率。（当同时讨论对数收益率和简单收益率时，通常我用小写字母表示对数收益率，大写字母表示简单收益率。然而，我总是不对符号进行这样的区分。）

如果收益率较小，那么对数收益率和简单收益率的数值非常接近，正如我们在图 1.7 所见。对数收益率总是更小；例如，5% 的简单收益率对应 4.88% 的对数收益率，−5% 的简单收益率对应 −5.13% 的对数收益率，如我们在图中所见。注意，一个非常大的负对数收益率可能对应于超过 100% 的损失。

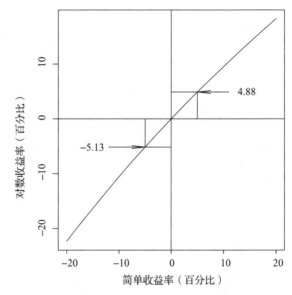

图 1.7　对数收益率和简单收益率

不同时间的对数收益率加总

对数收益率具有非常好的加总性质。如果价格序列 P_1、P_2、P_3、P_4、P_5 相应于时间 t_1、t_2、t_3、t_4、t_5，那么对于时间 t_2、t_3、t_4、t_5，相应的对数收益率序列为 $r_2 = \log(P_2) - \log(P_1)$，$r_3 = \log(P_3) - \log(P_2)$ 等。从时间 t_1 到 t_5 的对数收益率为 $\log(P_5) - \log(P_1) = r_2 + r_3 + r_4 + r_5$。一般来说，给定时间 $t_1, \cdots, t_n$，并且 r_i 是时间 t_i 的对数收益率，则从 t_1 到 t_n 的对数收益率为

$$r = \sum_{i=2}^{n} r_i \tag{1.26}$$

多个资产简单收益率的加总

假设在时间 t_0 我们有两个资产，其价格分别为 P_{10} 和 P_{20}，如果在时间 t_1，价格分别为 P_{11} 和 P_{21}，那么它们的简单收益率分别为 $R_1 = P_{11}/P_{10} - 1$ 和 $R_2 = P_{21}/P_{20} - 1$。"组合收益率"不仅仅取决于从一个时点到下一个时点相对价值的变化，而且也取决于两个时期占总价值的比例，$P_{10}/(P_{10}+P_{20})$ 和 $P_{11}/(P_{11}+P_{21})$。组合资产的简单收益率为

$$\begin{aligned}
R &= (P_{11}+P_{21})/(P_{10}+P_{20}) - 1 \\
&= \frac{P_{10}}{P_{10}+P_{20}}\left(\frac{P_{11}}{P_{10}}-1\right) + \frac{P_{20}}{P_{10}+P_{20}}\left(\frac{P_{21}}{P_{20}}-1\right) \\
&= \frac{P_{10}}{P_{10}+P_{20}}R_1 + \frac{P_{20}}{P_{10}+P_{20}}R_2
\end{aligned} \tag{1.27}$$

并且，当然，我们可以把这个结果立刻推广到超过两个资产的投资组合。两个资产的总的对数收益率通常用上式近似。

对数收益率、简单收益率、利率和超额收益率

对数收益率通常使用更容易处理的数学模型，并且一般说来，对数收益率是一类用于

度量和分析波动性的收益率（参见 1.4 节）。因为多个资产的简单收益率容易求和，所以一般说来，简单收益率是一类用于分析投资组合的收益率（参见 1.2.9 节）。

许多金融分析都取决于基本收益率这个概念，这个基本收益率是对总体经济变化的反映。这个变化可能归因于"无风险"利率，或者是"市场"收益率。（我们将在 1.2.6 节讨论"市场"。）于是，将给定资产的收益率与参考基本收益率比较。相对于具体基本收益率，超额收益率就是相同时期资产收益率（对数或简单）减去基本收益率（通常是同一类收益率）。另外，术语"超额收益率"具体是指收益率与无风险利率之差。虽然无风险利率是简单收益率，但是，对于使用对数收益率计算的资产来说，计算相应的超额收益率时，需要用简单收益率对对数收益率进行调整。由于对数收益率和简单收益率通常都非常接近，在计算收益率或超额收益率时，混合使用引起的偏差非常小。

比较给定资产的收益率和市场收益率的想法就是"资本资产定价模型"（CAPM）的思想基础。

1.2.4 股票价格、公平市场价值

金融分析主要关心的问题就是决定给定资产的"正确价格"或"价值"。我们把它称为"公平价格"。实际价格可以观察到，而公平价格不能观察到。

股票价格和市场价值

频繁交易的资产在给定市场上给定时点都有交易的"价格"。这个"价格"可以是资产进行交易的最后价格，或者是在买方给出的最高价和卖方给出的最低价之间的某个中间价。如果不同的市场有不同的价格，那么在运输、注册、监管和其他统筹安排等市场摩擦的约束下，交易的力量将使得价格趋向唯一值。

公开交易的公司的市场价值等于股票价格乘以已发行的股票数，已发行股票数就是公司已经发行，并且不是公司自己拥有的股票数。股票的市场价值也称作市场资本。一个相关的概念就是企业价值（或 EV），它等于市场价值加公司的长期负债净额和优先股的股权或其他少数权益，以及现金和现金等价物。企业价值是在公司兼并或公司收购时对公司价值的一种度量指标。

股票价格和交易量的波动

用任何记账单位表示的任何金融资产的市场价格都会随时波动。对于债券来说，如上文所示，其价格波动可能依赖于市场利率和人们认为发行者将返还本金的可能性。

对于股票来说，价格波动的原因更加复杂。每股股票都表示商业公司的所有权。当一个公司首次注册时，股票数就确定了，可能有不同的种类。公司可能随时允许增发股份。可能不是所有允许的股份都发行或销售。实际发行的股票，也就是"已经发行的股票"或者"公开流通的股份"，表示对公司有一定比例的所有权。公司总价值除以已发行的股票数是一种度量每股价值的最简单方法。（当然，这是一种"权宜之计"式的估价，公司的价值为多少？）公司可以减少已发行的股票数，通过简单地在公开市场购买股票，把它们放在公司里作为储备。我们把这种方式称为股票回购。股票回购并不改变公司的总价值，但是它确实影响诸如每股盈余这样的度量指标。

　　交易的股票数，也就是"交易量"，每天都变。对大多数股票来说，平均每天交易量有1%到5%的浮动。通常，高交易量伴随着价格的较大波动，尽管通常反过来也对，这是因为"价格发现"较差。价格变动的方向和从价格上升到价格下降的相对交易量可能是将来价格走势的重要指标。

　　对于给定的交易日，股票价格的波动可能没有明显的原因。关注每天股票的开盘价、最高价、最低价和收盘价有利于人们进行分析。我们把包含这些信息的数据集称为开盘价、最高价、最低价和收盘价（OHLC）数据集，并且通常把这样的数据集用"K线"图表示。图1.8给出了2017年第一季度INTC股票价格的K线图。（图1.2左上价格图用了相同的收盘价。）

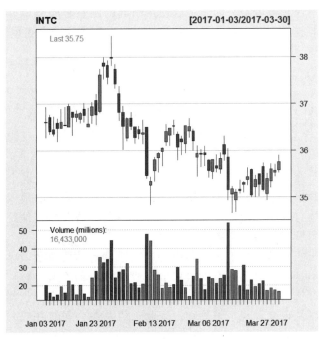

图1.8　2017年1月1日到2017年3月31日，INTC的每日开盘价、最高价、
　　　　最低价和收盘价（OHLC）和交易量（见彩插）

来源：雅虎金融

　　图1.8的下半部分所绘柱状图给出了每日的交易量。柱状图和K线图的不同颜色表示该日价格是上升还是下降。

市场价格和价值

　　人们投入了大量精力，努力研究股票合理的价格或公平市场价值。为了决定股票的价值，人们对标的公司的盈利能力和公司一般状况进行研究，称为基本面分析。在基本面分析中，我们要研究公司的总价值、公司的盈利如何、公司产品和提供给消费者的服务如何、与那些竞争公司相比公司经营如何、公司负债如何和公司其他的一般情况。关于将来股价如何变化的迹象可能来自过去价格的变化情况。如果股票价格最近总是上涨，那么很可能价格将继续上涨。当然，它不会总是增长。在技术分析中，我们要研究价格变动的方式和交易量，然后用来预测将来价格的变动。

我们可能会问，为什么 2017 年 3 月 15 日 INTC 股票价格为 35.10 美元？最简单的回答就是，那天 Nasdaq 股票市场 INTC 最终交易的每股平均价格为 35.10 美元，那就是该时刻的市场价格。然而，同一天，某些交易价格高达 35.17 美元、某些交易价格低到 34.68 美元。

对于任何交易，3 月 15 日的每次交易都有两方，一方购买，另一方出售。从交易的两方来看，当时的价格似乎是公平价格。许多潜在的买方都有特定的出价，那就是在该价格水平上他们想购买一定量的股票。我们称之为限价指令，更具体地说，限价购买指令。同样，许多潜在的卖方都有特定的要价，那就是在该价格水平上，他们想出售一定量的股票。我们称之为限价出售指令。每笔交易都在公开市场上进行。我们认为在那个时刻最终交易股票的公平市场价值就是 35.10 美元。

某个交易资产的市场价格可以是一个特定的范围，从最高出价到最低要价，或者认为它是这两者的平均值。尽管这似乎非常简单，但是还有许多复杂的因素，最重要的因素就是出价购买的量、要价销售的量和资产可交易的量。（如果出价为 34 美元的购买量有 100 股、要价为 36 美元的出售量为 5 000 股，那么 1 000 股的市场价格，即在什么价格水平上能够买到 1 000 股，或者在什么价格水平上可以销售 1 000 股，该数值不一定在 34 美元到 36 美元之间。）

全国最优买卖报价

我们把在市场中可以找到的最好（最低）要价和最好（最高）出价称为全国最优买卖报价（NBBO）。它们也是经纪公司引用的价格。SEC 制定的全国市场系统（NMS）监管规则要求经纪公司保证客户按这个价格进行交易。（由于这些价格经常变动，我们还不清楚监管规则的具体含义。）

NBBO 整天都在更新监管的所有交易所的数据。然而，黑池和其他另类交易系统的价格并不包含在其中。

公开市场的存在，使得任何股票，几乎总有潜在的卖方愿意用等于市场价值或仅高于市场价值的价格出售，所以，那些一无所知的买方不可能用比股票市场价值高得多的价格在市场上购买股票。即使买方给出了以高于最低要价的价格购买股票的指令，购买指令也将以最低要价执行，除非另一个购买指令几乎同时到达市场，在此情形下，交易价格将是第二低的要价。如果买方没有确定出价，购买指令就是市场指令，以可获得的最低要价执行。同样，市场销售指令以可获得的最高出价执行。

另一类指令称为停止指令，目的是"止损"。停止指令设定一个停止价进行卖出，该价格低于当前市场价格，当最高的出价下跌到停止价，停止指令变成市场指令。对于某个证券，如果其价格快速下降，那么由于其他卖出指令，大量的停止指令低于停止价执行。停止指令的一种变异形式就是限价停损指令，它和停止指令类似，也是设定一个停止价，但是它也设定一个限价指令（要价），如果最高出价下跌到停止价，那么限价停损指令变成了限价指令。停止指令或者限价停损指令也可以是购买指令，它和卖出指令类似，这个卖出指令的出价和要价互换。（购买的停止价可以设定为空头头寸，我们将随后进行讨论。）

对于不经常参与市场交易的人来说，市场有两个特征令人惊奇。首先市场规模如此之大。例如，平均每个交易日，INTC 的交易量超过 2 000 万股。其次市场交易如此迅速。买卖 INTC 的市场指令执行时间少于 1 秒。

另外，对于不参与市场交易的人来说，股票价格的波动性（或风险）也可能十分令人惊奇。在图 1.1 和图 1.2 中，在截止日的前一年内，INTC 股票价格的波动范围大概是从 33 美元到 38 美元。例如，另一方面，在同一时期，CSX 公司（CSX）股票价格的波动范围大概是从 26 美元到 53 美元，RIG 股票价格的波动范围大概是从 9 美元到 19 美元。CSX 股票价格总在上涨，在 52 周内增长超过 100%。RIG 股票价格下降幅度超过 50%。其他股票价格的波动幅度更大。

市场上总是有特定出价的 INTC 的买方，也有特定要价的卖方。这些价格的报价单任何时候都能得到，尽管如果市场关闭，这些出价/要价可能没有意义。在交易时间内，买卖价差，就是出价和要价的差，对于一只活跃的交易股票来说，买卖价差将是报价的 0.01%。然而，并不是所有的股票都和 INTC 一样能够很容易地进行交易，对某些较小的地方公司的股票来说，可能没有活跃的出价或要价。出价或报价可能不活跃，也就是说，可能没有人愿意以给出的报价购买，也没有人愿意以给出的出价卖出。我们把这样的价格称为"乏味的"。对于"交易量小"的股票来说，如果市场上出价和要价都有，那么买卖价差可能非常大，超过 1%。我们把买卖价差和经纪人对二者进行匹配花费的成本称为"交易摩擦"。随着通过网络经纪和在线交易的出现，交易摩擦比以前降低了非常多。

定价差额

市场上当然存在异象。当某个大事件发生时，价格（和市场价值）几乎立即变化。影响市场波动的事件各种各样。董事的突然人事变动、宣布盈利比预期大幅增加或者大幅减少、兼并提案和其他未预料到的事件，都会使股票价格立即发生变化。许多事件都是在市场结束交易后的傍晚，或者在市场开始交易前的早上，才公开宣布。大事件通常都在非市场时间发生，因此，与那些只在正常市场进行交易的交易者相比，在非市场时间进行交易的交易者都会获利巨大，或者反之，损失巨大。

另一件能够使得某只股票价格波动的事情，就是披露著名的交易商或某个大型机构持有大量该股票。这能够使得大型交易商在披露后通过卖出持有股份获利。（美国法律要求持有超过某个阈值后必须披露，但是披露同时不能购买。）除了这些实际的事件，通过各种媒体公开各种报表，不管它们真假，都会使市场变动，或者特别使某家证券价格变动。

首次公开发行

对于新发行的股票来说，其公平市场价值未知。新发行的股票要进入市场，一个最常用的可行的方法就是首次公开发行（IPO），首次公开发行通过承销商进行，承销商通常都是投资银行或者几家金融机构的联合。在美国 IPO 被 SEC 严格监管。承销商必须注册，并且对未来发展前景和可能的风险提供评价。承销商设定要价。当交易开始，随着买卖双方给出出价和要价，价格上下波动，这就是价格发现时期。

具有历史价格的股票也同样波动，有的仅仅是由于一般市场变化，有的是由于出现了大事件。随着可能影响股票市场价值的大事件的宣布，价格出现波动，我们把其称为"价格发现"。

一类非常难以定价的资产就是加密货币。在去中心化账本中，区块链管理很多单元。随着其他不产生收入的资产的出现，加密货币的价值简单地由供给和需求决定。在账本中供给已知，但是需求随着交易者的情绪而变。加密货币通过首次代币发行（ICO）推出，现在（2019 年）还没有对其监管。随着 ICO 的出现，由于资产的基本性质，所以价格发现过程很少是有条不紊的。

成熟证券

在 IPO 或直接配售后，证券就可以向公众进行公开交易（也就是说，除通常的监管规则外，对交易没有约束），我们把这个市场称为"二级市场"。

在二级市场上进行公开交易的证券，在时间足够长后，就消除了初次配售的短期影响，我们把该证券称为"成熟证券"。一些监管机构规定公开发行后经过一定时间，才能使用"成熟"这个术语。例如，欧洲市场要求证券公开交易 40 天后，才能称该证券为"成熟"证券。我们通常用这个术语指某些公司债券。多数股票都是成熟的，但是由于多数公司债券有有限的到期日，所以某些公司债券是不成熟的。

一价定律

类似股票这样的资产通常在多个市场上进行交易。此外，我们通常也能使用折现的现值通过期权或期货合约构造等价资产。资产定价的基本原则就是"一价定律"，它规定了同一个资产在不同市场上的价格和任何等价资产的价格都相同。所有价格都经汇率和现值进行调整。

套利就是对价格不同的相同或等价资产进行的一些交易。由于交易将调整价格，所以套利只能暂时存在。通常，在金融分析中，我们假设不存在套利机会，也就是说，我们假设一价定律成立。

账面价值

因为股票价格表示人们所认为的资产的每股价值，所以我们可以计算标的资产的价值，并除以已发行股票的数量。我们把这称为账面价值。公司所有资产的价值，包括诸如土地、建筑物、办公设备等有形资产，以及无形资产（包括声誉和"好品牌"）。因此，账面价值也是变化的，这取决于公司会计部门如何确定各种资产的价值。

公司可以通过股票回购影响账面价值。如果公司在公开市场以低于账面价值的价格购买股票，那么账面价值上升；反过来，如果以高于账面价值的价格购买股票，那么账面价值下降。

2016 年 12 月 31 日，报告的 INTC 每股价值为 14.19 美元。（这个数据来自公司官方 10-K 存档文件。）12 月 31 日，INTC 的实际收盘价为 36.27 美元。不管账面价值是否变化，1 月 3 日的收盘价为 36.60 美元。

在此情形下，每股价格远高过账面价值的两倍。在 2017 年 1 月 3 日，和 INTC（技术）同行业的多数股票，股价对账面价值的比率更高。另一方面，许多其他公司该比率更低。

趋势线、移动平均线

我们通常可以通过某种平滑数据的方法得到股票价格较清晰的变动图形，也许仅仅是画一条"趋势线"。拟合趋势线的定量规则可能就是简单的最小二乘线性回归，主观上，可能就是画一条似乎通过多数点的直线，或者主观地从上边的点到下边点画一条线。

一个简单的客观平滑线就是移动平均线（MA）。对于给定的窗口长度，下一个窗口各个日期的价格，就是一个简单的价格平均：

$$MA_t(k) = \frac{1}{k} \sum_{i=1}^{k} p_{t-i} \tag{1.28}$$

对于日股票价格来说，我们通常使用以前 20 天、50 天或 200 天的数据。在一个 MA 序列的开始，平均值可以仅仅根据可获得的数值计算，所以，第一个平均值就是第一个数，第二个平均值是前两个数的平均值等。

我们把 MA 的一种变形称为指数加权移动平均线（EWMA）。EWMA 就是当前价格（在金融应用中，前一日的价格）和前一个 EWMA 的加权平均。如果在时间 t，当前价格为 p_t，指定当前价格的比例为 α，那么

$$EWMA_t = \alpha p_t + (1-\alpha) EWMA_{t-1} \tag{1.29}$$

式（1.29）并没有给出如何得到 EWMA 的初始值以进行递推。实际中，通常选择某个期限 k 来计算 MA，并作为初始值。尽管在任何时点，从进行平均开始，EWMA 都包括所有以前的价格，但是通常都用时期数表示，比如 k，这正如普通 MA。时期数定义为 $2/\alpha - 1$，我们通常也使用其他序列加权价格方法。一个普遍的方法称为"Wilder 平滑"。某些 MA 的名字不同，其差别仅仅在于构造权重时选择的"时期"不同。

在图 1.9 中我们用两种方法简单 MA 和 EWMA，给出了 INTC 的数据。

正如我们在图中所见，移动平均线比原始数据更平滑。50 天 MA 比 20 天 MA 更平滑。

移动平均模型是平滑模型，它们平滑掉了时间序列中的噪声，把一个时间序列变成一个平滑序列。把一个时间序列 $\cdots, p_{t-2}, p_{t-1}, p_t$ 平滑为另一个时间序列 $\cdots, S_{t-2}, S_{t-1}, S_t$,

$$\cdots, p_{t-2}, p_{t-1}, p_t$$
$$\cdots, S_{t-2}, S_{t-1}, S_t$$

其中 $\{S_t\}$ 有较小的变异，否则 $\{S_t\}$ 服从某个更接近的时间序列。我们也把一个平滑的序列称为一个"滤波"。（通常，滤波是把一个时间序列映射到同一个时域子集上的另一个时间序列的函数。）

EWMA（1.29）服从模型

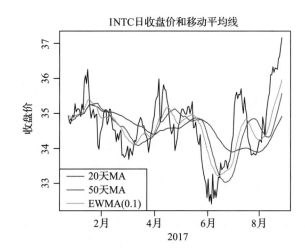

图 1.9   2017 年 1 月 1 日到 2017 年 9 月 30 日，
INTC 移动平均线（见彩插）

来源：雅虎金融

$$S_t = \alpha p_t + (1-\alpha) S_{t-1} \tag{1.30}$$

平滑后的序列可以进行再次平滑。如果我们将满足式（1.30）的序列表示为 $\{S_t^{(1)}\}$，并且 α 用 α_1 表示，那么，我们把 k 阶指数平滑定义为

$$S_t^{(k)} = \alpha_k S_{t-1}^{(k-1)} + (1-\alpha_k)S_{t-1}^{(k)} \tag{1.31}$$

我们在经济时间序列预测中广泛使用指数平滑方法。所谓的 Holt-Winters 预测方法使用了三阶指数平滑。Holt-Winters 滤波使用三阶指数平滑是为了处理时间序列中的季节性。

对于给定的某一天，价格可能高于或低于其移动平均的任何值。许多分析师基于股票目前市场价格和一个或多个移动平均的关系，决定股票目前价格是高于还是低于公平价格。

前面我们所描述的移动平均是过去值的平均，不包括当前值。这种方法应用到股票价格是适当的，如图 1.9 所示。对于给定的某一天，移动平均并不包括当天的价格。然而，在一些其他应用中，对于给定时点，可以对该点前边或后边的数据进行平均，从而平滑时间序列。

对于一个固定开始点，在对时间序列进行移动平均时，另一个考虑的因素就是如果前边数据不够，那么使用什么数值进行移动平均。针对这种情况，一个明显的方法就是对序列前边几项只使用前边所有可获得的数据进行平均，直到获得足够的数据进行移动平均为止。

收入和收益

股份表示股本的所有权，股本能够产生收益，收益是企业经营的结果，或者是企业经营范围内其他业务的结果。

我们把某时期公司收到的总收入减去调整额，称为该期收入。我们有时把收入称为"销售额"。这里的调整可以是对退货或者对取消的销售的调整，也可以是对销售后的销售收入的折扣。销售可以是商品，或者是服务，或者是其他考虑。我们有时也把收入称为"营业收入"。

一种度量每股价格相对于其本身价值的指标，是计算每股价格对每股销售额或收入的比率，这就是市销率（PSR）。

我们把收入减去成本称为收益。收益是对于某个固定时期来说的，通常是某个季度或某年。我们也把收益称为"净收入""利润"或"净利润"。

一个广泛使用的度量每股价值的方法就是计算每股的收益。这就是每股收益（EPS）。这里的收益可以用过去某个时期的收益计算（历史收益），也可以用未来某个时期收益的估计值计算（未来收益）。计算收益的标准期限是一年，尽管大多数公司都按季度计算和报告收益。

一种使用收益计算股票价值的方法就是计算市盈率（PE）。如上所述，这个比率可以用历史收益或未来收益计算，尽管 PE 的使用者可能忽略了使用哪一个收益计算 PE。

公司可以选择用股利的形式给股东分配部分收益，也可以把收益进行再投资以改善公司的整体发展前景。我们把用股利形式支付的收益比例称为股利发放率。收益的分配，即以股利形式分配给股东和增强公司自身增长进行再投资，这二者的比例取决于公司的性质，并且随着公司的发展而变化。与成熟的公司相比，一般新公司以股利形式分配的收益更少。

给任何资产估值的一般方法就是把该资产在某个时期甚至是未来产生的预期总收入折现到现在的价值。我们把这种估值方法称为折现现金流（DCF）。把未来时间 $t_1, t_2, \cdots$ 的现金收入 c_i 按照式（1.16）折现到当前时间 t_0 为 $c_i e^{-r(t_i-t_0)}$。（注意，在复利情形中，本金不断增长，这里 c_i 并不一定与该本金成比例，因此，由这些项构成的无限序列收敛。）

因为股利是股票持有者唯一的实实在在的收益，所以一种显而易见的度量股票价值的指标是用所有将来股利的现值表示。Williams（1938）提出了这种给股票进行估值的方法，并且给出了一个基于这种定价机制的计算股票公平价值的简单公式。Gordon 增长模型在假设股利增长率不变的条件下，得到了一个无限收敛序列，给出了股票的"最终值"。显然，关于未来股利流增长率不变，以及存在无风险利率的时间序列的必要假设，使得这种股票估值的方法除了作为理论上的推导外，本质上毫无用处。

基于 2016 自然年度 INTC 报告的收益和 2017 年 1 月 3 日的收盘价，该日 INTC 历史 PE 为 15.19。2016 自然年收益在该时刻已知。1 月 3 日 INTC 的价格为 36.60 美元合理吗？低价将导致较低的 PE，而高价将导致较高的 PE。2017 年 1 月 3 日，INTC（技术）同行业的大多数股票的 PE 都比 15.19 高。

1 月 3 日，基于 INTC 收盘价 36.60 美元，计算的其未来 PE 是 11.32。未来 PE 是一个估计值或预测值，当然，这取决于人们使用的预测方法。各种金融机构都使用公司报表，这包括客观的利润表和资产负债表，以及主观的陈述（"电话会议"），估计下一年度的收益。（这里，汤森路透社提供 INTC 未来 PE。）

公司可以通过股票回购影响其 EPS 及 PE。当发行在外的总股票量下降，其他情况不变，那么 EPS 将增大，PE 下降。

Robert Shiller 提出了"周期性调整后的市盈率（CAPE）比"，他使用 10 年期经过通货膨胀调整后的每股收益，从而消除了不同经济周期所导致的公司利润的波动。该比率使用价格除以经通货膨胀调整后的 10 年收益的平均值。（数据进行通货膨胀调整，一定程度上是主观的，这里尽管我们不进行详细地讨论。）CAPE 比也被称为 Shiller 的 PE 比。

该比率经常用于指数而不是个股。有时也用来评价市场估值是被低估还是被高估。

从表面上看，收益似乎是一个十分客观的量，但是，人们在决定收益时也有许多可以自由决定的方面。FASB 确定了一些具体的会计原则，称为公认会计准则（GAAP），从而使得财务报表满足一定的一致性。我们把遵循这些准则计算的收益称为 GAAP 收益。即使如此，也有一些自由裁量的开支和记账能够影响 GAAP 收益，特别是对于某个给定时期的收益。非 GAAP 收益的种类很多。一个最常用的就是 EBITDA（息税折旧和摊销前收益）。

另一个有用的估值比率就是企业价值与 EBITDA 的比，或 EV/EBITDA。这个比率更精确地反映了公司价值对其自由现金流的影响，因此，在公司兼并或收购时，主要使用这种方法对公司价值进行评估。

供给和需求

在经济学中，一句主要名言就是价格是由供给和需求决定的。对于给定的一只股票，其"供给"取决于有多少股份。对于股票来说，"需求"通常基于人们所认为的价值，而不是基于股票的经济需要，或基于生产某些产品的需要。然而，对许多股票存在某些数量不定的需求。除了像账面价值和每股收益等其他股票价值因素，希望拥有股票的人数也影响其价格。

在许多理想的金融分析中，一个关键假设就是各种资产价格都处于均衡状态；也就是说，每种资产的供给和需求相等。

股票之所以在一定程度上与其他经济商品不同，这是因为股票通常可以"卖空"；也就是说，交易者可以借股票并卖出所借股票（参见 1.2.8 节）。卖空者最终必须买回股票，偿还所借股票，因此，有一部分股票需求是已经卖空的股票。交易者通常都研究某个股票的卖空总额（也就是已经卖空的该股票的数量），估计股票需求中这部分的比例。某些"市场价格飞快上涨"的股票卖空总额可能超过已发行股票总额的 30%。

公司回购就是减少已发行的股票总额，通过供给和需求机制，公司回购也可以影响股票价格。

资产定价模型

我们上文间接提及的另一种资产定价方法就是把资产收益对其他资产的收益进行回归，每个收益都用无风险收益进行调整。根据这个结果，我们得到了一种与"市场"有关的收益的度量方法。这个模型使用可观察到的数值得到资产收益的数值，从而决定了资产的价格，这个价格是根据模型得到的。这个"市场模型"也能结合其他经济因素，得到的模型称为"因子模型"。这种一般的资产定价模型有多种推广形式，比如"资本资产定价模型"（CAPM），它是资产价格和类似资产现行价格之间的回归关系；另一模型基于无套利假设，也就是根据"套利定价理论"（APT）。

我们将在 1.2.6 节用一个简单回归模型进行说明，并且在 4.5.2 节更一般地讨论回归模型。

套利机会取决于超过无风险利率的期望收益。金融建模的一般方法就是假设期望收益率等于无风险利率。这个假设和基于这个假设的方法称为风险中性。

行为经济学

尽管标的资产的基本价值和可能的供给和需求都会影响股票价格，但是投资者的信念、冲动、贪婪和希望都显著地影响股票价格。正如早先提到的，最近上升的股票价格更可能继续上升。在许多情形下，这种现象除了价格最近上升这个因素似乎不存在其他理由。我们把价格沿着给定的方向继续运行的趋势称为动量。

向上动量通常受到交易者错失恐惧症（或 FOMO）的支持。如果交易者观察到其他交易者盈利，这也会影响他们自己的决策过程。当然，错失恐惧症有两方面的作用，如果交易者观察到其他人遭受损失，为了减轻自己遭受到的损失，他们可能快速行动。按照交易者自己的说法，FOMO 中的"害怕"实际上是"贪婪"，而由于贪婪总是被害怕打败，所以交易者总是"走楼梯上、乘电梯下"。对于许多 IPO 的参与者和大多数 ICO 的参与者来说，他们进行交易的主要驱动因素就是 FOMO。

行为经济学对资产价格存在普遍的影响。人们对总体经济和总体政治气氛的感受也影响股票价格。

1.2.5 股票分割、股利和资本收益

对于任何一个公司，其发行在外的股份是董事会（以及现有股东也可能参与）决策的结果。比如说，如果公司发行在外的股份有 1 000 万，每股价格为 S，这和发行在外的股份有 2 000 万，每股价格 $S/2$ 等价。这就是股票分割的思想。

因为大多数美国股票的交易价格在每股 20 美元和 200 美元之间，所以，每股价格为 300 美元的公司，可能认为每股 100 美元的股票更适合投资者。一拆三的股票分割将马上使得每股价格降低为原来的三分之一，同时不会影响任何投资者持有股票的总市值。

另一方面，对于交易价格为每股 5 美元的公司来说，可以通过反向分割增加每股价格。三合一的反向分割将使得每个投资者持有的股票量减少为以前的三分之一，同时使得每股价格增长为 3 倍。

股票分割并不会导致股票所有者收入变化。（这里的"收入"是政府征税机构定义的一个专门术语，并不一定与收到的资金有关。例如，某个共同基金的持有者可能收到"收入"，尽管没有收到任何资金或者共同基金的资产价值没有增加，但是，持有者也需要纳税。）

股票分割也称为股票股利，特别是当股票分割导致当前的 1 股少于 2 股时。

我们把用现金支付的股利，简单地称为股利，大量股票都支付现金股利。因为现金股利减少了公司总值，所以现金股利减少的股票价格等于每股分配的股利数。现金股利让股票拥有者获得收入。许多公司和经纪公司都提供股利再投资计划（DRIP），凭此可以把全部或部分股利按照分配股利时的股票价格购买股票。

公司也可以把资本收益返还给股东。因为资本回报减少了公司总价值，所以资本回报所减少的每股价格等于每股收益。作为资本回报的资金不是股票所有者的收入。在一定程度上它们减少了股本的成本基础。（"收入"和"成本基础"它们所涵盖的范围非常重要，因为这涉及税收的计算。）

股票分割和调整后的价格

每当股票进行分割，为了绘制历史价格图，如图 1.1 和图 1.2，该股票的历史价格记录必须进行调整才有意义。股票分割的调整很简单。如果把一份股票分为 k 份，那么通过对分割前所有价格除以 k 进行调整。

股票分割后，对价格进行调整不只是为了历史价格图有意义，为了实际财务需要也必须调整，这涉及有条件的订单和各种合约，这些合约都设定了某个价格。例如，执行价格为 90 的看涨期权，股票进行一分二分割后，执行价格调整为 45。（我们将从 1.2.7 节开始讨论期权。）

在任何给定日，某只股票调整后的价格可能在未来不同日期不同。因此，在表 1.3 中，在 t_1 时刻，某只股票每股市场价格为 S_{t_1}，而在 t_2 时刻，市场价格为 S_{t_2}，在随后的 t_3 时刻，股票进行一分 k 的分割；因此，在 t_3 时刻，t_1 时刻调整后的价格为 S_{t_1}/k，在 t_2 时刻调整后的价格为 S_{t_2}/k，而目前市场价格为 S_{t_3}。直到再一次调整，才出现调整后的价格。在随后的 t_4 时刻，股票进行一分 m 的分割；因此，在 t_4 时刻，t_1 时刻调整后的价格为 $S_{t_1}/(km)$，在 t_2 时刻调整后的价格为 $S_{t_2}/(km)$，在 t_3 时刻，价格变为 S_{t_3}/m，而当前价

格为 S_{t_4}。历史价格随着每次股票分割而进行调整。如果股票分割是反向分割，那么调整按相同方法进行；也就是 k 小于 1。

表 1.3　股票分割后调整后的价格

时间		t_1	t_2	t_3	t_4
价格	→	S_{t_1}	S_{t_2}		
股票分割				一分 k	
调整后的价格	→	S_{t_1}/k	S_{t_2}/k	S_{t_3}	
股票分割					一分 m
调整后的价格	→	$S_{t_1}/(km)$	$S_{t_2}/(km)$	S_{t_3}/m	S_{t_4}

股利和资本收益

其他调整以反映发放股利或资本收益。公司提前宣布这两项事项，并且设定除息日。在除息日的市场交易日所有登记在册的股东将随后收到股利或资本收益。除了某些例外的股利和资本收益，这些调整不影响期权执行价和条件订单确定的价格。

价格调整非常简单。假设某家公司宣布每股分配 d 股利、除息日为 t_2。假设在时刻 $t_1 < t_2$，每股未调整的价格为 S_{t_1}，我们预期在时刻 t_2 价格为 $S_{t_1} - d$，由于市场交易，市场价格在正常变化范围内；也就是

$$S_{t_2} = S_{t_1} - d$$

因此，在 t_1 时刻，调整后的价格为

$$\widetilde{S}_{t_1} = \left(1 - \frac{d}{S_{t_1}}\right) S_{t_1} \tag{1.32}$$

所有以前的历史价格都按照这个量进行调整，有

$$\widetilde{\widetilde{S}}_{t_k} = \left(1 - \frac{d}{S_{t_1}}\right) \widetilde{S}_{t_k}, \quad t_k < t_2 \tag{1.33}$$

其中，$\widetilde{S}_{t_k}$ 是 t_2 时刻调整后的价格。

举例来说，在 2017 年 7 月，INTC 宣布每股分配股利 0.273 美元，除息日为 2017 年 8 月 3 日。因此，从 8 月 3 日到下次股利分配事件发生为止，在 2017 年 8 月 3 日前历史价格的调整方法就是把以前的价格乘以调整因子 $1 - 0.273/36.64$ 或者 0.992 549 1。在表 1.4 中，例如，我们发现 8 月 1 日的实际收盘价为 36.35 美元，调整后的收盘价为 $(1 - 0.273/36.64)36.35$ 或者 36.079 16。

表 1.4　分配股利后 INTC 调整后的价格

	开盘价	最高价	最低价	收盘价	调整后的收盘价	
2017-08-01	35.928	36.703	35.837	36.35	36.079	
2017-08-02	36.603	36.945	36.331	36.64	36.367	
2017-08-03	36.550	36.590	36.150	36.49	36.490	分配股利 0.273
2017-08-04	36.450	36.560	36.100	36.30	36.300	
2017-08-07	36.390	36.550	36.220	36.43	36.430	

来源：雅虎金融

由上表，可以得到一系列历史调整后的价格，比如 8 月 3 日、4 日……直到下次调整事件发生。在下一次调整事件发生后，该次事件以前的历史价格也将进行调整。

对这个例子进行回溯，2017 年 4 月，INTC 宣布每股分配股利 0.273 美元，除息日为 2017 年 5 月 3 日。在 5 月 3 日到 8 月 3 日（这是下次征税事件）之间，历史价格将用 $(1-0.273/36.97)$ 进行调整。这些调整后的价格将在 8 月 3 日再次进行调整；因此，在 8 月 3 日、4 日……直到下次调整事件发生。5 月 1 日调整后的历史价格为

$$(1-0.273/36.97)(1-0.273/36.64)36.31=35.773\ 33$$

如表 1.5 所示。

表 1.5　分配股利后 INTC 调整后的价格

	开盘价	最高价	最低价	收盘价	调整后的收盘价	
2017-05-01	36.652	36.946	36.479	36.31	35.773	
2017-05-02	36.916	37.586	36.895	36.97	36.424	
2017-05-03	36.996	37.449	36.895	36.98	36.704	分配股利 0.273
2017-05-04	37.268	37.389	36.915	36.85	36.575	
2017-05-05	37.137	37.207	36.774	36.82	36.546	

来源：雅虎金融

资本收益也需要对价格进行调整。调整方法和股利分配使用的价格调整方法相同。唯一差别就是对股票所有者的税收影响不同。

总收益率

总收益率等于资产价格的变化率加所收到的盈利的比率。在计算过程中，如果考虑了股利，使用调整后的价格。使用调整后的价格和使用未调整的价格（此时，需要加入股利），在计算收益率时稍微有点差别。这可以用一点简单的代数计算，且从式（1.32）中发现有：

$$\frac{S_{t_2}-\widetilde{S}_{t_1}}{\widetilde{S}_{t_1}}\neq\frac{S_{t_2}+d-S_{t_1}}{S_{t_1}} \tag{1.34}$$

如果股利相对较小，那么两个表达式的差别也较小。

有了资本收益引起的价格调整方法，就可以计算总收益率的差别。这些小差别造成了金融产品广告中声称的收益率之间的差别，但是，对我们统计分析方法的研究来说，只要我们注意到计算方法的不同，不存在实际的影响。（CFA 协会为共同基金计算收益率制定了指导规则，这会影响广告结果。）

1.2.6　指数和"市场"

在美国市场中，有数千只活跃交易的股票。任何一个交易日，有的价格上升，有的价格下降。指数是某个时点各种股票价格相对于另一个时点相应股票价格的总水平的度量。除了描述所有股票价格的指数，还有各种指数用于度量其他金融资产的价格水平或"市场"的其他方面。本节，我们的讨论集中于股票指数。

股票指数

股票指数是一系列股票的平均价格，可能是"整个市场"，也可能仅仅是最大公司的

股票，或者可能仅仅是其他集团的（比如较大的生物技术公司）某类股票。然而，对于任何给定的一些股票来说，人们至今还没清楚如何用一种有意义的方法求股票价格的平均值。

19世纪90年代，华尔街日报的Charles Dow开始使用仅仅几个股票收盘价的平均值度量股票市场价格总水平，Dow设计了各个行业的市场指数。目前，广泛使用的指数就是道琼斯工业平均指数（DJIA，或仅仅用"道琼斯指数"表示），它是Dow设计的初始指数之一，沿用至今。目前DJIA是在NYSE或者Nasdaq上市的30家大型企业的股票价格之和除以固定的分母。（例如，INTC是DJIA中的30只股票之一。）有时，道琼斯指数的股票成分也进行调整，分母也同样调整，使得股票成分替换时，指数值不变。

作为"平均值"，DJIA是价格加权；也就是说，它仅仅是各个构成成分的价格之和除以某个固定数。单个成分股票的权重并不依赖于其公司市值的大小，只取决于其每股价格的多少。例如，2017年1月3日，INTC未调整的收盘价为36.60美元。道琼斯指数另一个成分股高盛（GS）的收盘价为241.57美元。该日DJIA的收盘价为19 881.76美元。这个数字的计算过程为

　　（36.60＋241.57＋28只其他股票收盘价之和）/0.145 233 968 773 48

使用该日的分母值。（这个分母值在2018年6月26日调整。）

高盛价格对道琼斯指数的影响超过INTC价格影响的6倍之多，尽管INTC所有已发行股份的市场价值接近高盛所有已发行股份的市场价值的2倍。

如果DJIA的某个成分股进行1分2的股票分割，那么其在DJIA的权重就减少1/2。此时，分母也需要改变，使得计算得到的DJIA的值不变。所有成分股的相对权重都改变。

另外两个广泛使用的指数就是标准普尔500指数（S&P 500）和Nasdaq综合指数。这两个指数都是市场价值加权指数，也就是说，每个成分股用股票的市场价值加权。市场价值加权指数也称为公司市值总额加权指数。因为股票分割并不改变股票的市场总值，所以，股票分割并不影响市场价值加权指数。S&P 500由在NYSE或Nasdaq上市的接近500家市值总额较大的美国公司构成，是美国股票市场最常用的基本指数之一。（例如，INTC在2017年和2018年作为505只股票之一，都包括在该指数中。）然而与DJIA相比，S&P 500包含的股票个数更多，涵盖市场的范围更广，由于使用公司市值总额加权，S&P 500中最大的2%的公司（也就是有10只股票），最近几年市值超过指数市值的18%。

2003年，S&P推出了S&P 500等权指数（EWI），其构成和S&P 500所包含的股票相同，但是它们的权重相同；也就是说，在该指数中所有股票的价值相同，与股票价格或股票的市场价值无关。当价格变化时，市场价值加权指数和等权指数都要重新平衡每个股票的相对量。

Nasdaq综合指数是在Nasdaq市场交易的将近3 000只股票的价格加权平均。Nasdaq综合指数也被10家或15家最大市值公司所控制。（例如，INTC是Nasdaq成分股之一，其权重比指数中大多数其他股票的权重都高。）

"主要指数"有道琼斯工业平均指数、S&P 500指数和Nasdaq综合指数。图1.10给出了这三个指数从1987年到2017年走势比较图。（我们通常把道琼斯工业平均指数称为"道琼斯指数"或仅称为"道氏指数"，尽管还有其他道琼斯指数，最常用的是道琼斯运输工业平均指数和道琼斯公用事业平均指数。）

我们从图 1.10 很容易得出两个结果，一个是 DJIA 和 S&P 500 之间呈现出非常强的相关性，另一个就是 Nasdaq 走势与二者不同并且呈现出非常强的波动性。DJIA 仅由 30 只股票构成，但是它较好地追踪了由较大市值公司股票构成的涵盖较广的指数。我们印象更深刻、意见一致的另一件事情就是 DJIA 是价格加权的。正如我们上文所述，这意味着由于成分股的市场规模不同，它们对整个市场的相对影响也不同，它们对指数的相对影响与我们所认为的不一致。另一方面，比如 S&P 500 或 Nasdaq 综合指数，这些市场价值加权指数仅由几个市值较大的公司所决定。在第 4 章练习 4.20 中，要求基于道琼斯 30 只股票的主成分载荷构造一个指数，并分析该指数的表现。（没有任何约束，这样的指数可以卖空。）

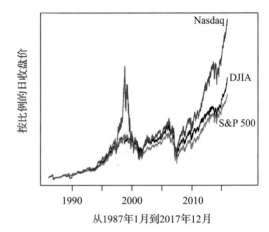

图 1.10   1987—2017 年间主要指数的日收盘价（见彩插）

来源：雅虎金融

Nasdaq 在 20 世纪 90 年代和 2010 年后经历了两次引人注目的快速上涨。这两次都是由于 Nasdaq 市场上市公司的构成不同。相对于整个市场，大多数公司都属于计算机和信息技术部门、生物技术部门。最近几年，这两个领域发展迅速，在这两个时期，与这些领域有关的公司都实现迅速增长。

比 Nasdaq 快速上涨更引人注目的现象就是 2000 年左右其快速下跌。其发生正处于"互联网"泡沫崩溃时期。信息技术空间领域的许多公司既没有盈利也没有资本，但是这些公司空口承诺将来快速增长。甚至这些行业的许多公司确实没有盈利和合理的资产负债表，它们也有三位数的 PE 比。市场关于这些股票价格持续上涨的情绪在 20 世纪 90 年代末变弱，并且在 2000 年几乎达到恐慌程度。

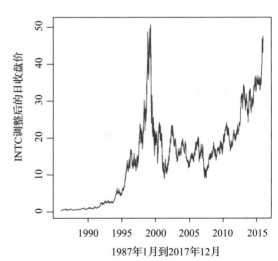

图 1.11   1987—2017 年 INTC 调整后的日收盘价（见彩插）

来源：雅虎金融

许多信息技术公司在 2000 年左右破产倒闭，那些盈利很好、市场前景不错的公司股票也受到影响。此时，Intel 公司处于微处理器和其他芯片行业的领先地位，结果，Intel 公司高涨的股价没能维持高位，与那些只有梦想没有资产支撑的公司一样，股价也遭到重创。图 1.11 给出了 1987 年到 2017 年 INTC 股价的市场表现。它和图 1.10 给出的同期 Nasdaq 综合指数的走势非常接近。然而，从 2010 年开始它的上涨与 Nasdaq 综合指数的增长没有十分匹配。从 2000 年开始，Intel 公司所处的市场部门被称为"旧技术"。

我们注意到图 1.10 给出的 1987 年到 2017 年三个指数在这两个时期都下跌到多年的低水平。2000 年左右互联网泡沫的崩溃对大多数股票都产生了影响，不仅仅是高技术企业。尽管不缺乏对任何市场抛售的解释，但是大多数情形，我们所能说的只是"它们恰好发生了"。对这种下跌的简单解释就是股价"太高了"。这种解释仅仅是缓兵之计，问题是股价多高算高，股价太高的原因为何。

我们从图中发现另一市场低迷时期是 2008 年左右，对此有更多的解释。这段时期被人们称为"大萧条"，其原因追溯到三个方面：其一是借款者和贷款者的"贪婪"；其二是部分贷款者的欺诈行为，他们把贷款重新包装，通过资产证券化，转化为担保不足的金融产品；其三是那些购买这些金融产品的银行和投资者的愚蠢行为。

除了上文提到的三个主要市场指数，还有一些广泛使用的其他指数。较为重要的指数就是罗素指数。罗素 3000 是由美国 3 000 家最大上市公司按照市场市值总额加权得到的指数。人们有时认为这个指数较好地度量了"整个市场"的状况。罗素 2000 是这 3 000 家公司中最小的 2 000 家构成的指数。人们通常用它作为度量"小市值"公司的指数。除此之外，还有纽约股票交易所（NYSE）综合指数，它是所有 NYSE 上市股票的平均值。

人们还编制了各种专门的指数。学术界广泛使用的指数有各种 CRSP 指数，它们是根据芝加哥大学证券价格研究中心编纂整理的数据库编制的。CRSP 数据库是 20 世纪 60 年代编纂整理的第一个数据库，由回溯到 1926 年所有 NYSE 股票的月度价格构成。后来，数据库推广到包括日价格、在其他美国市场进行交易的股票价格和其他金融数据。在现代计算和通信出现前，在学术研究中人们广泛使用 CRSP 数据。

股票指数的调整

任何时点，股票指数都是根据当时股票价格计算得到的。正如我们所提到的，因为 S&P 500 和 Nasdaq 都是市场加权的指数，所以它们对诸如股票股利等股票分割进行了自我调整。DJIA 通过改变分母数值进行调整。然而，这些指数并不会对通常的股利（或资本回报）进行调整。图 1.10 给出的数值图没有进行调整。它们没有充分反映它们所代表的股价的总收益率。

正如我们在 1.2.5 节所得到的股票价格历史调整数据一样，我们也可以根据调整数值构建指数。然而，这意味着每当指数成分股中有股票分配股利时，图 1.10 中的图形也必须进行调整。

正如我们所看到的表 1.4 和表 1.5 中的例子，给定日期的调整值随时会改变。这是调整的本质，它们随具体设定的时间有不同的值。直到下次价格调整事件发生前，这些数值都是有效的。

总收益问题的另一种解决方法就是构造一个单独的总收益序列，在这个序列中包含了股利或其他收益。然而，并不存在一种方法能够避免设定时间不同、总收益不同的问题。在 1.2.5 节针对调整后的收盘价，所设定的时间就是当前现在。在所构造的总收益序列中，所设定的时间就是选择过去某个时间。

当然，对任何数据进行分析，都可以选择某个过去具体时间，并且从该时间开始，计算指数中所有股票的累计股利（并且已经有许多投资者和机构对主要指数进行这样的处理，从不同时间开始）。我们把 S&P 500 一个常用的总收益指数称为 SP500TR，该指数的开始时间为 1988 年 1 月。

图 1.12 给出了从 1988 年 1 月到 2017 年 12 月 S&P 500 总收益（SP500TR）与未调整的 S&P 500 的相对表现。

对数变换

在观察了 30 年期的三个主要指数的图形后，我们暂停一下上述的讨论，指出上述图形或其他资产的图形的一些特点，就是它们往往按照一定的稳定增长率不断增长。

在绘制的资产价格或者指数图中，它们总是按照与其规模大概成比例的增长率增长，数值较小时的收益率与数值较大时的收益率相比，增长趋势不明显。例如，在图 1.10 中，与 1990 年到 2000 年间相比，2010 年后指数似乎增长得更快（忽略 Nasdaq 泡沫）。

对于收益恒定的任何量，其图形都是按线性比例增长，收益率似乎不是恒定的。对于

$$y = b^x$$

y 是 x 的指数曲线，但是 $\log(y)$ 是 x 的线性曲线。因此，在绘制类似图 1.10 的那些图形时，有时把纵轴的数值进行对数变换。尽管在本书大多数图形中，我将继续使用线性图形，但是这里简略给出两者之间的区别，这是一个非常合适的机会。

图 1.13 绘制了和图 1.10 相同的数值，但是该图中纵轴的数值取对数。

与图 1.10 中图形的指数趋势相比，图 1.13 中图形的基本趋势都是线性的。有时对数变换使得解释更简单。

市场部门

市场中某个"部门"由具有某些相同性质的股票组成，比如公司经营的行业相同，或者与市场价格变化趋势相比价格一起涨跌的股票。我们可以在这个意义上使用这个术语，并且给定部门的股票构成不能具体确定。国际上编制两个主要股票指数的公司，标普全球

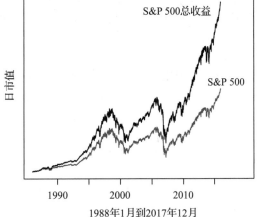

图 1.12　1988 年 1 月到 2017 年 12 月每日 S&P 500 与 S&P 500 总收益数据（见彩插）

来源：雅虎金融

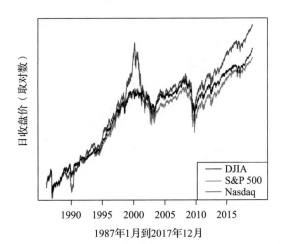

图 1.13　取对数后，主要指数的日收盘价（见彩插）

来源：雅虎金融

（正式名称标准普尔）和 MSCI 公司（正式名称为摩根士丹利国际），编制了 12 个部门的标准集，我们把它称之为全球行业分类标准（GICS）。这些部门进一步分为行业组、行业和子行业。GICS 把市场公开交易的每个公司都分给某个组，且分配一个代码。金融业广泛地使用 GICS 代码系统。

基于指数或市场部门的交易所交易基金

指数并不是可交易的资产，尽管基于许多指数有各种可交易的衍生产品。市场上有许多追踪各种指数的共同基金或交易所交易基金（ETF），它们根据特定的指数或市场部门构造股票的投资组合。我们把追踪某个指数的 ETF 称为指数 ETF，追踪某个部门的基金称为部门 ETF。和普通股票一样，ETF 份额在公开市场进行交易。

金融机构设计 ETF，并持有该 ETF 中的各个证券，构成一个投资组合，并且按照投资组合中各个证券的比例享有各个证券相应的收益。承销的金融机构通过定期地按照投资组合总市值提取一定比例费用获得收入。许多金融机构提供 ETF 产品并且在市场上进行交易。这些大型金融机构有：黑岩，该公司有许多 ETF，一般名字都有安硕（iShares）；道富环球投资管理公司，该公司也有许多 ETF，一般名字中都有 SPDR；以及 ProShares。

市场上有一些 ETF 追踪主要指数。最大的一只 ETF 为 SPDR SPY，它追踪 S&P 500，在 1993 年 1 月推出，是最早的 ETF。SPY 股利收益反映了 S&P 500 股票的收益。图 1.14 给出了 1993 年到 2017 年 SPY 和 S&P 500 的相对表现。在这两种情形中，给出的价格都对股利进行了调整。（所给出的 S&P 500 是 SP500TR，这也是图 1.12 中的图形。）纵轴表示 SP500TR 和调整后的 SPY 月收盘价之差，用 SP500TR 的百分比表示。在这 25 年间，基金公司收费减少了大约 3.5% 的净值。图中曲线出现波动的原因是 SPY 交易的变化和股利支付的时间。

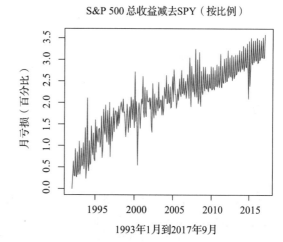

图 1.14　1993 年到 2017 年调整后的 S&P 500（总收益）和 SPY 的日收盘价之差（见彩插）

来源：雅虎金融

市场中还有许多 ETF 追踪许多其他指数，或者仅仅是追踪某个市场部门。一个部门 ETF 有可能使该部门所有股票的权重相同，也就是说，该部门各个股票保持几乎相同的总市值，或者说，所有股票的权重与其市场总值相等。

许多部门 ETF 都基于 GICS 市场部门，但是我们也可以认为每个 ETF 投资组合中的股票所定义的"市场部门"不同于任何 GICS 部门。某个 ETF 投资组合也可以是由股票份额、商品合约或商品本身（例如 SPDR GLD，它持有实物黄金）组合而成。

杠杆工具：超 ETF 和反向 ETF

我们有了基于某个主要指数设计的 ETF，利用它可以设法超过该指数收益，这里以日收益作为比较基准。我们把这样的 ETF 称为"超 ETF"。人们通过超 ETF 获得超额收益的方法就是使用杠杆、债券、期权和互换以及其他衍生品,因此,这样的超 ETF 与 ETF 的基本形式有所不同,通常的 ETF 追踪指数或市场某个部门的表现。ETF 一般都持有股票而不是持有互换和衍生品。

ProShares 的超 S&P 500(SSO)谋求二倍 S&P 500 的日收益(未扣除费用和成本!),它们的超 Pro S&P 500(UPRO)谋求三倍 S&P 500 的日收益。图 1.15 给出了起始于 2009 年 6 月,包含同样天数的 4 个不同时期,UPRO 的日对数收益与 S&P 500 收益的比较图。UPRO 的收益方向相同但是在所有情形中绝对值都更大。

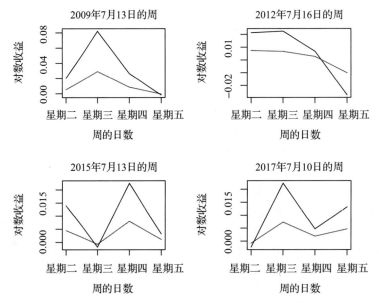

图 1.15   在选择的 4 个周中,UPRO 未调整的日收益和 S&P 500 的日收益(见彩插)
来源:雅虎金融

人们还设计了能够获取指数反向(负)收益的 ETF,同样,这里也以日收益作为比较基准。例如,ProShares 卖空 S&P 500 ETF(SH)获取 S&P 500 日反向(负)收益。它们的超卖空 S&P 500 ETF(SDS)获取二倍 S&P 500 日负收益。人们获取这些收益的方法就是使用卖空和衍生品交易。图 1.16 给出了起始于 2006 年 7 月,包含同样天数的 4 个不同时期,SDS 的日对数收益与 S&P 500 收益的比较图。SDS 的收益绝对值更大,在所有情形中,方向也相反。

我们把谋求追踪指数、市场部门和商品的负收益的 ETF 称为"反向 ETF"或"卖空 ETF"。我们也把它们称为"逆向 ETF",有许多这样的 ETF。例如,ProShares 有一个反向 ETF,称为超卖空石油和天然气(DUG),它寻求日投资收益(未扣除费用和成本!),其二倍于反向(负)道琼斯美国石油和天然气指数的日收益。这个基金主要通过卖空商品合约本身获取这种收益。(ProShares 也有 ETF,称为 DIG,该基金追踪道琼斯美国石油和天然气指数收益。)

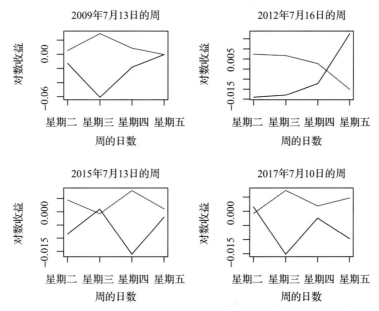

图 1.16　在选择的 4 个周中，SDS 未调整的日收益和 S&P 500 的日收益（见彩插）

来源：雅虎金融

超 ETF 和反向 ETF 持有资产的性质，使得它们与只持有股票的 ETF 完全不同。金融机构把各种超 ETF 和反向 ETF 汇集在一起作为短期持有品进行兜售，并且强调这些基金的目标就是获得日收益，并且给出了这些基金的日收益率和目标日收益率的关系。

市场上有几百种 ETF，它们的总交易量（按美元计算）和所有挂牌股票的总交易量的数量级相同。表 1.6 给出了一些 ETF 和它们的市场焦点。（除了那些追踪主要指数的基金，表中 ETF 的交易量不一定大。）

表 1.6　某些 ETF

QQQ	Nasdaq100	GLD	实物黄金
DIA	道琼斯工业平均指数	GDX	黄金冶炼公司股票
SPY	S&P 500	AMLP	能源部门 MLP
SSO	2×S&P 500	DEMS	预期在民主党政策下繁荣的股票
SDS	−2×S&P 500	GOP	预期在共和党政策下繁荣的股票
EEM	MSCI 新兴市场指数		

其他市场、指数和指数代表

许多地区都有一些股票和其他证券的主要市场。在欧洲，活跃市场有伦敦、巴黎和法兰克福。在亚洲，活跃市场有东京、香港和上海。这些市场都有一个或多个广泛使用的指数。表 1.7 列出了这些市场和它们的指数。在练习 A1.25 中，要求读者从这些指数中选择一些指数与 S&P 500 的历史业绩进行比较，和图 1.10 给出的图形类似。

表 1.7　国际市场和指数

伦敦	FTSE-100（市值加权）	东京	Nikkei-225（价格加权）
巴黎	CAC-40（市值加权）	香港	恒生（市值加权）
法兰克福	DAX（市值加权）	上海	上证综合指数（市值加权）

当然，尽管我们不能对指数进行交易，但是在这些国际指数中，有一些指数存在活跃的期权市场。此外，许多 ETF 追踪这些指数，或者追踪这些指数中的部门指数。还有一些 ETF 追踪这些指数的组合，或国际市场的其他指数。也有许多追踪较小国际市场的 ETF，这里各种较小国际市场是指"新兴市场"。

市场上存在如此多的 ETF 的原因是金融机构通过设计 ETF 获得收入。

市场：超额收益率

前面的讨论使得我们更清楚不存在单一庞大的"市场"。然而，正如我们已经提到的那样，单个资产的金融分析通常都集中于把该资产的相对收益率与某个市场基准比较。市场基准可以是上文提到的某个主要指数，或者其他整个市场的度量指标或某个市场部门指数。

正如早先提到的，我们通常都假设存在某个无风险资产，然后集中讨论抽象的无风险资产收益率以及资产的超额收益率。如果 $R_{F,t}$ 是时间 t 的无风险资产收益率，$R_{i,t}$ 是时间 t 资产 i 的收益率，那么该资产的超额收益率为 $R_{i,t}-R_{F,t}$，该值可以为负值。正如早先提到的，一般说来，收益率都是同类型的，可能是简单收益率或对数收益率，但是有时候会使用简单收益率（利率）对对数收益率进行调整。

下面，我们将考虑某个"市场"或资产组。这里，我们可以把"市场"定义为某个指数。令 $R_{M,t}$ 表示这个市场的收益率。于是，这个市场的超额收益率为 $R_{M,t}-R_{F,t}$。资产 i 的超额收益率对市场超额收益率的简单线性回归，称为市场模型，即

$$R_{i,t}-R_{F,t}=\alpha_i+\beta_i(R_{M,t}-R_{F,t})+\epsilon_{i,t}$$
(1.35)

图 1.17 描绘了 2017 年 S&P 500 市场指数年化日对数收益率 $R_{M,t}$ 和 Intel 普通股年化日对数收益率（未考虑股利调整）$R_{i,t}$ 的散点图，这两个收益都用二级市场 3 月期美国短期国债的日利率 $R_{F,t}$ 进行了调整。（注意两个数轴的度量单位不同。）图 1.17 也画出了最小二乘回归线。我们发现二者之间存在某个正向的线性关系，但是线性程度不是非常强。调整 R^2 为 0.205 6。

资产的"α"——α_i 表示超额增长（假设其值为正），它是共同基金销售人员谈论

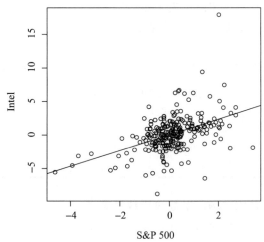

图 1.17　2017 年，INTC 收益率和 S&P 500 收益率的散点图，这两个收益率都用 3 月期美国短期国债利率进行了调整

来源：雅虎金融和 FRED

的焦点之一。资产的"β"——β_i 表示资产调整的波动率相对于市场调整的波动率的变化程度。

波动率：数据和 β

一般说来，我们都会在金融文献中发现类似式（1.35）的方程。金融分析师根据这个方程可能认为市场实际上是按照这种方式运行的。对于任何给定的资产和给定的数据集，$\{R_{i,t}, R_{M,t}, R_{F,t} \mid t = 1, \cdots, T\}$，回归方程（1.35）的拟合效果可能很好，也可能不好。在打算使用 α 和 β 前，拟合线的 R^2 应该适当的大一些。（当然，"适当的大一些"由分析师解释。）

我们经常使用 β 评价某个具体的股票相对于其他正则化资产的适用性程度。忽略固定收益率，令 R_i 是资产 i 的收益率，R_M 是市场 M 的收益率，β_i 另一个经常使用的公式为

$$\beta_i = \frac{\mathrm{Cov}(R_i, R_M)}{\mathrm{V}(R_M)} \tag{1.36}$$

（这个公式和式（1.35）使用最小二乘法得到的 β_i 不同，但是总体来说非常接近。）

β 值为 1 表示资产价格的波动和某个特定市场指数的波动同步。β 值小于 1 表示该证券的波动小于该市场的波动，β 值大于 1 表示该证券的波动大于该市场的波动。当然，对于某些资产，β 值可以为负值。显然对于卖空来说 β 值为负。

我们可以把相对波动率的解释应用到 β 的绝对值。

诸如式（1.35）和式（1.36）这样的数学表达式表达了现实中不存在的某种精确又严谨的意义。金融分析师经常引用某个 β 值或者其他推导出的量，似乎它是一个严格的基准。类似式（1.35）或式（1.36）中收益这样的金融数据通常都是根据历史数据确定数值，而回归或相关取决于使用哪个历史时期的数据进行计算。较长的时期在不变性假设下能够提供较好的统计量，但是显然经济环境的变化对这些统计量有非常大的影响。这些数据也取决于另一个数据的参数，即频率。度量的频率越高，比如日收益相对于周收益，产生的数据信息含量越丰富，但是，数据也包含更多的噪声。

1.2.7 衍生资产

对于任何给定的金融资产，可以进行很多种金融交易。当然，主要的交易就是资产本身的交易。资产也可以进行抵押，作为其他交易的抵押品。我们也可以为未来的交易而创造一种金融交易。（承诺未来的交易本身就是一种交易。）

到目前为止，我们讨论的主要金融资产是股票，我们所讨论的对这些资产进行的主要金融交易是股票交易。基于股票可以进行许多其他类型的金融交易，而不需要买卖股票。例如，以初始股票作为抵押品，贷款购买其他股票。（这种情况就是"基于保证金"的购买，正如上面所提到的。）

基于股票的期权

基于持有的股票，可以进行的另一种交易就是承诺或同意在未来某个时间以一定的价格出售股票，而交易的另一方以该价格购买股票。这种同意就是一种期权。显然，股票的所有者如果没有一定的补偿，不会同意进行这样的交易，当然，这个补偿由交易的另一方

支付。

表示这种期权的合约本身也是资产，由向股票所有者付款的一方持有。期权是一种衍生资产或仅仅是一种"衍生品"，因为其价值源于标的资产的价值。

股票期权的种类

我们把上面所描述的那一类衍生品称为看涨期权，因为该期权的持有者能够"买入"股票。因为该期权涉及股票，我们也把该期权称为买入股票期权。

与此类似的一种股票期权是其持有者有权在未来某个时间以某一确定的价格卖出股票。如果该期权的持有者希望卖出股票，那么交易的另一方有责任以给定价格购买股票。我们把这类衍生品称为看跌期权，因为期权的持有者能够把标的股票"卖给"另一方。

看涨期权和看跌期权的另外两个其他的常用术语是到期日（或执行日）和执行价格，到期日是期权合约在该日到期，执行价格是股票将买卖的价格。另一个术语是价值状态，在任意给定时间，对于看涨期权，等于此时价格减去此时价格，对于看跌期权，等于执行价格减去此时价格。如果价值状态为正，我们称该期权为价内期权（或实值期权），否则称为价外期权（或虚值期权）或等价期权（或平价期权）。如果标的价格为 S，执行价格为 K 的看涨期权，其内在价值为 $(S-K)_+$，其中，

$$(x)_+ = \max(x, 0)$$

并且，对于执行价格为 K 的看跌期权，其内在价值为 $(K-S)_+$。期权的时间价值为期权的市场价值和其内在价值之差。除了价外期权，时间价值都为正。

具有固定执行价格和到期日的特定股票的期权都在 CBOE 和其他市场上市交易。一份股票期权包含一定数额的标的股票，通常，一份期权包含 100 股股票。我们把每份期权所包含的标的单位数（通常为股票数量）称为乘数。

期权种类很多。它们之间的基本差别是期权持有者什么时间可以执行期权。大多数上市的看涨和看跌期权持有者都可以在任何时间执行。我们把这样的期权称为"美式"期权。我们把那些只能在到期日执行的期权称为"欧式"期权。我们把某些在二者之间可以执行的期权称为"百慕大式"期权。确定各种期权的公平市场价值是金融学主要关心的问题，我们将在 3.1.13 节提到一些方法，但是我们在本书中不详细地讨论这个问题。

市场上也有基于 ETF 的看涨和看跌期权，事实上，某些交易最活跃的期权都是基于 ETF 的期权，特别是那些追踪主要市场指数的 ETF。至少到目前为止，共同基金和对冲基金还没有公开交易的衍生品。

公司的某些行为能够影响股票的名义价格（参见 1.2.5 节）。因此，需要调整期权的执行价格以反映标的名义价格的某些变化。由于股票分割或股票股利（股票股利本质上也和股票分割相同）所引起的股票名义价格调整，我们对基于标的期权执行价格进行——对应的调整。然而，如果标的股票分配现金股利，那么这不会对期权执行价格产生任何影响。

我们也可以对诸如指数这样有价值，但是没有实物进行实际交易的标的，设计看涨和看跌期权。（指数期权的交易量远超过任何单个股票期权的交易量。）某只股票期权的执行可能涉及该股票的交易；对于不能交易实物的期权，在执行时要求进行"现金结算"。

期权价格

人们已经提出了与期权公平市场价格有关的各种模型，把它表示为相应的执行价格、

到期日和标的价格。许多这样的模型都是基于对扩散过程建模的随机微分方程。最著名的这类模型是 Black-Scholes-Merton 模型。在部分可观察量的假设条件下，根据微分方程的解，得到了一个期权价值的公式。最简单的公式称为 Black-Scholes 公式。在该公式中唯一不可观察的量就是波动率。我们直接给出了这些公式本身，但是这些公式的推导超出了本书的范围。

期权价格对标的价格的变化或者对到期日时间长度的变化的敏感性，有各种度量方法。这些度量都是用一个公式给出了价格的偏导数，且因为大多数都用希腊字母命名，所以我们把这些度量统称为"希腊字母"。例如，θ 是期权对到期日减少一小部分的敏感性，也就是说，期权的时间价值的衰减率。最常用的希腊字母是 δ，它是期权价格对标的价格改变量的相对变化量（参见练习 1.14b）。看涨期权的 δ 为正，看跌期权的 δ 为负。从绝对值来看，接近到期日的期权 δ 通常比距到期日较长的期权 δ 要大。随着到期日接近于 0，价内期权的 δ 接近 ± 1，价外期权的 δ 接近 0。Γ 是 δ 对标的价格变化的敏感性，也就是说，它是期权价值对标的价格的二阶偏导数。

1.2.8　空头头寸

所谓股票卖空，是指卖出者从持有股票者手中借股票，把它卖给第三方。（当然，在实际市场中，卖空者只与经纪商有买卖关系，实际上，仅在市场上卖空。）卖空者有一个"空头头寸"。我们也把"卖空"用作动词；股票被卖空。

某些时候卖空者回购股票；也就是说，卖出者"平仓"空头头寸。（在这种情景背后，卖空者在公开市场上买回卖空的股票，然后还给当初借出者。）

那些人们认为"价格高估"的股票更可能被卖空。然而，因为卖空者最后必须平仓空头头寸，所以市场上卖空的股票规模成为价格下降的下方边界。正如前面所提到的，某些"价格高涨"股票的卖空份额可能超过该股票已发行总股份的 30%。

风险和卖空规则

资产所有者是该资产的"多头"。净多头的收益有下界，下界为 -1 或 -100%。空头的收益理论上无下界。

在股票空头头寸的持续期限内，卖空者必须为已卖空的股票支付现金股利或资本收益。（这些都归股票初始持有者。）

卖空者不会获得卖空的浮动收益，因为这些收益都归借款购买证券的持有者所有。此外，借款的归还可以任凭初始贷款人处理，任何时刻都可以要求借款人归还借款。（实际上，通常都可以找到其他贷款人。在市场上能够找到可以借出的股票（即卖空）可能非常少。我们把这样的股票称为"借贷难"，并且经纪商可以对这种股票在市值基础上加价卖出获利。）

因为股票的市值可以没有上限的持续上升，所以卖空者的可能损失也就没有上限。我们把一般意义上的变化或波动，不管正负，特别是通常收益的变化，都用"风险"表示。按照空头头寸的收益来说，通常使用"风险"表示没有下限的负收益。

卖空被 SEC、经纪商和市场（交易所）严格监管。就美国收入税来说，所有卖空都被看作短期，不管空头头寸的期限如何。

衍生品卖空

期权"开空头"就是持有该资产的空头头寸。如果看涨期权的卖出者持有足够多的标的股份平仓期权，我们称该期权在卖出者账户中为备兑看涨期权。如果一份看涨期权部分不能平仓，那么我们把该期权称为无担保看涨期权。一份无担保看涨期权的卖出者其损失可能没有下限。

看跌期权是无担保的，除非卖出者持有标的空头。实际上，多数看跌期权的空方都是无担保的。因为股票价格不可能低于零，所以无担保看涨期权的卖出者，其可能的损失有限。

SEC 和市场对无担保期权只通过对保证金的要求进行监管。然而，经纪商必须核准它们的各个客户进行不同类型的期权交易。

卖空期权和卖空股票在实践方面的主要区别在于卖空衍生品的数量无限制（只要交易者能提供足够的保证金），而卖空股票则不是。

1.2.9   资产的投资组合：分散和对冲

人们购买金融资产通常都希望它们的价格将上涨。给定一个可以购买的资产集合，人们可能只买其中一小部分资产，这一小部分资产价值增长的希望最大。显然，最简单的解决方法就是只购买期望收益率最大的资产。

当然，问题在于不能确保收益率。事实上，收益率是一个变量，也就是说，它具有风险，从而在目标中引入另一个成分。我们的确不仅要最大化收益率，而且我们想最小化风险。对于这个目标，问题的解可能就不是单个资产。这要求"分散化"。

投资组合：收益和风险

假设可以交易的资产有 N 个，我们求解选择资产问题的方法是通过定义随机变量

$$R_1, R_2, \cdots, R_N$$

表示 N 个可以交易的资产。我们构造 N 个资产的投资组合，起初该组合中资产 i 的投资比例为 w_i，其中 $\sum_i w_i = 1$。因此，如果在时刻 t_0 投资组合的价值为 P_0，则在时刻 t_0 资产 i 的投资额为

$$P_{i,0} = w_i P_0 \tag{1.37}$$

负的 w_i 表示资产 i 为空头头寸。

投资组合中资产的相对权重随时变化。为了使得权重为该问题的最优解，通常通过买卖进行资产组合的再平衡。

问题是如何选择投资比例 w_i，使得期望收益率最大，风险最小。这是一个最优问题，其中目标函数是总收益率和总风险的某个组合，决策变量是 w_i。（许多金融和统计分析领域都会提出最优问题，我们将从 4.3 节开始讨论最优问题和求解方法。）

我们也应该指出这种方法使得某些假设不符合现实。最明显的问题之一就是经济条件和资产本身的性质在变。

我们使用"风险"通常表示变化或波动。在此，我们把风险定义为变化的一种特殊度量，我们把收益率的风险定义为收益率随机变量的标准差。

下面，我们想把单个资产的收益率和风险都代入投资组合的收益率和风险。如何把单个收益率代入取决于"收益率"的含义，收益率是简单收益率、对数收益率还是多期收益率等。正如我们所知，我们可以很容易地对对数收益率进行时间加总（式（1.26）），而简单收益率多期加总要进行复利计算，任何时候都是基本收益率的幂函数。相反，对数收益率对多种资产的加总不容易；对数收益率不能进行线性组合（参见练习 1.5）。然而，正如我们现在所给出的，投资组合的单期简单收益率是单个简单收益率的线性组合。（这就是为什么分析投资组合收益率时，我们总是使用简单收益率。当然，两类收益率不是完全不同的。）

将单个风险代入投资组合的风险非常简单。这不仅取决于单个风险，而且取决于收益率之间的相关性。

我们定义 $R_1, R_2, \cdots, R_N$ 表示单期简单收益率。令 P_0 为时刻 t_0 总投资组合的价值、P_1 为时刻 t_1 的价值，令 $P_{i,0}$ 为时刻 t_0 资产 i 的价值，$P_{i,1}$ 为时刻 t_1 资产 i 的价值。

如果在时刻 t_1 资产 i 的价值为 $P_{i,1}$，则资产 i 在投资组合中的值为

$$\frac{w_i P_0}{P_{i,0}} P_{i,1}$$

因此，在时刻 t_1 投资组合的价值 P_1 为

$$P_1 = \sum_{i=1}^{N} \frac{w_i P_0}{P_{i,0}} P_{i,1}$$

使用式（1.18），我们可以把 $P_{i,1}/P_{i,0}$ 表示为 $(1+R_i)$，因此，我们有

$$
\begin{aligned}
P_1 &= \sum_{i=1}^{N} w_i P_0 \frac{P_{i,1}}{P_{i,0}} \\
&= \sum_{i=1}^{N} w_i P_0 (1+R_i) \\
&= P_0 \left(1 + \sum_{i=1}^{N} w_i R_i \right)
\end{aligned}
\tag{1.38}
$$

因为有 $\sum_{i=1}^{N} w_i = 1$。因此，我们可以把投资组合的收益率表示为单个资产收益率的线性组合，

$$
\begin{aligned}
R_P &= \sum_{i=1}^{N} w_i R_i \\
&= w^{\mathrm{T}} R
\end{aligned}
\tag{1.39}
$$

其中 w 为权重向量，$w = (w_1, w_2, \cdots, w_N)$；$R$ 是收益率向量，$R = (R_1, R_2, \cdots, R_N)$；$w^{\mathrm{T}}$ 表示向量 w 的转置。（注意我并没有使用特殊黑体表示向量和矩阵。）

这里的推导式（1.27）的推导相同，推广了那个结果。

根据式（1.7），投资组合的期望收益率为

$$E(R_P) = w^{\mathrm{T}} E(R) \tag{1.40}$$

有时我们把上式记作 μ_P。

如果用 Σ 表示 N 个收益率为 $R_1, R_2, \cdots, R_N$ 的条件方差-协方差矩阵，即有 $\Sigma = V(R)$，则根据式（1.8），投资组合收益率的方差为

$$V(R_P) = w^T \Sigma w \tag{1.41}$$

有时我们记作 σ_P^2。（注意矩阵符号 Σ 和求和符号 $\sum$ 的区别。）

投资组合的标准差，也就是投资组合的风险，用 $\sqrt{V(R_P)}$ 或 σ_P 表示。

实际上，式（1.40）和式（1.41），也就是 $E(R)$ 和 $V(R)$，都未知。即使这两个值一定程度上为常数，它们也不容易估计。然而，这两个式子提供了分析的基础。

一个最优投资组合具有较大的 $E(R_P)$ 和较小的 $V(R_P)$。二者之间相互竞争，然而，"较大"和"较小"是相对而言的。

显然，对于向量 R 中的最大值 R_j，除了 w_j，其余 $w_i = 0$，该投资组合期望收益率达到最大。

我们总是可以选择投资组合使得该投资组合的风险不会高于任何资产的风险。（除了 w_j，令其余 $w_i = 0$，其中 Σ_{jj} 在 Σ 的对角线元素中最小，也就是说，该资产风险最小。）

具有最小风险的投资组合，它通常都小于具有最小风险的单个资产的风险。由于风险函数对 w_i 二次可微，因此，该投资组合可以通过求导确定。类似约束 $\sum_{i=1}^{N} w_i = 1$，或防止卖空的约束 $w_i \geqslant 0$，可以通过拉格朗日乘数方法求解在总收益率有下界的约束条件下，构造最小风险的投资组合的一般方法属于数值优化研究范围，特别是二次规划方法，我们将在 4.3.2 节进行讨论。

根据矩阵理论，因为方差-协方差矩阵 Σ 是非负定的，所以我们知道式（1.41）中的二次型表示方差，它具有最小值。具有最小方差的投资组合称为最小方差投资组合（MVP）。MVP 是具有最小风险的投资组合，但是 MVP 的期望收益率可能不是最优的。

另一个考虑方面就是投资组合是否包括空头头寸。由于考虑到监管或其他问题，通常不允许空头头寸。这样的约束可能影响最优投资组合的构成。

一个具有两种风险资产的投资组合例子

关于任何投资组合的收益率的问题都可以按照仅由两种风险资产构成的投资组合来处理。

我们考虑简单收益率为 R_1 和 R_2 的两种资产，某个投资组合由这两种资产构成，比例为 w_1 和 w_2，其中 $w_1 + w_2 = 1$。我们假设收益率 R_1 和 R_2 是两个随机变量，期望值分别为 μ_1 和 μ_2，方差分别为 σ_1^2 和 σ_2^2，相关系数为 ρ。（因此，协方差为 $\rho\sigma_1\sigma_2$。）根据式（1.41），投资组合的期望收益率为

$$\mu_P = w_1\mu_1 + w_2\mu_2 \tag{1.42}$$

并且，根据式（1.41），方差为

$$\sigma_P^2 = w_1^2\sigma_1^2 + w_2^2\sigma_2^2 + 2w_1w_2\rho\sigma_1\sigma_2 \tag{1.43}$$

如果 $\mu_2 \geqslant \mu_1$，则如果 $w_1 = 0$，$w_2 = 1$，期望收益率达到最大。

我们发现对于 $\rho < 1$，如果

$$w_1 = \frac{\sigma_2^2 - \rho\sigma_1\sigma_2}{\sigma_1^2 + \sigma_2^2 - 2\rho\sigma_1\sigma_2} \tag{1.44}$$

则风险达到最小。（要求读者在练习 1.11a 证明这个结果；求导并令其等于 0。）w_1 的该值以及 $1 - w_1$，给出了最小方差投资组合。

对于任何两个资产，如果我们知道两个资产的 μ_1，μ_2，σ_1^2，σ_2^2，ρ，那么分析就非常简单。当然，实际上这些值都未知，所以我们用观察数据或收益率的统计模型估计这些参数。

我们继续进行下面的例子，考虑两个资产有 $\mu_1 = 0.000\,184$，$\mu_2 = 0.001\,78$，$\sigma_1^2 = 0.000\,080$，$\sigma_2^2 = 0.000\,308$ 和 $\rho = 0.285$。

这些数值分别是 2017 年 1 月 1 日到 2017 年 9 月 30 日期间，INTC 和 MSFT 日收益率的样本均值、方差和相关系数，因此，这个例子是使用观察到的历史收益率分析仅由 INTC 和 MSFT 组成的投资组合。

我们将只考虑多头，因此 w_1 的取值在 0 到 1 之间，我们计算相应投资组合的期望收益率和风险。图 1.18 给出了用 w_1 表示的参数曲线，$0 \leqslant w_1 \leqslant 1$（该曲线由红线和蓝线两部分组成）。该参数曲线表示在这些条件下可行点（σ_P，μ_P）的完全集。

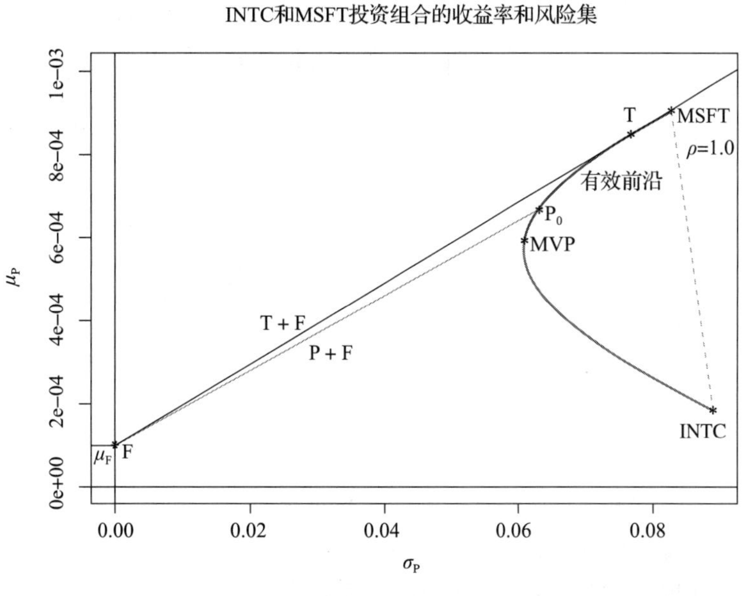

INTC和MSFT投资组合的收益率和风险集

图 1.18   INTC 和 MSFT 投资组合的期望收益率和风险（见彩插）

图 1.18 的参数曲线是单边抛物线，是在给定均值、风险和协方差的条件下，所有（σ_P，μ_P）组合的可行集。该图给出了对应于曲线上最小风险的最小方差投资组合的点。

图 1.18 中的抛物线，两个资产收益率之间的相关系数为 $\rho = 0.285$。随着相关系数 ρ 递增接近于 1，表示可行集的曲线变得平坦，当 $\rho = 1$ 时，该曲线变成直线，在图中用绿线表示。对于相关系数为 1 的情形，进行资产组合并不能降低风险。在此情形下，最小方差投资组合将仅由 MSFT 构成，并且在该例中碰巧 MVP 也取得最大期望收益。（练习 A1.14 要求读者使用相关系数的不同取值，得到类似的曲线。）

注意在可行集中期望收益率低于 MVP 期望收益率的那些点（曲线中红色的部分），在该曲线中存在风险相同期望收益率更大的其他点（曲线中蓝色的部分）。

我们把在可行曲线中期望收益率比 MVP 期望收益率更大的那些投资组合称为有效投资

组合，把在可行曲线中高于 MVP 点的那部分可行曲线称为有效前沿（图 1.18 中蓝色曲线）。

无风险资产的投资组合

现在，我们把"无风险"资产引入由两种风险资产构成的投资组合。金融分析在抽象的意义上使用无风险资产概念。它是一种具有固定收益率的资产，也就是说，该收益率的标准差为零。在实际分析中，我们通常都使用三个月期美国短期国债的当前利率作为"无风险利率"。

假设可获得的无风险资产的日收益率为 0.000 1。在图 1.18 中用字母 F 表示，且 $\mu_F = 0.000\,1$。

现在，我们考虑由两种风险资产构成的任何有效投资组合。我们在图 1.18 中任取一个代表性的有效投资组合，称为"P_0"，连接 P_0 和纵轴上无风险收益率的线表示由投资组合 P_0 和无风险资产构成的各种投资组合中的可行点。任何这样构成的投资组合，其风险都低于投资组合 P_0 的风险，但是其收益率也低于投资组合 P_0 的收益率。

下面，我们考虑另一个有效投资组合，表示由该投资组合和无风险资产构成的可行点的线，与两种风险资产构成的初始可行曲线相切，切点为该投资组合。我们把该切点处的投资组合称为切点投资组合。连接无风险资产收益率和切点投资组合的直线称为资本市场线。

我们很容易发现，对于任何给定的风险，切点投资组合的收益率大于任何有效投资组合（该投资组合仅由风险资产构成）的收益率。超过该切点的直线延长部分（在图中，很难与两个资产的投资组合的可行集区分）表示与卖空投资组合的组合。

在 (σ_P, μ_P) 平面中，连接 F 和任何有效投资组合 P_0 的直线，其斜率反映了该投资组合的重要性质。这种直线的斜率为

$$\frac{\mu_{R_{P_0}} - \mu_F}{\sigma_{R_{P_0}}} \tag{1.45}$$

我们把该值称为夏普比率。夏普比率较大的有效投资组合，与夏普比率较小的有效投资组合相比，其期望收益率也较大。切点投资组合在所有有效投资组合中夏普比率最大。我们还有其他类似的评价投资组合的度量方法。一种经常使用的方法就是 Treynor 比率，该比率使用投资组合的 β 而不是风险。

注意到由两种风险资产和无风险资产构成的最优投资组合都在资本市场线上，因此，它们都由同样比例的两种风险资产组合而成，也就是切点投资组合的比例都相同。

具有固定收益率的无风险资产的概念导致了超额收益率概念的出现，我们曾在 1.2.3 节遇到过，随后在 1.2.6 节讨论市场模型时也使用过。资产的超额收益率就是收益率 R_i 减去无风险资产收益率 R_F。超额收益率是投资分析中资本资产定价模型（CAPM）和资本市场线的核心。

预期的超额收益率为 $E(R_i - R_F) = \mu_i - \mu_F$，用前面使用的符号表示。

我们确定了切点投资组合中两个资产的权重，也就确定了切点投资组合，因此，在 (σ_P, μ_P) 平面中从点 $(0, \mu_F)$ 出发的直线与有效前沿恰好交于一点。该点就是切点投资组合，该直线就是资本市场线。如果 $\rho < 1$，在切点投资组合中资产 1 的权重为

$$w_{T_1} = \frac{(\mu_1 - \mu_F)\sigma_1^2 - (\mu_2 - \mu_F)\rho\sigma_1\sigma_2}{(\mu_1 - \mu_F)\sigma_1^2 + (\mu_2 - \mu_F)\sigma_2^2 - (\mu_1 + \mu_2 - 2\mu_F)\rho\sigma_1\sigma_2} \tag{1.46}$$

除了波动率用期望超额收益率调整，该式与式（1.44）中 MVP 各个资产的权重一定程度上类似。如果知道切点投资组合中资产的权重，再求解切点投资组合的期望收益率 μ_T 和风险 σ_T，就是一件简单的事情（参见练习 1.11b）。考虑 $\rho = 1$ 的退化情形也是有益的，在练习 1.11c 中要求读者求解。

这些分析可以推广到超过两个资产的投资组合的分析。有关的空间仍然是二维 (σ_P, μ_P) 平面，但是参数曲线可以根据给定风险的任何投资组合达到最大收益的方法构建。可行集的确定是一个对各个 w_i 有多个约束的二次规划问题，对 w_i 的各个约束主要取决于是否允许卖空。

因为投资组合分析的模型涉及资产的性质，比如期望收益率和风险，二者均未知，所以在进行分析时，必须根据数据估计出资产的这些性质，这样就使得分析结果受到估计时产生的误差和近似的影响。人们已经给出了一些改进统计分析的建议，例如，这包括使用自助法。然而，这里我们不进行这些更深入的讨论。

对冲交易

对于所持有的某个资产给定的头寸，对冲交易是持有另一个头寸，预期其价格的变化与给定头寸的价格变化呈负相关。每个头寸都是对另一个头寸的对冲。

每个头寸都可以是多头或空头。一个简单例子就是持有某个给定股票的多头头寸和该股票看跌期权的多头头寸。另一个例子就是持有某个给定股票的多头头寸，同时还持有该股票看涨期权的空头头寸（也可以参见练习 1.12）。

如果两个资产的收益率正相关，那么我们把两个相反头寸的某个组合称为交叉对冲交易。

如果两个资产同样性质的头寸构成一个对冲交易，那么我们也称一个资产对冲另一个资产。

我们也可以把术语"对冲交易"应用到另一种情况，就是在现实中不出现某个头寸。商品期货合约可以对冲期货头寸。例如，航空公司可以购买航空燃油期货，但是公司不持有航空燃油的相抵头寸。

对冲交易减少了风险，但是它们通常也降低了获利（因为如果一个头寸的价值上升，那么另一头寸的价值下降）。航空公司通过购买燃油期货，控制了其未来成本，但是这项交易也会带来获利或损失，因为燃油价格在未来可能高于或低于所确定的价格。

我们可以从式（1.43）中非常清楚地发现对冲交易所隐含的思想。对于两个简单收益率分别为 R_1 和 R_2 的资产，考虑比例分别为 w_1 和 w_2 的某个组合，式（1.43）把该组合的简单总收益率的方差表示为

$$w_1^2 V(R_1) + w_2^2 V(R_2) + 2w_1 w_2 \text{Cov}(R_1, R_2)$$

即使两个资产的协方差为正，与单独持有某个资产相比，该组合的波动率更小，但是，当 $\text{Cov}(R_1, R_2)$ 为负时，对冲交易最有效。两个相对量 w_1 和 w_2 决定了能减少的风险。我们把比率 w_1/w_2 称为对冲比率。

股票市场参与者经常使用的一个策略就是"备兑卖出看涨期权"，也就是说，既卖出某个

股票的看涨期权，同时持有该股票，所持有的量足以满足看涨期权者未来按照执行价买入。

例如，考虑拥有 100 股微软公司 MSFT 的所有者，在 2016 年 10 月 24 日卖出 1 份 2017 年 4 月执行价格为 65 美元的 MSFT 看涨期权，此时，MSFT 的交易价格仅为 61.38 美元。期权按照价格 1.35 美元卖出（135 美元，因为乘数为 100）。期权的卖出者既是期权空头，又是标的资产的多头，期权空头头寸完全被标的多头抵消，因此，看涨期权被平仓。上述例子就是一个对 MSFT 头寸的对冲交易。因为如果 MSFT 的价格下降，期权价格也将同样下降，所以，净头寸的变化不会与只持有这两种风险资产之一时的变化一样大。如果 MSFT 的价格不高于 65 美元，期权卖出者在期权到期日获得 135.00 美元的收益，再减去经纪费用。

另一种通常的对冲交易就是既持有股票，又持有该股票的看跌期权。我们把该期权称为"配对看跌期权"。例如，2016 年 10 月 24 日，持有 100 股 MSFT 的多头买入 1 份 2017 年 4 月执行价格为 52.5 美元的 MSFT 看跌期权，期权价格为 1.15 美元。（同样，乘数为 100。）现在，所有者同时是期权和标的股票的多头。这是一个对 MSFT 头寸的对冲。因为如果 MSFT 价格下降，期权的价格将上升，所以净头寸的变化没有只有两种风险资产之一时的大。看跌期权类似于 MSFT 股票的保险策略。

注意到在这两种情形中，如果 MSFT 的价格显著上升，那么与没有进行对冲交易相比，对冲者将获得更大收益。

用其他期权组合也可以容易地构造对冲交易。例如，"看涨期权价差"就是持有一定量的执行价格为 K_1 的看涨期权多头，同时持有相同量、相同标的、相同到期日的看涨期权的空头，但是执行价格为 K_2。执行价格 K_1 和 K_2 之间的关系为看涨期权价差提供了很多的可能性。"看跌期权价差"与看跌期权组合类似。

另一种价差就是"日历价差"，不管是看涨期权的多头还是空头，或者看跌期权的多头还是空头，执行价格相同，但是到期日不同。不管是看涨期权或者看跌期权，对于日历价差的多头，持有者都持有更长日期的期权多头和更短日期的期权空头。对于日历价差的空头，持有者都持有更短日期的期权多头和更长日期的期权空头。显然，作为日历价差的多头需要净支出，因为更长日期期权的溢价比更短日期期权的溢价要高。

通常其他期权组合有"同价对敲"和"异价对敲"。同价对敲指同时买进或卖出同一标的资产的执行价格相同、期限相同的相同数量的看涨期权和看跌期权。通常的两种同价对敲的改进是"剥离策略"和"带式策略"。它们与同价对敲相同，唯一不同点在于，剥离策略所购买的看跌期权是所购买的看涨期权的二倍，带式策略所购买的看涨期权是所购买的看跌期权的二倍。异价对敲指同时买进或卖出同一标的资产的相同数量的看涨期权和看跌期权，两期权的期限相同、看涨期权的执行价格比看跌期权的执行价格高。同价对敲或异价对敲都可以是多头或空头。因为标的股票价格上升或下降，同价对敲和异价对敲的利润（或损失）都相同，所以二者都是"市场中性"工具。

由三个或更多个期权组成的其他组合有许多，但是这里我们将不讨论它们。一般说来，这样的组合都由互相对冲的期权构成。用于投资组合的其他对冲交易，例如，较大市值股票的投资组合的多头头寸可以通过购买追踪 S&P 500 的 ETF 的看跌期权，或者通过购买追踪 S&P 500 的反指数的 ETF，比如 SH 或 SDS，实现对冲交易。

　　由于买卖，使得投资组合中的组合资产不断变动，所以对冲关系可能变动。投资组合管理策略总是涉及动态对冲，这意味着在其他交易出现时，通过不断交易保持对冲关系。

　　在使用期权对冲标的资产头寸时，期权的相对价值和标的资产头寸都可能变化。我们把标的资产价格变化引起期权价格的相对变化称为期权的 δ。通常，δ 依赖于期权的种类（看涨或看跌）、标的资产的价格、执行价格和到期日；对于不同期权，该值不同。参见练习 1.14。

　　另一个经常使用"对冲"术语的地方就是"对冲基金"。对冲基金是由 SEC 监管基金销售的监管规则定义的一类基金。对冲基金的头寸可能或不可能进行完全地对冲交易。

配对交易

　　两个价格相关的资产，不管是正相关还是负相关，在给定一些假设的条件下，都可能存在交易策略，以获得预期正收益。

　　配对交易的思想就是假设每个资产的价格波动都可以用某个简单模型描述。这可能仅仅是某种趋势线，比如移动平均线，通常是曲线或简单线性回归线。一旦使用历史数据拟合这个趋势线，那么我们就假设近期价格波动服从这个趋势线。

　　对于两个价格强烈相关的股票，我们可以假设在给定时点它们的价格应该与它们各自的移动平均具有相同的关系。然而，如果一个股票的价格比其趋势线高（"价格高估"）而另一股票的价格比其趋势线低（"价格低估"），那么我们预计价格比较低的股票与价格比较高的股票相比，通过价格上升获利会更快。这就是配对交易所隐含的思想。因此，一个好的策略可能就是买入价格将要上升的股票，卖出价格将要下降的股票。

　　人们提出了很多识别低估和高估股票的复杂方法。（"复杂"方法并不意味着比简单方法更好。）

1.3　收益率的频率分布

　　给定某个数据集，理解数据的最好方法之一就是研究其频率分布；也就是说，不同观察值在取值范围内分布如何，以及观察值在特定值或者特定范围内的频率如何。

直方图

　　一个最简单地直观认识频率分布的方法就是直方图。

　　直方图是用线段或条形画的图，其数值表示观察值或期望值的相对频率。例如，图 1.19 给出了 2017 年 1 月 1 日到 2017 年 9 月 30 日 INTC 未调整的日收盘价的直方图。（图 1.2 的左上图是相同数据的时间序列图。）

　　直方图表示给定数据集中的数据出现的频率（频数）或各组内数据（直方）的相对频率，而不考虑数据在数据集中的顺序。图 1.19 的直方图中各个箱子分别表示值在 33.0 美元到 33.5 美元、33.5 美元到 34.0 美元等。正如图 1.19 所示，直方图给出了考虑到箱子的宽度和长度的相对频率，使得相对频率与相应箱子面积之积的总和等于 1。

　　尽管人们觉得图 1.19 中的直方图也许很有趣，但是它忽略了这些数据中的主要数据点。数据是时间序列数据。因为图 1.2 或图 1.3 中的图绘出了整个时间段的数据，所以它们比直方图更有意义。

未调整日收盘价的直方图

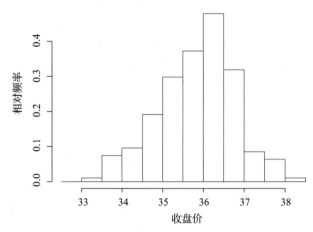

图 1.19   2017 年 1 月 1 日到 2017 年 9 月 30 日，INTC 未调整日收盘价的频率

来源：雅虎金融

然而，收益率频率分布可能具有非常多的信息。正如我们早就提到的，我们通常对股票收益率比对股票价格更感兴趣。在本节的剩余部分，我们将考虑股票收益率的分布如何。

收益率直方图

直方图给出了收益率的频率分布，而不考虑这些收益率发生的顺序。图 1.20 是 INTC 日对数收益率的直方图，其计算所使用的数据和图 1.19 相同。收益率频率分布比价格分布更令人感兴趣。

INTC日简单收益率的直方图

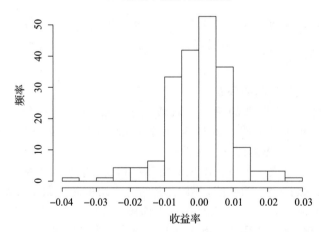

图 1.20   从 2017 年 1 月 1 日到 2017 年 9 月 30 日期间，INTC 日简单收益率的频率

来源：雅虎金融

直方图给了我们对频率分布形状的一个简单概括。它把整个数据分成若干箱子，然

后，对于每个箱子，计算给定样本中有多少数据落入该箱子。当然，如果我们调整箱子的个数或者把箱子稍微向一个方向或另一个方向移动，那么我们将得到一个稍微不同的直方图。

跳跃

观察金融数据马上会发现一个明显的事情，就是偶尔出现极端变化。尽管直方图使得频率分布平滑，但是显然从图 1.20 的直方图中会发现收益率偶尔比"平均值"更极端。我们可以在图 1.29 的时间序列中发现这些戏剧性的变化。

我们把这些极端事件称为"跳跃"（如果资产价格下降，我们称之为"看空跳跃""调整"或"崩溃"；如果价格上升，那么我们称之为"看多跳跃""向上缺口"）。跳跃与收益率统计分布中的异常值相对应。

收益率分布的另一种图示方法

形成频率分布形状的另一种方法就是可以通过集中考虑数据范围内的每个点，计算在该点附近有多少个点接近该点。"接近"程度的选择类似于在直方图中有多少个箱子的问题，也就是箱子多宽。这是我们将在统计数据分析的其他应用中遇到的一般"平滑参数"问题。

根据上面提到的想法，最简单的处理方法就是各个箱子选择固定的宽度，以给定的点为箱子中点，计算该箱子中点的个数，并且选择合适的度量单位（与直方图中选择度量单位的方法类似）。这个方法并不要求一定从数据集本身中选择某点作为中点，构成箱子；事实上，一个较好的方法可能是选择一个非常大的数，把这个数分成若干等份，使得数据集中的数据平均分配。继续使用这种方法，我们将得到分布的整个密度，并且我们可以把各个值连接起来得到一条曲线。

我们把上面给出的方法称为"非参数核密度估计"。这种一般的方法有许多变形，并且对各种具体的选择都有很多理论结果的支撑。我们将在 2.3 节简要地考虑上述问题。

图 1.21 是使用核密度估计量得到的密度曲线，它使用了与图 1.20 直方图所使用的 INTC 日对数收益率数据相同的数据集。选择不同的方法会得到不同的曲线。令人感兴趣的是，在该图的两边有一些小的峰。人们对收益率分布的"尾部性质"特别感兴趣。

1.3.1　位置和尺度

样本数据频率分布两个最重要的性质就是位置和形状。位置通常由分布的"中心"决定，该中心可以用样本均值表示，也可以用其中位数或众数确定。样本形状的描述更加复杂。最简单的描述形状的方

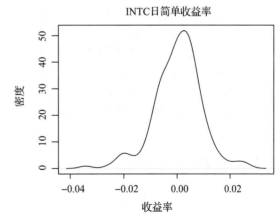

图 1.21　2017 年 1 月 1 日到 2017 年 9 月 30 日，INTC 日简单收益率的密度曲线

来源：雅虎金融

法是用尺度参数，它度量了数据集分散的程度，我们将在下面讨论另外两个描述形状的参数：偏度和峰度。

我们这里定义的一些术语，比如"均值"和"方差"，都是对于给定的数据样本集来说的。为了强调这一点，我们有时使用类似"样本均值"等这样的词语。对于"总体"的性质，也有相应的术语，它们是数学上抽象的用法。尽管我们已经使用了一些这样的术语，但是我们将在第 3 章给出它们的定义。尽管我们通常都假设读者熟悉这些术语，并且我们在给出定义前可能已使用了它们，为了完全性，我们将不时给出严格的定义。

样本均值是样本一阶矩，为

$$\bar{r} = \sum_{i=1}^{n} r_i / n \tag{1.47}$$

2017 年 1 月 1 日到 2017 年 9 月 30 日，INTC 日收益率的样本均值为 $\bar{r} = 0.000\,251$。

样本二阶中心矩为

$$\sum_{i=1}^{n} (r_i - \bar{r})^2 / n \tag{1.48}$$

它给出了在向量 r 中样本分散的程度。一种修正的样本二阶中心矩就是样本方差，即

$$s^2 = \frac{1}{n-1} \sum_{i=1}^{n} (r_i - \bar{r})^2$$
$$= \frac{1}{n-1} \left(\sum_{i=1}^{n} r_i^2 - n\bar{r}^2 \right) \tag{1.49}$$

样本方差的非负平方根为样本标准差。

对于用 $r_1, \cdots, r_n$ 表示的样本，我们通常用符号" s_r^2 "表示样本方差，我们也用" V(r) "表示。

因为在随机抽样的假设下，样本方差是总体方差的无偏估计，所以我们通常更偏好使用样本方差这种度量方法。然而，因为标准差的单位和数据本身的单位相同，所以标准差与数据集更相关。标准差度量了数据或变量的尺度。如果所有数据乘以某个给定的量，也就是数据用该量进行变换，变换后数据的标准差等于变换因子乘以初始数据集的标准差。

不给参考值，我们很难判断给定的方差和标准差是"大"还是"小"。例如，对于 INTC 日对数收益率，我们有 $s^2 = 0.000\,079\,5$ 和 $s = 0.008\,87$，但是这些值能否表明 INTC 是"风险"或"不稳定的"资产，取决于其他资产收益率的方差和标准差。

尽管前二阶矩提供了样本的重要信息，但是为了更好地描述样本分布，我们还需要样本的其他矩。

1.3.2 偏度

样本三阶中心矩为

$$\sum_{i=1}^{n} (r_i - \bar{r})^3 / n \tag{1.50}$$

它度量了频率分布的对称程度。把上式除以标准差的三次方，从而消除了单位的影响，我们把样本偏度定义为一个纯数值：

$$\frac{\sum_{i=1}^{n}(r_i - \overline{r})^3/n}{s^3} \tag{1.51}$$

三阶中心矩表明了样本是对称的或非对称的。正偏度表明正尾部（在右边）比负尾部更长。负偏度则相反。（关于样本偏度其他稍微不同的定义，参见 Joanes 和 Gill(1998)。）

　　对于 INTC 日简单收益率，偏度为$-0.372\,8$。尽管图 1.20 中的直方图似乎表明有或多或少的对称性，但是该图确实表明稍微向左偏，这正如样本偏度所示。

1.3.3　峰度

　　样本四阶中心矩为

$$\sum_{i=1}^{n}(r_i - \overline{r})^4/n \tag{1.52}$$

它度量了样本分散的程度。类似于方差和标准差，四阶矩本身并不能告诉我们多少信息。然而，同方差和标准差结合起来，四阶中心矩确实可以告诉我们很多关于分布形状的信息。尽管二阶中心矩度量了分布分散的程度，但是四阶中心矩表明它是如何分散的。

　　把上式除以方差的平方（标准差的四次方），从而消除了数据单位的影响，我们把峰度定义为一个纯数值：

$$\frac{\sum_{i=1}^{n}(r_i - \overline{r})^4/n}{s^4} \tag{1.53}$$

它表明分布的尖起或平坦程度。（关于样本峰度其他稍微不同的定义，参见 Joanes 和 Gill (1998)。）

　　对于 INTC 日简单收益率，峰度为 4.627。

　　因为对于理论上的正态分布其峰度恰好为 3，所以我们定义超额峰度为上面的峰度公式减去 3。这使得我们可以与正态分布进行简单的比较；负超额峰度意味着样本比正态分布更平坦，正超额峰度意味着样本比正态分布更尖起。许多作者简单使用"峰度"表示"超额峰度"。INTC 日简单收益率的超额峰度为 1.627。

　　具有较小峰度的样本直方图将比图 1.20 中的直方图更平坦，并且尾部将更长。

1.3.4　多元数据

　　多元数据是具有多个相关变量或测量变量的数据。按照统计学用语，一个"观察值"由多个按照固定顺序排序的"变量"的观察值构成。在其他学科中，观察值可以被称为"个案"，变量被称为"特征"，它们的值被称为"属性"。对于变量 x、y 和 z，我们可以把第 i 个观察值表示为向量

$$(x_i, y_i, z_i)$$

　　对于单个变量和一元数据来说，它们的均值、方差和其他矩有相同的定义，具有同样的相关性。我们也使用相同的符号，例如，$\overline{x}$ 是 x 的均值。我们可以使用下标表示其他量；例如，s_x^2 表示 x 的方差。然而，对于多元数据来说，我们通常对变量之间的关系更感兴

趣。度量这种关系最简单和最常使用的方法就是度量一对变量之间的关系。两个变量 x 和 y 的协方差为

$$s_{xy} = \sum_{i=1}^{n} (x_i - \overline{x})(y_i - \overline{y})/(n-1) \tag{1.54}$$

这个量我们也称为样本协方差，以强调它是根据观察到的样本计算的，而不是统计模型的相关性质。我们也可以把这个量表示为 $\mathrm{Cov}(x, y)$。

两个变量的协方差产生自两个随机变量和的方差。在讨论两个简单收益率和时，我们使用了这个结果。给定两个变量 x 和 y，令 $w = x + y$。使用式（1.49）和式（1.54），我们发现 w 的方差为

$$s_w^2 = s_x^2 + s_y^2 + 2s_{xy} \tag{1.55}$$

协方差取决于两个变量的尺度参数，一个与尺度无关的相关性的度量方法就是计算两个变量 x 和 y 的相关系数，如果 $s_x \neq 0$ 和 $s_y \neq 0$，则有

$$r_{xy} = \frac{s_{xy}}{s_x s_y} \tag{1.56}$$

否则，有 $r_{xy} = 0$。我们也可以把变量 x 和 y 的相关系数表示为 $\mathrm{Cor}(x, y)$。我们有时把样本相关系数称为皮尔逊相关系数。

相关系数的取值范围为 -1 到 1 之间。如果两个变量通过一个恰好为负的乘数相关（如果画图，它们将落在一条负斜率的直线上），那么它们的相关系数为 -1；如果两个变量通过一个恰好为正的乘数相关，那么它们的相关系数为 1。

在 1.1.1 节和 1.1.2 节，我们提到了时间序列的"自相关系数"和自相关函数（ACF）。它们与式（1.54）的相关系数类似，我们将在第 5 章更正式地对它们进行讨论。

图 1.10 给出了 1987 年到 2017 年三个指数的相对表现，在对该图进行讨论时，我们认为在 DJIA 和 S&P 500 之间存在"强相关"。（在该例中，我们非严格地使用了"相关性"。）这里的严格意味着使用式（1.54）的定义，得到本质上相同的结论。该时期 DJIA 和 S&P 500 日收盘价之间的实际相关系数为 0.993。

对于超过两个变量的情形，我们通常通过把式（1.54）推广到所有两两变量之间，计算样本方差-协方差矩阵。它是对称方阵。我们也使用式（1.56）得到样本相关系数矩阵。表 1.8 给出了一个例子。因为矩阵是对称的，所以我们有时只给出三角部分。同样，因为矩阵对角元素总等于 1，所以它们没有给出任何信息。

不管有多少个变量，相关系数都是两个变量之间的二元统计量。

人们还提出了其他度量变量之间（通常是两个变量）关系的方法。在 1.3.8 节，我们将提到两种不同于根据式（1.56）定义的相关系数的方法。另一种表示变量之间关系的方法就是使用连接函数（Copula），我们将在 3.1.7 节讨论这种方法。

表 1.8　1987—2017 年 DJIA、S&P 500 和 Nasdaq 的相关系数

	DJIA	S&P 500	Nasdaq
DJIA	1.000	0.993	0.960
S&P 500	0.993	1.000	0.975
Nasdaq	0.960	0.975	1.000

价格之间的相关性和收益率之间的相关性

当然，通常我们的兴趣在于收益率而不是价格。

即使如果两个资产的价格之间存在正相关，它们的收益率通常也正相关，但是这绝不是必然的情形。

有时对一个小的简单数据集计算统计指标并进行研究是有用的。考虑两个资产 A1 和 A2，假设它们 14 期的价格分别为

A1：1 美元，3 美元，2 美元，4 美元，3 美元，5 美元，4 美元，6 美元，5 美元，7 美元，6 美元，8 美元，7 美元，9 美元

A2：2 美元，1 美元，3 美元，2 美元，4 美元，3 美元，5 美元，4 美元，6 美元，5 美元，7 美元，6 美元，8 美元，7 美元

（现实中可能不存在这样的整数，但是这不是重点。）我们发现价格总体上一起增长，确实，它们的相关系数为 0.759。然而，从一个时期到下一个时期的收益率往往方向相反；如果一个上升，那么另一个就下降。简单收益率的相关系数为 -0.731。

现在假设我们仅观察到相隔一期的价格。我们有

A1：1 美元，2 美元，3 美元，4 美元，5 美元，6 美元，7 美元

A2：2 美元，3 美元，4 美元，5 美元，6 美元，7 美元，8 美元

现在价格的相关系数为 1.000，并且收益率相同。（因为收益率恒定，所以相关系数为 0；式（1.54）中的 s_x 和 s_y 都是 0。）时期长度不同的收益率可能呈现出不同的行为模式。尽管我们在本书中不讨论这个问题，但是我们曾经提到在很短间隔内收益率的特殊行为。

表 1.9 给出了表 1.8 中三个指数的日对数收益率的相关系数。我们还增加了 Intel 股票的日收益率。

表 1.9 中的相关系数是原始对数收益率的相关系数，也就是收益率没有对无风险收益率进行调整。

我们可能会问未经无风险收益率调整的收益率相关系数是否有所不同。根

表 1.9　1987—2017 年 DJIA、S&P 500、Nasdaq 和 INTC 日收益率的相关系数（与表 1.8 比较）

	DJIA	S&P 500	Nasdaq	INTC
DJIA	1.000	0.966	0.763	0.561
S&P 500	0.966	1.000	0.851	0.606
Nasdaq	0.764	0.851	1.000	0.682
INTC	0.561	0.606	0.682	1.000

据式（1.56）给出的相关系数的定义，我们发现对于三个向量 x、y 和 r，有

$$\mathrm{Cor}(x-r, y-r) = \mathrm{Cor}(x, y) \text{ 当且仅当 } \mathrm{Cor}(x, r) = 0 \text{ 和 } \mathrm{Cor}(y, r) = 0 \qquad (1.57)$$

例如，如果无风险收益率恒定，那么收益率经其调整后，计算得到相关系数不存在差别。另一个需要注意的事情就是不管是否进行年化处理，对数收益率的相关性相同，这是因为如果 a 为常数，有

$$\mathrm{Cor}(ax, ay) = \mathrm{Cor}(x, y) \qquad (1.58)$$

（回想对日对数收益率进行年化，我们仅乘以乘数即可，通常对日股票收益率乘以 253。这并不改变相关系数。）

图 1.17 给出的 2017 年 Intel 和 S&P 500 的年化超额收益率之间的相关系数为 0.457。该期未经调整的相关系数为 0.455（与表 1.9 给出的从 1987 年到 2017 年更长时期的相关系数 0.606 比，稍微低一些）。

收益率的多元分布

不管包括多少变量，通常如处理相关系数一样考虑两个变量之间的关系更容易。

图 1.17 给出的散点图有助于我们发现两个变量之间的关系。当存在多个变量时，两两之间的关系用方形数组表示非常方便。

图 1.22 给出了表 1.9 中指数的收益率，以及 Intel 及黄金实物 ETF（GLD）的收益率的散点图矩阵。图 1.22 给出的仅仅是 2017 年的数据，而表 1.9 使用的数据是 1987 年到 2017 年的数据。使用较短时期仅仅由于散点图的缺点：如果点非常多，那么由于重复描绘，它们变得模糊不清。

2017年对数收益率

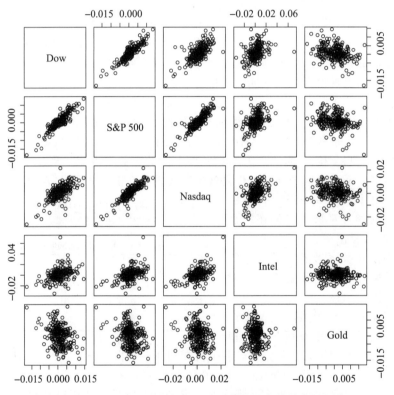

图 1.22 2017 年（未调整的）日对数收益率的散点图矩阵

来源：雅虎金融

图 1.22 也给出了 GLD（黄金实物 SPDF ETF）的散点图。GLD 直到 2004 年才推出，所以表 1.9 中不包括 GLD。GLD 和 DJIA、S&P 500、Nasdaq 综合指数、INTC 从 2004 年 11 月 18 日到 2017 年 12 月 31 日的日收益率的相关系数分别为 0.018、0.036、0.017 和 0.022 2。与这些系数相比，表 1.9 中那些相关系数更高。

散点图给出了数据出现频率更高和更低的二元区域。正如对单变量数据，我们用直方图或光滑密度曲线表示相对频率（例如图 1.21），我们可以构造一个曲面，用它表示二元密度函数。（我们将在 2.3 节讨论这种方法。）

图 1.23 给出 2017 年 Nasdaq 和 Intel 日收益率的拟合二元密度曲面的 4 种不同视图。（这和图 1.22 右下两个散点图所使用的数据相同。）第一行两个等高线图不同仅因为数据只在一个图中使用。我们把右下的等高线图称为"像图"。

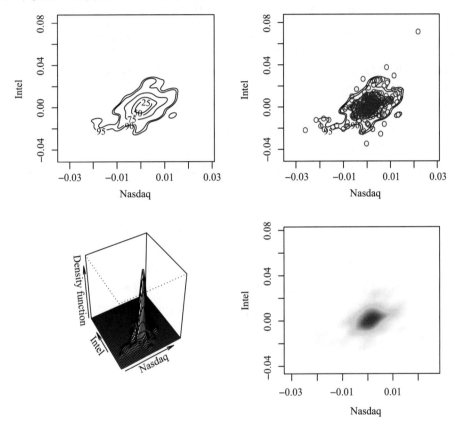

图 1.23   2017 年 Nasdaq 和 Intel（未调整的）日对数收益率的二元频率密度的 4 种不同视图（见彩插）

这些收益率的厚尾特征使得等高线的外围非常不规则。（图 1.23 的左上图这个特征非常明显。）

我们注意到异常点（图 1.23 的右上图描绘的点）使得显示出的尺度模糊了某些信息。在此情形下，合理的做法是在所有视图中去掉这些异常点，从而得到更好的频率密度图形。

我们还注意到如图 1.23 的右上图这样用数据点画出图形可能并不好，因为它们使得等高线模糊。

1.3.5   正态分布

正态概率分布是数学模型，它是许多统计方法的基础。原因很多，首先，正态分布容易进行数学处理，正态随机变量分布的性质和正态随机变量变换的性质都容易推导；其次，在自然界和经济学中，许多过程的行为特征在一定程度上都类似于正态分布。

我们也把正态分布称为高斯分布。我将使用"正态"，并且在 3.2.2 节更详细地讨论正态分布的一些性质。

更正确地说，我们指的是正态或高斯分布族。这个分布族的许多分布可以有任意的均值和任意的方差。这两个参数完全刻画了分布族中某个具体的分布。我们要确定一个正态分布，只要能够确定这两个值即可。有时我们把某个具体的正态分布用 $N(\mu, \sigma^2)$ 表示，给定 μ 和 σ^2 的值。任何正态分布的偏度为 0，也就是说，它是对称的，并且峰度为 3。这些值都基于数学期望，并且对于从正态分布得到的任何样本，如式（1.51）和式（1.53）中定义的样本偏度和峰度非常接近这两个值。因为正态分布的峰度为 3，所以我们定义了"超额峰度"，它等于上面公式中的峰度减去 3。

因为许多标准的统计方法都基于正态分布，所以确定给定样本的频率分布是否与正态数学模型一致通常非常重要。一种检验方法就是计算偏度和峰度。如果样本来自正态分布，偏度和超额峰度都将接近 0。（这里没有定义"接近"的含义。）

我们有各种正式的统计检验方法检验样本来自正态分布的假设。我们将在 4.6.1 节讨论"拟合优度"检验。

另一种评价样本分布是否与来自正态分布的样本相似的方法就是把样本分布图形，比如图 1.20 或图 1.21，与正态分布族中适当分布的概率密度图形进行比较。这里适当的正态分布是指其均值等于样本均值，其方差等于样本方差。

我们在图 1.24 中把图 1.20 的直方图与正态概率密度图叠加在一起。（我们将在 4.6.1 节研究这些相同的数据样本，并且用卡方拟合优度检验进行检验。）

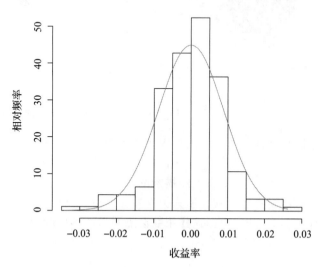

图 1.24   INTC 日简单收益率的频率与理想正态频率分布的比较（见彩插）
来源：雅虎金融

在图 1.24 中，我们发现这个时期 INTC 收益率的经验分布与正态分布相比，峰更尖，尾部更长。因为这个现象，我们称之为"尖峰"。

　　INTC 日简单收益率的样本超额峰度为 1.533。我们把具有正超额峰度的分布称为尖峰态，把具有负超额峰度的分布称为低峰态，把具有与正态分布类似峰度的分布称为常峰态。

　　实际上，正如我们所见，这 9 个月的 INTC 日收益率分布与正态分布没有太大区别。

　　我们现在考虑 S&P 500 日收益率。我们研究更长的时期，从 1990 年 1 月到 2017 年 12 月。此外，我们使用对数收益率而不是简单收益率。（二者差别非常小，我们之所以选择对数收益率，是因为对数收益率更常用。）图 1.25 把大约 7 000 个观察值的直方图与正态概率密度画在一起。

S&P 500 日对数收益率直方图

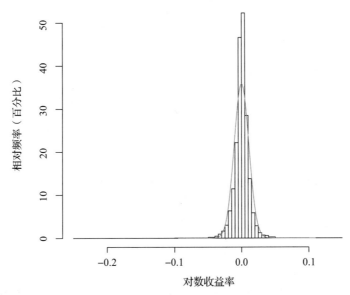

图 1.25　S&P 500 日对数收益率的频率与理想正态频率分布的比较（见彩插）

S&P 收盘价来源：雅虎金融

　　在图 1.25 中直方图的峰非常尖。由于从 −0.20 到 −0.05、从 0.05 到 0.10 这两个极端范围内观察值非常少，这个事实导致该图的宽度非常窄。绝大多数观察值在 −0.05 到 0.05 范围内。

　　尖峰态分布具有较长的尾部，我们称其为"厚尾"分布。来自厚尾分布的样本可能含有一些异常值。我们将在 1.3.7 节简要讨论异常值。在 3.1.11 节，我们更详细地讨论厚尾概率分布，并且我们将从概率分布中简要地描述某些具体的有用的厚尾概率分布族。

　　图 1.25 给出了 1990 年到 2017 年 S&P 500 日对数收益率的直方图，该图向左偏斜，并且峰非常尖。这是收益率分布的一般特征。

　　与使用样本直方图和正态概率密度曲线进行比较不同，我们将使用如图 1.21 给出的核密度图。使用直方图或密度图的问题在于，样本和正态分布的重要区别是分布的尾部。在图 1.25 中，我们容易发现频率和正态密度在接近分布中部就存在较大差别。虽然我们可以说尾部不同，但是很难发现这些差别，因为这些值太小了。实际上，从相对差别来看，这个差别可能非常大。如果我们使用样本密度图而不是直方图，也会出现同样的问题。因此，较好的图形可能是密度对数图形。

图 1.26 把样本收益率的密度对数图和正态分布密度对数图叠加在一起。

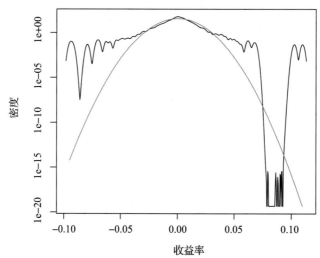

图 1.26　S&P 500 日收益率密度对数与理想正态密度对数的比较（见彩插）
S&P 收盘价来源：雅虎金融

显然，我们可以发现两个分布在尾部完全不同。S&P 500 收益率的上尾部特别异常（并且在通常样本密度图中不会发现这个差别）。S&P 500 收益率两端都有异常观察值。因此，上尾部在大概 0.07 到 0.09 之间几乎没有收益率数据，但是有些收益率（恰好为 2）远大于 0.10。（尽管我们可以在图 1.29 中发现这个结果，但是不容易发现它。）这使得核密度隆起，并且密度对数使得隆起更明显。

在下一节，我们将考虑用另一种图形方法来比较样本分布与正态分布。

1.3.6　q-q 图

分位数是样本的某个值，该值对应一个点，该点把样本分为特定的部分，或者，分位数是随机变量的某个值，随机变量下方的值都小于它。对于从 0 到 1 之间的某个数 p，我们说 p 分位数；如果 p 用百分数表示，我们可以把分位数称为"百分位数"。（参见 2.2 节。）分位数-分位数图或 q-q 图是某个分布或样本的分位数对于另一个分布或样本的分位数的图形。

虽然 q-q 图中的分布不需要是正态分布，但是，当然我们的兴趣在于把给定样本与正态分布族进行比较。

图 1.27 给出了一个与正态分布比较的 q-q 图，所使用的数据与图 1.25 的直方图和图 1.26 的密度图所使用的数据相同，也就是说，它们都是 1990 年 1 月 1 日到 2017 年 12

月 31 日 S&P 500 日对数收益率。因为在二维曲线中有 2 个自由度，所以与我们在直方图和密度图中不同，我们不需要在 q-q 图中使用均值和方差与样本匹配的正态分布。

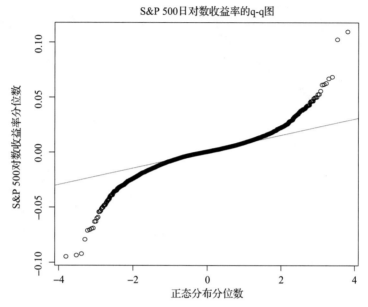

图 1.27　从 1990 年 1 月 1 日到 2017 年 12 月 31 日间，S&P 500 日对数收益率的 q-q 图（见彩插）
来源：雅虎金融

在图 1.27 所示的 q-q 图中，横轴表示正态分布的分位数。图中的直线段提供了根据图形马上发现 S&P 500 日对数收益率的样本与所预期的从正态数据生成过程得到的样本之间的差别。

首先，我们注意到图 1.27 中左边的点基本上都在正态线下方。这意味着样本中较小的值都比预期从正态数据生成过程得到的数据的值更小。同样，图右边的点基本上都在正态线上方。这意味着样本中较大的值都比预期从正态数据生成过程得到的数据的值更大。样本比正态分布的尾部更厚。这也是我们从图 1.25 中所观察到的事实。

我们将在第 2 章进一步讨论 q-q 图，并且我们将在图 2.10 中给出图 1.27 中相同数据的 q-q 图，除了该图中比较的分布不是正态外。

图 2.9 说明了来自形状各异的分布样本的 q-q 图。

总收益率

在图 1.2 中，我们考虑日、周和月等各种时间尺度上 INTC 的收盘价。我们观察到从不同抽样频率收集的价格数据可能显示出稍微不同的图形，但是本质上，数据的性质没有不同。例如，周价格不是日价格相加。

然而，正如我们从式（1.26）所发现的结果，计算得到的低频收益率确实等于高频收益率相加。周收益率等于该周所有交易日的日收益率之和。因此，我们可能期望发现周或日收益率数据都存在一定程度的平滑，这同样意味着消除了单个数据的影响。

图 1.28 给出了 S&P 500 周和月收益率的 q-q 图，所使用的数据和图 1.27 中相同时期

的日收益率相同。这些 q-q 图中的点比图 1.27 中的那些点更接近正态线。

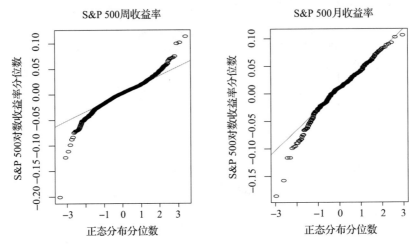

图 1.28 S&P 500 周和月收益率的 q-q 图（见彩插）

S&P 收盘价来源：雅虎金融

1.3.7 异常值

厚尾分布的一个特征就是会出现极端值，或者"异常值"。

异常值提出了一个在统计分析中存在的问题。单个观察值可能对任意一个汇总统计量有非常大的影响。当然，我们不应该忽略异常值。然而，有时它们会歪曲分析结果。一个处理异常值问题的极端方法就是在进行计算前去掉它们。如果异常值可能是由于记录错误导致的，那么这种处理方法非常合适。另一种处理异常值的方法就是使用不受异常值影响的统计方法，我们有时把这样的方法称为"稳健性方法"。如果可能存在异常值使得我们使用特殊的统计方法，那么我们也应该使用包含异常值的"标准"方法，并比较这些结果。

我们应该仔细研究异常值，因为它们可能含有新信息，或者至少含有与我们关于数据生成过程假设不一致的信息。

1.3.8 其他统计度量方法

描述性统计领域与各种概括性的统计度量有关，它们提供了对数据集显著特征的认识。（另一方面，"统计推断"是使用数据集对数据集所代表的更广总体进行认识。）

本节我们提到的许多统计指标都基于矩，也就是基于数据的幂；均值基于一次幂；方差和标准差基于二次幂；偏度基于三次幂；峰度基于四次幂。我们提到的二元变量度量，协方差和相关系数都基于二阶交叉矩。

基于矩的统计指标所存在的问题在于，一个或几个异常观察值可能对总体的度量有非常大的影响。一个熟悉的例子就是平均时薪，9 个雇员共赚取 1 美元，而老板赚取 100 美元，平均值为 10 美元，这不是适当的概括。中位数是接近排序数据中间位置的数，可能更合适。然而，通常会出现单个数值不足以概括的情况。

　　许多统计量都基于排序数据或数据的秩，并且它们对于分析具有较大波动的数据，比如金融数据，特别有用。

顺序统计量和分位数

　　我们把排序数据称为顺序统计量。对于一个数值数据集 $x_1, \cdots, x_n$，我们把相应的顺序统计量集表示为 $x_{(1)}, \cdots, x_{(n)}$；也就是说，在初始集合中，$x_{(1)}$ 是最小值，$x_{(2)}$ 是次小值，并且 $x_{(n)}$ 是最大值。（我们可以用各种方法分类；虽然有几种可能方法，但是这里使用最小值不合理。）

　　我有时使用另一种表示方法，用

$$x_{(i:n)}$$

表示在样本量为 n 的样本中第 i 个顺序统计量。

　　顺序统计量与样本分位数或经验分位数有关。与给定频率或概率 α 有关的分位数是某个值，使得大概有 α 部分的样本或总体小于等于该值。（因为可能恰好不存在某个值满足这个关系，所以可能有几个数值都称为 α 分位数。我们这里不需要严格的定义，但是我们将在 2.2 节再次讨论这个问题。）

　　中位数是"向量中间"位置的数值。正式地，对于长度为 n 的数值向量 x，有

$$\mathrm{median}(x) = \begin{cases} (x_{(n/2)} + x_{(n/2+1)})/2, & n \text{ 是偶数} \\ x_{((n+1)/2)}, & n \text{ 是奇数} \end{cases}$$

它是一个代替均值表示位置的较好的统计量。

基于顺序统计量的位置度量

　　两个描述位置的互相有关的统计量是截尾均值和 Winsorized 均值。这后两种度量都是基于尾部数据的选择百分比，限制尾部数据对统计量的影响。对于一个给定的数据集 $x_1, \cdots, x_n$，我们选择 α 部分，其中 $0 \leq \alpha < 0.5$。我们确定一个整数 k，$k \approx \alpha n$。（这里如果 αn 不是整数，如何选择 k 并不重要，只要选择一个接近的数即可。）α 截尾均值为

$$\frac{1}{n-2k} \sum_{i=k+1}^{n-k} x_{(i)} \tag{1.59}$$

α-Winsorized 均值为

$$\frac{1}{n} \left(k(x_{(k+1)} + x_{(n-k)}) + \sum_{i=k+1}^{n-k} x_{(i)} \right) \tag{1.60}$$

与均值相比，这两个统计量对异常值或厚尾的其他影响更稳健。

基于顺序统计量的尺度度量

　　基于顺序统计量，其他有用的度量通常都用第 25、第 50（中位数）、第 75 百分位数。这些分位数与四分位数对应，分别是第一、第二和第三四分位数。下面，我们令 q_1 为某个单变量数据集的第一四分位数，令 q_2 为第二四分位数（中位数），令 q_3 为第三四分位数。

　　为了度量频率分布的散布或尺度，这里不使用通常的方差和标准差，而是使用四分位距，也称为 IQR，可能更有用。基于数据的四分位数计算 IQR，其表达式为

$$\mathrm{IQR} = q_3 - q_1 \tag{1.61}$$

另一个度量样本变化范围的方法是使用绝对中位差，也称为 MAD：

$$\text{MAD} = \text{median}(|x_i - \text{median}(x)|) \tag{1.62}$$

上面的表达式有各种变形，可以把表达式中某个中位数或两个中位数用其他表示中心趋势的统计量替换，比如均值。

我们也可以用类似式（1.61）和式（1.62）中的样本分位数定义总体或理论分位数。

IQR 或 MAD 与标准差之间的关系取决于频率分布或理论分布。例如，对于正态或高斯分布族 $N(\mu, \sigma^2)$，我们有近似关系式

$$\sigma \approx 0.741 \text{IQR} \tag{1.63}$$

和

$$\sigma \approx 1.48 \text{MAD} \tag{1.64}$$

基于顺序统计量的形状度量

基于分位数或顺序统计量有各种描述偏度的度量。我们有时把一个基于分位数的度量称为 Bowley 偏度系数，其定义为

$$\frac{q_1 + q_3 - 2q_2}{q_3 - q_1} \tag{1.65}$$

卡尔·皮尔逊还定义了其他几种偏度度量，包括式（1.51）这种标准的基于矩的度量。其他皮尔逊偏度系数涉及分布的中位数和众数。

与广泛使用的基于矩的度量相比，这些基于顺序统计量构造的度量，对异常值和厚尾的其他影响更稳健。我们称它们更稳健，将在 4.4.6 节进一步讨论。

另一种描述偏度的度量是基尼系数，参见 2.2 节。

秩变换

我们可以把实际数据用数据的秩代换，从而消除样本大偏差的影响。我们用"rank(x)"表示数据的秩。对于顺序统计量 $x_{(1)}, \cdots, x_{(n)}$，秩变换为

$$\tilde{x}_j = \text{rank}(x_j) = i, \quad \text{其中 } x_j = x_{(i)} \tag{1.66}$$

这个变换似乎非常极端，并且确实这种处理完全歪曲了数据的某些性质；例如，秩变换数据的均值总为 $(n+1)/2$、方差总为 $n(n+1)/12$。然而，在度量变量之间的关系时，它确实有用。

基于顺序统计量和秩变换的关系度量

然而，两个秩变换数据集之间的关系与两个原始数据集之间的关系相似。事实上，因为它们不受异常观察值的影响，所以，有时这些关系给出了变量之间更多的信息。

令 $y_1, \cdots, y_n$ 为另一个数据集，使用上面相同的符号。把式（1.54）定义的普通相关系数（皮尔逊相关系数）应用到秩数据，有

$$\frac{12}{n(n^2-1)} \sum_{i=1}^{n} (\text{rank}(x_i))(\text{rank}(y_i)) - n(n+1)/4 \tag{1.67}$$

我们把它称为斯皮尔曼秩系数，有时称为"斯皮尔曼秩相关系数"或"斯皮尔曼 ρ"。

另一种度量变量关系的方法集中于同序对或异序对。我们有一对数据 (x_i, y_i) 和另一对数据 (x_j, y_j)，其中 $i \neq j$，如果有 $x_i > x_j$ 且 $y_i > y_j$，或者 $x_i < x_j$ 且 $y_i < y_j$，那么我们称数据为同序对。如果有 $x_i > x_j$ 且 $y_i < y_j$，或者 $x_i < x_j$ 且 $y_i > y_j$，那么我们称数据

为异序对。如果有 $x_i = x_j$ 或 $y_i = y_j$，那么我们称数据既非同序对也非异序对。我们把同序对和异序对之差，再除以数对总数，称为肯德尔 τ，即肯德尔 τ 为

$$\frac{2(p-q)}{n(n-1)} \tag{1.68}$$

其中 p 为同序对的个数，q 为异序对的个数。肯德尔 τ 也称为"肯德尔秩相关系数"。显然，肯德尔 τ 取值范围为 -1 到 1。较大的正值表明两个变量向同一方向变动。

对于超过两个变量的情形，我们可以构造斯皮尔曼 ρ 和肯德尔 τ 的对称矩阵，正如表 1.8 和表 1.9 构造相关系数矩阵的情形。同样，由于矩阵是对称的，所以我们有时只给出三角部分。同样，因为矩阵对角元素总等于 1，所以矩阵对角元素的确没有反映任何信息。

我们使用计算表 1.9 中收益率相关系数的同样数据，计算了收益率的斯皮尔曼 ρ 和肯德尔 τ，由表 1.10 给出。

表 1.10　1987—2017 年，DJIA、S&P 500、Nasdaq 和 Intel 的斯皮尔曼 ρ 和肯德尔 τ

| | 斯皮尔曼 ρ | | | | 肯德尔 τ | | | |
	DJIA	S&P 500	Nasdaq	Intel	DJIA	S&P 500	Nasdaq	Intel
DJIA	1.000	0.940	0.743	0.538	1.000	0.804	0.567	0.387
S&P 500	0.940	1.000	0.845	0.599	0.804	1.000	0.671	0.433
Nasdaq	0.743	0.845	1.000	0.679	0.567	0.671	1.000	0.500
Intel	0.538	0.599	0.679	1.000	0.387	0.433	0.500	1.000

比较表中的各个数值，我们发现对它们的解释非常相似。例如，我们发现 DJIA 和 S&P 500 的关系，比它们与 Nasdaq 之间的关系都要强。我们也发现 Intel 与 Nasdaq 的关系，比 Intel 与低技术 DJIA 之间的关系、Intel 与 S&P 500 之间的关系都要强。（当然，我们应该记住 Intel 是这些指数中每个指数的成分股。）

不管涉及多少个变量，和相关系数一样，斯皮尔曼 ρ 和肯德尔 τ 都是两个变量之间的二元统计量。

1.4　波动率

收益代表资产价格发生变化；较大的收益率，不管正负，都代表标的资产或指数发生了较大的变化。一般而言，"波动率"表示收益率的变异性。（我们将在下面更准确地定义这个术语。）波动率是金融数据最重要的特征之一。我们先看几个数据集的收益率的变异性。

我们可以从图 1.20、图 1.24 和图 1.25 的直方图，以及图 1.27 和图 1.28 的 q-q 图中，观察到收益率的变异性。

1.4.1　收益率的时间序列

直方图描述了分布的静态图。然而，另一种收益率图可能会显示出收益率的一个有趣性质。从图 1.29 的时间序列图中，我们发现收益率的变异程度不是恒定的。（图 1.29 所使

用的数据与图 1.25、图 1.27 的数据相同，但是多了三年的数据。图 1.29 包括了"黑色星期一"，是一张典型的收益率变异图。)

图 1.29 左侧的大幅下跌是 1987 年 10 月 19 日的"黑色星期一"。当天，S&P 500 和 DJIA 的跌幅都是历史上最大的一天。(1987 年是金融史上臭名昭著的一年。然而，该年 S&P 500 和 DJIA 实际上都在上涨。)

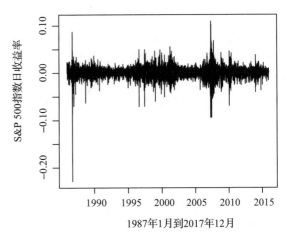

图 1.29   1987 年 1 月至 2017 年 12 月 S&P 500 指数日收益率

收益率的异方差性

在许多股票收益率的理论模型中，"波动率"是一个重要的组成部分。这些模型通常都（明确地或用其他方式）假设这个量是恒定的。然而，我们在这里所观察到的关键就是，波动率看起来不断变化。波动率还存在聚集性。有时较大的波动率聚集在一起，对应于市场下跌时期。图 1.29 所示 1987 年较大波动率似乎是一个异常现象。但是正如图 1.10 所示，2000 年和 2008 年左右，波动率相对较大的那些时期都存在指数下跌。在较短的时间内，在规定的盈余公告前，个股收益率的波动率增加。

在金融文献中，通常都把波动率的变异性称为"异方差性"。把变化的波动率称为"随机波动率"。

收益率的序列相关性

图 1.29 的时间序列图使我们怀疑日收益率存在序列相关性。但是金融常识使我们相信不存在重要的自相关，因为如果一旦存在，那么交易者就可以利用它们。一旦交易者确定了某个性质可以使他们获得持续利润，那么该性质就不再存在。

在前面，我们把时间序列 $\{X_t\}$ 的自相关函数（ACF）定义为滞后 h 的 $\mathrm{Cor}(X_t, X_{t-h})$，并且我们根据 ACF 只是滞后 h 的函数，定义了一类平稳性。在这种情况下，我们将 ACF 表示为 $\rho(h)$。我们还注意到，这类平稳性意味着对于所有 t，方差 $\mathrm{V}(X_t)$ 不变。给定数据 $x_1, \cdots, x_T$，$\rho(h)$ 的一致估计量是

$$\hat{\rho}(h) = \frac{\sum\limits_{t=h+1}^{T}(x_t - \overline{x})(x_{t-h} - \overline{x})}{\sum\limits_{t=1}^{T}(x_t - \overline{x})^2} \tag{1.69}$$

其中 $\overline{x} = \sum_{t=1}^{T} x_t / T$。我们把它称为样本自相关函数（ACF 或 SACF）。

从图 1.29 的时间序列图中我们可以清楚地看出，收益率方差不是恒定的，因此该时间序列非平稳。不仅对于不同 h，$\mathrm{Cor}(X_t, X_{t-h})$ 的值可能不同，而且对于不同的 t，其值也可能不同。这意味着不存在对自相关进行估计的统计基础，因为对于 h 和 t 的每个组合，

我们只有一个观察值。

尽管在缺乏平稳性的情况下，将 $\hat{\rho}(h)$ 作为 $\rho(h)$ 的估计量存在问题，但是我们先计算 S&P 500 指数日收益率的样本 ACF。如图 1.30 所示。

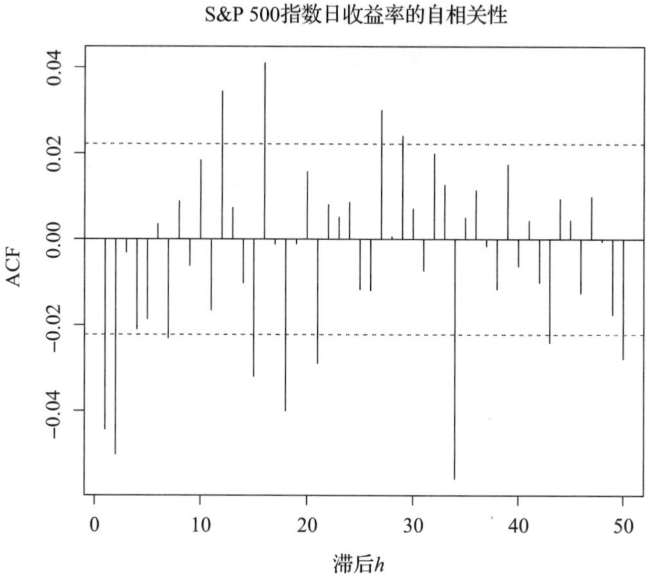

S&P 500指数日收益率的自相关性

图 1.30 1987 年 1 月至 2017 年 12 月，S&P 500 指数日收益率的自相关函数（见彩插）

在平稳性假设和一些基本时间序列的其他假设下，图 1.30 中有两条水平虚线，它们表示两条对应于 $\rho(h)=0$ 的 95% 置信区间带的 $\hat{\rho}(h)$ 值的渐近极限。（我们将在 5.2 节讨论置信区间带和其他方面的分析。）

即使有关于样本 ACF 的警告，我们也可以得到结果，如图 1.30 所示，这表明收益率的自相关性并不大。文献中也报告了许多实证研究，表明情况确实如此。我们稍后会深入讨论这些问题。

短期滞后的日收益率之间通常存在负的自相关，这表明存在一种正收益率之后是负收益率的趋势，反之亦然。然而，波动率的聚集表明绝对收益率之间可能存在正的自相关。图 1.31 表明情况确实如此，甚至滞后期长达近两年。

我们必须谨慎解释图 1.31 中的 ACF。这个基本过程不是平稳的。

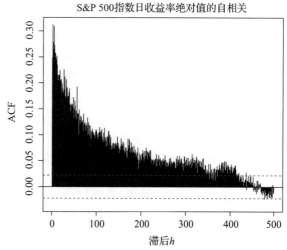

图 1.31 1987 年 1 月至 2017 年 12 月，S&P 500 指数日收益率绝对值的自相关函数（见彩插）

总收益率

我们已经观察到收益率频率分布取决于计算收益率的时间间隔。图 1.27 和图 1.28 中的 q-q 图显示了日收益率、周收益率和月收益率的分布尾部之间存在差别。这些图中的数据与图 1.30 计算 ACF 所使用的数据相同。

月收益率构成的时间序列，其自相关也不同于日收益率时间序列的自相关。图 1.32 给出了与图 1.30 中日收益率相同时期，S&P 500 指数的月收益率的自相关性。与日收益率的自相关性相比，月收益率的自相关性更接近于零。

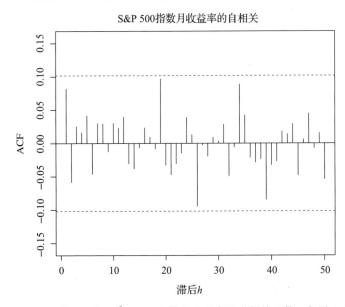

图 1.32　1987 年 1 月至 2017 年 12 月，S&P 500 指数月收益率的自相关函数（与图 1.30 相比）（见彩插）

1.4.2　度量波动率：历史波动率和隐含波动率

波动率意味着变化，对于一个分布来说，最简单的度量变化的方法就是计算方差或标准差。因为标准差，即方差的平方根，与所讨论的量单位相同，所以通常更合适。

我们感兴趣的波动率是收益率的波动率。

尽管我们可以从图 1.29 的收益率图中"看到"S&P 500 指数的波动率，但我们无法度量。我们不能直接得到波动率。因为条件标准差在每个点都发生变化，并且在每个点只有一个观察结果，所以我们甚至无法得到波动率的无偏估计。现在，我们给出"波动率"的定义。

某个资产的波动率就是该资产日对数收益率的条件标准差。

历史波动率

一种通常度量波动率的方法就是计算某个给定时间段内的样本标准差。我们把它称为历史波动率，有时也称为"统计波动率"。尽管该指标的分布取决于直到期初的信息，但是它确实提供了一个度量期末条件分布的方法。

　　然而，因为波动率可能不是恒定的，所以，如果我们使用历史波动率，我们可能想用某个相对较短的窗口移动计算。在时点 t，我们可以使用前面 k 个值，计算 k 期历史波动率：

$$\sqrt{\frac{1}{k-1}\sum_{i=1}^{k}(r_{t-i}-\overline{r}_{t(k)})^2}$$

其中 $\overline{r}_{t(k)}$ 是时点 t 之前 k 个收益率的均值。（我们在投资组合例子中也使用了这个表达式。）

　　使用图 1.29 中给出的日收益率，我们计算了不同时点的 60 天历史波动率和 22 天历史波动率，表 1.11 给出了这些结果。首先是 1987 年 12 月 1 日，这是一个短暂的高波动时期的结束。60 天历史波动率包括了黑色星期一的大波动，但 22 天历史波动率没有包括。其次是 1995 年 12 月 1 日，这对应一段明显的低波动时期，如图 1.29 所示。接着是 2008 年 12 月 1 日，这是 2008 年旷日持久的市场动荡；最后是 2017 年 12 月 1 日，这是相对平静的市场。

表 1.11　S&P 500 指数日收益率的历史波动率

	1987 年 12 月 1 日	1995 年 12 月 1 日	2008 年 12 月 1 日	2017 年 12 月 1 日
60 天	0.038 7	0.004 60	0.044 3	0.004 0
22 天	0.021 8	0.004 83	0.042 2	0.003 9

　　首先，当然，我们发现不同时点有相对较大的差别。我们注意到另一件事，在 1987 年短暂的市场动荡下，22 天历史波动率与 60 天历史波动率有很大不同。

　　在图 1.34 中，我们给出了 S&P 500 指数的 22 天历史波动率，在 1990 年 1 月至 2017 年 12 月期间每天计算。（波动率按如下所述方法进行年化，选择该时期是为了与另一个将要讨论的量进行比较。）

　　我们还可能发现某种加权标准差更有用。显然，使用历史波动率存在一些问题。一个问题就是一些异常值对历史波动率的影响。我们将在后面章节中进一步讨论一些其他的问题。

异常值对历史波动率的影响

　　较早时候，我们提到了异常值对概括统计量的影响。收益率中的异常值对历史波动率产生巨大影响。例如，在图 1.29 所示收益率中，黑色星期一的巨大负收益率导致了 1987 年整年的 S&P 500 指数日对数收益率的标准差为 0.021 3。如果忽略这一天，则全年标准差为 0.015 6。

总收益率

　　我们现在计算 1987 年 1 月至 2017 年 12 月 S&P 500 指数周、月对数收益率，图 1.33 给出了这些结果。（周数据是图 1.10 所示数据中每第 4 个或第 5 个数值；回忆 1.1.3 节关于交易日和每周收盘价的讨论。月数据大概是图 1.10 所示数据中每第 21 个数值。这些都是图 1.28 q-q 图中显示的数据集，我们观察到，与日数据相比，周数据更接近"正态分布"，与周数据相比，月数据更接近"正态分布"。）

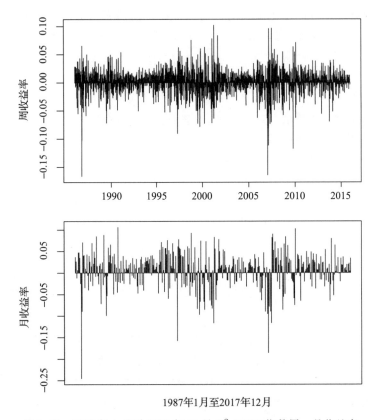

图 1.33   1987 年 1 月到 2017 年 12 月 S&P 500 指数周、月收益率

计算不同时期的周、月收益率的均值和标准差是有益的。从这项实证研究中，我们发现一些有趣的关系。我不在这里展示各个时期的均值和标准差，而只给出整个时期的结果。日、周和月收益率的均值为

$$m_d = 0.000\,298, \quad m_w = 0.001\,42, \quad m_m = 0.006\,01$$

注意到

$$m_w = 4.76m_d \quad 和 \quad m_m = 20.13m_d$$

这与式（1.21）中的关系以及每年有九个假期的事实一致，每周平均大约有 4.76 天，每月大约有 21 天。（由于周和月的开始和结束时间以及特殊的市场关闭，例如包括 9/11 当日和随后的五天市场关闭，导致这里有一些变化。）

标准差（波动率）更有趣：

$$s_d = 0.011\,5, \quad s_w = 0.022\,5, \quad s_m = 0.043\,0 \tag{1.70}$$

我们注意到，

$$s_w = 1.953s_d \quad 和 \quad s_m = 3.73s_d \tag{1.71}$$

正如我们在 1.2.3 节所发现的那样，通过对单个短时期收益率的简单求和，把这些短时期对数收益率相加，得到更长时期的对数收益率。如果随机变量 R_1 和 R_2 代表两个相邻时期的收益率，那么 $R_1 + R_2$ 代表合并时期的总收益率。两个随机变量之和的方差是各个

方差之和加上两者协方差的两倍。（我们在 1.2.9 节使用这个结果，计算两个简单收益率的求和，并且在样本方差中也会观察到这个结果。）正如我们在 1.4.1 节所观察到的那样，收益率几乎没有序列相关性；也就是说，相邻时期的两个随机变量的协方差非常小，$R_1 + R_2$ 的方差有一个非常好的近似值，就是 $V(R_1 + R_2) = V(R_1) + V(R_2)$。

现在，考虑几个连续时期的收益率。对上面的讨论进行总结，我们发现如果 n 个短时期收益率的方差相同，则整个时期收益率的方差仅为每个较短时期方差的 n 倍。

波动率用收益率的标准差衡量，即方差的平方根。因此，我们有总波动率的"平方根规则"。如果 n 个连续时期的波动率都为 σ，则整个时期的波动率（近似）为

$$\sqrt{n}\sigma \tag{1.72}$$

这里的"近似"有两个方面。第一个就是存在序列相关性不为 0 的事实。另一个就是交易的性质，它决定了波动率。交易时期不连续。此外，间隔长度不相等。尽管如此，我们发现平方根规则在分析金融数据时仍然很有用。（在式（1.71）的例子中，对应关系不是很好。要求读者使用练习 A1.9 中其他历史数据讨论这个问题。）

就像利率和收益率一样，我们可以"年化"波动率。因此，如果 σ_d 是日波动率，那么，因为一年大约有 253 个交易日，所以 $\sqrt{253}\sigma_d$ 是相应的年化波动率。

隐含波动率

因为波动率可能连续不断地变化，所以历史波动率可能不是实际波动率的很好估计。在历史波动率中还有一些其他异常情况，不符合价格变动的合理模型，我们将不在这里进行讨论。

由于与波动率研究无关，人们已经提出了各种模型把期权的公平市场价格与相应的执行价格、到期日和标的价格联系起来。（在这些模型中，最著名的模型就是 Black-Scholes 模型。事实证明，这些模型只涉及标的的一个性质，即波动率，当然，这是不可观察的）。如果 K 是执行价格，并且对于给定时间，到期时间为 t，标的价格为 S，标的波动率为 σ，则期权的公平市场价格 p 由下式给出：

$$p = f(K, t, S, \sigma) \tag{1.73}$$

其中 f 是某个函数。人们已经研究了几种 f 的形式（并被市场参与者使用）。

因为现在有非常活跃的股票市场和指数期权市场，所以可以观察到式（1.73）中的 p。除了 σ，其他量也可以观察到，并且 f 对于 σ 可逆，我们记

$$\sigma = g(K, t, S, p) \tag{1.74}$$

这为我们度量波动率提供了一种间接方法。我们把用这种方法计算的波动率称为隐含波动率。

对于任何给定标的，在不同到期日都有不同的期权序列；因此，在任何时间点，K、t 和 p 都有多种组合。实践中，这些不同的组合根据式（1.74）得到不同的 σ 值。这不仅仅是因为我们在图 1.29 或表 1.11 中，观察到不同时点的波动率不同。从 K、t 和 p 的不同组合获得的 σ 值，存在一些系统的关系。一种常见的关系就是，对于固定的 t、p 和 S，即作为 K 的函数的 σ，式（1.74）所刻画的曲线随着 K 增加接近于 S 而趋于下降，然后随着 K 增加大于 S 而趋于上升。这种关系以"波动率微笑"著称。在 1987 年黑色星期一之前，

曲线往往是对称的。从那时起，曲线趋向于移动到当前价格 S 之上，并且偏斜，这表明对于 $K < S$。隐含波动率更大。我们将在下面简要讨论这种偏斜。

1.4.3 波动率指数：VIX

芝加哥期权交易所推出了市场各个行业的隐含波动率的几个指数。波动率指数是对市场波动率或市场某个方面波动率的连续更新的度量。最受关注且广泛使用的波动率指数是芝加哥期权交易所波动率指数（VIX），它基于 S&P 500 指数及其期权价格。芝加哥期权交易所从 20 世纪 80 年代开始制定波动率指数，到 1990 年有了初级版本。1993 年引入正式指数。如上所述，隐含波动率公式（1.74）的任何版本都存在一些问题，自引入以来，VIX 进行了一系列修订。对于市场其他方面的度量，芝加哥期权交易所也推出了其他波动率指数。尽管可以用各种方法计算隐含波动率，但是所有方法都使用式（1.74）的思想，我们经常把"隐含波动率"一词等同于 VIX。

芝加哥期权交易所把 VIX 描述为"度量了 S&P 500 指数（SPX）期权价格所传达的近期波动率的市场预期"，并认为它是"投资者情绪和市场波动率的晴雨表"。

VIX 本身对应于 S&P 500 指数的年化日波动率（百分比）。在图 1.34 中，我们把 VIX 与同一时期每天计算的 22 天历史波动率进行了比较。

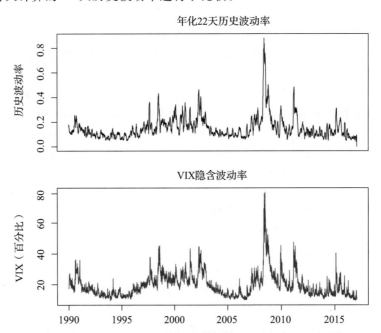

图 1.34　1990 年 1 月至 2017 年 12 月，S&P 500 收益率的 22 天历史波动率和 VIX（见彩插）
来源：雅虎金融

VIX 的历史波动率和隐含波动率之间存在密切对应关系。在图 1.35 中，我们从不同的角度观察这种对应关系。尽管这一时期的 22 天历史波动率最大值（88%）大于 VIX 的最大值（81%），但是历史波动率往往略小。

图 1.35 给出了 1990 年 1 月至 2017 年 12 月的 4 张图。最上方的图是 S&P 500 指数本身（与图 1.10 相同），第二张图给出了 S&P 500 指数的收益率（大部分数据都显示在图 1.29 中），第三张图是 VIX（与图 1.34 的下图相同），最下方图是 SKEW（我们将在下文进行讨论）。

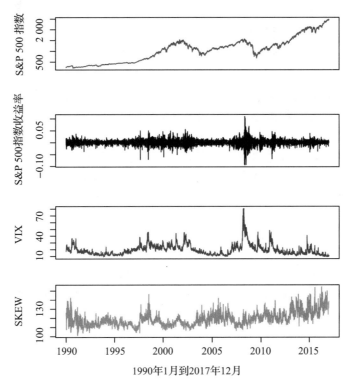

图 1.35　S&P 500 指数（引自图 1.10）、S&P 500 指数收益率（引自图 1.29）、VIX（引自图 1.34）和 SKEW（见彩插）

来源：雅虎金融和芝加哥期权交易所

正如我们在图 1.34 中所观察到的那样，从 1990 年 1 月到 2017 年 12 月，VIX 变化范围从 10 左右的低点到 80 左右的高点。这里，我们想观察发现 VIX 与 S&P 500 指数之间的任何明显关系。从图 1.35 的第一张和第三张图中，我们可以发现，在 S&P 500 指数上涨期间，VIX 通常都较小。图 1.35 中第二张和第三张图显示，VIX 似乎与 S&P 500 指数日收益率中明显呈现的波动率完全对应（这是图 1.34 的关键）。

三年 VIX 频率分布的比较

我们用两种不同的图形显示频率分布，图 1.20 所示的直方图和图 1.21 所示的密度图。

现在，我们使用另一种图来显示，箱线图。箱线图对于比较不同的频率分布特别有用。（我们将在 2.4.3 节更详细地讨论这种显示图形。）

我们从表 1.11 中观察到，1995 年、2008 年和 2017 年的 12 月份，S&P 500 指数日收益率的历史波动率完全不同。我们还在图 1.34 和图 1.35 中观察到，与 2008 年相比，1995

年和 2017 年 VIX 通常都较小且变化不大。我们可以使用箱线图得到 VIX 在这三年变化的简图。图 1.36 中的三个箱线图清楚地显示了这三年 VIX 的频率分布。

我们发现这三年所有频率分布都是正偏的，并且在所有年份中分布都是呈右（正）侧厚尾。我们还发现与 1995 年和 2017 年比，2008 年中值大得多，而且我们也发现 2008 年变异性也非常大。

反向 VIX

波动率成为基金经理普遍关注的一件事。金融服务公司提出了各种把波动率货币化的方法，并推出了对波动率进行对冲和投机的金融工具，主要是 VIX，但是也包括其他波动率指数。

ProShares 发行并在 Nasdaq 交易的 SVXY 反向 ETF 旨在构造（净成本！）S&P 500 VIX 短期期货指数的反向每日表现。（这些是标的为 VIX 的期货。）

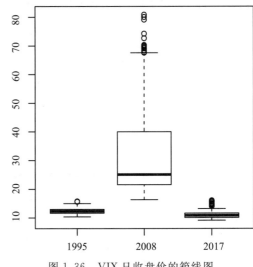

图 1.36   VIX 日收盘价的箱线图
来源：雅虎金融

瑞信发行的 XIV ETN 也是构造 S&P 500 VIX 短期期货指数的反向每日表现。（该基金于 2018 年 2 月清盘，随后 VIX 在几天内上涨了 200%。XIV 类似于反向 ETF，但是如前所述，ETN 不是股票。）

其他波动率指数

关于其他波动率指数，这包括强调尾部行为的指数，例如 SKEW（见下文）。从 2013 年开始，芝加哥的金融研究公司 NationsShares 推出了许多波动率指数，把其中一些指数称为 VolDex® 指数。不同的市场部门有不同的指数。和 VIX 一样，最常见的 VolDex 都是集中于 S&P 500 指数。这个指数被称为大盘股 VolDex，但是通常简称为 VolDex，它通过使用 SPDR S&P 500 ETF 的期权而不是 S&P 本身度量隐含波动率。许多人认为 VolDex 是一个比 VIX 更好的度量波动率的指标。

1.4.4   隐含波动率曲线

正如我们所指出的那样，股票收益率不服从正态分布。与预期从一个服从正态分布的随机变量所获得的值相比，非常小和非常大的值相对更多一些。不管简单收益率还是对数收益率，收益率分布的尾部都比正态分布的尾部更厚。正如我们在图 1.25 所看到的那样，除了尾部更厚之外，分布也左偏。

我们所观察到的另一个性质就是收益率分布是变化的。我们特别集中于收益率的波动率，即标准差，但是分布的其他方面，例如偏度，也随时间变化。有时偏度接近于 0，也就是说，分布基本上是对称的，而其他时候，偏度是非常大的负值。（实际值取决于收益率的频率——日、周等。）交易者的行为是产生这些变化的原因，此外，交易者了解收益率的性质和收益率波动的事实。

这些性质一起导致对于某些函数 g，根据式（1.74），即 $\sigma = g(K, t, S, p)$，得到隐含波动率的一些有趣性质。我们上面提到的"波动率微笑"和"波动率有偏"。在本节中，我们将简要讨论分布之间尾部的差异，以及如何随时间变化度量这些差异。其想法类似于我们已有的度量波动率的方法。当标的资产价格 S 已知时，我们观察各种到期日 t、各种执行价格 K 的看跌期权和看涨期权的各种价格 p。

通常，对于固定的 t，p 和 S，即 σ 作为 K 的函数（逆方程（1.74）），

$$\sigma = g_{t,p,S}(K)$$

二者之间的关系为，随着 K 递增接近 S，σ 降低；随着 K 增加且超过 S，σ 增加。这种关系以"波动率微笑"著称。在1987年的黑色星期一之前，曲线往往是对称的。此后，曲线往往移动到当前价格 S 之外，并偏斜，这表明当 $K < S$ 时，隐含波动率更大。

尾部风险指数；SKEW

这种偏斜的原因很多。它们产生于收益率本身的偏斜，我们在很多情况下都观察到了这个现象。然而，偏斜曲线的主要原因在于不同的风险。由于价格上涨引起的风险无界，而由于存在标的价格为0的下限，限制了价格下跌引起的风险。1987年之后不久，期权交易者开始使用术语"偏斜"表示这个性质。芝加哥期权交易所开始根据所观察到的 S&P 500 价外期权价格计算这种不对称性。通过对公式的某些调整，CBOE 开始发布 SKEW 指数，它们也将其称为"尾部风险指数"，该指数根据 S&P 500 价外期权价格计算得出。由于察觉到尾部风险上升，会增加对低执行价格的看跌期权的相对需求，所以，SKEW 的增加通常相应于 VIX 的总体变陡。

图1.35的最下方图形给出了从1990年至2017年 CBOE 的 SKEW 指数。

SKEW 基本上都在100到150范围内。从图中可以看出，与 VIX 相比，SKEW 每日之间的变化更多，并且确实如此。

根据 CBOE（2019年），"SKEW 值为100，这意味着人们察觉到的 S&P 500 对数收益率分布为正态分布，并且，异常收益率的概率可以忽略不计。随着 SKEW 超过100，S&P 500分布的左尾获得更多权重，异常收益率的概率变得更有效"。

虽然一些交易者从 SKEW 指数中发现了更多关于市场"情绪"的信息，但是在 SKEW 和其他序列之间，似乎不存在密切的关系。

前面提到的发布 VolDex 指数的公司 NationsShares，也开发了两个集中反映尾部行为的指数，分别是 SkewDex® 和 TailDex®。

1.4.5　风险评估与管理

任何资产组合的价值都会随时间波动。资产价值的适当下降几乎不算是问题。极端下降可能对不同类型的持有人，例如个人、银行、养老基金、共同基金或国家，产生显著但不同的影响。每个这样的机构都寻求管理极端下降所导致的风险。

权益类资产的价值波动的原因很多。有时，无论何种原因，整个市场都下跌。在这种情况下，大多数个人资产的价值仅仅因为市场下跌而下降。我们把整个市场下跌所导致的风险称为系统风险或市场风险。

某资产价值下降，其原因可能与该资产的特殊情况有关，例如营销策略执行不力，或对公司运营至关重要的商品价格的过度上升。我们把这种风险称为个别风险。

单个股票的风险来自两个方面：一部分风险来自市场，即系统风险，另一部分风险来自自身，即个别风险。一般的分散化，如 1.2.9 节所述，可以减轻个别风险，但不能减轻系统风险。个别风险有时称为"可分散风险"。对冲，如 1.2.9 节所述，也可以把它看作一种分散化，可以降低个别风险和系统的市场风险。

风险还有许多其他来源。这里主要考虑债权人违约的风险。对于固定收益资产，这是最重要的风险。

尽管我们通常都把风险等同于波动率，但我们感兴趣的风险仅来自一个方向的变化。投资组合价值增加不是"风险"。

一种评估损失风险的方法就是对某个时期的投资组合价值的频率分布建模，例如，图 1.19 中所示的 INTC 价格分布，然后计算期末价格处于分布下尾部的概率。另外一种更常见的方法就是使用收益率的频率分布，例如图 1.20 或图 1.25，计算与某个（小）概率相对应的负收益率的值。这里分析所使用的收益率通常都是单期简单收益率。

这种方法有一个明显缺点，就是关于投资组合价值或收益率的频率分布模型。然而，正如我们将在整本书中都强调的那样，通常统计分析都从某个模型开始。统计分析涉及拟合模型、评估模型的充分性或"正确性"，以及使用模型对过程做进一步的推断。然而，这里还存在模型的有效性问题和模型拟合问题。模型不一定必须正确才有用。在金融实际应用中，在某个时间点有用的模型，随后可能就没用了。

风险值

在风险评估的风险值（VaR）方法中，我们对投资组合在某个特定时段内的表现感兴趣。（我们使用符号"VaR"，因为"VAR"通常用于表示"向量自回归"；参见 5.3.2 节。）商业银行通常计算每天的 VaR。另一方面，养老基金可能更关注按月计算的 VaR。给定时期内投资组合的价值构成一个时间序列，可能在该时段内大幅波动。频率分布本身也是一个时间序列。我们集中于期末频率分布的估计或期末频率分布的预期。

假设投资组合由各类资产构成。我们使用最近的观察值建立每个资产的频率分布，然后，根据它们在投资组合中的比例以及它们之间的相关性，组合起来，进而得到投资组合总价值的频率分布。（了解资产之间的相关性并将它们纳入模型非常困难，未能充分做到这一点成为许多金融灾难产生的原因。）

频率分布的模型可以采取基于历史数据的直方图形式，如图 1.19、图 1.20 或图 1.25所示，也可以采取某种标准频率分布的形式，对应于所观察到的历史数据的性质。第三种就是构造给定时期结束时频率分布模型的方法，就是对收益率建模，并模拟从当前价格开始的未来价格。

在任何情况下，历史数据都必须取自相关时期合适的资产。我们不会在这里讨论建立模型的细节，而是假设我们有投资组合价值频率分布的模型，并使用这个模型说明进行风险评估的常见简化 VaR 方法。

在标准方法中，有时称为 PVaR，一旦确定了模型频率分布，为了评估风险值，我们选择某个小概率 α，并确定损失概率小于或等于 α 的数值点。当然，频率分布取决于时间范围。我们有时会使用符号 $\mathrm{VaR}(t,\alpha)$ 强调 VaR 的这种依赖性。

损失可以用美元（或记账单位）衡量，或者使用现值的百分比衡量，即单期简单收益率。

例如，考虑 2017 年 10 月 1 日 INTC 多头头寸该天的 VaR。首先，我们需要收益率的频率分布。我们可以使用图 1.20 中的直方图作为 INTC 日简单收益率频率分布的模型。这些数据的时期为从 2017 年 1 月 1 日至 2017 年 9 月 30 日。

随后，我们选择概率 α，比如 5%，并确定在给定的频率分布模型下，日损失 5% 所对应的损失数值。

使用单个小区间的相对频率，该频率用百分比表示，然后将频率乘以区间长度，每个小区间的长度都相等，再相加，直到总计超过 5%，然后在该区间内进行调整，使乘积累计和恰好为 5%。这是 α 的下切断点。在本例中，该点为 $-0.015\ 35$。因此，最大损失为 5% 的日收益率为 $-0.015\ 35$ 或更低，或者用另一种非正式的方式表述，一天中有 5% 的时间，持有 INTC 的损失略高于其价值的 2%。图 1.37 描述了这些结果。

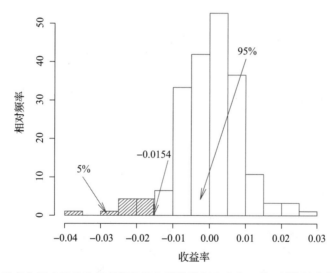

INTC日简单收益率直方图

图 1.37　用直方图表示的收益率服从某个假设的频率分布，其 5% 的风险值（见彩插）

根据上述分析，2017 年 10 月 1 日，持有 100 000 美元多头头寸的 INTC，该日 5% 的 VaR 为 1 535 美元。

上述分析取决于有一个能描述问题当天收益率概率分布的好模型。10 月 1 日是星期天。那么当年从 1 月到 9 月 INTC 日收益率的频率分布是否合适？从 1 月至 9 月，该分布是否存在系统性变化？有周末效应吗？同样的分析是否适用于 10 月 2 日？当然，这些问题没有简单的答案，但是，在 VaR 评估中都会出现这些问题。

我们使用图 1.37 说明的基本思想，从相关时间区间的收益率分布使用频率分布表示开始，并且仅确定 α 下切断点。频率分布是概率分布的近似。除了使用直方图，还有许多其他估计概率分布的非参数方法，2.3 节将讨论其中一些方法。

根据相同的基本方法，另一种收益率概率分布的近似方法就是使用某个标准概率分布，例如正态分布，然后选择该分布中的参数拟合观察到的数据集。

我们继续使用这个例子说明，我们使用正态分布 $N(0, s^2)$ 作为收益率分布的模型。对于方差 s^2，我们使用形成前面直方图的同一组数据进行估计。我们只计算历史波动率；也就是说，我们计算标准差，得到 $s = 0.008\ 918\ 854$。（样本均值是 $0.000\ 183$。）按照前面 INTC 日收益率直方图所使用的相同方法，我们确定正态分布的 α 切断点。图 1.38 说明了这种方法，同样在 5％水平上。

图 1.38 给出的理想分布与图 1.37 直方图的分布非常相似。我们使用图 1.38 进行分析，2017 年 10 月 1 日，持有 100 000 美元多头头寸的 INTC，该日 5％的 VaR 为 1 467 美元，略低于前面的结果。

图 1.38 给出的这种计算 VaR 的方法，有时称为"方差-协方差"正态分布近似方法。在这种方法中，不仅要考虑在所研究问题中该模型的充分性，特别是正态分布，而且还必须考虑 s 的计算值的相关性；想一下表 1.11 给出的历史波动率的各种值。

因为正态分布族具有简单的线性性质，所以任何正态分布的 α 切断点都是标准正态分布 α 切断点乘以标准差。例如，标准正态分布的 5％切断点为 -1.645，例子中的 5％切断点为 $-1.645s$，其中 s 是收益率的样本标准差，也就是波动率。

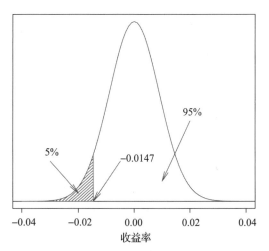

图 1.38　用概率密度曲线表示的收益率服从某个假设的正态频率分布，其 5％的风险值（见彩插）

参数方法也可以使用不同的分布族。我们从图 1.24 和图 1.25 中观察到，正态分布族不能很好地拟合所观察到的收益率分布。几种厚尾分布可能更合适。我们将从 3.2.2 节开始讨论其中一些分布。例如，t 分布作为一个理想的模型，通常可以拟合得很好。

这些同样的分析可以应用于其他资产，包括持有各类资产的投资组合。使用的频率分布必须适合所评估的资产。如果资产是持有多个头寸的投资组合，则必须作为一个整体进行分析。通常，投资组合的收益率分布并不像单个股票的分布那么极端。这就是"分散化"的效应。

在练习 A1.16 中，要求读者对 SPY ETF 进行相同的 VaR 分析，SPY ETF 实际上是包含 INTC 的股票投资组合。

风险值的发展变化和深入评论

从 2008 年发生席卷全球市场的金融危机以后，评估风险值就成为金融分析师的普遍工作。在这些危机后，实行的一些监管措施要求定期计算 VaR。

标准的 VaR 方法很简单：如果排除那些概率小于 α 的结果，那么 PVaR 就是给定时段内的最大损失。因此，这种方法不能给出更极端概率导致的损失。（这里，我忍不住想说

"咄"。）这提出了如何解释结果的问题。

关于 VaR 的另一个常见问题是，不关注真正存在的大损失。尽管以相对较低频率发生的损失可以控制，但是真正大的损失可能是灾难性的，这也包含在 VaR 的分析中。

因为 VaR 基于分位数，所以与两个独立投资组合相关的两个 VaR 之和可能小于与由两个独立投资组合组成的投资组合的 VaR。这个性质表明分散化增加了投资组合的风险。VaR 不具有一致性。（我们将在 3.1.3 节探研产生这个现象的原因。）正如下文所讨论的那样，基于预期值或概率的度量可以保持一致性。

从稍微不同的角度看这个问题，对于给定的投资组合和时间范围，令随机变量 L 表示损失。损失 L 的分布由收益率的分布决定。对于给定的概率 α，VaR 用 c_α 表示，表达方式略有不同，它由下式给出：

$$c_\alpha = \inf\{x \in \mathbb{R} \mid P(L \geqslant x) \leqslant \alpha\} \tag{1.75}$$

由概率小于 α 的那些事件引起的金融风险，提出了更多有趣的问题。它们的数量级并不相同，它们的效果也不相同。因此，对于给定的概率 α 和相应的临界值 c_α，我们考虑在低于 c_α 的尾部区域预期值为多少。使用上面的符号，我们得到

$$E(L \mid L \geqslant c_\alpha) \tag{1.76}$$

有时把上式称为风险条件值或 CVaR。它也被称为尾部损失或预期损失。

除了概率分布模型不符合现实问题外，标准 VaR 和 CVaR 都没有完全描述可能损失的随机性。损失的尾部分布可能很有趣。有时把它称为"风险值的分布"，或 DVaR。

$$P(L \mid L \geqslant c_\alpha) \tag{1.77}$$

我们在 3.1.11 节深入讨论这种概率分布。这里要说明的一点是，风险评估不是一维问题。

当然，任何衡量风险值的方法都存在另一个问题，就是收益率分布模型，这是评估风险值的起点。复杂的统计技术无法弥补不符合实际情况的模型。

金融机构必须经常评估它们资产的风险值。资产组合收益率的多变量分布很难进行充分建模。如果已知单个随机变量构成向量的多变量分布，那么计算随机变量线性组合的分布是一件简单的事情。不能仅根据单个随机变量的分布及其两两相关性，计算随机变量线性组合的分布。即使这些资产足以构建线性组合的分布，但是在实际应用中，必须根据历史数据估计所有这些资产的分布，估计量的整体方差可能会使得组合变得无用。金融机构评估风险值的主要问题之一就是缺乏对资产组合行为的了解。

巴塞尔委员会制定的巴塞尔协议（特别是巴塞尔Ⅱ），要求银行定期计算风险值，并保持资本储备金以弥补风险值分析所确定的损失。然而，VaR 分析允许使用各种方法和假设。巴塞尔Ⅲ建立在巴塞尔Ⅱ的结构上，但对资本和流动性设定了更高的标准。

空头头寸和多头头寸一样，也关心风险值。上述方程不用变，就适用于空头头寸。图 1.37 和图 1.38 中举例说明所做的分析，也适用于空头头寸，只是感兴趣的区域位于图的右侧而不是左侧。空头头寸 VaR 的一个主要区别是损失量无限。

1.5   市场动态

在 1.2.4 节中，我们把股票的交易价格等同于其公平市场价值。如果把"公平市场价值"解释为市场价格，并且我们假设只有"一个价格"，那么这种等价就是同义反复。然

而，一个更困难的问题就是股票价格与股票某个更基本的"内在价值"之间的关系。在没有精确定义内在价值的情况下，我们可以将其视为市场价值"应该是多少"。在下面的讨论中，我们将内在价值视为未定义的术语，但有直观的启示意义。（回想一下，1.2.4节根据股票的账面价值或股票未来盈余的价值试图确定股票价值的困难。我们确实没有得到任何公平价值或内在价值的严格定义，我们也不会在这里提出定义。）

对于证券来说，有效市场是指在该市场上每种证券的价格任何时候都等于其内在价值。这意味着所有股票交易者都可以获得目前能够得到的所交易股票的所有信息，并且所有股票交易者都做出最优交易决策。有效市场假说（EMH）认为"市场"是有效的；也就是说，当前市场价格包含投资者可以获得的所有信息。这意味着股票定价有效，而且价格总是等于公平价值。

根据投资者能够获得的不同"信息"水平，EMH分为三种类型。弱式EMH假设投资者可以利用所有过去的定价信息；半强式EMH假设除了过去的定价信息，投资者还可以获得关于所交易股票公司的所有可以"公开获得"的信息；强式EMH假设除了过去的定价信息和可以公开获得的信息，关于所交易股票公司的所有私人和内部信息，投资者都可以得到。

一个与市场动态有关的观念就是价格变化或收益率本质上是随机的。这就是为人们所熟知的随机游动假设（RWH）。与EMH一样，它也有三种形式，与随机改变量的分布有关。在弱式RHW中，假设收益率之间具有零自相关，并且与股票价格之间也是零相关。在半强式RHW中，假设收益率序列相互独立，并且与股票价格也独立。在强式RHW中，假设收益率序列独立同分布，并且与股票价格也独立。

对市场动态的学术研究都隐含地假设了EMH。此外，大型金融机构通常都根据EMH制定政策，进行投资决策。

幸运的是，大多数关于EMH和RWH的讨论都与了解市场和制定交易策略无关。市场参与者都知道这些条件确实不成立，许多交易者和分析师都有一套他们所认为的价格走势的模式，这种模式预测了未来价格的走势。因为市场价格由交易者确定，如果足够多的交易者相信这种模式有意义，那么该模式就有意义。然而，模式的实际意义不一定是交易者所认为的意义。无论如何，统计数据分析师的兴趣在于识别数据模式，或确定与有趣性质有关的数据函数。本节我们将讨论股票价格数据的一些有趣性质。

季节效应

在流行的观点中，人们已经识别并确定了股票价格受到各种季节因素的影响。自20世纪中叶以来，人们就观察到"一月效应"。人们注意到，特别是那些市值较小的公司，其股价在1月份往往上涨。人们提出了各种解释，比如大型共同基金在12月进行"粉饰橱窗"引起的反弹，这些公司的基金经理往往持有该年价格上涨的股票，随后卖掉这些股票，这可能会引起规模较小或知名度较低的公司股票价格上涨。粉饰橱窗的原因在于，年末公布的投资组合中持有这些股票，将使基金看起来好一点。另一种解释基于供给和需求。市场年终现金分红和其他新资金的流入都会导致买入更多的股票，引起价格上涨。

夏季有几个月，存在交易量减少的趋势，有些人认为，较低的交易量导致更高的波动性，并且这段时间获得的收益或损失将被秋季较高的交易量抹掉。这种季节效应导致这一句"五月卖出并离开"的格言。

显然，如果市场真的存在这些季节效应，并且可以量化，那么交易者就会在交易时考虑到它们，使得它们变得无关紧要。练习 A1.19 要求使用实际数据分析这些季节效应。

一些投资者把两种季节效应纳入交易策略。这种策略涉及进出市场，称其为市场择时。大多数与市场择时有关的策略都基于价格模式，而不是一年不同的季节。

均值回归

市场的某些方面似乎有一个"正常"范围，如果它们偏离正常范围太远，那么它们往往会及时回到正常值。我们把这称为"均值回归"。VIX 的走势就是一个很好的例子。练习 1.19 要求使用练习 A1.18 所使用的真实数据，探索均值回归这个概念。

这并不意味着市场行为不会随时间改变。金融新产品随时会出现。普遍的 ETF 直到 20 世纪后期才出现。市场的动态行为也在发生变化。我们已指出了 1987 年隐含波动率发生了变化。然而，人们听到"这次不同了"这句话的频率，远远超过了任何实际发生的可观察到的变化。

市场指标

资产价格和资产收益率似乎表现出随时间变化的特定模式。有些人认为某些模式预示了未来价格或收益率。识别价格走势的模式，并使用该模式预测价格未来的变化，与"基本面分析"相比，我们把这种分析称为"技术分析"。大多数学术界金融分析师都认为未来价格与过去的价格走势之间不存在显著的关系，当然 EMH 和 RWH 也都意味着同样的结论。

资产价格往往含有非常多的噪声，因此在寻找价格走势模式之前，分析师通常都用某种方式平滑数据。如图 1.9 所示的移动平均线就可以平滑掉噪声。其他平滑价格波动的方法有使用在不同长度的时段内上升或下降的直线。我们通常把某段时间内价格的相对高点和低点连接起来，得到一段直线。尽管一系列相对高点或低点都落在一条直线上似乎非常

巧合，但是至少在几美分偏差之内，这种情况实际上经常发生。图 1.39 给出了 STZ 股票 2017 年的日收盘价。在这一年中，价格有 6 次触及"支撑线"后"反弹"。（然而，请参考练习 A1.22，了解随后发生的事情。）

交易者通常都使用移动平均线或者使用支撑线或"阻力线"（类似于支撑线，只是连接一系列相对高点）的"交叉"作为未来价格走势的指标。人们把价格交叉作为趋势可能发生变化的信号。

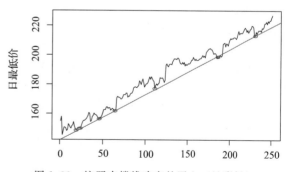

图 1.39　按照支撑线确定的买入（见彩插）

对于两条时期长短不同的移动平均线，我们把它们的交叉看作未来价格走势方向的指标。当短期 MA 向上穿过长期 MA 时，我们把其看作买入信号，因为人们认为这种交叉

表明趋势在上移。这种交叉被称为"黄金交叉"。当短期 MA 向下穿过长期 MA 时，我们把它看作卖出信号，因为这表明趋势在下移。这被称为"死亡交叉"。如图 1.9 所示，在 9 个月期间，INTC 日收盘价 20 天和 50 天移动平均线有六个交叉。不管移动平均线是简单 MA 还是指数加权移动平均线，时期长度不同，两条移动平均线的交叉也不同。（我们在 1.2.4 节讨论过移动平均线。练习 A1.5 要求计算 MSFT 的移动平均线，并确定所有交叉。）

另一种与上述移动平均线不同，作为未来价格走势指标的方法，称为异同移动平均线，或 MACD，它通常基于 26 期和 12 期的指数加权移动平均线而得到。"MACD 线"仅仅是这两条 EWMA 线之差。我们把 MACD 线的指数加权移动平均线称为"MACD 信号线"。MACD 线上方的 MACD 信号线的交叉视为买入信号，而下方的 MACD 信号线的交叉视为卖出信号。

其他关于未来价格走势的可能的指标，都基于近期价格上涨和下跌的相对数量，或者正收益率和负收益率的平均值。技术分析师根据这些量得到了各种度量指标。我们把一种简单的组合它们得到的指标称为相对强弱指数或 RSI。与任何指标一样，该指数的确定需要一个交易期（通常为一天）和多个此类交易期。相对强弱指数基于这些时期内平均价格上涨量与平均价格下跌量的比率而计算得到，我们把其称为相对强弱。（下跌也用正数衡量。）因此，我们把 RSI 定义为

$$\text{RSI} = 100 - \frac{100}{1 + \text{RS}} \tag{1.78}$$

其中相对强弱的定义为

$$\text{RS} = \frac{\text{ave}(u)}{\text{ave}(d)}$$

"ave"是收益率绝对值的平均值。虽然我们可以使用各种平均线，但是，最常用的平均线是指数加权移动平均线的变形，最常用的时期是 14 天。RSI 的范围在 0 到 100 之间，0 表示天天下跌，100 表示天天上涨。（如果 RS 的分母为零，那么我们认为 RSI 为 100。）该值越小，例如低于 30，则表示市场处于"超卖"情形，并且这可能预示未来价格会上涨。该值越大，例如高于 70，则表示市场处于"超买"情形，并且这可能预示未来价格会下跌。

我们把诸如相对强弱指数之类的市场指标称为振荡指标，因为它们上下有界。我们认为指数相对于边界的位置，预示了未来价格的走势方向。另一种广泛使用的振荡指标称为随机振荡指标或简称为"随机指标"。（该名称中的术语"随机"没有特殊含义。）随机振荡指标类似于相对强弱指数，但是它使用交易时期通常为 1 天的最高价和最低价。

价格时间序列有许多模式，人们认为可以用某种模式预示未来价格的走势。一种使用最广泛的模式就是头肩形，以及与其相关的倒头肩形。头肩形包括价格稳步上升，随后逐渐下降，再上升到高于前一个高点，随后下降，再次上升但低于前一个高点，以及下降穿过两个相对低点的连线。为了使这个一般性描述成为一个能够使用的定义，我们必须确定一种能够平滑掉日常波动噪声的方法。许多方法都可以，不同的交易者、不同的金融机构方法各异。平滑的关键是建立时间框架。非常短的时间框架可能会在短短 7

天内形成头肩形（第 2 天，上升；第 3 天，下降；第 4 天，上升；第 5 天，下降；第 6 天，上升但没有前面那么高；第 7 天，下降），但是，几乎没有人会认为这种短期模式有任何意义。

作为头肩形和倒头肩形的例子，我们再次考虑 2017 年 1 月 1 日至 2017 年 9 月 30 日 INTC 的日收盘价，图 1.2 左上图给出了这些数据图形，在其他例子中也使用过这些数据，如图 1.40 所示，该价格时间序列同时呈现头肩形和倒头肩形。

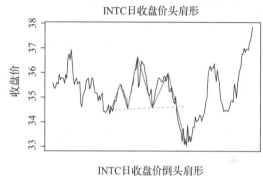

每个市场指标都基于特定的交易时期，通常为 1 天，但是可以更短或更长，并且也可以用 1 个或多个特定的时期数。每个指标也可以有不同的定义，这取决于使用它的作者或机构。许多商业投资经理有自己的指数，其中一些只是名字上不同。

机构投资者

市场动态由交易决定。交易多的交易者比交易少的交易者对市场动态有更大的影响。共同基金、养老基金和捐赠基金的经理通常必须买卖股票，其原因可能仅仅是所管理的基金资金有流入或流出。现金流可能巨大。一些基金经理买卖股票，也可能是因为他们觉得组合不同的资产，他们所管理的投资组合可能表现更好。与个人投资者相比，通常机构投资者的交易次数更多、交易规模更大。

图 1.40　INTC 日收盘价模式（见彩插）

通常机构投资者的交易都有规则约束，即交易遵循一套固定的交易规则。某些共同基金或 ETF 的规则是基于保持投资组合特定平衡的需要。例如，当指数共同基金有新资金注入时，买入的股票必须与基金追随的指数构成相似。

在其他情况下，机构投资者遵循的目的是优化投资组合某些方面的规则，可能是增加"α"（根据某些模型计算的期望收益率）或在一定范围内保持"β"（波动率，也是根据某些模型计算得到的）。

程序化交易

我们把基金经理用来优化业绩的规则称为"算法交易"，或者"算法"。在某些情况下，人们把交易设置为自动提交，从而导致出现了"程序化交易"。

这些算法交易都基于对所使用的假设、模型和数据（显然是历史数据）的分析。任何一部分都可能无效。数据通常都是准确的，但是它们可能无关。算法通常非常复杂，并且可能包含许多条件。

一个买入的简单条件就是价格触及"支撑线"。股票的支撑线确定了某个股票价格，预期股票的价格不会低于该值,如图 1.39 给出的直线。如果价格触及支撑线,那么算法交易可能包括购买股票的条件。当然,这个条件会与其他条件结合起来。其他条件也可以确定购买股票的数量。

支撑线和"阻力"线(上方边界)是交易算法中最简单的部分。然而,机构投资者和个人投资者广泛使用它们。支撑线和阻力线的使用,实际上,任何算法的使用都可以确认算法的有效性。无论这些指标是否可以根据金融理论证明,只要许多大型交易者都使用它们,就使得它们有意义。

通常,股票价格的一系列高点或低点都沿着一条直线。其原因之一是沿着直线进行买卖的规则。

相关性和极端事件

同类资产的市场往往会一起变动。我们可以从图 1.10 和图 1.13 的三个主要指数的日收盘价发现这个现象。牛市中,股票价格都上涨,"水涨船高";但熊市中,股票价格都下跌,"无处可藏"。

表 1.9 表明主要指数之间以及与 Intel 股票收盘价之间的相关性都为正,并且相关程度较高。

正如我们所见,收益率都服从厚尾分布。这意味着偶尔会有极端事件发生,即异常值或与市场上通常的、普通的事件完全不同的事件发生。这些事件似乎聚集在一起,正如我们在图 1.29 S&P 500 指数中看到的那样。道琼斯指数、Nasdaq 指数的波动率也表现出类似的变化。

我们从图 1.10 和图 1.13 中发现,所有三个市场指数 2008 年到 2009 年都在下跌,而在此期间,图 1.29 给出的波动率非常高。图没有清楚给出的一个事实就是,当极端事件发生时,不仅这些事件在不同市场同时发生,而且资产收益率之间的相关性变得更大。

表 1.12 给出了 2008—2009 年三个指数和 Intel 股票的日对数收益率之间的相关性。这些相关性远高于表 1.9 给出的 1987—2017 年较长时期的相关性。

这种频率分布尾部之间具有更大相关性的趋势称为尾部相依。

表 1.12   2008—2009 年,DJIA、S&P 500、Nasdaq 和 INTC 日收益率的相关性(与表 1.9 比较)

	DJIA	S&P 500	Nasdaq	INTC
DJIA	1.000	0.988	0.947	0.781
S&P 500	0.988	1.000	0.967	0.791
Nasdaq	0.947	0.967	1.000	0.833
INTC	0.781	0.791	0.833	1.000

风险和不确定性

在 1.4.5 节分析风险时,我们使用概率分布模型。我们明确地认识到问题本身就具有随机性。

我们的分析和结论都取决于模型几乎是正确的。另一方面,我们结论的不确定性还与使用模型是否合适有关。这通常是因为一些完全不可预见的事情使模型变得无关。无论我们的统计分析多么仔细、多么复杂,并且如果我们使用合适的模型,那么其结果将非常完美,这些都无法弥补无效的假设。针对由概率分布引起的随机性与这类破坏概率分布的事件引起的随机性,Knight(1921)详尽地论述了这两类随机性之间的区别,随后,通常把后面这种随机性的原因称为 Knight 不确定性。

内部信息交易

人们发现有许多因素使得市场偏离有效市场。因为很多非法的做法很难识别，所以它们非常普遍。内部信息是关于公司财务方面的信息，一般是从员工、公司高管或董事会内部获得。所有交易，不管是内部人士进行的交易或任何通过内部人士获取内部信息后进行的交易，都可能是非法的。不同国家合法性的定义不同。它们涉及一些具体的例外情况。即使合法性的定义达到了非常清楚的程度，犯罪的确认和起诉也很困难。

有偏差的财务报告

关于市场动态的学术研究和抽象描述通常都包括关于"信息"的说明。在真实世界的市场中，该术语可能有不同的含义。各种论坛都可以发布信息，有些信息不准确。许多关于上市公司或特定证券的说明都不准确，但是，这些说明可能会出现在市场参与者使用的各种媒体上。市场上有足够多的交易者根据有偏差的报告或不准确的"信息"做出决策，从而将市场推向偏离"有效"市场动态的方向。

短期持有证券的交易者喜欢传播一些证券的错误信息。持有证券多头头寸的人可能会通过传播毫无根据的正面消息以扩大对证券的需求，然后在证券价格上涨后平仓（"拉高出货"）。持有空头头寸的人可能会传播毫无根据的负面信息，然后在证券价格下跌后平仓（"做空扭曲"）。在美国，拉高出货、做空扭曲都是非法的。法律不许大型金融机构公开进行这类活动，但是，在认真思考种种可能后，人们很快就发现法律的漏洞。一个关键问题是"无事实根据"含义模糊。每笔交易都有买卖两方，双方往往都认为对方买卖的理由没有根据。

如果一位著名基金经理或投资者公开持有某种证券的多头或空头头寸，那么证券价格通常朝有利于该基金经理的方向移动。另外，如果基金经理公开自己选择看多、看空的分析（也就是说，他认为需要做多或做空），那么价格将朝对基金经理更有利的方向变动。

老鼠仓

经纪人和交易商拥有交易的私人信息，这是其他市场参与者无法同时获得的。监管机构禁止交易商和经纪人使用此类信息进行交易。然而，禁止并不等同于阻止。

新的买卖价必须先"在市场上公开"，然后经纪人才能进行买卖交易。当经纪人或交易商发现有新的买入价或卖出价的交易，立即把原来的订单用新的更低买入价或更高卖出价替换，这时就会发生"老鼠仓"。

我们把最好的卖价和买价称为全国最优买卖价（NBBO）。SEC 的全美市场系统规则要求经纪人向客户保证这个价格。NBBO 随时从所有接受监管的交易所更新，但黑池和其他另类交易系统的价格可能不会出现在这些价格中。此外，非常高频的交易使得发现老鼠仓变得困难。

1.6　关于金融数据的典型事实

1994 年不同的经济学家的两篇论文，都把金融数据的经验性质称为"典型事实"。此后，可能由于后来被广泛引用的研究文章的标题使用了该术语，人们都把金融数据的数据生成过程的各种性质称为金融数据的"典型"事实。

在本章的例子中，我们观察到一些收益率的典型性质，这包括：

- 厚尾；也就是说，收益率的频率分布比 $\exp(-x^2)$ 下降得更慢，$\exp(-x^2)$ 是正态分布的比例性（图 1.24、图 1.25 和图 1.27）。
- 收益率略微呈负偏，因为交易者对负面信息的反应比对正面信息的反应更强烈（图 1.25）。
- 长期呈正态性，即较长时期收益率的分布往往尖峰厚尾的程度轻（图 1.28）。
- 收益率具有非零自相关，但是较长时期的收益率之间的自相关趋近于零（图 1.30 和图 1.32，但是想一下样本 ACF 的注意事项；也参见 5.2.3 节）。
- 绝对收益率存在较大的正自相关，导致波动率聚集（图 1.31 和图 1.29）。
- 股票价格图可能呈现几何模式（图 1.39）。
- 市场动荡时期，收益率之间的相关性变大（表 1.12，也参见 3.1.11 节）。

除了上面列出的事实之外，还有一些其他的事实，它们经常包含在"典型事实"的标准表中，在后面的章节中，我们将讨论其中的一些事实。

注释和深入阅读

关于市场、金融和金融数据各种水平的书籍很多。Sharpe，Alexander 和 Bailey（1999）是一本非常好、内容全面的入门书。

一般说来，一种最好的学习金融和金融数据的方式就是通过新闻媒体，例如：电视频道 CNBC 及其相关网站

www.cnbc.com/

或各种商业新闻网站，例如：

money.cnn.com/　（Money. CNN）

www.msn.com/en-us/money/　（MSN）

finance.yahoo.com/　（雅虎）

另一个提供更广的金融主题的一般背景知识的网站：

www.investopedia.com/

除了阅读金融主题的相关内容，没有什么比拥有一些投资的经纪账户更合适的了，不管账户有多少资产。许多在线经纪公司允许以小额投资开户。经纪公司除了提供真实投资经验机会，也以网络研讨会和研究报告的形式提供教育机会。

我们将从本章附录开始，讨论使用从这些网站和其他网站获取的金融数据。

历史背景

美国股票交易市场历史悠久又迷人。我们从 Fraser（2005）、Fridson（1998）和 Gordon（1999）中可以找到一些非常有趣的一般性介绍。虽然这些书距现在都很久了，但是它们都提供了与市场行为有关的讨论。

Fischer（1996）从全球范围内分析了金融市场的发展。

市场崩盘周期性发生。Galbraith（1955）讨论了 1929 年的崩盘及其后果。Kindleberger 和 Aliber（2011）从描述 1636 年荷兰郁金香球茎泡沫开始，描述了几个市场泡沫严重的时期。Smithers（2009）集中于 2008 年金融危机的讨论，并认为这次金融危机的原因

很大程度上归咎于美国中央银行无条件地接受有效市场假设和随机游动假设。

金融工具与市场行为

我们在本章中提到了许多主题。我们将在随后章节中对其中一部分主题进行深入讨论，但是，其他内容就超出了本书范围。尤其是，我们不会深入讨论固定收益工具这个一般性主题。如何确定固定收益工具的价值和风险，都有许多有趣的方面。利率期限结构不仅是一个对工具本身价值与风险进行分析的因素，而且可能对整个市场都有影响。Petitt、Pinto 和 Pirie（2015）是一本对固定收益工具进行全面讨论的书。Choudhry（2004）详细讨论了收益率曲线及其与经济其他方面的关系。

投资组合分析的收益与风险方法，有时也称为"现代投资组合理论"（MPT），该方法主要由 Markowitz（1952）发展形成。Sharpe（1966）引入了资本市场的一些思想，这涉及无风险资产和超额收益率的概念。使用标准差度量风险，并使得投资组合在风险和收益率曲线上达到最优，这些分析不是没有批评者；例如，参见 Michaud（1989）。Jobson 和 Korkie（1980）分析了在现代投资组合理论的应用中使用统计估计所造成的影响，并建议使用自助法评估所得到的方差。（我们在 4.4.5 节讨论自助法。）

Vidyamurthy（2004）描述了基于配对交易的投资策略。

McMillan（2012）描述了各种期权头寸，包括我们讨论过的简单价差组合，以及其他更复杂的组合，它们的名字都很奇特，例如"蝴蝶""铁鹰"等。

我们讨论的另一个主题是风险值，但在本书第 4 章只会进一步简要讨论。当然，这是金融极其重要的一个领域。关于该主题的标准书籍有 Jorion（2006）。历史上很多事件都强调了更好地理解 VaR 的重要性，2008 年全球金融危机是这些最大事件之一。2008 年事件是 VaR 的分水岭。Chen 和 Lu（2012）回顾了此后一些最新的发展，Hull（2015）讨论了危机对风险管理过程产生的一些影响。

尽管积极参与市场的人不认为价格遵循随机游动，但是随机游动假设简化了许多学术研究。任何反对随机游动的系统都会很快失败，这是因为所有交易者都会选择能够盈利的那方。那些能够带来交易好处的市场策略都受不确定性原则的影响；一旦被测量到，它们就改变。Malkiel（1999）的经典著作强烈主张市场动态本质上服从随机游动。另外，Lo 和 MacKinlay（1999）给出了许多可以拒绝随机假设的例子。当然，拒绝假设并不一定支持其他某个假设。Wilder（1978）提出了许多技术分析中使用的市场指标。Achelis（2001）编写了一本所有常用市场指标的百科全书式的总结。Mandelbrot 提供了另一种关于市场行为的有趣观点（Mandelbrot 和 Hudson，2004）。

Thaler（2015）详细讨论了人类行为在决定市场动态和其他经济现象中的作用。Knight（1921）首先全面地讨论了风险和不确定性之间的差别。价格和收益率频率分布的形状导致把"正常"事件和"稀有"事件分开讨论，这会影响如何区分与个人行为有关的效用函数。"黑天鹅"一词经常用来指"稀有"事件；参见 Taleb（2010）。

许多出版物都讨论了非同步交易和周末效应的一般影响。特别地，Lehalle 和 Laruelle（2013）和该书其他作者，在该书中讨论了高频交易对市场微观结构的影响，高频交易是极端的非同步交易。

本章间接提到的其他几个主题，例如衡量波动率的方法，以及长期相依的存在，都值得深入研究，但我们不会在本书中进一步讨论。这些主题中的许多内容在 Duan、Härdle 和 Gentle（2012）的文章中进行了分析。

练习和复习题

本章中的大部分讨论和许多例子都基于实际数据，并涉及使用计算机软件进行计算和画图表示。然而，我们还没有讨论如何获得这些数据和如何进行计算。

下面的练习一般不涉及实际数据，计算方面只需要简单计算。

本章附录描述了如何从互联网上获取金融数据并把它导入 R 进行分析。然后，我们在附录中给出另一组练习，要求对真实数据做一些与本章例子类似的简单计算。

1.1   美国国债收益率。

在一年中，各种美国国债的收益率在不断变化。你预计哪种变化最大：短期国债、中期国债还是长期国债？你为什么这么回答？也参见练习 A1.3a。

1.2   息票债券。

假设面值为 1 000 美元的息票债券每半年支付 20 美元的利息。（该问题是对年利率为 4% 的公平定价。）

（a）现在，假设年利率上升到 6%（每半年 3%）。如果剩余到期时间为 2 年，那么该债券的公平市场价格是多少？对于各个方面都与前面问题相同的零息债券，其公平市场价格是多少？

（b）现在，假设年利率下降到 3%。如果剩余到期时间为 2 年，那么该债券的公平市场价格是多少？对于各个方面都与前面问题相同的零息债券，其公平市场价格是多少？

1.3   收益率。

假设 XYZ 的每股价格在 1 月 1 日为 100 美元，在 7 月 1 日为 110 美元。再假设在该年年底，股票的简单收益率为 5%。

（a）截至 7 月 1 日，简单单期收益率是多少？

（b）截至 7 月 1 日，年化的简单收益率是多少？

（c）截至 7 月 1 日，对数收益率是多少？

（d）截至 7 月 1 日，年化的对数收益率是多少？

（e）年终价格是多少？

（f）下半年的简单单期收益率是多少？

（g）下半年的对数收益率是多少？

（h）全年的对数收益率是多少？

1.4   收益率。

假设某资产在一期内的简单收益率为 R_1，并且在随后等长时期内的简单收益率为 R_2。那么，资产在两个时期的总收益率是多少？（与对数收益率的式（1.26）比较。）

1.5   收益率。

假设由两个资产构成投资组合，权重分别为 w_1 和 w_2，对数收益率分别为 r_1 和 r_2。如果愿意，那么可以举例说明投资组合的对数收益率不一定等于 $w_1 r_1 + w_2 r_2$，该式是式（1.39）简单单期收益率的情况。请给出一些条件，使得投资组合对数收益率仍然是线性组合。

1.6   移动平均线。

假设股票 XYZ 在过去几个月价格持续上涨。在股票价格、20 日移动平均线和 50 日移动平均线组成的时间序列图中，如图 1.9 所示，对于价格曲线、20 日移动平均线和 50 日移动平均线来说，哪条曲线最高？哪条曲线是次高的？解释原因。参见练习 A1.5。

1.7 价格调整。

假设 XYZ 的一股普通股在 12 月 31 日收盘价为 40.00 美元，并且在次年 4 月 1 日，该股票分割，一分二。该股票在次年 12 月 31 日收盘价为 21.00 美元。

(a) 假设该公司在一年内没有支付任何股利，没有减资，并且没有进行其他分割，那么去年 12 月 31 日调整后的收盘价是多少？

(b) 再假设该公司在一年内没有支付任何股利，没有减资，并且没有进行其他分割，那么该年的简单总收益率是多少？

(c) 现在，假设除了 4 月 1 日的一分二外没有其他分割，但是，假设公司在 1 月 15 日、4 月 15 日、7 月 15 日和 10 月 15 日分别支付了 0.50 美元季度股利，那么去年 12 月 31 日调整后的收盘价是多少？

(d) 再次假设股利和分割的条件与前面问题相同。给出两种计算当年简单总收益率的方法。

1.8 市场指数。

2017 年 1 月 3 日，高盛（GS）收盘价为 241.57 美元，DJIA 收盘价为 19 881.76。当时 DJIA 除数为 0.145 233 968 773 48。

(a) 假设 GS 当天收盘时以一分二的方式分割（并且 DJIA 其他股票没有进行分割），那么 1 月 4 日 DJIA 除数将为多少？（当日 GS 的确没有分割，2017 年也没有分割。）

(b) 假设 GS 在 1 月 3 日收盘时以一分三的方式分割，那么 1 月 4 日 DJIA 除数将为多少？

1.9 市场指数。

解释图 1.10 给出的三个指数的相似处和不同处。

1.10 市场指数和 ETF。

在图 1.14 中，我们将 SPY 调整后收盘价的日收益率，与 S&P 500 指数总收益的日收益率进行了比较。为什么可以这样比较（例如，而不是使用 S&P 500 指数的收益率）？

1.11 构造投资组合。

由两个风险资产构造投资组合，它们的风险分别为 σ_1 和 σ_2，相关系数为 ρ，投资比例分别为 w_1 和 w_2，因此，投资组合的风险为

$$\sigma_P = \sqrt{w_1^2 \sigma_1^2 + w_2^2 \sigma_2^2 + 2 w_1 w_2 \rho \sigma_1 \sigma_2}$$

令 $w_1 + w_2 = 1$ 且 w_1，$w_2 \geqslant 0$，即不允许卖空。

(a) 证明对于 $\rho < 1$，使得风险最小化的 w_1 为

$$w_1 = \frac{\sigma_2^2 - \rho \sigma_1 \sigma_2}{\sigma_1^2 + \sigma_2^2 - 2 \rho \sigma_1 \sigma_2}$$

如果 $\rho = 1$，那么最小值为多少？

(b) 假设有一个固定收益为 μ_F 的无风险资产，请求出切点组合（即两个风险资产的权重）。求出切点组合的预期收益 μ_T 和风险 σ_T。

(c) 考虑上述两种风险资产和一种无风险资产的情况。现在，假设 $\rho = 1$。什么是有效前沿和资本市场线？考虑与 μ_1、μ_2、σ_1 和 σ_2 有关的各种情况。

1.12 对冲。

解释下面每对头寸中，为什么每个头寸都对冲另一个头寸？

(a) 多头 200 股 MSFT 和 1 份多头 MSFT 看跌期权（任何执行价格和任何到期日）

(b) 空头 200 股 MSFT 和 2 份空头 MSFT 看跌期权（任何执行价格和任何到期日）（这不是明智的投资策略！）

(c) 空头 200 股 MSFT 和 2 份空头 MSFT 看涨期权（任何执行价格和任何到期日）

(d) 多头 200 股 MSFT 和 2 份空头 MSFT 看涨期权（任何执行价格和任何到期日）

（e）多头黄金矿业股票投资组合（ABX、RGLD、FNV、AEM）和 GLD 多头看跌期权，以任何执行价格和任何到期日的 GLD。

（f）空头同价对敲

（g）多头异价对敲

1.13　期权。

假设 2017 年 4 月 4 日 MSFT 的收盘价为 65.00。该日，10 月执行价格为 70 的看涨期权，价格为 1.65。该日，10 月执行价格为 60 的看跌期权，价格为 2.21。2017 年 10 月股票期权到期日为 10 月 20 日。

（忽略期权"价格"中的任何含糊之处。按照这里的报价当天至少有 1 次交易。通常描述某项资产价格的方法，特别是期权价格，都是使用 NBBO 的均值；即最高买价和最低卖价的中间值。当然，每个买价和卖价都与某个数量有关。与一份合约有关的买价和卖价，不同于与 100 份合约有关的买价和卖价。）

对下面每个假设的案例，说明每个期权的价格是高于还是低于 2017 年 4 月 4 日的价格，并解释。假设其他市场统计数据相对不变。

（a）假设 2017 年 5 月 4 日 MSFT 的收盘价为 65.00。

（b）假设 2017 年 5 月 4 日 MSFT 的收盘价为 71.00。

（c）假设 2017 年 5 月 4 日 MSFT 的收盘价为 59.00。

（d）假设 2017 年 10 月 19 日 MSFT 的收盘价为 65.00。

（e）假设 2017 年 10 月 19 日 MSFT 的收盘价为 71.00。

（f）假设 2017 年 10 月 19 日 MSFT 的收盘价为 61.00。

1.14　期权。

（a）假设 2 月 12 日股票 XYZ 价格为 80.00 美元，2 月 14 日该股票价格涨至 83.00 美元。这 3.00 美元上涨将影响股票期权价格。考虑该股票六个不同的看涨期权：2 月执行价格为 80 的看涨期权、2 月执行价格为 95 的看涨期权、5 月执行价格为 80 的看涨期权、5 月执行价格为 95 的看涨期权、8 月执行价格为 80 的看涨期权和 8 月执行价格为 95 的看涨期权。所有这些看涨期权的价格都上涨，但幅度不同。这些期权中哪一个期权价格涨幅最大？哪一个次之？以此类推。按价格上涨幅度，从大到小把这六个期权进行排序。（其中有的位置不确定，但是，无论如何都要排序，并说明按照这样排序价格相对上涨幅度的原因。）

（b）我们用"希腊字母"度量期权价格变动的数量变化；特别是，期权的 δ 表示相对于标的价格的小幅改变，期权价格的相对改变。等价看涨期权的 δ 通常约为 0.5，等价看跌期权的 δ 通常约为 −0.5。深度价内期权的 δ 通常接近 1 或 −1。此外，随着到期日接近，价内期权的 δ 绝对值接近 1。

假设 2 月 12 日 XYZ 股票交易价格为 80.00 美元。假设 2 月 12 日，5 月执行价格为 80 的看涨期权价格为 3.62 美元（隐含波动率为 0.23），δ 为 0.533（根据 E* Trade 得到），并假设 5 月执行价格为 80 的看跌期权的价格为 3.50 美元（隐含波动率也为 0.23），δ 为 −0.475（同样根据 E* Trade 得到）。

ⅰ. 假设 2 月 14 日，该股票的价格上涨至 83.00 美元，那么 5 月执行价格为 80 的看涨期权和 5 月执行价格为 80 的看跌期权，它们在 2 月 14 日的隐含价格分别为多少？并对 δ 进行评论。

ⅱ. 假设 2 月 15 日，该股票的价格跌至 79.00 美元，那么 5 月执行价格为 80 的看涨期权和 5 月执行价格为 80 的看跌期权，它们在 2 月 14 日的隐含价格分别为多少？并对计算方法进行评论。

1.15　期权。

几项广泛引用的实证研究表明，持有至到期日的股票期权中大约有 75% 至 80% 毫无价值（亏本）。基于这些研究，许多人认为看多期权总体上无利可图。

请给出两个反面论据，说明这些数据并未表明期权购买是失败策略。

1.16　描述统计。

假设某家公司有 10 名员工，每人每小时工资为 10 美元，一名经理每小时工资为 100 美元，一名董事每小时工资为 280 美元。

 （a）平均工资是多少？

 （b）截尾 5％和 Winsorized 均值分别是什么？

 （c）截尾 15％和 Winsorized 均值分别是什么？

1.17 描述统计。

 解释为什么基于分位数的度量（例如，IQR 和 Bowley 偏度系数）受厚尾分布的影响程度比基于矩的度量（例如标准差或一般的 Pearson 偏度系数）的影响要小。

1.18 收益率的自相关。

 解释当收益率本身不相关时，绝对收益率为何具有大的自相关，如图 1.31 所示。这有意义吗？

1.19 波动率指数（VIX）。

 VIX 似乎表现出均值回归吗？（参见练习 A1.18。）当 VIX 小于等于 12 时，未来 6 个月内它大于 12 的可能性，与当它大于等于 25 时，未来 6 个月大于 25 的可能性，在两种可能性中是否前者更大？我们将在练习 A1.18 再次讨论这个问题。

附录 A1：使用 R 获取和分析金融数据

 我们在第 1 章讨论了几个金融数据集，对它们进行了统计计算，并将它们显示在各种图中。我们没有讨论怎样获得数据、怎样进行计算。那是因为我们想保持本章的重点：数据本身的性质。

 第 1 章和本书所使用的计算软件是 R。在本附录中，我们将讨论 R 的一些基础知识，然后讨论如何使用 R 获取真实的金融数据，并使用 R 进行简单的计算。我们把所使用的代码片段在本附录中列出。第 1 章图形和例子中使用的所有代码都可以在本书的网站上找到。

 虽然很多金融数据都可以作为"小数据"进行处理和分析，但是本书分析方法是针对"大数据"。这意味着我们的确不想查找某个数字和某个日期，然后亲自编码到程序和网页中。我们希望尽可能地通过计算机程序进行访问、处理、分析和做出决策。

 本附录的目标是：

- 介绍金融数据分析中有用的 R 和一些简单的 R 函数；
- 描述现在真实世界中的一些开源金融数据，以及如何将数据导入 R 并准备进行处理。

 本附录仅包括一些基础知识，并不打算成为一本 R 手册。学习本软件最好的方法是查看一些简单脚本，例如本附录中给出的那些脚本，然后在自己的计算机上运行一些相同的脚本，后面内容需要使用 R 的统计和作图功能分析从互联网获得的金融数据。

 对我来说，不能接受不会使用软件这个事。许多工作用软件完成完全符合预期。在这些情况下，用户只需要很少的软件指令。在其他情况下，用户必须注意软件如何解释任务。在本附录中，我除了介绍基础知识外，还会提到一些意想不到的事情，例如如何用 R 读取 CSV 文件的标题。

 如果读者了解 R 的基础知识，可以跳到 A1.2 节，或者至少跳到日期数据部分。

A1.1 R 的基础知识

 R 是一个免费使用的系统，目前由许多志愿者维护（参见 R Core Team，2019）。它最初是在 John Chambers 设计的基础上由 Robert Gentleman 和 Ross Ihaka 共同创立的。该系统以及各种相关的软件包可从下面网址下载：

www. r-project. org/

用户也可以从该网站下载适用于各种 Apple Mac、Linux 和 Microsoft Windows 系统的可执行文件。

R 是一个面向对象的函数式编程系统。尽管 R 提供"点击式"界面，但是大多数 R 用户编写 R 语句，然后直接提交给系统执行。RStudio 是 R 的免费开源集成开发环境，提供了更有用的界面。

R 可在各种平台上移植，除了一些特定操作系统的功能，当然也不包括任何图形用户的界面。

R 对象名称区分大小写。R 语句按行执行，如果一个语句在行尾语法完整，则认为它是一个语句；否则，语句将继续到下一行。R 语句可以使用"<-"给对象赋值，控制程序或语句组的流程，要求执行某个函数或语句组，或仅要求显示对象的值。一个 R 语句也可能只是给读者或程序员的注释。注释是任何以"#"开头的语句。注释语句可能帮助用户理解其他 R 语句。用户还可以使用缩进提高一组 R 语句的可读性。与一些老的计算机语言不同，在 R 语句的执行中，缩进或将把某个语句放置在一行中没有任何意义。

R 是模块化设计，基本系统由许多提供特定功能的"库"或"包"组成。我们将讨论一些对金融数据特别有用的程序包。

在本附录中，我将单独给出 R 代码片段或与 R 输出结果一起给出。代码将以阴影背景显示：

```
radius1 <- 3
Area1 <- pi*radius1^2  # pi is a built-in constant
```

请注意，在这个例子中，pi 是 R 的内置常数，是 R 自带的内容。R 中用户定义的内容如 radius1。当文本引用任何 R 对象时，它将以代码体显示。

如果还要显示 R 输出结果，通常会显示带有 R 提示符的语句，以表示控制台可见的内容。R 输出通常都包含元素编号，即使对象只有一个元素，如下面的"[1]"：

```
> radius1 <- 3
> Area1 <- pi*radius1^2
> # To print an object, just type its name.
> Area1
[1] 28.27433
```

名称

R 提供了许多有用的对象，例如函数和内置常数。这些对象的名称由 R 指定，如上面代码中的 pi。由于最初就是用它们表示，所以对象名称可以在任何 R 会话中使用。

程序包都有名字，也可以使用该程序的名字提供使用对象，如 xts。在把某些库加载到会话之前，以该形式显示的名称可能无法在 R 会话中使用。

R 的名称不受限制；如果用户为任何 R 对象分配一个值，则该对象的名称将引用该值。

（我所知道的唯一例外是 R 的流程控制语句 if、else（但不是 elseif）、for、while、repeat、break、next 和 function。）

R 对象的名称，例如内置对象或用户分配的对象，例如前面的变量 radius1 和 Area1，必须以字母或"."开头。它们不能包含空格、算术符号、逻辑或构造函数运算符（"$"、"["等）。

其他名称可能没有这些限制。例如，数据集中行或列的名称，变量名称，也许可以包含空格并以数字开头。例如，3 个月期美国国债收益率列的名称可以是"3 MO"。然而，名称有空格，大多数情况下就是不合适的做法。下划线或点通常都可以替代空格所起的作用。

文档

R 的书籍和教程很多，互联网上也能找到大量信息。

R 有一个函数集成帮助系统。R 函数的文档通常以手册页形式存储，可以使用 R help 函数或 R "?"运算符打开，例如

```
?tapply
```

要查找为特定任务提供功能的包和其他软件，R 语言综合资料网（CRAN）的任务图网页非常有用：

cran. r-project. org/web/views/

该网站列出了应用领域和高级任务，例如"贝叶斯""金融"等，每个领域都链接到一个页面，该页面列出了相关的 R 包或其他带有链接和简要说明的软件。

该包所包含的函数和其他对象的更多信息和例子通常都可以通过 vignette 函数获得。该函数对于获取有关该包的信息或该包中使用的某类对象的信息（或可能）特别有用。请注意，必须引用 vignette 函数。

```
vignette("dplyr")
vignette("tibble")
vignette("xts")
```

vignette 提供的信息存在很大差异。调用该函数可能会启动一个只有几条评论的窗口，或者它可能会显示大量的 PDF 文档。

缺失值

R 最重要和最有用的性质之一就是它可以处理缺失数据或值，这些数据或值不以普通数字或字符形式存在，例如∞或 0/0。通常当数据包含缺失值时，我们希望忽略这些值，并处理所有有效数据。R 中许多函数通过逻辑参数 na.rm，提供了一种完成这项处理的标准方式。如果 na.rm 为真，则该函数忽略某些数据可能缺失的事实，只对有效数据进行运算；参见 A1.4。

算术运算符

R 有通常的标量算术运算符"+""-""*""/"和"^"。它还有排序运算符":"（参

见下面图 A1.42）和同余运算符 "%%"，其中 x%%y 得到 x 与 y 同余。

逻辑运算符

R 中值为 TRUE 或 FALSE 的逻辑条件根据逻辑关系运算符定义。通常的逻辑关系是 ==、!=、<、<=、!<、>、>= 和 !>，含义都很明显。否定逻辑运算符是 !。连词是 & 和 |。二元函数 xor 执行异或运算。例如，

3<5	TRUE
3<2 & 2+2==4	FALSE
3<2 | 2+2==4	TRUE
xor(3<2, 2+2==4)	TRUE
xor(3>2, 2+2==4)	FALSE

逻辑条件可以是算术表达式中的运算数。TRUE 条件的值为 1，FALSE 条件的值为 0；例如，1+(3<2)*2+(3<5)*3 的值为 4。

程序控制

R 有控制其他 R 语句执行的运算符和语句。R 中语句按 "{" 和 "}" 分组；因此不需要 "结束" 语句。

条件执行语句是 if、else 和 elseif。R 中循环由 for 或 while 控制。子程序由函数语句构成。任何包含在这些控制结构中的语句按 "{" 和 "}" 分组。

对象

"面向对象的"设计（OOD）是一种集中于对象的解决问题的统一方法，对象是由数据和操作数据的操作（方法）组成的实体。针对具体问题，可能有多种类型的对象，而在每个类型或对象类中，可能有多个对象。同一类对象具有相似的属性，并进行相同的操作。一个类可以有子类或派生类。派生类的对象继承母类的属性。

软件系统可以基于，也可以不基于强大的 OOD；也就是说，系统可能，或不可能给出一组定义明确的对象类，其中包含用统一方式对每个类中的对象进行操作的函数。操作通常都不需要关于如何执行操作的其他信息；在该类中的所有对象上以相同的方式执行具体操作。

R 的每个实体或对象都属于某个特定的类，该类决定了实体的一般性质，以及可以对对象执行的方法或计算。R 整合了多种面向对象的设计。在某些情况下，识别不同的 OOD 可能很重要，它们的名称为 "S3" "S4" "R6" 等；但就我们的目的来说，我们通常可以忽略任何差别，并且仅仅认为所有方案都相同。标准 R 包 methods 包含多个实用函数，用于找到各种 R 类和方法。

我们在金融应用程序中遇到的一些更常见的 R 对象类是 numeric、character、Date、data.frame 和 matrix。所有这些类都是内置类，但还有更多。包通常也定义对象类。对于金融时间序列来说，我们把广泛使用的一个类称为 xts。关于此类对象的说明，参见 A1.3 节。

R 的对象有模式和类型，它们决定了对象的更多基本属性。例如，某个 R 对象可能属

于 matrix 类、numeric 模式和 double 类型。类、模式或类型都可以相同；也就是说，通用类可以确定模式或类型。在金融应用中，我们遇到的两个最重要的模式是 numeric 和 character。

在 R 中一个最重要的内置对象类就是 function。在 R 中，所有操作都是"函数"。R 有大量内置函数构成的集，用户还可以在 R 中定义其他函数。

R 中的函数

R 中对对象的操作都由函数执行。R 有很多"内置"函数，比如 sqrt、exp 等；用户也可以编写函数。

每个函数都有函数名，并有许多输入参数，函数根据这些输入参数运行。参数放在括号中，可以是位置参数或命名参数。命名参数可能有默认值。

R 函数可以对不同的对象进行不同的操作。

R 中用于处理概率分布的函数

R 有许多内置函数用于涉及几种常见概率分布的计算。函数名称由根名字和前缀构成，根名字确定分布族，例如 norm 或 t，前缀确定函数类型，例如密度、CDF 和分位数，或者模拟随机数的函数。函数名称以"d"开头用于计算密度或概率函数，以"p"开头用于计算 CDF（小于或等于指定值的概率），以"q"开头计算分位数。（有关这些术语的定义，参见 3.1 节。）例如，pnorm(x) 是计算服从于标准正态分布，随机变量小于或等于 x 的概率。

R 还提供了根据这些分布模拟随机样本的函数（参见 3.3.3 节）。用于生成随机数的函数，其名称以"r"开头。第 3 章表 3.4 给出了一些通常使用的分布的根名字。3.1 节表 3.1 和表 3.2 中给出大多数通常分布的概率函数或概率密度函数。

R 中用户编写的函数

用户可以扩展 R 的一种简单方法，就是使用 R 的函数构造器编写函数，称其为 function。图 A1.41 给出了一个 R 函数的例子，其函数名为 myFun。该函数确定了由两个给定点所确定直线上的其他点。

```
myFun <- function(x1,y1, x2,y2, x) {
#  Given the points (x1,y1) and (x2,y2) and a set of abscissas x,
#  determine the ordinates at x for the line that goes through all of them.
    slope <- (y2-y1)/(x2-x1)
    intercept <- y1 - slope*x1
    y <- slope*x + intercept
    return(y)
}
```

图 A1.41　编写的一个简单 R 函数

一旦函数进入 R 会话，就可以通过为参数 x1、y1、x2、y2 和 x（称为"形式参数"）赋值，然后发出以下 R 语句调用该函数：

```
y <- myFun(x1,y1, x2,y2, x)
```

在函数 myFun 例子中，建立了一个环境，在该环境中局部变量的名称：slope 和 intercept，都有意义。名称 x1、y1、x2、y2 和 x 是该函数的形式参数。在调用该函数时，就赋予这些参数数值，然后在函数内使用。这个环境中变量名称和调用函数环境中变量名称不必相同。在函数内对它们所做的任何更改，都不会传递回调用函数环境。但是，该函数从调用它的环境中继承变量。

另一种用户编写 R 函数的方法就是使用 R GUI 应用程序，它对于那些可以很容易输入各种数值和计算的任务可能很有用。

包

一组用 R 或编译器语言编写的函数可以打包放在一个"库"或"包"中，然后所有的函数和相关文档，只需加载包就可以加载到 R 中。

要使用包，首先将其安装在正在使用的 R 系统上，然后将其加载到当前的 R 会话中。R 语言综合资料网（CRAN）中存储了许多 R 包，使用 R 系统程序，例如：install.packages，可以把它们安装在用户系统上。它们可以通过 library 或 require 函数加载到 R 会话中。（这两个函数本质上相同，主要区别在于当请求的包不可用时，它们的处理方法不同。）install.packages 函数要求包名是字符串，但 library 或 require 函数不需要，尽管它允许。

```
install.packages("vars")   # requires quotes
library(vars)              # allows, but does not require quotes
```

CRAN 有很多 R 包。有些软件包应用范围非常小，但是有些提供了广泛的应用功能。在后一类中有两个值得注意的包就是 MASS 和 Hmisc，MASS 主要由 Bill Venables 和 Brian Ripley 开发，Hmisc 主要由 Frank Harrell 开发。R 中另一个非常有用的包是 ggplot2，它是用来作图的，由 Hadley Wickham 编写，他还编写了一个有用的用于数据整理和使数据"整齐"的包。在 R 包中 tidyverse 套件包括许多类似设计的包，这些包使用一组共同的对象。

由 Hans Werner Borchers 编写的 pracma 包，包括了许多基本数学函数，这些函数用于数值分析和线性代数、数值优化、微分方程和时间序列。函数名称以及在合理范围内的参数，与标准 MATLAB® 中进行同样运算的函数都相同。这便于把 MATLAB 代码转换为 R。它还提供了一些在标准 R 包中不可用，但是非常有用的 MATLAB 实用函数。

对于金融方面的应用，一个最有用的软件包就是 quantmod，它由 Jeffrey A. Ryan 编写。我们在本书中广泛使用这个包。

一些包创建了图形用户界面（GUI），用户通过该界面选择菜单项和在计算机窗口的框中输入数据与包中函数进行交互。GUIDE 包（指"承袭 GUI"）就是一个例子。该包是一个 GUI 应用程序。GUI 为用户提供了便利。

使用包时必须小心。包可能会重新定义基函数，这可能导致意外结果。两个包可以定义同名函数，因此默认使用哪个取决于包的加载顺序。environment 函数确定使用哪个函数而无须进一步指定：

```
> environment(date)
<environment: namespace:base>
> library(lubridate)
> environment(date)
<environment: namespace:lubridate>
```

我们可以使用"::"指定要使用函数的加载包，例如下面指定使用 lubridate 包的 date 函数，不管它的顺序或任何其他已加载包的顺序。（"…"表示提供的参数。）

```
lubridate::date(...)
```

包也可以改变环境或产生其他副作用，导致料想不到的结果。一个常见的例子是调用随机数生成器的函数。如果使用不当（并且在许多 R 包中都用错了），那么它可能破坏用户的随机数流。另一个开发者或维护者可能经常遇到的问题就是导致向后不兼容的更改，或者以其他方式产生料想不到的结果。

R GUI 应用程序

使用某个 R GUI 应用程序可能与使用 R 本身完全不同。一旦创建某个 R GUI 应用程序后，可能是由某个熟悉 R 的人编写的，那么该应用程序可以与其他用户共享，这些用户甚至不了解 R，尽管大多数 R GUI 应用程序允许与 R 系统交互。例如，某个 R GUI 应用程序可以具有 Excel 电子表格的外形。（Microsoft Excel® 是世界上使用最广泛的统计分析程序。）

在 R 中有几个包可以创建 GUI 应用程序。使用最广泛的软件包是由 RStudio 开发的 Shiny。

向量和其他数组

R 把对象组织成单独的元素。基本的数组结构是一系列相同类型的元素，称为"向量"或"原子向量"。R 认为单个数据是具有一个元素的向量。

向量由 c 函数构造，如

```
x <- c(9,8,7,6,5,4,3,2,1)
```

length 函数返回向量的元素个数。

其他结构可能对应二维数组，dim 函数返回两个维度的元素个数。（如果对象没有二维，则返回 NULL，因此在同一程序中同时使用一维和二维对象时必须小心。）

数组的大小通常受计算平台支持的最大整数值的限制，通常为 $2^{31}-1$。R 能够支持的较大数组有限制，一般称为"长向量"。

序列

如果向量元素是数字元素，并且是一个简单序列，那么可以使用":"（冒号）运算符生成元素。冒号运算符的优先级高于四个标准算术运算符中的任何一个（"+""-""*"

和"/"），但低于求幂运算符（"^"）。seq 函数为生成序列提供了更多选项。图 A1.42 给出了例子。

```
> y <- 1:9
> y
[1] 1 2 3 4 5 6 7 8 9
> x <- c(9,8,7,6,5,4,3,2,1)
> x
[1] 9 8 7 6 5 4 3 2 1
> 9:1
[1] 9 8 7 6 5 4 3 2 1
> seq(9,1,-1)
[1] 9 8 7 6 5 4 3 2 1
> -1:2
[1] -1  0  1  2
> -1:2+3
[1] 2 3 4 5
> -1:(2+3)
[1] -1  0  1  2  3  4  5
> 3*-1:2
[1] -3  0  3  6
> (3*-1):2
[1] -3 -2 -1  0  1  2
> -1:2^3
[1] -1  0  1  2  3  4  5  6  7  8
> length((3*-1):2)
[1] 6
```

图 A1.42　向量和冒号运算符

数组索引

数组的索引用"[]"表示。数组索引从 1 开始；例如，x[1] 指一维数组 x 的第一个元素，正如在数学符号中常见的向量 x 的第一个元素，即 x_1。（对于习惯使用非数值计算编程语言的人来说，第一个元素是第零个元素，这可能会导致令人烦恼的错误。）

R 可以指定任何一组有效的索引；例如，x[c(3,1,3)] 是一维数组 x 的第三个、第一个和再次第三个元素。

负值可用于指示从数组中删除指定的元素；例如，x[c(-1,-3)] 指的是相同的一维数组 x，其中删除了第一个和第三个元素。负索引的排列顺序或重复负索引都没有影响；例如，x[c(-3,-1,-3)] 与 x[c(-1,-3)] 相同。正负值不能混合作为索引。

列表

R 中列表是一个简单但非常有用的结构。它与原子向量的不同之处在于列表元素可以是不同类型的对象，包括其他列表。列表元素可以通过其名字来命名和访问，也可以通过索引来访问，类似于原子向量，但是由于列表元素可以是其他列表，所以元素有层次结构，列表简单索引指的是列表的第一级项目（参见下例中 portfolios[1] 和 portfolios[2]）。

列表由 list 函数构造。列表元素可以在列表形成时命名。列表元素的名称可能包含空格。我们用下面这个不好的代码的例子说明用法。

```
portfolios <- list("Fund 1"=c("INTC","MSFT"),
                   "Fund2"=c("IBM","ORCL","CSCO"))
```

列表 portfolios 包含两个元素，每个元素都是一个原子字符向量。列表元素可以通过其名称或通过其索引访问。

```
> portfolios$"Fund 1"   #  Note the quotes.
[1] "INTC" "MSFT"
> portfolios$Fund2       #  Note no quotes.
[1] "IBM"  "ORCL" "CSCO"
> portfolios[1]
$'Fund 1'
[1] "INTC" "MSFT"
> portfolios[2]
$Fund2
[1] "IBM"  "ORCL" "CSCO"
```

名称含有空格，这几乎总是坏主意。我们通常可以用下划线替代空格：Fund_1。

矩阵和向量的基本运算

矩阵是二维矩形数组。我们用一对索引访问矩阵元素。R 中矩阵索引用 "[,]" 表示。索引从 1 开始；例如，A[2,1] 指的是矩阵 A 的第一列中的第二个元素，类似于数学符号 $A_{2,1}$。

和向量一样，可以设定任何一组有效索引，并且可以用负值表示从矩阵中删除指定元素。正负值不能混合作为索引。

dim 函数返回矩阵的行数和列数。注意 dim 参数必须有两个维度；它不能是向量。

矩阵是把数值向量由 matrix 函数构造得到，默认由向量元素填充矩阵的列。下面两个语句产生相同矩阵。

```
A <- matrix(c(1,4,7,2,5,8,3,6,9), nrow=3)
B <- matrix(c(1,2,3,4,5,6,7,8,9), nrow=3, byrow=TRUE)
```

$$A=B=\begin{bmatrix} 1 & 2 & 3 \\ 4 & 5 & 6 \\ 7 & 8 & 9 \end{bmatrix}$$

我们也可以通过把向量或矩阵绑定为矩阵的列（cbind 函数）或通过把向量或矩阵绑定为矩阵的行（rbind 函数）构造矩阵。

我们应该使用 apply 函数（或类似函数）避免行或列的循环。这些性质如图 A1.43 所示。

当运算对象为数组时，大多数如 "+" "-" "*" 和 "/" 的运算都按元素进行。例如，符号 "*" 表示元素相乘。在下面表达式中，

```
A * B
```

A 的行数必须与 B 的行数相同，A 的列数必须与 B 的列数相同。

```
> r1 <- c(1,2,3); r2 <- c(4,5,6); r3 <- c(7,8,9)
> c1 <- c(1,4,7); c2 <- c(2,5,8); c3 <- c(3,6,9)
> AA <- rbind(r1,r2,r3)
> BB <- cbind(c1,c2,c3)
> AA
   [,1] [,2] [,3]
r1    1    2    3
r2    4    5    6
r3    7    8    9
> dim(AA)
[1] 3  3
> BB
     c1 c2 c3
[1,]  1  2  3
[2,]  4  5  6
[3,]  7  8  9
> AA["r1", ]
[1] 1 2 3
> AA["r2", ]
[1] 4 5 6
> AA["r1",2]
r1
 2
> AA[r1,2]
r1 r2 r3
 2  5  8
> cbind(BB,AA)
   c1 c2 c3
r1  1  2  3 1 2 3
r2  4  5  6 4 5 6
r3  7  8  9 7 8 9
> apply(AA, 1, mean)
r1 r2 r3
 2  5  8
> apply(AA, 2, mean)
[1] 4 5 6
```

图 A1.43　矩阵

另一方面，矩阵的 Cayley 乘法用符号 "%*%" 表示，表达式

```
A %*% B
```

表示矩阵的 Cayley 乘积，其中 A 的列数必须与 B 的行数相同。
　　子数组可以直接在表达式中使用。例如，表达式

```
A[c(1,2), ] %*% B[ ,c(3,1)]
```

产生乘积

$$\begin{bmatrix} 1 & 2 & 3 \\ 4 & 5 & 6 \end{bmatrix} \begin{bmatrix} 3 & 1 \\ 6 & 4 \\ 9 & 7 \end{bmatrix}$$

向量或矩阵的转置用函数 t 得到：

```
t(A)
```

数据框

R 的 matrix 类可以是 numeric 或 character 模式和类型，但 matrix 对象不能同时包含 numeric 和 character 模式的元素。另一方面，R 的 data.frame 类允许任何列是数字、字符、日期或其他模式。每个变量或列也可以是任何模式。

下面给出名称为 "Stocks" 的 R 数据框例子。

	Symbol	Price	Quantity
1	AAPL	155.15	200
2	BAC	31.06	400
3	INTC	43.94	400
4	MSFT	81.92	300

这里共有三个变量："Symbol" "Price" 和 "Quantity"，"Symbol" 是字符变量。这个数据框由三个向量产生，每个向量都有相应名称，对应于变量的名字，并包含变量的相应值，如图 A1.44 所示。

默认操作是把数据框中任何字符数据转换为 factor 类变量。（为阻止这个操作，使用 stringsAsFactors=FALSE。）

数据框是一类特殊列表。作为列表，各个部分的名称（列名称或行名称）可能包含空格或可能以数字开头。然而，使用这样的名称基本上都是不好的做法。

数据框中变量可以通过数据框的名称后跟 $ 和变量的名称进行访问。注意，$ 不能用于提取矩阵中的列（或变量）。

数据框中的行可以进行命名。在有些情况下，将变量用作数据行的索引可能比用作数据框的变量更合适。我们用图 A1.44 中两个数据框 Stocks 和 Stocks1 进行了说明。一种可能合适的金融数据集就是该数据集中观察值（行）对应于日期序列，和时间序列中一样。我们将在图 A1.50 说明。

图 A1.44 说明了数据框的创建和一些简单的操作。

和矩阵一样，数据框可以使用 cbind 和 rbind 结合或更新。使用 merge 函数，以其他有意义的方式把多个数据框结合在一起。我们将从 A1.3 中开始，针对特殊类型数据框讨论这些操作。

一种数据框的变型就是 tibble，它是 tibble 类对象。虽然 tibble 与数据框类似，但是某些操作，比如：打印和划分，工作方式不同。dplyr 包提供了几个函数在 tibble 中控制和搜索数据。据说 tibbles 是数据框的 "现代" 版本。

```
> Symbol   <- c("AAPL", "BAC","INTC","MSFT")
> Price    <- c(155.15, 31.06, 43.94, 81.92)
> Quantity <- c(  200,    400,    400,   300)
> Stocks   <- data.frame(Symbol, Price, Quantity)
> Stocks
  Symbol  Price Quantity
1   AAPL 155.15      200
2    BAC  31.06      400
3   INTC  43.94      400
4   MSFT  81.92      300
> Stocks$Price
[1] 155.15  31.06  43.94  81.92
> Stocks[1,2]
[1] 155.15
> Stocks[2,3]
[1] 400
> Stocks[1, ]
  Symbol  Price Quantity
1   AAPL 155.15      200
> names(Stocks)
[1] "Symbol"   "Price"      "Quantity"
> colnames(Stocks)
[1] "Symbol"   "Price"      "Quantity"
> Stocks[Price>50,]
  Symbol  Price Quantity
1   AAPL 155.15      200
4   MSFT  81.92      300
> Stocks1 <- Stocks[,-1]
> rownames(Stocks1)<-Stocks$Symbol
> Stocks1
      Price Quantity
AAPL 155.15      200
BAC   31.06      400
INTC  43.94      400
MSFT  81.92      300
> Stocks1[c("BAC","MSFT"),]
     Price Quantity
BAC  31.06      400
MSFT 81.92      300
```

图 A1.44　R 数据框

R 中用于处理序列的函数

　　R 有许多用于处理时间序列或其他序列的函数。例如，acf 函数用于序列 ACF 和 SACF（样本自相关函数）的计算和任意地绘制图形，如图 1.30 所示。时间序列分析通常在相当强的模型下进行，例如 ARMA 或 GARCH 模型。（R 有几个有用的函数可用于对这些模型进行分析，还有一些用于参数时间序列分析的包。其中一些内容，我们将在第 5 章进行讨论。）

　　pracma 包也包括许多有用的函数，例如：movavg 计算各种类型的移动平均线，如图 1.9 所示。

　　时间序列数据分析通常涉及将某个时点的值与该时点前、后的值进行比较。式（1.17）中简单收益率和式（1.21）中对数收益率都涉及当前价格和以前价格。

R 仅仅通过使用向量索引，就可以很容易获得滞后值。例如，如果时间序列数据存储在 R 的长度为 n 的向量 x 中，那么向量 x[-n]就是 x[-1]的滞后向量。

x	x_1	x_2	x_3	⋯	x_{n-2}	x_{n-1}	x_n
x[-n]	x_1	x_2	x_3	⋯	x_{n-2}	x_{n-1}	
x[-1]		x_2	x_3	⋯	x_{n-2}	x_{n-1}	x_n
x[-c(n-1,n)]	x_1	x_2	x_3	⋯	x_{n-2}		
x[-c(1,2)]			x_3	⋯	x_{n-2}	x_{n-1}	x_n

R 函数 diff 计算向量值与前面值之间的差。对于长度为 n 的 R 向量 x，diff(x)产生长度为 n-1 的向量，其值为 x[2]-x[1],⋯,x[n]-x[n-1]。R 函数 diffinv 计算diff 函数从 xi=x[1]开始的逆函数。用于计算向量累积和的 R 函数 cumsum，也可以用它得到 diff 函数的逆函数。

另一个有用的 R 函数是 rev，它使得向量元素逆序。

R 中计算收益率的函数

无论简单收益率还是对数收益率，都可以使用 diff 函数轻松地进行计算。

如果初始价格已知，则可以使用 diffinv 函数或 cumsum 函数从收益率序列得到价格序列。

如果改变对数收益率序列的顺序（例如，反转），那么根据式（1.26），最终价格仍然相同。图 A1.45 用一个简单的数值向量说明这些函数。

```
> x <- c(2,5,3,7,1)
> x_difs <- diff(x)
> x_SimpleReturns <- diff(x)/x[-length(x)]
> x_LogReturns <- diff(log(x))
> #   the following statements all retrieve the original series
> diffinv(x_difs,xi=x[1])
[1] 2 5 3 7 1
> cumsum(c(x[1],x_difs))
[1] 2 5 3 7 1
> diffinv(x_SimpleReturns*x[-length(x)],xi=x[1])
[1] 2 5 3 7 1
> x[1]*exp(diffinv(x_LogReturns))
[1] 2 5 3 7 1
> x[1]*exp(diffinv(rev(x_LogReturns)))
[1] 2.0000000 0.2857143 0.6666667 0.4000000 1.0000000
```

图 A1.45　差和收益率；R 函数

我们应该注意到 diff 函数在其他类的对象（例如 xts 对象）上执行方式略有不同（明白吗?）。为了确保 diff 正常执行，我们有时会使用以下语句：

```
x_LogReturns <- diff(log(as.numeric(x)))
```

例如，对 xts 对象，我们必须执行这个操作（见下文）。

R 的图形

R 有几个用于生成图形的函数。第 1 章所有图形都由 R 生成。

图 1.1～图 1.7 都由 plot 函数生成。这些图形的布局不同于由 par 函数确定的布局，并且，图形线的类型、标签和标题都由 plot 函数的参数确定。例如，参数 type="l"生成从一个点到另一个点的线段图，而 type="b"绘制点以及连接线段。

当用一个图显示多个图形时，如图 1.5、图 1.6、图 1.9 和图 1.13 所示，需要把一个图形与另一个图形进行区分。这可以通过使用不同类型的线、不同的点字符和不同的颜色完成。例如，参数 lty=1 产生实线段，而 lty=2 产生虚线段。参数 pch 能够使我们用特殊字符绘点。（pch 可能取的值都是小正整数，不同的小正整数表示不同字符。）参数 col 能够用特定颜色绘制线或点。我们可以用名字设定某些颜色，例如 col="red"指定某种红色。我们也可以通过使用叠加 RGB 方案设定颜色。此方案中每种颜色由六个以"#"开头的十六进制数字指定，其中前两位数字指定红色的强度，从 0（无）到 254（完全饱和），后两位数字指定绿色的强度，从 0 到 254，最后两位数字指定蓝色的强度。例如，col="#00FF00"代表绿色，col="#FF00FF"代表洋红色，col="#780078"代表浅洋红色。线和点的默认颜色是黑色 col="#000000"，即没有反射。（白色是 col="#FFFFFF"，所有颜色完全反射。）

图 1.19、图 1.20 和图 1.24 中直方图由 hist 函数生成。图 1.24 中正态密度曲线使用 col="green4"增加该曲线。

图 1.27 和图 1.28 中 q-q 图通过 qqnorm 函数生成，并且使用 col="green4"的 qqline 函数添加了直线段。

由一般 plot 函数生成的图形可能取决于所绘制对象的类型。例如，绘制对象为数值对象、时间序列对象和 xts 对象，生成的图形略有不同。ggplot 不会在没有转换的情况下绘制 xts 对象。我们将在 A1.3 节讨论一些时间序列图的问题。

我们将在第 2 章中更详细地讨论图形类型及其在统计分析中的应用。在 2.4.7 节中，我们总结用于绘制各种图形的 R 函数。

R 中的日期

在金融数据分析中，经常需要确定两个给定日期之间的时间间隔，以匹配两个不同时间序列的日期，或者对日期执行其他操作。一种方法是将所有日期转换为数字，该数字表示从某个固定起点开始的时间（天、小时或其他）。当然，这不是一种很方便的指定日期的方法。我们更喜欢可以马上与普通日历上的日期相关联的表示方法。

国际标准 ISO 8601 所确定的日期表示形式为"1987-10-19"（但也允许使用"19871019"的形式），IEEE 计算机协会采用的可移植操作系统接口（POSIX）标准使用这种一般形式。ISO 8601 形式还允许日期增加以小时、分钟和秒为单位表示的时间，其完整格式为 yyyy-mm-dd hh:mm:ss。所有字段都有固定位数的整数字符，除了"ss"，它可以增加一个十进制小数部分。字段必须从左边填充，右边最后一个位置表示指定的完整时段；例如，"1987-10"表示 1987 年 10 月整月。我通常把这种表示形式，或者最常见的日期部分称为"POSIX 格式"。

R 的 base 包提供了 Date 类和函数 as.Date，处理以人们通常表示日期的方式确定的日期。as.Date 函数可以接受用户使用表 A1.13 的符号定义的各种格式的日期。这些格式也可以用 format 函数输出各种形式的日期。参见图 A1.46 的例子。

表 A1.13　as.Date 使用的一些日期格式

代码	含义	代码	含义
%d	每月中的第几天（十进制数字）	%y	年（2 个数字；在 68 到 69 间间断）
%m	月（十进制数字）	%Y	年（4 个数字）
%b	月（3 个字母缩写）	%j	每年中第几天
%B	月（完整的英文名）		

在 lubridate 包中 date 函数能够更灵活地处理日期，它是我最常使用的函数。

```
#    "Black Thursday"
> x <- as.Date("Oct 24, 1929",format="%b %d, %Y")
#    "Black Tuesday"
> y <- as.Date("29 October 1929",format="%d %B %Y")
#    "Black Monday"
> z <- as.Date("10/19/87",format="%m/%d/%y")
> class(x)
[1] "Date"
> mode(x)
[1] "numeric"
> format(z, "%b %d, %Y")
[1] "Oct 19, 1987"
> weekdays(c(x,y,z))
[1] "Thursday" "Tuesday"  "Monday"
> x
[1] "1929-10-24"
> x+5
[1] "1929-10-29"
> x-y
Time difference of -5 days
> y
[1] "1929-10-29"
> class(x-y)
[1] "difftime"
> z-x
Time difference of 21179 days
> seq(x, length=6, by="days")
[1] "1929-10-24" "1929-10-25" "1929-10-26" "1929-10-27"
[5] "1929-10-28" "1929-10-29"
> seq(x, length=6, by="weeks")
[1] "1929-10-24" "1929-10-31" "1929-11-07" "1929-11-14"
[5] "1929-11-21" "1929-11-28"
> strftime("2017-12-31", format="%j")
[1] "365"
> as.numeric(strftime(c("2017-01-01","2017-12-31"), format="%j"))
[1]   1 365
```

图 A1.46　日期数据例子和使用该日期数据进行计算的函数

对日期数据的操作

日期范围可以用"/"表示；例如，"19871001/19871120"表示从 1987 年 10 月 1 日至 11 月 20 日。

数值数据可以添加到 Date 数据（但不能与其相乘）。Date 类对象不能相加，但一个对象可以减去另一个对象。当在 Date 类中两个对象相减时，就会创建一个 difftime 类对象。R 的 base 包还提供实用函数，例如 weekdays，用于处理 Date 类对象。seq 函数也适用于 Date 数据。seq 的 by 参数可以是 "days" "weeks" "months" 或 "years"。R 函数 strftime 可用于获取不同格式的日期。它对向量进行操作，并且经常与 as.numeric 函数一起使用，如例所示。format 参数指定输出的格式。函数和运算符知道闰年和公历纪年法其他方面的规定。

```
> as.Date("2016-02-28")+1:2
[1] "2016-02-29" "2016-03-01"
> as.Date("2017-03-02")-1:2
[1] "2017-03-01" "2017-02-28"
```

图 A1.46 用例子说明了只使用 base 包的一些性质和运算。（图 A1.50 说明了 lubri-date 包中 date 函数的一些用法。）

R 的 base 包还包括两个函数：as.POSIXct 和 as.POSIXlt，它们处理时间和日期。POSIXct 和 POSIXlt 类带有时区和夏令时信息。

在 R 中生成模拟数据

分析真实金融数据有不同的研究方法，对这些方法进行研究比较的一条有效途径就是生成伪随机数，这些伪随机数与真实数据行为模型一致。例如，我们可以生成数据，这些数据与从高斯分布或厚尾分布得到的数据相同。在 3.3.1 节和 3.3.2 节中，我们提到了一些可以生成"随机"数据的方法。

R 提供了几个能生成伪随机数的函数，在很多例子和练习中都使用了这些函数。3.3.3 节描述了这些 R 函数实现的基本方法。在该节中，我们描述了如何设置"种子"控制"随机"数据，并提到如何使用 RNGkind 选择引入"随机性"的基本方法。

在本书所有模拟随机数据的例子中，RNGkind 的 kind 变量都默认为 "Mersenne-Twister"。

A1.2　数据存储和将数据输入 R

我们在进行任何数据分析时，两个必需的预备步骤就是获取数据并将其转化为适当的分析形式。事实上，通常这些例行工作构成分析中大部分计算机操作。此阶段首先要考虑数据的组织和格式。

数据：观察或派生

有些数据可以直接观察到，比如股票价格数据，还有一些数据是派生出来的，比如波动率，无论是历史波动率还是隐含波动率。这种简单的二分法掩盖了各类数据的不同特征。虽然在公开市场上所交易股票的最后价格可能是某个固定且可观察的数字，但是任何时点该价格可能都无法观察到，有可能假设该价格在两个能够观察到的数字之间，这两个数字就是公开出价和要价。

派生数据可能是对观察数据进行简单计算的结果，例如历史波动率，也可能是通过应用非常复杂的观察数据模型推导得到，例如使用 VIX 度量得到的隐含波动率。

对于数据分析师来说，重要的是至少对任何数据与可观察数据的关系有一种主观感觉。例如，市盈率是某个可观察到的数字除以报告的数字，这个报告的数字存在一定程度的随意性。

数据结构

数据结构是指数据按照概念的组织方式。（数据结构不一定是用位表示数据的组织和存储方式。）一种最简单的数据结构，也是一种最适合大多数统计分析的数据结构，就是二维结构，类似于矩阵或 R 数据框。"列"与变量、价格、收益率等有关，"行"与观察单位相关，特别是在金融数据中，观察值与特定时间点相对应。有时把这种数据结构称为扁平文件。

为了显示，通常都把数据用更好的方式进行存储。例如，不同时点各种期限的国债利率数据，可能最好的表示方法如表 1.2 所示，其中列表示不同的期限，而行表示不同时点。然而，作为统计数据集，一种更好的表示方法可能是设定变量，并将每个变量分配给一列，如表 A1.14 所示。

虽然从结构上看，表 A1.14 不如表 1.2 好，但表 A1.14 这种结构表示方法更易于进行分析。R 数据框具有这种结构安排。这种形式表示的数据都可以使用标准的运算符和函数操作，但不能以表 1.2 的结构形式进行操作。

表 A1.14 数据集的日期既可以存储为字符数据，也可以存储为日期数据，还可能以 POSIX 形式存储。把它们存储为日期数据，允许我们对日期使用各种操作，例如确定两个日期之间的天数。

表 A1.14　短期国债、中期国债和长期国债的利率；与表 1.2 数据相同

时间	期限	利率
1982 年 1 月	3 月期	12.92
1982 年 1 月	2 年期	14.57
1982 年 1 月	5 年期	14.65
1982 年 1 月	30 年期	14.22
1989 年 6 月	3 月期	8.43
⋮	⋮	⋮

正如我们所见，许多金融数据集的观察值（行）对应于一系列日期。在 R 数据框中日期可以作为变量存储，但这些数据集中的日期更多地用作数据集的索引，而不是数据集的变量。

例如，考虑 Intel 股票 2017 年 1 月至 9 月期间的收盘价。在第 1 章几个例子中用过这些数据。它们存储在两个不同的 R 数据框中，如图 A1.47 所示。在左侧所显示的数据框 INTC_df_var 中，日期存储在名为 date 的变量中，在右侧所显示的数据框 INTC_df_index 中，日期只是数据的索引。它们是数据框的行名称。尽管将日期作为索引是一种更自然的存储方法，但是对索引不能进行前面所讨论的日期操作。此外，在 R 中不能使用普通数据框的行名称标记绘图函数的数轴。xts 数据框可以对日期索引进行操作，plot.xts 函数使用日期作为时间轴的标签。我们在 A1.3 节开始讨论 xts 对象。

```
#   date as a variable        ||      #   date as an index (row name)
> class(INTC_df_var)         ||      > class(INTC_df_index)
[1] "data.frame"             ||      [1] "data.frame"
> head(INTC_df_var)          ||      > head(INTC_df_index)
        Date Close           ||                      Close
1 2017-01-03 36.60           ||      2017-01-03     36.60
2 2017-01-04 36.41           ||      2017-01-04     36.41
3 2017-01-05 36.35           ||      2017-01-05     36.35
4 2017-01-06 36.48           ||      2017-01-06     36.48
5 2017-01-09 36.61           ||      2017-01-09     36.61
6 2017-01-10 36.54           ||      2017-01-10     36.54
```

图 A1.47   日期分别用作变量或索引

输入数据

许多不同的方法都可以把数据输入 R。数据可以从文件中读取，也可以直接从计算机控制台中读取。我们必须告诉系统三件事：数据位置，存储方式，以及把数据放入的 R 对象。

我们将在这里考虑一些更常用的输入数据的方式，但是，注意我们不会深入讨论细节。在 A1.3 节，我们将讨论直接从互联网将金融数据导入 R 的方法。

对于以表格形式存储在外部文件中的数据，R 函数 read.table 可以从外部文件中读取数据生成 R 数据框，并且它也可以读各种元数据（标题、字段分隔符等）。因为 read.table 生成一个数据框，表中的列可以是数字或字符（但不能是日期或复数）。

read.table 的互补函数 write.table 可以创建一个外部文件，并把存储在 R 矩阵和数据框中的数据存储到该外部文件中。

R 会话有一个工作目录，由函数 setwd 设置。（无参数的函数 getwd 能够获取工作目录的名称。）文件可以轻松地从该目录中读取，或把文件写入该目录，并且 R 会话创建的对象可以保存在工作目录中。

逗号分隔文件和电子表格

一种存储数据的简单但有用的结构称为"逗号分隔值"（或简称为"逗号分隔"）或"CSV"。保存格式为纯文本，使用逗号分隔字段。对于基本的 CSV 与电子表格，两者结构相同，因此电子表格数据通常都存储为 CSV 文件，其原因就是不同系统都可以使用 CSV 文件。

虽然 R 函数 read.table 允许用户指定各种内容，例如字段分隔符，但在从 CSV 文件输入数据时函数 read.csv 更有用。就像 read.table 函数一样，read.csv 生成一个 R 数据框。

read.csv 的互补函数 write.csv 可用于创建外部 CSV 文件，并把在 R 矩阵或数据框中的数据以 CSV 格式存储在文件中。

CSV 文件提供了在 R 和电子表格程序（例如：Microsoft Excel）之间进行数据交换的最简单的方法。电子表格程序可以从 CSV 文件输入数据，并且可以将多种类型的数据以其本系统的格式保存为 CSV 文件。大多数电子表格程序提供了转换日期格式的工具，例如，从"mm/dd/yyyy"到 POSIX 格式。

输入 CSV 文件

使用 CSV 文件输入或保存金融数据非常方便。虽然直接从网络输入数据更方便，但是有时需要在浏览器中访问网站并手动下载数据。可以使用 R 中 read.csv 函数将数据读入 R 数据框。记住 R 默认把任何字符数据转换为 factor 类变量。

许多 CSV 文件第一行是标题，即包含列名称的行，但文件结构中没有任何内容指示第一行是否为标题。R 函数 read.csv 有一个逻辑参数 header，用于控制该函数的操作。默认情况下，参数为 TRUE，因此 R 函数 read.csv 认为第一行是标题，并且用第一行中的值生成所得到的数据框的列名。如果认为第一行不是标题，则把 header 参数设置为 FALSE。

尽管变量名（即列名）在 R 数据框中可能包含空格或以数字开头（这两个都不是好名称！），当然 CSV 文件标题的名称包含空格或以数字开头，R 函数 read.csv 不能正确地转换此类名称。R 函数 read.csv 将在标题名称中插入由一个或多个空格构成的空段，并将任何以数字开头的字符名称前加上"X."。函数 read.csv 认为任何用数值作为标题名称的，其名称前面必须有"V."。练习 A1.3 中提到的 Quandl 数据集，其变量名称的形式为"3 MO"。如果使用 R 函数 Quandl 引入数据，那么必须正确设定变量名称。但是，如果把数据存储为带有标题的 CSV 文件，那么 read.csv 无法正确设定列名称。

例如，考虑读取 2017 年 1 月至 9 月期间 Intel 股票数据（开盘价、最高价等）。第 1 章多个例子使用过这些数据。它们存储在本书网站上，文件名为 INTCd20173Q.csv，或者可以把它们下载到自己的计算机上。图 A1.48 说明了使用 read.csv 直接从本书网站上读取数据。这就得到了一个 R 数据框。注意使用了 stringsAsFactors。把数据框转换为 xts 对象，如图 A1.46 所表示的形式。有关日期格式和其他转换信息，参见表 A1.13。

```
> INTCdat <- read.csv(
+          "http://mason.gmu.edu/~jgentle/books/StatFinBk/Data/INTCd20173Q.csv",
+          header=TRUE, stringsAsFactors=FALSE)
> class(dat)
[1] "data.frame"
> head(INTCdat, n=2)
      Date  Open  High   Low Close Adj.Close    Volume
2017-01-03 36.61 36.93 36.27 36.60  35.35268  20196500
2017-01-04 36.71 36.77 36.34 36.41  35.16915  15915700
```

图 A1.48　从 CSV 文件输入数据

数据资源库

许多网站免费提供当前金融数据。一些门户网站不仅提供当前数据，还免费提供历史数据，1.2.1 节提到的许多机构也免费提供金融数据。一些网站允许在指定时间段内选择数据，但许多网站不允许；只提供整个时间范围内数据集的所有数据。

在本节中，我们列出了一些最重要和最有用资源库。在 A1.3 节，我们讨论了用于获得资源库数据的 R 软件。

Google 建立了一个名为 Kaggle 的"在线社区",其中包含大量可以下载的数据集,主要是 csv 文件。Google 还在

toolbox. google. com/datasetsearch

上提供了一个工具用来搜索金融和其他方面的数据集。尽管 Google 数据集搜索优先考虑 Kaggle,但是它也识别其他数据源。

尽管本书中的重点是动态的当前数据,但我们也有可能对静态资源库感兴趣。有时需要举个例子说明统计方法,这时,这些资源库非常有用。R 包中提供一些静态数据集。

金融和经济数据

我们在本书中最关心的数据种类是股票价格。某些股票价格,例如收盘价,可以直接观察得到。可观察数据可以从各种资源库获得。许多其他数据,例如收益率或股票指数,可以简单地从可观察数据中推导出,有的可以在标准资源库找到。

我们会不时提及各种其他类型的派生数据,例如美国国内生产总值(GDP)、消费者价格指数(CPI)和住房价格的 Case-Shiller 指数。这些数据是政府统计数据。尽管这些数据声称度量了定义明确的对象,但是任何国家的政府统计数据,都由该国政府界定这些数据的含义。

受版权保护的数据

数据本身不在美国版权法范围内。然而,美国版权法确实包括数据的"组织和表示",因此在使用"受版权保护的数据"时偶尔会有一些模糊的领域。(例如,穆迪提供的信息包括"受版权法和其他知识产权法保护"的声明。在穆迪数据 FRED 图形演示中,FRED 包括"本图表中数据受版权保护"的声明。我们不清楚这句话的含义。FRED 所提供的来自穆迪的电子数据不受版权保护。)

雅虎金融

历史股价数据最好的来源之一就是雅虎金融,网址为:

finance. yahoo. com/

第 1 章和本章插图和例子所使用的大部分数据都来自雅虎金融,所使用的程序是 Jeffrey A. Ryan 编写的 quantmod 包中的 R 函数 getSymbols。

从互联网读取数据的软件:`quantmod`

getSymbols 函数使用 from 和 to 参数设定,可以从雅虎金融获得特定时段的数据。雅虎金融数据通常可以追溯到 1962 年 1 月,或首次公开发行日。除非 getSymbols 函数设定的 from 日期在 IPO 前很长时间,否则 getSymbols 会在 IPO 前检测缺失值,并仅返回有效数据。对于已停用的股票代码,例如 BLS(BellSouth)或 VCO(Concha y Toro ADR),getSymbols 可能会也可能不会返回一些有效值。在这种情况下,函数可能只返回错误条件。

使用 periodicity 关键字,getSymbols 可以设定日、周或月的频率。使用 from 指定开始日期,使用 to 指定结束日期。频率默认值为日。to 日期是"到",而不是"通过"。例如,参见图 A1.49,关于使用 getSymbols 从雅虎金融获取数据的更多信息,参见下文。

图 A1.49 说明使用 getSymbols 直接从互联网读取股票价格。这生成一个与股票代码

同名的 xts 对象。注意，对于周数据，日期是星期日。然而，价格数据并不完全与前一周的任何特定日期的价格相同。

```
> library(quantmod)
> getSymbols("INTC", from="2017-01-01", to="2017-10-1", periodicity="weekly")
> class(INTC)
[1] "xts" "zoo"
> head(INTC, n=2)
           INTC.Open INTC.High INTC.Low INTC.Close INTC.Volume INTC.Adjusted
2017-01-01     36.61     36.93    36.19      36.48    65212200      34.17867
2017-01-08     36.48     37.00    36.32      36.79    93230700      34.46911
```

图 A1.49　从互联网读取数据

在图 A1.49 中，保存数据的 R xts 对象的名称是 INTC。要生成具有不同名称的 xts 对象，请使用参数 env=NULL，并为该对象分配一个名称：

```
z <- getSymbols("INTC", env=NULL, from="2017-01-01", to="2017-10-1")
```

getSymbols 函数有一个参数 src 指定数据来源，其默认为 Yahoo。

雅虎金融股票价格数据也可以通过使用网络浏览器获得，进入主网站，在搜索框输入股票代码，然后选择"历史数据"。这会显示一个标题和一个股票开盘价、最高价、最低价、收盘价和成交量的表。这是 OHLC 数据格式和交易量。默认时期是当前日期的前一年，默认频率是日。可以在网页上更改这两个默认值。

可以使用网络浏览器中"下载数据"按钮保存数据。数据保存在 CSV 文件中，当然，可以使用 read.csv 读入 R 数据框。（注意，数据是按时间倒序排列，在大多数绘图和分析中，我们希望数据按时间先后排列。）

xts 包 to.period 函数也可用于将数据提取周期变大。如果数据是 OHLC，那么提取数据的方式为获得每个时期有效的高价和低价。

雅虎金融目前（2019 年年中）的数据可以追溯到 1962 年 1 月当时正交易的股票。在该日后，开始公开交易的股票，其数据可能会、也可能不会从公开发行日就获得。对于退市股票代码，其公开交易期间的数据可能会、可能不会获得。

为了获得股票或 ETF 价格数据，我们必须知道代码。这些符号是标准的，是经纪公司和其他金融机构使用的符号。可用雅虎金融查找股票代码。例如，输入"Intel"返回"INTC"。

股票代码还用于 getSymbols 函数能够访问的数据集的名称。当然，getSymbols 可以访问很多不同的数据集。每个数据集都必须用正确的名称访问。对于雅虎金融中的股票数据，名称与股票代码相同；对于其他数据集，名称是数据资源库分配的字符串。

股票指数不能进行交易，因此没有标准符号。像雅虎金融等数据资源库使用自己的符号作为索引。雅虎金融用插入符号作为索引符号的前缀。表 A1.15 列出了雅虎金融用于各种指数的符号。雅虎金融和其他数据提供商也用其他符号作为索引。例如，不同的数据提供商用符号 .INX 和 $SPX 表示 S&P 500 指数。

表 A1.15 列出的字符串是雅虎金融可以使用 getSymbols 访问的数据集的名称。

国际市场

各个国际市场交易的股票都有指数，如表 1.7 所示。这些指数都可以从雅虎金融获得。表 A1.16 列出了其中一些指数的符号。

这些指数以市场所在地区的货币报价，如表 A1.16 所示。此外，在该表中，还列出了货币的标准缩写。货币汇率可以从 FRED 获得，它使用自己的缩写符号，如表 A1.17 所示。例如，欧元兑美元的日汇率是 DEXUSEU，而美元兑日元的日汇率是 DEXJPUS。

表 A1.15 指数符号（雅虎金融）	
道琼斯工业平均指数	^DJI
道琼斯运输业平均指数	^DJT
道琼斯公用事业平均指数	^DJU
S&P 500	^GSPC
S&P 500 总收益率	^SP500TR
Nasdaq 综合指数	^IXIC
罗素 2000	^RUT
CBOE 波动率指数	^VIX
大盘股 VolDex®	^VOLI

表 A1.16 国际市场指数符号（雅虎财经）	
FTSE-100（英镑，GPD）	^FTSE
DAX（欧元，EUR）	^GDAXI
CAC-40（欧元，EUR）	^FCHI
Nikkei-225（日元，JPY）	^N225
恒生（港元，HKD）	^HSI
上证综合指数（人民币，CNY）	^SSEC

货币汇率的表示方法按照英国是主要经济强国时开始的传统表示方法。例如，标准汇率是每英镑兑换多少美元，但是美元日元汇率为每美元兑换多少日元。由于某种原因，选择欧元/美元的方向与英镑/美元的方向相同。（这与练习 A1.25 转换相关。）

FRED 和其他联邦储备系统的数据源

圣路易斯联邦储备银行（联邦储备系统第八区）的研究部维护多个数据库，把它们总称为"FRED"（联邦储备经济数据），其中包含多种经济数据。

主要网站为：fred.stlouisfed.org/。该网站组织得很好，允许按类浏览。

一个从 FRED 获取数据的好方法就是使用 quantmod 包 getSymbols 函数。当 getSymbols 访问 FRED 网址时，会忽略关键字 periodicity 和另外两个关键字 from、to；更准确地说，FRED 的每个数据集都有固定的频率和固定的开始和结束时间（通常是访问网址之前的工作日、周或月）。

为了从 FRED 获得数据，必须知道数据集的名称。FRED 各种数据集都有助记名，可以在网站上手动找到。例如，如图 1.4 所示，二级市场上三个月期美国短期国债利率名称为 TB3MS。

```
getSymbols("TB3MS", src = "FRED")
```

FRED 所提供的数据集包括了特定时间，通常是到现在。例如，TB3MS 的数据是从 1934 年 1 月至今。

表 A1.17 列出了 FRED 所提供的一些经常使用的序列的名称。这些序列初始时间不同；一些可以追溯到 20 世纪初，而另一些则迟至 21 世纪初。并且，周序列可能在每周的不同日进行计算；例如，每周的联邦基金利率在星期三，而每周的穆迪债券利率在星期五。

表 A1.17　FRED 的一些经济时间序列

美国国内生产总值（季度）年增长率，季节调整	GDP
美国国内生产总值（年度）	GDPA
所有居民消费者的美国消费者价格指数	CPIAUCSL
Cass-Shiller 美国国民家庭价格指数	CSUSHPINSA
Cass-Shiller 美国国民家庭价格指数季节调整	CSUSHPISA
15 年期固定利率平均抵押贷款	MORTGAGE15US
有效联邦基金利率（月）	FEDFUNDS
有效联邦基金利率（周）	FF
3 月期 LIBOR	USD3MTD156N
3 月期美国短期国债利率，二级市场（月）	TB3MS
3 月期美国短期国债利率，二级市场（周）	WTB3MS
3 月期美国短期国债利率，二级市场（日）	DTB3
2 年期美国国债利率，固定期限（周）	WGS2YR
10 年期美国国债利率，固定期限（周）	WGS10YR
30 年期美国国债利率，固定期限（周）	WGS30YR
穆迪成熟的 Aaa 级公司债券利率（周）	WAAA
穆迪成熟的 Baa 级公司债券利率（周）	WBAA
美元/欧元汇率（日）	DEXUSEU
美元/英镑汇率（日）	DEXUSUK
日元/美元汇率（日）	DEXJPUS
加元/美元汇率（日）	DEXCAUS

我们可以从下面网址获得联邦储备系统其他数据：

www. federalreserve. gov/data. htm

这个网站有大量的数据。不同数据以不同格式存储。

与从 FRED 获得数据一样，要从计算机程序获得数据，必须知道数据集名称。该名称可以通过访问网站并搜索感兴趣的数据获得。在许多情况下，对于给定的搜索项，比如"日元汇率"，会有多个匹配项。对于"日元汇率"的情形，有日、月和年的数据文件，都可以追溯到 1971 年。

美国财政部

美国财政部提供在线金融数据。主要网址为

home. treasury. gov/

收益率曲线数据可能是财政部最常用的数据，可从以下网址处获得：

data. treasury. gov/feed. svc/DailyTreasuryYieldCurveRateData

R 包 Quandl 函数 Quandl 可以从财政部网站获取数据。关于使用 Quandl 的例子，参见 1.2.2 节。给定所观察到的任何工具的利率和期限，R 的 YieldCurve 包使用各种方法生成收益率曲线，这些方法例如：Nelson-Siegel 或 Svensson。

其他来源

　　法律要求上市公司和金融机构每年向美国证券交易委员会提交各种报告。这些报告包括关于其运营的财务数据，例如收入、收入成本、每股盈余等，以及有关公司的一般信息。综合年度报告以称为 10-K 的形式提交。

　　这些报告都可以通过称为 EDGAR 的系统获得，即电子数据收集、分析和检索系统。提交报告的公司也使用 EDGAR 进行自动收集、验证、索引、接受，公司也可以使用该系统提交意见书。

　　向 EDGAR 提交公司信息是公开且免费的。这是对公司证券进行基本面分析的重要资源。主要网站是：

www. sec. gov/edgar/searchedgar/companysearch. html

R 包 finreportr 包含从 SEC 网站抓取数据的函数。

　　其他几个美国机构收集各类数据。美国人口普查局收集人口数据；经济分析局收集有关经济指标、国内和国际贸易、账户和行业的信息；劳工统计局衡量美国经济的劳动力市场活动、工作条件和价格变化；能源信息署提供有关美国使用煤炭、天然气和其他能源的数据；国家农业统计局收集有关粮食生产和供应的数据。网站

www. usa. gov

是由这些和其他政府机构维护的门户网站，这些网站公开提供数据。

　　世界银行通过其开放数据计划提供了范围很广的金融和经济数据。按地理区域和数据类型分类，其精心设计的网站为

datacatalog. worldbank. org/

　　金融服务和经纪公司 Oanda 是非常好的获得外汇和金属价格的来源。它的主要网站是

www. oanda. com/

使用 getFX 能够从 Oanda 获得外汇数据，使用 getMetals 可以获得金属价格数据。两者都在 quantmod 包中。

　　StockSplitHistory. com 是有趣但又兼收并蓄的金融数据来源。它的主要网站是

www. stocksplithistory. com/

　　另一个来源是 Quandl，这是一家私人公司，它能提供大量编纂整理的金融数据，这些数据来自各级政府、准政府和企业。大部分从政府机构和中央银行获得数据集都是免费提供的。要获得其他数据需要订阅 Quandl。访问超过一定使用阈值（目前每天 50 次检索）需要 "API 密钥"，这需要免费注册。

　　Quandl 也是用于从 Quandl 获取数据的 API（"应用程序接口"）的名称。Quandl 支持两种数据格式，一种适用于时间序列格式，另一种适用于表格格式。数据结构和获取数据的选项取决于它是时间序列还是 "数据表"。数据集由 "Quandl 代码" 确定，形式为 "源/数据集"；例如，从 FRED 获取的美国 GDP 数据，其 Quandl 代码是 FRED/GDP，美元欧元汇率的 Quandl 代码是 CURRFX/EURUSD，美国国债日收益率的 Quandl 代码是 USTREA-SURY/YIELD。R 包 Quandl 中 Quandl 函数从网站获取的数据用源标识。Quandl 函数以 R 数据框的形式返回数据。数据框中的日期为变量 Date，并以标准 POSIX 格式存储。Quandl 数据集 USTREASURY/YIELD 的开始日期为 1990 年 1 月 2 日，一直持续到访问日期

之前的最后一个交易日。它包含许多缺失数据值，因为在那个时期一些到期日不连续。

芝加哥大学证券价格研究中心（CRSP）出售各种金融数据，包括各种股票指数。CRSP 数据库包括 1926 年以来所有 NYSE 股票的日价格，以及许多其他美国证券的价格和其他金融数据。

许多其他私人公司也提供金融数据和软件，通常收费。Capital IQ 是一家技术和金融服务公司，作为标准普尔的研究部门，它为投资管理者、投资银行、私募股权基金、咨询公司、企业和大学提供广泛使用的资源。

从互联网数据资源库输入数据

互联网上有许多金融数据来源，有多种方式把数据输入 R。许多互联网资源库的数据都以 CSV 文件存储。这些数据通常可以直接读入 R，如图 A1.48 所示。

quantmod 包 getSymbols 用户友好，能从各种资源库中获取各种金融数据。通过设定 getSymbols 的参数可指定数据源或数据类型。例如，当数据源为 FRED 时，不会取 getSymbols 中 from 和 to 参数。getSymbols 选择一些特定时间段，仅能把这些时间段放入 R 对象，只要不在这些特定的时间段内，就可以使用图 A1.53 所描述的 xts 对象划分机制。

quantmod 中还有其他函数用于特殊金融数据的检索，例如：getDividends、getFX、getMetals 和 getOptionChain。

对于指定的股票，getOptionChain 函数返回一条期权链，对于每个到期日，这个期权链是一个包含两部分的列表，一个是看涨期权，一个是看跌期权。对于每个执行价格，每个部分都包括期权的最后价、买价和卖价、交易量（前一交易日）和持仓量。

quantmod 函数也用于其他 R 包；例如；tidyquant 包的 tq_get 函数和 tseries 包的 get.hist.quote 函数使用了 quantmod 中的数据采集函数。

另一个用于处理金融数据的有用包是 Joshua Ulrich 的 TTR。这个包有几个平滑金融数据的函数。

还有一些 R 包和其他软件来处理 HTTP 请求和从互联网获取数据。在任务视图网页的 "WebTechnologies" 部分下列出一些并进行了简要描述，链接为

cran.r-project.org/web/views/

A1.3　R 中的时间序列和金融数据

R 的 stats 包具有处理时间序列的强大能力，包括计算 ACF 和拟合各种线性时间序列模型的函数（将在第 5 章讨论）。stats 包还提供了一个时间序列类 ts，它使一些 R 函数产生更适合时间序列的结果（例如生成带有连接线段图的一般图形）。stats 包中还有用于处理 ts 对象的特殊函数，例如：diff 函数，它生成具有指定滞后的时间序列的差分。filter 函数可用于计算各种类型的滤子。例如，对于 x 中的时间序列，可以通过以下方式生成 d 期移动平均线：

```
xdma <- filter(x, filter=rep(1/d,d), sides=1)
```

一系列移动平均的前几项可以通过多种方式计算。大多数 R 函数，包括 `filter`，在输出的前 d-1 位置产生 NA。另一种方法，如 1.2.4 节所建议的，是使用序列开头的可用数据。这在 `pracma` 包中提供的 MATLAB 函数 `movavg` 中完成。移动平均线很容易在 R 中生成，只需使用 `mean` 函数并调整索引即可。`zoo` 包 `rollapply` 函数允许一般函数在指定窗宽上移动或"滚动"应用。练习 A1.5 需要计算一些移动平均线。

许多 R 包可用于处理和分析时间序列。这些包允许日期数据具有更大的灵活性，一些包为时间序列对象提供了特殊类，它们提供了分析时间序列的各种函数。我们将在第 5 章讨论和说明用于时间序列的 R 包。

`ts` 类只处理数值时间戳。基于 POSIXct 时间戳的各种包能够实现不规则时间序列。这些在金融应用中特别重要，因为正如我们在第 1 章所指出的那样，周末和假期会使大多数金融数据的间隔不均。

R 包 `timeDate` 包含提供金融日期和时间信息的函数，包括有关各种证券交易所的周末和假期的信息。

我在本书中使用最多的包是 `xts`，由 Jeffrey A. Ryan、Joshua M. Ulrich 和 Ross Bennett 编写。这个包基于 `zoo` 包（"z 有序观察"）。它包含在 `quantmod` 包中。

时间序列对象

如上所述，`ts` 是基本的时间序列类。它提供了使用数值时间戳的规则间隔时间序列；也就是说，整数索引。`xts` 类要强大得多。它允许不规则间隔的时间序列并使用任意类的时间戳，包括日期类。

`xts` 包使用 `xts` 类的对象。在这里，我们将考虑 `xts` 的 R 对象的一些性质。

xts 对象

统计分析中所使用的大部分数据都可以包含在数值矩阵中。我们在第 1 章所考虑的金融数据主要由数值组成。这些数据可能（并且通常）只是存储在 R 的原子向量或矩阵中。数据框允许不同类型的数据并提供更多的元数据，并通过使用元数据进行范围更广的操作。对于时间序列，我们可能有一个包含日期的列（变量），或者我们可以使用日期作为行的名称（观察值），但是这些方法都不允许我们执行一些操作，这些操作是我们希望对时间序列数据进行的操作，例如按日期分割数据，或按日期合并两个时间序列。

`xts` 类的对象具有可由 `index` 函数访问的行索引。行索引通常是 `date` 类对象，日期运算符可用于操作各个行。

`xts` 类对象不仅提供日期戳，还允许通过日期函数和运算符对对象进行操作。另一方面，有时通过首先使用 `as.numeric` 把 `xts` 对象转换为数值对象，从而更容易进行计算。当然，它们也可以转换为 R 数据框，有时这使得处理数据更简单。使用 `data.frame` 把 `xts` 对象转换为数据框很简单。如果 `xts` 对象的索引是日期，则日期将成为数据框的行名称。在某些情况下，例如：使用 `ggplot` 绘制横轴上带有日期刻度的数据图时，可能需要在数据框中创建一个变量来保存日期。这可以通过以下完成：

```
df <- data.frame(dataxts, date=as.Date(index(dataxts)))
```

（ggplot 函数需要一个 Date 类的变量。）

　　xts 类的对象可以通过 xts 包中 xts 函数创建。基本格式是

```
dataxts <- xts(x, order.by=ind)
```

其中 x 是包含数据的向量、矩阵或数据框，而 order.by 是索引，它指定如何对数据进行排序并成为 xts 对象的一部分。索引可以是任何可以接受的 R 格式的整数或日期。xts 对象中的条目（即行）是有序的，从而索引本身也是有序的。

　　xts 对象继承了数据框中变量的名称，或者矩阵列的名称（如果有）或向量的名称。xts 对象中的变量可以通过在对象名称后添加字符 $，然后通过变量名访问获得该变量，就像访问数据框变量一样。

　　xts 对象最有用的性质之一就是能够使用由日期形成的索引访问元素或子集。lubridate 包中 date 函数是一种初始化日期的便捷方式。

　　图 A1.50 是 2017 年 1 月前三个交易日和后三个交易日，以及 2017 年 2 月前三个交易日的部分数据，数据不按时间顺序排列。

```
> library(xts)
> library(lubridate)
> dates17 <- lubridate::date(
+                 c("2017-02-01","2017-02-02","2017-02-03",
+                   "2017-01-27","2017-01-30","2017-01-31"))
> INTC <- c(  36.52,    36.68,    36.52,
+             37.98,    37.42,    36.82)
> GSPC <- c(2279.55, 2280.85, 2297.42,
+           2294.69, 2280.90, 2278.87)
> datadf <- data.frame(INTC,GSPC)
> rownames(datadf) <- dates17
> datadf                       # a data frame
             INTC    GSPC
2017-02-01  36.52 2279.55
2017-02-02  36.68 2280.85
2017-02-03  36.52 2297.42
2017-01-27  37.98 2294.69
2017-01-30  37.42 2280.90
2017-01-31  36.82 2278.87
> dataxts <- xts(datadf,dates17)
> dataxts                      # an xts object
             INTC    GSPC
2017-01-27  37.98 2294.69
2017-01-30  37.42 2280.90
2017-01-31  36.82 2278.87
2017-02-01  36.52 2279.55
2017-02-02  36.68 2280.85
2017-02-03  36.52 2297.42
```

图 A1.50　xts 对象

图 A1.50 这个例子说明了与 data.frame 对象相比，xts 对象的好处。

在该例子中，首先使用日期作为行名称构建数据框。数据框包含所有信息，但顺序只是输入数据的顺序，很难将数据按正确顺序排列，除非手动重新排列行。

随后，图 A1.50 构建了一个 xts 对象。它具有我们想要顺序的数据。

图 A1.50 中 xts 对象也有一些有用的方法，而数据框没有。一个更重要的方法就是对元素的灵活访问和元素的分割。

但是，xts 对象无法进行某些标准计算。一个我们经常遇到的问题就是对数收益率的计算。如前所述，执行此操作的简单方法是 diff(log(XYZ))，它生成一个维数比 XYZ 维数少 1 的向量。但是，如果 XYZ 是 xts 对象，则 diff(log(XYZ)) 也是 xts 对象，其维数与 XYZ 维数相同，但是第一个位置为 NA。图 A1.51 说明了这个问题和解决它的两种方法。我经常将 xts 对象转换为 numeric 对象，因为我总是确切地知道 R 函数将对 numeric 对象做什么。当然，numeric 对象的缺点是丢失了日期数据。我经常通过使用 as.xts 函数或 merge 函数解决这个问题。

```
> library(xts)
> class(INTCdC)
[1] "xts" "zoo"
> INTCdC[1:2,]
           INTC.Close
2017-01-03      36.60
2017-01-04      36.41
># standard computation of returns
> INTCdCReturns <- diff(log(INTCdC))
># get NA
> INTCdCReturns[1:2,]
            INTC.Close
2017-01-03          NA
2017-01-04 -0.005204724
># problem is diff; not log
> diff(INTCdC)[1:2,]
          INTC.Close
2017-01-03        NA
2017-01-04  -0.189998
># clean NAs
> INTCdCReturnsClean <- na.omit(INTCdCReturns)
> INTCdCReturnsClean[1:2,]
            INTC.Close
2017-01-04 -0.005204724
2017-01-05 -0.001649313
># fix name
> names(INTCdCReturnsClean)<-"INTC.Return"
> INTCdCReturnsClean[1:2,]
            INTC.Return
2017-01-04 -0.005204724
2017-01-05 -0.001649313
># alternatively, get returns in numeric vector
> INTCdCReturnsNum <- diff(log(as.numeric(INTCdC)))
> INTCdCReturnsNum[1:2]
[1] -0.005204724 -0.001649313
```

图 A1.51　在 xts 对象中计算日对数收益率未预料到的结果

索引和分割 xts 对象

xts 对象的元素可以通过单独的时间索引或两个索引（时间和列）访问。此外，可以使用行号代替时间索引。

如果使用时间索引，必须按照 ISO 8601 日期格式顺序指定，但可以省略 "-" 分隔符；"20170202" 与 xts 对象索引中的 "2017-02-02" 相同。

xts 对象的时间索引可以按照本附录所描述的方式进行操作，如图 A1.46 所示。

xts 对象的时间范围可以使用 "/" 分隔符，以 "from/to" 的形式指定，其中 "from" 和 "to" 都是可选的。如果缺少任何一个，则把范围解释为数据对象的开头或结尾，视情况而定。所确定的开始和结束时间不需要与基础数据匹配；选择最近的可用观察值。

使用 index 函数可以获取 xts 对象第 i 行日期索引；比如 xts 对象 dataxts 中第三行日期索引可通过以下获得：

```
index(dataxts)[3]
```

dim 函数可用于获取日期索引对应的数值索引。

图 A1.52 给出了索引例子。如果 xts 对象中不存在指定的时间索引，则仅返回列名。该图显示了一种确定 xts 对象中是否不存在指定日期的方法。

```
> d1 <- index(dataxts)[1]
> dataxts[d1,]
           INTC    GSPC
2017-01-27 37.98 2294.69
> dataxts[d1+1,]
     INTC GSPC
># Is a date missing (weekend or holiday)?
> missing <- length(dataxts[d1,"INTC"]>0)==0
> missing
[1] FALSE
> missing <- length(dataxts[d1+1,"INTC"]>0)==0
> missing
[1] TRUE
```

图 A1.52　在 xts 对象中建立索引（使用图 A1.50 创建的对象）

图 A1.53 显示了一些分割 xts 对象的例子。

```
> dataxts[5,2]
              GSPC
2017-02-02 2280.85
> dataxts["20170202", 2]
              GSPC
2017-02-02 2280.85
> dataxts["2017-02-02", "GSPC"]
              GSPC
2017-02-02 2280.85
> dataxts["20170202"]        # February 2
```

图 A1.53　xts 对象的分割（使用图 A1.50 中创建的对象）

```
            INTC   GSPC
2017-02-02 36.68 2280.85
> dataxts["201702"]        #  all observations in February
            INTC   GSPC
2017-02-01 36.52 2279.55
2017-02-02 36.68 2280.85
2017-02-03 36.52 2297.42
> dataxts["20170128/20170201", "INTC"]
            INTC
2017-01-30 37.42
2017-01-31 36.82
2017-02-01 36.52
> dataxts["20170131/"]
            INTC   GSPC
2017-01-31 36.82 2278.87
2017-02-01 36.52 2279.55
2017-02-02 36.68 2280.85
2017-02-03 36.52 2297.42
```

图 A1.53   （续）

更改 xts 对象的频率

xts 包中 to.period 函数对某个 xts 对象进行操作，产生更低频率的新 xts；也就是说，例如，对于包含每日数据的 xts 对象，生成包含每月数据的 xts 对象。（这本身很难手动完成，但是，如果 xts 数据集的列对应于开盘价、最高价、最低价、收盘价和成交量，所有这些都由列名进行适当地区分，那么 to.period 函数能生成更低频率的数据集，每个新的时期都有适当的最高价、最低价、收盘价和成交量。to.period 函数假定输入是 OHLC 数据集。如果输入不是 OHLC 数据集，那么可以使用 OHLC=FALSE；否则，to.period 的某些输出可能是虚假的。）

图 A1.54 给出了在图 A1.50 的 xts 对象上使用 to.period 的一些例子。注意，使用周数据生成的月数据，与使用日数据生成的月数据，两者应该相同。

```
> dataxtsw <- to.period(dataxts, "weeks", OHLC=FALSE)
> dataxtsw
            INTC   GSPC
2017-01-05 36.35 2269.00
2017-01-27 37.98 2294.69
2017-02-03 36.52 2297.42
> dataxtsm1 <- to.period(dataxts, "months", OHLC=FALSE)
> dataxtsm1
            INTC   GSPC
2017-01-31 36.82 2278.87
2017-02-03 36.52 2297.42
> dataxtsm2 <- to.period(dataxtsm1, "months", OHLC=FALSE)
> dataxtsm2
            INTC   GSPC
2017-01-31 36.82 2278.87
2017-02-03 36.52 2297.42
```

图 A1.54   更改 xts 对象的时期

图 1.28 和图 1.33 的月数据和周数据，都是使用 to.period 函数根据日数据得到的。

合并 xts 对象

xts 对象最有用的方法之一就是能根据日期索引合并数据集。

一般说来，经常遇到合并数据集的操作，大多数数据库管理系统都能进行这样的操作，包括那些构建在 SQL 上的系统。

R 的合并函数非常灵活，并包含了大多数常用选项。一个常见的应用就是根据某个变量的共同值，把两个数据集的观察结果匹配。对于两个时间序列来说，一般我们都希望根据时间索引进行匹配，这就是 merge 对 xts 对象进行的操作。（注意，时间索引不是一个变量；而是一种特殊的行名称。）显然，从图 A1.55 的例子中可以明白这一点。如果某个数据集的某个位置缺少值，那么合并的数据集在该位置也缺失值。注意使用 join 关键字，将合并的数据集限制为具有时间索引公共值的观察值。该例子中最后的合并操作，目的是省略所有具有缺失值的行。这通常在清理数据时很有用。

```
> dataxts1
           INTC  MSFT
2017-01-05 36.35 62.58
2017-02-03 36.52 63.68
> dataxts2
             GSPC
2017-01-05     NA
2017-01-27 2294.69
2017-02-03 2297.42
> merge(dataxts1, dataxts2)
           INTC  MSFT    GSPC
2017-01-05 36.35 62.58      NA
2017-01-27    NA    NA 2294.69
2017-02-03 36.52 63.68 2297.42
> merge(dataxts1, dataxts2, join="inner")
           INTC  MSFT    GSPC
2017-01-05 36.35 62.58      NA
2017-02-03 36.52 63.68 2297.42
> na.omit(merge(dataxts1, dataxts2))
           INTC  MSFT    GSPC
2017-02-03 36.52 63.68 2297.42
```

图 A1.55　合并 xts 对象

xts 对象的图形

在时间序列图中，时间轴刻度线标签通常只是正整数，对应数值向量观察值的索引。选择这些标签的软件通常都显示得很"漂亮"；通过合理选择标签，使得输出显示的序列有一个规则的模式。当然，在很多情况下，时间序列对象甚至不包含实际的日期信息。

对于在时间间隔为几天甚至几年内收集的金融数据来说，一种理想的代替整数的方法就是使用实际对应于日历时间的标签。xts 对象的主要优点之一是它们包含日期信息，处理这些对象的方法实际上可以使用这些信息；也就是说，xts 对象中的日期信息不仅仅是行名称，就像在一般 R 数据框中一样。

ggplot2 包中的绘图函数不会处理 xts 对象（这些函数需要数据框）；然而，对

ggplot2 扩展得到的 ggfortify 包，能够处理 xts 对象以及其他包创建的对象。

xts 对象的 plot 方法（plot.xts）能够获取日期，并使用它们标记时间轴的标签。对于软件来说，选择输出日期比选择只输出整数更困难。plot.xts 函数能够很好地处理选择日期。图 1.8 中时间标签就是一个例子。

许多 xts 对象是 OHLC 数据集。OHLC xts 对象的绘图方法提供了画 K 线图的选项。

xts 对象的 plot 方法的缺点就是不能使用其他标准的 R 绘图函数，如 lines, abline 和 legend，向图形里添加元素。但是 zoo 对象的 plot 方法，即 plot.zoo，不存在这个问题。因为 xts 对象继承 zoo 对象，所以 plot.zoo 可以用于绘制 xts 对象，并且可以使用标准的 R 绘图函数添加图形元素。plot.zoo 生成的图形与 plot.xts 生成的图形外观不同，但它在时间轴上确实有日期标签。

正如我在其他地方所提到的，我经常将 xts 对象转换为 numeric 对象，因为我总是确切地知道 R 函数对 numeric 对象如何处理。当然，numeric 对象的缺点就是丢失了日期数据。numeric 对象的索引只是 1、2，直到 xts 对象的行数，xts 对象的行数可以用 dim 函数获取。然而，要确定与 xts 对象给定日期相对应的整数索引并不简单。一种方法是使用 dim 函数。例如，考虑图 A1.50 的 xts 对象 dataxts。假设我们希望行索引对应日期 2017-02-02。我们可以使用下面语句获取索引。

```
> dim(dataxts["/2017-02-02",])[1]
[1] 5
```

该日期对应于 dataxts 第 5 行。

OHLC 数据

我们把包含开盘价、最高价、最低价和收盘价的数据集称为 OHLC 数据集。

quantmod 包的 getSymbols 函数能够产生 xts 类的对象，它也是 OHLC 数据集。列名称必须包含 ".Open" ".High" ".Low" 或 ".Close" 四者之一的扩展名。例如，OHLC 数据集中 INTC 价格的列名称是 "INTC.Open"，以此类推。这是大多数 getSymbols 调用返回的对象的默认值。

OHLC 数据集还可能包含每个时期的交易量列和调整后的价格列。这些列的名称必须包含扩展名 ".Volume" 或 ".Adjusted"。

getSymbols 函数默认使用雅虎金融，它提供每日的开盘价、最高价、最低价和收盘价，以及交易量和调整后的收盘价。

quantmod 包有一些函数能够执行获取 OHLC 数据集的单个值、打开等操作。基本函数有 Op、Hi、Lo 和 Cl。（这些函数通过访问列名操作，如上所述，列名必须符合标准格式。）

由 Op、Hi、Lo 和 Cl 函数组合得到一些函数；例如，OpCl 函数返回日内简单收益率，Cl(•)-Op(•)/Op(•)，这与"日收益"不同。

quantmod 包还提供了许多函数用于确定 OHLC 数据集的属性，例如：seriesLo、seriesHi、seriesAccel 和 seriesIncr。这些函数对调整后的价格列操作。

带有 OHLC xts 对象的图形

日价格图通常要显示开盘价、最高价、最低价和收盘价。一种简便的方法是用日"K线图"。K 线图如图 A1.56 所示，在该图中给出各个部分的含义。

图 1.8 中给出了日 K 线图的例子，同时还给出了用竖条所表示交易量图。

许多交易者认为，开盘价、最高价、最低价和收盘价之间的关系（在 K 线图中很容易看到）一定程度上能反映未来价格的走势。

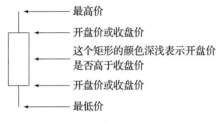

图 A1.56　K 线图

getSymbols 的更多功能

由 quantmod 函数创建的对象，默认位于 quantmod 环境中，其名称就是符号本身的名称。有时这很不方便，因为我们可能希望在一般 R 环境中处理数据。R 函数 get 可用于将对象代入局部变量。quantmod 函数 getSymbols 具有形成局部环境中的对象的选项。图 A1.57 说明了这些功能。注意三个局部对象 z1、z2 和 z3 的区别。

```
> library(quantmod)
> z1 <- getSymbols("INTC", from="2017-1-1", to="2017-9-2",
+                  periodicity="daily")
> head(z1)
[1] "INTC"
> z1[1:2,1:2]
Error in z1[1:2, 1:2] : incorrect number of dimensions
> class(z1)
[1] "character"
> class(INTC)
[1] "xts" "zoo"

> z2 <- get("INTC")
> z2[1:2,1:2]
           INTC.Open INTC.High
2017-01-03    37.902    38.233
2017-01-04    38.005    38.067
> class(z2)
[1] "xts" "zoo"

> z3 <- getSymbols("INTC", from="2017-1-1", to="2017-9-2",
+                  env=NULL, periodicity="daily")
> z3[1:2,1:2]
           INTC.Open INTC.High
2017-01-03    37.902    38.233
2017-01-04    38.005    38.067
> class(z3)
[1] "xts" "zoo"
```

图 A1.57　getSymbols 和 R 环境

股利数据

许多公司支付股利，有些是定期支付，每个季度支付相同的金额，并且可能经常增加金额。股利可能是某些股票总收益的重要组成部分。雅虎金融记录了支付股利的时间和金额。quantmod 包中 R 函数 getDividends 能够获得指定时期的股利数据，如图 A1.58 所示。

```
> library(quantmod)
> divs <- getDividends("INTC", from="2016-1-1", to="2016-12-31")
> divs
           INTC.div
2016-02-03    0.26
2016-05-04    0.26
2016-08-03    0.26
2016-11-03    0.26
> sum(divs)
[1] 1.04
```

图 A1.58　getDividends 函数

A1.4　数据整理

通常，得到数据后，进行分析前，首先把数据转换为正确的格式。所要求的格式可能取决于决定分析过程的模型，也可能取决于软件的要求。例如，某些 R 函数可能要求将数据存储在数据框中。开始的第一步还可能涉及从不同来源获取数据，并放到一起。我们通常把这些数据准备活动称为"数据加工"。

在雅虎金融、FRED 等资源库的数据集中，单个项目可能丢失或无效。并且，获取数据的程序，例如：getSymbols 或 Quandl，也可能在工作中出现问题。这类问题可能是由于数据资源库的结构发生了变化。2017 年 4 月，由于雅虎金融结构发生了变化，导致出现了这类问题，getSymbols 和其他从雅虎金融获取数据的程序都停止了正常工作。（初始出现的问题已修复，但是，这些程序有时仍返回不正确的数据；参见本附录的注释。）

我们应该预料到出人意料的事情总会发生。例如，考虑来自 FRED 的周数据序列。假设我们想把每周的穆迪公司债券利率对有效联邦基金利率进行回归（或计算两者的周利差，正如我们在第 4 章例子中所做的处理，练习 4.27 有同样要求）。如果想得到这两个序列从 2015 年到 2017 年的周数据，我们很容易想到的方法就是用下列代码。

```
getSymbols("WBAA", src = "FRED")
WBAA1 <- WBAA["20150101/20171231"]
getSymbols("FF", src = "FRED")
FF1 <- FF["20150101/20171231"]
```

然而，令人惊讶的是，WBAA1 有 157 行，FF1 有 156 行。这是因为 WBAA 数据是星期五发布，FF 数据是星期三发布，并且从 2015 年到 2017 年间，星期五的个数与星期三的个数不相等。

数据头和数据尾

当把数据集导入 R，并执行分析前，最好先查看一下前几个值和最后几个值。可以使用 head 和 tail 函数。行数可以由参数 n 设定。

```
head(x, n=2)
tail(x, n=2)
```

只要知道变量之间或观察值之间存在某种已知关系，最好执行一些简单的一致性检查，确保这些关系在数据集中成立。通常可以使用 head 函数看一下关系是否成立。

缺失数据

一个数据分析中最常见的问题就是缺失值。从互联网获取的金融数据通常都存在缺失值。R 有一些好用的表示数据缺失的方法，正如我们所见，最常见的是用 NA 表示缺失值。

许多分析可以不受缺失值影响，但即便如此，知道数据集是否存在缺失值也很重要。如何确定是否有缺失值，并且如果有缺失值，那么有多少，R 提供了一种简便的方法，就是使用下面的 R 语句：

```
sum(is.na(x))
```

可以使用函数 complete.cases 确定 data.frame 中哪些事例或矩阵中哪些行不包含缺失值。

可以使用函数 na.omit 生成 R 对象的一个副本，其中省略了缺失值。许多 R 函数可用逻辑参数 na.rm 指定在执行计算前（如果可能）删除的缺失值。

```
> x <- c(1, 2, NA, 3)
> mean(x)
[1] NA
> mean(x, na.rm=TRUE)
[1] 2
> mean(na.omit(x))
[1] 2
```

在 var 和 cov 中，如果 na.rm 为真，那么在计算时就忽略任何具有缺失值的观察（或"事例"）。但是，这些函数通过 use 关键字提供了更多选项。例如，如果指定 use= "pairwise.complete.obs"，那么在计算这两个变量的协方差时，使用这两个变量所有完整的配对。

在 zoo 包（以及 quantmod）中，函数 na.approx 用线性插值替换缺失值，函数 na. spline 使用三次样条近似缺失值。

使用 getSymbols 从雅虎金融获取缺失数据

雅虎金融数据通常可以追溯到 1962 年 1 月，或者首次公开发行日。如果 getSymbols 指定的 from 日期在 IPO 前很长时间，那么可能会在 IPO 前某些字段填充一些无意义的 NA。当在 IPO 之前的时段使用 getSymbols 时，from 日期不能在 IPO 前"太长"。IPO 前大多数字段都是 NA，但是，要找到有效数据的开始位置，我们不能只搜索第一个 NA（按时间倒序处理数据）。正如我们在其他地方所提到的那样，来自雅虎金融的数据或使用 getSymbols 返回的数据可能偶尔包含 NA，对此我不再解释。

正如前面所强调的，在处理金融数据时，我们采取"大数据"处理的方法；我们不想查找 IPO 日期并将这种特殊情况编码到 getSymbols 的 from 日期。如果所设定的 from 日期在 IPO 前，那么计算机可以自动检查输出结果，并调整 from 日期（参见练习 A1.24）。

合并数据集

在合并数据集时有时会出现问题。有时是因为其中某个数据集很乱。其他时候是因为在某个或其他数据集中缺少某些行。图 A1.55 说明了这些问题。merge 的 join 关键字可以确保只有合适的行彼此匹配。有时，最好的清理是只使用 na.omit 函数。图 1.17 就是显示了 3 月期美国国债利率（来自 FRED）与日 S&P 500 指数、日 INTC 收益率（来自雅虎金融）匹配的图形。在市场休市时，也有利率数据。

按日期合并数据集的另一个问题就是，与不同的可比较的时间序列相关的实际日期可能永远不匹配。例如，FRED 周序列数据可能在每周的不同天公布。每周的联邦基金利率在星期三发布，每周的穆迪债券利率在星期五发布。因此，如果在任何给定时间段内，包含 FF 的数据框（见表 A1.17）与包含 AAA 的数据框合并，那么所得到的数据框的观察值将是 FF 和 AAA 观察值的两倍，并且每个变量每隔一行都有 NA。

数据整理是任何金融分析的重要步骤。如果数据是垃圾，那么分析的结果也是垃圾。除了误解数据格式的问题以外，不幸的是，数据资源库还有许多问题。

关于 R 的注释、评论和深入阅读

关于 R 出版了很多有用的图书，一些是介绍性的，一些是更高阶的，还有一些同时面向基础统计教学。精通电子表格的金融分析师可能发现 Taveras（2016）是一本有用的入门书。Chambers（2008）和 Wickham（2019）包括了一些更深入的主题。

Wickham（2019）第三部分讨论了 R 所包含的各种 OOD 以及面向对象编程（OOP）的相关主题。

Chambers（2016）、Eddelbuettel（2013）、Wickham（2019）以及 Wiley 和 Wiley（2016）讨论了把 R 与其他系统连接起来，一般说来，从而扩展了 R 的功能。

把 R 与互联网网站上的数据连接起来，这是一项分析金融数据的重要活动。（为此我们通常使用最多的函数是 quantmod 包的 getSymbols 函数和 Quandl 包的 Quandl 函数。）Nolan 和 Temple Lang（2014），特别是第 8 章，以及 Perlin（2017），特别是第 7 章，讨论从网络获取数据的来源和方法（"网页抓取"）。

免费在线期刊 *Journal of Statistical Software* 网址为

www.jstatsoft.org/

该期刊发表一般统计软件的文章。许多文章都与 R 相关，许多 R 包首先在该期刊中公布和说明。

随着编写更多的 R 代码，编写风格变得更加重要。Wickham（2019）第一部分提供了一些很好的准则。

Cotton（2017）讨论了在 R 中开发和测试大型程序的方法。

R 包

由于有成千上万的 R 包可用，几乎所有任务很可能都由某人编写了 R 函数，因此我们很少必须真的编写大量新 R 代码。尽管如此，有时对一段现有代码进行识别、学习以及最重要的获得信心所花费的功夫，比开发和测试新代码执行任务所花费的功夫都多。

包可以改变环境或产生其他副作用，从而导致意外结果。许多包的另一个常见问题就是，开发者或维护者可能会做出不向后兼容的更改，或者以其他方式产生意外结果。对于该特定软件的临时用户来说，这可能是一个主要问题。学习和使用软件是一项投资，当以前工作的脚本或程序不再按预期工作时，可能会浪费很多精力。

许多包定义并生成有用的对象。设计良好的包通常会构建从其他对象继承的对象，并且由于添加的功能而更有用。存储在 xts 对象中的数据集，比仅存储在数值二维数组或多个一维数值向量的数据集，更容易使用并且具有更多有用的元数据。

直到 R 包不再工作。

一则轶事：

在研究第 5 章例子时，我使用了一些来自 FRED 的数据。数据存储在各种 xts 对象中，这很好，因为我必须处理诸如匹配日期和将月数据转换为季度数据等这些操作。然后在做完线性回归后，我需要将残差拟合到 AR 模型，然后使用广义最小二乘法，重新拟合带有 AR 误差项的回归模型。

nlme 中 gls 出现的错误难住了我，直到我意识到这些错误只是因为数据在 xts 对象中，只有把数据转换为更低级通用形式的对象，才能继续进行。

如果最低级通用形式使效率更高，那么我经常选择最低级通用形式的对象。

在本书中，R 的大部分使用涉及从互联网获取金融数据，并对这些数据进行统计分析，主要用图形表示数据。quantmod 包的函数非常适合此目的。quantmod 定义的 xts 对象类在处理金融时间序列时非常有用。该包扩展了一般 R 的 plot 函数，以得到这些对象良好的表示。由 quantmod::plot 函数得到的图，可能 "看起来更好"，但是 quantmod::plot 缺乏根据看起来好看的用户标准，使标签看起来更好看的灵活性。它还不允许使用一些标准的 R 便捷函数，例如 abline。

ggplot2 包中绘图函数不会直接处理 xts 对象；这些函数需要使用数据框。这里有两种选择。一个选择是 ggfortify 包，它扩展了 ggplot2，能够处理 xts 对象及其他包所创建的对象。另一个选择就是把 xts 对象转换为 data.frame。在 xts 对象中作为索引的日期成为一般 data.frame 对象中的行名称，并且不能使用日期函数作为行名称。日期必须存储在数据框变量中。如果日期存储在数据框变量中，那么当然可以使用日期数据索引数据集，但是这更复杂。

天下没有免费的午餐。虽然使用 ggplot2 中函数生成的图可能看起来更好看，但是这个包的逻辑层次结构对图形元素施加了严格的结构；因此，简单的任务可能没有想象的那么简单。此外，一些标准的 R 便捷函数（例如：abline）可能无法按预期进行工作。

软件的另一个主要问题就是副作用。保存由 quantmod::plot 或 ggplot2 中函数生成的图，会导致这些包生成的图和同一 R 会话中其他函数生成的图，出现未预料到的图形大小问题。这些问题不会出现在控制台图形窗口中；例如，当将绘图合并到 LATEX2ε 文档时，就会出现这个问题。（这些问题都可以解决；所有预期到的问题都可以解决。这些问题是包中函数未预料到的副作用。然后，在使用其他软件时就会出现这种影响。像 knitr 这样的文本生成包并没有解决这些问题。）

流行的、广泛使用的软件包比不常用的软件包"更安全"。尽管 quantmod 和 ggplot2 都是安全的投资，但是它们不能很好地配合使用。

从互联网获取数据的问题；实际情况检查

我提到过的一些参考资料描述了如何从雅虎金融、FRED 等获取金融数据的 R 函数。在本附录和其他地方，我随意地提到了从网络获取金融数据的方法。像 getSymbols 这样的函数并不总能产生预期的结果。数据整理是任何分析的必要预备步骤。

由于在数据资源库所做的更改，我不得不在本书的工作过程中更改各种代码。雅虎金融 2017 年某个时候进行了重大的结构更改。美国财政部网站在 2018 年某个时候也进行了更改。R 包 ustyc 包含诸如 getYieldCurve 这样的函数，用于从财政部网站获取数据，但它们不再可靠地工作。图 1.6 的数据最初是使用 getYieldCurve 获得的。2019 年初，当我尝试重现该图时，getYieldCurve 不起作用。我切换到 Quandl，但是，它限制了我免费使用的次数。

我在引用的一些参考资料中给出的某些代码段今天不起作用。问题不在于互联网连接。问题在于，就其本质而言，互联网极易改变，网站所有者可能会决定更改 URL 或数据结构。

多年来，雅虎金融进行了各种更改。调整后的收盘栏曾经包括股利调整；但它似乎不再这样显示了。开盘价、最高价和最低价现在针对分割进行了调整；以前它们没有这样做。原始数据似乎比以前包含更多的缺失值和更多的错误——但是，谁知道呢？

缺失值通常会导致问题。2017 年有几个月，雅虎金融的股价数据似乎随机地缺失了一些值。从 FRED 检索的数据通常包含缺失值，尤其在美国节假日期间。我建议检查从互联网获取的数据是否有缺失值。（例如，使用 sum(is.na(xxx))。）

在生成图 1.8 时我使用 getSymbols 从雅虎金融获取数据。在查看图后，我意识到收盘价低于最低价。我在 2018 年 1 月 31 日检查了数据：

```
> library(quantmod)
> z <- getSymbols("INTC", env=NULL, from="2017-1-1",
+          to="2017-3-31", periodicity="daily")
> z[1, ]
           INTC.Open INTC.High INTC.Low INTC.Close
2017-01-03    37.646    37.975   37.297      36.60
           INTC.Volume INTC.Adjusted
              20196500      35.59252
```

发现所给出的收盘价低于所给出的最低价。

然后我使用了 tidyquant 包的 tq_get，tseries 包中的 get.hist.quote：

```
> library(tidyquant)
> zz <- tq_get("INTC", get="stock.prices", from="2017-1-1",
+                        to="2017-3-31")
```

```
> zz[1, ]
# A tibble: 1 x 7
  date         open  high   low close  volume adjusted
  <date>      <dbl> <dbl> <dbl> <dbl>   <dbl>    <dbl>
1 2017-01-03   37.9  38.2  37.6  36.6 20196500    35.6
> library(tseries)
> zzz <- get.hist.quote(instrument="INTC", start="2017-1-1",
+                        end="2017-3-31", compression="d")
time series starts 2017-01-03
time series ends   2017-03-30
> zzz[1, ]
              Open   High   Low Close
2017-01-03 37.902 38.233 37.55  36.6
```

这两个也给出了同样的错误；tq_get 和 get.hist.quote 都使用 getSymbols。

那么，雅虎金融数据错了吗？不，我直接访问雅虎金融，得到了：

2017 年 1 月 3 日 36.61　36.93　36.27　36.60　35.59　20, 196, 500

我们从这些经验中得出的规则就是总要检查自己的数据。我们不可能或至少不容易知道数字 36.61、36.93、36.27、36.60 是否正确，但是，我们能够知道从 getSymbols、tq_get 和 get.hist.quote 中所得到的最低价 37.3 和收盘价 36.6，有一个不正确。

这只是数据科学（经常被忽视的）危害之一。

R 练习

这些练习包括了一些使用 R 获取和处理金融数据方面的基本应用。随后章节的统计分析练习都假定读者具有进行这些基本操作的能力。

本附录中许多练习都要求使用 R（如果愿意，可以使用其他软件系统）获取和探索真实的金融数据，执行与第 1 章同样的计算并生成同样的图形。对于那些需要使用股票价格、ETF 价格和股价指数数据的练习，建议读者使用 quantmod 包 getSymbols 从雅虎金融获取数据。

要在 R 中执行操作，第一件事当然是决定要使用哪些 R 函数。对于大多数练习来说，所使用的 R 函数已在本附录正文中进行了讨论。尽管未显示 R 代码本身，但是许多代码都在第 1 章例子中使用过。

在选择了函数后，接下来决定函数的参数取值。显然本文不是 R "用户手册"，因此，期望读者需要经常使用 R 在线帮助系统。例如，读者可能知道需要使用 rt 函数，但是可能不知道参数。此时，输入 ?rt。

vignette 函数也可能很有用，尽管相对较少的包或一般主题具有 vignette 文档。

读者还应该愿意尝试各种 R 命令。其中一些练习要求生成简单的图形显示。对于这些，可以使用 R 函数 plot、hist 和 qqnorm。我们将在第 2 章更详细地讨论和说明这些函数的使用方法。

A1.1　市场指数。

获取从 1986 年 1 月 1 日至 2018 年 12 月 31 日道琼斯工业平均指数、道琼斯运输业平均指数和道琼斯公用事业平均指数的日收盘价，使用相同数轴，绘制一幅所有三个指数的比例图，使用不同线或不同颜色区分图形。（由于某种原因，2019 年年中，无法从雅虎金融数据获得 1985 年 1 月 29 日前 DJIA 的数据。如果你能得到最早到 1929 年的数据，你可以制作一个更有趣的图。尤其是，在较长时期运输业平均值的相对表现，容易引起关注。）

A1.2　市场指数。

使用 R 求解练习 1.8a。

A1.3 收益率曲线。

各种美国国债的收益率可以从美国财政部网站获得。ustyc 包的 R 函数 getYieldCurve 目的是返回包含收益率数据的数据框 df，但是，由于网站格式更改，可能无法正常使用。

另外，也可以使用 R 包 Quandl。

Quandl 中 USTREASURY/YIELD 数据集包含从 1990 年到现在（访问日期）的所有可用国债收益率数据。R 函数 Quandl 返回 R 数据框。

R 数据框中变量分别为 Date，以及依次对应各项的 1 MO、2 MO、3 MO、6 MO、1 YR、2 YR、3 YR、5 YR、7 YR、10 YR、20 YR 和 30 YR。注意变量名称中有空格。由于某些期限的国债从 1990 年以来并未一直出售，因此许多变量，尤其是 1 MO、2 MO 和 20 YR，存在缺失值。

练习 A1.3b，只需计算三个不同序列的收益率标准差。

练习 A1.3c 和 A1.3d，要求绘制收益率曲线。收益率曲线的横轴是国债期限，纵轴是收益率。

(a) 获取从 1990 年开始的国债日收益率数据，国债期限分别为 1 个月、2 个月、3 个月、6 个月、1 年、2 年、3 年、5 年、7 年、10 年、20 年和 30 年，要求使用可以得到的日数据。显示数据集中的前几个观察值。

(b) 在某一年中，美国国债的收益率各不相同。对于 2008 年，计算 3 月期短期国债、2 年期中期国债和 30 年期长期国债的债券收益率的标准差。同样计算 2017 年的结果。对结果进行评论。

(c) ⅰ. 对于使用 Quandl 返回的数据框中国债收益率数据，编写一个 R 函数，绘制任何指定日期的收益率曲线（参考前面对数据集名称和结构的描述）。

横轴必须对应于国债期限的相对长短。该图应包括指定日期可获得的所有国债。（在某些日子里，美国有十二种期限不同的国债：1 个月、2 个月、3 个月、6 个月、1 年、2 年、3 年、5 年、7 年、10 年、20 年和 30 年。在其他日子，有的国债没有提供。数据框在相应的日期有缺失值。）

读者写的函数必须考虑缺失值。（这是本练习的重点。）

ⅱ. 使用自己所写的函数，使用练习 A1.3a 获得的数据框，绘制 2018 年 6 月 5 日所有可获得的各种国债序列的收益率曲线。对收益率曲线进行评论。该日任何国债是否有缺失值？

ⅲ. 使用自己所写的函数，使用练习 A1.3a 获得的数据框，绘制 2019 年 6 月 5 日所有可获得的各种国债序列的收益率曲线。对收益率曲线进行评论。该日任何国债是否有缺失值？

(d) 根据 3 月期和 30 年期国债收益率，确定 2000 年至少有两天，收益率曲线平坦或下降。（这里，我们只是任意选择两个到期期限；我们可以使用其他标准，识别平坦或下降的收益率曲线。）参见图 1.5。

使用同一数轴，绘制两天收益率曲线平坦或下降的曲线，以及用于表示不同天的图例。如果这样的日子多于两天，请选择曲线最"有趣"的日子。（你如何定义"有趣"？）参见图 1.6。

在 2000 年整体经济条件下，评论收益率曲线。此后不久发生了什么？

A1.4 读写 CSV 文件。

在网页浏览器中，访问雅虎金融网站。获取从 2010 到 2017 年微软公司股票（MSFT）的日历史数据。把数据存为 CSV 文件。

(a) 把 CSV 文件中数据读入 R 数据框，并转换为 xts 对象。检查 xts 对象。

(b) 使用不同的颜色或线只把 2010 年（未经调整的）每日收盘价和最高价和最低价的时间序列画在一个图上，在图上显示图例。

(c) 只画出 2010 年 1 月交易量柱状图。对下跌日柱状图用阴影表示。

(d) 现在，计算日对数收益率（使用未调整的收盘价）。在第 1 章，我们用图形方法评估了样本频率分布与正态分布的相似（或不同）程度。

对于从 2010 年到 2017 年期间 MSFT 的收益率，给出添加了正态密度图的直方图，以及具有正态参考分布的 q-q 图。

A1.5 移动平均线。

（a）获取 MSFT 2017 年调整后的日收盘价。

对于调整后的收盘价，计算 20 天和 50 天移动平均线，以及使用权重（α）为 0.1 的指数加权移动平均线。对于移动平均线的第一天数值，计算可获得数据的均值。（前两天数据只使用第一天的价格；第三天和随后的几天可使用以前数据的平均值。）对于指数加权移动平均线，只需从第二个值开始。

使用同一组数轴，画出价格和平滑平均值。在此期间，MSFT 价格普遍上涨。把本练习与练习 1.6 的移动平均线进行比较。

（b）2017 年 MSFT 调整后收盘价的 20 天和 50 天移动平均线没有交叉，因为价格在该年中普遍上涨。

获取 2015 年 MSFT 调整后的日收盘价，以及年初前 50 天调整后的日收盘价。

现在，使用 2014 年必要数据，计算全年的 20 天和 50 天移动平均线。

确定 20 天和 50 天移动平均线出现任何交叉的日期。

哪些是黄金交叉？哪些是死亡交叉？

出现黄金交叉后，第 3 天、第 10 天和第 50 天股票价格分别是多少？

这些价格是高于还是低于出现交叉当天的价格？

出现死亡交叉后，第 3 天、第 10 天和第 50 天股票价格分别是多少？

这些价格是高于还是低于出现交叉当天的价格？

A1.6 收益率。

获取 MSFT 2017 年调整后的日收盘价。

（a）计算这一时期的简单日收益率，并画出它们的直方图。

（b）使用练习 A1.6a 所计算的简单收益率和第一个交易日（2017-01-03）的收盘价，重新计算 2017 年调整后的日收盘价。（使用 diffinv。）画出这些价格的时间序列图。当然，它们应该与原始价格相同。

（c）计算这一时期的日对数收益率，并画出它们的直方图。对数收益率与简单收益率本质上相同吗？

（d）使用练习 A1.6c 所计算的对数收益率和第一个交易日的收盘价，重新计算 2017 年调整后的日收盘价。画出这些价格的时间序列图。（当然，它们应该与练习 A1.6b 获得的价格相同。）

A1.7 超额收益率。

使用 3 月期短期国债利率，计算从 2008 年 1 月 1 日至 2010 年 12 月 31 日期间 SPY 的日超额收益率。使用调整后的收盘价。检查缺失值。绘制 SPY 收益率和 SPY 超额收益率的时间序列图。

A1.8 调整后的价格。

获取 MSFT 2018 年未调整和调整后的价格，并获取当年的股利数据。使用当年的股利数据和未调整价格计算调整后的价格。（这些是截至 2018 年 12 月 31 日调整后的价格。）与雅虎金融中（当前日期）报告的调整后的价格进行比较。

A1.9 不同时期的收益率；调整 xts 对象的频率。

获取 MSFT 从 1988 年至 2017 年期间的日收盘价。

（a）计算日对数收益率。

计算日收益率的均值、标准差、偏度和超额峰度。

生成日收益率的 q-q 图（相对于正态分布）。

（b）把日收盘数据转换为周收盘数据。

计算周对数收益率。

计算周收益率的均值、标准差、偏度和超额峰度，并与日数据的差别进行评价。（与式（1.72）给出的 $\sqrt{n}\sigma$ 关系对应的历史波动率表现如何？）

生成周收益率的 q-q 图（相对于正态分布）。

(c) 把日收盘数据转换为月收盘数据。

计算月对数收益率。

计算月收益率的均值、标准差、偏度和超额峰度。评论它与周和日数据的差别。（与式（1.72）给出的 $\sqrt{n}\sigma$ 关系对应的历史波动率表现如何？）

绘制月收益率的 q-q 图（相对于正态分布）。

(d) 对上述结果进行总结；具体描述所观察到的日、周和月收益率的差别。

A1.10   周末效应。

获取 2017 年 INTC 调整后的日收盘价，并计算日收益率。现在得到两组收益率，分别为连续几天（例如星期一至星期二，或星期四至星期五）的收益率和有周末或节假日干预（例如，星期五至星期一，或 7 月 3 日星期一至 7 月 5 日星期三）的收益率。

分别分析这两组样本（计算概括统计量、形成探索性图等）。对于所观察到的收益率之间的任何差别进行评论。

A1.11   超 ETF 的收益率和看空波动率 ETF 的收益率。

获取 SVXY、TVIX 和 VIX 在 2017 年 7 月 10 日一周的日收盘价，并计算日收益率（四天）。在同一幅图上绘制 SVXY、TVIX 和 VIX 的收益率，并用图例标识它们。每个图都与图 1.15 或图 1.16 中给出的图相似，除了所有三个图都画在一幅图上。

评论所画的图形。

A1.12   期权链。

本练习要求读者获得两个不同到期日的期权链的当前（指做本练习当天）价格数据。把期权的价格定义为买入价和卖出价的平均值。

（a）获取下一个到期日（从做本练习开始）期权链的 MSFT 价格数据。可能需要读者在互联网搜索才能确定此日期。它将是某个月第三个星期五或第三个星期五之前的最后一个交易日。

构造由 5 个等于或低于当前价格的执行价格和 5 个等于或高于当前价格的执行价格组成的期权链。（该链将包含 9 个或 10 个执行价格。）对于每个执行价格，确定内在价值，使用标的物在前一个交易日的收盘价。

现在绘制一个以执行价格为横轴，期权价格/价值为纵轴的图。在同一图上绘制看涨期权和看跌期权的价格/价值，使用不同线条或颜色，并给出图例。

下面的初步代码列出了 `getOptionChain` 收益率的列表结构。

```
> str(getOptionChain("MSFT"))
List of 2
 $ calls:'data.frame':  48 obs. of  7 variables:
  ..$ Strike: num [1:48] 45 47.5 50 55 60 65 70 ...
  ..$ Last  : num [1:48] 79.9 61 83.2 71.5 63.2 ...
  ..$ Chg   : num [1:48] 0 0 1.05 0 0 ...
  ..$ Bid   : num [1:48] 85.5 84.4 82.4 82.4 75.5 ...
  ..$ Ask   : num [1:48] 89 86.3 82.5 79.9 74 ...
  ..$ Vol   : int [1:48] 7 0 15 33 1 7 2 38 5 8 ...
  ..$ OI    : int [1:48] 136 0 214 43 13 43 ...
 $ puts :'data.frame':  46 obs. of  7 variables:
  ..$ Strike: num [1:46] 45 47.5 50 55 60 65 ...
  ..$ Last  : num [1:46] 0.01 0.01 0.02 0.02 ...
  ..$ Chg   : num [1:46] 0 0 0 0 0 0 0 0 0 0 ...
  ..$ Bid   : num [1:46] 0 0 0 0 0 0 0 0 0 0 ...
  ..$ Ask   : num [1:46] 0.01 0.02 0.01 0.01 ...
  ..$ Vol   : int [1:46] 35 5 20 4 4 17 40 ...
  ..$ OI    : int [1:46] 4226 42 697 178 356 ...
```

（b）重复上述练习，但距到期日至少为 6 个月。（在互联网上搜索日期。）

A1. 13　数据和 β。

金融分析师使用一般的公式（例如"市场模型"式（1.35）或 β 的简单公式（1.36））时，必须决定如何为公式中的各项赋值。

要使用历史数据（还有其他方法吗？）为这些公式中的各项赋值，需要做出以下决定：（1）哪个市场 M；（2）收益率频率；（3）数据的时段；（4）调整或未调整价格的收益率。对于某些量，还可以选择使用哪个公式。通常在这类分析中使用简单收益率，但是也可以使用对数收益率。

本练习要求读者探索这些选择对计算 INTC 的 β 系数产生的影响，只需使用简单的相关公式（1.36），$\beta_i = \text{Cov}(R_i, R_M)/\text{V}(R_M)$。

2019 年 1 月 11 日，TD Ameritrade 从与其网站链接的用户账户上，引用了 INTC 的 β 系数 0.8。当日，E* Trade 也从与其网站链接的用户账户上，引用了 INTC 的 β 系数 1.3。

这个差别（假设每个人都正确地使用了"正确"的公式）可归结为所使用的公式、使用的市场、收益率频率和时段的不同。

我们在图 1.17 把 INTC 日收益率与 S&P 500 指数日收益率进行了比较，但是更相关的市场可能是 Nasdaq 综合指数或更集中的行业指数。

根据以下 18 种组合计算 INTC 的 β。

- 3 个基本指数：S&P 500 指数、Nasdaq 综合指数和 VGT（Vanguard 旗下的信息技术 ETF）
- 2 个频率：日收益率和周收益率
- 3 个时段：从 2018-07-01 到 2018-12-31、从 2018-01-01 到 2018-12-31 和从 2017-01-01 到 2018-12-31

按照编码（不需要按照执行）有效性原则，组织程序。对所得结果进行总结。

A1. 14　投资组合预期收益率与风险。

考虑由两种风险资产 A_1 和 A_2 组成的投资组合，它们的相对比例为 w_1 和 w_2。假设平均收益率为 $\mu_1 = 0.000\,184$ 和 $\mu_2 = 0.000\,904$，风险为 $\sigma_1 = 0.008\,92$ 和 $\sigma_2 = 0.008\,27$。现在，我们在不同的相关性假设下，考虑由这两种资产组成的投资组合的收益率/风险情况，这类似于图 1.18 中的例子。在那种情况下，相关性为 $\rho = 0.438$，最小风险投资组合的 $w_1 = 0.434$。

考虑四种情况：
$$\rho = 0.800; \rho = 0.000; \rho = -0.438; \rho = -0.800$$

在每种情况下，w_1 取什么值产生最小风险的投资组合？（参见练习 1.11a。）

在不同的相关性下，生成收益率/风险两两显示的曲线图。

A1. 15　具有正态分布的 VaR。

在图 1.38 给出的 VaR 例子中，均值为 0 和标准差为 0.008 92 的正态分布用于模拟收益率分布和计算 5% 的临界值。使用 R 对于正态分布计算 1% 和 10% 的临界值。

A1. 16　VaR。

（a）考虑 2017 年 10 月 1 日 SPY 的 100 000 美元的多头头寸。

ⅰ. 使用从该年到目前为止 SPY 日收益率，绘制收益率频率分布直方图，并确定该头寸日损失 5% 的风险值。（这与图 1.37 所描述的过程类似。）

ⅱ. 使用正态分布对 SPY 日收益率进行建模，确定该头寸日损失 5% 的风险值。（这与图 1.38 所描述的过程类似。）

（b）现在考虑 2017 年 10 月 1 日 SPY 的 −100 000 美元的空头头寸。

ⅰ. 使用上面的 SPY 日收益率，使用直方图频率分布确定该空头头寸日损失 5% 的风险值。（这是 SPY 估值可能增加的量。）

ⅱ. 使用正态分布对 SPY 日收益率进行建模，确定该空头头寸日损失 5% 的风险值。

A1.17   VIX 与 S&P 500 指数波动率的相关性。

计算从 2000 年到 2017 年期间 VIX 日收盘价与 S&P 500 指数绝对收益率的相关性。对结果进行评论。

A1.18   VIX 的性质。

VIX 是否似乎表现出均值回归？（参见图 1.34 和练习 1.19。）获取从 2000 年 1 月 1 日至 2017 年 12 月 31 日期间 VIX 日收盘价。

（a）针对该时期，每个 VIX 小于等于 12 的日子，计算此后 120 天（约 6 个月）内 VIX 大于等于 12 的比例。对 VIX 分别小于等于 11、10，结果如何？

同样，也是在此期间，对于每个 VIX 大于等于 25 的日子，计算此后 120 天内它小于等于 25 的比例。对 VIX 分别大于等于 30、35，结果如何？

这些比例是否证实了练习 1.19 根据图形得到的结果？

（b）计算在此期间 VIX 的均值和中位数。两者比较如何？这告诉我们关于 VIX 价格分布的什么信息？

对于每日，确定其值是高于还是低于其中位数。

对于所有高于中位数的日子，计算随后 5 天内 VIX 小于当天的比例。这可以解释为对 VIX 高于其中位数后 5 天内 VIX 都较低的概率的估计。对于上述问题，对于 15 天、25 天，结果如何？

同样，对于所有低于中位数的日子，计算随后 5 天内 VIX 大于当天的比例。对于上述问题，对于 15 天、25 天，结果如何？

对上述比例进行比较，得到什么结论？

A1.19   季节效应。

第 1 章提到了"一月效应"和格言"五月卖出并离开"。

（a）对于从 1998 年至 2017 年，计算大市值 S&P 500 指数和小市值罗素 2000 指数在 1 月份以及全年的收益率。对所得结果进行讨论。也就是，比较各指数在 1 月份与全年的表现，以及 S&P 500 指数与罗素 2000 指数的表现差别。

（b）从 1998 年到 2017 年，考虑基于"五月卖出并离开"的策略。

具体来说，假设初始投资为 100 000 美元，假设 SPY 的 ETF 可以购买任意数额（即可以购买不到 1 股的股票），假设没有交易成本，并假设现金收益率为每年 3%。（虽然这些假设不满足，或者在该时期也未曾满足，但是它们不会歪曲结果的含义。）考虑 1998 年第一个交易日对 SPY 进行全额投资；1998 年 5 月最后一个交易日全额清算（现金）；1998 年 10 月第一个交易日进行全额的再投资；1999 年 5 月最后一个交易日全额清算（现金）（即，没有其他 1 月投资）；到 2017 年每年都重复这些交易。

把此策略与只在 1998 年第一个交易日对 SPY 进行全额投资，随后持有不再进行交易的策略相比，分别比较每年和整个期间的收益率。

A1.20   配对交易。

由于中美可能在 2018 年 4 月爆发贸易战，许多交易者认为，对中国有显著风险敞口的美国公司可能会受到影响。百胜中国控股就是这样一家公司，它是从百胜集团剥离成立的，百胜（YUM）是快餐连锁公司。金融分析师普遍看好这家拥有肯德基、必胜客、塔可钟和其他快餐公司的母公司。一种可能的配对交易就是做空 YUMC 并购买 YUM。获取这些股票在 2018 年 4 月和 5 月的价格，并计算在几个月内不同时间执行此策略所产生的收益或损失，对该策略进行分析。（在此期间，YUMC 是一种很难借入的证券。）

A1.21   配对交易。

考虑一个简单直观的配对交易策略。首先，确定对同一行业的两只股票进行配对交易，例如通用汽车（GM）和福特（F）。我们所采取的策略是基于股票与其 50 天移动平均线的偏差。

获得通用汽车和福特 2016 年和 2017 年未经调整的日收盘价。计算该时期两者的相关系数。

现在确定 50 天移动平均线，并计算它们与移动平均线的相对价格差异；也就是说，如果 P_t 是 t 时刻价格，M_t 是 t 时刻移动平均价格，则 t 时刻的相对价格差异为 $r_t = (P_t - M_t)/M_t$。（对于移动平均线的前几天，计算可获得数据的平均值。）

交易策略是买入一定数量金额的股票，选取相对价格差异较小的股票，卖出相同数额的相对价格差异较大的股票。买入股票的价格通常低于其移动平均线，卖出股票的价格通常高于其移动平均线。

这种策略意味着买入"更便宜"的股票（相对残差较小的股票）并卖空"更昂贵"的股票。这与基于"动量"的策略相反，后者优先考虑价格高于其移动平均线的股票。

假设交易（买入或卖出）佣金不变都是 5 美元。以货币额 $B=100\,000$ 美元开始。当相对价格差异之间的差别至少为 0.05 美元时，确定第一个时间点。在相对差异较小的股票中建立 B 的多头头寸，佣金相对较少，在相对差异较大的股票中建立 B 的空头头寸。（卖空的收益是 B 减去佣金，但头寸是 $-B$。）在这两个交易中，我们假设买卖固定数额货币的股票；也就是说，我们假设可以买入不到 1 股的股票。

现在，确定下一个相对差异小于等于 0.01 的时间点，并在当天平掉两个头寸。这里，在建立头寸时，我们假设交易是在收盘价满足交易条件的当天进行的。每个平仓头寸支付佣金。

在这两年进行了多少次交易？

在该时间持有的交易资产总额和总收益或总损失分别是多少？

也要注意到，虽然在本练习中，所有数据从开始就可用，随着可利用的数据增加，该策略可以作为连续过程实施。

A1.22　使用 xts 对象；索引和画图。

在图 1.39 中，我们给出了 2017 年 STZ 的日收盘价，该年价格从支撑线反弹了六次。随后，在 2018 年初，价格"下穿支撑"。技术分析师通常将下穿"支撑"视为看跌信号，将上穿"阻力"视为看涨信号。图中显示的支撑线是 $p = 142 + 0.308t$。（这是使用此处未讨论过的平滑方法确定的。）

（a）获得 STZ 在 2017 和 2018 年两年全年的日收盘价。使用 xts 对象常用的 plot 函数绘制这些价格，并画出支撑线。从图形上看，该图应该与图 1.39 相似，只是横轴为实际日期，并且 R 函数 abline 不起作用。

（b）现在建立包含收盘价的 numeric 对象。确定支撑中断的日期。在支撑被破坏前和后使用不同线画出时间序列图。使用 abline，添加 2017 年价格上涨时期的支撑线。（该线为 $p = 142 + 0.308t$。）

A1.23　使用 xts 对象；改变频率、索引和图形。

获取所有城市消费者的消费者价格指数（CPI）：从 2000 年 1 月 1 日至 2018 年 12 月 31 日期间的所有类别。这些月度数据（截至每月第一天）可从 FRED 以 CPIAUCSL 形式获得。计算此期间每月价格指数的简单涨跌幅度。（第一个涨跌幅度是在 2000 年 2 月 1 日。）

现在获取 2000 年 1 月 1 日至 2018 年 12 月 31 日期间美国每个月的 15 年期固定利率抵押贷款平均值。每周数据（在周四公布）可从 FRED 以 MORTGAGE15US 形式获得。该序列包含四个值。"close"是第四个变量（列）。为了把这些数据转换为与 CPI 数据大致相同的月度数据，我们取每个月最后一个星期四的数据作为下个月第一天的数据；因此，第一个"月度"数据日期是 1999 年 12 月最后一个星期四。

计算在此期间的两个月度涨跌幅度之间的差。（第一个改变量对应于 2000 年 2 月 1 日。）另外，请注意，这些差用百分比表示，为了使它们与 CPI 的涨跌幅度有可比性，我们除以 100。

现在把这两个月度涨跌幅度和差（从 2000 年 1 月 1 日至 2018 年 12 月 31 日）序列作为两个时间序列画在同一数轴的图中。用 zoo 对象绘制这两个序列，它允许把两个序列画在一幅图中，并允许添加图例。

A1.24　访问雅虎金融数据。

雅虎金融的股价数据通常可以追溯到 1962 年。对于该年之后才开始公开发行的股票，数据通常可以追溯到 IPO 日期。如果需要 IPO 前很长时间的股票交易数据，那么雅虎金融可能会在某些字段返回虚假的数值数据。在这种情况下，getSymbols 函数可能无法识别 IPO 日期。

以 2016 年 6 月 23 日进行 IPO 的 TWLO 为例。如果我们指定 IPO 前某个日期，getSymbols 会返回虚假结果。

```
> library(quantmod)
> z1 <- getSymbols("TWLO", env=NULL, from="2010-01-01", to="2018-1-1")
Warning message:
TWLO contains missing values. Some functions will not work if
objects contain missing values in the middle of the series.
Consider using na.omit(), na.approx(), na.fill(), etc to remove
or replace them.
> head(z1)
           TWLO.Open TWLO.High TWLO.Low TWLO.Close TWLO.Volume TWLO.Adjusted
2010-01-04 1e-03     1e-03     8e-04    8e-04      125800      8e-04
2010-01-05 NA        NA        NA       NA         NA          NA
2010-01-06 1e-03     1e-03     1e-03    1e-03      1000        1e-03
2010-01-07 NA        NA        NA       NA         NA          NA
2010-01-08 8e-04     8e-04     8e-04    8e-04      35000       8e-04
2010-01-11 8e-04     8e-04     8e-04    8e-04      40000       8e-04
```

另一方面，如果 from 日期仅为 IPO 前几年，那么雅虎金融对 IPO 前仅提供缺失值，并且 getSymbols 能正确识别 IPO 日期并仅提供有效数据。

```
> library(quantmod)
> z2 <- getSymbols("TWLO", env=NULL, from="2015-01-01", to="2018-1-1")
> head(z2, n=2)
           TWLO.Open TWLO.High TWLO.Low TWLO.Close TWLO.Volume TWLO.Adjusted
2016-06-23 23.99     29.610    23.66    28.79      21203300    28.79
2016-06-24 27.54     28.739    26.05    26.30      4661600     26.30
```

正如我们早就提到的那样，我们的方法是处理"大数据"；我们不想查找 IPO 日期并把这种特殊情况编码到程序中。如果在我们计划中需要 IPO 日期，那么我们更愿意从网络上获取该日期。

假设使用 getSymbols 从雅虎金融所获得的股票交易数据在 IPO 后 NA 很少，但在 IPO 前，所有数据都是 NA。

写一个 R 函数确定 xts 对象中有效交易的第一条记录的日期。xts 对象可能在开头包含虚假数据或缺失数据。如果所有数据似乎都是有效的，例如，如果 IPO 在文件的第一个日期前，那么该函数应返回这个日期。

使用 TWLO 数据检验所写的函数。

A1.25 访问雅虎金融数据和外汇数据。

获取从 2000 年 1 月 1 日至 2018 年 12 月 31 日期间 S&P 500、FTSE-100、DAX 和 Nikkei-225 的日收盘价。使用 FRED 上引用的汇率把所有指数标准化为美元。（参考表 A1.17，并注意转换的方向。）然后再对数据标准化，以便所有指数都从 2000 年 1 月 1 日开始使用相同的值。

在同一组数轴上画出所有指数。

对与这四个市场有关的这些投资组合的相对表现进行讨论。收益率及其波动率（年化）都相关。国际投资不可避免地要考虑汇率。还要对按美元计算的与这四个市场有关的这些投资组合的表现进行讨论。

第2章 金融数据的探索性分析

人们可能出于多种原因，对统计数据进行分析，其方法可能因目的而异。例如，如果为了打官司，或者是为了获得诸如 FDA 等医疗监管机构的批准，其方法可能包括"p 值"的正式计算，这可以在非常严格的意义上进行解释。

另外，人们进行探索性数据分析（或称"EDA"）的目的是获得对可观察变量及其相互关系的一般性理解，而不是检验统计假设和对其他形式的描述进行推断。这通常涉及一些简单的计算，并查看所显示的各种图形，就像我们在第 1 章对金融数据所做的那样。我们得到数据的描述性统计。

探索性数据分析有两种基本方法，一种就是对同一个数据集从不同的角度进行查看，或者将数据变换后再进行查看。例如在第 1 章中，我们对 S&P 500 对数收益率的同一组数据，分别显示了时间序列图和各种频率分布图，我们还绘制了它们的绝对值。

另一种对金融数据进行探索性数据分析的基本方法，就是以不同频率查看来自同一数据生成过程的数据。对于同一个过程，从不同的视角进行分析，用日数据可能发现不同于周数据、月数据的性质。S&P 500 周或月收益率，如图 1.33 所示，可能与日收益率（如图 1.29 所示）差别不大，只是日收益率的数据更多。然而，我们发现，图 1.28 所示的周和月收益率 q-q 图与图 1.27 所示的日收益率 q-q 图存在非常大的区别。

一般探索性数据分析的目的，通常是确定一组数据是否来自正态总体。数据是否有偏？是否存在厚尾？在探索性分析中，我们通过观察图形或进行简单的统计计算回答这些问题，而不是通过正式的正态性检验。（我们将从 4.6.1 节开始讨论正态性检验的方法。）

第 1 章大部分内容可以看作对金融数据进行探索性数据分析的练习。1.6 节的典型事实是进行探索性分析的成果总结。我们将在本章更详细地讨论这些探索性分析方法。

模型

数据的统计分析始于模型。模型可以是对所观察随机变量频率分布的简单描述，也可以是对多个所观察变量之间关系的非常详细的描述。

探索性数据分析所使用的统计模型都是一般形式，几乎没有更详细的描述或给出具体的参数。因此，通常准备阶段是使用更具体的模型进行更正式的分析。模型可以只是简单的描述，即所观察到的数据是在时间序列中观察到的正数，例如可以是股票价格的收盘价。

数据之间一个基本的区别就是所收集数据的顺序是否重要。股票日收盘价的数据显然有顺序，这很重要，任何分析都必须考虑顺序。然而，股票日对数收益率似乎对顺序的依赖较弱。正如在第 1 章所看到的那样，尽管确实观察到它们经历了一些高波动率时期和一些低波动率时期，但是它们似乎没有呈现出彼此之间天天都有强相关性的状况。我们也发现绝对值非常大的简单收益率，通常随后会出现另一个绝对值也非常大的收益率，通常，这个收益率符号相反。

如果数据依赖于时间，那么即便是非常简单的统计模型，也必须包含时间成分。

数据之间的另一个基本不同点，就是数据是"离散的"还是"连续的"。离散数据只能取可数的，通常是有限的不同值。例如，掷硬币 n 次，正面出现的次数是 0 到 n 之间的整数。给定时期，市场抛售（"回调"）次数是没有明显上限的非负整数。抛硬币出现正面的次数和给定时间内市场抛售的次数，两者都是离散数据的例子。

连续数据可以取某个区间内的任意值，例如，人身高的数据就是连续数据。

虽然许多金融数据都是离散数据，例如股票的交易量或这些股票的价格，但是我们通常都把它们看作连续数据。

大多数有趣且值得研究的数据生成过程都有随机成分（或者至少有看似随机的成分）。有时随机成分的性质本身才是感兴趣的问题，也就是说，我们可能希望描述随机成分的频率分布。在其他情况下，我们对可观察的不同变量之间的关系更感兴趣，而随机成分带来了不便，使得我们对这些关系的理解变得复杂。在这些情况下，我们的方法是把某个变量所观察到的变动分为两部分，一部分是由该变量与其他可观察变量之间的关系所引起的变动，另一部分是残差，即"无法解释的"变动。

在更正式的统计分析中，模型包括概率分布族。我们将在第 3 章讨论概率分布模型。

2.1　数据缩减

数据分析通常导致数据量减少。一个包含数千个观察值的数据集，可能仅用几个数值就能概括。

2.1.1　简单概括统计量

对于数值数据，大多数概括统计量要么基于矩，要么基于分位数。根据一些矩和几个分位数，可能足以对整个数据集有一般性的了解。在 1.3.1 节和 1.3.3 节中，我们使用前四阶矩描述收益率频率分布的一般形状；在 1.3.8 节中，我们根据样本分位数定义了各种其他分位数，用于描述频率分布的形状特征。因为基于矩的计算结果对尾部数值更敏感，通过比较基于矩的计算结果与基于分位数的计算结果，我们可以得到关于频率分布形状的更多信息。例如，如果均值大于中位数，那么其分布可能右偏，尽管不一定如此。

1.3.6 节使用的 q-q 图有助于识别给定样本的分布与正态分布的差别。在 1.4.5 节中，我们还使用分位数描述了风险值的特征。

我们使用两种不同类型的术语描述统计分布，有些术语是笼统的，可能没有具体的专门定义，而其他的术语则相当精确。这种术语在非专业文献中经常被混淆。一些我们经常使用的没有精确定义的一般术语有位置、尺度、分散程度、离散度、精度和形状。有些我们使用的具有精确定义的术语有均值、方差、标准差等。这些专业术语通常用数学期望或概率来定义。在给定的背景下，可以赋予一般术语特定的含义，通常作为数学公式中的参数。例如，给定帕累托分布的概率密度函数（PDF）表达式，可以把某个量称为"离散度"。在其他情况下，一般术语可能在特定统计方法的范围内具有专门含义。例如，在贝叶斯分析中，"精度"可以用方差的倒数表示。（在其他专业性较低的情况下，它通常意味着标准差的倒数。）

除了用方差或标准差分别作为频率分布的分散程度或尺度的度量外，我们还可以使用基于分位数的度量。例如：基于中位数的中位数绝对偏差（MAD）；或者四分位距

（IQR），它基于第 25 百分位数和第 75 百分位数（第一四分位数和第三四分位数）。MAD、IQR 和标准差之间的关系取决于频率分布。在正态分布的情况下，总体 MAD（即使用总体的中位数，而不是样本的分位数）约为标准差的 0.674 倍，总体的 IQR（即使用总体的四分位数，而不是样本的分位数）约为标准差的 1.35 倍。

虽然对于样本量不同的大样本和小样本，使用少量的相同概括统计量表示，但是来自较大容量数据集的统计量，通常会提供有关基本总体更精确的信息。

一个简单的事实就是，概括统计量的方差通常会随着样本量的增加而减小。例如，如果基本总体的方差为 σ^2，则样本量为 n 的简单随机样本的均值方差为 σ^2/n。也就是说，统计量的方差与样本量的增加按比例减小。偏离总体真实值更合适的度量通常是标准差，它随样本量平方根 $\sqrt{n}$ 的倒数的增加下降得更慢。

在探索性数据分析中，通常需要计算几个概括统计量，不仅仅是均值和方差。偏度和峰度能够帮助我们了解可观察数据的分布形状。顺序统计量，例如中位数和极值，也提供了有用信息。

2.1.2　数据中心化和标准化

将数据集中每个变量的所有值减去该变量的样本均值，这通常很有用。我们把它称为对数据进行"中心化"。在分析数据集中不同变量之间的关系时，把数据中心化特别有用。然后，我们得到了这些变量与其均值的偏差，可以分析这些偏差之间的关系。

此外，由于变量变化幅度之间的差异掩盖了两个变量如何一起变动，因此，通常一个较好的做法就是把中心化后的变量除以它们的样本标准差。这称为变量的"标准化"。当我们提到变量标准化时，我们的意思是变量在压缩前进行中心化：

$$\tilde{x} = \frac{(x - \overline{x})}{s_x} \tag{2.1}$$

2.1.3　多元数据的简单概括统计量

在 1.3.4 节中，我们考虑了几种衡量多元数据中不同变量之间关系强弱的方法。简单的多元分析一次关注两个变量之间的关系。最常用的度量方法是协方差和相关系数，它们都使用矩进行计算。在开始对与多种资产有关的数据进行探索性分析时，应该对两两之间的相关性进行分析。

正如我们在表 1.9 和表 1.12 中所观察到的那样，两种资产或指数之间的相关性可能会随着时间变化。这导致了 1.6 节中重要的概括性描述：金融资产（或者指数）收益率之间的相关性在市场动荡时期变得更大。这种相关性和极端条件之间的关系是一种"尾部相依"，我们将在第 4 章进行讨论。

同样，我们在第 4 章还要讨论其他相关性的度量方法，比如第 1 章介绍过的斯皮尔曼秩相关系数和肯德尔相关系数 τ。

2.1.4　变换

由于对数据进行变换为人们观察数据提供了不同的视角，或者允许我们对不同的数据集进行更有意义的比较，因此对数据进行变换通常有助于理解数据。数据变换的种类很多。

变量或数据的标准化是一个线性变换的例子。变量 x 的线性变换具有下面的形式：

$$z = a + bx \tag{2.2}$$

其中 a 和 b 都是常数，并且 $b \neq 0$。尽管线性变换非常简单，但是在许多统计方法中都很有用。

对于取值有负、有正的数据，例如资产收益率，进行绝对值变换对于研究数据关系很有用。例如，日收益率的序列自相关系数可能仅与零有略微差别，无论是正还是负（参见图 1.30），但日绝对收益率的序列自相关系数是非常大的正数（参见图 1.31，这对于解释图 1.29 中所观察到的波动率聚集有帮助）。

对于随时间变化的数据，用对数变换表示通常很有用。图 1.10 描述了大约 30 年间三大股票指数的增长情况。该图显示增长率随时间增长。（正如金融分析师可能描述的那样，该曲线是"抛物线"。）图 1.13 给出了对数变换后的数据，该图表明尽管增长率在这段时间变化很大，但是前期和后期相比，增长率没有很大的差别，其曲线是指数曲线而不是抛物线。大多数增长曲线都是指数曲线。

多元数据的线性变换

用于统计分析的数据通常采用二维数组或矩阵的形式表示，其中列对应各个变量，例如变换后的收盘价和交易量，而行对应不同的观察值，例如不同日期。这种结构在金融数据中很常见，即使数据的自然结构可能不同，通常也可以用矩阵的形式存放。

对于具有这样结构的数据，我们通常用有下标的变量表示，例如 $x_1, \cdots, x_m$，然后用另一个下标表示变量的观察值，例如变量 x_1 的观察值表示为 $x_{11}, \cdots, x_{n1}$。具有这种结构的数据集自然用矩阵表示，我们把它表示为 X：

$$X = \begin{bmatrix} x_{11} & \cdots & x_{1m} \\ \vdots & \vdots & \vdots \\ x_{n1} & \cdots & x_{nm} \end{bmatrix} \tag{2.3}$$

这样表示的数据，其线性变换是矩阵加法和矩阵乘法。例如，由经中心化的观察值组成的数据集是

$$X_c = X - \overline{X} \tag{2.4}$$

其中 $\overline{X}$ 是 $n \times m$ 矩阵，第一列由常数 $\overline{x}_1$ 组成，第二列由常数 $\overline{x}_2$ 组成，以此类推。由经中心化和标准化的观察值所组成的数据集是

$$X_{cs} = X_c D^{-1} \tag{2.5}$$

其中 D 是 $m \times m$ 对角矩阵，对角线上的非零项是样本标准差 $s_{x_1}, \cdots, s_{x_m}$。尽管这些 X_c 和 X_{cs} 的表示在概念上有用，但是，我们实际上永远不会构造出 $\overline{X}$ 和 S 矩阵。

对于前面的数据集 X，2.1.3 节提到的协方差是以下矩阵的元素：

$$S = X_c^{\mathrm{T}} X_c / (n-1) \tag{2.6}$$

相关性是以下矩阵的元素：

$$R = X_{cs}^{\mathrm{T}} X_{cs} / (n-1) \tag{2.7}$$

把这些变换用矩阵运算表示，并使用这些符号，对于我们讨论线性统计模型非常方便。

2.1.5　识别异常观察值

我们进行探索性数据分析的重要目的之一，就是确定是否有一些观察值与其他值不同。这些异常值使得简单的概括统计量产生误导。有时异常值只是有错的数据，但是通常异常值揭示了数据生成过程中发生了令人感兴趣的事情。

图形法，特别是 q-q 图和半正态图（参见图 2.11），对于识别异常值很有用。

异常值通常自然产生自服从厚尾分布的数据。正如我们所看到的，收益率往往服从厚尾分布，因此，使用基于正态概率分布的统计方法分析收益率通常不合适。

探索性数据分析可能表明需要稳健的统计方法，我们将在 4.4.6 节进行讨论。

2.2　经验累积分布函数

对于随机变量，累积分布函数或 CDF 是随机变量取值小于或等于某个指定值的概率。如果 X 是随机变量，而 x 是某个实数，则在 x 处，计算的 X 的 CDF 为

$$P(X \leqslant x)$$

其中"$P(\cdot)$"是事件发生的概率。例如，我们经常使用大写字母 $F(x)$ 表示 CDF。

CDF 是概率论和统计学中最有用的函数之一，我们将在 3.1 节进一步讨论。

对于一个给定的数值数据的样本，我们可以形成一个与 CDF 非常接近的函数，实际上是基于观察数据的相对频率的函数。对于数值数据 $x_1, \cdots, x_n$，我们把经验累积分布函数或 ECDF 定义为

$$F_n(x) = \frac{1}{n} \# \{x_i \leqslant x\} \tag{2.8}$$

其中"#"是所确定项的个数。因此，ECDF 是直到并包括观察值的顺序统计量的个数。对于顺序统计量所估计的 ECDF 有一个非常简单的值：

$$F_n(x_{(i:n)}) = \frac{i}{n} \tag{2.9}$$

（我们在 1.3.8 节定义了顺序统计量的符号。）

ECDF 在样本的两个相邻顺序统计量之间是常数，因此，它是一个"阶梯函数"。图 2.1 给出了 2017 年前三个季度 INTC 日收益率的 ECDF。（这些数据都是图 1.24 所使用的 INTC 数据，但是为了使图形清晰，这里我们选择了一个较小的集合。即使对于这种规模的样本，也很难看出 ECDF 的阶梯。我们将在 4.6.1 节考虑相同的数据样本，作为例子用于说明 Kolmogorov-Smirnov 拟合优度检验。）

叠加在 ECDF 图上的是正态分布的 CDF 图，其均值和标准差与 INTC 收益率的样本均值和标准差相同。图 1.24 给出了这些数据的直方图和正态分布 PDF。如果分析的目的是发现样本和正态分布的差异，图 1.24 中直方图和 PDF 优于图 2.1 中的 ECDF 和 CDF。

在 ECDF 和 CDF 之间存在密切的联系。ECDF 是任何数值样本最重要的概括统计量之一。它是 CDF 的估计量。如果我们把 CDF 表示为 $F(x)$，我们也可以把 ECDF 表示为 $\hat{F}(x)$（严格说来，在"估计量"和"估计值"之间有区别，我一般允许这种区别。但是，如果读者不知道或不理解这种区别，那么这对本书的整体理解没有太大影响。）

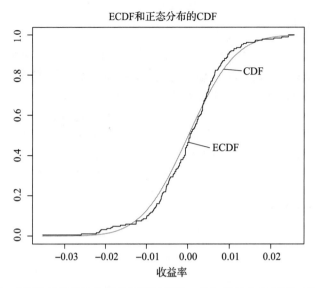

图 2.1　INTC 日简单收益率的 ECDF 图形，叠加正态分布 CDF（见彩插）

　　ECDF 使得我们一眼就能了解频率分布的基本形状。图 2.2 描述了来自四种分布的样本的 ECDF。

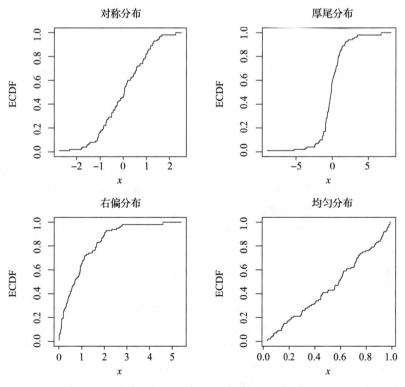

图 2.2　各种样本的 ECDF

在比较两个样本的图形，或者比较一个样本图形与某个模型分布的图形时，ECDF 很有用，但是如图 2.1 所示，也很难发现 ECDF 和其参考分布的 CDF 之间的不同。

ECDF 定义了一个离散概率分布。我们将在 3.1.1 节中对此类概率分布进行一般性讨论。ECDF 所定义的分布是离散均匀分布，我们将在 3.2.1 节进行简要的讨论。这种分布形成了自助法的理论基础，我们将在 4.4.5 节进行讨论。

R 函数 ecdf 生成类 ecdf 的对象，可以使用一般的 plot 函数绘图。

有关的图形和其他应用

在第 1 章中，我们多次使用将在 2.4.6 节要讨论的 q-q 图，该图是在各个样本点处，画出 ECDF 的逆和其参考分布的 CDF 的逆，或 ECDF 的逆和另一个 ECDF 的图。从而，我们更容易看出 ECDF 的逆和 CDF 的逆之间的差别，如图 1.24 所示。

因为在金融应用中，极端事件特别重要，所以只集中于分析分布的尾部行为是有用的。如果给定那些高于或低于某个选定的阈值的观察值，那么我们便得到了条件 ECDF。尾部 ECDF（或 q-q 图）的形状可能表明了数据的重要性质。我们把高于或低于某个阈值的条件分布称为超阈值分布（参见 3.1.11 节）。

一种 ECDF 图的变形是折叠 ECDF 或者山形图，它分别关注两个尾部。在该图形中，对于中位数上边的 ECDF，折叠到下边，也就是说，从 1 中减去该值。折叠 ECDF 可用于直观地评价分布的对称性。这个想法可以推广，使得折叠可以发生在中位数以外的点，但是在这种情况下，曲线可能有缺口。

另一种查看 ECDF 曲线的方法是根据其相对增长，这在右偏分布分析中特别有用。它显示了与占总体的比例相对应的总比例。该图称为洛伦兹曲线，常用于社会经济学，以显示与特定人口比例相对应的收入或财富的相对量。对应于左偏分布的洛伦兹曲线是凹的，但这种分布通常没有意义。对应于均匀分布的洛伦兹曲线显然是从（0,0）到（1,1）的直线，因此通常画一条直线和洛伦兹曲线以更好地说明"不平等"。图 2.3 显示了两条洛伦兹曲线，其中凸性较小的曲线对应图 2.2 中的偏斜分布。（我们将在 3.2.2 节再次提到该图。）

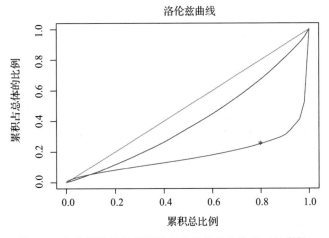

图 2.3　与偏斜数据的 ECDF 相应的洛伦兹曲线（见彩插）

洛伦兹曲线与直线的偏离越大，分布越不平均。我们使用洛伦兹曲线和直线之间的面积度量这种偏离的程度。该区域面积的最大值为 0.5，因此标准化的度量是使用该区域面积乘以 2。这个指标称为基尼系数。图 2.3 中凸性较小的洛伦兹曲线的基尼系数为 0.209，而凸性较大的洛伦兹曲线的基尼系数为 0.639。对于右偏分布，基尼系数从 0 到 1 不等。对于给定国家家庭财富的频率分布，凸性较大的洛伦兹曲线以及相对较大的基尼系数表明家庭财富分配存在较大的不平等。

ECDF 是很多拟合优度检验方法的基础。基本的 Kolmogorov 检验和 Kolmogorov-Smirnov 检验都基于 ECDF。具体来说，对于正态性检验，Lilliefors 检验直接基于 ECDF，而 Cramér-von Mises 和 Anderson-Darling 检验都基于具有 ECDF 的二次变换。Shapiro-Wilk 检验最终也基于 ECDF。有关这些检验的讨论，参见 4.6.1 节。

样本分位数

一般说来，分位数是对应特定概率分布的 CDF 的逆。例如，在标准正态概率分布中，0.25 分位数为 $-0.674\,489\,8$。反过来，在标准正态概率分布中，与 $-0.674\,489\,8$ 所对应的概率为 $0.250\,000\,0$。

在有限的总体中，问题在于没有与任何给定概率相对应的值。因此，虽然我们经常使用术语"分位数"和"四分位数""中位数""百分位数"等相关术语，但在定义这些术语时存在一些问题。

首先，我们可以从另一方面考虑这个问题。也就是说，给定某个具体的值，与它相关的"概率"应该是多少？在给定某个样本的情况下，这个问题特别有趣。给定样本中某项，它是什么分位数？

一个简单的答案就是，大小为 n 的样本中的第 i 个顺序统计量是 i/n 分位数。对于较小的 i 值，这似乎是合理的，但对于 $i=n$，n/n 分位数没有意义。因此，采取一个简单的调整，我们把第 i 个顺序统计量定义为 $i/(n+1)$ 分位数，这样处理即可。

另外一个问题，就是对于某个给定的概率 α，α 的样本分位数是多少？

样本分位数的最有用定义，就是某些顺序统计量的加权平均值。有些定义使用所有的顺序统计信息，其他定义只使用精确分位数附近的两个顺序统计量。

对于给定概率 α，我们可以构造一个具有灵活性的样本分位数定义。基于两个顺序统计量 $x_{(j:n)}$ 和 $x_{((j+1):n)}$，选择 j 满足：

$$\frac{j-m}{n} \leqslant \alpha < \frac{j-m+1}{n} \tag{2.10}$$

其中 m 是常数，且 $-1 \leqslant m \leqslant 1$，这取决于"样本分位数"的具体取值。

对于给定的 j，对应的 α 分位数是

$$q_\alpha = (1-\gamma)x_{(j:n)} + \gamma x_{((j+1):n)} \tag{2.11}$$

其中 $0 \leqslant \gamma \leqslant 1$ 取决于具体的定义。对于某些定义，γ 要么是 0，要么是 1，这意味着分位数是不连续的；对于其他定义，γ 取值范围在 0 和 1 之间，从而产生一个分位数的连续取值范围。

例如，考虑一小组数字

$$11,\ 14,\ 16,\ 17,\ 18,\ 19,\ 21,\ 24$$

对于 0.25 分位数，各种定义产生的值在 14 和 15.5 之间。

在某些情况下，我们可能更愿意使用分位数在样本中取值的分位数定义。另一种简单的定义，是把大小为 n 的样本中的 α 样本分位数取为 $x_{(j:n)}$，其中 j 是整数，使得 j/n 与形式为 i/n 的任何其他值一样接近 α。

R 函数 quantile 根据式（2.10）和式（2.11）的定义，提供九个不同的样本分位数。练习 2.5 要求读者根据不同定义计算样本分位数。

样本四分位数和百分位数

无论如何，"分位数"中同样的歧义通常也会蔓延到其他术语，例如"四分位数"和"百分位数"。四分位数在某些概括统计量中很重要，例如四分位距（IQR），并且在箱线图中使用了一种四分位数。四分位数的简单定义是，第一四分位数是小于中位数的一半样本的中位数，第三分位数的定义类似。这种"一半中位数"的定义通常用于构造箱线图。

尽管四分位距使用的四分位数通常是 0.25 和 0.75 分位数，但是，其他四分位数都有定义。

计算四分位距的 R 函数 IQR 允许使用 quantile 函数中相同的九个不同定义。

样本中位数也会产生精确定义的问题，即 0.5 样本分位数。然而，在这种情况下，所有合理的考虑都会导致相同的定义。如果样本量 n 为奇数，则中位数为第 $(n+1)/2$ 个顺序统计量；如果样本量 n 是偶数，则中位数是第 $n/2$ 个和第 $n/2+1$ 个顺序统计量。

R 函数 median 用这种方法计算样本中位数。

2.3   概率密度的非参数估计

和 CDF 一样，概率函数或概率密度函数（PDF）也是概率论和统计学中所使用模型的重要组成部分。这些函数描述了所观察到的随机变量的理想化的频率分布。我们在 1.3 节就收益率的频率分布，用一般性方法讨论了这些函数，我们将在 3.1 节深入讨论 CDF 和 PDF。

ECDF 是 CDF 的估计量，而基于分箱数据的直方图和基于核函数的密度曲线都是 PDF 的估计量。我们在第 1 章给出了直方图和密度曲线的例子。在本节中，我们将进一步讨论这两个估计量。

在许多情况下，我们假设数据样本服从某个简单的概率分布，例如正态分布。（我们提到的所观察到数据的"频率分布"，以及数学模型的"概率分布"，无论哪种情况，如果数据可以在一个区间内取任何值，或者如果数学模型是连续的，那么我们都指"密度函数"。）然而，在其他情况下，我们不会用给定某个概率分布的任何数学形式来确定数据的分布。我们把使用这种方法对一组数据的频率分布进行的研究，称为"概率密度的非参数估计"。

2.3.1   分箱数据

一种对频率分布获得概览的简单方法，就是把观察到的样本划分为多个箱子，并计算样本落入每个箱子的观察值的数目。其结果可以用直方图表示，我们在第 1 章描述了一些例子。

虽然"直方图"通常指用图形显示，但是我们也使用该术语指箱子和个数的集合。

R 函数 hist 默认生成一个图形，但它也生成一个 histogram 类的对象，其中包含箱子端点的原子向量、箱子内观察值的个数等。

在对数据进行分箱时，必须选择箱子大小。对于仅具有少量不同值的离散数据，每个单独的值都可能构成一个箱子。

对于连续数据，取值范围被分成多个区间，区间长度可以相等，但不是必须相等。箱子的大小决定了直方图的"平滑度"；箱子越大，直方图越平滑。

平滑是任何概率密度非参数估计的一部分。每个估计方法都与某个平滑参数有关，有时称为调节参数。平滑参数可以是一个向量，就像在直方图中的情况一样，其中箱子大小可能不同。

对于离散数据，箱子中观察值个数的比例可以解释为该箱子内任何值出现概率的估计值。对于连续数据，箱子中观察值个数的比例可以解释为箱子所表示区间内的概率密度压缩后的估计值。具体来说，如果各个箱子的端点是

$$b_0, b_1, \cdots, b_k$$

并且，x 是第 j 个箱子中某个点，即 $b_{j-1} < x \leqslant b_j$，则 x 点处概率密度的估计值为

$$\hat{f}_H(x) = \frac{\#\{x_i \text{ s. t. } x_i \in (b_{j-1}, b_j]\}}{n(b_j - b_{j-1})} \tag{2.12}$$

（第一个箱子，我们使用闭区间 $[b_0, b_1]$。）如果所有箱子的宽度都是不变的，比如 $h = b_j - b_{j-1}$，这个估计值就是

$$\hat{f}_H(x) = \frac{1}{nh} \#\{x_i \text{ s. t. } x_i \in (b_{j-1}, b_j]\} \tag{2.13}$$

正如我们在图 2.5 中所看到的那样，平滑参数 h 取不同值，产生不同的估计值。箱子的宽度等价于箱子的个数，是调节参数。选择箱子宽度或箱子个数有多种经验规则，一种常用的规则称为"Sturges 规则"，它取箱子的个数为 $k = 1 + \log(n)$，四舍五入到整数。Sturges 规则往往产生过度平滑的直方图。

在可调节的统计方法中，调节参数通常提供了在偏差-方差之间进行权衡选择。在直方图的情况下，随着箱子宽度的增加，方差减小，但偏差增加，因为随着宽度增加，要求更大的区域内密度都相同，但是，区域内密度函数可能发生变化。

在数据取值范围内进行平滑，有几种可行的方法。在一种简单的平滑中，对于落入两个箱子的观察值个数，通过两者之间数值的线性插值，估计概率密度。（这些变化对于我们这里的讨论并不重要。）

对于多元数据，箱子可以形成网格或格子。箱子是矩形（或超矩形）。在多元数据中，分箱所引起的一个问题就是，要使得箱子数有同样的精度，所需箱子数随维数呈指数增长；一维箱子有 10 个，二维需要 100 个箱子，而三维就需要 1 000 个箱子。

2.3.2　核密度估计

对连续数据进行非参数概率密度估计的另一种方法，就是一次估计一个点的概率密度。如果给定某个点恰好位于箱子的中心点，那么对于给点的估计值类似于基于直方图的

概率密度估计值。我们知道直方图估计值只使用箱子中观察值个数的相对频率，与此不同的是，这种新方法使用箱子中各个点与要估计概率密度的点之间的距离对各个点进行加权。

这种方法和直方图估计方法相比，另一个不同之处在于，由于使用了箱子中观察值的权重，因此箱子宽度可以无限。

我们把箱子定义为"核"函数，我们把这种方法称为核密度估计。我们在图 1.21 中说明了这种方法，但是没有描述如何进行核密度估计。

最好的理解核方法的途径，可能就是把该方法看作一种特殊类型的直方图。不同之处在于，核估计量所使用的箱子中心点，恰好要在该点计算估计量。尽管直方图估计量所产生的选择箱子位置的问题在这里不会出现，但是我们仍然有一个平滑参数，它可能是箱子的宽度，也可能是对观察值加权的方法。

假设我们要计算具体某个点的密度估计值。我们可以使用类似于普通直方图的方法，但是如果我们可以自由移动箱子位置，那么把箱子中心点放在要估计密度的点上，这样处理可能是有意义的。因此，基于这个考虑，给定一个样本 $x_1, \cdots, x_n$，点 x 的估计量是

$$\hat{f}_K(x) = \frac{1}{nh} \# \{x_i \text{ s.t. } x_i \in (x-h/2, x+h/2]\} \tag{2.14}$$

这与式（2.13）中普通直方图估计量方法非常相似。

我们注意到，这个估计量也可以用 ECDF 表示：

$$\hat{f}_K(x) = \frac{F_n(x+h/2) - F_n(x-h/2)}{h} \tag{2.15}$$

其中 F_n 表示 ECDF，如式（2.8）中所示。

如果所有箱子宽度都为 h，那么在所有箱子上，这个估计量的另一种表示方法是

$$\hat{f}_K(x) = \frac{1}{nh} \sum_{i=1}^{n} K\left(\frac{x-x_i}{h}\right) \tag{2.16}$$

其中 $K(t)$ 是均匀核或者 "boxcar" 核：

$$K_u(t) = \begin{cases} 1, & |t| \leqslant 1 \\ 0, & \text{其他} \end{cases} \tag{2.17}$$

宽度 h 通常称为窗宽，它是平滑参数或调节参数，就像直方图的情况一样。平滑参数 h 取不同值，产生不同的估计值，如图 2.7 所示（尽管这些图中的核函数都是相同的高斯核，见下文）。正如在直方图的讨论中所提到的，调节参数通常提供了偏差-方差之间的权衡。在核密度估计的情况下，就像在直方图中一样，随着调节参数的增加，方差减小，但是偏差增加，这是因为平滑掉了真实密度的变化。

我们也可以使用其他核函数，式（2.16）是一般形式的单变量核概率密度估计量。

核函数可能取标准正态分布的 PDF：

$$K_G(t) = \frac{1}{\sqrt{2\pi}} e^{-t^2/2} \tag{2.18}$$

在这种情况下，通常把它称为"高斯核"。

窗宽平滑参数比核函数形式能导致更多的差别。选择窗宽有多种经验法则。最优窗宽取决于总体分布，总体分布当然是未知的。一些选择窗宽的规则需要对分布的某些量进行

大量复杂的计算。(这些方法使用交叉验证，4.6.2 节对该方法进行一般性描述。)如果使用正态分布的核函数，并且总体分布也是正态分布，那么一个较简单的规则在某种意义上也是最优的，就是

$$h = 1.06 s n^{-1/5} \tag{2.19}$$

其中 s 是样本标准差，n 是样本量。

尽管在核密度估计中，核函数可能来自某个参数分布族，但是我们不对这些参数进行估计，因此，核方法是非参数方法。

R 函数 density 计算一列点格上的一元核密度估计值。尽管 density 默认核函数是高斯核，但是该函数也允许使用其他核函数。它还允许用户选择窗宽以及其他选项。

2.3.3   多元核密度估计量

我们可以很容易地把核密度估计量推广到多元情况。在多元核估计量中，我们通常使用 $x - x_i$ 的更一般的尺度：

$$H^{-1}(x - x_i)$$

对于某个正定矩阵 H。考虑到核函数的缩放，H^{-1} 的行列式对估计量进行了缩放。核估计量由下式给出：

$$\hat{f}_K(x) = \frac{1}{n|H|} \sum_{i=1}^{n} K(H^{-1}(x - x_i)) \tag{2.20}$$

其中函数 K 是多元核，H 是平滑矩阵。平滑矩阵的行列式完全类似于直方图估计量中的箱子体积。

多元密度估计的核函数通常选择单变量核函数的乘积。例如，乘积高斯核是

$$K_{G_k}(t) = \frac{1}{(2\pi)^{k/2}} e^{-t^{\mathrm{T}} t / 2}$$

其中 t 是 k 维向量。

在应用中，对于给定的样本量，通常认为 H 是常数，但是，当然，没有理由应该这样，实际上，令 H 随着点 x 附近的观察值个数的变化而变化可能更好。平滑矩阵对样本量 n 和对 x 的依赖性通常用符号 $H_n(x)$ 表示。

R 包 ks、sm 和 KernSmooth 提供了用于多元核密度估计的函数。sm 和 KernSmooth 包要求对角平滑矩阵，但 ks 允许一般（正定）平滑矩阵。我们将在图 2.8 中举例说明 ks。

2.4   探索性分析中的图形法

图形显示和可视化在探索性数据分析中发挥了重要作用。人们所使用的基本类型的图有很多种，每种都有变形。

我们通常使用图比较样本分布与参考分布，例如我们使用线图、直方图和 q-q 图与正态分布族进行比较。

我们在第 1 章中使用了几种不同类型的图来说明金融数据的方方面面。随后 2.4.7 节列出了基本类型的图，对于所列出的每种类型，至少给出了一个用于生成该图的 R 函数，并对第 1 章举例说明该类型的例子提供了参考说明。

除了图中基本元素形式（例如颜色和线条类型）变化外，还有一些调整选择，例如数据位置以及各部分的相对比例。这些调整因素会影响数据的整体显示，以及通过显示所传达的数据信息的有效性。要显示的数据集的大小是一个重要的考虑因素。对于小数据集来说，一个良好的图形布局可能根本不适合大数据集。

我们将在本节讨论一些基本类型的图及其变形。

2.4.1　时间序列图

正如第 1 章所提到的那样，许多金融数据集都是时间序列，这可能意味着数据不是独立同分布的。数据不是同一时刻收集的，收集的那些数据所来自的总体可能随时间变化。然而，许多简单的统计程序都假设数据来自稳定总体的"随机样本"。尽管时间相关性可能不会使标准程序无效，但是分析人员应该意识到这一点。

通常，在数据集中可能没有与每个观察值对应的日期或时间。然而，即使数据集没有显示出明确的时间，把顺序索引作为取得观察值的时间的替代也是可行的。

在分析的探索阶段，应该为每个进行分析的变量绘制它们的时间序列图。如果数据集中没给出明确的时间，那么时间序列图应使用包含数据的向量、矩阵或数据框的索引。这些图形经常会出现令人惊讶的形式，这表明观察值之间缺乏独立性。图 1.2 显示的 INTC 收盘价的时间序列图，给出了一种清楚地显示时间依赖性的模式。（当然，我们知道出现这种情况的原因是数据所代表的含义。）

即使时间或日期不是一个清楚表示的变量，另一种可能表示时间依赖性的简单图形就是画出该变量与其滞后值的图形。例如，在 R 中，其形式为：

```
plot(x[1:(n-1)], x[2:n])
```

图 2.4 给出了 2017 年前三季度 INTC 日收盘价（图 1.2 左上图）与前一天的价格的图。这种图给出的时间依赖性通常具有随机游动的形式。（在这里和其他地方，我们非严格地使用了术语"随机游动"，我们将在第 5 章给出严格定义。）

2.4.2　直方图

直方图是分箱数据的图形表示。我们在第 1 章中大量地使用了直方图来说明金融数据的各种性质。

正如前面所提到的，箱子数量和大小决定了图形的"平滑度"。通常选择大小相等的箱子，但这不是必需的。图 2.5 给出了一些同一数据集用不同箱子的直方图例子。R 函数 hist 可以使用 breaks 关键词

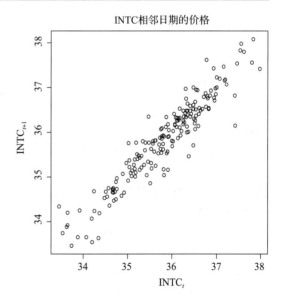

图 2.4　INTC 日收盘价和滞后收盘价

确定箱子。

直方图表示给定数据集落入箱子的点的频率（数目）或相对频率（密度）。显示密度的直方图，如图 2.5 所示的直方图，基于相对频率，该频率考虑了箱子的宽度和长度，因此密度与箱子面积的乘积之和为 1。不管使用 R 函数 hist 生成频率还是密度，都使用逻辑 freq 关键词指定。

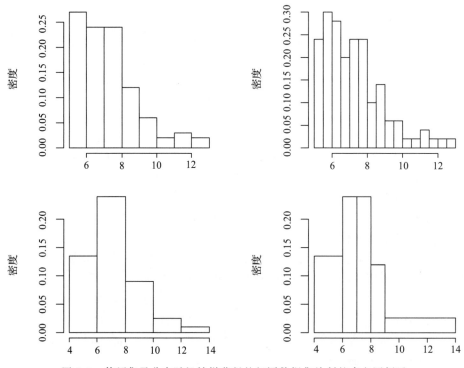

图 2.5   使用伽马分布随机抽样获得的相同数据集绘制的直方图例子

2.4.3   箱线图

另一种图形显示称为箱线图或者箱须图。箱线图对于比较不同的频率分布特别有用，如图 1.36 中不同时间间隔 VIX 的分布。

最简单的箱线图由四部分组成：一个矩形箱，它包含从第一样本四分位数到第三样本四分位数的数据范围（即，它包含一半的数据）；一条在样本中位数处穿过箱子的线段；两条"须"线，分别从箱子顶部和底部延伸到代表"大部分"剩余数据的点；代表异常数据画出的个别点。由哪些点构成"大部分"数据有不同的选择方法。在一些箱线图中，"大多数"就是全部；在其他情况下，它可能意味着很大的百分比，比如 80% ～ 99%。对于来自厚尾分布的样本，可能有更多单独画出的点。

位于中心的矩形箱的长度是四分位距或 IQR。

箱线图也可以在中位数处画一个缺口，缺口可用于确定与箱线图进行比较的不同组的中位数之间差异的"显著性"。如果缺口重叠，那么差异可能不是"显著的"。我们有时会在统计推断中使用严格意义上的"显著性"或"显著"（参见 2.4.7 节和 4.2 节），这里，这些术语只是描述性的。

箱线图通常垂直绘制，如图 1.36 所示，但是也可以水平绘制，如图 2.6 所示。

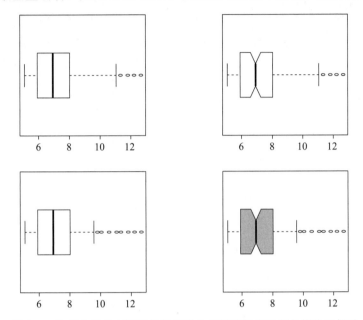

图 2.6　使用伽马分布随机抽样获得的相同数据集绘制的箱线图例子
（是否存在缺口以及不同长度的须线）

各种箱线图也都有许多变形。

图 2.6 给出了图 2.5 直方图所使用的相同数据集的箱线图例子。该图给出了水平箱线图，以更好地把频率分布与图 2.5 所示的图形进行比较。（注意，图 2.6 中各箱线图所使用的数据集相同，它们不像图 1.36 所示的箱线图用于比较不同的分布。）

图 2.6 中箱线图基本形状表明数据呈正偏斜，正如图 2.5 所示直方图显示的那样。我们发现所有数据都为正。图 2.6 中箱子的垂线位置代表数据中点。上面两个箱线图的须线延伸到极值点，这些极值点离箱子的距离不超过箱子长度的 1.5 倍（如图 2.6 所示水平绘制时的宽度）；下面两个箱线图的须线延伸到极值点，这些极值点离箱子距离不超过箱子长度的 0.8 倍。我们发现在上面两个图中有四个点在须线之外，而在下面两个图中有八个点在须线外。这种分布在右（正）侧厚尾程度很高。

箱线图通常对于相对较小的数据集（少于 100 个观察值）更有用。

R 函数 boxplot 生成箱线图。可以使用 notch 和 range 关键词指定须的缺口和范围。逻辑 horizontal 关键词确定 R 函数 boxplot 生成水平还是垂直的箱线图。

2.4.4　密度图

根据式（2.16）中核概率密度估计量，可以沿横轴在许多点上进行估计，然后画出经过这些值的一条曲线，这就生成了密度图，例如第 1 章图 1.21 给出的例子。

R 中 density 函数生成一个 density 类的对象，而 plot 函数用该对象生成密度曲线。例如，图 1.21 中的密度曲线由以下函数式生成：

```
plot(density(INTCd20173QSimpleReturns))
```

如前所述，平滑参数对密度曲线的外形有主要影响。图 2.7 给出了图 2.5 和图 2.6 中使用的相同数据集的密度曲线。图 2.7 中各个图之间的唯一差别就是平滑参数取不同值。（每个都使用高斯核。）

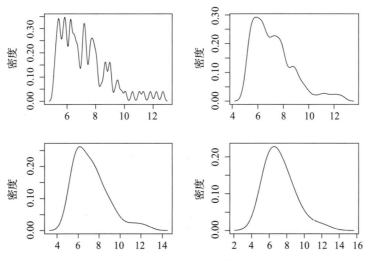

图 2.7　相同数据集的核密度图例子

有时，通过数据变换，甚至通过数据函数的变换，可以清楚地发现样本的显著特征。在分布的尾部，PDF 的值可能非常小。通过画密度的对数曲线，有时可以更容易地发现不同区域中 PDF 值的相对差异。在图 1.26 中对于样本密度图和正态分布的 PDF，当这两个密度都很小时，我们使用对数密度曲线着重分析这两个密度曲线的差别。

2.4.5　二元数据

图 1.22 给出了主要指数收益率与 Intel 普通股收益率的散点图矩阵。每个散点图都给出了二元频率分布的一般图形。

另一种显示二元数据的方法是把箱线图扩展到二维，以及扩展核密度估计。一种箱线图方法是构建两个或三个嵌套多边形，每个多边形都是包含给定比例数据的最小区域。这样的图称为袋状图或星爆图。核密度估计也可以扩展到产生表示密度的曲面，然后这个曲面可以用等高线图表示。

图 2.8 给出了图 1.22 中两个散点图的二元核密度等高线图。估计值由 ks 包中 R 函数 kde 计算。默认情况下，kde 函数使用"插件"方法选择式 (2.20) 中的平滑矩阵 H，例如在 Scott（2015）中描述了该方法。这个函数还允许用户选择平滑矩阵。正如图 2.7 中一元密度一样，通过选择不同的平滑矩阵，可以得到这些二元密度的不同图形（参见练习

2.11)。等高线上的标签表示等高线内包含的数据的百分比。

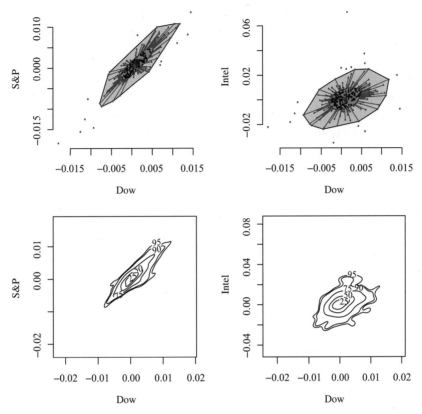

图 2.8　S&P 与 DOW、Intel 与 Dow 的袋状图，以及所估计的二元概率密度的等高线（见彩插）

如果两个变量之间的相关性非常大，如道琼斯指数和 S&P 指数之间的相关性，那么二元密度形成一个狭窄的脊，如图 2.8 左侧图所示。袋状图显示异常点。正如我们在第 1 章中所提到的那样，几个异常点就会扭曲等高线图，因此删除这几个点能够传达更多的信息。如果我们去掉一些点，那么图 2.8 中下方两个图都可以更好地表示中心分布（见练习 2.11）。

2.4.6　q-q 图

分位数-分位数图或 q-q 图是一个概率分布或样本的分位数与另一个分布或样本的分位数的图。它通常是样本分位数与某个概率分布的分位数的图，我们把这个概率分布称为参考分布。

q-q 图是参数化图，其中参数是取值从 0 到 1 的概率。对于连续随机变量 X，对应于概率 p 的分位数是 x_p，使得 $P(X \leqslant x_p) = p$，其中 $P(\cdot)$ 表示事件的概率。对于离散随机变量和样本，分位数的定义相同，但是不同的作者对其定义略有不同。

对分布或样本进行线性变换，q-q 图形状一般不变。

如果 q-q 图为一条直线，那么这两个分布或样本在线性变换范围内都相同。（它们来自同一个位置-尺度分布族。）人们通过观察由两个分布的两个分位数确定的直线段，能了解另一个分布或样本与用于形成直线段的某个分布的偏差的程度。

q-q 图中一个数轴代表参考概率分布的分位数。任何分布都可以用作 q-q 图的参考分布，但正态分布或高斯分布通常最有用。q-q 图可以由任何一个代表参考分布分位数的数轴形成。

q-q 图的形状

选择正态分布作为参考分布的 q-q 图可以让我们快速了解样本的对称性和峰度。我们可从图 2.9 给出的一些 q-q 图例子中，观察到 q-q 图的一般形状以及相应的直方图。前三对图使用了与图 2.2 给出的 ECDF 的前三张图相同的数据。

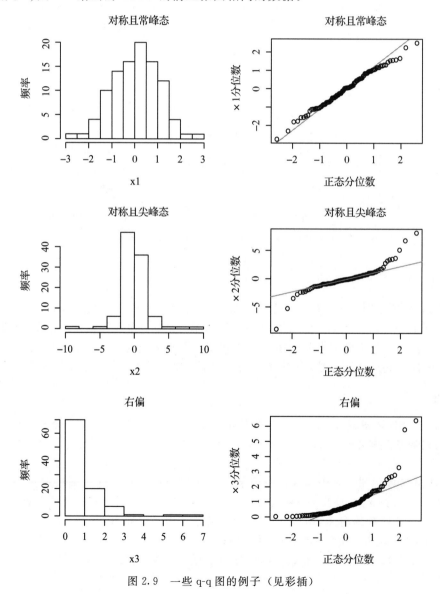

图 2.9　一些 q-q 图的例子（见彩插）

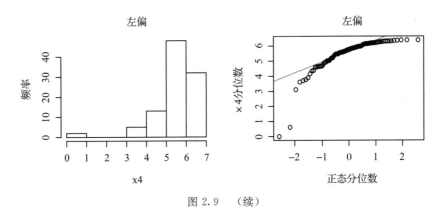

图 2.9　　（续）

图 3.11 给出了来自混合样本的 q-q 图的例子。

图 1.27 显示了从 1990 年 1 月 1 日到 2017 年 12 月 31 日期间 S&P 500 指数的日对数收益率与正态分布相比的 q-q 图。该 q-q 图表明收益率尾部比正态分布更厚。因为正如我们所强调的那样，收益率分布不是平稳的，所以我们可能会怀疑使用 28 年间数据所画的 q-q 图或者任何其他分析的意义。

至少，我们可以认为在较长时期内收益率服从混合分布。在不同的时段，q-q 图可能有不同的形状。通常，较长时段内的形状比较短时段内的形状波动要小。相对稳定的高波动率时期（大标准差）通常会比相对稳定的低波动率时期有稍厚的尾部；然而，q-q 图不受标准差影响。练习 2.12 要求使用真实数据探索某些问题。

其他参考分布

这里和第 1 章中给出和讨论的 q-q 图都使用正态分布作为参考分布，因此偏度和峰度都与正态分布有关。任何分布都可以作为参考分布。然而，q-q 图所显示出的偏度和峰度与构建该图时使用的哪一种参考分布有关？

在图 2.10 中，我们给出了图 1.27 中相同数据关于具有不同自由度的 t 分布的 q-q 图。（我们将在 3.2.4 节讨论，t 分布的峰度随着自由度减少而增加。比较两个 q-q 图，一个是图 2.10 中同样数据关于 t 分布，另一个是图 3.7，来自同样 t 分布的样本关于正态分布。）

正如我们在第 1 章中提到的那样，收益率分布是厚尾分布，因此关于正态参考分布的 q-q 图呈现特定的形状，如图 1.27 所示。具有自由度 100 的 t 分布与正态分布非常相似，因此图 2.10 左上图中 q-q 图形状类似于正态参考分布的形状。（当 t 分布的自由度接近无穷大时，t 分布变成正态分布。我们将在 3.2.4 节讨论 t 分布族的性质。）

图 2.10 中所有 q-q 图都是相同的收益率样本。对于峰更尖的参考分布，形状变得更接近直线，正如我们在图 2.10 的其他图所看到的那样。下面的两个图似乎表明，这个收益率样本不像自由度小于 5 的 t 分布那样尖峰。我们还看到，尤其是在图 2.10 下边的两个图中，这个收益率样本的分布稍微有偏。（我们也在第 1 章的直方图中观察到了这一点。）

我们给出的大多数 q-q 图的例子都使用正态分布作为参考分布。它们是由 R 函数 qqnorm 生成的。更一般的 R 函数 qqplot 允许使用不同的参考分布。

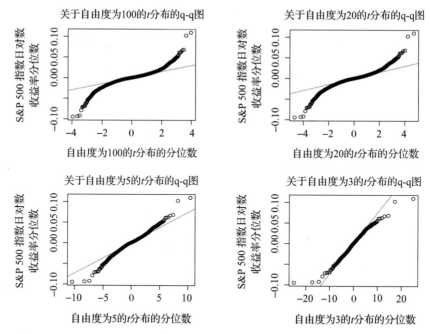

图 2.10　S&P 500 指数日对数收益率关于不同自由度的 t 分布的 q-q 图（与图 1.27 比较）（见彩插）

超阈值分布的 q-q 图

在金融领域应用中，我们经常对尾部行为感兴趣。为了研究尾部行为，我们选择尾部阈值或超出阈值，阈值的选择可能基于概率，比如最极端的 5%。这是 VaR 分析的标准方法，如 1.4.5 节所述。

我们把高于（或低于）该阈值的条件分布称为超阈值分布（另见 3.1.11 节）。

满足阈值约束的数据关于参考分布（必须以相同阈值为条件）的 q-q 图，能够提供更多关于尾部行为的信息。我们可以使用 evir 包 qplot 函数为高于或低于阈值的数据生成 q-q 图。qplot 函数使用标准广义帕累托分布作为参考分布（参见 3.2.4 节）。参数 ξ 控制参考分布尾部的厚度，值越大，尾部越厚。

需要注意的是，qplot 在纵轴上绘制参考分布的分位数，而 qqnorm 和 qqplot 在横轴上绘制参考分布的分位数。在 qplot 生成的 q-q 图中，图形左侧与直线的正偏离和右侧与直线的负偏离是厚尾样本的标识（参见练习 2.17c）。这与 qqnorm 和 qqplot 生成的 q-q 图的解释恰好相反。

用于比较两个样本的 q-q 图

我们通常把 q-q 图用于样本与理论分布的比较。我们也可以以相同的方式，把它们用于比较两个样本，不使用参考分布的分位数，而是使用每个样本的分位数。

我们上面关于形状解释的讨论还成立，只不过是在两个样本之间进行比较，或者在产生样本的两个数据生成过程之间进行比较。

半正态图

半正态图是正态 q-q 图的变形。它是数据的排序绝对值关于折叠后的正态分布的分位数的图，也就是说，关于正态分布的正半部分的分位数的图。与正态 q-q 图不同，半正态图不提供样本是否来自与正态分布相似的分布的证据，相反，它可以有效识别两边极端的异常值。

图 2.11 给出的半正态图，所使用的数据与图 1.27 给出的 q-q 图、图 1.25 给出的直方图和图 1.26 给出的密度曲线使用的数据相同，都是从 1990 年 1 月 1 日到 2017 年 12 月 31 日 S&P 500 指数的日对数收益率。所有的比较都是关于正态分布的。

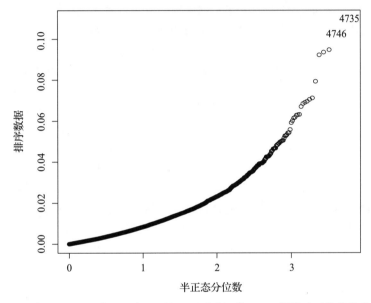

图 2.11　从 1990 年 1 月 1 日到 2017 年 12 月 31 日期间 S&P 500 指数日对数收益率的半正态图

R 中 faraway 包的 halfnorm 函数能够生成半正态图。

R 中 halfnorm 函数给出了两个最极端观察值的情形编号，在此例子中，分别是情形 4735 和 4746，对应于 2008 年 10 月市场极端动荡的日子。情形 4735 对应于 10 月 13 日星期一，情形 4746 对应于 10 月 28 日。这两个日期的收益率实际上都是正数，尽管这段时期通常认为是熊市。

2.4.7　R 中的图形

正如我们所发现的那样，R 提供了几个函数用于生成各种图形显示。这些函数中的大多数都有非常简单的界面和默认设置，但是也允许指定几个图形特征，例如：线条颜色和粗细、轴标签、字符大小等。本书所有图形均使用 R 生成。

图形显示有许多元素。设计良好的图形软件系统（R 就是这样的系统！）允许用户控制这些元素，但是不会强加要求指定每个小细节的沉重负担。R 中的大多数图形函数都有简单的界面，并为各种图形部件提供智能默认值。R 函数 par 允许用户设置许多图形参数，例如边距、颜色、线型等。（只需输入？par 即可查看所有这些选项。）

我强烈建议在 R 中使用 ggplot2 包绘制图形（参见 Wickham 2016）。ggplot2 的一些绘图函数与 R 基本图形包的函数相同，但它们在显示上提供了更有视觉吸引力的选择。

ggplot2 的图形显示是通过向初始图中添加连续层的方法构建的。可以使用 opt 函数在 ggplot2 中设置选项。一般的图形元素都是由"主题"决定的，有很多以 theme_xxx 形式命名的函数来控制主题。

几种常见的统计图形

二维图显示两个变量之间的关系，或者显示一个或多个变量的频率分布。为了显示两个变量之间的关系，根据对其中一个变量的解释，有不同种类的图形。

显示曲面本质上是二维的，无论是一张纸还是一个显示器。当有两个以上的变量时，我们通常一次显示两个，可能是如图 1.22 所示的方形数组。

然而，在某些情况下，我们希望显示第三个维度。一个常见的例子就是，如果我们只有两个变量，但是我们希望表示另一个特殊变量，例如频率密度，那么就会发生这种情况。（在图 1.21 所示的密度图中，只有一个变量，但是与该变量相关的是另一个度量值，即频率密度。）同样，对于两个变量，我们可能有第三个变量度量它们的联合频率密度，如图 1.23 所示。这些图形是由应用于 kde 对象的标准通用 plot 生成的，该对象由 ks 包中的 kde 函数使用关键参数 display 指定"persp"或"image"。

当要查看的对象是曲面时（在这种情况下），等高线图很有用。R 函数 contour 生成等高线图。R 函数 image 还生成特殊的彩色等高线图。lattice 包中的函数 contour-plot 为等高线绘图提供了更多功能。另一个查看三维曲面的 R 函数是 persp，它从用户指定的角度显示曲面。如上所述，标准通用 plot 函数已被用于生成某些类别对象的等高线和三维曲面图。

还有一些 R 包提供了生成三维散点图的函数，例如 scatterplot3d 包中的 scatterplot3d。

一般图的类型、R 函数和例子

- 散点图：代表两个变量的二维点

例子：图 1.1

R：plot,ggplot{ggplot2},points

    — 散点图矩阵（或其他二元图）

        例子：图 1.22

        R：pairs

    — 两个矩阵列的叠加散点图

        R：matplot

- 折线图：二维连续函数

例子：图 1.7

R：plot,ggplot{ggplot2},lines,curve

    — 参数化线图（二维参数化连续函数）

例子：图 1.18

　　R：`lines`

- 条形图：条形的高度代表单个变量的值

例子：图 1.8 中下面的方格

R：`barplot`

- 分组数据：一个变量是某个因素（组成员身份的指标）

例子：图 1.36 或图 1.10

R：`hist`；`boxplot`；或使用图形参数分组

- 时间序列：一个变量代表一段时期的时间

例子：图 1.2

R：`plot,plot.ts`

- 频率分布：一个变量代表频数或密度
- 直方图

　　例子：图 1.19

　　R：`hist`
- ECDF 图

　　例子：图 2.1

　　R：`ecdf` 以及 `plot`

　　　* 折叠 ECDF 图

　　　　R：`mountainplot{mountainplot}`,`ecdf` 以及 `plot`
- q-q 图

　　例子：图 1.27；另见下文

　　R：`qqplot,qqnorm,qplot{evir}`

　　　* 半正态图

　　　　例子：图 2.11

　　　　R：`halfnormal{faraway}`
- 箱线图

　　例子：图 1.36

　　R：`boxplot`
- 二元箱线图（袋状图、星爆图）

　　例子：图 2.8

　　R：`bagplot{aplpack}`
- 密度图

　　例子：图 1.21

　　R：`density,plot.density`
- 二元密度图

　　例子：图 1.23

　　R：`kde{ke}`,`plot` 以及 kde 法

● 金融数据的特殊图形：K 线图、条形、带形等

例子：图 1.8

R：plot,plot.xts,chartSeries{quantmod}

我们在第 1 章中使用了大多数这里的图形说明金融数据的各个方面。用于生成这些图形的准确 R 代码可在本书的网站上找到。

不同类型的 R 对象的绘图可能略有不同的外观。例如，R 时间序列的散点图有连接点的线段，而向量的散点图没有这些线，除非用户明确要求它们。

R 中的 q-q 图

R 函数 qqnorm 绘制样本与正态参考分布的分位数。更通用的 R 函数 qqplot 绘制一个样本关于另一个样本或参考分布的分位数，由其分位数函数指定。例如，图 2.10 中的 q-q 图是由下面 R 代码生成的，n 和 nu 适当地赋予初始值。（它们分别是 GSPCdReturns1990 的长度和 t 分布的自由度。GSPCdReturns1990 如第 1 章所述。）

```
qqplot(qt(1:n/n-1/(2*n),df=nu), GSPCdReturns1990,
    main=paste("q-q Plot with Reference to t", as.character(nu)),
    xlab=paste("t", as.character(nu), "Quantiles"),
    ylab="S&P 500  Log Return Quantiles")
```

参考线由 R 中的 qqline 绘制。默认情况下，它穿过参考分布的 0.25 和 0.75 分位数，尽管用户可以指定其他分位数。qqline 函数不是为处理两个样本设计的。

在 R 中创建图

R 中的图形可以通过调用函数完成。例如，图 1.19 中的直方图通过简单调用 hist 即可生成。

许多图形由多个绘图或多个图形部件（例如标题或图例）组成。这些图是通过调用各种 R 函数构建的。一些 R 函数，例如 plot、barplot、qqplot 和 hist，旨在启动绘图。其他 R 函数，例如 lines、text、title 和 legend，旨在把部件添加到现在所绘图中。某些 R 函数（例如 curve）可以启动绘图或添加到绘图中（逻辑关键词 add 决定了这一点）。每个单独的部件都是图形的一层。

调用某个 R 函数生成基本图，然后调用其他函数添加其他图或部件。例如，图 1.24 是通过调用 hist 制作基本直方图，然后调用 curve 添加正态概率密度函数而生成的。

为了生成图 1.13 中的图形，首先，对数据进行缩放，以便每个序列都以相同的值开始。随后，调用 plot 以使用 type="l" 制作基本折线图。在这次调用中，设置 ylim 参数，使得它可以容纳任何序列的最大值。轴的标签和横轴的刻度线在调用 plot 时或随后立即设置。接下来，两次调用 line 绘制其他两个序列的对数收益率。在这种情况下，线有相同的类型，由 lty=1 指定，这是默认值。颜色由 col="#FF0000"（红色）和 col="#0000FF"（蓝色）设置。线和点的默认颜色是黑色（col="#000000"）。最后调用 legend 添加图例。

图的布局

许多显示，例如图 1.1 和图 1.2，由多个图形的矩形数组组成。这些可以在 R 中通过

使用 par 中的多个图形参数 mfrow 或 mfcol 设置。（二者的差别在于把各个图放入矩形数组的顺序；mfrow 表示逐行生成它们。）图 1.1 中的并排图是使用 par(mfrow=c(1,2)) 生成的，图 1.2 中的四个图是使用 par(mfrow=c(2,2)) 生成的。par 函数要求数组中多个图形具有相同的大小。可以使用 R 函数 layout 控制多个图形的矩形数组。各个图形的大小可以不同，矩形数组中的所有位置也不都需要填充。par 或 layout 所做的设置一直有效，直到进行重置。

par 中 mar 参数可用于控制图周围的边距。这在多个图形构成的图中特别有用。

使用 grid 包可以制作更一般的布局。在这个包的方法中，能够创建各种图并存储为名为 grob 类的 R 对象。它们使用单独的函数进行布局，例如 grid.draw，它可以接受单个 grob 对象或一组 grob 对象。

注释和深入阅读

探索性数据分析通常不被重视。学术期刊都在寻找"显著的 p 值"，因此许多进行数据分析的科学家和经济学家用卡方检验或其他正式统计程序寻找"显著性"。一般说来，统计学家关心"统计显著性"在科学上所起的作用，参见 Wasserstein、Schirm 和 Lazar（2019）。在探索性数据分析中，显著的异常值仅起着建议进一步分析的作用。

20 世纪 60 年代早期，John Tukey（Tukey，1962）就强调统计不仅仅是正式的推断程序，而且在海量数据时代，那种显著性变得不再具有重要性。（"海量"在当时小得多。）Tukey 开发了许多探索性数据分析方法，其中许多适合手动计算。

Scott（2015）讨论了非参数密度估计，并且很好地包括了单变量和多变量数据的直方图和核估计量。Scott（2015）还讨论了密度估计的图形显示。

Wickham（2016）讨论了 ggplot2 依据的设计原则，并描述了包中的函数和对象。Keen（2018）讨论了使用 R 制作有效统计图形显示中出现的各种问题。Murrell（2018）描述了 R 中基本图形系统和 grid 包及其与更高级别的 lattice 和 ggplot2 包的关系。

练习

本章许多练习要求使用 R（或其他软件系统，如果愿意）获取和探索真实金融数据。多个问题都使用了相同的股票价格数据集。如果读者厌倦了查看相同的数据集，那么只需选择使用不同股票的数据。

通常，练习并没有准确说明如何做某事或进行何种类型的分析。这也是练习的一部分，由自己决定。

在所有情况下，要求选择其他真实世界的数据集，做相同的练习和深入探索，而不是仅仅更改指定日期，例如将 2018 年更改为 2019 年。

2.1 简单概括统计量。

获取 2018 年第一个日历季度（1 月 2 日至 3 月 30 日）NFLX 的收盘价数据，计算简单收益率和对数收益率（未经调整）。

计算两种收益率的均值、中位数、标准差、偏度和峰度。

根据这些统计数据，对 NFLX 收益率的分布有何看法？

2.2 简单概括统计量。

（a）取正态分布几个不同的标准差，计算 MAD。标准差与 MAD 的比值是多少？（对理论正态分布进行这些计算，而不是针对样本。）评论结论。

(b) 取正态分布几个不同的标准差，计算 IQR。标准差与 IQR 的比值是多少？（对理论正态分布进行这些计算，而不是针对样本。）评论结论。

2.3 简单的多元概括统计量。

获取 SPY、UPRO 和 SDS 从成立到 2018 年间的日收盘价（未经调整）。SPY 追踪 S&P 500 指数；UPRO 日收益率追踪 S&P 500 指数日收益率的三倍；SDS 日收益率追踪 S&P 500 指数日收益率的负两倍。（SPY 是 1993 年开始的 SPDR ETF，UPRO 是 2009 年开始的 ProShares ETF，SDS 也是 2006 年开始的 ProShares ETF。）获取最长期限的所有日收盘价。还要获得与最早 ETF（SPY）相同期限的 ^GSPC 价格。注意，这四个数据序列的长度不同。

现在计算这四个序列的日收益率并生成日收益率的相关系数矩阵。

对于每个相关系数，使用所有相关数据，说明用于每个相关性的观察值个数。

相关性是否符合预期？

2.4 ECDF。

绘制 2018 年第一季度 NFLX 日简单收益率的 ECDF。（这与练习 2.1 使用的数据集相同。）

把正态分布的 CDF 叠加在同一个图上，其均值与 NFLX 日简单收益率的样本均值相同，标准差与 NFLX 日简单收益率的标准差相同。

2.5 分位数和四分位数。

考虑一小组数字

$$11, 14, 16, 17, 18, 19, 21, 24$$

(a) 使用 R 函数 quantile 所提供的对式（2.11）的所有九种不同解释，分别计算该样本的 0.25 分位数。（使用 type 参数。）

(b) 使用"一半的中位数"的定义，第一、第三四分位数分别是多少？该定义的 IQR 是多少？

(c) 使用 R 函数 quantile（仅使用默认类型）计算 IQR。使用 R 函数 IQR 计算 IQR。

(d) 计算 2018 年第一个日历季度 NFLX 日收益率的 IQR 和标准差。标准差与 IQR 的比值是多少？该比值与正态分布中的比值相比如何？

(e) 计算 2018 年第一个日历季度 NFLX 日收益率的 MAD。标准差与 MAD 的比值是多少？该比值与正态分布中的比值相比如何？

2.6 时间成分。

我们在 2.4.1 节强调了识别时间是否是数据的基本组成部分的重要性，我们建议使用一个简单的图，就是图 2.3 的例子，用于说明时间的重要性。

一般说来，我们知道一只股票的价格数据高度依赖于时间，但一只股票的收益率并不那么依赖于时间，尽管它们的频率分布可能会随着时间变化。

(a) 对于 2018 年第一个日历季度的 NFLX 日收盘价，生成滞后日价格与价格的散点图。（这与练习 2.1 使用的数据集相同。）这些数据是否类似于随机游动？

(b) 绘制 2018 年第一个日历季度的滞后日收益率与 NFLX 收益率的散点图。这些数据是否类似于随机游动？是否存在其他时间依赖性？

2.7 简单的时间序列图。

获取从 1988 年至 2017 年间 INTC、MSFT 和 ^IXIC 调整后的收盘价。

在同一个数轴上画出这些价格时间序列数据图。不同的序列使用不同的颜色或线型，并在图形上输出图例。

2.8 直方图。

选择三个或四个箱子宽度，生成 2018 年第一个日历季度 NFLX 日收益率直方图。哪个箱子宽度看起来最好？

2.9　直方图。

使用在练习 2.8 选择的箱子宽度（或任何以前的箱子宽度，这对本练习的目的而言并不重要），生成 2018 年全年 NFLX 日对数收益率的两个直方图。一个是频率直方图，另一个是密度直方图。两者之间有什么区别？什么时候哪种直方图更合适？

2.10　一元核密度估计量。

使用 2018 年第一个日历季度 NFLX 日收益率，使用四个不同的平滑参数值和两个不同的核函数，拟合核密度。（"智能地"选择参数值和核函数。）评论它们的差异。描述 NFLX 日收益率的分布。

2.11　二元密度显示。

获取 2018 年第一个日历季度 NFLX 和 GLD 收盘数据并计算日收益率。

（a）二元箱线图；袋状图。

生成该时期 NFLX 和 GLD 收益率的袋状图。

（b）二元核密度估计量。

对于二元核密度估计量，选择四个不同的平滑矩阵。在四个不同的矩阵中，有三个为对角矩阵（对角线上的值相等，然后第一个较大，再然后第二个也较大），并选择一个与样本方差-协方差矩阵的逆成比例的矩阵。

使用平滑矩阵的四个不同值拟合二元核密度。（这是 R 函数 kde 中的 H 参数。）绘制拟合密度曲线的等高线图。

（c）二元密度。

现在，计算一些相关的概括统计量，并根据这些统计量以及密度图描述 NFLX 和 GLD 收益率的二元分布。

2.12　q-q 图和 S&P 收益率。

获取从 1990 年 1 月 1 日到 2017 年 12 月 31 日期间 S&P 500 指数日收盘价，并计算日对数收益率。这些数据是图 1.27 所使用的数据和图 1.29 例子中所使用数据的子集。数据的 q-q 图如图 1.27 和图 2.10 所示。

（a）计算日收益率的历史波动率。

通过将观察到的每个收益率乘以 10 产生一组新的"收益率"，计算这些"收益率"的历史波动率。

现在生成这两个数据集关于正态分布的 q-q 图，把这两个图并排放在一起进行比较。发现任何差异了吗？请评论。

（b）把 S&P 500 指数日对数收益率分为四个时期：

1992 年 1 月 1 日至 1995 年 12 月 31 日；

1997 年 1 月 1 日至 2002 年 12 月 31 日；

2003 年 1 月 1 日至 2005 年 12 月 31 日；

2006 年 1 月 1 日至 2009 年 12 月 31 日。

计算每个时期的历史波动率。（参见图 1.29 中的图形。）现在，根据这四个时期的收益率关于正态分布生成 2×2 显示的 q-q 图。评论结果。

2.13　q-q 图和半正态图。

获取 2017 年全年 S&P 500 指数和 First Solar（FSLR）的收盘价数据并计算日收益率，FSLR 是该时期的成分股。FSLR 历来是该指数波动最大的股票之一。

（a）绘制关于正态分布的 q-q 图和 FSLR 日收益率的半正态图。

评述这两种显示方式的不同之处。获取数据图形，哪一个更有用？

（b）绘制 FSLR 收益率与 S&P 500 指数收益率的 q-q 图。这是两个样本的图，而不是关于参考分布的图，尽管通过把 S&P 500 指数收益率的分位数放在横轴上，S&P 500 指数收益率可以视为"参考样本"。

解释图形。哪个分布有更厚的尾部?

2.14 Nasdaq 收益率的频率分布。

获取 1988 年至 2017 年间 Nasdaq 综合指数(^IXIC)日收盘价,计算日对数收益率。

(a) 计算收益率的均值、标准差、偏度和峰度。

(b) 生成适当标记的收益率直方图。

(c) 生成适当标记的收益率密度曲线图。

(d) 生成适当标记的收益率箱线图。

(e) 生成收益率的 q-q 图(相对于正态分布)。

2.15 VIX 的简单图。

(a) 获取 2000 年至 2017 年间 VIX 日收盘价,生成该期间 VIX 收盘价的直方图。

(b) 获取 2014 年、2015 年、2016 年和 2017 年四年 VIX 周收盘价。在同一数轴上绘制这些年份中每年周收盘价的箱线图。(把周作为年的开始。)

2.16 具有不同参考分布的 q-q 图。

获取 2017 年全年 FSLR 收盘价数据并计算日收益率(见练习 2.13)。

生成关于四个不同参考分布的四个 q-q 图:具有自由度 100 的 t 分布、具有自由度 20 的 t 分布、具有自由度 5 的 t 分布和具有自由度 3 的 t 分布,如图 2.10 所示。

评论 q-q 图。这些图有什么异常吗?如果有,请进一步探索数据。

2.17 超阈值分布的 q-q 图。

获取 2017 年全年 FSLR 收盘价数据并计算日收益率(见练习 2.13)。

(a) 如练习 2.16 所示,针对四个不同的参考分布,生成大于 0.9 分位数的 FSLR 样本的四个 q-q 图:具有自由度 100 的 t 分布、具有自由度 20 的 t 分布、具有自由度 5 的 t 分布和具有自由度 3 的 t 分布。

(b) 对于练习 2.17a 中四个不同的参考分布,生成小于 0.1 分位数的 FSLR 样本的四个 q-q 图。

(c) 使用 evir 包中 qplot 函数生成 FSLR 数据的 q-q 图,并以标准的位置-尺度广义帕累托分布作为参考分布(参见式(3.100))。

在 0.9 样本分位数处使用(较低)阈值绘制两个 q-q 图。对于一个图,使用指数作为参考分布($\xi=0$),对于另一个图,在广义帕累托分布中使用 $\xi=0.5$。

现在使用相同的参考分布和 0.1 分位数的上限阈值绘制两个 q-q 图(即最低 10% 的数据)。注意,数据来自关于零或多或少对称的分布的左侧。

有关超阈值分布的更多研究,另外参见练习 3.8。

第 3 章 可观察事件模型使用的概率分布

在探索性数据分析中，模型对于整个数据生成过程的描述，一般都较为模糊。并且分析的结论也非常模糊。例如，我们或许得到数据有偏并且厚尾的结论，并且根据这个结论，我们推断数据生成过程产生了有偏且厚尾的数据，但是，我们却不能确定数据服从哪种具体的分布，例如 t 分布或帕累托分布。

在正式的统计推断中，我们不仅能够得到数据生成过程的一般描述，而且还会对该过程进行定量度量。统计推断有一个重要的组成部分，它就是对度量置信度的定量评估。对于统计度量置信度的描述，都是基于假设的概率模型得出的。我们将在下一章探讨如何得出这些置信度的描述。在本章中，我们学习关于置信度描述的基本概率模型。

本章的目标分别是：

- 给出随机变量和概率论的基础知识；
- 给出一些具体的用于金融数据建模的概率分布；
- 给出模拟从各种概率分布中获取数据的方法；
- 给出 R 软件如何处理各种概率分布，并举例说明。

这些内容之所以都很重要，是因为为了研究金融变量，我们需要使用合适的概率分布模型。

在金融数据的统计分析中，我们会把感兴趣的变量作为随机变量建模，例如收益率、损失率、利率等。随后我们将继续在随机变量的概率分布框架下，研究并分析所观察到的数据。

例如，我们可以假设某个特定指数的对数收益率服从正态分布。如果用 R 代表这些收益率，我们可以描述为

$$R \sim N(\mu, \sigma^2)$$

给定这个模型和一些数据，我们可以继续估计 μ 和 σ^2。并且，在给定这个模型后，我们可以说我们有 "95% 的置信度" 认为 μ 在 a 和 b 之间，其中我们可以根据模型的已知性质计算 a 和 b 的值。我们可以在 5% "显著性水平" 上检验 $\mu = 0$ 的假设。

我们还可以在 5% 显著性水平上进行检验，以确定观察到的一组数据是否服从 $N(\mu, \sigma^2)$ 模型，但这可能导致我们确定另一个不同的概率分布模型是否更合适。（这是 4.6.1 节讨论的一个问题。）

我们经常关心极端情况；也就是概率分布的尾部或超阈值分布。一些情形下，对于分布的尾部，需要使用不同的概率模型才合适。

我们可能在某些情况下需要更复杂的模型，把概率分布模型作为复杂模型的组成部分。例如，对于变量 y 和 x 的观察值，我们可以把下面模型

$$y = g(x, \theta) + \epsilon \tag{3.1}$$

作为数据生成过程的模型。在这个模型中，g 是某个通过参数 θ 将变量 y 和 x 联系起来的函数，并且 ϵ 是调整项或 "误差"。在这种情况下，ϵ 的关键性质，就是它不可观察。

我们可以假设式（3.1）中 ϵ 是随机变量。我们可以用数据推断 g 和 θ 的性质，但是对 g 和 θ 进行正式的统计推断，需要 ϵ 的概率分布模型。因此一旦假设有了 ϵ 的概率分布，就可以以一定的置信度或显著性对 g 和 θ 的性质进行统计推断。我们把这些影响因素的考量放在 4.5 节，本章只集中讨论概率分布。

概率模型还能够对诸如"独立性"等概念给出精确的含义，我们已经非正式地提到了这些概念。

在本章中，我们将考虑概率的一些基本概念。我们将避免涉及高等数学，但是同时会将保持严格的准确性。

我们把"概率"本身作为原始概念；也就是说，我们不会对它下正式的定义。概率是闭区间 0 到 1 上的一个数字，且以不确定的方式与我们对事件以多大可能性发生的探索理解联系起来。把事件 A 的概率用 $P(A)$ 表示。把事件 A 和事件 B 同时发生的概率记为 $P(A \bigcap B)$，在事件 A 发生的条件下，事件 B 发生的概率记为 $P(B|A)$，称为在 A 发生的条件下 B 的条件概率。如果 $P(A) > 0$，就能得出

$$P(B|A) = P(A \bigcap B)/P(A) \tag{3.2}$$

我们将在本章不加证明地描述一些关于概率、随机变量和概率分布的事实。

3.1 随机变量和概率分布

随机变量是数学抽象概念，它可以作为可观察量的模型。概率分布给出了一个随机变量在给定范围内取值的概率。我们把数据集看作随机变量的一组观察值，并且也谈到数据集的频率分布。我们处理数据集的频率分布的方法与处理随机变量的概率分布的方式一样。

如果一个概率分布不集中在一个点，那么我们称它为非退化。

对于任何实数 x，随机变量 X 的概率分布可以用概率定义：

$$P(X \leqslant x) \tag{3.3}$$

这类似于数值数据集的频率，即式（2.8）定义的经验累积分布函数（ECDF）。

如果对于任意实数 x，两个随机变量 X 和 Y 有

$$P(X \leqslant x) = P(Y \leqslant x)$$

那么我们可以认为这两个随机变量完全一致。（然而，使用术语，我们一般更愿意说它们具有相同的分布。）

我们在 1.3 节对收益率进行了分析，讨论了样本频率分布的性质。我们为了描述样本观察值，讨论了各种统计度量，例如均值、方差、偏度等。我们还把各种频率分布与特定的概率分布族（通常是正态分布）进行了比较。我们在本节要讨论随机变量的概率分布，将定义一些随机变量的度量概念，与样本观察值的统计度量相似。

概率分布族

把具有相同性质的概率分布定义为一个概率分布族，这样十分方便。在概率分布族中，不同的参数值确定了概率分布不同的性质。例如，前面用 $\mathrm{N}(\mu, \sigma^2)$ 表示的正态分布族，都具有钟形概率密度曲线。参数 μ 确定密度曲线的中心，而参数 σ^2 确定了密度曲线的分散程度。

分布族的参数空间表示该概率分布的参数所有可能取值的集合。例如，$\mathrm{N}(\mu, \sigma^2)$ 族的

参数空间是一个二维实数集合：
$$\{(\mu,\sigma^2):-\infty<\mu<\infty,0\leqslant\sigma^2\}$$
我们通常把参数空间定义为所有实数或实数的闭子集。后者可能意味着概率分布族中成员出现退化的情况，例如这里 $\sigma^2=0$ 的情况。我们通常把参数空间限制在开集中，以确保这些分布不会退化。（在表 3.1～表 3.3 中，对参数空间施加了限制，使得分布非退化。）

离散和连续随机变量

我们将考虑两种类型的随机变量，"离散型"和"连续型"。在应用中，所使用的大多数随机变量不是离散的就是连续的。对于既有离散成分又有连续成分的随机变量，我们将其分成两组，对应于两类随机变量；一组所有随机变量都是离散的，而另一组，所有的随机变量都是连续的。

3.1.1　离散随机变量

离散随机变量是指只在可数集中取值的随机变量。

一个简单的例子，就是给定某年的市场调整的次数。这个数字可能是 $0,1,2,\cdots$，当然最可能小于 2。令 X 表示这个数字。我们认为这个数字是"随机"的，并且 X 是一个随机变量。对 X 的概率分布的描述将确定 $X=0$，$X=1$ 等取值的概率。我们用形如 $P(X=0)$ 等的符号表示。反过来，对于 $X=0,1,2,\cdots,P(X=x)$ 是对整个 X 的概率分布的完整描述。

我们把使得概率函数取值为正数的所有实数的集合称为离散分布的支撑。

我们把描述随机变量取各个具体值的概率的函数定义为概率函数。通常，我们可以把随机变量 X 的概率函数，用 $f(x)$ 表示，记为
$$f(x)=P(X=x) \tag{3.4}$$
概率函数 $f(x)$ 可以对所有实数都有定义，且 $f(x)\geqslant0$。概率函数在整个实数范围内的和必须为 1（即"总概率"）；因此，显然，概率函数在大多数实数处取值都为 0。

一个概率函数的例子：
$$f(x;\lambda)=\begin{cases}\lambda^x\mathrm{e}^{-\lambda}/x!, & x=0,1,2,\cdots\\0, & \text{其他}\end{cases} \tag{3.5}$$
在这个式子中，λ 是参数，其取值必为正数。

我们也把概率函数称为概率密度函数或 PDF。（我们使用这个术语是为了方便；严格说来，还有另一种函数也称为 PDF。）

式（3.5）表示某概率分布族的概率函数，该族的每个分布都由 λ 参数的具体取值确定。

在所有实数上对概率函数进行定义，这样便于使用，如式（3.5）。然而，总是包括关于 0 的说明却并不方便，所以我们将采用这样的惯例：概率函数的定义本就隐含了"在其他地方为 0"的说明。

我们发现给随机变量起名字，便于进行关于随机变量的讨论，随机变量的名字通常用大写字母 X、Y 等表示，然后用随机变量的名字区分与不同随机变量有关的不同函数。此外，我们可以在函数名称中加入参数，通常用分号隔开，如式（3.5）。例如，可以用

"$f_Y(y;\beta)$" 来表示随机变量 Y 的概率函数，其中 β 是描述概率分布函数特征的参数。

尽管概率函数本身提供了对随机变量分布的完整描述，但是根据概率函数确定的一些具体问题还值得探讨。

一个描述概率分布的非常重要的概念就是累积分布函数，即 CDF。对于随机变量 X，可以用 $F_X(x)$ 表示 CDF，其定义为

$$F_X(x) = P(X \leqslant x) \tag{3.6}$$

对于给定的概率函数 $f_X(x)$，相应的 CDF 显然是

$$F_X(x) = \sum_{t \leqslant x} f_X(t) \tag{3.7}$$

例如，对应于式（3.5）的概率函数的 CDF 为

$$F_X(x) = \sum_{t=0}^{x} \lambda^t e^{-\lambda}/t!$$

对于任何随机变量，一个有用的量就是给定概率的分位数。令 X 是具有 CDF $F_X(x)$ 的随机变量，令 p 是 $0 < p < 1$ 的一个数。那么，X 的 p 分位数是

$$x_p = \inf\{x, \text{s. t. } F_X(x) \geqslant p\} \tag{3.8}$$

注意，分位数函数是左连续的。CDF 是右连续的。

式（3.8）定义的分位数函数类似于 F_X 的逆。事实上，如果 F_X 是一个绝对连续的函数，那么分位数函数是 F_X 的普通逆函数。因此，我们把分位数函数定义为 F_X 的*广义逆*，并且把它表示为 $F_X^{\leftarrow}$；因此，我们有

$$x_p = F_X^{\leftarrow}(p) \tag{3.9}$$

一般来说，对于任何增函数 g，我们把 g 的*左连续广义逆* $g^{\leftarrow}$ 定义为

$$g^{\leftarrow}(y) = \inf\{x, \text{s. t. } g(x) \geqslant y\} \tag{3.10}$$

另一个很有意义的概念就是随机变量概率加权的可能取值的平均，我们把这个平均值称为均值或期望值，为

$$\sum_x x f_X(x)$$

（仅对概率函数为正的所有 x 值求和。）

期望

更一般地说，对于概率函数为 $f(x;\lambda)$ 的随机变量 X，如果 g 是 X 的任何（可测）函数，那么我们把 $g(X)$ 的期望或期望值定义为 $\mathrm{E}(g(X))$，即

$$\mathrm{E}(g(X)) = \sum_x g(x) f_X(x) \tag{3.11}$$

其中，再次对概率函数为正的所有 x 值求和。

我们发现 X 的均值是 $\mathrm{E}(X)$。我们通常把 X 的均值用 μ_X 表示。作为一个例子，考虑具有式（3.5）给出的概率函数的随机变量。其均值为

$$\mathrm{E}(X) = \sum_{x=0}^{\infty} x \lambda^x e^{-\lambda}/x!$$

$$= \sum_{x=1}^{\infty} \lambda \lambda^{x-1} e^{-\lambda}/(x-1)!$$

$$=\lambda \sum_{y=0}^{\infty} \lambda^{y} e^{-\lambda}/y! \quad (\diamondsuit \ y=x-1)$$
$$=\lambda \tag{3.12}$$

我们把这种情况的分布称为泊松分布，我们以后还会遇到。在这个例子中，我们对各项进行了重新排列，这样我们就有了一个无限项的和，该部分为 1，因为这些项是概率函数值。用这个例子说明了计算中经常使用的一种方法。

另一个随机变量的期望是方差，该值也特别令人感兴趣。均值为 μ_X 的随机变量 X 的方差为

$$\mathrm{E}((X-\mu_X)^2) = \sum_x (x-\mu_X)^2 f_X(x) \tag{3.13}$$

我们通常把 X 的方差用 σ_X^2 表示。我们把方差的平方根称为标准差，当然，随机变量的这些度量，与我们在 1.3.1 节定义的观察数据的度量，二者名称相同。在练习 3.3a 中，要求读者计算泊松随机变量的方差。

随机变量或概率分布的偏度和峰度是用期望来定义的，与用于定义样本偏度和峰度的和式类似（见 1.3.2 节）。偏度是

$$\mathrm{E}\left(\left(\frac{X-\mu_X}{\sigma_X}\right)^3\right) \tag{3.14}$$

而峰度是

$$\mathrm{E}\left(\left(\frac{X-\mu_X}{\sigma_X}\right)^4\right) \tag{3.15}$$

超额峰度是峰度减去 3，3 是正态分布的峰度。

离散随机变量的变换

我们把随机变量用作变量的模型，无论变量是否可观察到。出于各种原因，可能把这些变量进行变换；它们可能会乘以某个数、加上某个数、也可能取平方等。问题在于如果随机变量以某种方式进行变换，那么随机变量的分布会发生什么变化。对于离散随机变量，答案相当简单。

给定概率函数为 $f_X(x)$ 的随机变量 X，令

$$Y = g(X) \tag{3.16}$$

其中 g 是某个定义变换的函数。那么 Y 的概率函数是

$$f_Y(y) = \sum_{x \ni g(x)=y} P(X=x) \tag{3.17}$$

如果变换是一对一变换，那么这个表达式非常简单；和式中只有一项。

考虑具有以下概率函数的简单随机变量 X：

$$f_X(x) = \begin{cases} 1/4, & x=-1 \\ 1/2, & x=0 \\ 1/4, & x=1 \\ 0, & \text{其他} \end{cases} \tag{3.18}$$

现在考虑变换 $Y=g(X)=2X+1$。那么

$$f_Y(y) = \begin{cases} 1/4, & y=-1 \\ 1/2, & y=1 \\ 1/4, & y=3 \\ 0, & \text{其他} \end{cases} \tag{3.19}$$

考虑另一个变换；令 $Z=h(X)=X^2+1$。则

$$f_Z(z) = \begin{cases} 1/2, & z=1 \\ 1/2, & z=2 \\ 0, & \text{其他} \end{cases} \tag{3.20}$$

3.1.2 连续随机变量

连续随机变量是指在不可数区间内取值的随机变量，例如区间（0,1）。为了简化讨论，我们使用"连续随机变量"这个词，表示存在一个区间 (a,b)，其中 a 可以是 $-\infty$，b 可以是 ∞，对于区间 (a,b) 的任何非空子区间 (c,d)，随机变量在该子区间内概率为正。（这就排除了分布中有"缺口"的随机变量。这种随机变量在应用中不是很有用，但是可以通过定义多个连续随机变量处理。）

我们首先描述一个非常基本的连续分布。区间（0,1）上的均匀分布，这是一个随机变量的分布，该随机变量在区间 (c,d) 内取值，其中 $0 \leqslant c < d \leqslant 1$，概率为 $d-c$。我们把这个均匀分布表示为 U(0,1)，而在任何 $a<b$ 的有限区间 (a,b) 上，把同样的均匀分布表示为 U(a,b)。

尽管数学模型允许在连续的区间内可以取不可数的不同数值，但是在现实中，我们的观察值总是限定于某个可数集。例如，考虑心理能力测验的分数，虽然理论上，分数可以是任何正的实数，但是事实上，这些分数可能被限制为整数，而且可能有大于 0 的下限和有限的上限。尽管如此，连续随机变量通常是有用的概念。

由于连续随机变量可取的不同值的个数是不可数的，所以，它取特定数值的概率必须为 0。如果考虑我们为离散随机变量所定义的概率函数，那么这样的概率函数不会有太大意义，但是连续随机变量 CDF 的定义方式与式（3.6）离散随机变量 CDF 的定义方式相同，即

$$F_X(x) = P(X \leqslant x)$$

这就会变得有意义。然而，连续随机变量的 CDF 不能表示为式（3.7）形式的和。

这种方法是用 CDF 定义概率密度函数或 PDF。给定 CDF $F_X(x)$，类似式（3.7）中 $f_X(t)$ 的函数是 $F_X(x)$ 的导数；因此，我们定义

$$f_X(x) = \frac{\mathrm{d}}{\mathrm{d}x} F_X(x) \tag{3.21}$$

作为 X 的 PDF，我们还发现类似于式（3.7）中的和式成立：

$$F_X(x) = \int_{-\infty}^{x} f_X(t)\mathrm{d}t \tag{3.22}$$

在具有 U(0,1) 分布的随机变量 X 的简单例子中，PDF 在区间（0,1）内为 1，否则为 0，而当 $x<0$ 时，CDF 为 0；当 $0 \leqslant x < 1$ 时，CDF 为 x；当 $1 \leqslant x$ 时，CDF 为 1。

在所有实数上，定义 PDF 非常方便，并且在所有实数范围内，PDF 的积分为 1。

我们把 PDF 为正数的所有实数的集合称为连续分布的支撑。

有时，对于一个复杂的 PDF，关注函数如何取决于随机变量的取值可能更有意义，因此我们可以把 PDF 表示为

$$f_X(x;\theta)=g(\theta)k(x)$$

在这类分解中，把 $k(x)$ 称为 PDF 的核。在某些情况下，核还包含一些无法分离出来的某个 θ 函数。

确定出 PDF 的形式，可以描述该公式适用的范围。但是无论是否明确说明，我们都假定该 PDF 是"其他地方为 0"。举一个 PDF 的例子：

$$f(x;\mu,\sigma)=\begin{cases} \dfrac{1}{\sqrt{2\pi}\,\sigma}x^{-1}\mathrm{e}^{-(\log(x)-\mu)^2/2\sigma^2}, & x>0 \\ 0, & \text{其他} \end{cases} \tag{3.23}$$

在这个式子中，μ 和 σ 是参数，其中 $-\infty<\mu<\infty$ 并且 $\sigma>0$。

连续随机变量的 CDF 和分位数

因为连续随机变量的 CDF 是可逆的（因为我们假设没有"缺口"），所以对于给定概率 p，式（3.8）定义的分位数具有更简单的形式：

$$x_p=F_X^{-1}(p) \tag{3.24}$$

在连续随机变量的情况下，$F_X^{\leftarrow}=F_X^{-1}$，因此我们可以把分位数写成与式（3.9）相同的形式：

$$x_p=F_X^{\leftarrow}(p)$$

如果 $F_X(x)$ 是连续随机变量 X 的 CDF，那么 $F_X(X)$ 本身就是分布为 $U(0,1)$ 的随机变量。这就很容易得到：

$$P(F_X(X)\leqslant x)=P(X\leqslant F_X^{-1}(x))=F_X(F_X^{-1}(x))=x \tag{3.25}$$

因此，$F_X(X)$ 的 CDF 与 $U(0,1)$ 随机变量的 CDF 相同，因此 $F_X(X)$ 的分布为 $U(0,1)$。这是关于连续随机变量的 CDF 的最有用的事实之一。

期望

用 PDF 代替概率函数、用积分代替求和，因此，离散随机变量的均值和方差等各个术语也得到类似的定义。一般说来，对于 PDF 为 $f_X(x)$ 的随机变量 X，如果 g 是 X 的任何（可测）函数，那么 $g(X)$ 的期望值为

$$\mathrm{E}(g(X))=\int_{\mathcal{D}}g(x)f_X(x)\mathrm{d}x \tag{3.26}$$

其中积分区域为使得 PDF 为正的 x 的区域。

这个期望值的定义与前面给出的离散随机变量函数的期望值的定义一致，并且具有同样的性质，比如线性等。

同样，与上面讨论的离散随机变量一样，两个特殊函数产生了重要的两个分布度量指标：$g(X)=X$ 对应于均值，我们通常用 μ_X 表示，$g(X)=(X-\mu_X)^2$ 对应于方差，我们通常用 σ_X^2 表示。我们也把均值表示为 $\mathrm{E}(X)$ 并且把方差表示为 $\mathrm{V}(X)$。随机变量或随机

变量幂的期望值是总体矩；均值是一阶矩，方差是二阶（中心）矩，以此类推。

无论是连续还是离散的随机变量，偏度和峰度也以同样的方式定义。这些定义在式（3.14）和式（3.15）中给出。超额峰度是峰度减去 3。

因为任何正态分布的偏度和峰度都是恒定的，并且已知，所以样本的偏度和峰度构成了正态性拟合优度检验的基础。D'Agostino-Pearson 检验、Jarque-Bera 检验都是基于样本的偏度和峰度。（有关这些检验的讨论，参见 4.6.1 节。）

连续随机变量的变换

连续随机变量的变换类似于离散随机变量的变换，但由于把概率密度应用于区间，而不仅仅是离散点，因此它们也需要进行一些调整。变换对区间中所有点的密度都造成影响。

考虑 PDF 为 $f_X(x)$ 的连续随机变量 X。假设 $f_X(x)$ 在范围 $\mathcal{D}$ 上为正，在其他地方为零。现在，考虑在 $\mathcal{D}$ 上可微的一对一变换 $Y = g(X)$。因为变换是一对一变换，所以我们有 $X = g^{-1}(Y)$。我们要计算 Y 的分布。对于任何 $a < b$，我们都有

$$P(a < Y < b) = P(g^{-1}(a) < X < g^{-1}(b)) = \int_{g^{-1}(a)}^{g^{-1}(b)} f_X(x) \, \mathrm{d}x$$

积分中的变量变化必须涉及 $\mathrm{d}x$ 的缩放，其与 $g(x)$ 的变化尺度一致。由于 $\mathrm{d}x/\mathrm{d}y = \mathrm{d}g^{-1}(y)/\mathrm{d}y$，相应的尺度为 $|\mathrm{d}g^{-1}(y)|$，这里因为积分中的尺度为正，所以我们取绝对值。

因此，当变换满足条件时，我们有

$$P(a < Y < b) = \int_{g^{-1}(a)}^{g^{-1}(b)} f_X(g^{-1}(y)) \, |\mathrm{d}g^{-1}(y)|$$

也就是说，Y 的 PDF 为

$$f_Y(y) = f_X(g^{-1}(y)) \, |\mathrm{d}g^{-1}(y)/\mathrm{d}y| \tag{3.27}$$

该式在 $g(\mathcal{D})$ 范围内为正，在其他地方为零。（这些细致的推导过程需要一些关于定积分如何受积分极限变换影响的基本事实；例如，参见 Gentle，2019，0.1.6 节。）

式（3.27）提供了一种直接方法，称为变量变换方法，用于假设条件满足的情况下，得到变换变量的 PDF。

例如，假设 X 是随机变量，其 PDF 为

$$f_X(x) = \begin{cases} 1 - |x|, & -1 < x < 1 \\ 0, & \text{其他} \end{cases} \tag{3.28}$$

（这就是所谓的"三角形分布"。）

现在令 $Y = 8X^3$。这种变换是一对一变换，且在 $-1 < x < 1$ 内可微（点 $x = 0$ 上除外），$X = Y^{1/3}/2$，$\mathrm{d}x/\mathrm{d}y = 1/(6y^{2/3})$。使用式（3.27），我们有

$$f_Y(y) = \begin{cases} 1/|6y^{2/3}| - 1/|12y^{1/3}|, & -8 < y < 0 \text{ 或 } 0 < y < 8 \\ 0, & \text{其他} \end{cases} \tag{3.29}$$

注意，在 $Y = 0$ 处有一个奇点。然而，该点（或任何其他单点）处的概率为 0。

如果变换不是一对一变换，或者在 X 的整个区域内有不可微处，那么必须在这些条件成立的区域内，分别处理不同部分的变换。在大多数有意义的变换中，只有一个或两个区域必须处理。

3.1.3　随机变量的线性组合：期望和分位数

在金融建模中经常出现随机变量的线性组合。例如，在 1.2.9 节投资组合分析中，就是基于随机变量的线性组合，这些随机变量代表资产价格或收益率。

任意有限个变量的线性组合，都可以按照只分析两个变量的方法进行同样的分析。对于两个给定的常数 w_1 和 w_2，让我们考虑两个随机变量 X_1 和 X_2 的一般线性组合：

$$Y = w_1 X_1 + w_2 X_2 \tag{3.30}$$

假设 $E(X_1)$ 和 $E(X_2)$ 是有限的，没有任何进一步的限制，根据式（3.11）式（3.26），可以立即得出 $\mu_c = w_1 \mu_1 + w_2 \mu_2$，其中 $\mu_1 = E(X_1)$，$\mu_2 = E(X_2)$，μ_c 是组合的均值。

组合均值是单个变量均值的相同线性组合，这个事实是因为期望算子是线性算子。更一般地，如果我们令 $g(X) = ah(X) + k(X)$（其中，严格地说，h 和 k 是可测函数，a 是常实数），我们有

$$E(ah(X) + k(X)) = aE(h(X)) + E(k(X)) \tag{3.31}$$

（我们定义线性算子为实值函数 ψ，如果 u 和 v 在 ψ 的域中，a 是一个实数，使 $au + v$ 在 ψ 的域中，那么有 $\psi(au + v) = a\psi(u) + \psi(v)$。）

现在让我们对式（3.30）中 w_1 和 w_2 增加约束条件，使得 $w_1 + w_2 = 1$。这就是投资组合分析的情况。让我们也限制 $w_1, w_2 > 0$。（对于投资组合，这相当于不允许卖空。）在这些限制下，我们可以发现 μ_c 介于 μ_1 和 μ_2 之间；这就是，如果 $\mu_1 < \mu_2$，则 $\mu_1 < \mu_c < \mu_2$，如图 3.1 所示。同样，我们已经知道，$\sigma_c^2 = w_1^2 \sigma_1^2 + w_2^2 \sigma_2^2 + 2 w_1 w_2 \rho \sigma_1 \sigma_2$，其中 σ_c^2、σ_1^2 和 σ_2^2 是方差，ρ 是 X_1 和 X_2 之间的相关系数；因此，组合的方差一般比任何一个方差都小。如图 3.1 所示，组合的密度通常更加紧凑，而且介于各个组成部分之间。这就说明了分散化的好处。

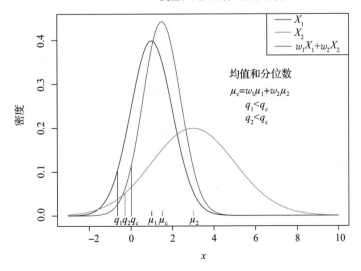

图 3.1　线性组合的均值和分位数（见彩插）

并非所有的统计函数的行为都像预期的那样。例如，线性组合的分位数并不是各个组成部分的分位数的线性组合。在图 3.1 中，所有三个随机变量的 5% 分位数都显示为 q_1、q_2 和 q_c，我们看到 $q_1 < q_2 < q_c$。这样做的结果是，如果使用随机变量 X_1 和 X_2 对两种资产的价格分布建模，那么单独持有任何一种资产的风险值，都小于由较少持有每种资产组成的更分散化组合的风险值。这就是为什么我们在 1.4.5 节中说，这种风险值的度量不具有一致性。（回想一下，VaR 取决于某些参数，其中一个就是决定分位数的概率。在这个例子中，我们使用 5% 的分位数）。

3.1.4 生存函数和风险函数

对事件之间的时间间隔进行建模通常是很有意义的，比如在市场跳跃时单个资产的价格跳跃之间的时间，或者某种状况的持续时间，比如熊市持续的时间。

给定一个随机变量 X，X 的生存函数为

$$S_X(x) = P(X > x) \tag{3.32}$$

如果 X 的 CDF 是 $f_X(x)$，我们有关系式：

$$S_X(x) = 1 - F_X(x) \tag{3.33}$$

生存函数的使用几乎总是限制在具有正支撑的随机变量；也就是说，$x > 0$，往往是定义的一部分。具有正支撑的韦布尔分布和伽马分布（参见 3.2.2 节），通常可以用作"到达间隔"时间或事件持续期的模型。

我们也把生存函数称为互补累积分布函数（CCDF）。

对于具有 PDF $f_X(x)$ 的随机变量 X，与其有关的函数是风险函数，定义如下：

$$h_X(x) = \frac{f_X(x)}{S_X(x)}, \quad 对于 S_X(x) > 0 \tag{3.34}$$

风险函数可以解释为 X 的"强度"模型。在死亡和生存的意义上，给定在某点生存的条件下，它是在该点附近死亡的概率密度。

3.1.5 多元分布

在许多使用随机变量作为可观察事件模型的应用中，两个随机变量的概率分布之间具有相关性。例如，图 1.17 所考虑的 INTC 和 S&P 500 指数的收益率似乎是相关的。图 1.17 中的散点图表明，在任何时间 t，如果 S&P 收益率 $R_{M,t}$ 相对较大，那么 INTC 收益率 $R_{i,t}$ 也更有可能相对较大。

对于两个或两个以上的随机变量，我们的兴趣在于它们的联合分布或多元分布。前面对单个随机变量的 PDF 和 CDF 的讨论，很容易扩展到两个或多个随机变量的联合 PDF 和联合 CDF。使用与前面类似的符号，我们可以定义两个随机变量 X 和 Y 的联合 CDF，用 $F_{XY}(x, y)$ 表示，如下：

$$F_{XY}(x, y) = P(X \leqslant x, Y \leqslant y) \tag{3.35}$$

对于连续随机变量 X 和 Y，联合分布的其他函数类似于一元分布定义的函数。联合 PDF 是联合 CDF 的导数：

$$f_{XY}(x, y) = \frac{\mathrm{d}}{\mathrm{d}x} \frac{\mathrm{d}}{\mathrm{d}y} F_{XY}(x, y) \tag{3.36}$$

我们也有

$$F_{XY}(x,y)=\int_{-\infty}^{y}\int_{-\infty}^{x}f_{XY}(t_1,t_2)\mathrm{d}t_1\mathrm{d}t_2 \tag{3.37}$$

X 和 Y 的函数 $g(X,Y)$，其期望值为

$$\mathrm{E}(g(X,Y))=\int_{D}g(x,y)f_{XY}(x,y)\mathrm{d}x\mathrm{d}y \tag{3.38}$$

其中，积分是在 PDF 为正的 x 和 y 的域上进行的。对于离散随机变量，用求和代替求积分。

边际分布

我们说到 X 和 Y 的"联合分布"。我们分别把 X 或 Y 的分布称为边际分布，不涉及另一个变量。我们也用术语"边际"指边际分布的任何方面，比如"X 的边际 CDF"。对于连续的多元随机变量，某个变量的边际 PDF 是通过对所有其他变量积分得到的，例如

$$f_X(x)=\int f_{XY}(x,y)\mathrm{d}y \tag{3.39}$$

其中对整个 Y 的取值范围进行积分。对于离散随机变量，用求和代替求积分。

两个随机变量的均值和方差，与单变量的情况一样，用式（3.26）期望的特例进行定义，通常以相似的方式表示，例如：

$$\mu_X=\int xf_{XY}(x,y)\mathrm{d}x\mathrm{d}y$$
$$=\int xf_X(x)\mathrm{d}x \tag{3.40}$$

和

$$\sigma_X^2=\int (x-\mu_X)^2 f_{XY}(x,y)\mathrm{d}x\mathrm{d}y$$
$$=\int (x-\mu_X)^2 f_X(x)\mathrm{d}x \tag{3.41}$$

这里，对整个支撑范围进行积分，而且我们假设积分是可以交换次序的。

多元随机变量分位数的定义与式（3.8）和式（3.24）的定义相似，但在实践中没有用。然而，边际分位数与单变量情况相同，并且同样有用。

如果随机变量 X 和 Y 相互独立，那么其中一个随机变量的取值绝不会影响另一个随机变量的概率分布。在这种情况下，上述积分不涉及 X，反之，对 X 的积分也不涉及 Y；因此，当（且仅当）X 和 Y 是独立的，那么有

$$f_{XY}(x,y)=f_X(x)f_Y(y) \tag{3.42}$$

该关系也适用于离散随机变量，其中 f_{XY}、f_X 和 f_Y 是各自的概率函数。我们在前面已经多次提到"独立"或"独立变量"，但是没有给出定义。我们可以把前面关系式（3.42）作为定义。

前面涉及两个随机变量的概念和术语可以自然地扩展到两个以上的随机变量。一般情况下，我们考虑一个随机向量，其元素都是随机变量。如果 $X=(X_1,\cdots,X_d)$ 是具有联合 CDF $F_X(x)$ 的随机向量，类似于 X 和 Y 是标量的式（3.35）中的 $F_{XY}(x,y)$，那么 PDF $f_X(x)$ 类似于式（3.36）中的 $f_{XY}(x,y)$。X 的均值是式（3.38）中给出的向量，

其中 $g(X)=X$,

$$\mathrm{E}(X) = \int_D x f_X(x)\mathrm{d}x \qquad (3.43)$$

其中 x 是 d 维向量,D 是随机向量 X 的取值范围。方差和协方差在 $d \times d$ 方差-协方差矩阵中给出:

$$\mathrm{V}(X) = \int_D (x - \mathrm{E}(X))(x - \mathrm{E}(X))^{\mathrm{T}} f_X(x)\mathrm{d}x \qquad (3.44)$$

即式(3.38),其中 $g(X)=(X-\mathrm{E}(X))(X-\mathrm{E}(X))^{\mathrm{T}}$。

在统计应用中,我们经常假设有一组独立同分布的随机变量。在这种情况下,如果各个 PDF 都是 $f(x)$,则联合分布的形式为

$$f(x_1)f(x_2)\cdots f(x_n) \qquad (3.45)$$

我们称随机变量"独立同分布"。

条件期望和分布

由联合分布形成的另一个分布是条件分布。这是一个随机变量在另一个随机变量范围内的任意给定点处的分布。(如上所述,讨论只涉及两个随机变量,但是每当谈到"一个"随机变量时同样可以指多个随机变量。)

设 X 和 Y 是具有联合 PDF f_{XY} 的随机变量,f_X 是 X 的边际 PDF,则给定 X 下 Y 的条件 PDF 记为 $f_{Y|X}$:

$$f_{Y|X}(y|x) = \frac{f_{XY}(x,y)}{f_X(x)}, \quad 若 f_X(x) > 0 \qquad (3.46)$$

这可以重新写为

$$f_{XY}(x,y) = f_{Y|X}(y|x)f_X(x) \qquad (3.47)$$

条件分布的概念和理论的详细发展过程与这里给出的过程不同(参见概率论参考书,例如 Gentle,2019,第 1 章),但是给定所描述的假设,前面的式子仍成立。

对于离散随机变量,上述式子中的 PDF 用相应的概率函数替换。

可以使用式(3.46)中的条件 PDF,以通常的方式定义给定 X 下,Y 的函数的条件期望:

$$\mathrm{E}(g(Y,X)|X) = \int_D g(y,X)f_{Y|X}(y|X)\mathrm{d}y$$

其中在 PDF 为正的 y 的域上进行积分。

我们注意到 Y 的函数的条件期望是 X 的函数,因此它本身就是一个随机变量。条件分布的详细发展通常从条件随机变量的这个函数开始;例如,参见 Gentle(2019),1.5 节。

3.1.6　多元分布中变量之间的相关性

对于多元分布来说,每个变量的度量指标通常不如两个或全部变量的度量指标那样有趣。如果随机变量之间独立,那么每个随机变量的度量都可以单独计算。如果随机变量之间不独立,那么我们的兴趣在于如何评估每个随机变量与其他变量的相关性。

大多数相关性都是指**双**变量之间的关系;也就是说,一次只涉及两个随机变量,即使我们有两个以上随机变量的联合分布。

　　协方差和相关系数是两个变量之间线性相关性的直接度量指标。我们首先讨论这两个指标。随后，我们讨论连接函数，它提供了另一种讨论多元分布相关性的方法。

协方差和相关系数

　　最常使用的衡量两个随机变量之间相关性的度量指标就是协方差，或与其有关的度量指标，相关系数。在 1.3.4 节中，对于两个变量 x 和 y 的成对观察值，我们定义了样本协方差，用 s_{xy} 表示，以及样本相关系数，用 r_{xy} 表示。

　　我们现在定义随机变量之间相应的相关性指标，我们通常将其表示为 σ_{XY} 和 ρ_{XY}。（注意，按照惯例，我们用希腊字母命名随机变量，用拉丁字母命名样本的属性）。对随机变量之间相关性的定义都使用了期望，其中式（3.26）的 "g" 的表达式类似于样本量，即

$$\sigma_{XY} = E((X - \mu_X)(Y - \mu_Y)) \tag{3.48}$$

我们也可以把它表示为 "$\mathrm{Cov}(X,Y)$"。

　　如果 $\sigma_X \neq 0$，$\sigma_Y \neq 0$，那么相关系数是

$$\rho_{XY} = \frac{\sigma_{XY}}{\sigma_X \sigma_Y} \tag{3.49}$$

否则 $\rho_{XY} = 0$。我们也把 X、Y 的相关系数表示为 "$\mathrm{Cor}(X,Y)$"，所以

$$\mathrm{Cor}(X,Y) = \frac{\mathrm{Cov}(X,Y)}{\sqrt{\mathrm{V}(X)\mathrm{V}(Y)}} \tag{3.50}$$

　　在 1.3.8 节中，我们定义了一些样本统计量，它们可以代替样本相关系数度量两个变量之间的相关性。这些统计量，比如斯皮尔曼 ρ 和肯德尔 τ，都基于给定的多元样本（使用顺序统计量或二元观察值），并且取决于样本量。虽然我们可以为概率模型定义这些指标，但是它们不会那么有用。因此，我们不定义随机变量的斯皮尔曼 ρ 和肯德尔 τ。

　　对于具有两个以上随机变量的多元分布来说，计算协方差或相关系数矩阵往往很有用，就像我们在表 1.8 中对收益率的样本相关系数所做的那样。我们称为"方差-协方差矩阵"（或简称为"协方差矩阵"）和"相关系数"矩阵，并经常用大写的希腊字母 Σ 和 P 表示它们。它们都是对称的，并且都是非负定的。（非负定矩阵是对称矩阵 A，使得对于任何符合条件的向量 x，有 $x^{\mathrm{T}}Ax \geqslant 0$。如果对于任何符合条件的向量 $x \neq 0$，$x^{\mathrm{T}}Ax > 0$，则称 A 为正定。方差-协方差矩阵和相关系数矩阵都是正定的，除非分布是退化的；也就是说，除非某个变量可以表示为其他变量的线性组合。）

协方差和相关系数度量变量之间线性相关关系

　　认识协方差和相关系数的基本性质非常重要。绝对值大的协方差或相关系数代表变量之间存在强的关系。反过来不一定成立，即变量之间有强的关系不一定有较大的协方差或相关系数。

　　考虑两个具有强相关关系的随机变量 X 和 Y。例如，我们假设

$$Y = X^2$$

再假设 X 的均值为 0，并且关于 0 对称。然后根据式（3.48），我们发现 $\sigma_{XY} = 0$，尽管 X 和 Y 之间有很强的相关关系。

　　协方差和相关性是对线性相关性进行的度量。

协方差、相关性和独立性

如果两个随机变量是独立的，那么它们的协方差为 0，因此相关系数为 0。这很容易从式（3.48）和独立性公式（3.42）（使用连续随机变量的形式）中发现：

$$\sigma_{XY} = \mathrm{E}((X - \mu_X)(Y - \mu_Y))$$

$$= \int (x - \mu_X)(y - \mu_Y) f_{XY}(x, y) \mathrm{d}x \mathrm{d}y$$

$$= \int (x - \mu_X)(y - \mu_Y) f_X(x) f_Y(y) \mathrm{d}x \mathrm{d}y$$

$$= \int (x - \mu_X) f_X(x) \mathrm{d}x \int (y - \mu_Y) f_Y(y) \mathrm{d}y$$

$$= 0$$

前面 $Y = X^2$ 的例子表明，反过来不成立。协方差为 0 并不意味着变量之间独立。

然而，存在一种重要的情况，协方差为 0 确实意味着变量之间独立。那就是当变量之间具有联合正态分布时。如果两个具有联合正态分布的随机变量的协方差（以及相关系数）为 0，那么它们相互之间就是独立的。（使用表 3.2 中给出的正态 PDF 可以很容易发现这个关系）。

椭圆分布

我们把联合 PDF 具有椭圆周线的多元分布称为椭圆分布，或椭圆周线分布。椭圆分布 PDF 的核函数形式为

$$g((x - \mu)^{\mathrm{T}} \Sigma^{-1} (x - \mu))$$

其中 Σ 是正定矩阵。如果椭圆分布的方差-协方差存在且有限，则它与 Σ 成正比。多元正态分布是椭圆分布，基于正态分布的统计方法对于非正态的椭圆分布通常效果也很好。

椭圆分布在各种金融应用中都很重要。在投资组合理论中，如果所有资产的收益率具有联合椭圆分布，那么任何投资组合的位置参数和尺度参数就完全决定了该投资组合收益率的分布。

符号

我们通常用"X"和"Y"表示二元随机变量。显然，这种表示法不能很好地推广，下面，我们将经常使用 $X_1, \cdots, X_d$ 表示 d 元随机向量的元素。同样，正如我们已经做过的那样，我们将使用单个积分符号 $\int$ 表示任意维度上的积分。根据上下文，确定维数。此外，我们通常指固定区域上的积分，即使我们没有明确说明；因此，积分为定积分。

我们不使用任何特殊符号表示向量或矩阵；因此，单个符号（如 X）可以表示向量。当用某个字母代表向量时，我们通常使用下标表示向量的元素，例如，$X = (X_1, \cdots, X_d)$。

多元随机变量的一阶矩（均值）也是一个向量：

$$\mu_X = \int x f_X(x) \mathrm{d}x \tag{3.51}$$

其中，除 f_X 外所有符号都表示向量，而积分是多元随机变量所有元素取值范围上的多维定积分。

多元随机变量的方差是对称矩阵，形式为外积的定积分：

$$\Sigma_X = \int (x - \mu_X)(x - \mu_X)^T f_X(x) \mathrm{d}x \tag{3.52}$$

我们称为方差-协方差矩阵，或者，有时仅把它称为方差矩阵或协方差矩阵。Σ_X 对角元素就是 X 各个元素的一般单变量方差，非对角元素是元素的协方差。

我们也可以对多元随机变量的高阶矩进行定义，但是用处不大。

需要重申的是，我们根据一般惯例使用大写字母表示随机变量，而相应的小写字母表示随机变量的观察值。因此，$X = (X_1, \cdots, X_d)$ 可以是向量随机变量，而 $x = (x_1, \cdots, x_d)$ 可以是随机向量所实现的观察值。（不过，我必须再提醒一下，我没有完全遵循这种符号惯例。）

3.1.7　连接函数

我们现在考虑一种在统计建模中广泛应用的特殊多元变换。我们从 d 元随机变量 $X = (X_1, \cdots, X_d)$ 开始，在应用中，它可以代表各种类型的经济量、股票或其他资产的价格、利率等。

在统计建模和分析中，我们必须假设某种多元概率分布。我们需要一个拟合可观察量的分布族；也就是说，观察值的频率分布与概率分布相匹配。（回想一下图 1.24 和图 1.25，收益率频率分布的一元直方图与理想的一元正态概率密度的比较。）在多元情况下，我们还希望有一个分布族，能够以一种有意义的方式，表示各个变量之间的关系。（协方差和相关系数往往能做到这一点，但是它们不足以对分布的尾部之间的关系进行建模）。最后，我们需要一个在数学上易于处理的分布族。不幸的是，满足这些要求的多元概率分布族并不多。我们经常使用的多元正态分布很容易使用，而且在很多情况下，它确实是一个有用的模型。（协方差和相关系数对于正态分布随机变量之间的关系非常有效。）然而，在金融应用中，正如我们所发现的那样，正态分布往往不与分布的极值相匹配。这些极值往往是人们最关心的。还有其他的多元分布族，我们将在后面的章节中对其中一部分进行讨论。

在这一节中，我们利用边际 CDF 的变换提出了一个非常通用的多元族。这个分布族有几个子族，不同族的成员作为不同类型的变量的分布模型都有用。

假设 $X = (X_1, \cdots, X_d)$ 为 d 元连续随机变量。（每个变量都是连续的。）假设 $F_X(x)$ 是 X 的 CDF，$F_{X_i}(x_i)$ 是 X_i 的边际 CDF。（注意，不是 $F_X(x) = (F_{X_1}(x_1), \cdots, F_{X_d}(x_d))$ 的情况；边际 CDF 是标量函数。）由于连续性的要求，分位数函数是普通的逆函数 $F_{X_i}^{-1}(x_i)$。（在下文中，注意符号，X_i 表示随机变量，x_i 表示一个实现值，即 x_i 只是一个普通实数。）

现在，对于随机变量 $X_1, \cdots, X_d$，考虑 $F_{X_1}(X_1), \cdots, F_{X_d}(X_d)$ 的联合 CDF。把它表示为 $C_X(u_1, \cdots, u_d)$（其中下标不遵循我们表示形式 "$F_X(x)$" 的惯例）。C_X 的参数在 d 维单位超立方体中。其定义为

$$\begin{aligned}
C_X(u_1, \cdots, u_d) &= P(F_{X_1}(X_1) \leqslant u_1, \cdots, F_{X_d}(X_d) \leqslant u_d) \\
&= P(X_1 \leqslant F_{X_1}^{-1}(u_1), \cdots, X_d \leqslant F_{X_d}^{-1}(u_d)) \\
&= F_X(F_{X_1}^{-1}(u_1), \cdots, F_{X_d}^{-1}(u_d))
\end{aligned} \tag{3.53}$$

我们称 CDF $C_X(u_1,\cdots,u_d)$ 为连接函数。（我们也把具有该 CDF 的分布称为连接函数。）

通过使用式（3.10）中的广义逆，也可以用离散随机变量定义连接函数，但金融领域大多数建模应用都是基于连续随机变量的。

连接函数是 CDF，C_X 随 u_i 递增，并且

$$C_X(0,\cdots,0)=0$$
$$C_X(1,\cdots,1)=1$$

我们得到

$$0 \leqslant C_X(u_1,\cdots,u_d) \leqslant 1$$

因为对于 d 维向量 X 的每个随机变量，其边际 CDF 在相应随机变量处的值 $F_{X_i}(X_i)$ 是分布为 U(0,1) 的随机变量，正如式（3.25）所示，所以，连接函数分布的每个边际分布都为 U(0,1)。

由于这些简单的关系，连接函数在拟合多元模型时很有用。连接函数提供了不同于协方差、相关系数度量相关性的另一种方法。例如，连接函数在模拟建模中非常有用，参见 3.3.2 节。

多元分布的连接函数族有很多类，这取决于 $F_X(x)$ 和 $F_{X_i}(x_i)$。

正态或高斯连接函数

如果 $F_X(x)$ 是均值向量为 0 的多元正态分布的 CDF，其方差-协方差矩阵 Σ 在对角线上都为 1（即它是相关系数矩阵），因此 $F_{X_i}(x_i)$ 是一元标准正态分布的 CDF（我们通常把它表示为 Φ），那么连接函数为

$$C_{\text{Normal}}(u_1,\cdots,u_d \mid \Sigma)=\Phi_\Sigma(\Phi^{-1}(u_1),\cdots,\Phi^{-1}(u_d)) \tag{3.54}$$

我们把它称为正态连接函数或高斯连接函数。

阿基米德连接函数

另一类特别容易处理的连接函数是阿基米德连接函数。（这样命名的原因在于，这些连续函数的某个性质让人联想到阿基米德连续性原理，即对于任何两个实数，某个整数乘以其中任何一个实数都大于另一个。）

阿基米德连接函数基于一个连续、严格递减的单变量凸函数 φ，称为严格生成函数，它将单位闭区间 $[0,1]$ 映射到扩展的非负实数 $[0,\infty]$ 上，连接函数定义为

$$C(u_1,\cdots,u_d)=\varphi^{-1}(\varphi(u_1)+\cdots+\varphi(u_d)) \tag{3.55}$$

注意，如果 φ 映射到 $[0,\infty]$ 上，那么必须有 $\varphi(1)=\infty$。（如果映射到 $[0,a]$ 上，$a \neq \infty$，那么连接函数也称为阿基米德连接函数，但是生成元不严格，φ^{-1} 必须进行调整。）

生成元的各种形式导致产生了不同的子类。许多子类用参数 θ 索引，而且赋予了许多子类名称（尽管名称有一些变化）。一些常见的阿基米德连接函数有

- Clayton：$\varphi(u)=\dfrac{1}{\theta}(u^{-\theta}-1)$, $\theta>0$

- Gumbel：$\varphi(u)=(-\log(u))^\theta$, $\theta \geqslant 1$

- Frank：$\varphi(u)=\log\left(\dfrac{e^{-\theta u}-1}{e^{-u}-1}\right)$, $\theta \neq 0$

- Joe：$\varphi(u) = \log(1 - (1-u)^{\theta})$，$\theta \geqslant 1$

这些都是严格的生成函数。然而，在 Clayton 连接函数中，如果 $\theta \in (-1, 0)$，那么生成函数就不是严格的，但 Clayton 连接函数仍然有用。（对于一个不严格的生成函数，式（3.55）中的 φ^{-1} 必须修改为"伪逆"，在 $\varphi < 0$ 的地方，φ^{-1} 视为 0。）

R copula 包提供了把连接模型拟合到观察数据的函数，以及各种类型的连接生成函数，这包括高斯、各种阿基米德连接函数和其他连接函数族。

3.1.8　多元随机变量的变换

我们如何处理多元随机变量的变换，取决于随机变量是离散的还是连续的，以及变换是否是一对一变换且可微。因为我们在金融应用中遇到的大多数变量都是连续的，所以我们将只考虑连续随机变量。并且，与前文一样，我们假设变换在多元随机变量的整个范围内都是一对一变换，并且是可微的。与一元的情况一样，如果变换不是一对一变换，或者不可微，那么就必须在这些条件成立的不同区域中，分别进行变换。在大多数感兴趣的变换中，只有一个或两个区域必须进行处理。

对于 d 维向量 X，使用紧凑符号，我们考虑在 X 的整个范围内可微的一对一变换 $Y = g(X)$：

$$Y_1 = g_1(X)$$
$$\vdots$$
$$Y_c = g_c(X) \tag{3.56}$$

如果 $c = d$ 且变换是一对一的，那么我们有 $X = g^{-1}(Y) = h(Y)$，其中 $h(\cdot) = g^{-1}(\cdot)$。我们有

$$X_1 = h_1(Y)$$
$$\vdots$$
$$X_d = h_d(Y) \tag{3.57}$$

然而，情况并非是 h_i 对应于任何 g_i 的逆。

我们可以按照我们在 3.1.2 节使用的相同方法，计算 Y 的分布。这种情况下，增加的复杂性就是导数变换 $|\mathrm{d}g^{-1}(y)/\mathrm{d}y|$ 的一般化。推广到多元情形，就是逆变换的雅可比行列式的绝对值：

$$|\det(J(h))| = \left| \det \left(\begin{bmatrix} \dfrac{\partial h_1}{\partial y_1} & \cdots & \dfrac{\partial h_1}{\partial y_d} \\ \cdots & \ddots & \cdots \\ \dfrac{\partial h_d}{\partial y_1} & \cdots & \dfrac{\partial h_d}{\partial y_d} \end{bmatrix} \right) \right| \tag{3.58}$$

我们在这里省略了细节，只陈述了结果。我们向感兴趣的读者推荐概率论或数理统计的教材，参考里边更详细的推导（例如，参见 Gentle，2019，1.1.10 节）。

如果 X 是具有 PDF $f_X(x)$ 的 d 元连续随机变量，且 $Y = g(X)$ 是具有逆变换 h 的一对一可微变换，则 Y 的 PDF 为

$$f_Y(y) = f_X(h(y)) |\det(J(h))| \tag{3.59}$$

它在 $f_X(x)$ 为正的范围内都为正，在其他地方为零。我们将在下一节给出一个简单的例子。

通常，我们感兴趣的变换是线性变换。如果 X 是 d 元随机变量，A 是有 d 列的常数矩阵，则线性变换

$$Y = AX \qquad (3.60)$$

通常是有用的。这种线性变换产生一个多元随机变量 Y，其元素与 A 的行数一样多。如果该变换是一对一变换，那么 A 是满秩的方阵。在这种情况下，变换的雅可比行列式为

$$\frac{\partial^2}{\partial y (\partial y)^{\mathrm{T}}} A^{-1}$$

如果 d 元随机变量 X 的均值为 μ_X，其方差-协方差矩阵为 Σ_X，且 $Y = AX$，则 Y 的均值和方差由下式给出：

$$\mu_Y = A\mu_X \qquad (3.61)$$

以及

$$\Sigma_Y = A\Sigma_X A^{\mathrm{T}} \qquad (3.62)$$

使用式（3.51）和式（3.52）中的定义，我们可以很容易地得到这个结果。（这些事实在 Gentle，2017，4.5.3 节中有详细的推导。）

在式（3.61）的一般应用中，我们从 $X_1, \cdots, X_d$ 中的 d 个独立变量开始，并形成 $X = (X_1, \cdots, X_d)$。在这种情况下，式（3.62）中的 Σ_X 是单位矩阵，因此为了形成具有方差-协方差矩阵 Σ_Y 的向量随机变量 Y，我们确定 A，使得

$$\Sigma_Y = AA^{\mathrm{T}} \qquad (3.63)$$

因为方差-协方差矩阵 Σ_X 非负定，所以存在上述矩阵 A。（参见 Gentle，2017，5.9 节。）一种这样的矩阵是下三角矩阵，称为 Cholesky 因子，而使用 R 函数 chol 可以计算它。

给定一个向量随机变量 X，我们通常对各个元素的线性组合 $Z = a_1 X_1 + \cdots + a_d X_d$ 的分布感兴趣。一个这方面的例子就是主成分，我们在 4.5.1 节进行讨论。变量 Z 是标量，这只是上述情况的特例。假设 a 是具有元素 $(a_1, \cdots, a_d)$ 的向量。则

$$Z = a^{\mathrm{T}} X \qquad (3.64)$$

如果 Σ_X 是 X 的方差-协方差矩阵，则 Z 的方差是二次型

$$V(Z) = a^{\mathrm{T}} \Sigma_X a \qquad (3.65)$$

把上述分析应用到样本方差。如果现在没有随机变量 X 的分布的方差-协方差矩阵 Σ_X，而是一组数据的样本方差-协方差矩阵 S，如式（1.54）所示，并且数据集中所有变量的线性组合构成一个变量，$z = a^{\mathrm{T}} x$，那么 z 的样本方差为 $a^{\mathrm{T}} S a$。这与直接由样本方差公式（1.49）计算的结果相同。我们在第 4 章讨论的主成分分析使用了这些事实。

3.1.9 顺序统计量的分布

在 1.3.8 节，我们描述了顺序统计量和一些基于它们的样本描述性统计量。

一个随机变量的顺序统计量的分布，显然与总体随机变量的分布有关。我们很容易发现某些顺序统计量分布的度量指标与总体随机变量的相应度量指标之间存在一些简单关系。例如，如果总体随机变量各阶矩有限，那么最小顺序统计量的期望值应该小于总体随机变量的期望值，而最大顺序统计量的期望值应该更大。中位数的方差，即中心顺序统计

量，应该小于总体随机变量的方差。如果取值范围无限，那么极值顺序统计量的方差应大于总体随机变量的方差。

给定 PDF $f_X(x)$（或如果随机变量离散的，则为 PF）和 CDF $F_X(x)$，那么很容易计算该随机变量样本的顺序统计量的 PDF。我们考虑样本量为 n 的第 i 个顺序统计量 $X_{(i:n)}$，其中 $i \neq 1$ 并且 $i \neq n$（即 $n > 2$）。（解决这个问题后，我们会发现结论对 i 和 n 没有限制。）给定顺序统计量的随机样本 $X_{(1:n)}, \cdots, X_{(i:n)}, \cdots, X_{(n:n)}$，我们的想法就是首先将它们分成三个集合，小于 $X_{(i:n)}$ 的集合、$X_{(i:n)}$ 本身的集合和大于 $X_{(i:n)}$ 的集合。这可以通过 $\binom{n}{i}$ 种方式完成；存在 i 个样本元素小于或等于 $x_{(i:n)}$ 的概率是 $(F_X(x_{(i:n)}))^{i-1}$；并且存在 $n-i$ 个样本元素大于 $x_{(i:n)}$ 的概率是 $(1-F_X(x_{(i:n)}))^{n-i}$。根据这些概率，$X_{(i:n)}$ 本身的密度是 $f_X(x_{(i:n)})$。因此，$X_{(i:n)}$ 的密度为

$$f_{X(i:n)}(x_{(i:n)}) = \binom{n}{i}(F_X(x_{(i:n)}))^{i-1}(1-F_X(x_{(i:n)}))^{n-i}f_X(x_{(i:n)}) \qquad (3.66)$$

通过同样的证明，我们发现对于第一个或第 n 个顺序统计量，结论也成立。

3.1.10 渐近分布：中心极限定理

在统计数据分析中，一般来说，数据越多越好。当然，其中一个原因是数据越多，信息就越多。

然而，还有一个原因。随着样本量的增加，统计量的概率分布，例如：根据样本计算的均值或方差，就会变得更接近已知的概率分布。

我们可以非常简单地说明这个论断。考虑某个总体，其概率分布如图 3.2 所示。

这是参数为 3 和 1 的伽马分布，可以使用 R 函数 dgamma(x,3,1) 生成该曲线。

现在，假设我们从这个总体中抽取观察值组成样本，然后计算样本均值。（我们使用 R 函数 rgamma(size,3,1) 生成这个例子。）

假设我们这样做很多次。那样本均值的频率分布如何？

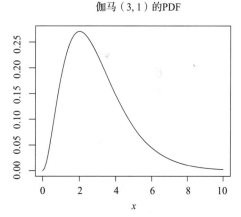

图 3.2 假定的总体概率分布

这取决于样本量。

如果样本量为 1（这个样本量不是很大！），那么均值的分布与数据本身的分布一样。样本量为 1 的样本，其均值的直方图应该类似于图 3.2 所示的概率分布。我们这样重复了 1 000 次，因此得到了一组 1 000 个均值的数据。图 3.3 左上方的直方图显示了均值的频率分布。它与原始数据的概率分布基本相同。

随后，我们抽取样本量不同的样本。样本量分别为 3、5 和 100。我们计算各个样本量的 1 000 次重复的均值。并画出每种样本量的均值的直方图。

直方图如图 3.3 所示。

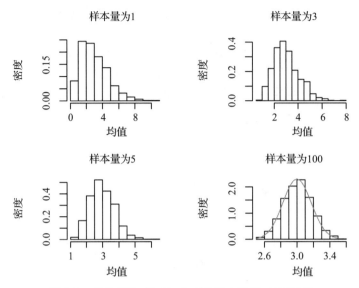

图 3.3 来自伽马（3,1）分布的样本均值（见彩插）

正如预期的那样，样本量为 1 的均值的分布与总体本身的分布非常相似。它是正偏的，有些大的数值，取到 10 或 11。然而，随着样本量的增加，均值几乎没有极端值，分布也越来越对称。对于样本量为 100 的样本，均值的分布类似于正态分布。我们叠加了正态概率密度曲线来强调这一点。

图中的正态概率密度曲线的均值为 3，方差为 3/100。（伽马（3,1）的均值是 3，方差也是 3。右下角直方图中模拟数据的实际样本均值是 3.006 443，样本方差是 0.030 311 04。）

渐近分布

样本均值的分布以一种系统的方式发生变化，这种想法使我们得到了一个更一般的概念——渐近分布。

在一定条件下，随机变量序列的分布会收敛，当它们收敛时，在统计推断中，渐近分布往往有用。

随着样本量递增趋于无穷，也就是随着 $n \to \infty$，我们对样本统计量（比如均值）的分布感兴趣。在某些情况下，该分布将收敛于某些给定的分布。

许多基于矩或中心顺序统计量的样本统计量的渐近分布，经过适当的标准化，往往是正态分布，正如下面的中心极限定理所指出的。极值顺序统计量的渐近分布在 3.2.4 节讨论。

中心极限定理

考虑从均值为 μ，标准差为 σ 的总体中随机抽取大小为 n 的样本。我们可以将样本表示为一组独立同分布的随机变量 $X_1, \cdots, X_n$。

令

$$\overline{X}_n = \sum_{i=1}^{n} X_i / n$$

现在得到

$$T_n = \frac{\overline{X}_n - \mu}{\sigma} \qquad (3.67)$$

中心极限定理指出，当 n 无限增加趋于无穷大时，T_n 的渐近分布是 N(0,1)。

这相当于描述了 $\overline{X}_n$ 的渐近分布是 N(μ,σ^2)。

这就是我们在图 3.3 右下角直方图，从伽马（3,1）分布得到的样本量为 $n=100$ 的样本均值中观察到的现象。

中心极限定理各种其他形式（关于不同的条件，参见 Gentle，2019，1.4 节）。

3.1.11　概率分布的尾部

在第 1 章中，我们从图 1.24 和图 1.25 的直方图以及图 1.27 和图 1.28 的 q-q 图中发现，股票收益率分布的尾部往往比正态分布的更厚。我们在特定时期观察到 INTC 和 S&P 500 指数（该指数是几种股票价格的平均值）的这种现象。

尾部概率分布的性质在金融的许多领域都很重要，尤其是在风险值评估方面。近年来这些评估出现了惊人的不准确性，强调了需要对尾部概率分布有更好的理解。

我们在本节中要在无限支撑集上，讨论各种描述分布尾部行为的度量指标。有了这些度量指标，我们可以正式定义厚尾分布，或肥尾分布。（有些学者把后者定义为前者的一个子类；然而，我将非正式地使用这两个术语，一般是指分布的尾部比正态分布更厚。）

在厚尾分布中，绝对值大的数值具有相对较大的概率密度，因此厚尾分布的高阶矩非常大，往往是无穷的。（严格地说，这取决于定义矩的积分是否存在，矩本身可能不存在。在本书中，我们将忽略这些数学上细微的差别，而只是把所有这样的矩称为"无穷"。对"不存在"和"无穷"的区别感兴趣的读者，参见 Gentle，2019，1.1.3 节）。

从 3.2.2 节开始，我们简要描述一些有用的概率分布族，如 t 分布、柯西分布和稳定分布。另一种方法是把分布的尾部与分布的中心区域分别建模。广义帕累托分布对此很有用。首先，我们将描述一种衡量尾部有多"厚"的指标。

尾部厚度

因为 PDF 必须在整个实数范围内积分为 1，所以对于定义域范围为无穷的分布，随着 PDF 中变量接近 $-\infty$ 或 ∞，PDF 充分快地接近 0，即尾部足够快地接近 0。

几个标准分布，如正态分布和伽马分布，其定义域范围都是无穷的。我们只考虑定义域取正值的一侧，即使两边的取值范围都是无限的。我们可以确定决定尾部行为的三种 PDF 的一般形式（即核函数，PDF 中包含变量的部分）。

就像在正态分布、指数分布和双指数分布中一样，有

$$e^{-|x|^\lambda}, \quad \lambda > 0 \qquad (3.68)$$

就像帕累托分布（也与"幂律分布"有关）和柯西分布（加上一些其他项）一样，有

$$|x|^{-\gamma}, \quad \gamma > 1 \qquad (3.69)$$

以及就像伽马分布和韦布尔分布一样，有

$$|x|^\lambda e^{-|x|^\beta} \qquad (3.70)$$

（表 3.2 给出了这些分布的 PDF。）

当 $x = \to \infty$ 时，随机变量取值的情况，决定了分布的矩是否有限。

因为式（3.70）的形式是式（3.68）和式（3.69）形式的组合，所以我们只考虑式（3.68）和式（3.69）的形式。

指数尾部

首先考虑式（3.68）的形式。我们称具有这种形式的为指数尾部。

注意，对于任意 $\lambda > 0$ 和任意有限 k，有

$$\mathrm{E}(|X|^k) \propto \int_0^\infty |x|^k \mathrm{e}^{-|x|^\lambda} \mathrm{d}x < \infty \tag{3.71}$$

具有指数尾部的分布的所有矩都取有限值。

在式（3.68）中，λ 决定了分布尾部的概率密度下降的速度。因此，一些具有指数尾部的分布的尾部比其他分布的尾部更厚。例如，双指数分布比正态分布有更厚的尾部，因为

$$\mathrm{e}^{-|x|^2} \to 0$$

快于

$$\mathrm{e}^{-|x|} \to 0$$

多项式尾部

现在考虑式（3.69）的形式。由于这是帕累托分布的 PDF 形式，我们称这种形式为多项式尾部或帕累托尾部。

因为对于各阶矩，我们有

$$\mathrm{E}(|X|^k) \propto \int_0^\infty |x|^k |x|^{-\gamma} \mathrm{d}x \tag{3.72}$$

所以，只有在 $k < \gamma$ 时，矩 $\mathrm{E}(|X|^k)$ 才存在。例如，在帕累托分布中，只有在 $\gamma > 1$ 时，均值才是有限值，只有在 $\gamma > 2$ 时，方差才是有限值。

在式（3.69）中，γ 决定了分布尾部的概率密度下降的速度。

通常，我们会发现多项式尾部比指数尾部要"厚"。因此，我们在衡量尾部行为时更加强调这一点，尤其是尾部指数。

尾部指数

因为式（3.69）中 γ 大于 1，所以我们把该表达式重写为

$$|x|^{-(\alpha+1)}, \quad \alpha > 0 \tag{3.73}$$

并对于尾部为多项式的分布，我们把尾部指数定义为式（3.73）中 α。（需要注意的是，有些作者把尾部指数定义为 $\alpha + 1$，即式（3.69）中的 γ。此外，一些作者把尾部指数定义为倒数 $1/\alpha$ 或 $1/\gamma$。这些量中的任何一个都决定了其他三个量，因此这些差别没有本质区别；但是，读者需要清楚地知道使用的是哪一个。）

具有尾部指数 α 的分布的 PDF $f(x)$ 的阶为 $|x|^{-(\alpha+1)}$；也就是说，对于较大的 $|x|$，有

$$f(x) \propto |x|^{-(\alpha+1)}$$

对于非对称分布，我们使用左尾指数（对于 $x \to -\infty$）和/或右尾指数（对于 $x \to \infty$）。

尾部指数越大，PDF 接近 0 的速度就越快。（这就是为什么倒数可能是更符合逻辑的定义。）

超阈值分布

提到"尾部行为"，我们需要建立界定尾部的阈值。尾部阈值或超过阈值是划定条件超阈值分布的数值。

这个阈值可以被指定为可观察随机变量的某个固定值，也可以被指定为某个比例。例如，在 VaR 中，通常规定阈值为某个比例，通常是 5％，如第 1 章中的例子。PVaR 的简单方法实质上是把用比例表示的阈值转换为用随机变量的取值表示的阈值。对风险值分布（DVaR）更详细的分析，集中在尾部的分布，如 1.4.5 节所述。

随后，让我们把重点放在右尾。给定具有 CDF F 和阈值 x_u 的分布，使得 $0 < F(x_u) < 1$，则大于该阈值的概率为 $1 - F(x_u)$。因此，对于大于阈值 x_u 的取值，F 的超阈值分布具有的 CDF 为

$$F_{x_u}(x) = \frac{F(x) - F(x_u)}{1 - F(x_u)}, \quad x > x_u \tag{3.74}$$

在给定随机变量大于阈值的条件下，超阈值分布是条件分布。在对极端损失进行建模时，超阈值分布很有用。

超阈值分布的均值是条件均值，是关于阈值 x_u 的函数：

$$e(x_u) = \mathrm{E}(X - x_u \,|\, X > x_u) \tag{3.75}$$

经验累积分布函数（ECDF）由高于（或低于）阈值的顺序统计量形成，不管阈值是某个特定的值，还是数据的某个比例，对应于超阈值分布的 CDF。在 2.2 节的讨论中，使用 ECDF 的探索性方法，或那些使用 ECDF 逆的方法，都与只使用最大（或最小）顺序统计量计算 ECDF 有关。另一方面，对于只使用最大（或最小）顺序统计量计算的 q-q 图，参考分布必须以阈值为条件，无论它是分位数还是概率（参见练习 2.17）。

尾部相依

两个随机变量在其各自分布的尾部中的关系令人感兴趣。一个明显的衡量它们之间关系的指标就是条件相关系数，条件是每个随机变量大于某个具体值或具体的分位数。这个指标对变量来说是对称的。正如我们在 1.5 节看到的那样，收益率的相关性在分布的尾部往往更大，这可能对应于市场动荡时期。

另外度量随机变量在其分布尾部的关系的二元指标都基于条件分布，因此对变量是不对称的。

对于具有 CDF F_X 和 F_Y 的两个随机变量 X 和 Y，给定分位数水平 p，我们定义 Y 对 X 的上尾部相依函数为

$$\lambda_u(p) = P(Y > F_Y^{\leftarrow}(p) \,|\, X > F_X^{\leftarrow}(p)) \tag{3.76}$$

其中，和通常一样，$F_X^{\leftarrow}$ 和 $F_Y^{\leftarrow}$ 表示各自的分位数函数，也就是 CDF 的广义逆函数。同样，我们把 Y 对 X 的下尾部相依函数定义为

$$\lambda_l(p) = P(Y \leqslant F_Y^{\leftarrow}(p) \,|\, X \leqslant F_X^{\leftarrow}(p)) \tag{3.77}$$

这些函数也可以用连接函数 $(U, V) = F_{XY}(F_X(X), F_Y(Y))$ 表示为

$$\lambda_u(p) = P(V > p \,|\, U > p)$$

$$\lambda_l(p) = P(V \leqslant p \,|\, U \leqslant p)$$

从式（3.76）和式（3.77）可以清楚地发现，$0 \leqslant \lambda_u(p) \leqslant 1$ 和 $0 \leqslant \lambda_l(p) \leqslant 1$，并且进一步，如果 X 和 Y 是独立的，则 $\lambda_u(P)=1-p$ 和 $\lambda_l(p)=p$。

在应用中，这些量可能与给定的水平 p 有关，但是对于上尾部，我们感兴趣于 $p \to 1$ 的极限，而对于下尾部，我们感兴趣于 $p \to 0$ 的极限。我们把上尾部相依系数定义为

$$\lambda_u = \lim_{p \to 1^-} \lambda_u(p) \tag{3.78}$$

我们把下尾部相依系数定义为

$$\lambda_l = \lim_{p \to 0^+} \lambda_l(p) \tag{3.79}$$

我们发现，如果 X 和 Y 是独立的，则 $\lambda_u = \lambda_l = 0$，如果 $X = Y$ 概率为 1，则 $\lambda_u = \lambda_l = 1$。

厚尾分布和异常值

厚尾分布的 PDF 图通常看起来非常像正态分布或轻尾分布的图。然而，尾部相对较大的概率意味着，当我们从厚尾分布中抽取样本时，偶尔会有几个非常极端的观察值；也就是说，它们会成为异常值，正如我们在 1.3.7 节讨论的例子。我们说，厚尾分布是会产生异常值的分布。

我们可以看一下从柯西分布中抽取的样本量为 100 的随机样本的例子。为此，我们使用 R 中 rcauchy 函数。图 3.4 给出了四个不同的随机样本。前两个样本都有一个或两个非常大的数值，但没有非常小的数值。第三个样本有一个非常小的值，但是没有特别大的值。

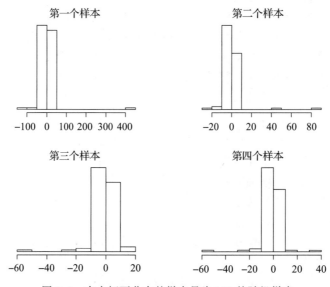

图 3.4　来自柯西分布的样本量为 100 的随机样本

这个例子说明能够生成异常值的分布会给数据分析者带来很大的困难。基于其中一个样本，甚至是所有四个样本的概括，都可能无法正确描述总体。

3.1.12　随机变量序列：随机过程

在金融应用中，我们感兴趣的变量往往是一个序列，其中一个观察值取决于前一个观

察值。一个明显的例子就是股票价格或投资组合价格的时间序列。

我们经常使用符号 $\{X_t\}$ 表示随机序列中的随机变量。

在分析随机过程时，首先要考虑它是否平稳，也就是说，不同子序列的分布性质是否存在某种不变性。平稳性也有不同的程度。如果该过程中每个元素都有相同的分布，并且每个元素都独立于所有其他元素，那么就不需要考虑顺序问题，当然这也是最强的平稳性程度。我们可以用各种方式把平稳性程度变弱，无论是顺序之间的关系，还是分布各方面的不变性。尽管在时间序列的模型中通常只假设两种平稳性，但是有各种程度的平稳性。

随机过程的一个重要性质，就是 t 点的随机变量如何依赖于前面的值。各种随机过程的性质都取决于这些依赖关系的性质。例如，马尔可夫链是一个随机过程，在给定 X_{t-1} 的条件下，X_t 条件独立于 $X_{t-2}, X_{t-3}, \cdots$。

鞅是随机过程，在该随机过程中，给定 $X_{t-1}, X_{t-2}, \cdots, X_t$ 的条件期望值是 X_{t-1}。鞅过程的假设是金融学中许多定价理论的基础。

我们常用的度量顺序之间关系的指标是自相关系数，也就是 $\mathrm{Cor}(X_t, X_{t-h})$，我们在第 1 章简要讨论过这部分，并且在第 5 章中继续深入讨论。

3.1.13 股票价格的扩散过程与期权定价

我们把时间连续的随机过程称为扩散过程。例如，把粒子运动描述为布朗运动，它是连续时间内的扩散过程，我们认为该过程的微分服从正态分布。随机扩散过程可以用随机微分方程（SDE）建模。

股票价格或指数价格的路径可以用扩散过程建模，尽管由于价格对于时间不连续，但是扩散过程模型只能用作离散时间过程的近似。假设 S 代表股票价格，$\mathrm{d}S$ 代表股票在时间 $\mathrm{d}t$ 上的无穷小增量，我们可以把这种增量表示为 S 和 $\mathrm{d}t$ 的函数。如果假设还存在随机噪声，可以增加一项表示噪声，它与股票的波动率（标准差）成比例。因此，我们有如下形式的微分方程：

$$\mathrm{d}S = \mu S \mathrm{d}t + \sigma S \mathrm{d}B \tag{3.80}$$

其中 μ 表示一般的漂移或增长率，σ 表示随机噪声的波动率，$\mathrm{d}B$ 表示随机噪声，我们通常假设它为布朗运动。

这里的目的不是要推导这个方程。我们给出式（3.80），只是为了给出使用这种方法对股票价格建立模型，并说明对于观察到的股票价格行为，这个模型是合理的。在没有进行推导的情况下，我们说明了式（3.80）两个众所周知的结果，这两个结果由随机微分方程基本定理得出，这个基本定理就是伊藤引理，这是求随机微分的链式法则。在第一个方程中，左右两侧除以 S，然后，使用伊藤引理，我们得到：

$$\mathrm{d}\log(S) = \left(\mu - \frac{\sigma^2}{2}\right)\mathrm{d}t + \sigma \mathrm{d}B \tag{3.81}$$

然而，式（3.80）表示带漂移项的比例布朗运动，但是式（3.81）表示带漂移项的几何布朗运动。

这种表示股票价格的扩散模型，其重要应用就是对衍生资产价格 f 进行建模，f 取决于 S 且也取决于时间 t。在为远期合约或期权定价时，我们必须考虑从资产获得的所有收益，比如股利，然后把未来价格贴现到现在。通常所使用的对价格进行折现的方法，都假设存在一个无风险收益率，例如 r_F，而股利收益率要对无风险利率进行调整。下面，我们假设没有股利或其他收益。综合考虑这些因素，再应用伊藤引理和式（3.80），可以得到衍生资产价格 f 满足方程：

$$\frac{\partial f}{\partial t}+r_F S\frac{\partial f}{\partial S}+\frac{1}{2}\sigma^2 S^2\frac{\partial^2 f}{\partial S^2}=r_F f \tag{3.82}$$

我们把式（3.82）称为 Black-Scholes-Merton 微分方程。一个有趣的事实就是，价格的平均漂移并没有出现在这个方程中；只有波动率出现在这个方程中。该方程是 Black-Scholes 和其他相关期权定价方法的基础。我们可以使用欧式期权的固定边界条件，获得看涨或看跌期权的微分方程的解。这个解是美式期权的近似解，由于缺乏固定的边界条件，美式期权没有封闭解。使用这种方法的模型有两个明显的缺点：一是假设波动率不变，二是假设 dB 服从正态分布，dB 是布朗运动的增量。

我们给出到此为止的发展，只是为了说明一般的方法。我们不会在本书就这个问题深入讨论。

股票价格扩散过程的逼近

一个逼近股票价格扩散过程的简单模型从初始价格开始；按照某个收益率调整一个时期的价格，这个时期可能是某一天；继续按照某个收益率调整下一个时期的价格；以此类推，直到未来某个时间点。这是随机游动的推广（我们在第 5 章给出了随机游动的定义，并且进行了讨论）。各时期的收益率可能服从某种平滑分布，比如图 1.20 的直方图所给出的 INTC 的收益率。

这些股票价格路径的最终价格的概率分布，就是所预测的未来该点价格的概率分布。（练习 3.19b 要求模拟这样的过程。例如，类似于图 1.2 所示的 INTC 收盘价格路径的价格过程。）

对于服从某种平滑分布的随机收益率的离散时间扩散过程来说，可以修改这一过程，以允许价格出现跳跃的改变量。（例如，参见练习 3.21b。）

可以利用股票期末价格的概率分布，确定股票期权的公平价格。期权价值必须折现到现在，而且必须考虑期权的性质。例如，可以在任何时候执行的美式期权，与欧式期权的价值可能略有不同。

另一种逼近股票价格扩散过程的通常方法是形成有根的价格树。尽管我们可以使用各种价格树，但是最简单的价格树是二叉树；即每个节点有两个分支。根节点是起始价格。随后，有两个节点，代表未来的一个时期内，有两个可能的价格，一个上涨，一个下跌。接下来有四个节点，代表未来的两个时期内，与第一步后的每个可能价格相比，都有两个可能的价格，一个上涨，一个下跌。该过程将一直持续到未来的某个时间点，也许就是问题中股票期权的到期日。

一般二叉树模型有几个参数：时间间隔的长度、每个节点处向上移动的概率，以及向上和向下移动的幅度大小。

在期权定价的应用中，我们简单地选择二叉树模型的参数。首先，我们选择所有的时间间隔都相等。然后我们假设所有节点的概率不变。接下来，我们假设在所有节点处所有价格波动幅度都相等。这就把步骤 k 的节点数从 2^k 减少到只有 $k+1$。这两个简单的选择也就使得二叉树成为二项树，如图 3.5 所示。

在时间 t_3，股票价格是 S_3，它是四个值 S_{30}、S_{31}、S_{32} 或 S_{33} 中的一个。在时间 t_3 具有执行价格 K 的看涨期权的内在价值是 $(S_3-K)_+$。

假设价格上下波动幅度相等不符合现实。假设所有节点上、下和所有节点之间的所有价格变动都成比例，可能会更好；也就是说，在任何价格为 S_k 的节点上，下一个节点上的上涨的价格是 uS_k，其

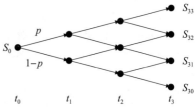

图 3.5　股票价格路径的二叉树模型

中 u 是大于 1 的正数，而下一个节点上的下降的价格是 S_k/u。尽管这是一个很强的假设，注意，在此模型下，图 3.5 中垂直变化的幅度也不是恒定的。

如果期权到期时间是 T，那么就没有时间价值，所以看涨期权的价值只是其内在价值，$(S_T-K)_+$，而看跌期权的价值只是 $(K-S_T)_+$。因此，期末价格的概率分布，即 $T=t_3$ 情况下 S_3 的概率分布，为期权到期时的价值提供了概率分布。这对美式期权和欧式期权都成立。

这个模型允许我们使用二叉树确定期权在到期时的期望价值，再加上风险中性假设，我们可以通过把期望价值折现到 t_0 时间，确定欧式期权的公平价值，同时如果考虑红利，那么就会降低无风险折现率。我们把这种期权定价模型称为 Cox-Ross-Rubinstein（CRR）模型，由 Cox、Ross 和 Rubinstein（1979）最早提出。

要使用这个模型，我们只需要选择上涨或下跌的概率和移动的比例。Cox、Ross 和 Rubinstein（1979）假设移动比例为

$$u=\mathrm{e}^{\sigma\sqrt{\Delta t}}$$

其中 σ 是股票（年化）波动率，Δt 是节点间的时间间隔长度（以年为单位）。这是对数收益率分布的标准差。假设股票没有股利或其他回报，我们选择上涨的概率为

$$p=\frac{\mathrm{e}^{r_F\Delta t}-1/u}{u-1/u}$$

其中 r_F 是无风险收益率。（如果股利收益率为 q，那么折现项变为 $\mathrm{e}^{(r_F-q)\Delta t}$。）这种概率选择限制了间隔的大小。为了使 p 介于 0 和 1 之间，我们必须有

$$\Delta t<\sigma^2/r_F^2$$

给定这些选择且给定起始价格 S_0，我们现在可以构建二叉树，或者简单地计算任何节点的价格。我们还可以使用二项分布计算任何节点的概率（参见 3.2.1 节）。

任何节点的价格，都可以通过乘以 $\mathrm{e}^{-kr_F\Delta t}$ 返回第 k 步。

练习 3.6 要求使用此方法确定看涨期权的公平价格。

3.2　一些有用的概率分布

我们经常使用几种特定形式的概率分布，作为可观察事件的模型，例如对收益率或股票价格的模型。我们列出了这些有用的概率分布的名称，并研究它们的性质。表 3.1、

表 3.2 和表 3.3 列出了一部分标准分布。在本节中，除了标准分布外，我们还要讨论灵活地选择与一组观察数据相匹配的分布族或混合分布的问题。

表 3.4 给出了常见分布的 R 函数。在某些情况下，分布的参数可以用其他参数代替。表 3.1～表 3.3 设定的参数一般与相应的 R 函数参数一致。也有一些非标准分布的 R 包。在许多情况下，可以从其他标准分布中形成具有理想性质的分布，作为模型使用。

符号

对于一些常见的分布，我们使用简化的符号。我们已经为标准均匀分布引入了符号 U(0,1)，为 (a,b) 上的均匀分布引入了符号 U(a,b)。对于标准正态分布，引入了符号 N(0,1)，而对于具有均值 μ 和方差 σ^2 的正态分布，引入了符号 N(μ,σ^2)。（注意第二个参数是方差，而不是标准差。）

为了表示随机变量的分布，我们将使用符号"～"；例如，

$$X \sim \mathrm{N}(\mu,\sigma^2)$$

这意味 X 是一个服从分布 N(μ,σ^2) 的随机变量。

3.2.1 离散分布

表 3.1 显示了一些常见的离散分布。除多项分布外，所有这些分布都是一元分布。

表 3.1　常见离散分布的概率函数

二项分布	$\binom{n}{x}\pi^x(1-\pi)^{n-x}$, $x=0,1,\cdots,n$ $n=1,2,\cdots$; $0<\pi<1$
负二项分布	$\binom{x+n-1}{n-1}\pi^n(1-\pi)^x$, $x=0,1,2,\cdots$ $n=1,2,\cdots$; $0<\pi<1$
多项分布	$\dfrac{n!}{\prod x_i!}\prod_{i=1}^{k}\pi_i^{x_i}$, $x_i=0,1,2,\cdots,n$　$\sum\limits_{i=1}^{k}x_i=n$ $k=1,2,\cdots$; $n=1,2,\cdots$; $0<\pi,\cdots,\pi_k<1$
泊松分布	$\lambda^x\mathrm{e}^{-\lambda}/x!$, $x=0,1,2,\cdots$ $\lambda>0$
几何分布	$\pi(1-\pi)^y$, $x=0,1,2,\cdots$ $0<\pi<1$
超几何分布	$\dfrac{\binom{M}{x}\binom{N-M}{n-x}}{\binom{N}{n}}$, $\quad x=\max(0,n-N+M),\cdots,\min(n,M)$ $N=2,3,\cdots$; $M=1,\cdots,N$; $n=1,\cdots,N$

二项分布是 n 个独立试验的成功次数的分布，其中每个试验的成功概率为 π。$n=1$ 的二项分布称为伯努利分布；也就是说，伯努利过程是随机变量取值为 1 且概率为 π，否则取值为 0 的分布。

对价格建模的离散时间扩散过程，如前所述，我们可以用二项（实际上是伯努利）事件序列进行逼近，这个二项事件称为二项树。我们有时使用二项树确定期权的公平价格。

如果伯努利过程由具有不变概率 π 的相互独立步骤组成，在第一步后，有一个 1 的概率为 π；在第二步后，有两个 1 的概率为 π^2，有一个 1 的概率为 $\pi(1-\pi)$，没有 1 的概率为 $(1-\pi)^2$。这与伯努利过程中 $n=2$ 和 π 的二项分布一样。

我们也可以把概率发生变化的伯努利事件连接在一起。下面我们举例说明，在第一步，"向上"的概率是 π_1；在第二步，如果第一步是"向上"，则"向上"的概率是 π_{21}；而如果第一步是"向下"，则"向上"的概率是 π_{22}。结果出现 A、B 或 C 的概率可以用条件概率来表示。因此（即条件性），我们有时把这个模型称为"贝叶斯网"。例如，事件 A 的概率是给定第 1 步"向上"，第 2 步"向上"的概率，即 $\pi_{21}\pi_1$。事件 B 的概率是两个条件概率的总和，即 $(1-\pi_{21})\pi_1+\pi_{22}(1-\pi_1)$。

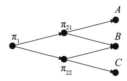

如果概率都相等，例如 π，而且事件是独立的，那么最终状态的分布是二项的。由上图得：
$$A\Leftrightarrow X=2 \quad B\Leftrightarrow X=1 \quad C\Leftrightarrow X=0$$
X 的 PDF 是二项 $(2,\pi)$ 的 PDF。

$$\binom{n}{x}\pi^x(1-\pi)^{n-x}, \quad x=0,1,2$$

泊松分布族可以很好地作为许多事件频率分布的模型，例如在给定时段内给定地点发生致命事故的数量。

有时泊松分布可以很好地对极端事件的发生进行建模，例如：股市中突然出现的无法解释的抛售。（市场上永远不会出现"无法解释"的事件，因为总是会有"解释"。）这样的事件对股票或指数价格的影响称为"跳跃"。对股票价格建模的离散时间扩散过程，比如 3.1.13 节所提到的，可能应该包括一些"普通"收益率的连续分布和用于非正常收益率的泊松分布。我们有时把非正常收益率称为泊松跳跃。

泊松分布的均值为 λ，方差也为 λ。（我们在式（3.12）中证得了均值是 λ，练习 3.3a 要求推导方差。）

离散均匀分布是指某个随机变量在 k 个不同值的集合中取任何值的概率都相等。离散均匀分布的 CDF 与具有不同元素的样本的 ECDF 相同。离散均匀分布构成了自助法的理论基础，我们在 4.4.5 节进行讨论。

离散均匀分布是一个相当简单的分布，其概率函数（常数 $1/k$）、CDF 和分位数函数都没有 R 函数。

3.2.2　连续分布

表 3.2 列出了一些常见的一元连续分布，表 3.3 列出了两个多元连续分布。

表 3.2 常见一元连续分布的概率密度函数

正态分布；$N(\mu, \sigma^2)$ （高斯分布）	$\dfrac{1}{\sqrt{2\pi\sigma^2}}e^{-(x-\mu)^2/2\sigma^2}$ $-\infty < \mu < \infty$；$\sigma^2 > 0$
对数正态分布	$\dfrac{1}{\sqrt{2\pi}\sigma}x^{-1}e^{-(\log(x)-\mu)^2/2\sigma^2}$，$x > 0$ $-\infty < \mu < \infty$；$\sigma > 0$
贝塔分布	$\dfrac{\Gamma(\alpha+\beta)}{\Gamma(\alpha)\,\Gamma(\beta)}x^{\alpha-1}(1-x)^{\beta-1}$，$0 < x < 1$ α，$\beta > 0$
柯西分布 （洛仑兹分布）	$\dfrac{1}{\pi\beta\left(1+\left(\dfrac{x-\gamma}{\beta}\right)^2\right)}$ $-\infty < \gamma < \infty$；$\beta > 0$
伽马分布	$\dfrac{1}{\Gamma(\alpha)\,\beta^{\alpha}}x^{\alpha-1}e^{-x/\beta}$，$x > 0$ α，$\beta > 0$
指数分布	$\lambda e^{-\lambda x}$，$x > 0$ $\lambda > 0$
双重指数分布 （拉普拉斯分布）	$\dfrac{1}{2\beta}e^{-|x-\mu|/\beta}$ $-\infty < \mu < \infty$；$\beta > 0$
logistic 分布	$\dfrac{e^{-(x-\mu)/\beta}}{\beta\,(1+e^{-(x-\mu)/\beta})^2}$ $-\infty < \mu < \infty$；$\beta > 0$
帕累托分布	$\alpha\gamma^{\alpha}x^{-\alpha-1}$，$x > \gamma$ α，$\gamma > 0$
韦布尔分布	$\dfrac{\alpha}{\beta}x^{\alpha-1}e^{-x^{\alpha}/\beta}$，$x > 0$ α，$\beta > 0$

表 3.3 多元连续分布的概率密度函数

多元正态分布 $N_d(\mu, \Sigma)$	$\dfrac{1}{(2\pi)^{d/2}|\Sigma|^{1/2}}e^{-(x-\mu)^{\mathrm{T}}\Sigma^{-1}(x-\mu)/2}$ $-\infty < \mu < \infty$；Σ 为 $d \times d$ 正定矩阵
狄利克雷分布	$\dfrac{\Gamma\left(\displaystyle\sum_{i=1}^{d+1}\alpha_i\right)}{\displaystyle\prod_{i=1}^{d+1}\Gamma(\alpha_i)}\prod_{i=1}^{d}x_i^{\alpha_i-1}\left(1-\sum_{i=1}^{d}x_i\right)^{\alpha_{d+1}-1}$，$0 < x_i < 1$ $\alpha > 0$

表 3.2 中未列出的另外四个分布是卡方分布、t 分布、F 分布和稳定分布。卡方分布、t 分布和 F 分布可由正态分布得到。它们的 PDF 相当复杂，因此我们只用正态分布定义它们。这三个分布族广泛用于统计假设检验，我们在 4.4.2 节简要地提到了它们，并在各种应用中再次提及。每种分布都有 R 函数，如表 3.4 所示。

稳定分布是厚尾分布。虽然 t 分布主要用于统计假设检验，但是它也是厚尾分布，因此在金融建模应用中非常有用。我将从 3.2.4 节开始简要讨论这些分布。

均匀分布

一个最简单的连续随机变量，是在区间 $[a, b]$ 上具有均匀分布的随机变量。我们把这种分布表示为 U(a, b)。最常见的均匀分布和"标准分布"是 U$(0, 1)$。它在随机数据的模拟中起着重要作用（见 3.3 节）。

均匀分布的 CDF 为

$$F(x) = \begin{cases} 0, & x < a \\ (x-a)/(b-a), & a \leqslant x < b \\ 1, & b \leqslant x \end{cases}$$

U(a, b) 分布的均值为 $(a+b)/2$，方差为 $(b^2 - 2ab + a^2)/12$。

尽管 R 中用于均匀分布的"d""p"和"q"函数非常简单，但是却很少使用，而经常使用"r"函数 runif。

正态分布族或高斯分布族

最常用的概率分布是正态分布或高斯分布。（这里，"正态分布"和"高斯分布"没有区别。）我把具有均值 μ 和方差 σ^2 的正态分布用 N(μ, σ^2) 表示。

正态分布族的一个重要性质就是，通过线性变换，该族所有成员随机地与任何其他成员相同。如果 $X \sim N(\mu, \sigma^2)$，a 和 b 是任何数字，且 $b \neq 0$，且

$$Y = a + bX$$

那么有 $Y \sim N(a + b\mu, b^2 \sigma^2)$。

对于任意的正态分布其偏度为 0，峰度为 3。

正态分布如此重要的原因之一就是中心极限定理（参见 3.1.10 节）。

正态分布的 PDF 图是我们熟悉的"钟形曲线"。均值等于样本均值、方差等于样本方差的正态分布的 PDF 图，作为参考分布显示在图 1.24 和图 1.25 中。正态分布的分位数在图 1.27 和图 1.28 的 q-q 图中用作参考。

我们通常把标准正态分布的 PDF 表示为 $\phi(x)$，把 CDF 表示为 $\Phi(x)$。

在使用 R 函数指定正态分布时，需要注意，它是以标准差而不是方差指定某个正态分布。因此，例如，为了计算 N$(0, 9)$ 分布在 x 点处的 PDF，我们要使用 dnorm(x, 0, 3)。

对数正态分布族

对于取值为正的随机变量，取对数后服从正态分布，我们称该随机变量服从对数正态分布；也就是说，当（且仅当）X 服从对数正态分布，那么 $Y = \log(X)$ 服从正态分布。在金融应用中，只要用正态分布模拟对数收益率，就会出现对数正态分布。如果对数收益率服从正态分布，那么相应的价格就服从对数正态分布。正如我们所强调的那样，对数收

益率的分布通常比正态分布的尾部更厚；尽管如此，我们经常用正态分布作为快速近似。

我们使用正态分布的两个参数，就可以完全说明对数正态分布的特点，因此为了从对数正态分布族中确定某个成员，通常需要确定这些参数。

如果 Y 服从参数为 μ 和 σ^2 的正态分布，那么 $X = e^Y$ 服从参数为 μ 和 σ 的对数正态分布。（显然，我们也可以选择 σ^2 作为参数。）这种变换是一对一变换，并且是可微的，因此，使用 3.1.2 节所描述的方法，我们很容易地计算得到对数正态分布的 PDF，如表 3.2 所示。我们从 PDF 或定义本身可以清晰地看出，中位数是 e^μ（因为正态分布的中位数是 μ），而且分布偏斜的程度很高。

计算对数正态分布均值 $E(e^Y)$，其中 $Y \sim N(\mu, \sigma^2)$。根据 Y 的期望值，我们得到对数正态 (μ, σ) 的均值为 $\exp(\mu + \sigma^2/2)$。我们首先计算 $E(X^2) = E(e^{2Y})$，然后减去均值的平方，从而得到方差。对数正态 (μ, σ) 的方差为 $\exp(2\mu + \sigma^2)(\exp(\sigma^2) - 1)$。为了进行必要的计算，要在正态分布 PDF 的指数部分进行配方，以得到已知为 1 的积分。例如，对于均值进行配方，我们有

$$-(y - \mu)^2/2\sigma^2 + y = -(y - (\mu + \sigma^2))^2/2\sigma^2 + \mu + \sigma^2/2 \tag{3.83}$$

因此，在期望的计算中，积分就等于 $\exp(\mu + \sigma^2/2)$。通过这些简单计算，我们可以得到对数正态随机变量的矩的一般表达式：$E(X^k) = \exp(k\mu + k^2\sigma^2/2)$。在这里，我们通过重新排列各项，可以得到已知为 1 的积分或和的方法，与我们在 3.1.1 节计算泊松随机变量均值的方法相同。

卡方分布、t 分布和 F 分布

我们首先给出定义这些分布的正态随机变量的三个简单关系。

如果 $X_1, \cdots, X_n$ 独立，并且每个分布都为 $N(0, \sigma^2)$，则

$$V = \frac{X_1^2 + \cdots + X_n^2}{\sigma^2} \tag{3.84}$$

服从自由度（df）为 n 的卡方分布。自由度通常用 ν 来表示。自由度作为参数出现在卡方分布的 PDF 和 CDF 中，它不需要是整数。卡方分布支撑集是非负实数，分布呈右偏。

从这些事实（以及另外几个我们不在这里讨论的事实）得到的重要结论是，如果样本来自总体分布 $N(\mu, \sigma^2)$ 且样本量为 n，样本方差（式 (1.49)）为 S^2，则

$$(n-1)S^2/\sigma^2$$

服从自由度为 $n-1$ 的卡方分布。

如果 $X \sim N(0, 1)$ 和 $V \sim$ 卡方 (ν)，并且 X 和 V 是独立的，则

$$T = \frac{X}{\sqrt{V/\nu}} \tag{3.85}$$

服从自由度（df）为 ν 的 t 分布。这个分布也称为"学生 t 分布"。（"学生"这个名字来自第一篇描述这种分布的学术论文的作者使用的笔名；我们把它称为 t 分布。）

t 分布关于 0 左右对称。（我们稍后考虑 t 分布的一般情况，从而可以讨论不同情况下的均值、尺度和偏度。）

t 分布只有一个参数，即自由度 ν。这个参数的名称"自由度"，由形成 t 变量的变换

直观启发地得出，但是我们在此不对选择使用这个名称进行说明。我们通常称该参数为"df"。同样从正态分布衍生而来的卡方分布和 F 分布也有类似的参数，也称为 df。

在对具有未知均值和方差的正态分布的数据进行统计分析时，我们经常除以卡方分布的统计量以估计方差。用正态分布的统计量除以卡方分布的统计量与其自由度之比的平方根，形成 t 变量，我们把这个过程称为"学生化"。

我们根据这些事实（以及其他一些我们在此不做讨论的事实）得到一个重要结果，如果 X 是样本均值，S^2 是来自总体分布为 $N(\mu,\sigma^2)$ 的样本量为 n 的样本方差，那么

$$\frac{\overline{X}-\mu}{S/\sqrt{n}}$$

服从自由度为 $n-1$ 的 t 分布。（请注意，这不涉及 σ^2；分子除以 σ 得到方差 1，分母也除以 σ 形成卡方随机变量。）

正态分布的一个非常重要的性质（这里我们不加以证明）就是，对于来自 $N(\mu,\sigma^2)$ 分布的样本 $X_1,\cdots,X_n$，样本均值和样本方差相互独立。

由标准正态随机变量除以卡方随机变量与其自由度之比的平方根形成的 t 随机变量，是中心 t 分布。如果正态随机变量的均值非零，那么由该比率形成的变量就是非中心 t 分布。正态随机变量均值是非中心 t 分布的非中心参数。在统计应用中，经常用非中心 t 分布评估统计假设检验的功效。

如果 $V_1 \sim$ 卡方(ν_1) 和 $V_2 \sim$ 卡方(ν_2)，且 V_1 和 V_2 是独立的，那么

$$F = \frac{V_1/\nu_1}{V_2/\nu_2} \tag{3.86}$$

服从自由度（df）为 ν_1 和 ν_2 的 F 分布。因此，F 分布有两个参数，即两个自由度 ν_1 和 ν_2。F 分布的支撑集是非负实数，分布呈右偏。

这些分布相互之间有一些简单的关系，例如，我们可以从卡方分布的定义发现，如果 $V_1 \sim$ 卡方(ν_1) 和 $V_2 \sim$ 卡方(ν_2)，且 V_1，V_2 相互独立，那么 V_1+V_2 服从具有自由度 $\nu_1+\nu_2$ 的卡方分布。

我们还看到，如果 T 服从具有自由度 ν 的 t 分布，那么 T^2 服从具有自由度 1 和 ν 的 F 分布。

这些基于均值为 0 的正态分布的总体分布，所得到的分布都是"中心"分布。还有一些非中心分布以类似的方式形成，只是从总体分布服从 $N(\mu,1)$ 开始，$\mu \neq 0$。

如果 $X \sim N(\mu,1)$ 和 $V \sim$ 卡方(ν)，即 V 服从中心卡方分布，且 X 和 V 是独立的，则

$$\frac{X}{\sqrt{V/\nu}} \tag{3.87}$$

服从具有自由度 ν 和非中心参数 μ 的非中心 t 分布。当 $\mu<0$ 时，非中心 t 分布向右偏；如果 $\mu>0$ 时，非中心 t 分布向左偏。尽管有时为了建模，我们需要 t 分布的偏斜形式，但是非中心 t 分布不能很好地达到建模的目的；相反，用 3.2.4 节所讨论的方法，构造偏斜 t 分布却更有用。

贝塔分布

虽然贝塔分布在有限范围内，通常是 [0,1]，是一种非常灵活的分布，但是它可以推广到任何有限范围。贝塔分布有两个参数，允许它有各种形状。密度曲线可以是对称的，也可以是向任意方向偏斜的，还可以是凹的或凸的。如果两个参数都是 0，那么贝塔分布就变为均匀分布。

贝塔分布的 PDF 为

$$f(x) = \frac{\Gamma(\alpha+\beta)}{\Gamma(\alpha)\Gamma(\beta)} x^{\alpha-1}(1-x)^{\beta-1}, \quad 0 \leqslant x \leqslant 1 \tag{3.88}$$

贝塔的参数是形状参数，如图 3.6 所示。贝塔的均值是 $\alpha/(\alpha+\beta)$，方差是 $\alpha\beta/((\alpha+\beta)^2 \cdot (\alpha+\beta+1))$。

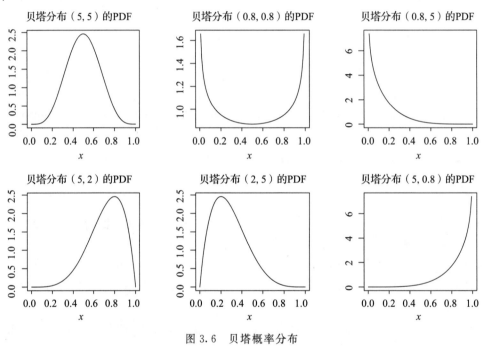

图 3.6　贝塔概率分布

图 3.6 显示了贝塔分布的多变性，不同的参数可以提供不同的形状。图中所示的所有分布，它们的定义域都是 (0,1)，但是它们可以按比例调整为任意有限范围。

伽马分布、指数分布、韦布尔分布和双指数分布

伽马分布族是非常灵活的定义域为正数的偏斜分布。伽马分布有一些重要的特例，也有一些有用的一般类型。

基本伽马分布的 PDF 为

$$f(x) = \frac{1}{\Gamma(\alpha)\beta^{\alpha}} x^{\alpha-1} \mathrm{e}^{-x/\beta}, \quad 0 \leqslant x \tag{3.89}$$

其中 Γ 是完整的伽马函数

$$\Gamma(\alpha) = \int_0^\infty t^{\alpha-1}\mathrm{e}^{-t}\,\mathrm{d}t$$

伽马的均值是 $\alpha\beta$，方差是 $\alpha\beta^2$。

还有其他常见的伽马参数。式（3.89）所给出的形式对应 R 使用的函数包。

伽马分布的特例是，当 $\alpha=1$ 时它变为指数分布，当 $\beta=2$ 时它变为卡方分布。在卡方分布中，我们把 $\nu=2\alpha$ 称为"自由度"。如上所述，卡方分布是 ν 个相互独立且服从 $N(0,1)$ 的随机变量平方和的分布。

一个相关的分布是韦布尔分布，其 PDF 为

$$f(x) = \frac{\alpha}{\beta^\alpha}x^{\alpha-1}\mathrm{e}^{-(x/\beta)^\alpha}, \quad 0 \leqslant x \tag{3.90}$$

另一个相关的分布是双指数分布，也称为拉普拉斯分布。这是一个镜像指数分布。它的 PDF 是

$$f(x) = \frac{1}{2\beta}\mathrm{e}^{-|x-\mu|/\beta} \tag{3.91}$$

它是关于 μ 的对称分布（标准情况下是 0，是指数分布的下界）。

双指数分布的尾部也是指数分布，所以所有的矩都有限。然而，相对于正态分布，双指数分布是厚尾分布。

帕累托分布

帕累托分布在经济学中广泛用于诸如收入分配的建模。经过选择适当的参数，它能对"80/20 规则"进行建模。例如，在某个给定的国家，80% 的财富可能由 20% 的人拥有。

一个帕累托分布的 PDF 公式是

$$f(x) = \alpha\gamma^\alpha x^{-\alpha-1}, \quad x \geqslant \gamma \tag{3.92}$$

其中，位置参数 $\alpha>0$，同样，形状参数 $\gamma>0$。对于 $\alpha>1$，帕累托分布的均值为 $\alpha\gamma/(\alpha-1)$，对于 $\alpha>2$，帕累托分布的方差为 $\alpha\gamma^2/((\alpha-1)^2(\alpha-2))$。

因为帕累托分布是高度向右偏斜的，所以经常用作家庭财富或收入分配的模型。在这些应用中，它通常与洛伦兹曲线和基尼系数有关。图 2.3 比较凸的洛伦兹曲线是来自样本量为 100 的帕累托分布的样本，且 $\gamma=1$，$\alpha=\log_4(5)\approx1.16$。这个 α 值对应于 80/20 规则，图 2.3 的图显示了 80% 的总量对应于 20% 的人口的那个点。

一个简单的帕累托分布的例子称为"单位帕累托"，其中 $\alpha=2$ 和 $\gamma=1$。这是 $X=1/U$ 的分布，其中 $U\sim U(0,1)$。

R 包 EnvStats 包含与式（3.92）中的参数相对应的帕累托分布函数。然而，还有其他的帕累托 PDF 公式。例如，rmutil 包中帕累托函数使用完全不同的公式，带有一个"分散"参数。

帕累托分布是幂律分布，在不同的参数下，用下列形式的核函数描述其性质：

$$x^\rho$$

这些分布的尾部是多项分布或帕累托分布。（显然，对于拥有无限支撑的分布，ρ 必须为负。）

上面的公式不适用于一些其他帕累托分布的变形。"广义帕累托"（参见 3.2.4 节）不

是该公式的推广。

柯西概率分布

标准柯西分布的 PDF 为

$$f(x) = \frac{1}{\pi(1+x^2)} \tag{3.93}$$

具有 1 个自由度的 t 分布是标准柯西分布；也就是说，一个服从柯西分布的随机变量随机地等价于两个独立的 N(0,1) 随机变量的比。

柯西分布的均值和方差是无穷的。（或者，可以说它们不存在。）

厚尾分布

在 3.1.11 节，我们讨论了厚尾分布，以及评估随机变量在其分布尾部的行为的各种方法。由于许多金融变量看起来都呈现厚尾分布，因此确定一些特定的厚尾分布并研究其性质很有吸引力。

前面讨论的一些分布都有厚尾。其中有一类尾部以系统方式变化的分布族，对于实证金融数据的建模非常有用。我们讨论两个这样的分布族，即 t 分布族和稳定分布族。t 分布族成员，其尾部随着自由度的减少而变厚，直到一个自由度，t 分布与柯西分布相同。对于自由度无限增加的极限情况，t 分布与标准正态分布相同。如下面所讨论的位置-尺度 t 分布，这提供了更大的灵活性，可以允许不同的一阶矩和二阶矩。

稳定分布族的范围包括了从正态分布到柯西分布。

在 3.2.4 节中，我们讨论这些和其他灵活的分布族，这些分布族可以用来对具有各种频率分布形状的观察值进行建模。

许多分布族的标准形式都是对称的，但是可以修改它们，使得它们具有偏斜分布。我们在 3.2.4 节开始讨论两种形成偏斜分布的方法。

3.2.3   多元分布

我们可以把一元分布推广到由独立变量构成的多元分布，只要可以形成一个概率函数或概率密度函数的乘积。然而，我们对多元分布的兴趣通常集中在单个随机变量之间的关系上。有几种可以将标准分布推广到多元分布的方法，但是其中大多数只在有限的条件下可以作为有用的模型。然而，有四种标准的多元分布在一系列应用中都有用。

多项概率分布

多项分布是二项分布的推广。尽管二项模型把 n 个事件以概率 π 和 $1-\pi$ 分成两组（成功和失败），而多项模型将 n 个事件分成 k 个组，概率分别为 $\pi_1, \cdots, \pi_k$。各组之间互斥，因此 $\sum \pi_i = 1$。落入各组的个数 x_i 之和为 n。

k 元多项随机变量的第 i 位和第 j 位（$i \neq j$）元素的协方差为 $-n\pi_i \pi_j$。

由 $k-1$ 个独立且相同的二项分布，可以很容易地递归形成多项分布。

狄利克雷概率分布

狄利克雷是贝塔分布的多元扩展。我们已经发现贝塔分布的参数的变化，使得分布的形状具有更大的灵活性（见图 3.6）。狄利克雷同样也有各种形状，由向量参数 α 决定。d

元狄利克雷有 $d+1$ 个参数，正如一元贝塔有 2 个参数一样。

给定 $d+1$ 维正向量 α，d 元狄利克雷 PDF 为

$$f(x;\alpha)=\frac{\Gamma\left(\sum_{i=1}^{d+1}\alpha_i\right)}{\prod_{i=1}^{d+1}\Gamma(\alpha_i)}\prod_{i=1}^{d}x_i^{\alpha_i-1}\left(1-\sum_{i=1}^{d}x_i\right)^{\alpha_{d+1}-1},\quad 0<x_i<1 \tag{3.94}$$

在这些参数中，α_{d+1} 参数具有特殊的作用；它类似于式（3.88）给出的贝塔分布 PDF 中的 β 参数。

k 元狄利克雷随机变量第 i 位、第 j 位（$i\neq j$）元素具有协方差 $-\alpha_i\alpha_j/(a^2(a+1))$，其中 $a=\sum_{k=1}^{d}\alpha_k$。

多元正态概率分布

我们用 $\mathrm{N}_d(\mu,\Sigma)$ 表示多元正态分布族，该分布族由 d 维向量 μ（即均值）和正定 $d\times d$ 矩阵 Σ（即方差-协方差）决定。

多元正态分布的 PDF 是

$$f(x;\mu,\Sigma)=\frac{1}{(2\pi)^{d/2}|\Sigma|^{1/2}}e^{-(x-\mu)^{\mathrm{T}}\Sigma^{-1}(x-\mu)/2} \tag{3.95}$$

如前所述，在正态分布的情况下，如果两个变量 X_1 和 X_2 的协方差为 0，那么它们相互独立。

多元 t 概率分布

多元 t 随机变量可以由多元正态随机变量和独立的一元卡方随机变量以类似构造一元 t 的方式形成。设 $X\sim\mathrm{N}_d(0,I)$，$V\sim$ 卡方(ν)，X 与 V 独立。那么多元随机变量

$$Y=X/\sqrt{V/\nu}$$

服从具有自由度 ν 的多元 t 分布。如果 $\nu>1$，则 Y 的均值为 0 向量。如果 $\nu>2$，则 Y 的方差-协方差矩阵为 $\nu I/(\nu-2)$。

我们也可以按照针对一元 t 分布所描述的方式，把多元 t 分布推广到位置-尺度的多元 t 分布。

这是中心多元 t 分布。除 $X\sim\mathrm{N}_d(\delta,\Sigma)$ 外，非中心多元 t 分布定义如上，其中 $\delta\neq0$。

多元正态分布和中心多元 t 分布均为椭圆分布。

3.2.4　对建模有用的一般分布族

统计数据分析的主要问题，就是选择一个用于分析的概率模型。我们希望找到一个简单的、容易操作的分布，但是又能很好地与观察样本中的频率分布相一致。在一元情况下，利用直方图和其他图形以及简单的概括统计量，我们通常可以从表 3.1～表 3.3 所列的分布中选择一个合适的分布。

确定一个概率分布的简单方法就是以观察到的分位数为基础。只要知道几个分位数，我们就可以寻找一个相匹配的分布。这类似于在 q-q 图中寻找参考分布。例如，我们已经发现，具有 4 个自由度的 t 分布比正态分布更适合拟合某些收益率的分布。（这就是图

2.10 的结果。) 然而，也可能不存在拟合效果非常好的"标准"分布。

t 概率分布

如上所述，标准正态随机变量除以卡方随机变量与其自由度之比的平方根得到 *t* 随机变量。

t 分布族是对称族，其均值为 0，峰度随一个称为自由度的参数而变化。它是我们提到的两个分布族之一，随着峰度参数的变化，该分布的范围从标准正态分布到柯西分布。

t 分布族的数学性质非常复杂，经过总结，我们只是给出一些重要性质。*t* 分布的 PDF 有一个多项式或帕累托尾部，尾部指数等于自由度。

具有自由度 ν 的 *t* 随机变量随机地等价于由标准正态随机变量除以具有自由度 ν 的独立分布的卡方随机变量与 ν 之比的平方根形成的随机变量。如果 $\nu \leqslant 2$，则 *t* 随机变量的方差无穷大（或未确定）；否则，方差是 $\nu/(\nu-2)$。注意，随着 ν 无限增加，方差接近 1，这是标准正态分布的方差。

如果 $\nu \leqslant 4$，则其峰度为无穷大（或未确定）；否则，峰度为 $3+6/(\nu-4)$，超额峰度为 $6/(\nu-4)$。注意，当 ν 无限增加时，峰度接近正态分布的峰度 3。

在图 3.7 中，我们给出了具有不同自由度的 *t* 分布的样本相对于正态参考分布的 q-q 图。我们看到，随着自由度的减少，尾巴逐渐变得更厚。

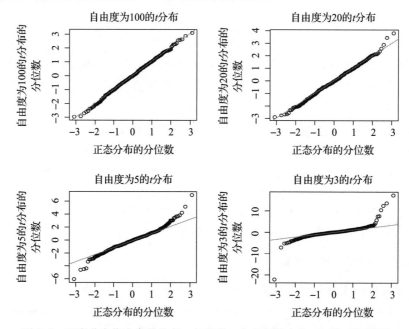

图 3.7 正态分布作为参考分布，与服从 *t* 分布的样本的 q-q 图（见彩插）

图 2.10 显示了类似的性质，但是从不同的角度发现这个结果。

图 3.7 中随机样本由 R 生成。如果使用同一个程序生成不同的样本，那么 q-q 图一般具有相同的形状，但是它们看起来可能与图 3.7 中的样本完全不同。这是因为在厚尾分布

的样本中极端顺序统计量的方差很大，所以不同样本之间有很大的差异，比如我们在图
3.4 中观察到的那样。

位置-尺度 t 分布

在金融应用中，因为 t 分布有很厚的尾部，所以经常使用 t 分布作为收益率分布的
模型。

在一般的建模应用中，从标准差为 1 的分布开始建模，这非常有用。如果 $\nu > 2$，那么
t 随机变量的标准差为 $\sqrt{\nu/(\nu-2)}$。（如果 $\nu \leqslant 2$，则标准差不是有限值。）用 t 随机变量除
以 $\sqrt{\nu/(\nu-2)}$ 得到标准差为 1 的随机变量，这使得随机变量标准化，其意义与 2.1.2 节中
所讨论的使得一组观察值标准化相同。如果 V 是自由度为 ν 且 $\nu > 2$ 的 t 分布，则

$$W = \sqrt{(\nu-2)/\nu}\, V \tag{3.96}$$

是标准化的随机变量，其分布形状与 t 分布相同。因此，随机变量 W 很容易变换为另一个
具有任意指定的均值和方差的随机变量。

随机变量

$$Y = \mu + \lambda W \tag{3.97}$$

的位置-尺度族具有 t 分布的厚尾，但是具有灵活的均值和方差，所以它在金融中应用广
泛。Y 的分布是位置-尺度 t 分布。

位置-尺度 t 分布有三个参数：μ 均值，λ 尺度（标准差），ν 决定了图形形状，它是自
由度，即峰度。

位置-尺度 t 分布虽然也可能不以 0 为中心，但是与非中心 t 不一样。位置-尺度 t 分布
是对称的。具有偏斜形式的位置-尺度 t 分布可以使用后面讨论的任何一种方法构造，如
式（3.103）和式（3.104）所示。（在金融应用中，位置-尺度 t 分布或与之相似的分布，
根据作者不同，称为"标准化" t 分布。我在提到这个分布时使用引号，因为它不是概率
学家或统计学家所使用的一般标准术语。）

稳定概率分布

稳定的概率分布族是有许多用途的厚尾分布族。不幸的是，我们不能把这个分布族的
大多数成员的 PDF 用封闭表达式表示。

稳定族由一个参数索引，该参数通常称为 α（这是下面提到的 R 函数的名称），范围从
0（不包括）到 2（包括在内）。参数值取 1 为柯西分布，参数值取 2 为正态分布。这是该
分布族中仅有的两个 PDF 可以用封闭形式表示的分布。

虽然当 α 从 1 到 2 时，分布尾部逐渐变薄，但是，均值和方差有限的唯一稳定分布是
正态分布，$\alpha = 2$。

尽管均值和方差无穷，但是，人们经常用稳定族进行金融建模。

稳定族的成员也可能会有正或负的偏斜。这是由所定义方程的另一个参数决定的，通
常称为 β（这也是下面提到的 R 函数的名称）。在金融应用中，最常使用对称分布，这对应
于 $\beta = 0$。

广义 λ 分布，GLD

一般对观察数据建模的方法是先确定某个分布，然后通过适当选择该分布的参数，使得该分布的分位数拟合观察值。分位数由分位数函数决定，也就是逆 CDF，因此定义分布的逆 CDF 是一种有效的方法。

John Tukey 提出了这种方法，随后称为 Tukey 的 λ 分布。其灵活的扩展就是广义 λ 分布（GLD）。GLD 的逆 CDF 为

$$F^{-1}(p) = \lambda_1 + \frac{p^{\lambda_3} - (1-p)^{\lambda_4}}{\lambda_2} \tag{3.98}$$

这里有四个参数 λ_1、λ_2、λ_3 和 λ_4，允许分布形状有非常灵活的变换。PDF 还有其他参数化形式。

数据集的顺序统计量为该组数据提供了分位数。式（3.98）对 CDF 逆的规定，使得在使用 3.3.2 节描述的逆 CDF 方法进行模拟研究时，GLD 特别容易使用。

R 包 gld 包含用于 GLD 的函数，该函数还允许使用第五个参数的扩展形式。gld 包也有使用观察数据拟合 GLD 的函数。

广义误差分布，GED

另一个允许有各种形状的分布就是广义误差分布（GED）。GED 的 PDF 的核函数是

$$e^{-c|x|^{\nu}}$$

我们从这个式子发现，所有 GED 族的成员都有指数尾部，指数 ν 决定了尾部的厚度，ν 越小，尾部越厚。

在 GED 族中，一类具体的 PDF 公式为

$$f(x) = \frac{\nu}{\lambda_{\nu} 2^{1+1/\nu} \Gamma(1/\nu)} e^{-\frac{1}{2} \left| \frac{x}{\lambda_{\nu}} \right|^{\nu}} \tag{3.99}$$

其中

$$\lambda_{\nu} = \left(\frac{2^{-2/\nu} \Gamma(1/\nu)}{\Gamma(3/\nu)} \right)^{1/2}$$

还有其他等价的公式。在式（3.99）中，分布进行了标准化，其均值为 0，方差为 1。

除非 $\nu = 1$，否则 GED 的 CDF 不能用封闭形式表示；它必须使用数值计算。

正态分布是 $\nu = 2$ 的 GED，双指数（拉普拉斯）分布是 $\nu = 1$ 的 GED。

在图 3.8 中，我们给出了四种不同的 GED，包括了正态分布（$\nu = 2$）和双指数分布（$\nu = 1$）。

在 fGarch 包中，有用于 GED 的 R 函数。

使用式（3.103）或式（3.104）这两种方法中的任何一种，通过把正态分布的 PDF 和 CDF 替换为 GED 的 PDF 和 CDF，从而，很容易地得到有偏 GED。

对于 $\nu = 1$，也就是对于双指数分布或拉普拉斯分布，另一种一般性推广也有用。分布的推广有两种方式。首先，把 GED 的 PDF 乘以一个发生位移的伽马 PDF。这实际上是一种混合操作。其次，对于 $\nu = 1$ 的核函数，它是第二类修正 Bessel 函数的特例，可以把它

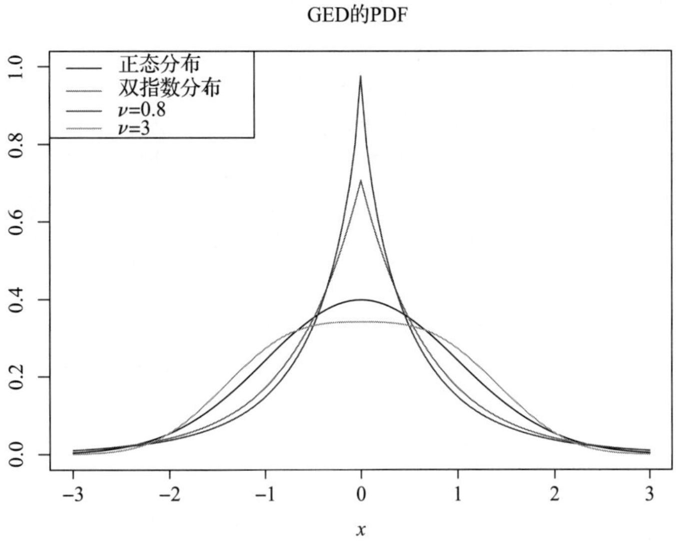

图 3.8　标准广义误差概率分布（见彩插）

推广到其他第二类 Bessel 函数。由此产生的分布称为方差伽马分布。（这个名字来自把该分布看作一个 GED 方差的连续混合物。这种分布的另一个名称是广义拉普拉斯分布）。R 包 VarianceGamma 包含几个处理这种分布的函数。

帕累托分布的变形和推广

3.2.2 节所描述帕累托分布严重偏斜，因此经常把它用作社会经济学模型，因为一些经济变量（比如收入和财富）在某个给定总体中的频率分布呈现严重的偏斜特征。社会经济学家经常把决定该性质的规则称为"幂律"，也就是说，某一数值的频率与该数值的幂成正比。

还有其他各种幂律分布，对于帕累托本身，有四种常见的形式扩展了式（3.92）给出的 PDF，参见 Arnold（2008）。

在这些分布中，有一些分布已经发展为描述收入或财富分布的较好的模型。这些分布构成一个分布族，称为 Dagum 分布族（参见 Kleiber，2008）。

另一个广泛使用的分布族是所谓的广义帕累托分布族。

广义帕累托分布，GPD

在帕累托分布的 PDF（3.92）表达式中，唯一参数 γ 决定了其尺度和形状。对分布的识别，从 $x=(y-\mu)/\sigma$ 的位置-尺度变量的变换开始，并根据该变量形成幂律分布。这就是称为广义帕累托分布（GPD）的分布族的形成方式。

标准位置-尺度 GPD 的 PDF 为

$$f(x)=\begin{cases}(\xi x+1)^{-(\xi+1)/\xi}, & \xi\neq0, x\geqslant0\\ e^{-z}, & \xi=0, x\geqslant0\end{cases} \tag{3.100}$$

对于 $x<0$，PDF 为 0；如果 $\xi\neq0$，则对 PDF 有进一步的限制；在这种情况下，如果 $x>-1/\xi$，PDF 也是 0。对于 $\xi=0$，我们发现标准位置-尺度 GPD 变为标准指数分布。

标准位置-尺度的 GPD 密度函数在正象限上有一个负的指数形状。随着 ξ 正值的增加，尾部变得更厚，密度函数形状接近直角。

位置-尺度 GPD 通常仅用来对频率分布的尾部建模。

R 包 evr 包含用于概率密度函数、CDF、分位数和生成随机数的 *pregpd* 函数。

R 包 evir 还包含函数 gpd，用于确定 GPD 的参数，以拟合某个给定数据集中超阈值数据；也就是说，拟合给定数据集的上尾部。用户在 gpd 中可以设定数据阈值，定义上尾部。McNeil、Frey 和 Embrechts（2015）描述了把 GPD 与上尾部进行拟合的方法。

偏斜分布

金融数据，例如收益率，尽管都在 0 两侧差不多对称，但是往往出现轻微的偏斜。（例如，参见图 1.20。）

大多数常见的偏斜分布，如伽马分布、对数正态分布和韦布尔分布，定义域范围都为半无限。通常某些分布，其分布范围为 $(-\infty,\infty)$，例如正态分布和 t 分布，这些分布是对称的。

我们有几种方法可以从对称分布形成偏斜分布。其中两种简单的方法就是

- CDF 偏斜：从两个独立同分布且对称的随机变量中，取最大值（或最小值）构造一个新的随机变量。
- 有差别的缩放：对于某个常数 $\xi\neq0$，如果对称随机变量小于其均值，则把其缩放 ξ；如果对称随机变量大于其均值，则把其缩放 $1/\xi$。

这两种情况可能都希望通过该随机变量进行平移和缩放，使其均值为 0，方差为 1。（然后，我们可以轻松地平移和缩放所得到的随机变量，以获得任何所需要的均值和方差。）

CDF 偏斜

如果某个随机变量具有 PDF $f(x)$ 和 CDF $F(x)$，根据式（3.66），具有该分布的两个独立随机变量的最大值的 PDF 为

$$2F(x)f(x) \tag{3.101}$$

我们直觉发现，两个对称分布的随机变量的最大值为偏斜分布。

我们可以通过缩放 CDF 中参数，推广这种形式：

$$2F(\alpha x)f(x) \tag{3.102}$$

通过一个负的缩放，也就是说，$\alpha<0$，那么就会产生负的偏度。（在正态分布的情况下，$\alpha=-1$ 相当于两个独立正态随机变量的最小值。）α 的绝对值越大，产生偏斜程度越大；参见练习 3.9。缩放也会改变峰度，α 的绝对值越大，产生的峰度越大。

具体地说，对于标准正态分布，我们构造偏正态分布的 PDF

$$f_{\mathrm{SN}_1}(x;\alpha)=2\Phi(\alpha x)\phi(x) \tag{3.103}$$

$\phi(X)$ 表示标准正态分布的概率密度函数，$\Phi(X)$ 表示 CDF。

显然，可以把 CDF 偏斜应用于其他分布，比如 t 分布或广义误差分布，当然也包括形如式（3.103）的其他均值和方差的正态分布。

我们可以使用 sn 包中的 R 函数计算各种性质，以及根据给定样本估算 PDF 为式（3.103）的偏正态分布的参数。

有差别的缩放

另一种构造偏斜分布的方法，就是在均值或其他中心点的两侧，对随机变量进行不同程度的缩放。具体来说，对于正态分布，我们可以得到偏正态分布，其 PDF 为

$$f_{\mathrm{SN}_2}(x;\xi)=\frac{2}{\xi+\dfrac{1}{\xi}}\begin{cases}\phi(x/\xi), & x<0\\\phi(\xi x), & x\geqslant 0\end{cases} \tag{3.104}$$

其中，如前所述，$\phi(X)$ 表示标准正态分布的 PDF。ξ 的值小于 1 会产生正偏斜，大于 1 会产生负偏斜。在每种情况下，超额峰度都是正数。

显然，有差别的缩放可以应用于其他分布，例如 t 分布或广义误差分布，当然还可以包括形如式（3.104）的其他具有不同均值和方差的正态分布，在 μ 两侧进行不同的缩放。

R 包 fGarch 包含计算各种性质的函数，以及根据给定样本估算 PDF 为式（3.104）的偏正态分布的参数。对这个偏正态分布，fGarch 包中的 R 函数的形式如下：

$presnorm(arg, \text{mean, sd, xi})$

其中 xi 是式（3.104）中的 ξ。

图 3.9 显示了标准正态分布和两个偏正态分布，通过差别缩放得到了两个偏正态分布。

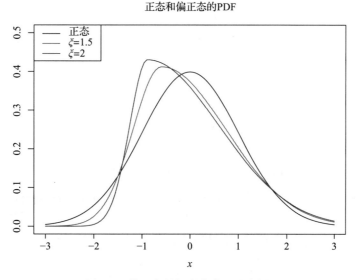

图 3.9　偏正态的概率分布（见彩插）

分布的混合

另一种形成概率分布以拟合观察数据的方法，就是使用给定分布的混合。

如果 $f_1(x;\alpha)$ 和 $f_2(x;\beta)$ 是 PDF，并且 p_1 和 p_2 是使得 $p_1+p_2=1$ 的正数，则

$$f(x;\alpha,\beta)=p_1 f_1(x;\alpha)+p_2 f_2(x;\beta) \tag{3.105}$$

是 PDF，该式定义的分布具有两个分布的特征。我们称它是具有两个部分的混合分布，把

两个分布结合形成该分布。

不管有多少分布都可以通过这种方式把它们混合在一起。通过组合分布，可以形成具有各种特定性质的新分布，例如特定的均值、方差、偏度和峰度。

我们必须强调分布的混合和随机变量的线性组合之间的区别。混合由 PDF 的线性组合定义，如式（3.105），但是，不能把它与随机变量 X 混淆，X 是来自两个分布的随机变量的线性组合。

虽然两个正态随机变量的线性组合是一个正态随机变量，但是正如我们在图 3.10 中看到的那样，两个正态分布的混合不是正态分布。正态分布 PDF 的线性组合并不会形成一个正态分布的 PDF。

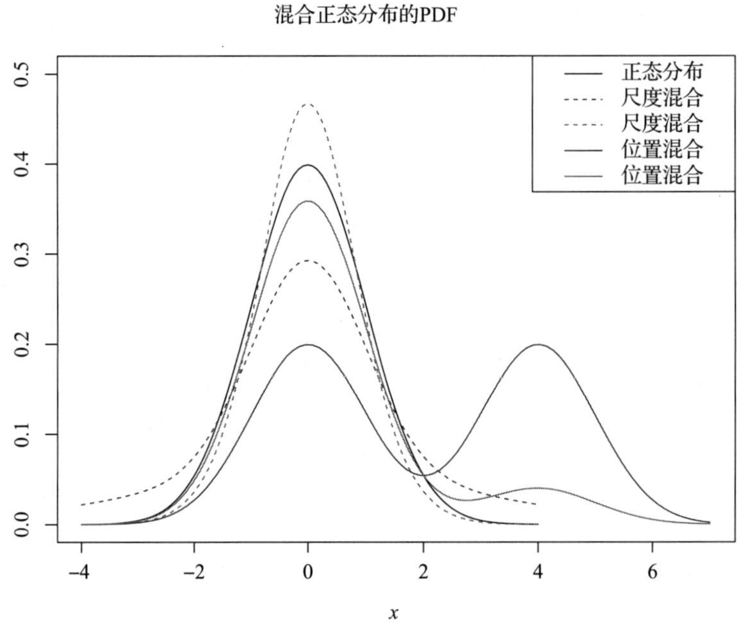

混合正态分布的PDF

图 3.10   正态概率分布的混合（见彩插）

图 3.10 显示了一个标准正态分布 N(0,1)，以及两个正态分布的各种混合分布。用符号

$$p\mathrm{N}(\mu_1,\sigma_1^2)+(1-p)\mathrm{N}(\mu_2,\sigma_2^2) \tag{3.106}$$

代表两个正态分布的混合，符号 p、μ_i 和 σ_i^2 含义很明显。图 3.10 中的混合分布是两个尺度混合

$$0.6\mathrm{N}(0,1)+0.4\mathrm{N}(0,9)$$

$$0.6\mathrm{N}(0,1)+0.4\mathrm{N}(0,0.49)$$

和两个位置混合

$$0.5\mathrm{N}(0,1)+0.5\mathrm{N}(4,1)$$

$$0.9\mathrm{N}(0,1)+0.1\mathrm{N}(4,1)$$

注意，虽然这里没有明确说明，但是式（3.106）意味着有两个独立的随机变量。用非独立随机变量构造混合分布也是可能的，但是，我们在此不进一步讨论这个问题。

　　各个组成部分的矩决定了混合分布的矩。例如，对于两个部分，如果 μ_1 是第一个分布的均值，μ_2 是第二个分布的均值，那么 $p\mu_1+(1-p)\mu_2$ 就是混合分布的均值。显然，对于正态分布的尺度混合，所有的奇数阶矩，都没有变化。（注意图 3.10 中尺度混合分布的均值和偏度都没有变化。）对于其他分布，按尺度进行混合，情况并非如此。

　　即使尺度混合分布和位置混合分布的矩，计算起来也比较复杂。例如，正态分布的尺度混合分布和位置混合分布的方差与其中任何一部分的方差都不同。根据定义，其方差为

$$\mathrm{E}((X-\mathrm{E}(X))^2)=\mathrm{E}(X^2)-(\mathrm{E}(X))^2$$

$$=\int x^2(pf_1(x;\alpha)+(1-p)f_2(x;\beta))\mathrm{d}x-(p\mu_1+(1-p)\mu_2)^2$$

$$=p\int x^2 f_1(x;\alpha)\mathrm{d}x+(1-p)\int x^2 f_2(x;\beta)\mathrm{d}x-p^2\mu_1^2-2p(1-p)\mu_1\mu_2-(1-p)^2\mu_2^2$$

$$=p(\sigma_1^2+\mu_1^2)+(1-p)(\sigma_2^2+\mu_2^2)-p^2\mu_1^2-2p(1-p)\mu_1\mu_2-(1-p)^2\mu_2^2$$

$$=p\sigma_1^2+(1-p)\sigma_2^2+p(1-p)\mu_1^2-2p(1-p)\mu_1\mu_2+(1-p)\mu_2^2$$

$$=p\sigma_1^2+(1-p)\sigma_2^2+p(1-p)(\mu_1-\mu_2)^2$$

其中 σ_1^2 是第一个分布的方差，σ_2^2 是第二个分布的方差。（对于熟悉方差分析中变差分解的统计方法的读者来说，我们注意到混合分布的变差由两部分组成，两个分布内的变差 $p_1\sigma_1^2+p_2\sigma_2^2$，以及两个分布之间的变差 $(\mu_1-\mu_2)^2$，它是由这两个分布的均值不同引起的变差。我们在 4.1.2 节讨论变差分解。）

　　我们发现，对于简单的尺度混合分布，也就是均值相等的混合，其方差 $p_1\sigma_1^2+p_2\sigma_2^2$ 是方差的线性组合，就像无论方差是否相等，线性组合的均值等于均值的线性组合一样。

　　样本的三阶矩和四阶矩都显示在 q-q 图中。（回想一下，q-q 图不反映样本位置参数或尺度参数。）图 3.11 给出与图 3.10 中正态混合随机样本的正态分布有关的 q-q 图。我们注意到，尺度混合产生较厚的尾部。位置混合可能会产生一个偏斜的分布和一个较薄或较厚尾巴的分布。在 q-q 图中，位置混合实质上产生了两个不同的部分。

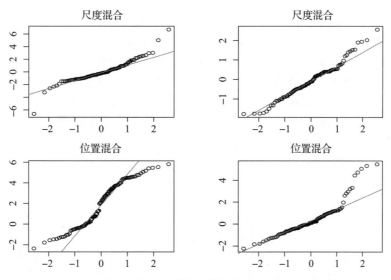

图 3.11　来自正态概率分布混合样本的 q-q 图（见彩插）

复合分布

复合分布是混合分布的特殊情况，该分布的参数本身也是随机变量。我们可以把 4.4.4 节讨论的贝叶斯模型看作复合模型。

例如，随机变量 X 的正态位置混合模型 $p\mathrm{N}(\mu_1,\sigma^2)+(1-p)\mathrm{N}(\mu_2,\sigma^2)$，可以写成复合分布：

$$X\sim\mathrm{N}(\mu_2+B(\mu_1-\mu_2),\sigma^2),\quad \text{其中 } B\sim\text{伯努利}(p) \tag{3.107}$$

这是 X 和 B 的联合分布。给定 B，X 的条件分布要么是 $\mathrm{N}(\mu_1,\sigma^2)$ 要么是 $\mathrm{N}(\mu_2,\sigma^2)$。

这与式（3.106）的分布相同，其中 p 是伯努利随机变量而不是不变的常数。

连续混合分布

具有伯努利随机变量的复合分布决定两个正态分布中的哪一个是离散正态混合分布。假设，我们用服从 $\mathrm{U}(0,1)$ 的随机变量代替服从 $0-1$ 的伯努利分布。我们就构造得到了连续混合分布：

$$X\sim\mathrm{N}(\mu_2+U(\mu_1-\mu_2),\sigma^2),\quad \text{其中 } U\sim\mathrm{U}(0,1) \tag{3.108}$$

给定 $U=u$，X 的条件分布为 $\mathrm{N}(u\mu_1+(1-u)\mu_2,\sigma^2)$。条件均值连续变化。

连续混合分布经常出现在金融应用中。我们第 1 章的探索性分析表明，人们所关注的许多事件并不服从固定参数的分布。图 1.29 收益率曲线无疑表明收益率方差不是恒定的。一种对此进行建模的方法就是使用具有由正随机变量 S 缩放的方差的分布：

$$S\sigma^2$$

给定 S，该条件方差不断变化；也就是说，这个过程出现了条件异方差。我们把包括连续混合方差的自回归时间序列模型称为 ARCH 或 GARCH 模型，我们将在 5.4 节讨论这类模型。

极值分布

在 3.1.10 节中，我们讨论了随着样本量无限增加，由随机样本形成的随机变量的渐近分布。当然，常见的例子是样本均值，中心极限定理指出，在某些特定的条件下，均值的渐近分布是正态分布。显然，某些随机变量不可能有非退化的极限分布。例如，总和就不会有极限分布。那么，来自样本的顺序统计量呢？我们可以推断，中心顺序统计量，如中位数，在某些条件下可能有极限分布，事实上也是如此。那么，极端顺序统计量呢？显然，来自具有无限支撑的分布样本的极端顺序统计量不可能有极限分布。然而，如果极端顺序统计量以某种方式根据样本量进行标准化，类似于通过对和进行标准化，得到均值，那么这种标准化的极端顺序统计量就有可能存在极限分布。

对于大小为 n 的样本，我们考虑最大顺序统计量的标准化线性变换，

$$Z_n=c_nX_{(n:n)}+d_n$$

其中，$\{c_n\}$ 和 $\{d_n\}$ 是常数序列。

考虑服从指数分布的随机变量，其 CDF 为

$$F_X(x)=(1-\mathrm{e}^{-\lambda x}),\quad 0\leqslant x$$

其中 $\lambda>0$。假设我们有大小为 n 服从该指数分布的随机样本，我们考虑最大顺序统计量 $X_{(n:n)}$。令 $\{c_n\}$ 为常数序列 $\{\lambda\}$，$\{d_n\}$ 为序列 $\{-\log(n)\}$，并构造

$$Z_n = \lambda X_{(n:n)} - \log(n)$$

代入 $X_{(n:n)} = (Z_n + \log(n))/\lambda$，得到 Z_n 的 CDF，为

$$F_{Z_n}(z_n) = \left(1 - \frac{1}{n} e^{-z_n}\right)^n$$

取极限，我们有 $Z = \lim_{n \to \infty} Z_n$ 的 CDF：

$$F_Z(z) = e^{-e^{-z}}, \quad 0 \leqslant z \tag{3.109}$$

（这里的极限与推导连续复利公式（1.15）时使用了相同的方法。）

我们把这种分布称为（标准）Gumbel 分布，或 Ⅰ 型极值分布。它是位置-尺度的分布族，带有参数的线性变换。

事实证明，标准化极值的极限分布仅有几种不同的形式。它们都可以表示为广义极值分布。广义极值分布的 CDF 形式为

$$F_G(x) = \begin{cases} e^{-(1+\xi x)^{-1/\xi}}, & \xi \neq 0 \\ e^{-e^{-x}}. \end{cases} \tag{3.110}$$

当然，第二种形式是 Gumbel 分布。

极值理论以及超阈值分布，在研究风险值以及金融中的其他应用中都很重要。R 包 evd 包含了许多关于极值分布的函数。

3.2.5　构造多元分布

如 3.2.4 节所建议的那样，在统计数据分析中，我们必须选择简单易用的概率模型，并且该模型还能很好地与观察样本的频率分布一致。对于多元数据，一个合适的多元分布不仅必须对应于一元的边际频率分布，而且各个随机变量之间的关系必须与所观察数据之间的关系相同。

正如我们在 3.2.3 节中所提到的那样，只有几个"标准"的多元分布族。然而，我们还可以构造其他的分布。

构建多元分布最简单方法是从对单个变量建模的一组一元分布开始。

独立变量；乘积分布

如果各个变量相互独立，那么我们称它们的多元分布为乘积分布，这是因为联合 PDF 恰好是各个边际 PDF 的乘积，如式（3.42）所示。

相依性

然而，在金融应用中，大多数变量之间都具有相依性。看似不相关的量，通常彼此都相依，这是因为它们与共同的量有关。例如，大多数股票价格都是随机相依，因为它们都与整个市场有关。

一种方法是从独立的随机变量开始，然后通过变换引入关系，不管是这些变量本身的变换，还是通过连接函数进行间接的变换。

变换

在一组随机变量中，我们通常只考虑二元关系。双变量相关性最简单的度量之一是线

性相关性，也就是协方差或相关系数。

给定随机向量 X 中一组独立变量，对于任意给定的方差-协方差矩阵 Σ_Y，我们可以通过计算 Cholesky 分解 $\Sigma_Y = AA^{\mathrm{T}}$ 并应用变换 $Y = AX$，构造新的随机向量 Y（参见 3.1.8 节）。

连接函数

另一种表示一组随机变量之间关系的方法是通过连接函数，它是一组随机变量的 CDF 的多元分布。

我们可以把相互独立的各个随机变量组合在一个连接函数中，从而产生一个多元随机变量，其中各个变量通过连接函数的分布相关。

条件分布

作为式（3.47）的延伸，一个简单构建多元分布 PDF 的方法，就是建立条件和边际 PDF 的乘积。这里的挑战在于如何把边际 PDF 结合起来，以建立一个联合 PDF，它不仅反映单个变量的分布，而且还反映它们之间的关系。

3.2.6 数据生成过程建模

许多统计数据分析都是探索性分析，如第 1 章和第 2 章所述。这种探索性分析涉及简单概括统计量的计算和各种图形显示。

如果我们建立了数据生成过程的数学概率模型，那么就可以更深入地理解数据生成过程并预测未来的观察值。这涉及使用概率函数和概率密度函数匹配观察数据的频率分布。在统计数据分析中，我们估计这些函数的参数，或者检验关于这些参数的统计假设。

把观察数据建模为某个随机变量，可以让我们在分析数据时，使用随机变量的性质。例如，考虑到收益率是随机变量，我们很容易得出 1.4.2 节所述的总波动率平方根规则。

例如，式（3.5）是某个分布族的概率函数，我们称该分布族为泊松分布族。泊松分布族的每个分布都由参数 λ 的取值确定。如果我们假设泊松分布族作为某种数据生成过程的模型，那么我们就要使用观察数据估计 λ。我们也可以用这些数据检验关于 λ 的统计假设。例如，检验假设：λ 大于等于 5。在统计中有大量的统计理论，可以指导我们根据观察样本得到一个好的估计量，或者构建一个好的检验方法。

另一个例子，式（3.23）是某概率分布族的 PDF，我们称该分布族为对数正态分布族。对数正态分布族的每个分布都由 μ 和 σ 的取值确定。同样，现有的统计理论，也可以指导我们利用观察数据找到参数 μ 和 σ 的良好估计量，或者为有关 μ 和 σ 的统计假设构建良好的检验方法。

我们使用数据估计分布族中的参数，这就是拟合分布模型。例如，我们可以假设生成随机样本 $x_1, \cdots, x_n$ 的过程是 $\mathrm{N}(\mu, \sigma)$。利用给定的数据，我们可以估计参数 μ 和 σ，把这些估计值称为 $\hat{\mu}$ 和 $\hat{\sigma}$，我们得到了所拟合的分布为 $\mathrm{N}(\hat{\mu}, \hat{\sigma})$。

我们经常使用"^符号"表示估计值（具体数值）或估计量（随机变量）。在第 4 章中，我们讨论各种估计量和各种检验方法。

3.2.7 概率分布的 R 函数

R 提供了一系列内置函数，用于几种常用概率分布的计算。这些计算包括某些具体点处的密度或概率函数值、某些具体点处的 CDF 值，以及给定概率的分位数等。这些函数名称以"d"开头表示密度或概率函数，以"p"开头表示 CDF（小于或等于具体点的概率），以"q"开头表示分位数。（有关这些术语的定义，参见 3.1 节。）R 还提供了模拟这些分布的随机样本的函数（详见 3.3.3 节）。用于生成随机数的函数名称以"r"开头。名称的其余部分是与分布名称有关的词根字母。常见分布的根名称参见表 3.4。其中大部分的概率函数或概率密度函数在表 3.1～表 3.3 中列出。

R 函数的变量包括要计算结果的点，以及用于指定分布族中具体分布的任意参数。例如，泊松分布的 R 函数的根名称是 pois。泊松分布族的特点是单个参数，通常表示为"λ"（见表 3.1）。

因此，如果 lambda（其可以是数值数组）被正确地初始化，那么

$$\text{dpois(x,lambda)} = \lambda^x e^{-\lambda}/x!$$

$$\text{ppois(p,lambda)} = \sum_{x=0}^{q} \lambda^x e^{-\lambda}/x! \tag{3.111}$$

$$\text{qpois(q,lambda)} = q, \quad \text{其中} \sum_{x=0}^{q} \lambda^x e^{-\lambda}/x! = p$$

其中所有元素都解释为相同形式的数值数组。均值和标准差来自参数的位置关系。

例如，图 3.12 中列出了用于计算参数为 λ＝5 的泊松随机变量的各种 R 函数。

```
> dpois(3, lambda=5)
[1] 0.1403739        # probability that a random variable equals 3
> ppois(3, lambda=5)
[1] 0.2650259        # probability less than or equal to 3
> qpois(0.2650259, lambda=5)
[1] 3                # quantile corresponding to 0.2650259
```

图 3.12　λ＝5 的泊松分布的数值

对于一元正态分布，有两个参数，均值和方差（或标准差）；参见表 3.2。R 函数根名称是 norm，参数名称是 mean 和 sd（代表标准差而不是方差）。因此，如果变量 mean 和 sd（可能是相同形式的数值数组）初始化为 m 和 s，

$$\text{dnorm(x,mean,sd)} = \frac{1}{\sqrt{2\pi}\,s} e^{-(x-m)^2/2s^2}$$

$$\text{pnorm(q,mean,sd)} = \int_{-\infty}^{q} \frac{1}{\sqrt{2\pi}\,s} e^{-(x-m)^2/2s^2} \, dx \tag{3.112}$$

$$\text{qnorm(p,mean,sd)} = q, \quad \text{其中} \int_{-\infty}^{q} \frac{1}{\sqrt{2\pi}\,s} e^{-(x-m)^2/2s^2} \, dx = p$$

其中所有元素都解释为相同形式的数值数组。（因为这是连续分布，数值 dnorm(x, mean, sd) 不是概率，因为 dpois(x,lambda) 才是概率。）

均值和标准差的值取自参数的位置关系，但关键字参数允许不同形式的函数调用。如果均值保存在变量 m 中，标准差保存在变量 s 中，我们可以使用以下函数引用：

```
dnorm(x, sd=s, mean=m)
```

这些参数通常对应于"标准"默认值。例如，对于一元正态分布来说，均值和标准差的默认值分别为 0 和 1，这就是"标准正态分布"。如果省略任何一个参数，那么采用其默认值。函数引用

```
dnorm(x, sd=s)
```

表示正态分布，其均值为 0，标准差为 s。

表 3.4　R 函数中各种分布的根名称和参数

连续的一元分布		离散分布	
unif	均匀分布	binom	二项分布
	min=0, max=1		size, prob
norm	正态分布	nbinom	负二项分布
	mean=0, sd=1		size, prob
lnorm	对数正态分布	multinom	多项分布
	meanlog=0, sdlog=1		size, prob
chisq	卡方分布		只有 r 和 d 的形式
	df, ncp=0	pois	泊松分布
t	t 分布		lambda
	df, ncp=0	geom	几何分布
f	F 分布		prob
	df1, df2, ncp=0	hyper	超几何分布
beta	贝塔分布		n, m, k
	shape1, shape2		
cauchy	柯西分布		
	location=0, scale=1		
exp	指数分布		
	rate=1		
gamma	伽马分布		
	shape, scale=1		
gumbel	Gumbel 分布		
{evd}	loc=0, scale=1		
laplace	双指数分布		
{rmutil}	m=0, s=1		
logis	logistic 分布		
	location=0, scale=1		
pareto	帕累托分布		
{EnvStats}	location, shape=1		
stable	稳定分布		
{stabledist}	alpha, beta,		
	gamma=1, delta=0		
weibull	韦布尔分布		
	shape, scale=1		

（续）

广义分布			连续多元分布		
gl	广义 λ 分布		mvnorm	多元正态分布	
{gld}		lambda1=0, lambda2=NULL,	{mvtnorm}		mean=0, sigma=I
		lambda3=NULL, lambda4=NULL,		只有 r 和 d 的形式	
		param="fkml", lambda5=NULL)	dirichlet	狄利克雷分布	
ged	广义误差分布		{MCMCpack}		alpha
{fGarch}		mean=0, sd=1		只有 r 和 d 的形式	
gpd	广义帕累托分布		mvt	多元 t 分布	
{evir}		xi, mu=0, beta=1	{mvtnorm}		sigma, df, delta=NULL
snorm	偏正态分布			只有 r 和 d 的形式	
{fGarch}		mean=0, sd=1, xi=1.5			

3.3　随机变量的模拟

研究数据生成过程的概率模型的一个有效途径，就是从数据生成过程中获取数据样本，并研究其频率分布。我们可以用计算机模拟数据，而不是从实际过程获得数据。

如果感兴趣的随机变量的 PDF 或概率函数是 f_X，那么目标是生成样本 $x_1,\cdots,x_n$，使得 x_i 是独立的，并且每个都具有 PDF 或概率函数 f_X。

我们通常把使用模拟数据研究一个过程的方法称为蒙特卡罗方法。从第 4 章开始，我们讨论蒙特卡罗估计，在第 5 章我们讨论时间序列的蒙特卡罗模拟。

我们将在本节简要讨论概率分布的一些数学性质，这些性质是生成随机数算法的基础。随后在 3.3.3 节，我们列出了模拟来自各种分布数据的 R 函数。

我们的目标是在计算机上生成一个由 n 个数据组成的序列，这些数据看上去来自一个特定概率分布的大小为 n 的简单随机样本。我们所说的"看上去"是指大多数正式的统计方法不会认为这些数据不是来自该概率分布的简单随机样本。我们可以使用各种统计方法检验一组数据是否来自某个特定分布的随机样本。我们在 4.6.1 节开始讨论一般的"拟合优度"检验，并具体讨论正态性检验。

基于这个目的，我们就避免了什么构成"随机性"的问题。我们寻求生成"伪随机数"。在有了这些厘清说明后，除了偶尔强调，我以后把伪随机数称为"随机数"。

如果我们有某个已知分布的随机变量，使用把该随机变量变换为另一个随机变量的方法，那么几乎能够得到任何其他特定分布的随机变量。

第一项任务是用计算机生成看上去来自已知分布的随机数据。第二项任务是把已知分布的随机变量变换为我们真正感兴趣的分布。

3.3.1　均匀随机数

均匀分布特别容易变换为其他特定的分布。

来自均匀分布的随机样本也特别容易模拟。使用几个简单的函数对一组数据进行操作，得到的结果似乎与输入的数据没有关系；结果似乎是随机的。不仅如此，这个结果可能看起来在某个区间上平均分布。这就是均匀分布。

例如，假设我们从一些整数开始，选择某个大整数 m，设 j 和 k 是整数且满足 $1 \leqslant j < k < m$，从"随机选择" k 个整数 $x_1, \cdots, x_k$ 开始。现在，对于 $i = j+1, j+2, \cdots$，构造

$$x_i = (x_{i-j} + x_{i-k}) \bmod m \tag{3.113}$$

其中"mod m"的意思是除以 m，然后取余数。（在 R 中调用 mod 由 %% 执行。）最后，将每个 x_i 除以 m。（参见练习 3.16。）

为了使结果具有类似于来自 U(0,1) 分布的随机样本的统计性质，它们不仅必须看起来在区间 (0,1) 上平均分布，还必须看起来独立；也就是说，子序列中不能有任何明显的排序或任何规律性。

我们把式（3.113）的生成函数称为滞后斐波那契生成函数，对于 m、j 和 k 的某些选择，生成的序列看起来确实是来自 U(0,1) 分布的随机样本。

"随机"数生成程序遵循确定性算法。注意它有两个特点。如果生成程序从同一组整数（种子）开始，就会生成完全相同的"随机"数序列。其次，由于计算机上的数字是有限的，所以任何生成了一次的给定子序列将再次生成；因此，生成程序有一个有限的周期。（任意的确定性生成程序最终并不一定会产生一个给定的种子，但是大多数如此。）

还有几种其他的确定性生成程序，并且许多研究已经表明，什么样的函数产生的序列看起来是随机的，而且能通过随机性统计检验。有时可以通过合并两个或更多基本生成程序的输出或扰乱输出提高明显的随机性。

编写程序生成均匀数据通常不是一个好主意；相反，最好使用经过检验良好的生成程序。（前面的练习只是为了说明这个想法。）

R 函数 runif 实现了几个好的选择。R 中的其他随机数生成器通常使用 runif 获取均匀变量，然后对其进行变换，以便得到其他分布。下面我们提到两种变换。

拟随机数

在抽取统计样本时，我们往往不是简单随机抽样，而是对过程进行约束，以便获得更能代表总体的样本。这种想法也可以应用于随机数的生成。通过限制使其更均匀地分布而产生的随机数称为"拟随机数"。产生这种数据的方法都是基于确定的序列。两个比较常见的序列是 Halton 序列和 Sobol 序列。（关于这些序列的讨论和对拟随机数的一般讨论，参见 Gentle，2003，第 3 章）。

R 包 randtoolbox 有三个生成拟随机数的函数：halton、sobol 和 torus。每个函数都有控制如何使用基本序列的各种参数。默认情况下，函数每次调用产生相同的输出（请求的长度相同）。

randtoolbox 包还包含许多工具函数，以及许多用于对生成样本的随机性进行统计检验的函数。

3.3.2 生成非均匀随机数

在计算机上模拟随机数的第一个问题就是"随机性"。正如我们所描述的那样，对于均匀数据，这个问题多少得到了令人满意的解决。

如果我们有"随机"的均匀数据，那么我们可以通过各种变换得到其他分布的随机数据。我们在这里只描述两种。我们讨论的第一种情况，从均匀数据可以得到非均匀数据。

我们讨论的第二种情况，要得到非均匀数据，需要无数个均匀数据。

逆 CDF 方法

如果 F_X 是连续随机变量 X 的 CDF，那么我们通过变换 $U = F_X(X)$ 定义随机变量 U，则 U 服从 U(0,1) 分布。

对于连续随机变量，这种变换可以逆过来。如果我们从服从 U(0,1) 分布的 U 开始，那么 $X = F_X^{-1}(U)$ 是具有 CDF F_X 的随机变量 X（参见式（3.25））。

这就产生了一种称为*逆 CDF 方法*的方法。

我们可以用指数分布说明逆 CDF 方法，它的 CDF 为 $1 - \exp(x)$（参见表 3.2）。下面的 R 代码生成图 3.13 的直方图。

```
u <- runif(n)
x <- -log(u)
par(mfrow=c(1,2))
hist(u, freq=FALSE, xlab="u", main="Uniform")
hist(x, freq=FALSE, xlab="x", main="Exponential")
```

注意变换的使用；它等同于 $-\log(1-u)$。

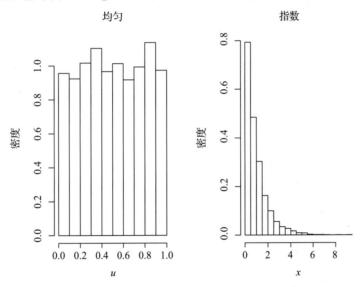

图 3.13　模拟均匀样本和同一样本经 $-\log$ 变换后的直方图

根据式（3.98）中 CDF 的逆定义广义 λ 分布，使得从该分布生成随机数特别简单。

逆 CDF 方法也适用于离散分布，方法是用 CDF 的广义逆替换逆（例如，参见 Gentle，2003，第 104 页）。

接受/拒绝

把随机变量从一种分布变换到另一种分布，一种非常普遍的方法就是随机决定接受还是拒绝随机变量的某个给定值，基于给定值的相对概率密度。

在许多统计方法中，这种方法都很重要。例如，接受/拒绝是马尔可夫链蒙特卡罗（MCMC）的基本思想，参见 4.4.4 节。

图 3.14 说明了这个思想。我们希望从 PDF 为 $f(x)$ 的分布中随机抽取样本，其范围从 0 到 1，如图所示。

这里，我们从均匀分布开始，我们称之为"建议分布"，我们称 PDF 为 $f(x)$ 的分布为"目标分布"。

我们给出了均匀地分布在（0,1）上的四个点，就好像它们是 U（0,1）分布的样本。我们根据 PDF $f(x)$ 与均匀 PDF $g(x)=1$ 的比率，在目标分布的样本中随机地接受或拒绝这些点。我们将使用 $f(x)$ 与 $cg(x)$ 的比率，$cg(x)$ 是标量 c 乘以 $g(x)$。

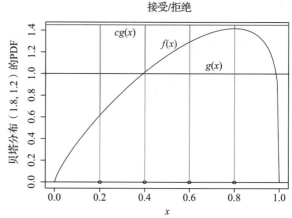

图 3.14 具有均匀优化函数的四个点的
接受/拒绝（见彩插）

观察图中列出的这些点的接受/拒绝比率，我们可以发现，在目标分布的概率密度大的地方，我们更有可能接受一个点。在随机接受或拒绝这些点后，剩下的那些点的频率分布与目标分布的频率分布更一致，而不是建议分布的频率分布。我们可以在数学上证明，以这种方式接受的值具有恰好等于目标密度的概率密度，这种情况为 $f(x)$。（例如，参见 Gentle，2003，第 114 页。）

接受/拒绝程序中的起始分布，也就是建议分布，可以是任何分布，其 PDF 可以缩放以"优化"目标分布的 PDF。下面算法 3.1 描述了这个过程，其中 g_Y 表示建议分布的 PDF。

算法 3.1   均匀随机数的接受/拒绝变换方法

1. 由密度函数为 g_Y 的分布中生成 x。
2. 由 U（0,1）分布生成 u。
3. 如果 $u \leqslant f_x(x)/cg_Y(x)$，则
   3.a 接受 x 作为希望的实现值；
否则
   3.b 丢弃 x 并返回到步骤 1。 ∎

多元分布

逆 CDF 方法并不直接适用于多元分布，尽管边际和条件一元分布可用于逆 CDF 方法，生成多元随机变量。接受/拒绝方法可用于多元分布。建议分布选为一个多元分布，其 PDF 可以缩放，以使目标分布的 PDF 标准化。

对于多元分布来说，我们主要的兴趣往往在于各元素之间的关系。相关性度量，如方差-协方差矩阵，对这些关系进行建模。我们从变量彼此之间具有 0 相关系数（协方差）的多元向量开始，然后对该向量进行缩放，以获得一个理想的方差-协方差矩阵。一个简单的情况，多元向量中的所有变量都有相同的方差，比如说 σ^2，并且有 0 的协方差，方差-协方差矩阵是 σ^2 乘以单位矩阵，即 $\sigma^2 I$。

　　给定方差-协方差矩阵为单位矩阵的随机向量 Y，我们可以通过式（3.62）得到具有任意给定方差-协方差矩阵 Σ_X 的随机向量 X。我们首先确定一个矩阵 A 使得 $\Sigma_X = AA^T$。然后通过线性变换得到随机向量

$$X = AY$$

由于 $V(Y) = I$，我们有 $V(X) = \Sigma_X$。正如 3.1.8 节所讨论的那样，A 可以选 Cholesky 因子 Σ_X。R 函数 chol 计算了 Cholesky 因子。

　　这种类型的变换适用于任何分布，但是在其他分布中协方差的含义并不像多元正态分布那样清晰。

　　如果我们有来自某个分布的多元随机向量 Y，那么我们可以通过使用连接函数公式（3.53），从另一个分布生成随机向量 X，它的元素之间的相依关系由 Y 中的相依关系决定。

　　作为连接函数应用的一个例子，假设 X 是分布为 $N_d(0, \Sigma_X)$ 的 d 维向量，Φ 是一元 $N(0,1)$ 分布的 CDF。现在，因为 X 的第 i 个元素分布为 $N(0, \sigma_{ii})$，其中 σ_{ii} 是 Σ_X 的第 i 个对角元素，所以 $\Phi(X_i/\sigma_{ii})$ 分布为 $U(0,1)$（参见式（3.25））。现在，设 $F_1, \cdots, F_d$ 是一元分布的 CDF。则向量

$$Y = (F_1^{\leftarrow}(\Phi(X_1/\sqrt{\sigma_{11}})), \cdots, F_d^{\leftarrow}(\Phi(X_d/\sqrt{\sigma_{dd}}))) \tag{3.114}$$

具有连接函数（3.53）形式的 CDF F_Y。请注意，Y 的每个元素都具有 CDF F_i 的边际分布。（需要在练习 3.15 中证明这个结果，$d = 2$。）

　　Y 的元素之间具有相关性，但是其相关程度不等于或不容易由 X 元素的相关程度决定。Y 的相关系数取决于 CDF F_i，它最终决定了 CDF F_Y。

　　在应用中，一般选择 Y 的边际分布来自同一分布族，例如，它们可能是具有不同自由度的 t 分布。

　　R 的 copula 包提供了使用各种连接函数生成随机数的函数。练习 3.19c 要求使用形如式（3.114）的表达式完成计算。

3.3.3　在 R 中模拟数据

　　我们已经提到了一组非常有用的内置函数集，涉及几种常见的概率分布，它们可以计算指定点的密度或概率函数的值、指定点的 CDF 的值或给定概率的分位数。这些函数的名称以"d""p"或"q"开头，并有另一部分是分布名称的助记符。除了这三个针对给定分布的函数外，还有一个以"r"开头的函数，它表示要模拟该分布"随机样本"的数据。

　　正如我们所讨论的那样，样本实际上并不是随机的，而且两个开始时间相同的样本完全一样。R 随机数生成程序函数根据系统时钟选择"随机"起点，因此每次调用随机数函数，都会生成不同的随机样本（在取值范围内；默认 R 生成器的周期为 $2^{19\,937} - 1$）。有时为了检验或获得可重复的例子，最好获得相同的"随机"样本。这可以在调用随机数生成函数前，使用 R 函数 set.seed 确保生成的随机数一样。

　　正如我们在 3.3.2 节所讨论的那样，一般模拟数据的起点是生成看上去在区间（0,1）上服从均匀独立分布的数据。R 函数 runif 就是如此。有几种方法可以生成伪随机均匀数据，R 提供了函数 RNGkind，允许用户选择基本生成函数的类型。

与伪随机数不同，可以用拟随机数作为基本序列，变换为模拟任何分布的样本序列。randtoolbox 包包含了生成拟随机均匀数据的函数 halton、sobol 和 torus。默认情况下，这些函数每次都生成相同的序列。该包提供了对随机数样本进行统计检验的函数。

对于给定的概率分布，"r" 函数的参数与该分布的其他函数中的参数相同，不同之处在于，第一个参数是正整数或正向量，而不是要计算函数值的点。

对于泊松分布族，我们定义了计算函数（3.111）中密度、概率和分位数的三个函数，我们有函数：

```
rpois(n, lambda)
```

生成 n 个值（其中 n 是某个正整数）的向量，其统计性质与来自具有相同参数 lambda 的泊松分布的相同大小的样本的性质相同。例如，见图 3.15 给出的结果。图 3.15 中样本均值和标准差与具有参数 λ 的泊松分布的随机变量的均值和标准差完全相同，即 λ 和 $\sqrt{\lambda}$。

```
> set.seed(12345)
> lambda <- 5
> n <- 1000
> x <- rpois(n, lambda=lambda)
> mean(x)
[1] 5.077
> sd(x)
[1] 2.17389
```

图 3.15　在 R 中模拟泊松数据的样本

对于一元正态分布，我们定义了计算函数（3.112）中密度、概率和分位数的三个函数，我们也有函数：

```
rnorm(n, mean, sd)
```

生成 n 个值（其中 n 是某个正整数）的向量，其统计性质与来自均值为 mean 和标准差为 sd 的正态分布的相同大小的样本的性质相同。例如，见图 3.16 给出的结果。

```
> set.seed(12345)
> m <- 100
> s <- 10
> n <- 1000
> x <- rnorm(n, mean=m, sd=s)
> mean(x)
[1] 100.462
> sd(x)
[1] 9.987476
```

图 3.16　在 R 中模拟正态数据的样本

在统计数据分析中经常出现离散均匀分布。这是一个有 k 个可能结果，每个结果概率相同的分布。R 函数 sample 可用于从该分布生成随机数。要从集合 $1, \cdots, k$ 中生成 n 个随机整数，使用

```
sample(k, n, replace=TRUE)
```

sample 函数也可以用来生成随机排列，并从其他离散分布中生成具有任何指定概率函数的随机变量。

R 有一些函数可以使用我们在 3.2.4 节讨论的厚尾分布生成随机数。这些是"r"函数，对应表 3.4 列出的 R 函数。

在某些情况下，时间序列的模拟与有限样本的模拟本质上相同。然而，有些时间序列模型是基于无限序列的，因此会出现一些特殊问题。我们在 5.3.5 节中讨论 R 中的时间序列数据的模拟。

注释和深入阅读

统计推断取决于概率模型。有一些"标准"概率分布可以很好地作为各种不同数据的模型。我们已经描述了一些概率分布族。从 Krishnamoorthy（2015）中可以找到对许多常见分布族的深入讨论。各种概率分布之间有许多有趣的关系，如 t 分布和柯西分布之间的关系以及 t 分布和正态分布之间的关系。Leemis 和 McQueston（2008）给出了各种一元概率分布之间的关系图。

正如我们所看到的那样，金融数据经常具有厚尾现象，但是人们不考虑这个事实，经常使用正态分布为这些数据建模。例如，包括 Fama 和 Roll（1968，1971）在内，许多作者都强调，在金融建模中需要使用厚尾分布。t 分布和一般稳定类分布都有厚度不同的尾部，尾部的厚薄取决于可以选择的参数，以更接近所观察到的数据。混合分布也可用于对厚尾数据的分布建模。Nolan（1997）、Adler、Feldman 和 Taqqu（1998）、Jondeau、Poon 和 Rockinger（2007）以及 Novak（2012）对各种厚尾分布的性质及其在金融建模中的应用进行了深入的讨论。Chotikapanich（2008）主编的这本书中的文章讨论了厚尾分布，特别是在对家庭之间的收入和财富不平等进行建模时非常有用。

Novak（2012）讨论了极值理论及其在金融数据分析中的应用。McNeil，Frey 和 Embrechts（2015）讨论了超阈值分布和检验方法。

在统计建模中，往往不限于标准分布，找到一个与观察数据的形状和其他性质相匹配的数学上使用的概率分布。有几个典型的分布系统，每个系统都涵盖了广泛的形状和其他性质。Karl Pearson 在 19 世纪 90 年代提出了一个基于五个参数微分方程的一般分布族（皮尔逊族）。不同的参数关系可以解决对应不同概率分布族的问题。Irving Burr 在 20 世纪 40 年代初定义了一个灵活的正实数分布族（伯尔分布）。伯尔分布包括一些常见的分布，如帕累托分布，作为特例。Norman Johnson 于 1949 年从服从正态分布的随机变量的简单变换开始，扩展了这些变换，并发展了一个与各种形状相对应的一般分布系统（Johnson Su 分布）。John Tukey 提出了 λ 分布族，Ramberg 和 Schmeiser（1974）将其扩展为广义 λ 族。Karian 和 Dudewicz（2000）描述了把广义 λ 分布中的四个参数与观察数据进行拟合的方法，他们还讨论了该分布在建模中的各种应用。关于这些一般分布族的讨论可以在 Stuart 和 Ord（1994）中找到。

在选择贝叶斯先验分布时，也需要有一个灵活通用的一般分布族（参见 4.4.4 节）。两种构造偏正态分布的一般方法，也是形成贝叶斯先验的方法，这些方法更准确地反映了先验信念。O'Hagan 和 Leonard（1976）建议把先验分布作为两个独立的正态分布的最大值。这个分布的 PDF 是 PDF 和 CDF 的乘积。Azzalini（1985）通过在 CDF 中添加缩放推广这种方法。Azzalini（2005）后来把这一想法扩展到多元族中。同样由于选择贝叶斯先验分布的动机，Fernandez 和 Steel（1998）建议在均值的一侧进行缩放，并在另一侧进行反向缩放，以便从对称分布中得到偏斜分布。

连接函数近年来在金融建模应用中变得流行。Joe（2015），Cherubini 等人（2012）和 Okhrin（2012）讨论了多元建模中连接函数各方面的情况。

Glasserman（2004）讨论了蒙特卡罗模拟方法，特别强调了金融应用。Gentle（2003）讨论了一般的随机数生成和蒙特卡罗方法。Niederreiter（2012）介绍了拟随机模拟在金融应用中的使用。

衍生品定价是金融学的一个重要主题。虽然我们提到了一些方法，但是这个主题已经超出了本书的范围。Hull（2017）讨论了期权的定价方法，包括使用二叉树、使用 Black-Scholes-Merton 微分方程和蒙特卡罗方法。他给出了式（3.80）、式（3.81）和式（3.82）的推导。Fouque，Papanicolaou 和 Sircar（2000）以及 Fouque 等人（2011）讨论了期权定价中的随机波动率问题。Haug（2007）对期权定价的各种方法进行了广泛的整理。

练习

3.1 变换。

考虑具有式（3.18）给出概率函数的随机变量 X 的简单离散分布，做两个变换，$Y = 2X + 1$ 以及 $Z = X^2 + 1$。

(a) 使用各自的概率函数，计算 $E(X)$、$V(X)$、$E(Y)$、$V(Y)$、$E(Z)$ 和 $V(Z)$。

(b) 现在，使用 $E(X)$ 和 $V(X)$，并且只使用变换，计算 $E(Y)$、$V(Y)$、$E(Z)$ 和 $V(Z)$。

3.2 缩小估计量（参见 4.3.2 节）。

令 X 为随机变量，令 $E(X) = \theta \neq 0$ 和 $V(X) = \tau^2 > 0$。

令 b 是某个常数，使 $0 < b < 1$。（如果 b 使得 $|b| < 1$，那么所有重要的结果都不改变。）

(a) 证明 $E(bX) \neq \theta$；也就是说，缩小估计量 bX 对 θ 来说不是无偏的。

(b) 证明 $V(bX) < \tau^2$。

(c) 现在将 X 向常数 c "压缩"；也就是说，令 $Y = c + b(X - c)$。证明 $V(Y) < \tau^2$。

3.3 概率分布的简单练习。

(a) 证明概率函数如表 3.1 所示的泊松分布的方差为 λ，与分布的均值相同。

(b) 证明 $U(0,1)$ 分布的均值为 $1/2$，方差为 $1/12$。

(c) 证明 PDF 如表 3.2 中所示的伽马分布的均值和方差分别是 $\alpha\beta$ 和 $\alpha\beta^2$。

(d) 使用伽马分布的 PDF 计算积分

$$\int_0^\infty \frac{1}{1\,728} \lambda^{13} e^{-5\lambda} \, d\lambda$$

（这是来自泊松分布的样本 $\{3,1,4,3,2\}$ 的似然函数，如 4.2.2 节所示。）

(e) 令 X 具有三角形分布。三角形分布具有 PDF

$$f_X(x)=\begin{cases}1-|x|,&-1<x<1\\0,&其他\end{cases}$$

证明 $E(X)=0$ 和 $V(X)=1/6$。

3.4　概率分布的简单练习。

(a) 确定参数为 α 和 β 的韦布尔分布的生存函数和风险函数。

(b) 确定参数为 λ 的指数分布的风险函数。这个分布有什么意义；也就是说，在什么样的情况下，指数分布可能是一个有用的模型？

3.5　变换。

(a) 令 X 具有三角形分布（见练习 3.3e）。$Y=2X+3$。确定 Y 的 PDF，证明该函数是一个 PDF，并计算 $E(Y)$ 和 $V(Y)$。

(b) 令 X 具有三角形分布。令 $Z=X^2$。确定 Z 的 PDF，证明该函数是一个 PDF，并计算 $E(Z)$ 和 $V(Z)$。

(c) 令 $V\sim N(0,1)$，令 $W=V^2$。确定 W 的 PDF。（该分布是具有 1 个自由度的卡方分布。）

(d) 令 $U\sim N(\mu,\sigma^2)$，令 $Y=e^U$。确定 Y 的 PDF。（该分布是对数正态分布。）

(e) 令 $U\sim N(\mu,\sigma^2)$，令 $Y=e^U$，如前所述。确定 $E(Y^2)$。提示：计算随机变量的平方。

3.6　二叉树。

假设股票 XYZ 的价格是 100 美元，假设 XYZ 日收益率的标准差是 0.002，假设无风险利率 r_F 是 1%。

(a) XYZ 的（年化）波动率 σ 是多少？

(b) 假设时间单位为一年，时间间隔 $\Delta t=1/4$ 长度不变，上升 $u=e^{\sigma\sqrt{\Delta t}}$ 后新值与旧值的比率不变，下跌 $1/u$ 后新值与旧值的比率也不变，上升的概率为

$$p=\frac{e^{r_F\Delta t}-1/u}{u-1/u}$$

构建一个二叉树，代表 XYZ 在一个单位时间（四个时期）内的可能轨迹。回顾一下，在这个模型下，二叉树表示法中垂直比例不是线性的。

(c) 假设在这种情况下，你拥有 XYZ 的看涨期权，价格为 103，期限为 251 天（基本上是一年）。根据二叉树模型，在到期日，你的价内期权占多大的时间比例？

(d) 在开始日的 251 天内，价格为 103，在这种情况下，XYZ 的欧式看涨期权的公平价值是多少？（参见练习 3.20d。）

3.7　厚尾分布。

(a) 使用不同的线条类型或不同的颜色，在同一组坐标轴上绘制标准正态分布、10 个自由度的 t 分布、2 个自由度的 t 分布和柯西分布的 PDF 图。简要讨论一下这些图形。

(b) 证明柯西分布的均值和方差不存在（或无限大，取决于你对不恰当积分的定义）。

3.8　超阈值分布。

(a) 考虑均值为 100 和方差为 100 的正态分布。写出超阈值分布关于 120（高于均值两个标准差）的 CDF。对于不能以封闭形式求值的函数，只需使用符号即可。

(b) 使用 R 或其他计算机程序绘制（a）中正态超阈值分布的 CDF 图。鉴于该随机变量已经超过了阈值，其超过均值三个标准差（即 130）的概率是多少？

(c) 考虑一个形状参数为 4、尺度参数为 10 的伽马分布。写出超阈值分布关于 80（高于均值两个标准差）的 CDF。对于不能以封闭形式计算的函数，只需使用符号即可。

(d) 使用 R 或其他计算机程序绘制（c）中伽马超阈值分布的 CDF 图。

3.9   偏斜分布。

（a）对于标准正态分布，绘制出式（3.101）中 α 取四个值的 PDF，$\alpha = -1$、$1/2$、1、2，与标准正态的 PDF。

（b）生成两个标准正态随机变量最大值的 $1\,000$ 个实现。（对于每个变量，可以使用 max(rnorm(2))，但是应该尝试使用向量操作，可能的话使用 ifelse。）绘制样本的直方图并叠加标准正态分布 PDF 的图。

（c）用式（3.103）的方法写出偏双指数（拉普拉斯）分布的 PDF。对于标准双指数分布（均值＝0，尺度＝1），绘制出 α 的四个值的 CDF 偏斜分布的 PDF，$\alpha = -1$、$1/2$、1、2，以及标准双指数分布的 PDF。

3.10   概率分布族的一般形式。

（a）按照 $\beta(5,5)$、$\beta(0.8,0.8)$、$\beta(0.8,5)$、$\beta(5,2)$、$\beta(2,5)$ 和 $\beta(5,0.8)$ 分布生成 $10\,000$ 个随机变量。对每个分布进行核密度拟合，并生成六幅经验密度图，与图 3.6 中密度函数相同。

（b）按照广义误差分布生成 $10\,000$ 个随机变量，其中 $\nu = 2$（正态），$\nu = 1$（双指数），$\nu = 0.8$，$\nu = 3$。（R 包 fGarch 中有这样的函数）。对每个分布进行核密度拟合，并在同一幅图上生成四个经验密度图，与图 3.8 中密度函数相同。生成一个图例识别不同的密度。

（c）按照偏正态分布生成 $10\,000$ 个随机变量，其中 $\xi = 1$（正态），$\xi = 1.5$，$\xi = 2$。对每个分布进行核密度拟合，并在同一幅图上生成三个经验密度图，与图 3.9 中密度函数相同。生成一个图例识别不同的密度。

（d）按照以下每个正态混合分布生成 $10\,000$ 个随机变量：

$$0.6\mathrm{N}(0,1) + 0.4\mathrm{N}(0,9)$$

$$0.6\mathrm{N}(0,1) + 0.4\mathrm{N}(0,0.64)$$

$$0.5\mathrm{N}(0,1) + 0.5\mathrm{N}(3,1)$$

$$0.9\mathrm{N}(0,1) + 0.1\mathrm{N}(3,1)$$

对每个分布进行核密度拟合，并在同一幅图上生成六个经验密度图，与图 3.10 中密度函数相同。生成图例以识别不同的密度。

3.11   极值分布。

考虑从单位帕累托分布中抽取一个大小为 n 的随机样本，其 PDF 为

$$f(x) = 2x^{-2} \quad 0 \leqslant x$$

也就是，对于 $\alpha = 2$ 和 $\gamma = 1$ 的帕累托。

（a）写出样本中最大顺序统计量 $X_{(n:n)}$ 的累积分布函数。

（b）现在形成标准化序列 $Z_n = c_n X_{(n:n)} + d_n$，其中 $\{c_n\}$ 是序列 $\{1/n\}$，$\{d_n\}$ 是常数序列 $\{0\}$，并写出 Z_n 的 CDF。

（c）现在取 Z_n 的 CDF 的极限值，$n \to \infty$。这就是极值分布的 CDF，它形如式（3.110）给出的广义极值分布 CDF。

3.12   对数正态分布。

（a）正式证明参数为 μ 和 σ 的对数正态分布的中位数为 e^μ。现在生成 $1\,000$ 个模拟参数为 3 和 2 的对数正态分布的数据。（注意这些参数，虽然它们通常表示为 μ 和 σ，但它们不是均值和标准差。）

（b）计算样本的均值、方差和中位数。这些参数的对数正态分布的均值、方差和中位数各是多少？

（c）现在，对 $1\,000$ 个观察值进行对数变换，以形成一个新的数据集 $X_1, \cdots, X_{1\,000}$。用正态分布作为参考分布，绘制一个 q-q 图。

（d）练习 3.12c 中变换后的数据的理论均值和方差是多少？

（e）现在，从正态分布中生成 $1\,000$ 个数据，其均值和方差与对数变换后的数据的样本均值和样本方差相同，生成正态样本的直方图并叠加对数变换后的数据的图。同时生成两个样本的 q-q 图。

3.13　位置-尺度 t 分布。

（a）假设 X 是一个具有位置-尺度 t 分布的随机变量，自由度为 3，位置为 100，尺度为 10。

ⅰ．X 小于或等于 110 的概率是多少？

ⅱ．X 的 0.25 分位数是多少？

（b）按照上述 $(3,100,10)$ 的位置-尺度 t 分布生成 1 000 个随机数的样本。绘制两张并排的样本的 q-q 图，一张以 3 个自由度的 t 分布为参考分布，另一张以标准正态分布为参考分布。对这些图进行讨论。

（c）按照 $(6,100,10)$ 的位置-尺度 t 分布生成 1 000 个随机数的样本。绘制两张并排的样本的 q-q 图，一张以 6 个自由度的 t 分布作为参考分布，另一张以标准正态分布作为参考分布。对这些图进行讨论。

3.14　线性多元变换。

（a）编写一个函数生成指定维数和指定协方差矩阵的多元正态随机数。R 函数的第一条语句应该是

```
rmulvnorm <- function(n, d=1, mu=0, Sigma=diag(rep(1,d))) {
```

R 函数 chol 根据 Sigma 计算变换矩阵。（函数 rmulvnorm 与 mvtnorm 包中的函数 rmvnorm 具有相同的功能。）

（b）使用上一步中的函数生成均值为 0 和方差-协方差矩阵为

$$\Sigma = \begin{bmatrix} 9 & -3 & 2 \\ -3 & 4 & -1 \\ 2 & -1 & 1 \end{bmatrix}$$

的 1 000 个三元正态随机变量的样本。现在，为每对变量生成三幅二元等高线图。这类似于图 2.8 中的两幅图。

3.15　多元变换；连接函数。

假设 X 服从二元正态分布，均值为 0，$V(X_1)=\sigma_1^2$，$V(X_2)=\sigma_2^2$。设 F_1 和 F_2 是两个连续一元分布的 CDF。现在，假设

$$Y=(Y_1,Y_2)=(F_1^{-1}(\Phi(X_1/\sigma_1)),F_2^{-1}(\Phi(X_2/\sigma_2)))$$

其中 Φ 是一元 N$(0,1)$ 分布的 CDF。

证明 Y_1 有一个具有 CDF F_1 的边际分布。

3.16　"随机数"。

令 $m=2^{31}-1$，$j=5$，$k=17$，令

$$\{x_1,x_2,\cdots,x_{17}\}=\{m/17-1,2m/17-1,\cdots,m-1\}$$

现在对于 $i=18,19,\cdots,1\,017$。用这种方式计算一个大小为 1 000 的"随机样本"。

```
x[i] <- mod(x[i-j]+x[i-k], m)
u[i] <- x[i]/m
```

生成样本的直方图，并计算概括统计量。样本是否来自 U$(0,1)$ 分布？

3.17　随机数生成。

（a）从三角形分布生成 1 000 个随机数。（PDF 在式（3.28）中给出。）生成直方图并计算概括统计量。

（b）令 $Y=8X^3$，其中 X 具有三角形分布。（Y 的 PDF 在式（3.29）中给出。）生成 1 000 个与随机变量 Y 相对应的随机数。（有不同的方法。你认为哪种方法更好，为什么？）生成直方图并计算概括统计量。

3.18　拟随机数生成。

使用 Sobol 序列从三角形分布中生成 1 000 个拟随机数，如练习 3.17a 所示。（Sobol 生成函数在 R 包 randtoolbox 中。）生成一个直方图并计算概括统计量。你能看出其他练习中的拟随机数有什么不同吗？

3.19　扩散过程的蒙特卡罗模拟。

假设股票 XYZ 的价格是 100 美元。假设日对数收益率服从均值为 0，尺度为 0.002，自由度为 6 的位置-尺度 t 分布。假设日对数收益率相互独立。（一个要求较高的假设！）在这个练习中，可能希望使用练习 3.13 中开发的函数。

（a）生成 253 个 XYZ 的日对数收益率的随机序列。（这大约是一年的交易日。）绘制收益率的直方图。日对数收益率分布的标准差是多少？你的样本观察值的标准差是多少？XYZ 的统计波动率是多少？

（b）假设股票 XYZ 的起始价格为 100 美元。使用练习 3.19a 中产生的随机对数收益率，形成 XYZ 的 253 个日价格的随机序列，并绘制它们的时间序列。（这是大约一年交易日的扩散过程。）

（c）现在随机排列练习 3.19a 中产生的随机对数收益率（使用 R 函数 sample），并再次形成 XYZ 的 253 个日价格的随机序列，从 100 美元开始。在练习 3.19b 中生成的图上加上这些价格的图，使用不同的颜色或线条类型。

现在，再次随机排列练习 3.19a 中产生的对数收益率，并在同一幅图上用不同的颜色或线条类型绘制价格序列。

在同一组坐标轴上再做两次（总共 5 个图）。图中有什么值得注意的地方？

3.20　欧式期权价值的蒙特卡罗评估。

考虑 XYZ 日价格，如练习 3.19，并假设收益率的位置-尺度 t 分布相同。生成 1 000 个 XYZ 的 253 个日价格的随机序列，每个价格从 100 美元开始。

在回答以下任何问题之前，请阅读所有问题，以便得到适当的数据回答这些问题。

（a）把前 5 个序列作为时间序列绘制在同一幅图上。

（b）计算期末价格的均值和样本标准差。

（c）假设在此情况下，你拥有 XYZ 的看涨期权，价格为 103，期限为 251 天。在到期日，价内期权占多大的时间比例？

（d）如果无风险利率是 1%，在开始日的 251 天内，价格是 103，在这种情况下，XYZ 的欧式看涨期权的公平价值是多少？

将其与练习 3.6d 中使用的二叉树模型的结果进行比较。你如何解释其不同之处？

（e）再次考虑练习 3.20d 中的问题，只是现在假设 t 分布有 3 个自由度、尺度为 0.010。也就是说，假设股票 XYZ 的价格为 100 美元，日对数收益服从均值为 0、尺度为 0.010，自由度为 3 的位置-尺度 t 分布，并假设日对数收益率相互独立。

像以前一样使用蒙特卡罗方法，如果无风险利率为 1%，在开始日的 251 天内，价格为 103，在这种情况下，XYZ 的看涨期权的公平价值是多少？

3.21　泊松跳跃扩散过程的蒙特卡罗模拟。

假设资产日对数收益率服从均值为 0、尺度为 0.002、自由度为 6 的位置-尺度 t 分布，并假设日对数收益率相互独立。进一步假设，资产的价格受到服从泊松过程的随机冲击。假设这些扰动每年平均发生 4 次。

（a）多大的泊松参数值平均每年（253 个交易日）产生 4 个事件？

（b）假设每次冲击导致股票价格出现 4% 的正跃升，概率为 0.4，股票价格出现 7% 的负跃升，概率为 0.6。生成并绘制（在同一幅图上）该资产的 253 个日价格的 5 个随机序列，所有序列从 100 美元开始。

3.22　用连接函数对两个股票价格进行蒙特卡罗模拟。

我们构造由两支股票组成的投资组合，即练习 3.19 中的 XYZ 和 ABC，股票 ABC 的日对数收益率具有位置-尺度 t 分布，其均值为 0、尺度为 0.005、自由度为 3。

假设收益率序列相互独立，还假设 XYZ 和 ABC 的收益率往往正相关。

我们使用连接函数对收益率的二元分布进行建模。为了对 XYZ 和 ABC 的收益率之间的关系进行建模，我们从具有均值为 0、方差为 1、相关系数为 0.75 的二元正态分布的随机变量 X_1 和 X_2 开始，并假设收益率的二元向量为

$$R = (F_1^{-1}(\Phi(X_1)), F_2^{-1}(\Phi(X_2)))$$

如式（3.114）所示，其中 Φ 是一元 N(0,1) 分布的 CDF，而 F_1 和 F_2 是对 XYZ 和 ABC 的各个收益率进行建模的位置-尺度 t 分布的 CDF。

考虑由 XYZ 的比例 p_1 和 ABC 的比例 p_2 组成的投资组合，其中 $p_1 + p_2 = 1$。

（a）假设 $p_1 = 0.5$，并生成 1 000 个随机序列，即投资组合的 253 个日价格，其中 XYZ 和 ABC 的起始价均为 100 美元。计算期末投资组合价格的样本标准差。

（b）现在令 $p_1 = 0.9$，生成 1 000 个随机序列，即投资组合的 253 个日价格，同样从每个价格 100 美元开始。计算期末投资组合价格的样本标准差。对结果进行讨论。

第 4 章 统计模型与推断方法

统计模型表示可观察变量的概率分布，或者说，统计模型描述了可观察变量和潜在变量之间的关系。模型可能包括一类特殊的不可观察变量，称为参数。在第 3 章所讨论的概率分布模型族中，参数使得设定的模型代表一类模型族，该族中每个模型的特征都由特定的参数值确定。一般来说，统计推断首先要选择统计模型族，然后使用观察样本数据，确定参数具体的数值或者范围，即改进模型。

数据分析通常包括模型拟合，也就是决定参数的具体值，使得所观察到的数据看起来与模型一致。

统计推断不仅包括模型拟合（参数估计），还需要对拟合结果提供可信赖的说明。这些说明可以是根据"显著性"的，或者还附有对统计推断的说明，这些说明给出了估计量的分布，特别是它们的方差。

参数不能完全确定模型，或者参数是无限维。不管哪种情形，我们都可以认为该模型是"非参数模型"。

模型最多只是数据生成过程的近似描述。模型的形式和细节的详细程度取决于具体的应用。例如，探索性数据分析所使用的模型，完全不同于决定银行必须持有的无风险准备金规模的模型。这说明在一种情况下，该模型是合适的，而在另一种情况下，该模型可能不合适。

本章要研究统计模型的形式和基本组成，并对以下问题进行讨论和说明。

- 如何用观察样本数据拟合模型？
- 如何利用数据和模型对数据生成过程进行统计推断？
- 如何比较不同的模型？
- 使用 R 软件对统计模型进行拟合和分析。

4.1 统计模型

模型可以仅仅是对可观察随机变量概率分布的描述，也可以是表示许多可观察和不可观察变量之间关系的方程。

在金融应用中，统计模型还远远不够，一个大家都知道的原因就是：模型的一个或多个方面都随时间而变。

我们随后描述一些一般的统计模型。

概率模型

第 3 章所讨论的概率模型，对于理解一个或一组随机变量的概率分布是有帮助的。例如，我们可以把随机变量 X 的分布模型表示为

$$X \sim N(\mu, \sigma^2) \tag{4.1}$$

或者把 d 维随机向量 X 的分布模型表示为

$$X \sim N_d(\mu, \Sigma) \tag{4.2}$$

其中 μ 是 d 维向量，Σ 是 $d \times d$ 矩阵。

我们使用样本数据估计参数，拟合模型，并且知道数据生成过程符合这个模型，所以通常我们知道预期得到什么类型的观察值。

由于下面两个原因，概率模型在金融应用中还不够充分。

- 概率分布不能准确地反映金融数据尾部行为（虽然假设金融数据服从正态分布，但是金融数据的尾部较厚）；
- 模型没有充分考虑到模型中所有变量之间的关系（该模型假定变量之间是相互独立的，但是这些变量不是相互独立的）。

描述变量之间线性关系和相依关系的模型

模型描述了一些变量相互之间的关系，通常一个更有趣的问题是用一个涉及这些变量的方程拟合这个模型。这个方程通常不对称，这里不对称的含义是方程左边只有一个关心的变量，方程右边包含系统分量和加性随机分量，系统分量表示其他变量对所关心变量的影响方式。例如，模型

$$y = g(x,\theta) + \epsilon \tag{4.3}$$

其中 y 和 x 是可观察变量，g 是函数，通常是某种给定的形式，θ 是未知的不可观察的参数，ϵ 是不可观察的调整项，通常称为误差，且认为它是随机变量。

假设我们有描述随机误差分布的某个概率模型。

我们通常假设随机误差项 ϵ 具有对称分布，且 $\mathrm{E}(\theta)=0$，因此系统分量 $g(x,\theta)$ 是 y 的条件均值。

在这种情况下，我们把所关心的变量 y 称为"响应变量"或"因变量"。在这种情况下，把解释变量 x 称为"回归变量"或"自变量"。通常 x 是向量，也是我们谈到的回归变量或自变量。我们把模型中那些与其他变量有关或取决于其他变量的变量称为"内生"变量。在这个模型中，一些自变量可能与其他变量或者随机误差项有关，我们通常把这些变量称为"工具"变量。我们通常把与模型中其他变量独立的变量称为"外生"变量。

回归模型

式（4.3）是回归方程的一般形式，它可以有许多不同的具体表达式。线性回归模型的一般形式为

$$y_i = \beta_0 + \beta_1 x_{i1} + \cdots + \beta_m x_{im} + \epsilon_i$$

这是 4.1.3 节和 4.5.2 节研究的主题。各种形式的市场模型，例如式（1.35）就是式（4.3）的具体实例。

除了前面提到的使用错误的概率模型，在金融应用中，回归模型通常存在另一个问题，就是一些不包括在模型中的变量对模型中变量具有影响。

回归模型是最常用的统计模型之一，我们在本章举几个例子，函数 g 可以是线性的，也可以有非线性项，甚至是自变量的导数或其他变换。

分类模型

如果式（4.3）中因变量 y 只取一组有限的数值，那么我们把该模型称为分类模型。分类模型是一类特殊的回归模型。

分类模型用于统计机器学习，对于给定的"预测值"或者"特征值"（即 x 的值），给观察单位指定类别。在金融应用中，使用分类模型把资产划分为"投资级"或"垃圾级"，或把资产划分为"高风险资产"或"低风险资产"，还可以用这个模型指定股票价格在未来某个短时间内"上升"还是"下降"。

在分类模型中，式（4.3）中函数 g 一般都是非线性的。事实上，通常函数 g 非常复杂，例如，决策树中的规则序列，或者"黑箱"，含有许多层的变量，其单独来看没有意义。

在分类模型中，一种比较简单的形式是"广义线性模型"

$$P(Y=1)=\frac{e^{\beta_0+\beta_1 x_{i1}+\cdots+\beta_m x_{im}}}{1+e^{\beta_0+\beta_1 x_{i1}+\cdots+\beta_m x_{im}}}$$

这种特殊的广义线性模型是 logistic 模型。我们在 4.5.7 节讨论这个模型和其他广义线性模型。

广义线性回归模型，不同于一般的带有随机误差项的回归模型，该模型不像其他一般回归模型有明确的误差项 ϵ。

自回归模型

在某些情况下，特别是金融应用中，我们感兴趣的关系是描述变量当期取值与以前取值之间的关系，式（1.9），即 $x_t=f(\cdots,x_{t-2},x_{t-1})+\epsilon_t$ 是这类模型的一个例子，它是式（4.3）的特殊形式。x 的现值是以前值的函数加上随机误差分量。

如果因变量与自变量实际上一样，只不过自变量是以前的值，那么这样的模型是自回归模型（尽管通常只在模型是线性模型时才使用这个术语）。在其他形式中，式（4.3）中函数 g 包括感兴趣变量的函数的导数，这样的模型可以表示被称为"几何布朗运动"的各种形式。金融建模经常使用这类模型，特别是衍生资产价格模型。

对于所有前面提到的那些使用其他模型还不充分的原因，也使得在金融中使用自相关模型和其他时间序列模型不充分。

本书把时间序列模型的讨论推迟到第 5 章。

多变量模型[○]

在一般形式的模型（4.3）$y_i=g(x_i,\theta)+\epsilon_i$ 中，x_i 通常是向量，也就是说，该方程不止一个回归变量。（注意，我没有用不同的字体区分向量和标量。）我们把这个模型称为"多元回归"。

即在多元回归的情况下，如果 y_i 是标量，那么 ϵ_i 也是标量，并且分析只涉及一个随机变量。

另一方面，如果因变量 y_i 是向量，那么 ϵ_i 也是向量。在这种情况下，模型便是多变量模型，并且我们必须认为 ϵ_i 是多变量分布。这对统计分析有重要意义。

○ multivariate model、multivariate regression 指因变量为向量，因此，为了区分，本书将它们分别译为"多变量模型""多变量回归"，把 multiple regression 译为"多元回归"，特此说明。——译者注

如果 y_i 是向量，那么该模型称为"多变量回归"。这类模型经常用于金融和计量经济学中。在文献中把多变量模型的一些特殊情况称为近似不相关回归模型、联立方程模型和向量自回归模型。

非平稳模型

统计模型在应用过程中遇到的最大问题之一，就是数据生成过程随时间而变。通常这就要求在不同的时段使用不同的模型。然而，有时模型某些方面的改变，本身就需要进行建模。如果变量之间的基本函数关系不随时间变化，那么我们就可以对误差分布的变化单独建模。

模型（4.3）的一般形式为

$$y = g(x, \theta) + \delta h(x, \phi) \tag{4.4}$$

模型系统分量中的 g，x 和 θ 与式（4.3）中含义相同，并且有随机误差项，该随机误差项也由系统分量和增加的纯随机分量 δ 组成。纯随机分量 δ 是加性一般误差项中的乘性误差。

一般统计模型（4.4）有很多可能的变形，如果 $h(x, \phi) \equiv 1$，那么误差单纯是加性的，即之前的 ϵ；如果 $g(x, \theta) \equiv 0$，那么误差单纯是乘性的。如果 y 和协变量 x 之间高度非线性，那么具有纯乘性误差的模型可能会更加合适。在纯乘性误差模型中，可以假设误差 δ 的对数 $\log(\delta)$ 与简单加性误差模型（4.3）中的 ϵ 有相同的分布性质。

在金融应用中，模型（4.4）可以用来解释随机波动率。在 5.4 节中，我们将讨论这个模型的一些具体例子，称为 GARCH 模型。

模型的其他变化

前面提到的一般模型有很多变化形式，可以组合出各种类型的模型。模型的每项都可以有不同的解释方式，例如，模型中参数可以解释为随机变量（"贝叶斯"方法）。单个解释变量或回归变量之间可能以某种更合适的分层模型的方式相互联系。一些解释变量可能并不能被观察到，但是仍然作为"潜在"变量的形式间接地包含在模型中。

4.1.1 拟合统计模型

数据由因变量 y 和自变量 x 的成对样本观察值 $(y_1, x_1), \cdots, (y_n, x_n)$ 组成，因此，模型（4.3）变为

$$y_i = g(x_i, \theta) + \epsilon_i, \quad i = 1, \cdots, n \tag{4.5}$$

统计分析使用数据对模型进行拟合，也就是估计模型的参数，然后从两个方面评估模型的充分性，也就是，模型对于数据生成过程的解释以及根据该过程预测未来取值。一般用符号 $\hat{\theta}$ 表示 θ 的估计值，因此不存在误差项的拟合模型为 $g(x_i, \hat{\theta})$。

我们把相应拟合模型的 y 值表示为 $\hat{y}$：

$$\hat{y}_i = g(x_i, \hat{\theta})$$

这个值也称为"预测值""估计值"或"拟合值"。

x 的其他某个值，比如 x_0，不一定包括在数据集内，也可以用于拟合模型，即

$$\hat{y}(x_0) = (x_0, \hat{\theta}) \tag{4.6}$$

称 $\hat{y}(x_0)$ 为 y 在 x_0 处的预测值、估计值或拟合值。

统计推断不只包括对模型进行拟合，还有对参数估计量的分布性质进行评估，以及对参数或预测响应的真实值的可信赖性进行说明。

在随后章节中，我们将讨论各种统计模型的拟合方法，及在拟合数据后的统计分析。

4.1.2　变差的度量和分解

统计分析的基本目标就是对变差进行建模和理解，即在不同时间或不同情境下，变量取哪个值以及为什么取这个值。

在 $y = g(x, \theta) + \epsilon$ 的模型中，我们的兴趣在于 y 的变差。g 的函数形式及参数 θ 的取值，对于 y 如何随着 x 变化进行了系统解释，并且 ϵ 的概率分布对系统变差以外的部分进行了随机变差的解释。

我们首先提出了变差的一种度量方法。对于给定的一组数据，我们把 y 的变差分解为两部分，一部分由系统模型解释，另一部分由其他概率分布引起。

除此之外，还有几种度量变差的方法（参见 1.3.1 节和 1.3.8 节）。其中最简单的和最有用的度量方法之一，就是使用各个值和所有数据的均值的偏差的平方和。对于给定的一组 y 与 x 的成对观察值 $(y_1, x_1), \cdots, (y_n, x_n)$，$y$ 的总变差为

$$\sum_{i=1}^{n} (y_i - \overline{y})^2$$

它和样本方差公式只差因子 $1/(n-1)$。同样地，也可以用同样的方法度量 x 的变差。

用同样的度量方法，计算模型 $\hat{y}_i = g(x_i, \hat{\theta})$ 中拟合值 $\hat{y}$ 的总变差，可以得到

$$\sum_{i=1}^{n} (\hat{y}_i - \overline{\hat{y}})^2$$

拟合值 $\hat{y}$ 随模型而变，因此，我们把前面这种变差归于模型引起的变差。

我们另一个感兴趣的集合是残差集，

$$\begin{aligned} r_i &= y_i - g(x_i, \hat{\theta}) \\ &= y_i - \hat{y}_i \end{aligned} \tag{4.7}$$

残差变差或误差变差与前面其他表达式类似，也就是等于 $\sum_{i=1}^{n} (r_i - \overline{r})^2$。对于大多数模型拟合方法，残差和为 0，所以残差变差为

$$\sum_{i=1}^{n} (y_i - \hat{y}_i)^2$$

变差有三部分来源，分别是总体、模型和残差，它们是所有统计建模和其他统计分析的基础。变差这三个来源的相对量表明拟合模型对观察数据的变差的"解释"程度。例如，模型变差与总变差的比作为度量模型拟合优度的指标，称为 R^2。

还有度量其他来源变差的其他方法。我们把前面定义的度量方法称为平方和。我们把基于这些平方和的一般拟合模型的方法称为"最小二乘"。

从 4.5.2 节开始，我们在响应变量中重新讨论变差分解这个概念。

数据缩减、维数降低和精简模型

很多统计分析都有数据缩减的特点。一般地，数据缩减指找到比给定数据集更简单的

模型，但同时又抓住了整个数据集的相关特征。注意前面这句话有主观性："更简单"和"相关特征"对不同的人或者在不同的语境中，可能有不同的含义。这里，尽管我们不计较这些术语的精确含义，但是在更直观的意义上，继续非严格地使用这些术语。

例如，给定单变量数据集 $y_1,\cdots,y_n$，一个简单模型就是该数据集是来自 $N(\mu,\sigma^2)$ 分布、样本量为 n 的随机样本。如果总体服从这个模型，那么所得到的 μ 和 σ^2 的估计值，就是总体或者包含在数据集中的数据生成过程的所有信息的很好的概括。

数据集可以包含很多变量。我们把变量个数称为数据"维"数。在数据分析中，一般通过构造变量之间的某种线性关系降低数据的维数，并概括单个变量的总行为。像道琼斯工业平均指数、S&P 500 指数等股票指数作为减少维数的概括统计量。经典的维数降低的统计方法是构造主成分，我们在 4.5.1 节进行讨论。

数据集的简单概括模型并不包含数据全部信息，因此，在建模过程中，一定存在某些信息的丢失。在数据缩减和维数降低时，目标就是信息损失达到最小化，并且获取数据集的显著性特征。

一般而言，对于给定的数据集，复杂模型比简单模型能够解释更多数据的变差。因此，在模型拟合优度和模型简单之间存在一个权衡。对于两个给定的模型，其中一个模型可能比另一个模型更"简单"，因为回归变量个数更少（维数更低），或者在回归方程中函数 $g(\cdot,\cdot)$ 形式更简单。简单模型更缩减数据，或更降低维数。我们称一个更简单的模型为一个精简模型。

比较模型

我们寻找拟合数据更好也更精简的模型。从总体上比较两个模型的衡量指标应该包括两个方面，一方面能够反映拟合优度，另一方面就是反映减少模型的复杂性程度的因素。（当然，总的衡量指标也可以用这两个部分的相反项定义。）从 4.6.3 节开始，我们讨论一些比较模型的具体方法。

一个重要原则就是寻找拟合程度好且简单的模型。我们要在这两个量之间寻找某种良好的平衡。

4.1.3　线性模型

模型（4.3）的一种具体形式是线性回归模型：

$$y_i = \beta_0 + \beta_1 x_{i1} + \cdots + \beta_m x_{im} + \epsilon_i \tag{4.8}$$

或更简单的形式：

$$y_i = \beta_0 + \beta^{\mathrm{T}} x_i + \epsilon_i \tag{4.9}$$

我们假设各个 ϵ 具有相同分布且相互之间不相关。

通过估计各个 β 拟合模型，把估计值表示为 $\hat{\beta}_0,\hat{\beta}_1,\cdots,\hat{\beta}_m$，有

$$\hat{y}_i = \hat{\beta}_0 + \hat{\beta}_1 x_{i1} + \cdots + \hat{\beta}_m x_{im} \tag{4.10}$$

用矩阵或向量表示

对于 y_i 和相应 $x_{i1},\cdots,x_{im}$ 的 n 组观察值，我们可以把这些观察值用 n 维向量 y 和第一列全是 1 的 $n\times(m+1)$ 矩阵 X 表示，并且把线性回归模型记为

$$y = X\beta + \epsilon \qquad (4.11)$$

其中 β 是 $m+1$ 维向量，ϵ 是 n 维向量。（在这个向量矩阵方程中，对于矩阵 X 第一列是否全为 1 还模棱两可，没有统一的规定。如果模型使用最小二乘估计法拟合，那么经常忽略该列，并且使用最小二乘估计量，通过数据均值，得到 $\hat{\beta}_0$。如果模型使用其他的方法拟合，那么拟合的模型就不能通过数据均值得到，并且一般 β_0 必须直接估计。）在式（4.11）中，"X" 矩阵第一列全部为 1，因此矩阵表达式（4.11）就直接对应于单个方程表达式（4.8）。然而，在这种矩阵表达式中，"X" 并不直接对应变量 "x"。

如果 "X" 直接对应变量 "x"，如表达式（4.9），那么我们可以把模型用矩阵表示为

$$y = \beta_0 + X\beta + \epsilon$$

其中 β_0 是常数向量。

如果线性模型用最小二乘估计法拟合，那么一些简单的关系使得模型可以用各种形式表示。

我们没有在这里引入这些模糊的地方，它们确实存在于统计文献中。这里指出这些歧义，是为了防止由此引起的混乱。在随后讨论中，我们总会清楚地说明 "X" 的第一列是全部为 1，还是仅仅是变量的观察值。

中心化变换 $X_c = X - \overline{X}$ 较为常见，在最小二乘法拟合中，如果向量 y 也中心化，那么这种变换具有删除截距项的效果。

多变量线性模型

对于 d 个不同的因变量，在相同的回归变量下，我们可以构造 d 个单独的回归模型：

$$
\begin{aligned}
y_{i1} &= \beta_{01} + \beta_{11}x_{i1} + \cdots + \beta_{m1}x_{im} + \epsilon_{i1} \\
&\vdots \qquad \vdots \qquad\qquad\qquad\quad \vdots \\
y_{id} &= \beta_{0d} + \beta_{1d}x_{i1} + \cdots + \beta_{md}x_{im} + \epsilon_{id}
\end{aligned}
\qquad (4.12)
$$

尽管乍一看，下标符号有点复杂，但是对于每个 y，β，ϵ 的第二个下标值来说，该回归方程在本质上和线性回归模型（4.8）一样，因此每个方程的分析可以和多元线性回归模型的分析一样进行。

对于给定的 j 值，和以前一样，ϵ_{ij} 仍然相互不相关。

然而，对于给定的 i 值，d 个 ϵ_{ij} 之间可能相关。这意味着对多元线性回归模型进行单独分析可能会产生错误。这是金融分析中常见的问题，单独分析得出的错误结论导致了金融危机。

模型（4.12）是多变量多元线性回归模型，我们可以把它写成与式（4.11）相同的紧凑形式：

$$Y = XB + E \qquad (4.13)$$

其中 Y 是矩阵，其列对应式（4.11）中每个 y，X 与式（4.11）中的矩阵相同，B 是每列对应于式（4.11）中 β 的矩阵，E 是每列对应于式（4.11）中 ϵ 的矩阵。

多变量回归模型（4.13）的重要特征就是矩阵 E 的行元素彼此之间相关，我们可以认为矩阵 E 是 d 维向量。例如，我们可以假设，对于给定的 i，d 维向量（$\epsilon_{i1}, \cdots, \epsilon_{id}$）服从多变量正态分布 $N_d(0, \Sigma)$。在金融文献中，有时把这种回归模型称为近似不相关回归模型。

4.1.4 非线性方差稳定化变换

通常来说，随着变量数值的增大，它可能波动的幅度（也就是它的方差）也增加。例如，当苹果股票价格在 30 美元左右时，其方差小于当价格在 160 美元左右时的方差。（按比例计算的变化可能相同。）当处理一组变化范围很大的数据时，有必要使用变换使得范围子集内数据的方差近似相等。我们把这样的变换称为方差稳定化变换。

数据变换的主要目的就是使数据的概率分布看起来更像正态分布。给定某个正数的样本集，通过一类简单的变换就可以产生更像正态分布的样本，这类变换就是给定参数 λ 的幂变换：

$$\tilde{x} = \begin{cases} \dfrac{x^\lambda - 1}{\lambda}, & \lambda \neq 0 \\ \log(x), & \lambda = 0 \end{cases} \tag{4.14}$$

我们把它称为 Box-Cox 变换。在回归分析中，残差通常表明需要进行方差稳定化变换，并且，为了进行该变换通常使用 Box-Cox 变换。λ 的适当值可以用统计方法（最大似然法）确定。图 1.13 给出了 $\lambda = 0$ 的特殊变换的例子，即 $\tilde{x} = \log(x)$。恒定的几何级增长产生对数线性增长，由此，经常使用对数变换而不是为了改变统计性质。我们不在这里深入讨论 Box-Cox 变换的细节，但是有兴趣的读者可以参考统计文献，例如 Kutner 等（2004）。

通过变换可以改变数据统计性质，例如偏度、方差等，这相当主观，并且通常也不清楚如何选择合适的变换来改善统计性质。然而，对于特定的潜在概率分布，可以通过分析确定一个有用的变换。例如，对于泊松分布，经常使用平方根变换进行方差稳定化变换（参见练习 4.1），但是并没有很多简单的指导方法。

理解所实行的变换造成的影响，这很重要。我们在 3.1 节讨论了各种变换对随机变量分布的影响。例如，若令 $\tilde{X} = X^2$，则 $E(\tilde{X}) = (E(X))^2 + V(X)$。若 T 是 θ 的无偏估计量，则 T^2 不是 θ^2 的无偏估计量。

4.1.5 参数模型和非参数模型

通常统计模型实际上是模型族。例如，在单变量正态概率分布族模型中，用 $N(\mu, \sigma^2)$ 表示，μ 和 σ^2 是参数，用于确定某个正态分布。同样地，对于模型（4.3）中给定的 g，即 $g(x, \theta)$ 确定了模型族，每个具体模型取决于参数 θ 的值。

给定在时间 $t_1, t_2, \cdots$ 时的样本观察值 $x_1, x_2, \cdots$，我们可以构造一个简单的趋势模型族：

$$x_i = \alpha + \beta t_i + \epsilon_i \tag{4.15}$$

在这个方程中，α 和 β 是参数，我们把这类模型称为参数模型。

在模型的标准形式中，例如，单变量 $X \sim N(\mu, \sigma^2)$，或回归模型（4.15），我们把变量分为三类：可观察变量（通常是随机变量的实现）、不可观察变量或潜在变量（ϵ_i）及未知的不可观察的参数。模型的拟合就是指定参数某个特定的值。

我们把拟合模型的过程称为平滑过程，我们称这个模型为平滑模型。1.2.4 节讨论的移动平均及 2.3 节讨论的直方图及核密度图都是平滑模型。平滑模型，如直方图、核密度图，通常都有某个参数控制平滑的程度，我们称这个参数为平滑参数。

不使用式（4.15）这类模型，我们还可以使用很多其他方法平滑观察到的数据。1.2.4 节我们讨论和举例说明的移动平均线和其他趋势曲线就是例子。这些通常被认为是"非参数的"，但是，我们将不精确地使用"参数的"和"非参数的"。（尽管移动平均线需要规定窗宽，其他平滑方法也有类似的参数，但是它们与模型（4.15）中的 α 和 β 存在本质不同。）

4.1.6 贝叶斯模型

通常，我们都认为未知参数有固定值。统计推断的目的就是估计这些未知参数，或检验有关它们的假设。

在模型不同形式中，我们假设参数是随机变量。我们把这样的模型称为贝叶斯模型。在这种情况下，统计推断的目的就是更新关于随机参数分布的先验信念。

我们从 4.4.4 节开始，深入讨论贝叶斯数据分析，以及使用 R 的例子。

4.1.7 时间序列模型

正如我们在第 1 章例子中所强调的那样，金融数据通常以时间序列数据的形式出现。在本章统计模型的一般性讨论中，我们提到了模型中时间的影响，但是我们对时间序列的详细讨论和分析推迟到第 5 章。

正如 2.4.1 节所述，在对数据进行探索性分析时，绘制一些时间序列图，并对数据自相关的存在性进行一般评估，这些都是十分适当的做法。

有时，进一步确认变量之间是否存在有意义但隐藏的时间关系，这也是适当的。例如，在用金融数据进行回归分析时，通常建议对残差进行 Durbin-Watson 检验（参见4.5.5 节）。

4.2 统计建模的标准与方法

我们使用统计模型对数据生成过程进行研究和推断。统计模型可以仅仅描述概率分布，例如模型 $N(\mu, \sigma^2)$ 用于单变量数据生成过程；统计模型也可以表示变量之间的随机关系，例如模型 $y = g(x, \theta) + \epsilon$ 表示变量 y 与变量 x 之间的关系。这些模型一般都包括确定模型特定性质的参数。参数数据分析的重要步骤就是利用样本数据拟合模型，也就是估计模型中的参数。

4.2.1 估计量及其性质

我们可能选择样本均值 $\bar{x}$ 作为模型均值 μ 的好估计量，样本方差 s^2 作为方差 σ^2 的好估计量。这些估计量是点估计量。它们并不是唯一的选择，例如，在 1.3.8 节中提到的样本中位数、截尾均值以及 Winsorized 均值，它们都可以作为总体均值 μ 的点估计量。

正如前面提到的那样，在贝叶斯方法中，参数是随机变量，所以参数的"点估计量"并没有多大意义。更确切地说，我们寻求（估计）的是在给定数据后，参数的条件分布。下面，我们将继续讨论点估计量，但是其基本方法也适用于建立条件分布。（这里显然有许多微妙之处，有兴趣的读者可以参考本章末尾的一些相关参考书。)

在实际应用中，对于给定的样本数据集，估计值仅仅是某个固定值或固定函数。我们提出理论帮助我们理解估计值并选择好的估计值。这些理论依赖于概率分布，并且我们研究的"估计量"是随机变量。估计值是估计量的某个实现值。

把估计量看作随机变量，如果估计量 $\hat{\theta}$ 的期望值等于要估计的参数值 θ，那么我们称这个估计量是无偏的。偏差是

$$E(\hat{\theta})-\theta \tag{4.16}$$

如果某个估计值是无偏估计量的实现值，那么我们也称这个估计值为无偏估计值。(注意前面提到的"估计值"和"估计量"的区别。)

给定随机变量分布的假设，我们可以分析确定估计量的期望值、估计量的偏差。然而，对于给定的样本，通常我们没有直接的方法得到某个估计值的偏差。

一个估计量的理想性质是估计量具有很小的方差，在这种情况下，样本与样本间的变化不大。对于许多简单的情况，我们有很好的方法估计给定样本估计量的方差。

估计量的均方误差（MSE）在一个式子中包含了方差和偏差。均方误差为

$$E((\hat{\theta}-\theta)^2)=V(\hat{\theta})+(E(\hat{\theta})-\theta)^2 \tag{4.17}$$

估计量的偏差随样本量的增加而减小，这是很多良好的估计量都具有的性质，所以我们通常集中于讨论估计量的渐近性。由于样本量很重要，所以也把它纳入估计量的表达式，例如，θ 的某个估计量 "$\hat{\theta}_n$"，表示基于样本量为 n 的估计量。

我们认为一致性是某种渐近性，有很多不同的种类，在此并不进行讨论。就我们讨论的目的来说，最重要的一致性是均方误差的一致性。如果作为标量参数 θ 的估计量 $\hat{\theta}_n$，满足

$$\lim_{n \to \infty} E((\hat{\theta}_n-\theta)^2)=0 \tag{4.18}$$

那么我们称该估计量在均方误差上具有一致性。(关于不同类型的一致性及其性质的讨论，参见 Gentle（2019）3.8.1 节。)

无偏性、均方误差和一致性的概念也适用于其他类型的统计推断，不仅仅适用于点估计。

预测量及其性质

估计量的特殊性在于，估计量"估计"或预测某个随机变量。因为随机变量是在某个范围内取值的函数，所以，我们必须在这个意义上阐明估计或预测的含义。我们指的是随机变量的一个实现。

如果 X 是一个随机变量，那么我们用 $\hat{X}$ 表示 X 的预测量。我们有时在研究估计量的性质时，把估计量看作随机变量，在其他应用情况下，把估计值看作固定值。同样地，我们也把预测量 $\hat{X}$ 看作随机变量并讨论其性质，或者把预测值看作固定值。

我们对估计量所讨论的那些性质，与预测量也有关系。例如，如果 X 是具有有限期望 $E(X)$ 的随机变量，且满足 $E(\hat{X})=E(X)$，那么我们也把 $\hat{X}$ 称为 X 的无偏预测量。

与估计量类似，衡量"好的"预测量的重要标准是均方误差要小。

预测量通常从包含协变量的感兴趣变量的概率模型得到。因此，在给定协变量的情况

下，偏差和均方误差等各种性质通常都是条件性质。例如，在回归模型中，我们根据给定的回归变量 X 的值预测响应变量 Y 的值，因此，感兴趣的性质是 $E(\hat{Y}|X)$。

在分析 t 时刻的时间序列数据 $\cdots,x_{t-1},x_t,x_{t+1},\cdots$ 时，如果我们观察到 $\cdots,x_{t-2},x_{t-1},$ x_t 的值的情况，那么我们希望预测 x_{t+1} 的值。我们把预测量记为 $\hat{x}_t^{(1)}$。显然，我们的兴趣在于 $E(x_t^{(1)}|x_t,x_{t-1},x_{t-2},\cdots)$。观察这里所使用的符号，对于正整数 h，$\hat{x}_t^{(h)}$ 是基于 $x_t,x_{t-1},x_{t-2},\cdots$ 信息的 x_{t+h} 的预测值。（我们在第 5 章，特别是在 5.3.8 节中，使用这种并不标准的符号。）

对于给定的 X，我们发现按照条件 MSE，Y 的最优预测量 $\hat{Y}$ 是 $E(Y|X)$，也就是

$$\hat{Y}=E(Y|X)$$

这个预测量也是条件无偏的。

4.2.2　统计建模方法

统计建模的第一步就是找到合适的模型族。在选择参数模型族后，下一步便是用样本数据估计参数 θ（一般是向量，所以有很多参数需要估计）拟合模型。我们用 $\hat{\theta}$ 表示参数 θ 的估计量。

只有给出一些关于估计量的标准，我们的统计估计问题才有意义。（任意值都可以是估计值。）我们前面提到了一些标准，例如无偏性、小方差和小均方误差。

尽管这些标准确定了估计量要有的理想性质，但是并未指明如何确定估计量。

许多方法都可以定义及计算估计量。两种最流行的方法是最小二乘法和最大似然估计法。我们先简要地介绍一些其他方法，然后在本节后面更详细地描述最小二乘法和最大似然估计法。

矩法

对于一个估计量来说，最简单的标准就是拟合分布所得的矩与样本矩匹配。我们称这种标准的应用为矩法。

例如，在含有未知参数 λ 的泊松分布中，总体均值为 λ，因此，样本均值 $\overline{x}$ 是未知参数 λ 的矩法估计量。

另一个例子，考虑伽马（α,β）分布，因为伽马分布的均值为 $\alpha\beta$，方差为 $\alpha\beta^2$，所以，对于样本 $x_1,\cdots,x_n$，用矩法可以得到两个未知数的方程：

$$\alpha\beta=\overline{x}$$
$$\alpha\beta^2=s^2$$

（另一种样本方差的表示方法是用 n 而不是 $n-1$。）

匹配分位数

一种非常有用的非参数单变量估计方法是使用经验累积分布函数（ECDF）。经验累积分布函数是总体累积分布函数（CDF）的有效估计量。这种方法把样本分位数与总体分位数进行匹配。

累积分布函数完全决定了总体的所有性质，因此有了它的估计值，就提供了总体所有性质的估计值，包括描述分布性质的所有参数。经验累积分布函数定义了一个离散、有限

的概率分布，其均值、方差或其他性质可以很容易地得以计算。这些量可以作为总体未知量的估计值。

匹配分位数只对单变量分布来说是一种有用的方法。然而，该方法也用于多变量情景下的边际分布。

拟合连接函数

诸如使用 ECDF、直方图和核密度估计量的方法对整个分布建模，也就是说，它们不仅给出了概率分布的位置和分布程度，而且还给出了概率分布的一般形状。这些估计量对于单变量分布非常有效。

另一种对整个分布建模的非参数方法是使用连接函数（参见3.1.7节）。连接函数模型对多变量分布特别有用。连接函数提供了对协方差和相关系数等关系的另一种度量方法，因此在模拟建模中很有用。

d 个变量连接函数的基础是 d 个边际分布，把边际随机变量转化为均匀随机变量，最后把这些均匀分布变量转化为多变量随机变量。连接函数模型是确定这些不同部分的形式。因此，为了拟合数据的连接函数模型，边际分布也进行了拟合。这可以通过最大似然估计或其他估计实现，例如匹配单变量分位数。因此，首先选择使用哪种连接函数，把边际变量转化为均匀变量，然后用最大似然估计等估计方法，评估该连接函数。

各种各样的 R 包都可以执行连接函数的计算，两个最常用的是 copula 和 fCopula。这些包中的函数，如 copula 中的 fitCopula，用于将数据与特定类型连接函数拟合。

残差最小化：最小二乘法

另一种拟合统计模型的方法是比较数据点与所拟合模型中的估计值。

考虑数据为 $(y_1, x_1), \cdots, (y_n, x_n)$，一般形式的模型（4.3）：

$$y_i = g(x_i, \theta) + \epsilon_i \tag{4.19}$$

若 ϵ_i 是随机变量且满足 $\mathrm{E}(\epsilon_i) = 0$，则 $\mathrm{E}(y_i) = g(x_i, \theta)$。

虽然 $\epsilon_i = y_i - g(x_i, \theta)$ 无法观察到，但是对于任意给定的未知参数 θ，比如 t，可以得到残差

$$r_i = y_i - g(x_i, t) \tag{4.20}$$

对于 $i = 1, \cdots, n$，给定数据集 (y_i, x_i)，我们要确定 t 的某个值，比如 $\hat{\theta}$，使得 r_i 很小。当然，有些 r_i 可能很小，也有可能很大，因此我们要使 r_i 大小的总度量指标较小。

人们提出了几种可行的度量指标，其中一种就是残差绝对值和，即

$$\sum_{i=1}^{n} |y_i - g(x_i, t)| \tag{4.21}$$

该度量指标是以下残差向量的 L_1 范数：

$$r = (y_1 - g(x_1, t), \cdots, y_n - g(x_n, t))$$

我们把这个范数记为 $\|r\|_1$，把通过最小化 L_1 范数拟合模型（4.19）称为最小绝对值估计或 L_1 估计。

另一种方法是残差平方和，即

$$\sum_{i=1}^{n}(y_i - g(x_i, t))^2 \qquad (4.22)$$

该度量指标是残差向量 L_2 范数的平方,我们把残差的 L_2 范数记为 $\|r\|_2$,因为这个范数最常用,或记为 $\|r\|$。

平方和是最常用的度量指标。我们把求使式(4.22)最小的 $\hat{\theta}$ 值称为最小二乘问题,并且把统计建模问题的解称为最小二乘估计量。模型(4.19)中 θ 的最小二乘估计量为

$$\hat{\theta} = \underset{t}{\operatorname{argmin}} \sum_{i=1}^{n}(y_i - g(x_i, t))^2 \qquad (4.23)$$

最小二乘估计量通常是无偏的,并且相对于其他估计量有较小的方差。使用最小二乘法进行估计还有几个其他的原因。一个是该最优问题可以进行数学求解,另一个是最小二乘估计量的统计性质可以很容易地计算出来。除此之外,如果总体为正态分布,那么最小二乘估计量具有理想的统计性质(不仅仅易于使用)。

似然函数与最大似然估计法

"概率"涉及某个随机变量及其所取的所有值。"似然"也是一个类似的概念,它涉及随机变量给定值的概率模型。

我们可以用泊松分布族说明。如果随机变量 X 服从参数为 λ 的泊松分布,那么 X 取值为 x,$x = 0, 1, 2, \cdots$ 的概率为

$$f_X(x; \lambda) = \lambda^x e^{-\lambda} / x! \qquad (4.24)$$

对于给定的 $\lambda > 0$。另外,对于给定的 x 值,这个量是参数取 λ 的似然,它不是参数取 λ 的概率。

假设从泊松分布中抽取 n 个观察值组成随机样本。因为我们假设观察值彼此相互独立,所以联合概率函数就是乘积

$$f(x_1, \cdots, x_n; \lambda) = \lambda^{\sum_{i=1}^{n} x_i} e^{-n\lambda} \prod_{i=1}^{n} \frac{1}{x_i!} \qquad (4.25)$$

给定观察值 $x_1, \cdots, x_n$,我们可以在这些固定的 x 值处,得到一个关于 λ 的函数:

$$L(\lambda; x_1, \cdots, x_n) = \lambda^{\sum_{i=1}^{n} x_i} e^{-n\lambda} \prod_{i=1}^{n} \frac{1}{x_i!} \qquad (4.26)$$

我们把以这种方式从联合概率函数或联合概率密度函数得到的参数方程,称为似然函数。

概率函数(4.24)或概率函数(4.25)取决于参数的具体值。它是随机变量实现值的函数。

似然函数(4.26)取决于样本观察值,它是参数值的函数。

我们通常用 $L(\theta; X)$ 的表达式表示似然函数,其中 θ 是分布的参数,通常是一个向量,X 是分布的一个样本。

样本量为 5、λ 为 3 的概率函数为

$$f(x_1, x_2, x_3, x_4, x_5; 3) = 3^{x_1+x_2+x_3+x_4+x_5} e^{-15} \frac{1}{x_1! x_2! x_3! x_4! x_5!} \qquad (4.27)$$

其似然函数为

$$L(\lambda; 3, 1, 4, 3, 2) = \frac{1}{1\,728} \lambda^{13} e^{-5\lambda} \qquad (4.28)$$

显然，该式在 λ 的 $(0,\infty)$ 范围内的积分不为 1（参见练习 3.3d），所以这不是概率或概率密度函数。

图 4.1 给出了 $\lambda=3$ 的泊松分布概率函数，以及给定 $\{3,1,4,3,2\}$ 共 5 个样本的泊松似然函数。（样本观察值在 R 中用 rpois(5,3) 随机抽取。）

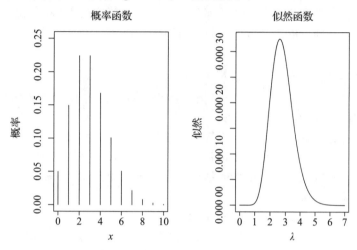

图 4.1　$\lambda=3$ 的泊松概率函数和样本 $\{3,1,4,3,2\}$ 的泊松似然函数

如果概率模型的参数多于 1 个，则用同样的方法定义似然函数，例如，$X\sim N(\mu,\sigma^2)$。给定样本观察值 $x_1,\cdots,x_n$，关于 μ 和 σ^2 的似然函数为

$$L(\mu,\sigma^2;x_1,\cdots,x_n)=\frac{1}{(\sqrt{2\pi\sigma^2})^n}e^{-\sum_{i=1}^{n}(x_i-\mu)^2/2\sigma^2} \tag{4.29}$$

似然函数不是概率函数，不能用它计算概率。然而，它是由概率函数或概率密度函数构成的。凭直觉，我们可以认为似然函数取最大值时，参数的那个特定值“最有可能”是“真”值。

我们把由该思想得到的一种正式的统计估计方法，称为最大似然估计法。

给定某个似然函数 $L(\theta;X)$ 和某个样本 X，参数 θ 的最大似然估计量（MLE）为

$$\hat{\theta}=\underset{\theta\in\overline{\Theta}}{\arg\max}\,L(\theta;X) \tag{4.30}$$

其中 $\overline{\Theta}$ 是 θ 的参数空间的闭包。

需要注意的是，最大似然估计取决于具体概率分布族的假设，而最小二乘估计不要求概率分布族的假设。在线性回归模型中，例如 $y=X\beta+\epsilon$，即使对 ϵ 分布一无所知，也可以得到参数 β 的最小二乘估计量。然而，为了得到 β 的最大似然估计量，首先需要知道似然函数，也就是说，我们需要知道概率函数或概率密度函数。

对于一些分布，比如正态分布和指数分布，人们都知道最大似然估计很简单。因此，用数据拟合这样的分布也很简单。但是对于其他分布，用最大似然估计量拟合并不简单。

R 包的 MASS 具有函数 fitdistr，可以计算概率密度函数或概率函数中参数的最大似然估计值。R 函数有字符参数，允许用户从许多标准分布中选择指定某个分布。该函数返

回一个列表，列表的构成取决于所拟合的分布，其中一个成分是 estimates。例如，通过 fitdistr(x,densfun="t")，返回列表的 estimates 是 m，s 和 df，分别对应"标准化" t 分布的相关参数。

最大似然估计法也可以用于非参数估计。

因为最小二乘估计和最大似然估计都要求找到最小值或最大值，也就是说，都需要找到函数的最优值，在随后的 4.3 节中，我们将简要解释一般最优化问题。

调节推断

统计推断基于数据，并且是在某个基本数据生成过程的模型下进行的。有时拟合统计模型需要"调节参数"，2.3 节所讨论的概率密度函数的所有非参数估计量都基于调节参数，在这些情况下，通常称为平滑参数。

关于极端事件的推断，比如在风险管理中必须进行的，要求对"极端事件"做一些量化分析。确定什么情况是极端事件要依靠调节参数。在风险值（VaR）的定量研究中，我们通常指定损失金额或超过给定金额的损失概率。这些便是调节参数。同样，对于异常值的研究也依赖于调节参数。

在所有分析中，金融数据的尾部行为都很重要。很多度量方法都可以描述尾部行为，如 3.1.11 节所述。要对这些度量（例如尾部指数）进行统计推断，要求确定样本中与尾部相对应的部分。我们可以通过指定分位数完成，例如，把尾部指定为分布上 5% 的部分。分位数，或我们如何在数据中确定分位数，也是调节参数。我们把基于该参数的估计或预测称为调节推断。

我们会遇到很多不同类型的调节推断。4.3.2 节讨论的正则化最小二乘估计量便是一种调节推断。

一般说来，对于调节推断，我们得不到和传统的估计量一样的精确统计性质，例如偏差和方差。我们通常集中讨论渐近性质，通常通过计算推断评估统计性质，例如我们在 4.4.5 节要讨论的自助法。

模拟方法

统计模拟方法，也称为蒙特卡罗法，涉及使用人工生成的随机数据来研究数据生成过程。数据生成过程模型可以非常简单且可以完全设定，也可以非常复杂，涉及几个交互变量并且各个变量的分布可能完全不同。（术语"模拟"也经常用在经济学中，它指的是使用模型研究某个金融过程，而不使用随机生成的数据。我有时使用"蒙特卡罗模拟"指用人工生成的数据进行统计模拟。）

在涉及多个变量的蒙特卡罗模拟的应用中，一个合适的多变量分布不仅对应于单变量边际分布，而且还必须表现出变量之间具有相同的关系。我们可以通过相关系数或者连接函数的形式来表示这些变量之间的关系，正如在 3.1.6 节和 3.1.7 节中描述的那样。我们在 3.3.2 节讨论了对多变量之间关系进行建模的方法。模拟模型在实际应用时所出现的一个主要错误，就是忽略了变量之间的关系。

期望值的蒙特卡罗估计

在蒙特卡罗模拟的一个简单应用中，目标就是估计期望值。我们所关心的是随机变量 X

的某个函数，X 也可能是多变量随机变量。给定函数 g，我们要估计其期望值 $E(g(X))$。如果 X 的概率密度函数是 f_X，且 g 和 f_X 满足一些条件，那么我们有

$$E(g(X)) = \int_{\mathcal{D}} g(x) f_X(x) \mathrm{d}x$$

其中 $\mathcal{D}$ 是 X 的取值范围。现在假设我们能够用 3.3 节所讨论的方法生成随机数据模拟 X。如果有伪随机样本 $x_1, \cdots, x_m$，那么 $E(X)$ 的蒙特卡罗估计值为

$$\widehat{E(g(X))} = \frac{1}{m} \sum_{i=1}^{m} g(x_i) \tag{4.31}$$

这是矩估计量，它是被估计量的样本均值。这个估计量无偏，正如练习 4.4a 要求证明的结果。

另外一个看蒙特卡罗估计量的视角是考虑随机样本 $x_1, \cdots, x_m$ 中某个元素 x_i 的概率函数。每个元素都有相同的分布，它是离散均匀分布，其概率函数为 $f_{x_i}(x_i) = 1/m$。在这个离散分布中，$g(x_i)$ 的期望值为 $\sum_{i=1}^{m} g(x_i) f_{x_i}(x_i)$，也就是式（4.31）中的 $\frac{1}{m}\sum_{i=1}^{m} g(x_i)$。

我们可以很容易地修正蒙特卡罗估计量去估计条件期望，比如预期的损失。条件期望是受限制的期望，受限于 X 取值范围内的某个子集或另一些随机变量 Y，因此 $g(X)$ 条件期望的一般表示为 $E(g(X) | (X,Y) \in \mathcal{C})$，其中 $\mathcal{C}$ 是 $\mathcal{D}$ 的子域，该子域满足这些条件。蒙特卡罗估计基于伪随机样本 $x_1, \cdots, x_m$，如果涉及另一个随机变量，那就是基于随机多变量样本 $(x_1, y_1), \cdots, (x_m, y_m)$。估计值和式（4.31）一样，但是求和仅限于满足 $(x_i, y_i) \in \mathcal{C}$ 的 x_i 和 y_i。

由于随机数据分布存在方差，导致式（4.31）中估计量存在方差。在实际应用中，应该估计这个方差，由于蒙特卡罗估计生成累积和 $\Sigma g(x_i)$，所以这个估计比较容易实现。这个方差与 $1/m$ 成比例，并且标准差与 $1/\sqrt{m}$ 成比例，通常标准差更容易进行解释。

如果 $\int_{\mathcal{D}} g(x) f_X(x) \mathrm{d}x$ 可以分析计算，那么蒙特卡罗估计量的方差也应该能够计算。只有当问题无法用数学方法解决时，或者有其他理由要求使用蒙特卡罗法时，比如研究相关量的分布时，在这些情况下才转而采用蒙特卡罗模拟。

分位数的蒙特卡罗估计

蒙特卡罗模拟可以产生一个样本或多个样本。因此，即使某些问题可以用数学方法解决，也会使用蒙特卡罗模拟。

蒙特卡罗抽样作为模型值分布的替代，可以用来估计潜在分布的性质，比如分位数。对分布的 α 分位数的估计就是 α 样本分位数，正如我们所提到的那样，可以用各种方法定义它（参见 2.2 节。）

例如，风险值对应于收益率分布的某个分位数。VaR 及其相关的统计性质可以很容易地用蒙特卡罗方法进行估计。正如前面所提到的，除非某些计算不能解决，或者有感兴趣的相关性质时才会使用蒙特卡罗方法。

可以利用上述相同的过程，用蒙特卡罗模拟估计条件分位数。

随机过程中的蒙特卡罗模拟

在研究随机过程时，蒙特卡罗模拟特别有用，例如时间序列。

随机过程模型的一般形式为

$$x_t = h(x_{t-1}, \cdots, x_{t-k}) + \epsilon_t$$

对于 ϵ 的假设分布，我们可以模拟相应的随机变量，从 $x_{t-1}, \cdots, x_{t-k}$ 的固定值开始，根据这个过程，非常容易生成该过程任意数量的观察值。

在随机过程模拟中，不同的起点产生不同的序列。当然，这就建议我们使用不同的起点运行多次模拟，并且这样做是处理问题的标准方法。对多个序列的结果进行平均可以获得更稳定的估计值。多个序列还提供了对估计量方差的评估。

许多随机过程的模型并没有假设起点，一些随机过程，例如某些马尔可夫链，不管起点在哪儿，都至少可以渐近地达到极限分布。在模拟随机过程时，通常需要有一个自动校验时期，分析时不使用这个时期产生的数值。例如，R 中模拟时间序列数据的函数 arims.sim，允许用户指定自动校验的长度，否则程序计算出一个"合理"值。

随机过程模型中，最有趣的模型之一就是基于代理的模型。在这类模型中，有许多"代理"，它们相互关联的行为影响更大的系统，例如，交易者的行为影响市场。可以有不同类型的代理，例如个体和机构。个体代理的边际随机过程可以完全不同，或者某些可以是同一分布族，其不同的参数可以允许不同的个体具有不同的特征，例如风险规避。金融中著名的基于代理的模型就是股票市场的 SFI 基于代理的模型。

再抽样方法

我们用一个样本来获得关于总体的信息。有时我们可以通过不同的方法观察样本，从而得到总体更好的描述，并且比较不同的观点。一种进行这样处理的方法就是"再抽样"。简单的做法就是把样本看作一个有限总体，然后从该总体中抽取多个相同大小的样本。（这显然是进行"重置"抽样。）这些不同的样本只使用原样本中的值，就可以提供统计估计量的方差和偏差的信息。我们把这种方法称为"自助法"，并且我们在 4.4.5 节进行深入讨论。

4.3 统计建模的优化：最小二乘法和最大似然估计法

在应用数学中，把求函数最小值或最大值问题称为优化问题。事实证明，许多统计方法，不只是最小二乘法和最大似然估计法，都是基于优化的。优化在统计的应用包括统计推断的方法，例如估计、检验和预测。优化也可以用于其他统计方法，如抽样和实验设计。在金融应用中，优化方法用于确定最优投资组合和最优对冲比率。

我们在本节中首先简要描述优化问题，以及求解优化问题的一般方法。我们省略了很多细节，只是描述了统计推断中所使用的一些具体的优化问题和方法。

4.3.1 一般优化问题

在优化问题中，我们都有目标函数，使得目标函数达到最大值或最小值。问题就是求目标函数中变量的值，有时称为决策变量，在该值处对应目标函数的最小值或最大值。在参数统计估计中，决策变量就是要估计的参数。

下面，我们一般把目标函数记为 f，把决策变量记为 θ。模型中可能有相关变量，我们把相关变量记为 x。因此，目标函数是关于 θ 和 x 的函数。

为了进行一般讨论，我们简化符号，只考虑最小化问题。最小化 f 的方法可以立刻应用到最大化 $-f$ 上。

模型还可以对决策变量进行限制或约束。如果模型没有约束，那么我们把一般无约束问题记为

$$\min_{\theta} f(\theta;x) \tag{4.32}$$

通常，对决策变量都有约束条件，比如要求它们非负，或者它们的和等于某个特定的常数。虽然包含等式约束的问题一定程度上容易处理，但是，我们通常把带有不等式约束的一般约束优化问题记为

$$\min_{\theta} f(\theta;x)$$
$$\text{s. t. } g(\theta) \leqslant c \tag{4.33}$$

对于某些函数 g 和常数 c，通常都是向量。等式约束可以表示为两个不等式约束，一个是另一个的逆。我们把对决策变量有约束的优化问题，称为约束优化问题。

有些函数没有最小值或最大值，在这种情况下，优化问题没有很好的定义。在其他情况下，也可能存在多个最小值或最大值，即存在局部最优和全局最优。

优化是应用数学中范围很大且很重要的研究领域。有许多专门的领域和方法，比如线性规划、二次规划、包含模拟退火的随机优化、遗传算法的使用等。

决策变量可以是离散的，也可以是连续的。决策变量还可能更复杂，例如变量可以为序列，比如在"旅行销售人员"问题中，其目标是在给定的一组城市中找到使得每一个城市都访问一次的最短路线，在这个问题中决策变量便是城市的排序。

若决策变量是连续的，那么接下来就要考虑目标函数是否可微。决策变量通常不止一个，即 θ 是一个向量，也就是说，对每个分量求微分，其导数也是一个向量，我们记为 $\nabla f(\theta,x)$，它是梯度向量。如果在函数定义域的内点处取得最小值或最大值，那么梯度为零。任意一阶导数为零的点都是稳定点。

f 对 θ 的二阶导数叫作 Hessian，我们把它表示为 H_f。如果 θ 为标量，那么 H_f 也是标量（1×1 的矩阵）；如果 θ 是 d 维向量，那么 H_f 便是 $d \times d$ 矩阵。H_f 是具有与 f 相同参数的函数，所以，我们可以把矩阵函数写为 $H_f(\theta,x)$。

如果二阶导数在稳定点处为正，或者在多元情况下，二阶导数在稳定点处为正定矩阵，那么该稳定点为极小值点；如果二阶导数在稳定点处为负或负定，那么该稳定点为极大值点；否则，该点为拐点或鞍点。

如果目标函数可微，那么使用前面一阶导数和二阶导数的性质，我们有一个直接的方法找到最优值：

1. 目标函数对决策变量求导，令导数为 0，求解方程得到稳定点；
2. 计算二阶导数确定稳定点的类型。

用这种方法求出的最小值或最大值问题，还存在它是全局最优还是局部最优的问题。

迭代方法

大多数有趣的优化问题都不能仅仅通过使用导数求解方程，得到封闭形式的解，我们称一般的解法为迭代算法，也就是说，通过一系列可能的解，最后在"接近的"解处停止。

迭代算法的基本规则就是从一个可能的解转移到另一个可能的解，通过不断按照规则移动，直到遇到接近真实解的点：

1. 在第 k 步有可能的解 $\theta^{(k)}$，判断 $\theta^{(k)}$ 是否为可接受解，若是，停止，若不是，则确定另一个可能解 $\theta^{(k+1)}$，然后进入下一步；

2. 判断是否用 $\theta^{(k+1)}$ 代替 $\theta^{(k)}$，无论与否，转入下一步，返回第 1 步。

迭代算法从一个可能的解 $\theta^{(0)}$ 开始，这个解可以根据目标函数的形式选择，也可以是问题定义域内任意点。初始点的选择可能影响迭代方法的性能。在前面提到的多个最优解的情况下，不同的初始点可能导致不同的局部最优。没有一般方法求全局最优。

如果目标函数可微，那么选择点移动的方向可以用取负导数方向的方法。（若没有这样的方向，则当前点为最小值点或拐点。）我们把使用一阶导数方向的方法称为最速下降算法，在最速下降算法中，

$$\theta^{(k+1)} = \theta^{(k)} - \alpha_k \, \boldsymbol{\nabla} f(\theta^{(k)}, x) \tag{4.34}$$

其中，α_k 为一个正标量，它决定了导数在这个方向上走多远。

牛顿法及其变形

最速下降算法的路径可能包含很多之字形，如果目标函数是二次可微的，那么可以使用二阶导数矩阵修改每一步的方向，以减少之字形。我们把使用这种二阶导数的方法叫作牛顿法。

我们可以把这样使用二阶导数的方法看作泰勒级数展开式展开到二阶，f（忽略 x 变量）在点 $\theta^{(k)}$ 的展开为

$$f(\theta) = f(\theta^{(k)} + \delta) \approx f(\theta^{(k)}) + \boldsymbol{\nabla} f(\theta^{(k)}) \delta + \frac{1}{2} \delta^{\mathrm{T}} H_f(\theta^{(k)}) \delta \tag{4.35}$$

现在，我们求 $f(\theta^{(k)} + \delta)$ 相对于 δ 的稳定点，也就是导数为 0 的点。两边求导数，有

$$0 \approx \boldsymbol{\nabla} f(\theta^{(k)}) + H_f(\theta^{(k)}) \delta \tag{4.36}$$

对于完全相等，有解

$$\delta = -(H_f(\theta^{(k)}))^{-1} \, \boldsymbol{\nabla} f(\theta^{(k)}) \tag{4.37}$$

这是牛顿更新，迭代的下一个点是

$$\theta^{(k+1)} = \theta^{(k)} + \delta$$

δ 的路径通常指向某个稳定点方向。

在牛顿法中，每一步都要计算 Hessian 矩阵，这是计算量非常大的工作。近似的 Hessian 矩阵通常有同样效果，特别是在早期阶段。即使前一步使用近似 Hessian 矩阵，也可能与使用精确的 Hessian 矩阵一样好。有各种近似的方法和规则在很多步骤中重复使用 Hessian 矩阵。我们把这些变形称为拟牛顿法。

其他迭代方法

如果目标函数不是二次可微，那么就不能够使用牛顿法和拟牛顿法。同样，如果函数

不可微，那么最速下降算法也不能使用。然而，即使目标函数可微，也愿意使用不求导数的方法。一个不需要导数的好方法就是 Nelder-Mead 算法。

在 Nelder-Mead 算法的每一步，均需要在目标函数面上确定三个点，形成一个三角形。每次迭代，最大值的点被较小值的点所取代。这是通过把最大值的点投影到由另外两个点组成的线段上实现的。替换点沿着这条投影线选择。这样，由三个点组成的原始三角形就被向下"翻转"变成新的三角形。

模拟退火算法是模拟热力学过程的方法。在这个过程中，加热金属到熔点，然后慢慢冷却，使其结构在最低能量的分子结构上冻结。在这个过程中，分子经过连续的重排，由于冷却，逐渐失去流动性，它们向较低的能量水平移动。作为一种优化方法，模拟退火算法通过决策变量空间中的状态移动到"能量最低"点，即目标函数最小值点。

分子的重排并不导致能量的单调下降。同样，模拟退火算法并不像最速下降算法和牛顿法那样形成一系列不断改进的点。

即使潜在的点在"上坡"，即它不是"好"点，但是无论如何都可以选择移动到那个点。模拟退火算法的这个特点避免算法收敛到局部最小值。当目标函数中存在多个最小值时，收敛到局部最小值而不是全局最小值是个问题。

在迭代过程的第 k 步，我们选择某个潜在点。如果这个点更好，那么就移动到这个点，但如果不是，那么根据目标函数的变化和"温度"参数确定移动到该点的概率。如果潜在点是向上的，那么我们仍然可以选择以非零的概率移动到该点。

约束优化：拉格朗日乘数

当决策变量存在约束条件时，人们提出了修改基本方法以满足约束条件的各种方式。我们把所有满足约束条件的点的集合称为可行集。通常我们可以对前面描述的迭代方法进行修改，使得每个相继的潜在点都在可行集内。

一种处理约束的方法是把它们都包含在目标函数中。这可以通过多种方式实现。在某些情况下，把约束不满足的程度加到目标函数中，其和就是一个需要最小化的新目标函数。在这种情况下，这些约束条件不一定都满足，但是在某些应用中，这些"软约束"是对问题更恰当的表述。

考虑一个简单但是常用的优化问题，目标函数是有等式约束的二次可微函数，和式（4.33）一样，其表达式为

$$\min_{\theta} f(\theta; x)$$
$$\text{s. t. } g(\theta) = c$$

构建拉格朗日函数为

$$L(\theta, \lambda; x) = f(\theta; x) + \lambda^{\mathrm{T}}(g(\theta) - c) \tag{4.38}$$

其中 λ 是拉格朗日乘数的向量，其维数与约束集中方程的个数相同。

在这种情况下，约束优化问题的任意解都满足以下等式：

$$\frac{\partial L(\theta, \lambda; x)}{\partial \theta} = 0$$

$$\frac{\partial L(\theta, \lambda; x)}{\partial \lambda} = 0$$

4.3.2　最小二乘法

在使用最小二乘法拟合统计模型 $y = g(x, \theta)$ 时，目标函数是观察值 y_i 与拟合模型 $g(x_i, \hat{\theta})$ 残差的平方和：

$$\sum (y_i - g(x_i, \hat{\theta}))^2$$

使该和最小化的办法取决于 $g(x, \theta)$ 的形式。在任何情况下，残差平方和 $\sum (y_i - g(x_i, \hat{\theta}))^2$ 是关键量。我们称"残差平方和"为 SSE 或 RSS。虽然它是残差平方的和，但是它衡量了模型中误差的影响。

线性最小二乘法

在拟合式（4.11）

$$y = X\beta + \epsilon \tag{4.39}$$

的线性模型时，通常使用最小二乘法，其中，y 是向量，X 为矩阵。在所拟合的模型中，未知的参数向量 β 用计算值 b 代替。因为假设 $E(\epsilon) = 0$，所以在拟合模型中 y 的期望值（或预测值）为

$$\hat{y} = Xb \tag{4.40}$$

比较期望值与实际观察值，我们得到残差向量

$$r = y - Xb \tag{4.41}$$

在最小二乘估计中，最小化 r 元素的平方和，可以写成向量内积 $r^{\mathrm{T}}r$。它也是残差向量 L_2 范数的和。因此，目标函数为

$$f(b; y, X) = (y - Xb)^{\mathrm{T}}(y - Xb) = \| y - Xb \|_2^2 \tag{4.42}$$

关于决策变量 b 求导数，令其等于 0，然后除以 2，这就得到所谓的正规方程，该方程包含 b 的最优值，我们称其为 $\hat{\beta}$，

$$X^{\mathrm{T}}X\hat{\beta} = X^{\mathrm{T}}y \tag{4.43}$$

因此，在这种情况下，如果 X 是列满秩的（即 X 的各个列之间线性无关），那么最小二乘估计量为

$$\hat{\beta} = (X^{\mathrm{T}}X)^{-1}X^{\mathrm{T}}y \tag{4.44}$$

（该表达式在数学上是正确的，但它并没有给出计算 $\hat{\beta}$ 的具体办法。）

σ^2 的估计

我们通常假设模型（4.39）中 ϵ 的方差是常数并且有限，也就是有 $V(\epsilon) = \sigma^2$。参数 σ^2 没有出现在上述目标函数中，一般不直接用最小二乘估计它。其他参数的最小二乘估计量用在 σ^2 无偏估计量的表达式中。除满足 $E(\epsilon) = 0$，$E(\epsilon^2) = \sigma^2$ 及对于任意 $i \neq j$ 有 $E(\epsilon_i, \epsilon_j) = 0$ 的假设外，这个无偏表达式可以在没有任何分布假设的条件下得到。无偏估计量是残差均方误差，或为 MSE，我们将在 4.5.2 节中看到。

线性模型中最小二乘估计量的性质

在线性模型的最小二乘拟合中，残差有一个有趣的性质，就是其正交于 X 的所有列：

$$r^{\mathrm{T}}X = 0 \tag{4.45}$$

该式可从正规方程推导出来，并且，事实上，这是线性最小二乘法的特殊性质。

我们经常注意到，关于线性回归模型 $y = X\beta + \epsilon$ 截距项的歧义。如果 X 矩阵的第一列元素全为 1，那么该模型包含截距项。在这里，我们假设 X 是一个 $n \times (m+1)$ 矩阵，并且第一列全部由 1 组成。

令 $\overline{x} = (1, \overline{x}_1, \cdots, \overline{x}_m)$，即由 1 和回归变量的均值组成的向量，其中 $\overline{x} = X^{\mathrm{T}} 1_n / n$，其中 1_n 是由 1 组成的 n 维向量。

根据式 (4.45)，我们发现在包含截距项的最小二乘拟合模型中残差和为 0，即

$$\sum_{i=1}^{n} r_i = r^{\mathrm{T}} 1_n = 0 \tag{4.46}$$

对于由 m 个回归变量和截距项组成的模型，使用最小二乘法进行拟合，根据式 (4.45) 可以得到所拟合的模型经过点 $(\overline{y}, 1, \overline{x}_1, \cdots, \overline{x}_m)$，也就是说，

$$\overline{y} = \overline{x}^{\mathrm{T}} \hat{\beta} \tag{4.47}$$

使用式 (4.45)，我们很容易发现这个结论。因为 1_n 是由 X 第一列组成的 n 维向量，所以有

$$\begin{aligned} 0 &= (y - X(X^{\mathrm{T}}X)^{-1}X^{\mathrm{T}}y)^{\mathrm{T}} 1_n / n \\ &= y^{\mathrm{T}} 1_n / n - (X(X^{\mathrm{T}}X)^{-1}X^{\mathrm{T}}y)^{\mathrm{T}} 1_n / n \\ &= \overline{y} - (1_n / n)^{\mathrm{T}} X(X^{\mathrm{T}}X)^{-1}X^{\mathrm{T}}y \\ &= \overline{y} - \overline{x}^{\mathrm{T}} \hat{\beta} \end{aligned}$$

从正规方程中可以得出另一个结果，残差向量与预测值向量垂直：

$$r^{\mathrm{T}} \hat{y} = 0 \tag{4.48}$$

这个事实可以放在更广的线性最小二乘几何情景中，也就是，拟合值 $\hat{y}$ 是由 X 的列张成空间上的投影，残差在正交补空间。

式 (4.47) 证明了中心化变量的常见做法，且表示为

$$y_c = \widetilde{X}_c \widetilde{\beta} + \epsilon \tag{4.49}$$

其中 y_c 是向量 $y - \overline{y}$，$\widetilde{X}_c$ 是 X 后 m 列减去每一列的均值，$\widetilde{\beta}$ 是 β 的后 m 个元素，即除了 β_0。用最小二乘拟合模型 (4.49) 得到的系数估计值与拟合整个模型所得到的估计值相同，截距项 β_0 使用式 (4.47) 进行拟合。

上述最小二乘估计的性质是代数性质，它不依赖于关于概率分布的任何假设。这些性质广为人知并得到广泛使用，以至于统计学家有时会忘记它们的前提。为了使这些性质保持不变，**模型必须是有截距项的线性模型，并使用最小二乘法进行拟合**。

我们在 4.5.3 节要证明线性模型中 β 的最小二乘估计量为无偏估计量，并且在 4.5.2 节，我们要讨论各种其他统计性质以及线性回归模型中最小二乘估计量的应用。

非线性模型

许多过程，特别是增长过程，并不是线性模型。企业的增长或资产的增长，由于复利，可能遵循指数增长路径。一个简单的指数增长模型可以表示为

$$x_i = \alpha e^{\beta t_i} + \epsilon_i \tag{4.50}$$

这样的模型可能适合金融数据，例如，在一定时期内收入增长的数据。

模型（4.50）表示指数增长。企业通常初始呈现指数增长，然后开始增长得更慢。很多事物的增长遵循"S"形曲线，也就是说，开始增长缓慢，然后迅速增长，最后变平稳。例如，在给定任意某个国家中，移动电话新用户通常开始都缓慢增长，然后加速到快速增长，最后随着市场接近饱和而趋近平稳。一个有用的这种增长的模型就是 Gompertz 模型：

$$x_i = \alpha e^{\beta e^{\gamma t_i}} + \epsilon_i \tag{4.51}$$

这类模型用于经济和金融应用中对增长的建模，比如零售机构客户数量的增长或某个应用程序用户数量的增长。该模型还广泛应用于生物研究，比如生物种群的增长和器官或细胞体的系统增长。

非线性最小二乘法

假设我们有数据 $(x_1, t_1), \cdots, (x_n, t_n)$，并且我们希望用最小二乘法拟合模型（4.50）。

由于模型是非线性的，所以一般不能得到封闭形式的解。通常牛顿法或拟牛顿法是最好的方法，但是如果选择的初始点不好或者数据集不能很好地拟合模型，那么这些方法也表现较差。

令 x 和 t 代替数据向量，正如前面线性最小二乘法的推导，对于给定的值 $\alpha = a$，$\beta = b$，我们得到残差向量

$$r = x - a e^{bt} \tag{4.52}$$

（我们把 e^{bt} 解释为向量 $(e^{bt_1}, \cdots, e^{bt_n})$。）

所以，最小化目标函数，其类似于式（4.42），即

$$f(a, b; x, t) = (x - a e^{bt})^{\mathrm{T}} (x - a e^{bt}) \tag{4.53}$$

对 a 和 b 求导，我们得到梯度

$$\nabla f(a, b; x, t) = 2(\nabla r) r \tag{4.54}$$

其中 ∇r 是 $2 \times n$ 矩阵，

$$\begin{bmatrix} -e^{bt_1} & \cdots & -e^{bt_n} \\ -a t_1 e^{bt_1} & \cdots & -a t_n e^{bt_n} \end{bmatrix}$$

（这与 3.1.8 节定义的雅可比矩阵相同。）梯度 $\nabla f(a, b; x, t)$ 也可以写为

$$2 \nabla (x - a e^{bt})^{\mathrm{T}} (x - a e^{bt})$$

与线性最小二乘的情况不同，当这个表达式为 0 时，不能得到这个方程的封闭形式的解。（注意这个表达式是 2 维向量，每一项都是内积，它是一个 $2 \times n$ 矩阵乘以一个 n 维向量。）

由于这里优化的直接方法不起作用，不同于处理线性最小二乘问题，我们必须用迭代方法。我们通过对梯度表达式（4.54）求导数，计算 Hessian 矩阵：

$$H_f = (\nabla r)(\nabla r)^{\mathrm{T}} + \sum_{i=1}^{n} r_i H_{r_i} \tag{4.55}$$

其中 H_{r_i} 是第 i 个残差对 a 和 b 求二阶导数得到的 2×2 矩阵，即

$$H_{r_i} = \begin{bmatrix} 0 & -t_i e^{bt_i} \\ -t_i e^{bt_i} & -a t_i^2 e^{bt_i} \end{bmatrix}$$

现在，有了梯度（4.54）和 Hessian 矩阵（4.55），我们就可以应用牛顿法或拟牛顿法。

高斯-牛顿法

我们观察到平方和函数（4.53）的梯度和 Hessian 矩阵有一个有趣的性质。在最小值处和最小值附近，残差应该很小，在这种情况下，有

$$H_f \approx (\nabla r)(\nabla r)^{\mathrm{T}} \tag{4.56}$$

这表明拟牛顿法使用的是近似 Hessian 矩阵，因为计算一阶导数并形成它们的外积比计算二阶导数矩阵更容易。我们把在牛顿更新中使用这种近似称为高斯-牛顿法。在线性最小二乘问题中，高斯-牛顿法与牛顿法相同（练习 4.6）。

对于非线性最小二乘（nls），R 函数默认的方法是高斯-牛顿法，对于给定的 x 和 t 值，我们可以使用 R 中下述语句拟合模型（4.50）。

```
fitexp <- nls(formula=x~-1+a*exp(b*t), start=list(a=1,b=1))
```

注意，R 中公式假设有截距项。因此，如果模型中没有截距项，那么必须在公式中进行说明。一种方法是在公式中使用 "-1"，如上所述。（参见 4.5.8 节对 R 中 formula 关键字的描述。）

高斯-牛顿法在残差较大的情况下可能表现不佳，其原因是在这种情况下，并不能得到很好的近似 Hessian 矩阵。如果迭代的初始点不好，或者数据集包含异常值，或者只是没有拟合好模型，可能都会发生这种情况。

其他拟牛顿方法

我们努力寻找另一种拟牛顿法，使得式（4.55）中的 H_f 有更好的近似，但是仍然只使用一阶导数。一种方法是在 $(\nabla r)(\nabla r)^{\mathrm{T}}$ 中添加某个条件良好的矩阵，它可以是简单的单位矩阵 I 的标量倍：

$$H_f \approx (\nabla r)(\nabla r)^{\mathrm{T}} + \lambda I$$

其中 λ 是很小的正数。我们把这种方法称为 Levenberg-Marquardt 法，它可能是非线性最小二乘法中使用最广泛的方法。

加权最小二乘法

直觉上，最小化残差平方和 $r^{\mathrm{T}}r$ 是拟合回归模型的好办法：

$$y = g(x, \theta) + \epsilon$$

在关于 ϵ 方差的简单假设下，最小二乘估计量也具有理想的统计性质，我们将在 4.5.2 节中看到。

假设 ϵ 的方差为常数且有限，并且 ϵ 各个量之间协方差为 0。

如果 ϵ 的方差不是常数，那么可以通过用方差倒数对残差加权，获得具有更好统计性质的估计量。平方和不是表达式（4.22）中的形式，而是

$$\sum_{i=1}^{n} (y_i - g(x_i, t))^2 / \sigma_i^2 \tag{4.57}$$

其中 σ_i^2 为 ϵ_i 的方差。如果 W 代表第 (i, i) 项为 $1/\sigma_i^2$ 的 $n \times n$ 对角矩阵，r 是 n 维残差向量，那么表达式（4.57）可以写成二次型 $r^{\mathrm{T}}Wr$。

如果 ϵ 各个量之间的协方差不为 0，那么它们的协方差也可以整合到平方和中。如果有

$$V(\epsilon)=\Sigma \tag{4.58}$$

那么感兴趣的二次型为 $r^T W r$，其中 $W=\Sigma^{-1}$。这个加权平方和的最小值与式（4.44）相似，即有

$$\hat{\beta}_w=(X^T W X)^{-1} X^T W y \tag{4.59}$$

这是通过最小化残差平方和 $r^T W r$ 得到的。练习 4.8 要求推导这个结果。

我们把式（4.59）中的估计量称为加权最小二乘估计量或广义最小二乘估计量。我们把满足 $W=I$ 的估计量（或式（4.44）中的估计量）称为普通最小二乘估计量或 OLS 估计量，其中 I 为单位矩阵。

前面的扩展涉及 $1/\sigma_i^2$ 或 W。在应用中，这些可能未知，但是可以得到它们的估计值。

更为复杂的广义最小二乘估计的形式涉及迭代过程，在这个过程中该模型假设有某种方差-协方差结构，把残差拟合到该模型中。式（4.59）中的 W 矩阵是根据假设的方差-协方差矩阵模型进行迭代发展的，其中包括自相关系数。

惩罚最小二乘法；缩小估计量

线性模型

$$y=X\beta+\epsilon$$

中最小二乘估计量 $\hat{\beta}$ 是 β 的无偏估计量（我们在 4.5.3 节推导出该结果）。然而这个无偏估计量可能有很大的方差，特别是当 X 的列高度相关时。因此，均方误差或 MSE，即方差加上偏差的平方（是 0）可能相当大。

可能存在一个 MSE 较小的有偏估计量。一种形成使得 MSE 较小但是有偏的估计量的方法是把最小二乘估计量向 0 压缩。（把任意随机变量向某个常数压缩，都会减少其方差，参见练习 3.2。）我们把这称为"正则化"拟合。

我们可以通过在线性模型的目标函数中加入一个惩罚项缩小最小二乘估计量，这个惩罚项增加了估计量的范数。因此，对式（4.42）进行修正，形成优化问题

$$\min_b \|y-Xb\|_2^2+g(\|b\|) \tag{4.60}$$

其中 g 是一个非负递增函数，而 $\|\cdot\|$ 为范数。

如果模型有截距项，也就是说，如果模型形式为

$$y=b_0+b_1 x_1+\cdots+b_m x_m+\epsilon$$

那么与截距项相对应的项一般不包含在 $\|b\|$ 的惩罚中。

在一般情况下，惩罚只是欧几里得范数的平方的倍数：

$$\min_b \|y-Xb\|_2^2+\lambda\|b\|_2^2 \tag{4.61}$$

其中 $\lambda \geq 0$，随着 λ 的增加，b 的最优值趋向于 0。我们把这种拟合方法称为岭回归。评估调节参数影响的信息图是由每个回归系数估计值和 λ 组成的图。我们把这种图叫作岭迹。随着 λ 增加，系数估计值初期快速地趋向于零，然后随着 λ 的继续增加而变得缓慢。

另一种常用的情形，惩罚是 L_1 范数的倍数：

$$\min_b \|y-Xb\|_2^2+\lambda\|b\|_1 \tag{4.62}$$

我们把这种拟合方法称为 lasso 回归。在 lasso 回归中，随着 λ 的增加，最优 b 的某些元素

恰好变为 0。

在岭回归和 lasso 回归中，惩罚权重 λ 是调节参数。在这种情况下，正如在许多调节推断例子中那样，调节参数控制偏差和方差之间的权衡。例如，我们已经发现在非参数概率密度估计中平滑参数的这种权衡作用。在正则化最小二乘法中，随着惩罚权重的增加，偏差增大，但是方差减小。

注意到带有惩罚项的目标函数（4.61）和目标函数（4.62），它们与拉格朗日函数（4.38）具有相似性。惩罚项在概念上类似于约束条件。

MSE 是方差和偏差平方的和，通常在 λ 从 0 开始增加时先减小，然后随着 λ 的进一步增加而不断增加。我们可以从数学上证明这个结论，但是，我们必须十分清楚：在实践中，并不知道 MSE。我们可以用标准方式估计方差，但是，我们只能用非标准方法估计偏差，这些非标准方法包括诸如 4.6.2 节所描述的再抽样方法、自助法和交叉验证方法等。

我们可以把岭回归和 lasso 回归的惩罚项进行加权平均：

$$\lambda((1-\alpha)\|b\|_2^2 + \alpha\|b\|_1) \tag{4.63}$$

我们把这种组合惩罚项的方法称为弹性网，弹性网有两个调节参数 α 和 λ。

R 包 MASS 中 lm.ridge 函数执行岭回归计算。R 包 glmnet 提供了用弹性网拟合的函数，允许用户选择其中 α 和 λ 的值或指定 λ 值的范围。该包允许使用线性模型和其他回归模型。（glmnet 使用的实际目标函数与上面给出的目标函数略有不同。）

约束最小二乘法：二次规划

在一般形式的回归模型 $y = g(x, \theta) + \epsilon$ 中，可以知道部分或全部参数 θ 的取值范围，例如，可以知道它们是非负的。

给定一组观察值 $(y_1, x_1), \cdots, (y_n, x_n)$，可能出现这样的情形，产生最小二乘 $(y - g(x, \theta))^{\mathrm{T}}(y - g(x, \theta))$ 的 $\hat{\theta}$ 值不满足模型的约束条件。

为了保证拟合参数满足模型的性质，我们对最小二乘优化问题增加约束条件。在计算中，可以用不同的方法处理约束，比如用拉格朗日乘数。

一个常见的问题是拟合线性回归：

$$y = X\beta + \epsilon$$

其中 $\beta \geqslant 0$。

解该非负的最小二乘问题，可以通过迭代调整使得负的 $\hat{\beta}_j$ 趋近 0。

注意，没有限制的最小二乘估计量可能是无偏的，因此，受限制的最小二乘估计量可能是有偏的。

前面提到的非负的最小二乘问题中的目标函数为 $r^{\mathrm{T}}r$，其中 $r = y - X\hat{\beta}$。这个目标函数可以推广到二次型 $r^{\mathrm{T}}Ar$，其中 A 是一个方阵。（这是构造加权最小二乘目标函数的形式。）这些约束也可以推广到更一般的线性约束形式。

我们使用本节的一般符号，可以写出约束优化问题（4.33）的特殊形式，其中目标函数为决策变量 θ 的二次型加上它们的线性组合，且约束是线性的：

$$\min_{\theta} \theta^{\mathrm{T}}A\theta + b^{\mathrm{T}}\theta$$
$$\mathrm{s.t.}\ G\theta \leqslant c \tag{4.64}$$

其中 A 是非负定矩阵，b 是和向量 θ 维数相同的向量，G 是列数与 θ 维数相同的矩阵，c 是维数为 G 矩阵行数的向量。

我们把问题（4.64）称为二次规划问题，使用特殊的算法可以求得有效解。

二次规划问题产生自应用数学的各个领域，确定最优投资组合的问题是二次规划问题，决策变量为投资组合中各资产的权重，二次型矩阵为投资组合中各资产收益率的相关系数矩阵。

R 中 nnls 包 nnls 函数执行在系数非负的约束下，用最小二乘法拟合线性模型的计算。R 中 quadprog 包 solve.QP 函数执行求解二次规划问题的计算。

4.3.3 最大似然法

给定似然函数 $L(\theta;x)$ 和样本 X，参数 θ 的最大似然估计量或 MLE，就是对于给定数据集使得似然函数取最大值的数值，也就是说，它是式（4.30）中约束优化问题的解。

对于给定的概率分布和数据集，优化问题可能没有解，即 MLE 可能不存在。但是，在大多数常见的数据分析问题中，MLE 存在，并且具有理想的统计性质。

例子：泊松分布的最大似然估计值

对于参数 λ 和数据集 $X=\{3,1,4,3,2\}$ 的泊松分布，图 4.1 右侧为似然函数 $L(\lambda;X)$ 的图，显然，λ 的最大似然估计值小于 3。

我们可以求出该结果的解析解。因为式（4.26）中的 $L(\lambda;x_1,\cdots,x_n)$ 可微，所以，其导数为

$$\frac{\mathrm{d}}{\mathrm{d}\lambda}L(\lambda;x_1,\cdots,x_n)=\sum_{i=1}^{n}x_i\lambda^{\sum\limits_{i=1}^{n}x_i-1}\mathrm{e}^{-n\lambda}\prod_{i=1}^{n}\frac{1}{x_i!}-n\lambda^{\sum\limits_{i=1}^{n}x_i}\mathrm{e}^{-n\lambda}\prod_{i=1}^{n}\frac{1}{x_i!}$$

$$=\lambda^{\sum\limits_{i=1}^{n}x_i-1}\left(\sum_{i=1}^{n}x_i-n\lambda\right)\left(\mathrm{e}^{-n\lambda}\prod_{i=1}^{n}\frac{1}{x_i!}\right)$$

现在，令导数为 0，整理各项，得到

$$\sum_{i=1}^{n}x_i=n\lambda \tag{4.65}$$

意味着在 $\lambda=\overline{x}$ 处有一个稳定点。我们对一阶导数求导得到二阶导数。简化表达式，令 $s=\sum_{i=1}^{n}x_i$，$p=\prod_{i=1}^{n}\frac{1}{x_i!}$，我们得到二阶导数

$$(s(s-1)-sn\lambda-sn\lambda+n^2\lambda^2)\lambda^{s-2}\mathrm{e}^{-n\lambda}p$$

在 $\lambda=\overline{x}$ 处二阶导数为负，如果 $\overline{x}>0$，那么稳定点为最大值点，因此，在此情况下，λ 的最大似然估计值为

$$\hat{\lambda}=\overline{x}$$

在图 4.1 给出的例子中，λ 的最大似然估计值为 $(3+1+4+3+2)/5=2.6$。

如果 $\overline{x}=0$（注意泊松分布中的 $\overline{x}$ 不能为负数），那么似然值为 $\mathrm{e}^{-n\lambda}$，它在参数空间 $\lambda\geqslant0$ 闭包上的 $\lambda=0$ 点处取最大值。

注意，泊松分布参数的最大似然估计值的形式不依赖于具体的样本；对于任意给定的

样本，泊松分布的最大似然估计值都是样本均值。这通常是最大似然估计值的一般情况，它们可以写成从任意样本以相同方式计算的一般统计量。

例子：正态分布的最大似然估计值

现在考虑正态分布 $N(\mu,\sigma^2)$ 和随机样本 $x_1,\cdots,x_n$。我们有 μ 和 σ^2 的似然函数 $L(\mu,\sigma^2;x_1,\cdots,x_n)$，如式（4.29）所示。我们通过分别对参数 μ 和 σ^2 求导，并令两个导数为 0，可以求出 μ 和 σ^2 的最大似然估计值。我们不是对似然函数 $L(\mu,\sigma^2;x_1,\cdots,x_n)$ 直接求导，而是对似然函数的对数求导，把其对数记为 l_L：

$$l_L(\mu,\sigma^2;x_1,\cdots,x_n) = -\frac{n}{2}\log(2\pi) - n\log(\sigma) - \sum_{i=1}^{n}(x_i-\mu)^2/2\sigma^2 \qquad (4.66)$$

我们把似然函数的对数称为对数似然函数，因为对数是一一对应且严格递增函数，所以函数取对数的最大值与原函数的最大值在同一点。根据对数似然函数（4.66），我们通过微分可以很容易地计算出 μ 和 σ^2 的稳定点：

$$\hat{\mu} = \overline{x}$$

$$\widehat{\sigma^2} = \frac{1}{n}\sum_{i=1}^{n}(x_i-\overline{x})^2$$

然后，通过二阶导数，证明它们是最大似然估计值。

通常，求最大，对数似然函数是更方便的函数，正如这种情形。似然函数中的乘积变成对数似然函数中的和，这更容易处理。

偏差

在用最小二乘法建模时，对于任意给定的模型或具体的参数值，重要的量就是残差平方和（SSE 或 RSS）。在最大似然法中，重要的量是某种形式的似然函数。

为了计算，我们经常使用对数似然函数，并且对数似然函数的理论性质很有用，例如与卡方分布的渐近关系。理论性质直接与对数似然的负两倍有关：

$$-2\log(L(\theta;x)) \qquad (4.67)$$

我们把这个理论性质定义为偏差，它作为似然本身，是模型参数 θ 的函数。（在统计文献中，其他作者用不同的方式使用术语"偏差"。在 R 中这样使用，我在本书中也这样用。）

在最大似然法中，偏差是重要的量，它所起的作用和 SSE 在最小二乘建模中的作用类似。

最大似然拟合模型的方法就是最小化偏差，类似于最小二乘法中最小化 SSE。

不同于求每个观察值的一般残差，我们把单个观察值的偏差残差定义为该观察值对于和的贡献，即

$$-2\log(L(\theta;x)) = \sum_{i=1}^{n} -2\log(L(\theta;,x_i))$$

也就是说，第 i 个偏差残差为 $-2\log(L(\theta;x_i))$。（我们有时把偏差本身也称为"剩余偏差"，所以剩余偏差就是偏差残差之和。）

具有正态误差的线性模型的最大似然

我们再次考虑线性回归模型，其形式为式（4.11）给出的向量-矩阵形式。在没有任何

其他假设的情况下，正规方程（4.44）的解是最小二乘估计量。

然而，对于最大似然估计量，我们需要增加一个假设，即我们需要假设分布的形式。

我们假设 ϵ 独立同分布且服从 $N(0,\sigma^2)$，也就是说，向量 ϵ 有多变量正态分布 $N_n(0,\sigma^2 I)$，向量 y 有多变量正态分布 $N_n(X\beta,\sigma^2 I)$。

我们有了这个假设，就可以构造如式（4.29）的对数似然函数，即

$$l_L(\beta,\sigma^2;(y_1,x_1),\cdots,(y_n,x_n))=\frac{-n\log(2\pi\sigma^2)}{2}-\frac{(y-X\beta)^{\mathrm{T}}(y-X\beta)}{2\sigma^2} \tag{4.68}$$

注意到，为了得到 β 的最大似然估计量，唯一有关的项就是与最小二乘问题的内积相同的项。因此，我们可以发现 β 的最大似然估计量与其最小二乘估计量相同。

这是正态分布的一个性质，均值的最小二乘估计量与其最大似然估计量相同。这个事实并不依赖于模型为线性模型。对于一般的回归模型 $y=g(x,\theta)+\epsilon$，我们也可以得到相同的结论。

我们注意到另一件关于使用最大似然法处理正态分布问题的事情。我们也有 σ^2 的最大似然估计量。回想一下，我们并没有得到 σ^2 的直接的最小二乘估计量。

式（4.68）关于 σ^2 求导数，令其为 0，得出解，并代入 β 的最大值，检查二阶导数，我们得到最大似然估计量

$$\hat{\sigma}^2=(y-X\hat{\beta})^{\mathrm{T}}(y-X\hat{\beta})/n \tag{4.69}$$

这个 σ^2 的估计量有偏，但是在均方误差上是一致的。再次注意到，这个结果对于一般的回归模型 $y=g(x,\theta)+\epsilon$ 也成立，只需要增加独立同分布且服从 $N(0,\sigma^2)$ 的误差。

在一般最大似然问题中，我们不能像正态分布的情况那样单独计算参数。

并非所有的似然函数都像泊松分布和正态分布那样简单。例如，对于伽马 (α,β) 分布，从似然函数得到的导数不能得到封闭解。另一个例子是 logistic 回归的似然函数。在这种情况下，分布本身很简单，但模型中的项使得优化问题很难求解。牛顿法是求解这类最大化问题的首选方法。

把牛顿法应用于对数似然函数，产生了统计文献中称为"得分函数"和"费希尔得分"的两个术语。在统计学中，我们把对数似然函数的梯度称为得分函数。因为对数似然的 Hessian 是称为费希尔信息的样本形式，所以我们把使用 Hessian 和对数似然梯度的牛顿法步骤（式（4.37））称为费希尔得分。

4.3.4   处理优化问题的 R 函数

R 提供了几个函数用于处理一般优化问题和特殊应用。R 还有使用各种标准拟合模型的函数。

优化问题的一些通用 R 函数

- `nlm`
  用牛顿法求解一般可微的无约束问题

- `nlminb`
  用牛顿法求解一般可微的约束问题（使用 `nlm`）

- optim

用 Nelder-Mead 法求解一般无约束问题

- constrOptim

用带有边界的 Nelder-Mead 法求解一般约束问题（使用 optim）

- optim_sa{optimization}

用模拟退火法求解一般无约束问题

- optimize

执行一维搜索寻找最小值

- solveLP{linprog}

求解线性规划问题

- solve.QP{quadprog}

求解二次规划问题

拟合模型的一些 R 函数

- lm 或 lsfit

用最小二乘法拟合线性模型

- nnls{nnls}

在系数非负约束下用最小二乘法拟合线性模型

- gls{nlme}

用广义最小二乘法拟合线性模型

- glm

用最大似然法拟合一般线性模型

- lm.ridge{MASS}

用岭回归拟合线性模型

- glmnet{glmnet}

用弹性网拟合线性模型或一般线性模型

- l1fit{L1pack}

用最小绝对值拟合线性模型

- nls

用最小二乘法拟合非线性模型

优化问题存在许多计算上的困难。虽然最大似然问题的公式可能会直接解决问题，但是对于许多概率分布来说，样本量为 100 的样本得到的值，数值变化幅度如此之大，以至于超出软件处理的数值范围。使用对数似然函数通常会得到一个较好条件的数值问题，但是即便如此，在许多显然很简单的问题上，软件也经常出错。

为了求解，许多优化问题需要特别的简化。

4.4 统计推断

统计推断指的是用某个样本数据推断样本所代表的很大总体的性质的过程。

统计推断最简单和最常用的例子，就是我们反映总体某个方面性质的模型，我们从总体中随机抽取样本。有了样本，我们进行一些探索性分析，以检查模型和我们收集的样本数据。第 2 章描述了进行探索性分析所使用的方法。于是，统计推断涉及对模型做出更具体的表述，或是基于模型和数据预测未来的观察值。

根据模型的基本差异，有两种不同的统计推断方法。由于缺乏较好的名称，我们称这两种方法为"频率学派"和"贝叶斯学派"。

在频率学派推断中，目标是通过估计未知模型参数的值或取值范围缩小可观察数据的概率分布族，或者用其他方法改进描述可观察数据的模型族。一般对参数值的描述包括对估计量的方差或置信水平的说明。

对于贝叶斯学派推断来说，我们从 4.1.6 节所描述的贝叶斯模型开始。贝叶斯学派认为模型的参数为随机变量。首先，作为模型组成部分，我们表示了我们当前关于参数概率分布的"信念"。分析的目标是在给定先验信息和数据的条件下，确定参数的条件分布。

这两种不同的模型导致本质上相同的结论却存在基本的差别。例如，频率学派推断方法可能得到"μ 的 95% 的置信区间是（93,110)"的结论，而贝叶斯学派推断方法可能得到"μ 落在区间（93,110)的概率是 95%"。

统计推断的类型

统计推断可以用各种形式表示。它可能是一个点估计量，即参数的特定值，同时还有所估计方差的说明。它也可能是参数空间的某个子域或区间，认为参数在该区域内，同时还有置信度或可信度的说明。它可能是关于可观察分布某个说明为真（假设）的决策，同时还有与这个决策有关的置信或概率水平的说明。然而，另一种统计推断的形式可能是关于结果的预测。在时间序列分析中，我们通常把预测称为"预报"。

"标准误"

点估计量或预测量是随机变量，具有概率分布，通常具有不确定性。为了使估计值或预测值有用，有必要知道其分布的知识。而分布的重要特征就是方差或标准差，也就是某些用来描述统计精度的度量指标。

除了从数据得到的任何点估计值和预测值，我们应该给出潜在随机变量的方差或标准差的估计值。当然，方差或标准差的估计值取决于统计量的表达式。当我们推导统计模型估计量和预测量时，我们也考虑它们的分布，至少要考虑它们的方差和标准差。

我们把估计量或预测量标准差的估计值称为"标准误"。在统计推断中，标准误是最常用的描述精度的度量指标。这个术语不仅有一定的误导性，而且在讨论标准差的估计量性质时，通常不加区别地使用。标准差的估计量在均方误差意义下可能是一致的，但大多数情况下有偏差。它作为估计量的性质取决于总体的分布及估计量和预测量的性质，估计量和预测量的标准差需要估计。在大多数情况下，所谓的标准误都是基于对正态分布的近似。

标准误通常作为一种经验法则，用来判断高于或低于给定点估计值或预测值的粗略范围。这个范围不是置信区间，置信区间有更精确的解释。我们在 4.4.1 节讨论置信区间。（就置信区间而言，在一些相当严格的假设下，用标准误定义的正负区间对应 67% 的置信区间。）

统计推断的方法

用假设的总体概率分布推导估计量或检验统计量，我们称这种推断为精确推断。然而，对于许多概率分布，精确置信区间或检验统计量显著性的推导，在数学上很难处理。

渐近推断

有时，虽然我们不能得到精确分布，但是我们可以知道估计量或检验统计量的某个简单的渐近分布。这通常基于中心极限定理。因此，我们可以使用渐近分布逼近临界值或估计量的其他性质。我们把这种推断方法称为渐近推断。

计算推断

当概率分布在数学上很难处理时，另一种方法就是使用模拟分布。我们称这种方法为计算推断，它有很多形式。常见的例子是使用马尔可夫链蒙特卡罗（MCMC）方法，我们在将 4.4.4 节讨论这种方法。我们将在 4.4.5 节讨论另一种计算推断方法——自助法。

调节推断

在某些情况下，可能数据和数据模型之间没有直接的关系。例如概率密度函数模型和资产收益率的波动率，因为密度是某个无穷小量，而波动率是某个瞬时量。密度和波动率的估计值需要某个调节参数，当然正如我们所看到那样，这个参数可以采用不同的形式。关于尾部行为的推断同样也需要一个调节参数定义"尾部"。在其他实例中，需要调节参数才能进行推断，我们把这种推断方法称为调节推断。它与两阶段或条件推断有关，在对感兴趣的参数性质进行统计推断前，要进行统计检验或估计，以此决定推断方法。通常很难精确地确定包含调节参数的估计量的统计性质，因此大多数调节推断的例子都涉及渐近或计算推断。

在许多调节推断例子中，调节参数控制偏差和方差之间的权衡。例如，我们发现它在非参数概率密度估计平滑参数中的作用。随着箱子宽度的增加或核密度的分散，方差减小，偏差增大；同样，在正则化最小二乘（岭回归或 lasso）中，随着惩罚权重的增加，偏差增加，方差减小。通常选择权衡偏差-方差的平衡，使得 MSE 最小化。练习 4.16b 要求在尾部指数估计的情况下研究这种权衡（在 4.4.7 节进行讨论）。

4.4.1 置信区间

我们可以从给定样本数据中得到更多关于总体均值的信息描述，而不仅仅是点估计值。一种这样做的方法，就是用样本标准差衡量均值估计值的精度；用另一句话说，就是给出某些表示总体均值接近估计值的可能性的指标。

另一种解决这个问题的方法就是选择某个相对较大的概率，例如 95%，然后在点估计值的两侧各确定某个区域，使得这样构建的随机区间有 95% 的概率包含总体均值。

这个过程听起来可能很复杂，但是，如果我们假设知道分布族，那么通常这个问题就非常简单。例如，对于固定的 μ 和 σ^2 值，假设可观察的随机变量 X 的条件分布为 $N(\mu, \sigma^2)$。令 $X_1, \cdots, X_n$ 独立同分布，服从 $N(\mu, \sigma^2)$，并且令 $\overline{X}$ 为 X_i 的均值，令

$$S^2 = \frac{1}{n-1} \sum_{i=1}^{n} (X_i - \overline{X})^2$$

现在 $(\overline{X}-\mu)/\sqrt{\sigma^2/n}$ 服从 N(0,1) 分布,根据 3.2.2 节的讨论,我们知道 $(n-1)S^2/\sigma^2$ 服从自由度为 $n-1$ 的卡方分布,且与 $\overline{X}$ 独立,因此,

$$t = \frac{\overline{X}-\mu}{\sqrt{S^2/n}}$$

服从自由度为 $n-1$ 的 t 分布。

令 $t_{n-1,0.025}$ 为服从自由度为 $n-1$ 的 t 分布的随机变量,且 $P(t \leqslant t_{n-1,0.025}) = 0.025$。由于 t 分布关于 0 对称,所以 $P(t \geqslant -t_{n-1,0.025}) = 0.025$,最后构造区间

$$(\overline{X}+t_{n-1,0.025}\sqrt{S^2/n}, \overline{X}-t_{n-1,0.025}\sqrt{S^2/n}) \tag{4.70}$$

这样的区间包含 μ 的概率为 95%。

给定 X 的 n 个观察值 $x_1, \cdots, x_n$,我们把用前面方法构造的区间称为 95% 的置信区间,与该区域相关的置信水平为 95%。

例如,假设对于样本量 $n=250$ 的某个样本,计算得到 $\overline{x} = 0.0667$ 和 $s^2 = 0.1759$。现在有 $t_{249,0.025} = -1.970$(根据 R 函数 qt(0.025,249) 得到),所以 μ 的 95% 的置信区间为

$$(0.0145, 0.119) \tag{4.71}$$

一般说来,我们称这样的区间为 $(1-\alpha)100\%$ 的置信区间。临界值就是前面的 $t_{n-1,0.025}$,可以用适当分布的其他分位数代替。选择置信区间中的分位数,使这样构造的区间包含感兴趣参数的概率为 $1-\alpha$,或者,这样的区间不包含参数的概率为 α。对于式(4.70)中双边对称区间,我们使用 $t_{n-1,\alpha/2}$ 值,使得 $P(t \leqslant t_{n-1,\alpha/2}) = \alpha/2$。

按照同样的步骤,可以选择不同的区间使得它们包含 μ 的概率相同。每个区间各有优势,或是区间较短,或是有其他一些令人满意的性质。单边上 $(1-\alpha)100\%$ 的置信区间是

$$(\overline{X}+t_{n-1,\alpha}\sqrt{S^2/n}, \infty) \tag{4.72}$$

我们也可以选择其他的置信水平,计算不同的置信区间。

对于正态分布的情况,因为正态分布、卡方分布和 t 分布之间的关系,所以可以很容易构造置信区间。

构造置信区间的一般方法

前面集中讨论了如何构造均值的置信区间。对于其他参数,我们可以采用相同的方法构造它们的置信区间。

构造参数 θ 的 $(1-\alpha)100\%$ 的置信区间的一般方法,就是用某个与参数 θ 有关的统计量,比如 T,并求涉及 θ 和统计量 T 的枢轴量。枢轴量是关于 θ 和 T 的函数 $f(T,\theta)$,其中 T 和 θ 可以分离,并且其分布可知。然后,我们可以找到 $f(T,\theta)$ 的两个分位数,即 f_{α_1} 和 f_{α_2}(其中任意一个可能无限),满足

$$P(f_{\alpha_1} \leqslant f(T,\theta) \leqslant f_{\alpha_2}) = 1-\alpha$$

然后,我们替换前面描述中的相关项。

在前面讨论的正态分布均值的置信区间中,枢轴量是 $f(T,\mu) = (\overline{X}-\mu)/\sqrt{S^2/n}$,它服从自由度为 $n-1$ 的 t 分布,在这种情况下,T 统计量涉及二项 $(\overline{X}, \sqrt{S^2/n})$。通过使用以下方程可以构造 95% 的置信区间:

$$P(t_{n-1,0.025} \leqslant (\overline{X} - \mu) / \sqrt{S^2/n} \leqslant -t_{n-1,0.025}) = 95\% \tag{4.73}$$

4.4.2　检验统计假设

与置信密切相关的概念是显著性。与区域内部相关的置信水平决定了区域外部的显著性水平，$(1-\alpha)100\%$ 置信域的显著性为 $\alpha 100\%$。

通常"显著性"这个术语在假设检验中使用得最多。

统计假设

统计假设描述了某个给定总体的概率分布具有某些性质。给定假定分布的一般形式，统计假设说明该分布是否是假定分布的某个子族。我们把不同的假设记为"H_0""H_1""H_a"等。例如，我们假定分布为 $N(\mu, \sigma^2)$，且假设均值为某个特定值 μ_0。我们把这个假设表示为

$$H_0 : \mu = \mu_0 \tag{4.74}$$

这个简单假设完全指定了分布（在假定的分布族中）。例如，假设 $H_0 : \mu = \mu_0$ 是一个简单假设，但是假设 $H_0 : \mu \geqslant \mu_0$ 就不是简单假设。我们把这种不是简单的假设称为复合假设。

我们把要进行检验的假设称为原假设。对假设进行检验，要通过收集数据，并把观察到的统计量与原假设下该统计量的分布进行比较。如果检验统计量相对于原分布出现了一个"极端值"，那么就拒绝原假设。我们称这个极端值为"显著的"。显著性水平是与原假设条件下的极端区域有关的概率。在进行检验步骤前，用这个显著性水平定义了拒绝域。另外，对于检验统计量的某个给定值，在原假设下确定极端值大于或等于该值的概率。我们把这个概率值称为"p 值"。

用于设定参数置信区间的统计量，也可以用于该参数的假设检验。例如，在检验 $\mu = \mu_0$ 的假设时，我们可以构造统计量

$$t = \frac{\overline{X} - \mu_0}{\sqrt{S^2/n}} \tag{4.75}$$

它仅仅是对置信区间（4.70）和置信区间（4.72）中各项进行重新组合。通过把 t 与分位数 $t_{n-1,\alpha/2}$ 或 $t_{n-1,\alpha}$ 比较，检验假设，这等价于所确定的置信区间（4.70）和置信区间（4.72）是否包含 μ_0。等价地，这个过程也等同于确定计算出的 t 的 p 值，如果 p 值小于 α，那么拒绝原假设。

统计假设检验的思想和方法可以从检验一个简单假设问题开始发展，我们称这个简单假设为"原假设"，我们称另一个相反的假设为"备择假设"：

$$H_0 : \mu = \mu_0$$
$$H_1 : \mu = \mu_1$$

Neyman-Pearson 方法定义了检验这些假设的过程，该过程在拒绝真 H_0 的概率限制下，使得拒绝假 H_0 的概率达到最大，从这个意义上说，该过程是最优的。这种方法逐步扩展到各种情况下确定检验复合假设的最优检验。

统计假设检验的基本思想就是确定某个"检验统计量"，并把其值与原假设下随机变量概率分布的值进行比较。如果检验统计量的值是由某个固定的显著性水平决定的"极端

值", 那么就拒绝原假设。

假设检验中的错误

如果拒绝为真的假设, 或者不拒绝为假的假设, 那么就会做出错误决策。我们把这些错误决策分别称为第 Ⅰ 类错误、第 Ⅱ 类错误。检验的显著性水平是该检验犯第 Ⅰ 类错误的最大概率, 但是, 犯第 Ⅰ 类错误和第 Ⅱ 类错误的概率都取决于数据生成过程的真实状况。

统计检验的功效

无论假设为真还是为假, 统计检验的功效都取决于拒绝原假设的条件概率。为了使检验有效, 当原假设为真时, 检验功效不能大于显著性水平。显然, 当原假设为假时, 我们希望检验功效尽可能大。

关于某个参数的检验功效取决于参数的实际值。对于给定参数的假设检验, 我们把功效关于参数的函数称为功效曲线。

如果备择假设指 "原假设之外的一切", 那么我们把这个检验称为多项检验。多项检验的功效根据具体的各种选择变化很大。

一些常见的统计假设检验

一些最熟悉的假设检验就是正态分布参数的检验, 例如, 我们有来自正态分布 $N(\mu, \sigma^2)$ 的样本 $x_1, \cdots, x_n$, 并且, 我们要进行假设检验:

$$H_0: \mu = \mu_0$$
$$H_1: \mu \neq \mu_0$$

这与我们讨论过的求解 μ 的置信区间问题相似。

标准的检验过程是计算样本均值 $\overline{x}$ 和样本方差 s^2, 并计算检验统计量

$$t_c = \frac{\overline{x} - \mu_0}{\sqrt{s^2/n}} \tag{4.76}$$

(这与式 (4.75) 相同, 只是这里使用的是随机变量的实现值而不是随机变量。) 现在, 在假设条件下, 如果原假设成立, 那么式 (4.76) 中 t_c 是一个自由度为 $n-1$ 的 t 分布的实现值。通过比较 t_c 与 t 分布的临界值, 或通过确定其 p 值, 即 t 随机变量更极端的概率, 完成假设检验。

例如, 考虑以百分数表示的 2017 年 S&P 500 指数的日简单收益率。(图 1.22 的散点图使用了这些数据的对数收益率。) 现在, 利用这些数据, 我们进行检验:

$$H_0: \mu = 0.10 \quad (\text{也就是日简单收益率均值为 } 0.1\%)$$
$$H_1: \mu \neq 0.10$$

显著性水平为 5%。

样本量 $n = 250$, 均值 $\overline{x} = 0.066\,7$, 样本方差 $s^2 = 0.175\,9$。因此, 检验统计量 $t_c = -1.255$。现在我们计算双边 p 值: $P(t_{249} \leqslant t_c) + P(t_{249} \geqslant -t_c) = 0.211$ (根据 R 函数 `pt(-abs(t_c),249)+1-pt(abs(t_c),249)` 计算)。该 p 值大于检验设定的显著性水平 5%, 因此, 的确没有显示拒绝原假设。另外, 我们可以计算检验统计量的临界值 $t_{249,0.025} = -1.970$ 和 $t_{249,0.975} = 1.970$ (根据 R 函数 `qt(0.025,249)` 和 `qt(0.975,249)` 计算)。同样, 因为 $t_c > -1.970$ 并且 $t_c < 1.970$, 所以我们不拒绝原假设。

另一方面，对于原假设 $H_0: \mu = 0.15$，t_c 的计算值是 -3.14，其对应的 p 值是 0.00189。在此情形下，我们拒绝原假设。

单边检验的处理方法与单边置信区间的处理方法相似。其基本思想是求出检验统计量在每个备择假设成立条件下的概率值。如果上述原假设是 $H_0: \mu \leqslant 0.10$，那么检验统计量 t_c 的值仍为 -1.255，且 $P(t_{249} \leqslant t_c) = 0.105$。在此情形下，我们也不拒绝原假设，但是如果 t_c 的值再小一点，那么就会拒绝原假设。

在 5% 水平下的假设检验等同于确定检验统计量是否在剩余的 95% 置信区间内。例如，置信区间（4.71）是使用这些相同的数据计算得到的。对于原假设 $H_0: \mu = 0.10$，那么检验统计量就在这个置信区间内，所以不拒绝原假设；对于原假设 $H_0: \mu = 0.15$，检验统计量超出了这个置信区间，因此，在这种情形下，我们拒绝原假设。

对于正态分布中参数 σ^2 的假设检验，我们使用卡方检验统计量。对于与两个独立正态分布的均值有关的检验，我们使用 t 检验统计量，而对于与两个独立正态分布的方差有关的检验，我们使用 F 检验统计量。

虽然 t 检验、卡方检验和 F 检验，只有在正态分布的情况下是精确的，但是对于其他分布，它们是近似或渐近正确的，所以它们得到广泛使用。

一种常见的假设检验是拟合优度检验，在这种检验中，原假设表明总体具有特定的分布或来自特定的分布族，如正态分布族。大多数拟合优度检验是综合检验。我们在 4.6.2 节讨论拟合优度检验。

联合假设检验

如果使用相同的模型和数据集检验一个以上的假设，那么检验统计量之间的相关性导致显著性水平的解释出现问题。（这与复合假设检验的情况不同。）

对于多个检验构成的一组联合检验来说，其中每个检验的显著性水平，就是该检验出现第 I 类错误的概率。在该组检验中至少有一个检验犯第 I 类错误的概率较大。根据问题的背景和不同的应用，可以用不同的方法处理这个问题，通常是降低每个单独检验的显著性水平。我们在这里不详细地讨论这些处理方法；但是分析人员意识到联合假设检验中各个检验之间有相依性，这非常重要。

基于证据的决策

统计假设检验不是平等地处理两种可能性。原假设默认被接受，当原假设为假时，拒绝原假设的置信水平，高于当原假设为真时，不拒绝原假设的置信水平。用于描述统计假设结果的习惯术语是"拒绝"或"不拒绝"。并非所有科学家或数据分析师都认为这种对证据的不平等处理是适当的，他们提出把证据纳入决策过程的其他方式。Royall（1997）给出了几个例子，在这些例子中，基于 p 值或置信区间的决策，显然得不到现有的经验证据的支持。Royall 把决策过程看作二元选择，类似于在"原假设"和"备择假设"之间进行选择，但是他主张任何在两个备选项之间的选择，都应该建立在似然比的基础上，似然比就是在两个备选项下最大似然函数的比。Wasserstein、Schirm 和 Lazar（2019）也批评了进行统计决策时依赖简单的"显著性"这个度量指标。

4.4.3 预测

数据缩减和降维，以及通常使用诸如式（4.15）的模型，其目的就是为了帮助我们理解数据生成过程。然而，除了理解这个过程，还可以使用这些模型预测未来值。预测是基于拟合的模型。

与预测相关的置信度，不仅包括使用样本拟合模型所产生的不确定性，而且还包括模型误差项所产生的不确定性。例如，在一般模型（4.3）$y = g(x, \theta) + \epsilon$ 中，使用拟合模型，对于给定值 $x = x_0$，我们预测响应变量 y 的值为 $\hat{y} = g(x_0, \hat{\theta})$。在 x_0 点，所有 y 的均值的置信区间可以只基于 x_0 及 $\hat{\theta}$ 分布进行构造。然而，预测区间还必须包括潜在变量 ϵ 的变化。因此，一个点的预测区间总是大于一个均值的置信区间。

当然，非参数平滑方法也能进行预测。然而，在这种情况下，预测区间通常更难构造，并且不能用解析表达式表示。

一些有效的预测方法都基于"黑箱"；也就是说，不是拟合一个简单的方程。一些"黑箱"方法的例子有神经网络、支持向量机和随机森林等。我们在本书中不介绍这些方法。

4.4.4 贝叶斯模型推断

贝叶斯模型中的统计推断是使用数据更新随机参数分布的任何先验信念。

正式的贝叶斯分析从模型开始，比如（4.1）所示的 $X \sim N(\mu, \sigma^2)$，表示可观察随机变量的概率分布，或者（4.3）的 $y = g(x, \theta) + \epsilon$，表示变量之间的关系。然而，贝叶斯方法中不可观察的参数，比如模型中的 μ、σ^2 及 θ，都看作随机变量。因此，贝叶斯模型也包含了对随机参数的概率分布建模的内容。

在开始阶段，我们把模型中参数的分布称为先验分布，可观察随机变量的概率分布称为条件分布；它们以随机参数的取值为条件。根据参数的边际分布（先验）和给定参数的可观察值的条件分布，我们可以构造如式（3.47）的参数和可观察值的联合分布。给定联合分布，我们能够确定如式（3.39）所示的可观察值的边际分布（通过对参数积分得到）。最后，根据可观察值的联合分布和边际分布，可以确定给定观察值条件下参数的条件分布，再次，如式（3.47）。我们把这种条件分布称为后验分布。普通统计推断的主要目标仅仅是确定点估计值或置信区间，与此不同，在贝叶斯推断中，主要目标是估计模型的后验分布。

所有这些步骤都可以在没有任何数据的情况下完成，此时参数的后验分布包含未知的可观察值。

符号和步骤

按照我们在 3.1.5 节所使用的符号，如果我们令 X 代表可观察随机变量，Θ 代表参数（X 和 Θ 都可能是向量），并且我们假设这些随机变量都是连续型随机变量，存在概率密度函数，我们从可观察变量的条件分布开始：

$$f_{X|\Theta}(x|\theta) \tag{4.77}$$

并且参数的先验（边际）分布为

$$f_\Theta(\theta) \tag{4.78}$$

根据这些条件，我们得到了参数和可观察值的联合分布（式（3.47））

$$f_{X\Theta}(x,\theta) = f_{X|\Theta}(x|\theta)f_\Theta(\theta) \tag{4.79}$$

并且，我们得到了可观察值的边际（式（3.39））

$$f_X(x) = \int f_{X\Theta}(x,\theta)\,\mathrm{d}\theta \tag{4.80}$$

最后，我们得到给定观察值的参数的后验条件分布（同样，式（3.47））

$$f_{\Theta|X}(\theta|x) = \frac{f_{X\Theta}(x,\theta)}{f_X(x)} \tag{4.81}$$

在数据的贝叶斯分析中，在推导出后验条件分布模型后，我们只需要在适当的地方代入观察值，就得到了参数的分布。

前面所有的分布都可以是多变量分布，并且使用同样的步骤。例如，应用到估计均值和方差时，θ 可能是向量 (μ, σ^2)。

先验分布 $f_\Theta(\theta)$ 的形状完全取决于分析者的先验信念。如果先验分布中概率集中在一个点的周围，那么无论使用什么数据，该参数条件分布 $f_{\Theta|X}(\theta|X)$ 的贝叶斯估计值集中在先验的同一点附近。另一方面，一个"平坦"的先验分布是"无信息的"，并且相应的贝叶斯估计值更加依赖数据样本。

模型的相依性

基本模型是一个描述变量之间相依性的模型，这些变量包含可观察变量和不可观察参数或其他潜在变量。在前面所描述的步骤中，式（4.78）中给出的具有概率密度函数的不可观察量 Θ 的先验边际分布，可能是给定 Ψ（称为超参数）的条件分布，且其概率密度函数为 $f_{\Theta|\Psi}(\theta|\psi)$。参数通常是向量。

如果参数的每个分量都有一个独立的先验和它自己的超参数向量，那么我们便有了单个条件先验的一个简单层次结构，它有两个单独输入，然后为可观察量 X 的分布提供输入。例如，如果把式（4.78）中的先验用两个分量 Θ_1 和 Θ_2 的条件先验代替，其中 Θ_1 具有以 Ψ 为条件的分布，Θ_2 具有以 Φ 为条件的分布，那么模型可以表示为简单有向无环图（DAG），如下图所示。

$$\Psi \longrightarrow \Theta_1 \searrow$$
$$\qquad\qquad\qquad X$$
$$\Phi \longrightarrow \Theta_2 \nearrow$$

例如，这个 DAG 可以表示 X 的正态分布的贝叶斯模型，其中均值（称为 Θ_1）具有正态先验分布，其均值和方差具有超参数 Ψ 联合分布，而精度（称为 Θ_2）具有超参数 Φ（自由度）卡方先验分布（参见练习 4.11）。在许多情况下，都选择超参数为常数；也就是说，超参数的先验分布是退化的。

贝叶斯模型用 DAG 表示的优点是它很紧凑，可以扩展到任意数量的层次和变量。模型简单的 DAG 表示，在计算机软件中指定模型是有用的，并且在 BUGS 和 JAGS 软件系统中都用它描述模型（参见下文）。

符号和术语

贝叶斯分析的文献经常使用不同于其他统计领域的术语。例如，在贝叶斯文献中"逆高斯分布"的含义就不同于其他统计学家和概率学家所用的术语。当然，"概率"并不像其他统计学领域所认为的，指通常数学意义上的测度。在许多关于贝叶斯方法的文献中，使用的不是方差或标准差，而是"精度"。精度是方差的倒数。（术语"精度"在统计学中有许多用法，通常在非严格意义上或在一般意义上。文献中有两种不同的量化方法，一种定义为标准差的倒数，另一种定义为方差的倒数。在大多数贝叶斯方法的文献中，它是方差的倒数。）

拟合贝叶斯模型

如果我们可以得到从式（4.77）到式（4.81）的所有表达式，那么把观察数据代入式（4.81）的概率密度函数，就可以完成贝叶斯分析。这是我们所关心参数的条件分布。它体现了从数据中可以得到的关于模型的所有相关信息。

在这个过程中，困难步骤可能是式（4.80）中积分的计算。这种积分对于某些形式的先验分布和可观察值的条件分布很简单。通常在贝叶斯分析中，选择一些特殊的先验（称为共轭先验），以方便计算。例如，对于均值为 μ 的正态分布的简单情况，另一个关于 μ 的正态分布是共轭先验，并且式（4.80）中的积分马上简化为边际概率密度函数。

对于给定数据，另一种求参数条件分布（即后验分布）的方法，就是根据给定数据模拟抽样。我们没有构造式（4.81）中的表达式，而是得到该分布的样本实现值。具有任何样本量的样本，都可以提供关于分布本身的信息。

这些模拟可以采用多种形式。它们共同称为"马尔可夫链蒙特卡罗"或 MCMC。一种最简单的 MCMC 方法叫作"Gibbs 抽样"。BUGS 和 JAGS 软件可以实现该方法。模拟通过一系列条件分布进行，这些条件分布最终收敛到马尔可夫链的平稳分布。我们在这里不深入讨论详细的模拟过程。

因为过程的收敛性问题，所以贝叶斯分析的大部分内容都是分析方法，而不是分析数据和模型。

软件

进行贝叶斯分析存在的一个实际问题，就是如何指定一个通用计算机程序的模型。一个广泛使用的贝叶斯分析程序是 BUGS，这是一个独立运行的计算机程序，它有定义模型的专属关键词。BUGS 有各种版本，例如：WinBUGS 和 OpenBUGS。R 可以调用 BUGS 执行程序。

另一个具有相似设计和关键词的系统是 JAGS。JAGS 是开源软件，可以从 SourceForge 获取可执行程序，这个程序必须安装在 R 可以访问的目录中。一旦安装了执行程序，使用 R 中 rjags 包就可以调用该程序。

例子

我们举例说明如何使用 rjags 对第 1 章已经讨论过的 2017 年前三个季度的 INTC 日收益率进行简单分析。（这些数据在图 1.20 和其他直方图中使用过。）

我们希望估计日收益率的总体均值和方差。样本均值为 0.000 251，样本标准差为

0.008 87（参见 1.3.1 节）。我们可以认为这些样本统计数据是总体参数的估计值，且不需要进一步假设分布。当然，我们也可以使用在第 1 章讨论过的其他样本统计量，例如截断均值或 Winsorized 均值，作为估计值（参见 4.4.6 节）。

贝叶斯估计值需要先验信息或信念。对于这个例子，我们用正态分布对可观察值进行建模，并假定其均值服从正态先验分布，假定其精度（方差的倒数）服从卡方先验分布。对于均值，选择一个平坦的或无信息的先验正态分布，均值是 0，方差为 1 000 000。较大的方差意味着更重视样本均值而不是先验均值 0。对于精度，我们选择了自由度为 5 的卡方分布。（卡方的选择基于样本方差的分布，样本方差涉及精度。只有在这个例子中可以任意选择自由度。）

根据前面的有向无环图，Θ_1 代表日收益率的均值，Θ_2 表示日收益率的标准差。超参数 Ψ 是 Θ_1 的先验分布中两个参数的向量。在这种情况下，超参数是常数（0，1 000 000），或者其他形式（0，1.0e−6）。超参数 Φ 是 Θ_2 的先验分布中的单个参数。在这种情况下，这个超参数是常数，它等于 5。

定义贝叶斯模型

JAGS 和 rjags 需要外部文本文件指定模型。指定模型的外部文件保存在一个可访问的目录下，文件扩展名为 "bug"，如图 4.2 所示。

```
model{
#   observables
    for(i in 1:N) {
        x[i] ~ dnorm(mu,tau)
    }
#   priors on parameters
    mu ~ dnorm(0, 1.0e-6)
    tau ~ dchisq(5)
    sigma <- 1/sqrt(tau)   # the standard deviation
}
```

图 4.2　储存在 INTC173Q.bug 中的 JAGS 或 BUGS 模型的步骤

外部文件使用自己的符号，这种符号在其他 BUGS 软件中使用。BUGS 或 JAGS 语言有点类似于 R 语言，但一些具有与 R 相同或相似名称的函数，这些函数的参数有不同的含义。还有一类函数可用于指定分布，这些函数的名称都以 "d" 开头，另一部分类似于概率分布 R 函数的助记符（表 3.4）。例如，在 BUGS 或 JAGS 语言中，dnorm 仅意味着"正态分布"，而不是 R 中正态分布的累积分布函数。BUGS 或 JAGS 提供了许多常见的分布。在模型中使用这些分布来指定特定变量分布。

在用于指定分布的 BUGS 或 JAGS 函数和计算分布函数的 R 函数之间，另一个重要区别，就是一些 BUGS 或 JAGS 函数的参数可以指定某个"精度"，和大多数贝叶斯文献中一样，在 BUGS 或 JAGS 语言中精度是方差的倒数。相应的 R 函数指定了某个标准差。例如，对于正态分布，我们有

$$BUGS/JAGS : dnorm(mu, tau) \quad \Leftrightarrow \quad R : prenorm(arg, mu, 1/sqrt(tau))$$

因此，定义模型的文件具有图 4.2 给出的形式。我们把它存储在名为 INTC173Q.bug 的外部文件中。

在图 4.2 中，观察值 x[i] 为正态分布，mu 为先验正态分布，tau 为先验卡方分布。

使用模型分析数据

我们使用 BUGS 或 JAGS 语言定义了模型后，把文件存储在 R 工作目录下，可以对其进行处理，并使用 R 命令调用它对数据进行分析。rjags 包中的 R 函数 jags.model 使用适当的可执行文件执行常见的 BUGS 或 JAGS 操作。注意 jags.model 函数要求初始值（inits），这些值可以使用普通 R 函数 rnorm 和 rchisq 获得。rjags 包中的 R 函数 coda.samples 把结果组织到 mcmc.list 类的对象中，标准 R 函数 summary 显示结果。

图 4.3 举例说明 rjags 的使用。图中所有的叙述都是常规的 R 叙述。

```
library(rjags)
r <- as.numeric(INTCd20173QSimpleReturns)
N <- length(r)
INTCRet <- list(x = r, N = N)
inits <- function(){rwlist(mu = rnorm(1,0,1), tau = rchisq(1,5))}
INTC173Q <- jags.model("INTC173Q.bug", data=INTCRet)
INTC173Q.coda <- coda.samples(INTC173Q, c("mu", "tau", "sigma"),
                n.iter = 1000)
summary(INTC173Q.coda)
```

图 4.3   执行分析的 R 叙述

CODA（收敛诊断和输出分析）是一个在分析中监视和报告 MCMC 结果的软件系统。不同版本的 CODA 合并到 JAGS 和 BUGS 的不同版本中。图 4.3 所示的 coda.samples 函数产生简单输出结果，其中一部分如图 4.4 所示。

```
1. Empirical mean and standard deviation for each variable,
   plus standard error of the mean:

         Mean        SD  Naive SE Time-series SE
mu    1.667e-04  0.005186 0.0001640    0.0001640
sigma 7.337e-02  0.003908 0.0001236    0.0001519
tau   1.874e+02 19.809482 0.6264308    0.7416085

2. Quantiles for each variable:

           2.5%        25%       50%       75%      97.5%
mu     -0.009336  -0.003325 1.723e-05 3.744e-03   0.01066
sigma   0.066222   0.070924 7.324e-02 7.581e-02   0.08243
tau   147.180765 174.016964 1.864e+02 1.988e+02 228.03284
```

图 4.4   rjags 输出的结果

在贝叶斯分析中，由于假定参数为随机变量，因此，我们不仅仅估计参数本身；同时，还估计它们的分布。估计的分布可以用它们的分位数指定。图 4.4 显示了均值（mu）、标准差（sigma）和精度（tau）的条件分布的一些分位数估计值。

由于初始值的随机性和蒙特卡罗过程本身的随机性，所以在不同的运行中，图 4.4 中的结果也有变化。我们记得 1.3.1 节的样本均值是 0.000 251、标准差是 0.008 87，与这次运行的贝叶斯拟合（图 4.4 中分别为 0.000 166 7 和 0.073 37）相比，结果不同。注意，由于均值的先验分布是平坦的或是无信息的，所以均值的后验分布集中在样本值 0.000 251 附近。另一方面，标准差的后验分布并不集中在样本标准差附近，标准差的先验分布（即转换后的逆卡方分布）更加集中，所以后验分布不受样本值的影响。

对于控制分析的计算方面的 jags.model 和 coda.samples 函数来说，还有几个其他参数。正如我们前面提到的，贝叶斯分析的大部分工作都用于方法的分析，而不是数据和模型分析。我们还可以获得关于分析方法表现的许多诊断结果，这与分析本身不一样。

4.4.5　再抽样方法：自助法

统计推断包括估计值或检验统计量的置信水平或显著性水平的描述。这些描述都基于模型中的概率分布和分析过程中各种转换的分布。我们把这个过程称为精确推断。在某些情况下，可以从模型基本的总体概率分布中推导分布。其他情况下，能够推导出容易处理的渐近分布，并可以计算方差和分析中出现的其他量的性质。这为置信或显著性的近似表述奠定了基础。我们把这个过程称为渐近推断。

在许多情况下，既不能计算得到精确分布也不能计算得到相关的渐近分布。即使这样的分布可得到，也存在关于数据是否真的来自假设分布的问题。使用给定的数据集模拟概率分布或随机抽样，可以用来估计方差、估计偏差，并建立置信水平或显著性水平。我们把这个过程称为计算推断。上面提到的 MCMC 方法以及其他蒙特卡罗模拟方法都是计算推断的例子。各种类型的再抽样方法也是一种计算推断。

再抽样

再抽样是在同一个分析中重复使用相同的数据集。原始数据集的多个子集被重复使用。某些情形下可以是随机的，某些情形下也可以是系统性的。这些方法非常一般，可用于各种统计方法。

重复使用样本并不意味着我们一无所获。基于再抽样的推断是基于子样本的概率分布。

两种主要的再抽样类型是交叉验证（4.6.2 节进行讨论）和自助法。

自助法

给定样本数据 $x_1, \cdots, x_n$，这就定义了一个离散数据集。如果各个元素互相不同，并且我们指定每个元素的概率为 $1/n$，那么这就得到了离散均匀分布，我们以前提到过。自助法从离散均匀分布中重复抽取样本（有放回）；也就是，从给定的样本中抽取。

自助法样本是简单随机样本，它是从有限的、离散的总体中抽取的，这个总体包含点 $x_1, \cdots, x_n$，每个概率都是 $1/n$。让我们指定自助法样本的元素为 $x_1^*, \cdots, x_n^*$。每个 x_i^* 可以是任意的 x_j，且自助法样本为 $x_1^*, \cdots, x_n^*$ 中可能会多次出现相同的 x_j。

数据分析的各方面都需要估计所计算统计量的方差和偏差。对于简单的统计推断，例如估计均值，可以很容易地计算出作为估计量的统计量方差的估计值，但是在更复杂的情况下，就不能确定统计量方差的估计值，同样，也不能确定统计量的偏差。自助法可以用来估计方差，也可以用来估计和修正偏差。

假设 T 是我们根据原始数据 $x_1,\cdots,x_n$ 计算得到的统计量，也就是说，它是这些数据的函数，即 $T(x_1,\cdots,x_n)$。我们可以生成一个自助法样本 $x_1^*,\cdots,x_n^*$，并且计算相同统计量，我们称为 T^*，也就是 $T^*(x_1^*,\cdots,x_n^*)$。我们多次重复这个过程，生成 B 个自助法样本，对于每个样本，计算该统计量；我们称它们为 $T^{*1},T^{*2},\cdots,T^{*B}$。自助法的基本思想就是 $T^{*1},T^{*2},\cdots,T^{*B}$ 提供了初始 T 的分布信息，比如方差和偏差。例如，T^{*1}，$T^{*2},\cdots,T^{*B}$ 的方差是初始 T 方差的估计值。

因为我们使用有限的离散分布计算得到了 $T^{*1},T^{*2},\cdots,T^{*B}$，所以我们知道它们的很多信息。

在应用中，B 的数量级为 1 000 左右，它取决于 n 以及统计问题的性质和总体分布。

如果 T 统计量有点简单，那么就不能用这一方法；我们已经知道 T 的分布，或者至少我们可以很容易地估计其方差。自助法用于更复杂的情况，例如，估计尾部指数，随后在本章进行讨论。

估计量方差的自助法估计值

如上所述，T 方差的自助法估计量是 $V(T^*)$。因为 T^* 是使用一个简单的、有限的、离散的均匀分布计算得到的，所以我们可以得到方差的解析结果，但是我们可以简单地根据观察值 $T^{*1},T^{*2},\cdots,T^{*B}$ 估计它。因此 $V(T^*)$ 的估计量是 $T^{*1},T^{*2},\cdots,T^{*B}$ 的样本方差。

这个方法的基本思想是个体样本 T^{*j} 偏离其均值 $\overline{T^*}$ 的程度与 T 偏离其均值的程度类似。

这个方差估计量的有限样本的精确性质取决于总体分布和统计量 T 的性质。在适当的条件下，估计量是一致的。

对于简单情形，比如，如果 T 是样本均值，那么方差的自助法估计值与直接估计得到的值相同。对于均值，方差的自助法估计值总等于 $\hat{\sigma}/n$，其中 $\hat{\sigma}$ 是从总体得到的样本方差的估计值。

估计量偏差的自助法估计值

如果统计量 T 是参数 θ 的估计量，那么其偏差为 $E(T)-\theta$。如果总体分布未知，那么 $E(T)$ 及 θ 也未知。然而，可以用自助法估计 $E(T)$ 和 θ 的差。

这个方法的思想类似于方差自助法估计量的思想。偏差估计量是由初始样本计算得到的 T 值与自助法样本均值之差，即

$$\overline{T^*}-T$$

这个由有限样本得到的偏差估计量的精确性质，取决于总体分布和统计量 T 的性质。许多情况下，我们所有能够得到的结论也只是提供了一个偏差方向的标示。

自助法置信区间

正如 4.4.1 节所讨论的那样，确定参数 θ 置信区间的方法是找到一个关键量，它包含

参数 θ 和 T 统计量，其分布已知，形成一个与关键量分布的分位数相关的概率表述，最后，重新排列项，得到置信区间的表达式。如果我们令 $f(T, \theta)$ 为关键量，那么概率表述具有下面的形式：

$$P(f_{(\alpha/2)} \leqslant f(T, \theta) \leqslant f_{(1-\alpha/2)}) = 1 - \alpha$$

对于简单情形，比如 4.4.1 节正态分布均值的例子，我们可以很容易地确定分位数 $f_{(\alpha/2)}$ 和 $f_{(1-\alpha/2)}$，但是对于更复杂的情况，我们不知道这些分位数。如果可以模拟 $f(T, \theta)$，那么我们可以用蒙特卡罗估计 $f_{(\alpha/2)}$ 和 $f_{(1-\alpha/2)}$。由于我们不知道 θ，所以这是不可能的。

一种估计 $f_{(\alpha/2)}$ 和 $f_{(1-\alpha/2)}$ 的自助法是模拟 $f(T^*, T_0)$ 的分布，这种方法不需要假设分布，其中 T_0 是给定样本的 T 值；也就是，用 $f(T^*, T_0)$ 代替 $f(T, \theta)$。我们把这种方法形成的置信区间称为基本自助法置信区间。

再次考虑前面的例子，2017 年 S&P 500 指数日简单收益率，收益率用百分数表示。我们感兴趣的是平均收益率。我们计算得到样本量 $n = 250$ 的样本均值为 0.066 7。使用样本均值和样本方差，在正态分布的假设条件下，我们计算总体均值 95% 的置信区间为

$$(0.014\,5, 0.119)$$

我们知道收益率的频率分布与正态分布相比，具有更厚的尾部，所以置信区间不准确。

现在我们计算 95% 的基本自助法置信区间，$B = 1\,000$。在这种情形下，统计量 T 的样本均值为 $T_0 = 0.066\,7$（下面 R 代码中 xbar）。用下面的 R 代码可以完成。

```
set.seed(1)
for (i in 1:B) fB[i] <- mean(sample(x,n,replace=TRUE))
fB <- fB- xbar
quantile(fB,probs=c(0.025,0.975))
```

我们得到

$$(-0.052\,7, 0.054\,1) \tag{4.82}$$

这比基于正态分布的参数置信区间宽很多，但是，事实上，相同数据的大量再抽样样本的均值（超过 5%）在参数区间（4.71）之外。只有 5% 自助法样本均值位于区间（4.82）之外。

基本自助法置信区间几乎不依赖于基本分布假设，因此，它往往比较宽。人们提出了各种其他使用自助法构造置信区间的方法。这些方法往往给出了更紧（更小）的置信区间。Efron 和 Tibshirani（1993）讨论一些方法和其他应用。

计算问题

几个 R 包都可以执行自助法计算。其中两个最有用的 R 包是 boot 和 bootstrap。然而，许多自助法应用程序需要特别的代码。

很多自助法应用程序都需要大量的计算，但是，通常可以并行计算。有些应用程序也需要并行处理，在 R 中，使用 foreach 包 foreach 指令通常可以加快计算速度。

4.4.6　稳健统计方法

虽然很多统计过程都是基于正态分布假设的，但是，这并不意味着总体分布是正态分

布。只是意味着假设分布的特征与正态分布差别不够大，使得统计处理过程没有失效。例如，金融数据的简单图形，比如图 1.26 的对数密度图，或者图 1.27 的 q-q 图，都表明收益率分布与正态分布有很大的不同。问题在于这些差异对统计推断的影响有多大。

仅仅去掉一些异常值可能会使数据集更接近正态分布，因此基于正态总体的过程不会导致错误的决策。另一种去掉异常观察值的方法是使用统计过程，这些统计过程对偏离分布假设具有稳健性。这两种方法都有缺点；金融分析师必须意识到删除或忽略可能含有信息的数据所造成的影响。

对于总体均值的推断，样本均值通常是一个很好的估计量，但是极端异常值可能对样本均值有很大的影响。稳健估计量可能更好。例如，样本中位数就是稳健估计量，它不受单个观察值大于中位数的影响，也不受单个观察值小于中位数的影响。样本均值是总体均值的最小二乘估计量，样本中位数也是总体均值的最小绝对值估计量。

样本中位数不受异常值的影响，但是如果总体为有偏分布，那么中位数不再是总体均值的良好估计量。α 切尾均值和 α-Winsorized 均值（方程（1.60））是均值和中位数的折中。对于 $\alpha = 0$，它们就是均值；对于 $\alpha \approx 0.5$，实质上它们是中位数。对于 $\alpha > 0$，说明它们对异常值是稳健的，同时，对于正态数据，作为总体均值的估计量，它们有很好的性质。

异常值对样本方差有很大的影响，这是因为方差是偏差平方的平均值。用绝对偏差的平均值代替偏差平方的平均值，更适合衡量数据的分散程度。同样，不使用偏离均值的偏差，因为均值本身受异常值的影响，所以我们使用偏离中位数的偏差。最后，作为这些偏差的平均值，我们不用它们的平均值，而使用偏差的中位数；也就是说，对于数值向量 x，我们可以取绝对偏差中位数（MAD），如式（1.62）所示。

另一个衡量数据分散程度的稳健指标，就是如式（1.61）所示的四分位距（IQR）。

MAD 和 IQR 更类似于标准差而不是方差。与标准差的关系取决于样本量和总体概率分布。我们通常使用基于理论正态分布的渐近逼近作为标准差的估计值（参见式（1.63）和式（1.64），以及练习 2.2）。

使用基于分位数的度量，例如 MAD 和 IQR，使得正态分布更类似于金融数据的频率分布。图 1.24 显示了叠加正态概率密度函数的 2017 年前三个季度 INTC 日简单收益率直方图，图中正态分布使用了样本均值和样本标准差。图 4.5 左侧和右侧显示了同样的直方图，但是叠加的正态分布曲线不同，它是用样本中位数和 MAD 拟合的。

虽然基于 MAD 的标准差似乎更好地拟合了尾部，但是不管使用哪种正态分布都不能很好地拟合样本峰度。这显示了样本频率分布和正态分布的主要区别。

图 4.5 的拟合很差，在第 1 章 q-q 图发现的厚尾问题仍然存在。

使用数据的秩 rank(x)，而不是实际数据 x，对异常值和厚尾分布来说更稳健。对于顺序统计量 $x_{(1)}, \cdots, x_{(n)}$，称秩变换是

$$\widetilde{x}_j = \text{rank}(x_j) = i, \quad \text{其中 } x_j = x_{(i)}$$

（这是式（1.66），我们引入和说明了秩，并以 S&P 500 指数、DJIA、Nasdaq 和 Intel 的日收益率为例说明了斯皮尔曼秩相关系数。）

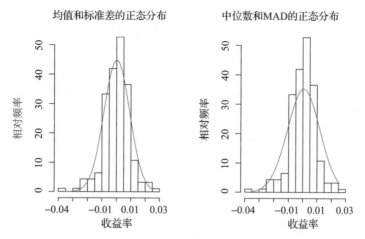

图 4.5　与理想的正态频率分布进行比较的 INTC 日简单收益率的频率图（见彩插）

两组秩变换数据之间的关系类似于两组原始数据之间的关系，甚至更有信息价值，因为它们不会被异常的观察值遮掩。我们记得斯皮尔曼秩相关系数，或者斯皮尔曼ρ（式（1.67）），是基于数据秩计算得到的，它是比协方差或相关系数更稳健的相关性度量指标。

另一个比协方差或者相关系数更稳健的相关性度量指标是肯德尔 τ，或者肯德尔秩相关系数（式（1.68）），它是同序对和异序对之差，再除以总对数进行标准化得到。

哪些总体度量指标是相关的？

统计分析的目标是利用数据了解总体。我们用样本统计量估计总体度量指标，例如用样本均值估计总体均值。当我们意识到数据中存在错误或异常值时，可以使用稳健样本统计量。然而，如果总体分布为有偏的，那么截尾均值或者中位数（极端截尾均值）可能不是总体均值的良好估计值。我们可能考虑总体均值是否是最相关的总体特征。也许总体中位数更为相关。

其他总体度量指标也有类似的问题。例如，总体相关系数可能并不是变量之间关系的相关描述（回忆 3.1.6 节 X 和 Y 的例子，其中 $Y \approx X^2$）。

4.4.7　尾部指数的估计

在金融应用中，我们关心概率分布的尾部。这是因为尾部对应的是极端收益，或者更严格地说，是极端损失。在正态分布中，尾部的概率密度以 e^{-x^2} 的速度减少，但是，厚尾分布的概率密度可能以多项式 $|x|^{-(a+1)}$ 的速度减少。

在具有多项式尾部的分布中，无论是左侧还是右侧，重要的度量指标是尾部指数，即前面表达式中（参见 3.1.11 节）的 α。尾部指数值越大，表示尾巴越轻（因此，正如我们前面所说的，有时相关性度量指标是我们所定义的尾部指数的倒数）。

在本节中，我们只研究下（左）尾，因为无论哪个尾部，估计方法几乎相同，只需要进行适当的修改（参见练习 4.14d）。

在 2.3 节中，我们讨论了估计概率密度的一般方法，但是对整个概率密度的估计可能得不到一个很好的尾部指数的估计值。

一个具有多项式左尾的分布，其渐近概率密度函数为

$$f_X(x) = c |x|^{-(a+1)} \tag{4.83}$$

当 $x \to -\infty$ 时，有 $c > 0$。

问题是 x 需要多小，才能得到概率密度函数的充分近似。我们假设当 $x \leqslant x_u$ 时，对于 $x_u < 0$，它是一个很好的近似。

如果假设 $x \leqslant x_u < 0$，这是一个充分近似，那么对于 $x \leqslant x_u$，条件概率密度为

$$f_{X \leqslant x_u}(x) = a |x_u|^{-a} |x|^{-(a+1)} \tag{4.84}$$

（练习 4.14a）。给定一个大小为 n 的随机样本，其顺序统计量为 $x_{(1:n)}, x_{(2:n)}, \cdots, x_{(n:n)}$，其中 n_{x_u} 个样本值小于 x_u，给定最小 n_{x_u} 个顺序统计量，对数似然为

$$l_L(\alpha) = n_{x_u} \log(\alpha) - n_{x_u} \alpha \log(|x_u|) - (\alpha + 1) \sum_{i=1}^{n_{x_u}} \log(|x_{(i:n)}|) \tag{4.85}$$

对数似然关于 α 求导，并且令结果等于 0，得到一个稳定点

$$\hat{\alpha} = \frac{n_{x_u}}{\displaystyle\sum_{i=1}^{n_{x_u}} \log(x_{(i:n)}/x_u)} \tag{4.86}$$

在该点，对数似然的二阶导数为负，表明该点为 α 的最大似然估计量。（练习 4.14b 要求证明上面的导数和最大似然估计量。）

上述过程的实现取决于低于 x_u 的那些值，其概率密度函数与 $|x|^{-(a+1)}$ 正好成比例。给定一个随机样本，x_u 决定了在 α 的估计中使用多少顺序统计量。

另一种方法不使用 x_u 决定顺序统计量的数量 n_{x_u}，而是选择顺序统计量的数量，可能是总体样本量 n 的某个比例。这相当于对于某个 k，只要 $x_{(k:n)} < 0$，取 $x_u = x_{(k:n)}$。这样根据式（4.86）得到的估计量称为 Hill 估计量：

$$\hat{\alpha}_H = \frac{k-1}{\displaystyle\sum_{i=1}^{k-1} \log(x_{(i:n)}/x_{(k:n)})} \tag{4.87}$$

对于这种形式，我们可以认为该估计量是，把前 $k-1$ 个顺序统计量绝对值的对数减去第 k 个顺序统计量绝对值的对数，取均值，再取倒数得到的。虽然这两个估计量 $\hat{\alpha}$ 和 $\hat{\alpha}_H$ 的经验性质本质上相同，但是只有当概率密度函数与 $|x|^{-(a+1)}$ 在其支撑集上成比例时，Hill 估计量才是精确的最大似然估计量。

Hill 估计量是调节估计量，调节参数为 k。在调节推断的大多数情况下，调节参数的值影响结果，但其选择多少有些主观。

考虑 S&P 500 指数从 1990 年 1 月 1 日到 2017 年 12 月 31 日的日对数收益率。（这些数据如图 1.27 所示。）这些数据的 q-q 图表明，收益率分布的尾部比正态分布更厚。

正如我们前面提到这个数据集，由于收益率分布不平稳（参见图 1.29 所给出的这些数据的图形），所以，我们质疑任何使用这 28 年数据进行分析得到的有关结论。尽管如此，对于 k 在 11 到最大值 500 范围内取值，我们计算 $\hat{\alpha}_H$，图 4.6 显示了估计量与调节参数的关系图。

我们把图 4.6 称为 Hill 图，该图显示了调节参数对估计量的影响。调节参数和在很多调节推断过程中一样，以相反的方式影响偏差和方差，且存在一个方差偏差的权衡。当调节参数变小时，所使用的样本量就减少，方差便会增加；另一方面，随着使用更多的顺序统计量，概率密度函数很可能更加不像 $|x|^{-\gamma}$，因此估计量偏差更大。练习 4.16b 要求使用偏差和方差的自助法估计进行实证分析。Hill 图变化范围很大，有时很难从图上获得任何有用的信息。练习 4.15 会出现一些各种形状的 Hill 图。其他类似的图可能更能提供有价值的信息（例如，参见 Drees、de Haan 及 Resnick（2000））。

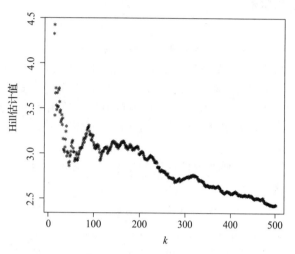

图 4.6　对于 S&P 500 指数从 1990 年到 2017 年的日对数收益率，不同 k 值的 Hill 尾部指数的估计值

Hill 图可以用来识别估计值相对稳定的调节参数范围，在图 4.6 中，这个稳定区间大约在 100 到 200 之间，在这个范围内，Hill 估计值近似为 3。一种实用的估计尾部指数的方法，就是首先确定 Hill 图的稳定区间，然后取该区间上 Hill 估计值的均值作为估计值。

许多在金融上有用的统计分布都具有多项式尾部，因此，尾部指数是分布的一个重要特征。尾部指数表明需要稳健的统计方法，并且，尾部指数甚至对决定采取哪种方法都有帮助。

大多数金融数据的统计分布都随时间变化，第 1 章图 1.29 给出的收益率的随机波动率就显著地说明了这个特点。在高波动率或低波动率时期，收益率分布有些方面本质上相同，但是有些方面却随时间变化。练习 4.15 要求研究在高波动率和低波动率的不同时期尾部指数如何变化。

R 包 evir 有函数可以计算尾部指数的 Hill 估计量、生成图形和执行与广义帕累托分布相关的其他计算，正如我们前面提到过的那样。Hill 函数生成一个 Hill 图以及使用自助法计算的置信区间。gpd 函数计算给定数据集下广义帕累托分布的拟合。

估计尾部相依

尾部指数是对单个随机变量概率分布的局部度量指标。同时，正如我们关心单个随机变量在尾部的分布，我们也关心两个随机变量在尾部的关系。这是一种度量局部相关性的指标。

一种用来度量局部相关性的指标，就是在每个随机变量大于指定值或指定分位数的条件下的相关系数。另一种度量方法就是基于"尾部相依"（参见 3.1.11 节）。对于两个随机变量 Y, X，其 CDF 分别为 F_Y, F_X，式（3.76）给出的上尾相依函数 $\lambda_u(p)$，以及式（3.77）给出的下尾相依函数 $\lambda_l(p)$，是分布上或下 p 部分的局部相关性度量指标。下

尾相依函数为

$$\lambda_u(p) = P(Y > F_Y^{\leftarrow}(p) \mid X > F_X^{\leftarrow}(p)) \tag{4.88}$$

分布极值的极限称为上尾相依系数和下尾相依系数（式（3.78）和式（3.79））。下尾相依系数为

$$\lambda_1 = \lim_{p \to 0^+} \lambda_1(p) \tag{4.89}$$

这些度量指标都是条件概率，因此，Y 关于 X 不对称；然而，它们在金融中有很广泛的应用。（在一些文献中，把它们表示为 "$\chi_{XY}(p)$" 和 "χ_{XY}"。用这种符号表示更好一些，因为 "X" 和 "Y" 表示度量指标是有方向的。R 包 extRemes 便使用这种符号。）R 包 extRemes 提供了各种用于极值推断的函数，包括尾部相依的估计量。

虽然尾部相依是根据条件分布定义的，且不对称，但是，我们通常都当作对称度量指标使用。对于 $0 < p < 1$，$\lambda_1(p)$ 的对称估计量基于双变量样本 $(x_1, y_1), \cdots, (x_n, y_n)$，使用单变量样本分位数 x_p 和 y_p，其估计量为

$$\hat{\lambda}_1(p) = \#\{(x_i, y_i) < (x_p, y_p)\}/pn \tag{4.90}$$

其中 "#" 为满足条件的项数，$(x_i, y_i) < (x_p, y_p)$ 表示 $x_i < x_p$ 且 $y_i < y_p$，这是 $\widehat{\chi_{XY}(p)}$ 量 chi.hat(x,y,p)，用 R 的 extRemes 包 taildep 函数计算得到。

从散点图中，可以定性地发现尾部相依性。考虑 1.3.4 节 2017 年三个主要指数、INTC 及 GLD 日收益率的散点图图形。每个散点图，较大的尾部相依性使得非常多的点位于图左下方和右上方。我们发现对于所有两两指数的散点图，及指数与 INTC 的散点图都是对的。（INTC 的异常值在一定程度上扭曲了这个图形。）而 GLD（黄金 ETF 基金）和任意某个指数的尾部相依性，以及 GLD 和 INTC 的尾部相依性，都显得非常小。练习 4.17 要求计算 2017 年 INTC 和 Nasdaq 综合指数以及 GLD 和 Nasdaq 综合指数在 $p = 0.05$ 水平上的样本尾部相依性，对应于图 1.22 散点图的数据。

在构建投资组合时，通常选择具有较小尾部相依性的资产进行分散投资。

除此之外，还有各种局部的相关性度量指标，例如局部的或条件的肯德尔 τ（式（1.68）为无条件肯德尔 τ 的定义）。

4.4.8　风险值和预期损失的估计

风险管理是金融分析最重要的目的之一。风险是资产价格的波动。风险用波动率衡量，波动率是某段时间内收益率的标准差。在风险管理中，我们主要关心负的收益率。我们对可能的损失程度感兴趣。

风险管理由三部分组成：时期长度、该时期结束时的损失量以及遭受该损失或更大损失的可能性。所有这些都依赖于收益率。在风险管理中使用的收益率通常是简单单期收益率。

从 1.4.5 节开始，我们就定义了在风险管理中各种有用的度量指标。其中最重要的是风险值（VaR）和预期损失，或者条件风险值（CVaR）。

把未来 t 个时间单位内风险资产的价值用某个随机变量建模。对于时期 t 和给定概率 α，VaR 是价值变化分布的 α 分位数。不直接对资产价值的分布建模，而是对收益率分布

建模，然后利用收益率对资产价值的变化建模。

对于给定的风险资产价值 P，在给定概率 α 和给定未来时期 t 下，VaR 为

$$\mathrm{VaR}(t,\alpha)=-Pr_{t,\alpha} \tag{4.91}$$

其中 $r_{t,\alpha}$ 为未来 t 个单位时间收益率分布的 α 分位数，即 $r_{t,\alpha}$ 为

$$P(R_t\leqslant r_{t,\alpha})=\alpha$$

其中 R_t 表示 t 个单位时间内收益率的随机变量，负号保证 VaR 量为正，因为 α 太小会使得 $r_{t,\alpha}<0$。

由于初始价值 P 已知，VaR 中所有不确定性都来自收益率分布的不确定性。

对于给定的 α 和 t，通过首先估计 $r_{t,\alpha}$，然后将其应用到资产的初始价值上，估计 VaR：

$$\widehat{\mathrm{VaR}(t,\alpha)}=-P\hat{r}_{t,\alpha} \tag{4.92}$$

另一个有效的风险管理度量指标就是在 1.4.5 节讨论过的预期损失。这里研究的是资产价值 $L(t)$ 在未来 t 个单位时间内的损失。根据 VaR 的定义，我们发现对于给定的 α 和 t，有

$$P(L(t)\geqslant\mathrm{VaR}(t,\alpha))=\alpha$$

（这里，假设 L 是连续随机变量，由 VaR 的定义决定计算"$\geqslant$"而不是"$>$"的概率。）假设遭受的损失至少与 $\mathrm{VaR}(t,\alpha)$ 一样，则 α 和 t 的预期损失为条件预期损失：

$$S(t,\alpha)=\mathrm{E}(L(t)\,|\,L(t)\geqslant\mathrm{VaR}(t,\alpha)) \tag{4.93}$$

通常对大于或等于 $\widehat{\mathrm{VaR}}_{t,\alpha}$ 的所有损失进行平均，可以得到预期损失的估计值。如果估计值 $\hat{r}_{t,\alpha}$ 可用，那么很容易得到预期损失的估计值，即将所有小于或等于 $\hat{r}_{t,\alpha}$ 的收益率进行平均，然后乘以初始价值 P。

时间范围

当然，分位数 $r_{t,\alpha}$ 取决于收益率的分布，而该分布取决于计算收益率的时间长度。收益率分布的形状在不同的区间不同（参见图 1.27 和图 1.28 所示的日收益率、周收益率和月收益率样本的 q-q 图）。这意味着为了估计 $r_{t,\alpha}$，我们需要用 VaR 中特定时间段内的简单收益率样本。

估计收益率的 α 分位数

$\mathrm{VaR}(t,\alpha)$ 和 $S(t,\alpha)$ 都依赖于 $r_{t,\alpha}$，即 t 时期内收益率分布的 α 分位数，所以这些量的估计值都基于 $r_{t,\alpha}$ 的估计值。

估计收益率分布的性质不是一个简单的过程。"历史波动率"，也就是最近观察到的收益率的标准差，并不是一个好的度量指标；也就是说，它与金融收益率模型拟合得不够好。尽管如此，为了估计 $r_{t,\alpha}$，我们的确要用到历史收益率。确定在收益率历史样本中回溯的时间并不容易。时间越久远，数据越多，越有利，但是其分布相同的可能性也越小，越不利。另一方面，如果分布不断变化，那么时间越早，就能提供更多关于变化分布性质的信息。在实践中，VaR 计算一般用最少 6 个月，最多 10 年的数据。

给定一组历史收益率数据，我们有两种方法可以估计分位数 $r_{t,\alpha}$。一种简单的方法是

非参数方法，即使用某个收益率样本的频率分布，这是在 1.4.5 节使用的方法。

另一个非参数估计量是可观察收益率的样本分位数。正如我们在 2.2 节所提到的那样，经验分位数有很多定义方法。R 函数 quantile 提供了 9 个不同的样本分位数（当然还有其他的）。幸运的是，使用哪种形式的样本分位数对估计的 VaR 或损失没有太大的影响。

图 1.37 举例说明了另一种非参数方法。在这个例子中，分位数的估计值是直方图上对应 α 概率的点。这种方法取决于直方图中箱子的定义。

另一种根据历史收益率数据估计分位数 $r_{t,\alpha}$ 的方法是参数法。它包括用收益率拟合一个参数概率分布，然后从拟合的概率密度函数中估计 α 分位数。用正态分布拟合数据很容易，尽管有时在 VaR 和损失计算中，它不是很合适，因为在我们最感兴趣的区域，它的尾部拟合收益率的效果不好。还有其他几类更合适的概率模型，例如我们在 3.2.4 节讨论的那些分布。该节讨论的位置-尺度 t 分布就是更满足我们目的的概率模型。所讨论过的 R 函数 fitdistr{MASS} 可以拟合位置-尺度 t 分布的三个参数。然后，利用位置-尺度 t 分布与普通 t 分布之间的关系，可以用 R 函数 qt 计算 α 分位数。

也可以根据过去的经验选择参数模型，而不是把模型与给定的数据拟合，这些数据用于确定模型的某些值。图 1.38 举例说明了这种简单的参数方法。选择自由度为 4 的 t 分布作为理想模型。并不是用例子的数据拟合模型，而是取数据的分位数作为 t 分布的分位数，并乘以样本标准差。

另一种估计分位数的方法是从正态分位数开始，根据样本偏度和峰度近似调整分位数。一个好的近似是基于未知 CDF 的 Cornish-Fisher 展开式，它是基于埃尔米特多项式。展开式的简单形式是基于累积量而不是矩，所以有一些涉及累积量和埃尔米特多项式的复杂计算。R 包 PDQutils 有把累积量转换为矩或将矩转换为累积量的函数，并可以计算累积量近似所需的埃尔米特多项式。我们不在这里进一步讨论这种方法。（Gentle（2019）在导论和第 1 章讨论了正交多项式和各种展开式。）

对于小样本量或较小的 α 值，在假定参数模型可以提供良好拟合的条件下，参数方法可能比非参数方法更好。

一旦有了 $\hat{r}_{t,\alpha}$ 的估计值，无论是参数方法还是非参数方法，如式（4.92）所示，VaR(t,α) 的估计值只要乘以 -1 和初始价值 P 即可得到。同样地，通过把小于或等于 $\hat{r}_{t,\alpha}$ 的所有收益率求平均，再乘以初始价值 P，就得到预期损失的估计值。

VaR 和预期损失都是在特定的未来一段时间内定义的。对于许多金融机构来说，比如银行，时间间隔通常为 1 天。个人和投资组合管理者可能对其他的时间间隔感兴趣。给定一组历史日收益率数据，如 1.2.3 节所给出的方法，可以把适当的日收益率相加，获得其他时间段的收益率。这种相加是在对数据进行排序之前完成的；分位数不能用这样的方式相加。

投资组合的风险值和预期损失

我们一般通过设定单个资产的比例 $w_1,\cdots,w_N$ 定义资产的投资组合。随着时间的变化，这些权重会发生变化，因为单个资产的收益率 $r_1,\cdots,r_N$ 并不相同。如 1.2.9 节所示，投资组合管理通常需要重新再平衡资产，以保持实现风险和收益的最优组合的权重目标集。

投资组合的收益率取决于单个资产的相对比例及其收益率。正如我们所发现的那样，投资组合的单期简单收益率等于单个资产简单收益率的线性组合。然而，由于相对比例的变化，所以只有诸如式（1.39）这个简单的公式是远远不够的。

对于为了估计 VaR 或预期损失所需的历史收益率，我们通常使用一组不变的权重计算投资组合的日或周收益率，这些权重对应于相关时期内某时点的真实权重（参见练习 4.18f）。

衡量投资组合风险的另一个问题是，线性组合的分位数表现不一致；也就是说，两个变量的线性组合的分位数不在两个变量的单独分位数之间（参见 3.1.3 节）。

VaR(t,α) 和预期损失的置信区间

如果估计量 $\hat{r}_{t,a}$ 的分布已知，那么可以推导出 VaR(t,α) 的置信区间。在实践中，我们通常只使用 $\hat{r}_{t,a}$ 标准差的估计值，然后构造置信区间的正态逼近：

$$-P(\hat{r}_{t,a} \pm z_\gamma \hat{\sigma}_{\hat{r}_{t,a}}) \tag{4.94}$$

其中，对于 $(1-\gamma)100\%$ 的置信区间，z_γ 为标准正态分布的 γ 分位数，$\hat{\sigma}_{\hat{r}_{t,a}}$ 为 $\hat{r}_{t,a}$ 标准差的估计值。

预期损失的置信区间下限的计算方法是，把所有小于或等于 $r_{t,a}$ 置信下限的收益率平均，然后乘以初始价值 P。预期损失的置信区间上限也用同样的方法计算。

另一种形成 VaR(t,α) 或预期损失置信区间的方法是使用自助法。这包括首先对收益率再抽样，再求出自助法样本估计值 $\hat{r}_{t,a}^{*j}$，其中 $j=1,\cdots,B$。

4.5 描述变量之间关系的模型

许多统计数据集一般可以组成一个矩阵，其中列对应变量或特征，每行对应一个观察值，是由每个变量的观察值构成的行向量。我们称这个矩阵为"数据矩阵"，通常用 X 表示。

我们的重要目的就是了解变量之间的关系，即数据矩阵列之间的关系。

首先，我们可以计算每个变量的均值。当然，均值很重要，但是它可能掩盖其他有趣的关系，所以可以通过把列中所有元素减去每一列的均值进行数据中心化。我们令 $\overline{X}$ 表示矩阵，它的列向量是变量的均值；也就是说，它们是恒定的。中心化矩阵为 $X_c = X - \overline{X}$，2.1.4 节所使用的符号。这里的思路和计算方法与 2.1.2 节中对变量的那些讨论类似，只不过这里是在数据矩阵的列上进行操作，因此表示方法略有不同。

接下来是标准化变量。为了进行标准化，用 X_c 的每一列除以每列的样本标准差。

协方差和相关系数

令 n 为数据矩阵 X 的行数；也就是说，n 为观察值个数。给出矩阵 S 如下：

$$S = \frac{1}{n-1}(X-\overline{X})^\mathrm{T}(X-\overline{X}) = \frac{1}{n-1}X_c^\mathrm{T}X_c \tag{4.95}$$

它包含了变量之间关系的重要信息。

我们注意到这个矩阵是对称的，我们称 S 矩阵第 i 行第 j 列的元素为 s_{ij}，是第 i 个和第 j 个变量之间的样本协方差。（这个值与式（1.54）给出的值相等。）S 矩阵的对角元素为样本方差。

我们称 S 为样本方差-协方差矩阵。我们经常去掉几个词，把 S 称为方差-协方差矩

阵、方差矩阵或协方差矩阵。根据数据计算样本矩阵，它对应于式（3.48）定义的总体或模型的方差-协方差矩阵。

相关系数通常更有意义，因为它们都在同一个尺度上，范围都在 -1 到 1 之间。第 i 个和第 j 个变量之间的样本相关系数为

$$r_{ij} = \frac{s_{ij}}{\sqrt{s_{ii}}\sqrt{s_{jj}}}$$

用这种方法形成的样本相关矩阵，对应于式（3.49）定义的总体或模型的相关系数矩阵。

如果 X_c 是标准化矩阵，那么相关系数矩阵是式（4.95）的结果；也就是说，对于每个 i，用第 i 列除以 $\sqrt{s_{ii}}$ 便得到标准化矩阵 X_c，相关系数矩阵是标准化数据的方差-协方差矩阵。

检验第 i 个和第 j 个随机变量之间的相关系数 ρ_{ij} 为 0 的假设或许有吸引力。显然，一个检验统计量是样本相关系数 r_{ij}。r_{ij} 的分布取决于总体随机变量 X_i 和 Y_j 的联合分布。即使 $\rho_{ij}=0$，那么 r_{ij} 的分布也相当复杂。即使没有计算得到分布，也可以使用包括自助法在内的各种非参数方法，检验关于 ρ_{ij} 的假设和构造置信区间。

来自两个独立正态分布（即 $\rho=0$）的大小为 n 的样本，如果样本相关系数为 r，那么

$$t = r\sqrt{\frac{n-2}{1-r^2}} \tag{4.96}$$

渐近服从自由度为 $n-2$ 的 t 分布。基于 t 分布的临界值，这为检验原假设 $\rho=0$ 提供了一个近似检验，并提供了 ρ 的近似置信区间。（此检验和置信区间的显著性水平是来自正态分布样本的良好近似。如果总体样本不是正态分布，或者各个样本之间不是独立分布的，那么式（4.96）中变量 t 的分布可能与标准 t 分布有很大的不同。）

在随后 4.5.1 节，我们要讨论对称关系，这涉及主成分分析。从 4.5.2 节至 4.5.8 节，我们要讨论各种形式的非对称关系，在这种非对称关系中认为一个或多个变量"依赖于"其他变量，这就是回归分析。

4.5.1 主成分

协方差和相关系数提供了用于衡量变量之间二元线性关系的有用信息。协方差或相关系数矩阵也可以同时确定两个以上变量之间的其他线性关系。

对于主成分分析（PCA），我们使用矩阵 S 或相关系数矩阵确定变量的单个线性组合，使其尽可能涵盖所有单个变量的变化。我们称这个线性组合为第一主成分或主成分。接着，我们也可以确定变量的第二个线性组合，它包含了剩余的大部分信息，这个线性组合与第一个线性组合线性无关。我们称后一个线性组合为第二主成分。我们可以继续确定同线性独立变量数量一样多的线性独立主成分。原始变量的每个线性组合实际上是一个与其他新变量线性无关的新变量；也就是说，新变量彼此之间的相关系数为 0。

主成分分析的目的是实现数据缩减和降维。我们不使用模型中所有变量，而是用一些新变量，即线性组合形式的变量。例如，在金融应用中，股票指数或 ETF 可以按照主成分定义。

数据缩减通过线性变换形成新变量完成，新变量便是主成分。

给定一组变量 $x_1, x_2, \cdots, x_m$，我们构造它们的线性组合 $z = a_1 x_1 + \cdots + a_m x_m$，包含变量最大程度的变化。如果 $z = a^{\mathrm{T}} x$ 是 x 的线性组合，那么 z 的样本方差是 $a^{\mathrm{T}} S a$。显然，通过选择较大的 a 值，$a^{\mathrm{T}} S a$ 可以无限制地增加（S 是非负定的，所以对于任意 a，有 $a^{\mathrm{T}} S a \geqslant 0$）。我们对线性组合的相对值感兴趣，因此如果我们限制 a 值的大小，那么就可以得到最大值。

我们限制 a，使得欧几里得范数为 1，也就是说，$\sqrt{\sum a_i^2} = 1$。在所有这些向量中，使 $a^{\mathrm{T}} S a$ 最大的向量是对应于最大特征值的矩阵 S 的标准化特征向量。（这可以用 S 的谱分解说明，对此的证明超出了本书的范围。参考 Gentle（2017）3.8.10 节，可以了解该分解的定义和详细操作，在这里不做详细说明。）

构成线性组合的向量元素称为"载荷"，因为它们代表了每个原始变量对主成分的贡献。

主成分分析主要用于数据缩减。第一主成分解释数据中最主要的变化，第二主成分解释了次要的变化，等等。原始数据中由主成分"解释"的方差相对量与相关系数矩阵的特征值成比例。较少的主成分就可以解释单个变量相对较大比例的变化。这几个主成分包含了较大的变量集合中大部分信息。

只有在变量数量很多时，寻找构建线性组合的想法才有意义，比如，金融应用中可能包含数十或数百只股票、附息证券或其他经济变量。

例子

这里，我们仅用两个变量说明这个概念，我们称这两个变量为 x 和 y。当然，PCA 一般应用于更多的变量，但是两个变量更容易表示。

图 4.7 给出了这两个变量观察值的散点图。（数据是 2017 年道琼斯工业平均指数和 Nasdaq 综合指数的周对数收益率。）

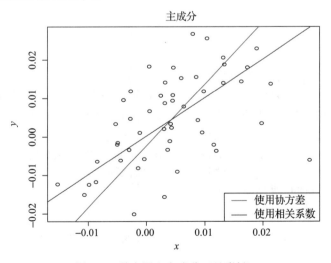

图 4.7　散点图和主成分（见彩插）

计算的第一主成分（即向量 $a = (a_1, a_2)$），使得 $a^{\mathrm{T}}(x, y)$ 的样本方差最大。这是通过确定与方差-协方差或相关系数矩阵的最大特征向量对应的特征向量实现的。这两种矩阵都可以用，但是存在差异。相关系数矩阵按比例有效缩减，使得数据可以比较；在协方差矩阵中，如果单个变量的方差非常大，可能会模糊与其他变量之间的关系。一般说来，最好对变量进行标准化或使用相关系数矩阵。（相关系数矩阵是把数据方差-协方差矩阵进行标准化。）

图 4.7 给出了使用方差-协方差矩阵和相关系数矩阵计算的第一主成分的结果。两者都用 R 函数 princomp 计算，可以看到第一主成分（在两种情况下）在数据变化最大的方向上。（尽管如此，参见下面相关案例的其他注释。）

使用方差-协方差矩阵和相关系数矩阵计算及绘制第一主成分的 R 代码参见图 4.8。（使用相关系数矩阵的结果与把数据标准化的结果相同。）图 4.8 也给出了最大特征值对应的特征向量，可以看到它们是相同的。

```
> princomp(XY)$loadings[ ,1]
        x         y
0.5293222 0.8484209
> eigen(var(XY))$vectors[ ,1]
[1] 0.5293222 0.8484209
> princomp(XY, cor=TRUE)$loadings[ ,1]
        x         y
0.7071068 0.7071068
> eigen(cor(XY))$vectors[ ,1]
[1] 0.7071068 0.7071068
```

图 4.8　计算主成分和特征向量；R 代码和结果

这只是给出了一个主成分性质的简单例子，它只是提示如何使用主成分分析进行统计分析。主成分分析通常用于减少很多变量的维数。虽然这不是重点，但是上述简单例子说明，对于两个标准化变量或使用相关系数矩阵，主成分分析实际上是没有意义的：载荷总相等。

主成分分析之前的转换

不同于最小二乘法拟合线性模型的情况，对数据进行中心化处理不会影响最小二乘拟合结果，提取主成分之前对变量进行中心化处理确实会对主成分结果产生影响。对数据进行中心化处理后得到的结果更有意义。在主成分分析之前，最好对数据进行中心化处理；也就是说，给定数据矩阵 X，中心化处理为 X_c。

标准化数据会影响主成分。在许多情形下，最好在提取主成分之前对数据进行标准化；也就是说，我们使用 2.1.4 节的符号，把数据矩阵 X 变为 X_{cs}。使得数据方差相等，否则，方差的差异可能只取决于度量单位。

金融领域的应用

数据缩减是金融数据分析的重要方面。当需要考虑大量经济指标时，它们的线性组合可以起到同样的作用。

例如，股票指数由许多个股数据缩减而成。对于使用指数跟踪市场价格变化的简单目的来说，第一主成分表现最好。练习 4.20 要求根据指数所包含的个股价格的变化量，构建一个股票指数，该指数说明了市场变化。

　　然而，主成分可能包含负的载荷，这代表相应股票的空头头寸。对于股票指数来说，这是不好的性质。

约束主成分

　　对于给定的样本方差-协方差矩阵或相关系数矩阵 S，第一主成分是约束优化问题的解：满足 $\|a\|=1$ 且使 $a^{\mathrm{T}}Sa$ 最大。

　　a 的最优值即载荷向量，可能包含负元素，通过添加非负性约束，得到约束主成分问题：

$$\max_{a} a^{\mathrm{T}}Sa$$
$$\text{s. t. } \|a\|=1$$
$$a \geqslant 0 \tag{4.97}$$

除了增加约束 $\|a\|=1$ 外，该优化问题是二次规划问题。通常通过把矩阵 S 分解成其特征向量的外积的加权和处理 $\|a\|=1$ 约束，正如我们早就提到过的。在二次规划问题中，$a \geqslant 0$ 是标准形式。

4.5.2　回归模型

　　一类最重要的关系模型是回归模型，它是非对称模型，把一个"因变量"（或变量的向量）与另一组变量（称为"回归变量""解释变量"或"自变量"）联系起来。在金融文献中，通常把回归变量称为"因子"，回归模型称为"因子模型"。

　　一种最常见的回归模型的形式，就是包含附加的"误差"项，即

$$y_i = g(x_i, \theta) + \epsilon_i \tag{4.98}$$

其中 x_i 和 y_i 是第 i 个可观察变量的值，g 是一个函数，通常是某种已知的固定形式，θ 是一个未知的不可观察参数，ϵ_i 是误差项。误差项是第 i 个观察值中不可观察的调整部分。

　　我们使用数据拟合模型，也就是估计模型中的参数。我们得到一个模型，对于观察数据来说，有

$$y_i \approx \hat{y}_i = g(x_i, \hat{\theta})$$

残差 $y_i - \hat{y}_i$ 是拟合中一个重要的量。

　　注意到残差是 y_i 到 $\hat{y}_i$ 的垂直距离。另一种度量观察值和拟合值之差的方法是计算 y_i 到拟合线 $g(x_i, \theta)$ 的欧几里得距离。我们把使得这些距离的平方和最小的回归称为正交回归。

假设

　　我们给出回归模型中的几个重要假设。首先，一个基本假设就是，在收集数据的时间内，数据生成过程不变。我们已经提到过，大多数金融数据都有时间成分，适当的分析通常要求给出明确的时间成分。（时间序列模型直接考虑了这个部分，我们将在第5章讨论时间序列模型。）

　　其次，我们假设模型关系适用于 x 的所有值，至少在一定取值范围内都符合。

　　我们假设误差为随机变量且期望值为 0（否则，将它的期望加到截距项中）。

　　我们还假设误差 ϵ_i 具有常方差，也就是，满足同方差假设。然而，如果不符合该假设，那么就会导致异方差问题，这是金融应用中普遍存在的问题。主要有两个原因，第一个原因是许多随机变量的方差通常取决于它们数值的大小，第二个原因是时间相依性，正

如我们前面提到过的, 数据生成过程随时间而变。

另一个关于误差的重要假设, 就是它们彼此之间的相关系数为 0。

我们有时需要对误差的联合分布做出具体假设, 假设它们独立同分布, 且服从 $N(0, \sigma^2)$。

下面我们要讨论回归分析中各种量的性质。对于大多数分析, 我们给出数学上的解释, 有些解释基于超出本书范围的理论。

许多性质取决于模型是否具有线性; 其他性质仅依赖于误差的 0 期望值、常方差、误差之间的不相关性。还有一些性质依赖于误差具有正态分布。对每种性质和统计方法, 注意它们的前提假设非常重要。

回归分析中统计推断的许多形式 (假设检验、置信区间等) 都基于误差服从正态分布的假设。即使误差不服从正态分布, 这些过程也通常近似正确。

模型误差和残差

我们在回归分析中, 和在其他分析中用模型拟合数据一样, 需要评估模型拟合数据的好坏程度。一般说来, 我们必须对残差进行检查和分析:

$$r_i = y_i - \hat{y}_i \tag{4.99}$$

如果残差太大, 或者看上去不服从随机分布, 那么模型可能并不合适。

式 (4.99) 中的残差 r_i 与式 (4.98) 中的误差 e_i 不同。误差, 即 ϵ_i, 是不可观察的随机变量。残差不是可观察的对应随机变量的实现值。我们重复观察, 也不能观察到误差。

我们通常用 "^" 符号表示一个估计值, 例如 $\hat{\theta}$ 表示 θ 的估计值, $\hat{y}_i$ 是在 x_i 处的平均响应。给定 "^" 符号的这种含义, 把第 i 个残差 r_i 表示为 $\hat{\epsilon}_i$ 并不合适, 这是因为 r_i 不是 ϵ_i 的估计值。

残差只是把回归模型拟合到一组数据的结果, 当然, 它与随机误差项有一定的关系。但是, 即使这些误差之间相互独立, 残差之间也不是相互独立的。

定性的回归变量

在一个模型中某些回归变量可能是定性的; 也就是说, 即它们可能代表某种离散状态, 比如是否有房、是否有工作, 等等, 把这样的变量表示为二元离散变量一点问题都没有; 我们可以用任意编码表示, 比如 0 和 1。

如果一个定性回归变量可以取 k 个不同的值, 那么把它纳入标准回归模型的方法, 就是对定性回归变量的 $k-1$ (任意) 个值都构造相应的虚拟变量。对应于实际情况或观察中定性变量的水平, 每个虚拟变量取值为 0 或 1。如果定性变量取第 k 个值, 那么与该值对应的所有虚拟变量都取 0。

变差分解

正如 4.1.2 节所提到的那样, 一种有用的考虑模型拟合数据的方法, 就是模型把数据中因变量的总变差分解为两部分: 模型能够解释的变差和残差变差。

变差的每个来源都用平方和度量, 对于总变差来说, 表示为

$$\text{SST} = \sum_{i=1}^{n} (y_i - \overline{y})^2 \tag{4.100}$$

(我们有时把它称为调整的总变差, 对于其他模型, 总变差可能只是 Σy_i^2, 也就是说, 没

有对均值 $\overline{y}$ 调整。）拟合的回归模型解释的变差由以下度量：

$$\text{SSE} = \sum_{i=1}^{n} (\hat{y}_i - \overline{y})^2 \tag{4.101}$$

我们有时把它表示为 SSReg，其含义为"回归平方和"。剩下的残差平方和为

$$\text{SSE} = \sum_{i=1}^{n} (y_i - \hat{y}_i)^2 \tag{4.102}$$

如果有 $\sum_{i=1}^{n}(y_i - \hat{y}_i) = 0$，那么等式

$$\text{SST} = \text{SSR} + \text{SSE} \tag{4.103}$$

是代数恒等式。如果 $\sum_{i=1}^{n}(y_i - \hat{y}_i) = 0$，那么可以通过展开得到上述等式，正如练习 4.21 要求证明的等式一样。如果使用最小二乘法拟合模型，那么有 $\sum_{i=1}^{n}(y_i - \hat{y}_i) = 0$，所以式（4.103）成立；然而，如果模型用其他方法拟合，那么该等式可能不成立。

把所关心的因变量的变差划分为不同来源的变差的方法，是统计推断中最基本的原则之一。可观察变差的分解和方差分析提出了给定数据是否符合模型的问题。

在文献中，这些用于度量变差的平方和有不同的名称，通常把"SS"放在最后，例如，我所说的"SSE"通常表示为"RSS"，表示"残差平方和"。R 使用这种表示方法。

变差用偏差平方和度量，偏差用各项偏离均值，或者各项偏离模型拟合值表示。变差的分解，也就是用平方和表示变差的不同来源，用方差分析（ANOVA）表简洁地表示为：

来源	df	SS
模型	p	SSR
误差	$n-1-p$	SSE
调整的总计	$n-1$	SST

我们把一种简单的度量模型在多大程度上解释了可观察变差的指标，称为 R -平方，或者 R^2：

$$R^2 = 1 - \frac{\text{SSE}}{\text{SST}} \tag{4.104}$$

R^2 也可以写为 SSR/SST，并且，显然有 $0 \leqslant R^2 \leqslant 1$。$R^2$ 通常用百分数表示。

我们也把 R^2 称为多重判决系数。我们把 R^2 的非负平方根称为多重相关系数。

σ^2 的估计

模型的另一个参数为 σ^2，即 ϵ 的方差。（在矩阵或向量公式中，假设向量 ϵ 的方差-协方差矩阵为 $\sigma^2 I$。）

在很多情况下，我们可以证明 SSE 的期望值为 $(n-p-1)\sigma^2$，因此我们可以构造一个无偏估计量

$$\hat{\sigma}^2 = \text{SSE}/(n-p-1) \tag{4.105}$$

其中 p 为模型中回归变量的个数，不包括常数项。SSE/$(n-p-1)$ 表示 MSE。（"均方误差"的"MSE"也指总体方差加偏差平方，这并不能从样本计算得到。）上述意义上的 MSE 可以从样本计算得到，并且我们通常称其为"均方残差"。在线性回归模型中，这些

量可能具有更简单的分布性质。我们在 4.5.3 节讨论一些应用。

单个回归变量和单个观察值

我们把回归模型拟合到数据，一般要考虑两个问题：一个涉及回归变量，另一个涉及单个观察值。

我们必须考虑某个回归变量是否属于模型，以及它们如何影响其他回归变量或受到其他回归变量的影响。这关系到模型中应该包含哪些有意义的回归变量。模型包含不相关的回归变量导致过度拟合，除了误导结果外，还会导致估计量的方差偏大。

我们在 4.5.4 节线性回归模型中解决这些问题，并从 4.5.6 节开始给出一些使用 R 软件的例子。

有些观察值可能与模型拟合得不好，或者有些观察值可能对拟合的模型产生不当影响。我们可以通过拟合模型中的残差研究这些单个观察值。

如果数据与模型拟合得很好，那么我们预计残差服从随机分布，没有明显模式。另一方面，如果模型不适合观察数据，那么我们预计可能某些残差非常大，或者残差呈现某种模式。残差的检验和形式分析是回归分析的重要组成部分。

如果一些残差是异常值，那么这表示相应的观察值为异常值，或许是错误记录的数据，也可能是在不同条件下获得的数据。另一方面，如果有很多残差出现异常值，或者残差呈现某种模式，那么模型很可能并不合适或模型遗漏了相关项。

异常值也可能表明应该使用其他方法拟合模型。

我们在 4.5.5 节讨论线性回归模型中残差的分析方法，并从 4.5.6 节开始用 R 给出一些例子。

4.5.3 线性回归模型

我们在本节和随后几节简要描述线性回归模型的相关理论。我们提到过很多细节和定义。4.5.6 节用一个具体的例子说明这些概念。那些熟悉线性回归的读者可以略过这节，或者至少查看一下在该例子的讨论中使用的一些具体方法。

一般回归模型最常见的形式就是线性回归模型。如果有 m 个"x"变量，也就是说，有 m 个预测变量或回归变量，那么模型的一般形式为

$$y_i = \beta_0 + \beta_1 x_{i1} + \cdots + \beta_m x_{im} + \epsilon_i \tag{4.106}$$

如果只有一个回归变量，我们把这种情形下的模型称为"简单"线性回归模型。在金融应用中，我们有时把简单线性回归模型也称为"单因子模型"，"单因子模型"在研究一种金融资产（或利率，或指数）与另一种资产之间的关系时很有用。市场模型（1.35）是一个简单线性回归模型的例子。市场模型把一种资产的收益率与另一种资产或指数的收益率联系起来，图 1.17 给出了 2017 年 INTC 超额日收益率与 S&P 500 指数超额日收益率的拟合回归。本章的一些练习要求拟合股票、ETF 和 S&P 500 指数的价格和收益率的简单线性回归模型。

线性模型的最小二乘拟合

对于给定的一组数据，我们通常把线性回归模型写成向量或矩阵的形式，即

$$y = X\beta + \epsilon \tag{4.107}$$

其中 y 是因变量，是观察值的 n 维向量，X 是 $n \times (p+1)$ 矩阵，其列是回归变量的观察值，β 是未知参数的 $p+1$ 维向量，ϵ 是不可观察的误差向量，满足

$$\mathrm{E}(\epsilon) = 0 \text{ 和 } \mathrm{V}(\epsilon) = \sigma^2 I_n \tag{4.108}$$

（注意，类似于式（4.107）的矩阵或向量表达式对于式（4.106）中的常数截距 β_0 有一些模棱两可的地方。在这里。我们假设 X 的第一列全是 1。当然，另一种解释，对 X 的值进行中心化处理。在具体应用中，我们显然很清楚各个元素的取值。）

我们记得 β 的普通最小二乘估计量为

$$\hat{\beta} = (X^\mathrm{T} X)^{-1} X^\mathrm{T} y \tag{4.109}$$

在误差是均值为 0 的随机变量的假设条件下，即 $\mathrm{E}(\epsilon) = 0$。我们立即发现最小二乘估计量 $\hat{\beta}$ 的性质。它是无偏的，即

$$\begin{aligned}
\mathrm{E}(\hat{\beta}) &= \mathrm{E}((X^\mathrm{T} X)^{-1} X^\mathrm{T} y) \\
&= (X^\mathrm{T} X)^{-1} X^\mathrm{T} \mathrm{E}(y) \\
&= (X^\mathrm{T} X)^{-1} X^\mathrm{T} X \beta \\
&= \beta
\end{aligned} \tag{4.110}$$

当然，估计量 $\hat{\beta}$ 是一个随机向量。如式（4.109）所示，它是随机向量 y 的线性变换。如果给定 y 的方差 $I\sigma^2$，那么利用式（3.60）和式（3.62），我们可以计算得到 $\hat{\beta}$ 的方差：

$$\begin{aligned}
\mathrm{V}(\hat{\beta}) &= \mathrm{V}((X^\mathrm{T} X)^{-1} X^\mathrm{T} y) \\
&= (X^\mathrm{T} X)^{-1} X^\mathrm{T} \mathrm{V}(y)((X^\mathrm{T} X)^{-1} X^\mathrm{T})^\mathrm{T} \\
&= (X^\mathrm{T} X)^{-1} X^\mathrm{T} I_n X (X^\mathrm{T} X)^{-1} \sigma^2 \\
&= (X^\mathrm{T} X)^{-1} \sigma^2
\end{aligned} \tag{4.111}$$

虽然这里我们没有给出证明，但是高斯-马尔可夫定理指出，如果误差具有同方差，并且它们的协方差为 0，那么对于形式为 Ay 的 β 的所有无偏估计量的线性组合来说，$\hat{\beta}$ 的任何线性组合方差最小，上述 A 为矩阵 $(X^\mathrm{T} X)^{-1} X^\mathrm{T}$。

如果我们假设误差服从正态分布，那么 y 也服从正态分布，所以 $\hat{\beta}$ 也服从正态分布，即

$$\hat{\beta} \sim \mathrm{N}_p(\beta, (X^\mathrm{T} X)^{-1} \sigma^2)$$

（任意正态随机变量的线性组合都服从正态分布。）正态分布也使我们得到关于 β 的精确的置信区间和假设检验。

如果误差服从正态分布，那么 $\hat{\beta}$ 也是 β 的最大似然估计量，正如我们在 4.3.3 节得到的结果一样。

线性模型中的定性回归变量

我们可以把线性回归模型中的定性变量看作形成多个平行的回归线或回归面。我们通常可以对二元离散变量任意编码，取值为 0 和 1。二元变量对回归模型（4.106）的影响，当二元变量取值为 0 时，本质上不存在影响，当二元变量取值为 1 时，尽管本质上也不存在影响，但是截距项为 $\beta_0 + \beta_b$，其中 β_b 为二元变量的系数。二元离散变量是虚拟变量；它或者以加法形式作为截距存在（取值为 1 时），或者不存在（取值为 0 时）。最小二乘估计

量与下面相同。

如果一个定性回归变量可以取 k 个不同的值，那么把它纳入标准回归模型的方法，就是对定性回归变量的 $k-1$（任意）个值构造相应的虚拟变量。计算和分析过程与前面相同。

预测 y；帽子矩阵

用最小二乘法拟合线性回归模型 $y=X\beta+\epsilon$，就是确定向量 y 在低维向量空间上的投影。投影就是拟合向量 $\hat{y}$，即，

$$\hat{y}=X(X^{\mathrm{T}}X)^{-1}X^{\mathrm{T}}y$$

或者

$$\hat{y}=Hy \tag{4.112}$$

其中

$$H=X(X^{\mathrm{T}}X)^{-1}X^{\mathrm{T}} \tag{4.113}$$

因此，我们称这个拟合矩阵 H 为"帽子矩阵"。因为它把 y 的元素平滑到线性空间中，所以它是平滑矩阵。

帽子矩阵是投影矩阵，即它是对称的、幂等的：

$$HH=X(X^{\mathrm{T}}X)^{-1}X^{\mathrm{T}}X(X^{\mathrm{T}}X)^{-1}X^{\mathrm{T}}=X(X^{\mathrm{T}}X)^{-1}X^{\mathrm{T}}=H$$

这隐含了矩阵 H 的一些性质（如式（4.48）就是 H 具有幂等性的直接结果）。下面我们将陈述并使用其中一些性质。这几个性质只是矩阵代数的结果，并不依赖于统计或分布性质。

关于矩阵 H 的一些重要事实，就是它只依赖于矩阵 X（而不是 y）；它的对角元素 h_{ii} 是 X 第 i 行的二次型；h_{ii} 决定了投影值 $\hat{y}_i$ 与 y_i 的不同程度。对角元素 h_{ii} 是对第 i 个点杠杆的度量。

一个关于 H 最有用的事实就是它涉及用所有数据拟合模型 $y=X\beta+\epsilon$ 得到的残差，还包含用只有一个观察数据与上述数据集不同的数据集拟合模型得到的残差。我们在 4.5.5 节开始使用后一种方法。

线性回归中的 F 检验

我们在 4.5.2 节讨论过的 SSR 和 SSE，在线性回归模型中具有更简单的分布性质。

如果误差 ϵ 除了满足基本假设外，还满足服从正态分布的假设，那么残差 r 也服从正态分布，SSE/σ^2 服从自由度为 $n-p-1$ 的卡方分布。此外，如果 $\mathrm{E}(y)=0$（回想一下，根据回归模型，有 $\mathrm{E}(y)=X\beta$。），那么 SSR/σ^2 服从独立的自由度为 m 的卡方分布。（这些事实是 Cochran 定理结论的一部分，这里我们不进行证明。）

我们把 SSE/p 表示为 MSR，有时也表示为 $\mathrm{MS_{reg}}$，MSR/MSE 这两个量的比值服从自由度为 p 和 $n-p-1$ 的 F 分布，其中未知的 σ^2 被抵消了；也就是，如果 $\beta=0$，那么

$$F=\frac{\mathrm{MSR}}{\mathrm{MSE}} \tag{4.114}$$

服从 F 分布。（参见 3.2.2 节关于卡方分布和 F 分布的关系。）

t 检验

关于 β 中任何系数的假设，都可以用类似式（4.75）的 t 统计量进行 t 检验。例如，

为了检验原假设 $\beta_j = \beta_{j0}$，自由度为 $n-p-1$ 的 t 统计量为

$$t = \frac{\hat{\beta}_j - \beta_{j0}}{\sqrt{\text{MSE}}} \tag{4.115}$$

变换后的线性回归模型

我们已经指出，在模型 $y = X\beta + \epsilon$ 中，关于 X 是否是第一列全为 1 的矩阵还模糊不清。通常，中心化变换 $X_c = X - \overline{X}$ 还是有用的。在最小二乘拟合中，如果向量 y 同样进行了中心化处理，那么这个变换具有删除截距的效果。

在线性模型中，对数据矩阵 X 进行其他线性变换，通常也是有帮助的。对因变量也可以进行变换。如果变换为线性且可逆的，那么很容易把使用一个模型得到的统计量转换为另一个模型相应的统计量。例如，假设变换模型 (4.11) 中的数据，

$$y = U\theta + \widetilde{\epsilon} \tag{4.116}$$

其中，

$$U = XC$$

其中 C 是可逆矩阵。θ 的最小二乘拟合和 β 的最小二乘拟合之间有一个非常简单的关系：

$$\begin{aligned}
\hat{\beta} &= (X^T X)^{-1} X^T y \\
&= ((UC^{-1})^T (UC^{-1}))^{-1} (UC^{-1})^T y \\
&= ((C^{-1})^T U^T U C^{-1})^{-1} (C^{-1})^T U^T y \\
&= C(U^T U)^{-1} C^T (C^{-1})^T U^T y \\
&= C(U^T U)^{-1} U^T y \\
&= C\hat{\theta}
\end{aligned} \tag{4.117}$$

一个有用的线性变换就是对自变量进行标准化，即令 $C = D^{-1}$，如式 (2.5) 所示，其中 D 是一个 $m \times m$ 的对角矩阵，其对角线上的非零项是样本标准差 $s_{x_1}, \cdots, s_{x_m}$。在这种情况下，如果对 U 也进行中心化处理，那么 $U = X_{cs}$ 为中心化且标准化的矩阵。

线性回归模型的一个基本假设是误差的方差恒定，因此因变量的方差也是恒定的，在某些应用中，因变量的方差在不同的因变量范围之间通常不同。Box-Cox 变换可以稳定方差，这个变换是非线性的且依赖于一个调节参数 λ（参见 4.1.4 节）。R 中 MASS 包 boxcox 函数在 lm 对象或 aov 对象中接受拟合线性模型，并计算对应于 λ 值范围的似然值。选择最大似然值对应的 λ 值作为 Box-Cox 变换使用的值。

4.5.4 线性回归模型：回归变量

在模型中，每个回归变量或"自变量"的变动有助于整个模型的拟合。有些回归变量在解释响应变量变化方面比其他回归变量更有用。回归变量之间可能存在的交互作用对拟合模型产生影响。

回归变量那些不一般的非常大或非常小的观察值往往比其他观察值对拟合模型产生更大的影响。我们在 4.5.5 节讨论这个问题。

根据式 (4.111) 和式 (4.105) 所得到的 σ^2 的估计值，我们得到了 $\hat{\beta}$ 的方差-协方差矩阵的估计值。β_j 中单个估计量方差的估计值就是 $(X^T X)^{-1}\hat{\sigma}^2$ 矩阵的第 j 个对角元素。

变量选择

对于某个给定的数据集，我们可能考虑线性模型（4.106）：

$$y_i = \beta_0 + \beta_1 x_{i1} + \cdots + \beta_m x_{im} + \epsilon_i \tag{4.118}$$

是一个可能的模型，回归变量可能是 $x_1, \cdots, x_m$。模型中使用不同的回归变量构成变差的不同划分。在回归分析中，我们从用一个或两个回归变量拟合的模型得到启发，然后模型每次增加一个回归变量。

随着模型包括更多回归变量，SSE 一般会减少，R^2 一般会增加。在任何情况下 R^2 都不会减少，这是最小二乘拟合的一般代数结果。回归变量和因变量的线性关系越强，SSE 通常就减少得越多。然而，其减少也依赖于模型中的其他回归变量；如果新加入的回归变量与它们有线性关系，那么 SSE 可能减少得较少。R^2 增加可能会导致模型中包含不相关的回归变量，也就是形成过度拟合，这个事实导致其他估计量的方差膨胀。

由于模型中包含另外回归变量导致 R^2 的增加，表明存在的线性关系超过模型中已经存在的回归变量之间的线性关系。然而，模型加入另一个回归变量导致一个更复杂的模型。

在选择模型中包括的回归变量时，不仅要考虑拟合优度，还要考虑模型的复杂性。

调整的 R^2

R^2 是衡量模型与数据拟合程度如何的良好指标，但它的确没有考虑模型的复杂性。调整的 R^2 是 R^2 的变形，通过向下调整 R^2 以考虑模型所包括的回归变量个数。它是

$$R_a^2 = 1 - \frac{n-1}{n-p} \frac{\text{SSE}_p}{\text{SST}} \tag{4.119}$$

其中 SSE_p 表示基于模型中 p 个回归变量的 SSE。（有时调整的 R^2 的定义和上面所述相同，但是使用分数 $(n-1)/(n-p-1)$。）

与 R^2 不同，调整的 R^2 并不一定会随着模型中回归变量数量的增加而增加。我们可以认为调整的 R^2 取最大值的模型是"最好"模型。

Mallows C_p

另一种衡量模型拟合程度如何的指标，同时又考虑了模型的复杂性，就是 Mallows C_p。该指标以包含所有可能回归变量的拟合模型作为基础。

如果模型（4.118）有 m 个可能的回归变量，且如果 s^2 是包括所有可能回归变量的模型的均方误差，也就是说，如式（4.105），SSE_m 除以一个适当的量，那么，Mallows C_p 定义为

$$\text{Mallows } C_p = \frac{\text{SSE}_p}{s^2} - (n - 2p - 2) \tag{4.120}$$

我们可以考虑 Mallows C_p 取最小值的模型是"最好"模型。

调整的 R^2 以及 Mallows C_p 的思想，都考虑了模型与数据拟合程度和模型复杂程度二者之间的权衡。

Mallows C_p 基于最好的可能模型的 SSE_m，也就是说，它是包含数据集中所有回归变量的模型。另一方面，没有必要为调整的 R^2 确定可能的模型。

我们通过用模型的偏差代替 SSE_p，用"最大"模型的偏差代替 s^2，可以很容易地把

Mallows C_p 修改为基于最大似然的方法。在假设为正态分布的最大似然拟合中，SSE_p 与偏差相同（可能缺少一个可加的常数）。

人们还提出了其他指标可以度量模型的复杂性和模型的拟合程度二者的权衡。我们在 4.6.3 节中讨论了其中两个方法，也就是 AIC 和 BIC 方法。这两种方法都基于最大似然法，并且它们也包含了所有可能的回归变量。

序贯线性模型；偏回归

对于 n 维向量 y 及给定数据集 $x_1,\cdots,x_p$，我们考虑线性回归模型的序列，每个模型在前一个模型的基础上增加一个回归变量，

$$
\begin{aligned}
y &= \beta_{0,0} + \epsilon_0 \\
y &= \beta_{0,1} + \beta_{1,1} x_1 + \epsilon_1 \\
&\vdots \\
y &= \beta_{0,p} + \beta_{1,p} x_1 + \cdots + \beta_{p,p} x_p + \epsilon_p
\end{aligned}
\tag{4.121}
$$

系数的下标表明它们不同，这取决于模型包含哪些回归变量。在方程组（4.121）的这些方程中，第一个模型的常数项 $\beta_{0,0}$（即均值）与第二个模型的常数项 $\beta_{0,1}$ 不同，后者是简单线性回归模型的截距项。同样，虽然各个误差项的分布都是相同的标准假设，但是我们也用下标进行区分。

现在按顺序组合这些方程，例如把第一个方程代入第二个方程，然后重新排列各项，就得到了回归方程

$$
\epsilon_0 = (\beta_{0,1} - \beta_{0,0}) + \beta_{1,1} x_1 + \epsilon_1
\tag{4.122}
$$

并且，通常把第 k 个方程代入到第 $k+1$ 个方程，得到了如下回归方程

$$
\epsilon_{k-1} = (\beta_{0,k} - \beta_{0,k-1}) + (\beta_{1,k} - \beta_{1,k-1}) x_1 + \cdots + (\beta_{k,k} - \beta_{k,k-1}) x_k + \beta_{k+1,k+1} x_{k+1} + \epsilon_k
\tag{4.123}
$$

方程（4.123）中系数 $\beta_{k+1,k+1}$ 与方程组（4.121）中第 $k+1$ 个方程的系数完全相同。

我们可以认为方程组（4.121）的每个方程，都是后续方程的偏回归模型。我们可以认为每个类似于方程（4.123）的回归，都是给定方程组（4.121）中前一个方程的条件回归。

如果方程组（4.121）是无偏拟合的，比如用最小二乘法拟合，那么对连续拟合的残差，上述结果也成立；也就是说，可以通过拟合回归模型

$$
r = \theta_0 + \theta_1 x_1 + \cdots + \theta_k x_k + \beta_{k+1,k+1} x_{k+1} + \epsilon
$$

得到 $\hat{\beta}_{k+1,k+1}$，其中

$$
r = y - \hat{\beta}_{0,k} - \hat{\beta}_{1,k} x_1 - \cdots - \hat{\beta}_{k,k} x_k
$$

由此得到的估计值，与通过拟合模型

$$
y = \beta_{0,k+1} + \beta_{1,k+1} x_1 + \cdots + \beta_{k,k+1} x_k + \beta_{k+1,k+1} x_{k+1} + \epsilon
$$

得到的 $\beta_{k+1,k+1}$ 的最小二乘估计值相同。

在建立回归模型过程中，这些结果之间的相关性，就是在每个阶段，都可以检查先前拟合的残差是否存在模式或是否异常。

前面推导得到的另一个主要结果，就是误差平方和 SSE 新减少的部分可以作为偏 F 检

验的基础，用来检验每一步增加的回归变量的显著性。练习 4.22 要求计算说明这些关系。我们在下一节讨论偏 F 检验，并给出一个例子。

这些结果也是使用偏自相关函数（PACF）确定自回归模型阶的基础，参见 5.3.3 节。

偏 F 检验

除了式（4.114）中的 F 统计量，我们还可以在正态分布假设的条件下构造对线性回归模型中 β 的其他 F 检验。F 检验的思路是构造两个独立卡方统计量的比，这两个卡方统计量表示将可观察到的变差分成两部分，一部分是由模型引起的或者是所考虑的模型的部分，另一部分是残差变差，是由模型误差（未解释的变化）引起的。

模型中已经包含了一些给定的变量，问题在于并不知道通过在模型中增加更多的变量，能多大程度上改进（减少没有解释的变差）模型。我们用 X_{in} 表示模型中已经存在的变量，用 X_{add} 表示考虑增加到模型中的变量，用 X_{all} 表示已经在模型中的变量和考虑增加到模型中的变量之和。

考虑增加变量使得误差平方和减少的度量指标为

$$\mathrm{SSE}(X_{in}) - \mathrm{SSE}(X_{all})$$

其中 $\mathrm{SSE}(X_{in})$ 表示模型中只包含 X_{in} 变量时的残差平方和，$\mathrm{SSE}(X_{all})$ 表示模型包含 X_{in} 变量和 X_{add} 变量等所有变量的残差平方和。这个差是与增加变量相关的偏平方和，我们把它表示为

$$\mathrm{SSR}(X_{add} \mid X_{in})$$

与 $\mathrm{SSR}(X_{add} \mid X_{in})$ 相关的自由度是 X_{add} 中变量的个数，比如说 m_a。通常 $m_a = 1$，正如我们只考虑向模型中增加一个新变量。

相应的误差平方和是 $\mathrm{SSE}(X_{all})$。令 m 表示自由度；也就是说，m 为 X_{in} 和 X_{add} 中变量的总数。

再重复一次，我们构造了两个独立的卡方随机变量，除以自由度，构造它们的比，这样把未知的 σ^2 抵消了。因此，我们得到偏 F 统计量：

$$F = \frac{\mathrm{MSR}(X_{add} \mid X_{in})}{\mathrm{MSE}(X_{all})} \tag{4.124}$$

如果与 X_{add} 有关的 β 为 0，那么该 F 分布的自由度为 m_a 和 m。

回归变量之间的相关性；多重共线性

如果回归变量之间有非零相关性，那么它们解释模型的能力就会下降。考虑两个回归变量的极端情况，它们之间的样本相关系数为 1 或 -1。在这种情况下，这两个变量线性相关，且式（4.8）中两项可以合并为一项。同样，正规方程（4.43）中矩阵 $X^{\mathrm{T}}X$ 便为奇异矩阵，并且该矩阵不可逆，便得不到式（4.44）中的估计量 $\hat{\beta}$。这种极端情况很少，但是，通常会出现的情况就是，相关性较大，或者存在一个或多个回归变量"几乎"是其他回归变量的线性组合。矩阵 $X^{\mathrm{T}}X$"几乎"是奇异矩阵，这样在求解正规方程时可能会出现计算问题。我们通常用术语多重共线性描述这种一般情况。

人们提出了各种定量指标，描述几乎是奇异的或多重共线性。在数值计算中，我们可以使用条件数，它是各种定量指标中最接近的度量指标，它是 X 的最大奇异值与其最小非

零奇异值之比。（当且仅当一个奇异值为 0 时，矩阵 $X^T X$ 为奇异矩阵。）

在统计应用中，多重共线性通常会使得各个估计量的方差增加，导致不同分析所得到的估计值不稳定。

减少多重共线性影响的方法包括从模型中去掉一些变量，或者正则化最小二乘拟合以缩小估计量，比如使用岭回归或 Lasso 回归。

方差膨胀因子

向量 β 最小二乘估计量的方差-协方差矩阵，正如式（4.111）中给出的，为 $V(\hat{\beta}) = (X^T X)^{-1} \sigma^2$。这个矩阵的对角元素是包含所有变量的模型中各个系数的方差。

单个回归变量的影响高于其他回归变量的影响，这取决于该回归变量与其他回归变量之间的关系。这种关系的强度可以通过这个变量和其他变量之间的多重相关系数衡量；也就是说，我们所关心的回归变量对其他回归变量的线性回归的 R^2。

假设如式（4.118）一样我们有 m 个回归变量。考虑第 j 个回归变量 x_j。令 s_{x_j} 为该变量的样本标准差。

x_j 系数的最小二乘估计量的方差 $V(\hat{\beta}_j)$ 为 $(X^T X)^{-1} \sigma^2$ 的第 j 个对角元素。

让我们考虑 x_j 对其他回归变量的回归，即

$$x_{ij} = \alpha_0 + \sum_{k \neq j} \alpha_k x_{ik} + \widetilde{\epsilon}_i$$

令 R_j^2 为与这个回归有关的 R^2。

通过一些烦琐的代数推导，我们可以证明

$$V(\hat{\beta}_j) = \frac{1}{1 - R_j^2} \frac{\sigma^2}{(n-1)s_{x_j}} \tag{4.125}$$

我们把因子 $1/(1 - R_j^2)$ 称为回归变量 x_j 的方差膨胀因子（VIF）。

如果 x_j 与其他回归变量是强线性相关，那么 R_j^2 越大（越接近 1），并且方差膨胀因子也越大。

方差膨胀因子总是大于或等于 1。作为一个经验法则，方差膨胀因子大于 5 可以进一步考虑回归变量与其他变量之间的线性关系，而方差膨胀因子大于 10，就是存在严重多重共线性的信号。

方差膨胀因子总是大于 1 意味着在模型中加入变量就会导致其他估计量的方差增大。这支持了我们早就提出的过度拟合的结论；模型中包含其他回归变量会增加方差，所以没有必要包含无关的回归变量。然而，方差膨胀因子在识别共线性回归变量时比不相关回归变量更有效。

我们在 4.5.6 节用例子说明方差膨胀因子。

在岭回归中，随着调节参数 λ 从 0 开始增加，所有回归变量的方差膨胀因子开始都十分快速地减少，然后随着 λ 继续增加而缓慢地（向 1）减少。因此，根据方差膨胀因子的岭回归轨迹也可以帮助确定适当的调节参数值。

4.5.5 线性回归模型：单个观察值和残差

用模型拟合数据时，评估拟合是否充分的最好的方法是分析残差。

如果模型是合适的且进行了正确的拟合,那么残差样本的频率分布应该与假设的误差分布相似。

残差受回归变量间关系的影响。回归值可能给一些观察值更多的"杠杆",我们在下面进行描述。

每个观察值都会影响模型的拟合,从而影响自身的残差。我们可以在没有给定观察值的情况下拟合模型,然后得到"删除残差",如下所述。

异常值

异常值是异常的观察值,它似乎不遵循与其他观察值相同的数据生成过程。有时异常值是由于错误的测量或记录。有时可能是厚尾的频率分布的结果,这正如我们所观察到的那样,这是金融数据的特征。

在回归建模中,异常值通常会导致较大的残差,因此,对于残差值特别大的观察值,都应该进行异常值检查。如果某个观察值是错误的,那么就应该更正或删除这个观察值。否则,我们可以在没有异常观察值的情况下计算估计值,也可以用稳健方法拟合模型,进而分析异常值对估计值的影响。正如我们以前提到过的,用最小绝对值而不是最小二乘法进行拟合,受异常值的影响小一些。图 4.9 进行了举例说明。在两个图形中 L_1 虽然不受任意异常值的影响。然而,并不是说,只要有异常值,使用 L_1 估计是合适的。需要对异常值进一步考虑;存在异常值时,有可能修正它们,也可能对包含异常值和不包含异常值的数据集进行探索性分析,或者用其他估计方法。

回归变量中存在异常值:杠杆

每个观察值对 β 的最小二乘估计值的影响取决于该回归变量所对应的观察值与它们的均值的距离。这在多元线性回归模型中可能并不明显,但是在简单线性回归中很明显,

$$y_i = \beta_0 + \beta_1 x_i + \epsilon_i$$

我们已经证明了最小二乘拟合的回归线通过观察值的均值,所以可以把简单线性回归模型写成

$$y_i - \overline{y} = \beta_1 (x_i - \overline{x}) + \epsilon_i$$

β_1 的最小二乘估计值是

$$\hat{\beta}_1 = \underset{b}{\mathrm{argmin}} \sum_{i=1}^n ((y_i - \overline{y}) - b(x_i - \overline{x}))^2 \qquad (4.126)$$

求和的每一项都受 b 的影响,这取决于差 $x_i - \overline{x}$ 的正负。由于第 i 个观察值对 $\hat{\beta}_1$ 施加的杠杆。当然,与 $\overline{y}$ 有关的 y_i 对应的值会影响 $\hat{\beta}_1$。

图 4.9 举例说明,它给出了一个简单数据集以及用最小二乘法拟合得到的一条直线,然后在数据集中增加一个数据点,再用最小二乘法拟合得到一条直线。在每种情况下,新点在原拟合回归线下的距离都相同,但是,左图中增加的点在回归变量均值的附近,右图中增加的点距回归变量均值较远,即给更多的杠杆。我们注意到高杠杆点(右图)对于 $\hat{\beta}_0$ 和 $\hat{\beta}_1$ 有更大的影响。我们还注意到高杠杆点(虚线)的新残差要比靠近中间的增加点的残差值小很多。

较高的杠杆导致较小的残差,其原因在于高杠杆点对拟合模型施加了更大的影响。

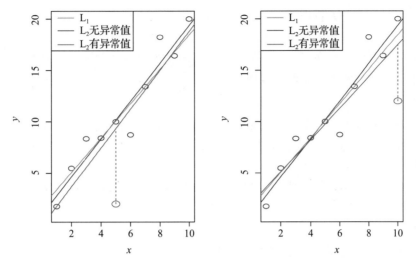

图 4.9　异常值；杠杆作用；最小二乘法和最小绝对值法（见彩插）

被删除的残差

　　假设我们有 n 个观察值，用这 n 个观察值拟合模型 $y = X\beta + \epsilon$。令 $r_1, \cdots, r_n$ 为残差，令 H 为帽子矩阵。现在，让我们删除第 i 个观察值，并重新拟合模型。根据新的估计系数，我们预测对应于被删除观察值的响应。令 $\hat{y}_{i(-i)}$ 表示预测值，并求出该预测值与实际值 y_i 的差，前面拟合没有第 i 个观察值时未使用 y_i。我们称这个差为"被删除的残差"，用 d_i 表示。

　　我们有一个非常有用的事实，就是

$$d_i = y_i - \hat{y}_{i(-i)} = \frac{r_i}{1 - h_{ii}} \tag{4.127}$$

这个结果也可以用一些冗长的代数推导证明。

线性模型中残差的频率分布

　　对于线性模型 $y = X\beta + \epsilon$，我们假设 $\mathrm{E}(\epsilon) = 0$，$\mathrm{V}(\epsilon) = \sigma^2 I$；也就是说，所有误差具有相同的期望值和方差。然而，对于残差来说，一般并不成立。

　　残差的期望值并不都相等。高杠杆点的残差具有较小的期望绝对值（回忆图 4.9）。然而，如果线性回归模型包含截距项，并且使用最小二乘法拟合，那么所有残差的均值为 0。（这是一个线性代数事实，它不依赖于任何统计或分布性质。）

　　现在，考虑残差的方差：

$$\begin{aligned}
\mathrm{V}(r) &= \mathrm{V}(y - X\hat{\beta}) \\
&= \mathrm{V}((I - (X^{\mathsf{T}}X)^{-1}X^{\mathsf{T}})y) \\
&= (I - X(X^{\mathsf{T}}X)^{-1}X^{\mathsf{T}})\mathrm{V}(y)(I - X(X^{\mathsf{T}}X)^{-1}X^{\mathsf{T}}) \\
&= (I - X(X^{\mathsf{T}}X)^{-1}X^{\mathsf{T}})(I - X(X^{\mathsf{T}}X)^{-1}X^{\mathsf{T}})\sigma^2 \\
&= (I - X(X^{\mathsf{T}}X)^{-1}X^{\mathsf{T}})\sigma^2 \\
&= (I - H)\sigma^2
\end{aligned} \tag{4.128}$$

我们从这个式子能够发现，残差不具有同方差（除非帽子矩阵的所有对角元素相等）。它与残差的杠杆有关，正如我们在图 4.9 探索观察到的结论。

因为残差有不同的方差，为了比较它们的相对大小，所以我们需要进行稳定化变换，以使得它们方差相同。根据式（4.128），稳定化方差可以通过每个残差除以 $I-H$ 所对应的对角元素的平方根实现，也就是说除以 $\sqrt{1-h_{ii}}$。我们有

$$V(r_i/\sqrt{1-h_{ii}})=\sigma^2 \tag{4.129}$$

因此，把每个残差除以 $\sqrt{1-h_{ii}}$，得到一组具有相同方差的稳定化残差。

式（4.128）也意味着，即使误差之间的相关系数为 0，但是残差之间的相关系数也不为 0（除非帽子矩阵是对角矩阵）。

如果误差服从正态分布，那么 y 和 $\hat{\beta}$ 也服从正态分布。因为残差是 y 和 $\hat{\beta}$ 的线性组合，所以残差也服从正态分布。

学生化残差

如果误差服从方差为 σ^2 的正态分布，那么残差也服从正态分布，$(n-m)\hat{\sigma}^2/\sigma^2$ 服从自由度为 $n-m$ 的卡方分布，这是因为它是一个秩为 $n-m$ 的矩阵的二次型。因此，如果误差服从正态分布，那么可以通过 $\hat{\sigma}^2$ 从残差得到学生 t 随机变量。（参见 3.2.2 节关于 t 随机变量和学生化的定义。）

我们需要考虑根据式（4.129）得到的方差本身，即 $(1-h_{ii})\sigma^2$，那么学生化残差为

$$t_i=\frac{r_i}{\sqrt{\hat{\sigma}^2(1-h_{ii})}} \tag{4.130}$$

在正态分布的假设条件下（并且假设数据满足模型），它服从自由度为 $n-m$ 的 t 分布。我们有时也把式（4.130）的学生化残差称为标准化残差或内部学生化残差。（R 的大多数文件使用标准化残差这个概念。）

t_i 之间的相关系数并不是 0，它们不是 ϵ_i 的"估计值"。

外部学生化残差

为了避免杠杆的影响，我们构造一个与第 i 个残差有关且更有用的学生化随机变量。

不使用 $\hat{\sigma}^2$，它依赖于包括第 i 个残差在内的所有残差，我们使用如式（4.105）计算的 $\hat{\sigma}^2_{(-i)}$，它不使用 r_i，且除以 $n-m-1$；也就是

$$\hat{\sigma}^2_{(-i)}=\frac{\sum_{j\neq i}r_j^2}{n-m-1} \tag{4.131}$$

缩放后的变量 $(n-m-1)\hat{\sigma}^2_{(-i)}/\sigma^2$ 服从自由度为 $n-m-1$ 的卡方分布。

现在，我们定义外部学生化残差为

$$t_{i(-i)}=\frac{r_i}{\sqrt{\hat{\sigma}^2_{(-i)}(1-h_{ii})}} \tag{4.132}$$

在正态分布的假设条件下（并且假设数据遵循模型），它服从自由度为 $n-m-1$ 的 t 分布。

外部学生化残差与相应的被删除残差 d_i（式（4.127））除以 σ^2 估计值的平方根相同，其中 σ^2 估计值是用除第 i 个观察值之外的数据拟合模型的残差计算的。（这个估计值与

$\hat{\sigma}^2_{(-i)}$ 不同，$\hat{\sigma}^2_{(-i)}$ 是基于所有 n 个观察值拟合模型的 $n-1$ 个残差。）

$t_{i(-i)}$ 与 ϵ_i "更相似"，但 $t_{i(-i)}$ 之间的相关系数不是 0，$t_{i(-i)}$ 也不是 ϵ_i 的"估计值"。

术语和符号

在回归分析中，人们关心的各种残差在不同文献中有不同的名称。不严格的"残差"几乎总是表示 $y_i-\hat{y}_i$，正如我们所使用的这个术语。其他的残差来自调整，这些调整使残差的分布更接近 t 分布。（当然，如果误差总体分布不是正态分布，那么就不能形成 t 分布；然而，一般都可以近似。）

一种方法就是把残差除以 $\sqrt{1-h_{ii}}$，如式（4.129）所示。有时这样处理，并且，我们把这样得到的残差称为"稳定化残差"。

然而，更常见的是如式（4.130）所示，通过把残差除以 $\hat{\sigma}$ 进行学生化残差。我们把这样得到的残差称为"标准化残差"，也叫作"学生化残差"，或"内部学生化残差"。很多 R 的说明文件都使用"标准化残差"这个概念。

最后，式（4.132）所示的残差，它是用 $\hat{\sigma}_{(-i)}$ 进行学生化残差，我们把它称为"外部学生化残差"，或"学生化删除的残差"。我们有时也把它仅仅称为"学生化残差"，或"标准化残差"。不同的软件包可能使用不同的术语。

另外，注意到与下标"$(-i)$"有关的符号可能有不同含义。在 $\hat{\sigma}^2_{(-i)}$ 中，该符号代表在和 $\sum_{i=1}^n r_i^2$ 中去掉第 i 个值，否则，r_i 是拟合得到的正则化残差。另一方面，在 $\hat{y}_{i(-i)}$ 和 $\hat{\beta}_{k(-i)}$ 中，该符号代表删除第 i 个观察值后用剩余观察值拟合模型得到的值。

杠杆：DFFITS、DFBETAS 和 Cook 距离

在线性回归分析中，有多种度量单个观察值所施加的杠杆影响的方法。随后定义的三种常见的方法，都使用了与外部学生化方差相同的思想；也就是，删除一个观察值的删除法，删除一个观察值以便在整个分析中评估该观察值的影响。这些度量指标可以用被删除的残差表示（式（4.127））。经济学家给其中一些指标命名，他们喜欢用一大串大写字母作为数字变量的名称。

（以下定义的量中的"DF"在"FITS"和"BETAS"中表示"差"）

DFFITS 度量了第 i 个观察值对第 i 个预测值 $\hat{y}_i$ 的影响，即

$$\text{DFFITS}_i = \frac{\hat{y}_i - \hat{y}_{i(-i)}}{\sqrt{\hat{\sigma}^2_{(-i)} h_{ii}}} \tag{4.133}$$

删除第 i 个观察值后，得到的预测值就是 $\hat{y}_{i(-i)}$。

这个量在代数上等于

$$t_{i(-i)} \sqrt{\frac{h_{ii}}{1-h_{ii}}} \tag{4.134}$$

其中 $t_{i(-i)}$ 是第 i 个外部学生化残差。

DFBETAS 衡量第 i 个观察值对第 k 个拟合系数 $\hat{\beta}_k$ 的影响。我们用 $\hat{\beta}_{k(-i)}$ 表示省略该观察值的拟合系数，即

$$\text{DFBETAS}_{ki} = \frac{\hat{\beta}_k - \hat{\beta}_{k(-i)}}{\sqrt{\hat{\sigma}^2_{(-i)} c_{kk}}} \tag{4.135}$$

其中 c_{kk} 是 $(X^\mathrm{T}X)^{-1}$ 矩阵的第 k 个对角元素。

Cook 距离 D_i 度量了第 i 个观察值对所有预测值的影响；也就是说，不同于 DFFITS 用 $\hat{y}_i - \hat{y}_{i(-i)}$，而是用差的平方和，我们把它用向量表示，写成内积 $(\hat{y} - \hat{y}_{(-i)})^\mathrm{T}(\hat{y} - \hat{y}_{(-i)})$。因此，Cook 距离为

$$D_i = \frac{(\hat{y} - \hat{y}_{(-i)})^\mathrm{T}(\hat{y} - \hat{y}_{(-i)})}{m\hat{\sigma}^2} \tag{4.136}$$

Cook 距离中分子和分母类似于缩放的自由度为 m 和 $n-m$ 的卡方随机变量。两个独立服从卡方分布的随机变量的比服从 F 分布。尽管 D_i 的确不是精确的 F 分布，但是可以用 F 分布近似估计 D_i 的显著性。当我们认为第 i 个观察值有非常大的影响时，关于 D_i 的显著性有一些经验法则。一个经验法则就是，如果 D_i 超过 $F_{m,(n-m),0.50}$，即自由度为 m 和 $n-m$ 的 F 分布的第 50 百分位数，那么第 i 个观察值的影响非常大，且不可忽视。

Cook 距离也可以表示为

$$D_i = \frac{r_i^2}{m\hat{\sigma}^2}\left(\frac{h_{ii}}{(1-h_{ii})^2}\right) \tag{4.137}$$

序列相关性；Durbin-Watson 统计量

如果残差具有序列的模式，可能与搜集数据的时间有关，那么我们可能在残差中观察到子序列不断增加或不断减少。一个度量残差序列相关性的指标就是

$$d = \frac{\sum_{i=2}^{n}(r_i - r_{i-1})^2}{\sum_{i=1}^{n}r_i^2} \tag{4.138}$$

我们把它称为 Durbin-Watson 统计量。

注意到它与样本自相关 $\hat{\rho}(1)$（式（1.69））相同，这是因为在本例中 $\bar{r}=0$。

通过把分子展开为包括 r_{i-1}、r_i 和 r_{i+1} 的和，我们能够发现 Durbin-Watson 统计量确实表明了残差之间存在某种模式。我们也能发现 d 取值总是在 0 到 4 之间，接近 2 的值表示相关系数基本上接近 0。d 值小（接近 0）表示残差序列正相关，d 值大（接近 4）表示残差序列负相关。

R 包 lmtest 中 dwtest 函数可以执行 Durbin-Watson 检验。如果数据不是时间序列数据，那么可以在 dwtest 函数的参数中指定不同的顺序。我们可以计算得到 Durbin-Watson 统计量的精确分布，但是也可以得到一个简单的近似正态分布。两者都可以在 dwtest 中得到。

很多基于更长滞后的统计量。对于滞后 $h \geqslant 1$，式（4.138）中的分子有 $(r_i - r_{i-h})^2$ 形式的项。R 包 car 中 durbinWatsonTest 函数用滞后的最大值执行 Durbin-Watson 检验。

由于较长滞后的 Durbin-Watson 统计量分布非常复杂。对于滞后大于 1 的情况，durbinWatsonTest 函数使用特别的自助法近似。

如果回归模型的误差序列相关，那么所有推论可能都是无效的。然而，如果误差自相关是平稳的，那么将时间序列回归模型与回归模型结合使用可能得到一个有效的分析。一个解决这个问题的方法是使用广义最小二乘法，其中权重矩阵（式（4.59）中的 W）作为

近似自协方差矩阵。R 包 nlme 中 gls 函数可以进行广义最小二乘估计。我们在 5.3.12 节考虑用 gls 函数拟合模型的一个例子，但是并不讨论该方法的具体细节。我们建议感兴趣的读者可以参考 Pinheiro 和 Bates（2009），他们编写了 R 包。

4.5.6　线性回归模型：例子

为了说明线性回归中的一些概念，我们考虑一个金融分析的例子。我们用 R 函数说明回归分析中的每个步骤。

我们感兴趣的是 B 级公司债券利率与国债利率关系如何？以及它对 FOMC（它设定联邦基金有效利率目标）行为的反应如何？

我们使用穆迪成熟的 Baa 级公司债券利率、联邦基金有效利率、3 个月期短期国债利率，2 年期中期国债利率和 30 年期长期国债利率的周数据。所有这些数据都可以从 FRED 获得，它们分别是 WBAA、FF、WTB3MS、WGS2YR、WG30YR（参见表 A1.17）。我们分析的数据范围从 2015 年到 2017 年。

我们已经在第 1 章观察到这些国债利率的一些性质。我们注意到经常把 3 个月期短期国债利率看作"无风险"利率，图 1.4 绘制了回溯至 1934 年的日利率（TB3MS）图形。同一时间点的 3 个月期短期国债利率、2 年期中期国债利率和 30 年期长期国债利率构成了部分收益率曲线，并且图 1.6 绘制了一些相同数据的图形。

任意一个利率对其他利率做回归没有什么意义，但是相反我们要研究周利率的变化。

一个重要问题就是数据的序列性质。我们在第 5 章进一步分析这些数据，但是，现在我们忽略时间因素，只对残差的序列相关性进行 Durbin-Watson 检验。

数据的准备和探索

用 R 和 quantmod，我们使用这种方式把数据引入。

```
getSymbols("WBAA", src = "FRED")
getSymbols("FF", src = "FRED")
getSymbols("WTB3MS", src = "FRED")
getSymbols("WGS2YR", src = "FRED")
getSymbols("WGS30YR", src = "FRED")
```

我们只能形成一个简单的 R 数据框而不是一个 xts 数据框，这是因为在合并数据集之后，日期没有完全确定。

```
dBaa <- diff(as.numeric(WBAA["20150101/20171231"])[-1])
dfed <- diff(as.numeric(FF["20150101/20171231"]))
d3m  <- diff(as.numeric(WTB3MS["20150101/20171231"])[-1])
d2y  <- diff(as.numeric(WGS2YR["20150101/20171231"])[-1])
d30y <- diff(as.numeric(WGS30YR["20150101/20171231"])[-1])
YX   <- data.frame(cbind(dBaa, dfed, d3m, d2y, d30y))
```

我们首先对数据的一般性质进行概览。我们使用 head 函数显示一些前面的观察值，并且使用 sum 和 is.na 函数确定是否有缺失值。通过上述操作（没有显示），数据看起来和我们预期的一样，并且我们发现没有缺失值。

正如前面所提到的，日期与从 FRED 获得的周数据相关的日期并不匹配（参见 A1.4 节关于数据整理的讨论）。除了联邦基金利率（FF）是星期三的数据，其他所有的周数据都是星期五的数据。在这段时间内，星期五的数量比星期三的数量多，所以我们只是省略收集的数据集中的第一个星期五。尽管数据不是同一天报告的，但是它们来自同一周。

现在，我们通过看散点图矩阵可以快速地了解数据变动情况。

```
pairs(YX)
```

图 4.10 给出了周变化量的散点图矩阵。

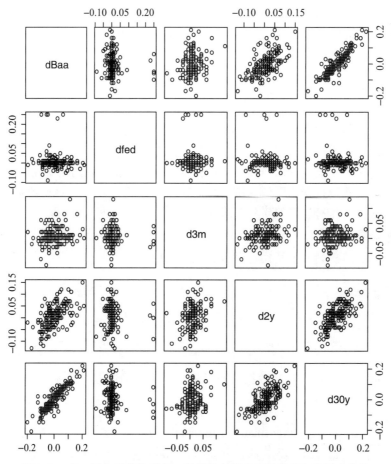

图 4.10   Baa 级公司债券利率、联邦基金利率和国债利率的周变化量

和我们预期的一样，所有的周变化量都集中在 0 附近。我们注意到 Baa 级公司债券利率的变化量与 30 年期长期国债利率的变化量之间存在强正相关性，并且，Baa 级公司债券利率的变化量与短期国债利率的变化量之间的正相关性变弱。30 年期和 2 年期国债利率的变化量有很强的正相关性；除此之外，这些回归变量并没有显示出很强的相关性。

图 4.10 散点图矩阵中比较特别的是 dfed 波动的性质，即联邦基金有效利率的周变化。除几个点外，周变化量似乎相对稳定地集中在 0 点。我们使用这些数据进行分析前，对这些数据进行探索性分析是有益的。图 4.11 为有效基金利率的时间序列图（不是变化量图）。

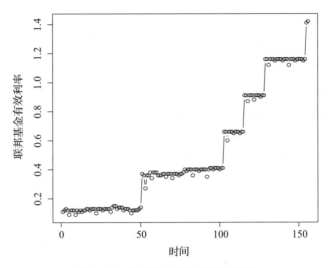

图 4.11　联邦基金有效利率周数据

图 4.11 让我们想起联邦基金有效利率的确切含义。它非常接近 FOMC 设定的目标利率（联邦基金利率或折现率）。2008 年金融危机后，下调目标利率（"量化宽松"），并一直保持在非常低的水平上，直到 2015 年底，FOMC 开始了一系列 25 个基点的加息。因此，目标利率只有几个非零的周变化量。联邦基金有效利率每周变化很小，一般变化接近 25 个基点。这就提出了一个问题，是否应该在回归分析中使用联邦基金有效利率的变化量。除了受到磋商噪声的影响外，联邦基金有效利率的改变量实际上是离散变量，大部分时间取值都为 0，偶尔取 ±25 个基点或 ±50 个基点。然而，目前我们还是把它保留在回归模型中。

最小二乘线性回归

现在我们开始进行回归。我们使用 R 函数 lm。

```
regr <- lm(formula=dBaa~dfed+d3m+d2y+d30y, data=YX)
```

关键字 formula 可以省略，因为模型包含 YX 数据框中所有变量，所以可以用简写形式指定公式为 dBaa~.（注意点字符）。有关 R 中 formula 关键字，参见 4.5.8 节进行的描述。

随后，我们给出一个简单的总结，包括关于残差的信息、系数估计值和关于估计值的样本统计量，以及一些关于拟合模型的总体度量指标。

```
> summary(regr)

Residuals:
      Min        1Q     Median        3Q       Max
-0.136241 -0.013876 -0.000879  0.013094  0.092480

Coefficients:
             Estimate Std. Error t value Pr(>|t|)
(Intercept) -0.003300   0.002802  -1.178   0.2408
dfed         0.001432   0.054797   0.026   0.9792
d3m          0.128558   0.098534   1.305   0.1940
d2y         -0.146627   0.072924  -2.011   0.0462 *
d30y         0.903769   0.047153  19.167   <2e-16 ***
---
Signif. codes:  0  0.001 ** 0.01 * 0.05 . 0.1  1

Residual standard error: 0.03249 on 150 degrees of freedom
Multiple R-squared:  0.7962,    Adjusted R-squared:  0.7907
F-statistic: 146.5 on 4 and 150 DF,  p-value: < 2.2e-16
```

79.6% 的 R^2 表明国债利率的线性组合为 Baa 级公司利率提供了一个相对较好的模型。（R^2 是一个相对值。）

在总结中系数估计值和相关统计量都无须解释。我们可以发现 30 年期长期国债与 Baa 级公司债券的关系最为密切，这并不奇怪，因为这些公司通常拥有长期债券。在该回归模型中，联邦基金有效利率并不显著。我们一般希望该回归系数为正。2 年期中期国债系数为负，这是因为回归变量之间存在多重共线性。在知道模型中公司债券与 30 年期长期国债的关系后，公司债券与 2 年期中期国债的条件关系是负相关。我们并没有期望这个结果，但是也并不奇怪。我们在下面进一步讨论回归变量的多重共线性。

尽管在前面总结中在假设所有四个回归变量都在模型中的条件下，得到的统计量是边际值，anova 函数则给出了按照模型指定的顺序依次添加到模型中的变量的单个序列平方和、偏 F 值或条件 F 值。在由 anova 生成的方差分析表中，每个偏 F 值的分子自由度均为 1。

```
> anova(regr)
Analysis of Variance Table

Response: dBaa
           Df  Sum Sq Mean Sq  F value    Pr(>F)
dfed        1 0.00521 0.00521   4.9401   0.02774 *
d3m         1 0.02375 0.02375  22.5007 4.849e-06 ***
d2y         1 0.20163 0.20163 191.0560 < 2.2e-16 ***
d30y        1 0.38770 0.38770 367.3564 < 2.2e-16 ***
Residuals 150 0.15831 0.00106
---
Signif. codes:  0 *** 0.001 ** 0.01 * 0.05 . 0.1  1
```

残差分析

残差可以显示出模型和数据的某些特征。

给定图 4.10 的数据的大小和它们观察值的一般分布范围，我们不希望残差有任何异常值。然而，在回归分析中，我们都应该对残差做一些探索性分析，并且我们用 R 中的函数举例说明一些方法。

前面总结的结果表明残差范围是从 $-0.136\,2$ 到 $0.092\,5$，中位数为 $-0.000\,879$。在 R 的标准输出结果中，"残差"是原始残差；也就是说，它们的尺度对应数据的尺度，且它们的方差不同，取决于帽子矩阵的对角元素 h_{ii}。我们可以通过 lm 对象中的 \$residuals 获得残差，在这个例子中是 regr\$residuals。

在金融数据中，特别是时间序列数据中，我们通常关心在时间序列数据中是否有明显的模式；因此，我们绘制 regr\$residuals 图。向量索引是时间顺序。图 4.12 给出了残差的时间序列图。

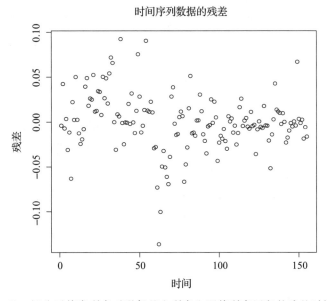

图 4.12　Baa 级公司债券利率对联邦基金利率和国债利率回归的残差时间序列图

在图 4.12 中，除了一些残差相当大之外，我们的确没有发现任何异常。残差没有表现出存在某种时间模式。

根据不同方差对残差进行调整，通过除以模型方差估计值的平方根进行学生化，也就是式（4.130）的内部学生化残差，我们可以通过 rstandard 函数获得。（在大多数 R 语言中，内部学生化残差也称为"标准化残差"。）

把 R 中 plot 函数应用于 lm 类某个对象，可以生成原始残差和内部学生化残差的各种图形。

```
plot(regr, which=c(1:3, 5))
```

每个图都显示在活动图形区域，直到一个"返回"发送到图形窗口。由 which 参数指定想要显示的图，图 4.13 显示了其中四个图。图中标记出残差值非常大的点与杠杆值很大的点。

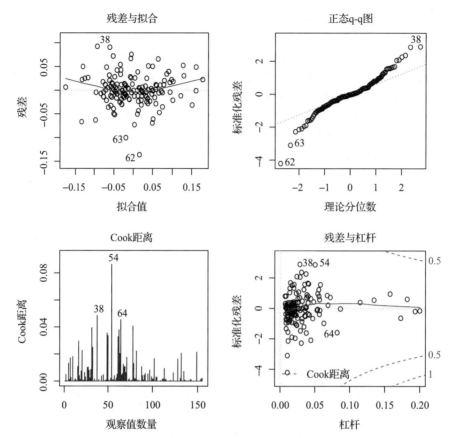

图 4.13　各种残差图和 Baa 级公司债券利率变化量对联邦基金利率和
国债利率变化量回归的影响（见彩插）

　　原始残差的大小通常取决于预测值的大小，所以类似于图 4.13 左上角的图通常显示了一些我们所关心的问题。这个例子中的图的确没有所关心的问题，虽然第 62 个和第 63 个观察值离群很突出。

　　图 4.13 中 q-q 图显示了残差频率分布比正态分布的尾部更厚。再次，第 62 个和第 63 个观察值离群很突出。

　　图 4.13 左下角 Cook 距离显示了第 54 个观察值是相当大的杠杆点。我们从右下图可以发现这个点也与相当大的残差有关，但是，在前面的图中并没有表现出来。这个点的残差，无论是原始残差还是标准化残差，其大小和第 38 个观察值的残差非常相近。一般的经验法则表明，Cook 距离大于 pf(4,150,0.50) 时应当引起注意。甚至计算的值中没有一个达到临界值 0.456。

　　总体而言，图中并没有显示出观察值存在值得注意的问题。

　　用于分析影响的其他 R 函数还有 hat、hatvalues、dfbetas、dffits、covratio 和 cooks.distance。这其中一些函数由 R 本身在 lm 对象的 plot 函数中使用。olsrr 包有几个函数用于回归分析，特别是可以形成诊断图。我们在这里不再进行讨论。

残差分析：残差的自相关性

金融和经济数据通常是以时间序列数据的形式出现。正如我们前面所提到的例子，我们分析的每个数据都是时间序列数据。在变量为时间序列的模型中，通常会出现残差之间相互有关，或者残差随着时间呈现出某种模式。当然，这种模式可能是由于系列缺乏平稳性。

图 4.12 给出的残差和时间的图形并没有显示出某种可观察到的模式，但是自相关通常不会呈现明显的模式。由于金融数据的时间序列性质，并且特别是这些数据，在回归拟合后，希望进行残差之间自相关的统计检验。一个简单的对残差非零自相关的检验是 Durbin-Watson 检验。

R 包 car 中 durbinWatsonTest 函数可以用来执行序列相关性达到最大滞后的 Durbin-Watson 检验。

```
> library(car)
> durbinWatsonTest(regr, max.lag=3)
 lag Autocorrelation D-W Statistic p-value
   1      0.52982469     0.9385733   0.000
   2      0.27848495     1.4297074   0.000
   3      0.09229081     1.7996013   0.272
Alternative hypothesis: rho[lag] != 0
```

这个检验表明，滞后 1 和滞后 2 的序列相关系数都非零（不同滞后的检验并不是相互独立的）。

R 包 lmtest 中 dwtest 函数执行滞后为 1 的 Durbin-Watson 检验。下面仅用于举例说明。

```
> library(lmtest)
> dwtest(regr)

        Durbin-Watson test

data:  regr
DW = 0.93857, p-value = 1.214e-11
alternative hypothesis: true autocorrelation is greater than 0
```

残差自相关性代表误差自相关性（回忆"残差"和"误差"的区别），当然，这违背了回归模型中误差具有零相关性的基本假设。虽然识别自相关性很重要，但是它们很少在分析中引起重大变化。通常对 p 值和显著性水平的影响都相对较小。

如果误差自相关是平稳的，那么将时间序列与回归模型结合使用得到有效的分析。一个解决这个问题的方法就是估计自相关，然后使用广义最小二乘法，其中权重矩阵（式（4.59）中的 W）对应于误差的自相关系数。nlme 包中 gls 函数进行线性模型的加权最小二乘拟合。然而，使用 GLS 拟合估计的自相关系数，并不会产生确切的 p 值和显著性水平。

5.3.12 节给出一个使用 gls 拟合具有自相关误差的回归模型的例子。

变量选择

我们在分析中没有发现单个观察值出现异常，接下来我们讨论模型中回归变量的另一方面问题。

我们从"最小二乘线性回归"给出的总结结果中发现，显著性规则表明有些变量比其他变量重要得多。

我们现在探讨哪种回归变量组合使得模型复杂性成本最低（即最少的回归变量），拟合得最好。几个 R 函数可以完成这个任务，我们在这里只讨论三个函数，标准 stats 包中 step 函数，leaps 包中 leaps 函数和 regsubsets 函数。

变量选择；逐步选择

进行变量选择的一个最简单 R 函数是 step 函数，对于给定的一组回归变量，默认情况下，一开始并没有回归变量，只是常数模型，然后根据 Akaike 信息准则（或 AIC）逐个增加最好的回归变量。（AIC 与 Mallows C_p 成负比例；AIC 的值越小，说明模型中那些回归变量拟合效果越好。我们随后在 4.6.3 节讨论 AIC 及其相关度量指标。）

用单个回归变量拟合模型后，step 根据 AIC 方法继续寻找下一个最好回归变量，如果 AIC 小于之前的值，那么就增加该新变量。如果增加了该变量后，step 根据 AIC 方法继续寻找第三个最好回归变量，如果 AIC 小于之前的值，那么就增加该新变量。如果模型增加了该变量，那么 step 再次根据 AIC 方法确定从模型中去掉的变量中的最好变量。如果移除该变量会降低 AIC，那么就把该变量去掉。现在继续这两个 step 程序；寻找不在模型中的那些可能变量的最好变量，并且如果把它们加入模型会降低 AIC，那么就把它们加入模型中；寻找模型中最差变量，如果去掉该变量会降低 AIC，那么就把它从模型中去掉。这个过程不断进行，直至模型中没有把该变量加入模型会降低 AIC 的可能变量，才终止该过程。

变量选择：所有最好子集

逐步方法不能保证找到大于两个回归变量的最好回归变量的子集。另一种找到各种规模的回归变量最好子集的方法是从一个变量开始，一直到模型包含所有的变量为止。对于 m 个可能的变量，有 $2^m - 1$ 个可能的子集，显然这是一个计算量非常大的过程。一旦确定了给定大小的最好变量集，也就知道了每个较小规模的最好变量子集，那么就减少了那些可以构成较大规模最好子集的可能变量的数量。我们把这种算法称为"跨越式"算法，它基于极大地减少了必须检查的子集数的事实。

leaps 包中 R 函数 leaps 执行这个算法。leaps 输入包含回归变量的矩阵和包含响应变量的向量。它允许使用 Mallows C_p 或调整的 R^2 的准则（或简单的 R^2，与调整的 R^2 选择相同的集合）。如果子集规模至少为 k，那么函数便会找到各种大小为 k 的最好子集。下面给出使用 leaps 的利率回归模型例子。我们在这个例子中使用调整的 R^2 的准则，并要求每个规模有 2 个最好子集。

```
> library(leaps)
> X <- cbind(dfed, d3m, d2y, d30y)
```

```
> leapout <- leaps(X, dBaa, method="adjr2", nbest=2,
+             names=c("dfed","d3m","d2y","d30y"))
> leapout
$which
    dfed   d3m   d2y  d30y
1 FALSE FALSE FALSE  TRUE
1 FALSE FALSE  TRUE FALSE
2 FALSE FALSE  TRUE  TRUE
2 FALSE  TRUE FALSE  TRUE
3 FALSE  TRUE  TRUE  TRUE
3  TRUE FALSE  TRUE  TRUE
4  TRUE  TRUE  TRUE  TRUE

$label
[1] "(Intercept)" "dfed"   "d3m"   "d2y"   "d30y"

$size
[1] 2 2 3 4 4 5

$adjr2
[1] 0.7883313 0.2883811 0.7911289 0.7879048
[5] 0.7921041 0.7897458 0.7907191
```

结果很容易解释。最好的单个回归变量是 30 年期长期国债 d30y，最好的两个回归变量子集是 30 年期长期国债和 2 年期中期国债 d2y。只有 d30y 这个变量的模型的调整的 R^2 为 0.788，同时有 d30y 和 d2y 两个变量模型的调整的 R^2 为 0.791。增加第 3 个变量 d3m 后，使得调整的 R^2 增加至 0.792，增加第 4 个变量使得调整的 R^2 减少到 0.790。

leaps 包中还包含一个 regsubsets 函数，该函数允许指定模型包括哪些子集。在同一个输入集下，regsubsets 函数和 leaps 函数相同，但是 regsubsets 函数可以在所有考虑的子集中指定一个特定的回归变量或排除一个特定子集。

在回归分析中，变量的选择存在许多问题。它们往往对可行性的考虑超过了计算范围，比如获取数据的便利性（在金融应用中通常不是问题，但是在医疗应用中却极为重要）和度量的精度。变量选择是更为一般的模型选择过程的一部分，我们将在 4.6.3 节讨论模型选择过程。

多重共线性：方差膨胀因子

模型包括特定回归变量的值取决于这些回归变量与模型中其他回归变量之间的相关性。

我们预期在一组利率数据中存在严重的多重共线性。当然，只有一个或两个利率序列与其他利率存在多重共线性，四个或更多利率序列也是如此，这些情况都不奇怪。

由于怀疑存在严重的多重共线性，可以计算回归变量之间的方差膨胀因子。可以用 faraway 包中 vif 函数进行计算。

```
> library(faraway)
> vif(regr)
     dfed      d3m      d2y      d30y
1.009564 1.094674 1.901146 1.800922
```

比较意外的是这些方差膨胀因子都不是很大，因为我们预期回归变量之间存在很严重的多重共线性。当然，这意味着回归变量之间并不存在严重的多重共线性。

正则化：岭回归

虽然我们在前面例子中没有观察到严重多重共线性，但是可以对该例子进行正则化拟合。我们使用 MASS 包中 R 函数 lm.ridge。我们令 λ 取 4 个值。

```
> library(MASS)
> lm.ridge(formula=dBaa~dfed+d3m+d2y+d30y, data=YX,
          lambda=c(0,0.25,0.5,1.0))
                        dfed          d3m         d2y         d30y
0.00 -0.003300489  0.0014322050  0.1285576  -0.1466267  0.9037692
0.25 -0.003314719  0.0011597893  0.1279668  -0.1435074  0.9009622
0.50 -0.003328801  0.0008903027  0.1273856  -0.1404238  0.8981795
1.00 -0.003356528  0.0003599466  0.1262518  -0.1343611  0.8926853
```

尽管系数估计值通常会收缩（注意每个系数的收缩不是单调的），但是似乎并没有影响，所以我们在这里不采取这种方法。（注意由于其他估计值的变化引起截距估计值的变化，它不包含在正则化惩罚中。）

lm.ridge 函数生成一个列表，包含与 λ 指定值有关的每个回归变量的统计量信息。对于这些 λ 序列，我们可以得到每个回归变量的岭回归轨迹，其命令为

```
plot(lm.ridge(dBaa ~., data=YX, lambda=seq(0,1.0,0.001)))
```

（同样，注意在本例中是如何指定这个公式的。）正如前面所提到的，岭回归正则化对拟合的影响很小，因此图中并没有显示出来。

使用岭回归法或 Lasso 是为了降低 MSE。因为 MSE 包含偏差的平方，通常是未知的，所以我们并没有一个简单的方法估计它。我们将在 4.6.2 节讨论使用交叉验证方法估计任意 λ 值的 MSE 的方法。

预测

对于给定的一组回归变量数据集，拟合模型得到响应变量的预测值。在正态分布和线性回归模型的标准假设下，我们可以构造响应变量预测值的置信区间或预测区间。

R 函数 predict 使用其他 R 函数的结果拟合各种模型。predict 的第一个参数是拟合函数的输出对象。在这个例子中，拟合前面整个模型的输出对象为 regr，它包含模型本身的信息、拟合方法（最小二乘法）、系数估计值和其他输出统计量。例如，如果联邦基金利率下降 25 个基点，那么为了预测 Baa 级公司债券利率的变化，我们可以使用 lm，regr 的拟合，以及 dfed 下降而国债利率没有变化的数据框。

如果使用 interval 参数，那么 predict 函数还计算一个近似的 95％置信区间或近似的 95％预测区间。

```
> predict(regr,
+         data.frame(dfed=-0.0025, d3m=0.0, d2y=0.0, d30y=0.0),
```

```
+         interval="confidence")
          fit          lwr        upr
1 -0.003304069 -0.008893432 0.002285293
> predict(regr,
+         data.frame(dfed=-0.0025, d3m=0.0, d2y=0.0, d30y=0.0),
+         interval="prediction")
          fit          lwr        upr
1 -0.003304069 -0.06773713 0.06112899
```

预测 Baa 级公司利率下降 33 个基点。然而，由于区间非常宽，表明估计量的方差估计值非常大。我们注意到预测区间也非常宽，这说明单个值的变差超过模型系数估计量的变差。

4.5.7 非线性模型

变量之间存在有趣的非线性关系。一个简单的例子是二次关系，因变量与回归量的平方有关。

多项式回归模型

单个回归变量的多项式回归模型为

$$y_i = \beta_0 + \beta_1 x_i + \beta_2 x_i^2 + \cdots + \beta_m x_i^m + \epsilon_i \tag{4.139}$$

该模型与一般的线性回归模型（4.8）非常相似，单个回归变量的幂形式代替了其他回归变量。用最小二乘法或其他方法拟合多项式回归模型与拟合多元线性模型完全相同。然而，在多项式模型中，多重共线性问题比较严重，因为单变量的各种幂之间存在关系。

变量选择过程可以决定多项式的幂。由于高阶多项式摇摆非常大，因此高阶多项式（比如说，高于 3 阶）通常没用。

logistic 回归

在许多应用中回归非常有用，但是如果响应变量是定性变量，且通常是二元变量，那么上面所述的线性模型可能并不合适。在这种情况下，我们可以使用类似于在线性模型中所使用的预测变量的方法，但是需要修改模型，使其符合所要解决的问题。

这些模型应用于分类问题，这是统计机器学习的基本问题。统计学习的主要目标是建立一个模型来预测定性的响应变量，其使用一组与响应变量有关的各种特征数据。例如，在医疗应用中，这些特征可能包括各种生理变化，如血压、血清甘油三酯水平等，响应变量可能是是否患有"心脏病"；在商业应用中，这个响应变量可能是"信用风险"的好与坏，预测特征变量可能是收入、现有债务、拥有的资产、信用消费记录等；在金融应用中，这些特征可能是对近期股票价格走势的各种衡量，而响应变量可能是"未来 10 天的价格变化"是上升还是下降。（虽然分类模型通常没有给出精确的结论，但是"技术分析"可以做到。）在统计学习中使用分类模型时，一个最重要的方面就是识别哪些可测量的特征对预测有用。

考虑一个许多金融机构都面临的决策问题：是否向申请信用卡的人发放信用卡。这个决策可以根据申请表中的许多变量。这些变量包括诸如收入、债务等。变量也可以是定性的，比如申请人是否拥有住房等。

一个标准的线性回归模型具有下面的形式：

$$y_i = \beta_0 + \beta_1 x_{i1} + \cdots + \beta_m x_{im} + \epsilon_i$$

这些符号取它们明显的意义。然而，在这个模型中响应变量没有任何意义。它可以在大范围内连续变化。然而，我们关心的响应只是"是"或"否"，可以把它们赋值为 1 或 0。

等式右侧可能抓住了我们所关心的回归变量和因变量之间的关系。因此，我们的方法就是构造一个等式右侧的函数，该函数取值在 0 和 1 之间。这个方法等价于建模 $Y=1$ 的概率。在信用卡例子中，因变量是申请人具有良好信用风险的概率。

尽管我们可以使用很多方法把右式转化为 0 和 1 之间的函数，一种数学上容易处理且实践中很有效的方法，就是用右式的 logistic 函数构建模型

$$P(Y=1) = \frac{e^{\beta_0 + \beta_1 x_{i1} + \cdots + \beta_m x_{im}}}{1 + e^{\beta_0 + \beta_1 x_{i1} + \cdots + \beta_m x_{im}}} \tag{4.140}$$

这个 logistic 模型看起来与带有误差项的一般回归模型完全不同。这个模型没有明确的误差项。

这里建模的随机性是伯努利过程；在式（4.140）中每个申请人为 1（"是""良好信用风险"）的概率取决于回归变量的值。我们回想起伯努利分布是二项分布的一种特殊情况，n 个概率相同的独立伯努利随机变量之和是一个具有相同概率、数为 n 的二项随机变量。

另一种表示模型（4.140）的方法，就是把概率表示为胜算。我们可以把胜算表示为 $P(Y=1)/(1-P(Y=1))$ 的比率，对胜算取对数，我们得到线性模型 logit：

$$\log\left(\frac{P(Y=1)}{1-P(Y=1)}\right) = \beta_0 + \beta_1 x_{i1} + \cdots + \beta_m x_{im} \tag{4.141}$$

logit 是联系函数，它使得 logistic 概率模型（4.140）线性化。它本质上是二项分布的概率函数。

我们通常用最大似然法拟合 logistic 模型。

为简化符号，令 $p(x_i;\beta)$ 表示 $P(Y=1)$。现在，给定 n 个回归变量的观察值和 Y 的相应值，似然函数为

$$L(\beta;x,y) = \prod_{i:y_i=1} p(x_i;\beta) \prod_{i:y_i=0} (1 - p(x_i;\beta)) \tag{4.142}$$

通过最大化这个似然函数得到 β 的最大似然估计值。

模型（4.140）是 logistic 回归模型。我们也把它称为二元回归模型，尽管可以采用不同形式的二元回归模式。

还有这种一般形式的其他模型。由于指数中有线性项，因此我们也把它们称为广义线性模型。广义线性模型的具体形式取决于过程的概率模型和线性化联系函数。在 logistic 回归模型中，它是具有 logit 联系的伯努利（或二项）分布。其他的联系函数也可以与基本的二项分布一起使用，其他类型的广义线性模型可以与其他分布一起形成，比如泊松分布。

正如 4.3.3 节讨论的那样，在最大似然模型中，最重要的量是偏差 $-2\log(L(\beta;x,y))$，

而在最小二乘模型中残差平方和是一个重要的量。同样，除了实际的残差，我们通常用偏差残差 $-2\log(L(\beta;x_i,y_i))$。

例子：在 R 中拟合 logistic 模型

R 函数 glm 采用最大似然法拟合广义线性模型。glm 通过公式确定模型的方法与 lm 使用的公式类似。（参见 4.5.8 节对 R 中 formula 关键字的描述。）我们简要举例说明使用 glm 用信用卡违约数据拟合 logistic 回归模型。数据集 Default 来自 ISLR 包（由 James 等人 2013 年建立和描述）。它包含了 4 个变量的 10 000 个观察结果，即二元响应变量 default、二元回归变量 student 和两个连续变量 balance 和 income。当然，在这些信用卡持有者中，该年有 333 人违约。

```
> require(ISLR)    The package is loaded only to get the dataset
> head(Default)
  default student  balance    income
1      No      No  729.5265 44361.625
2      No     Yes  817.1804 12106.135
3      No      No 1073.5492 31767.139
4      No      No  529.2506 35704.494
5      No      No  785.6559 38463.496
6      No     Yes  919.5885  7491.559
> glmfit <- glm(formula=default~student+balance+income,
+             data=Default, family=binomial)
> contrasts(default)
    Yes
No    0
Yes   1
> summary(glmfit)

Call:
glm(formula = default ~ student + balance + income,
    family = binomial, data = Default)

Deviance Residuals:
    Min      1Q   Median       3Q      Max
-2.4691  -0.1418  -0.0557  -0.0203   3.7383
Coefficients:
              Estimate Std. Error z value Pr(>|z|)
(Intercept) -1.087e+01  4.923e-01 -22.080  < 2e-16 ***
studentYes  -6.468e-01  2.363e-01  -2.738  0.00619 **
balance      5.737e-03  2.319e-04  24.738  < 2e-16 ***
income       3.033e-06  8.203e-06   0.370  0.71152
---
Signif. codes:  0 *** 0.001 ** 0.01 * 0.05 . 0.1   1

(Dispersion parameter for binomial family taken to be 1)
    Null deviance: 2920.6  on 9999  degrees of freedom
Residual deviance: 1571.5  on 9996  degrees of freedom
AIC: 1579.5

Number of Fisher Scoring iterations: 8
```

formula 关键字的解释取决于模型族。该例中族是"二项"分布族。因此，glm 对右边的解释与对式（4.141）右边的解释相同，它们与 4.5.8 节描述的其他 R 函数的公式解释相同。

对于带有"否"和"是"的二元变量，R 将"否"赋值为 0，将"是"赋值为 1，并使用 contrasts 函数显示响应变量的赋值。

该模型中，债务余额以及持卡人是否为学生这两个因素都非常重要。如果保持余额和收入不变，那么系数 -0.6468 表示学生相比于非学生而言不太可能违约。

使用 logistic 回归模型（如前面拟合数据模型）的主要目的是决定是否给信用卡申请者发放信用卡。在实践中，信用卡发行公司可能会要求申请人提供更多信息，不只是我们在本例中所包括的学生身份、债务余额和收入等信息。然而，为了举例说明，我们使用这个拟合模型预测违约概率。正如在 4.5.6 节讨论的线性回归模型的例子，我们可以用 R 函数 predict 进行预测。为了预测，假设有两名学生；一名债务余额为 1 000 美元，另一名债务余额为 3 000 美元，两个人的收入都是 10 000 美元。注意在对拟合的广义模型使用 predict 时，必须指定 type= "response"。

```
> predict(glmfit,
+         data.frame(student="Yes",balance=1000,income=10000),
+         type="response")
          1
0.003175906
> predict(glmfit,
+         data.frame(student="Yes",balance=3000,income=10000),
+         type="response")
        1
0.9967441
```

尽管根据我们的拟合模型，对于负债 1 000 美元、收入 10 000 美元的学生来说违约的概率非常小，但是负债 3 000 美元、收入 10 000 美元的学生几乎会违约。信用卡发行公司在使用历史数据建立模型后，可以使用它计算估计的违约概率，然后决定是否发放信用卡。如果已经发放了信用卡，那么公司可以根据预测概率设定信用额度。

在回归分析中使用的其他 R 函数，例如 step 和 glmnet 函数，也可以用于拟合广义线性模型。

金融机构建立分类模型是为了决定诸如是否发放信贷、发放多少信贷金额，它们决定选择 logistic 回归模型或者其他形式的模型，数据科学家一般从分析许多可能的特征开始。在统计学习过程中，在不同模型中检查很多变量，并选择一组好的变量和一个好的预测模型。通常使用 4.6.2 节和 4.6.3 节描述的方法选择变量和模型，通常涉及把数据分为"训练集"和"检验集"。

其他非线性模型

许多变量之间存在非线性关系。这种情况经常发生在回归变量包含时间的模型中。例如，增长模型有一个回归变量，就是时间。增长模型通常遵循"S 型"曲线；也就是说，一开始缓慢增长，然后迅速增长，然后变平。

增长回归模型，比如 4.3.2 节 Gompertz 模型，可以使用 4.3 节讨论的优化方法，用最小二乘法、最大似然法或者其他办法进行拟合。

通常计算非线性模型的统计量的分布比计算线性模型或广义线性模型的统计量的分布复杂得多。这些分布通常必须用渐近分布进行近似。

4.5.8 在 R 中指定模型

R 中统计模型用公式指定,该公式是 R 的 formula 类的对象。一个 formula 类对象由三部分组成:

$$\text{response} \sim \text{terms}, \tag{4.143}$$

其中"response"是一个数值型响应向量,"terms"是数据框中变量的一系列向量或变换,用来指定模型中预测变量及其形式。"~"符号表示把响应变量与模型的预测部分分开。

模型预测部分的形式由"+""∗"及":"等运算符表示。默认假设的模型包含常数项,除非"无截距项"模型由"0+"或"-1"指定。例如,R 公式

$$y \sim x1 + x2$$

指定的模型是

$$y_i = \beta_0 + \beta_1 x_{1i} + \beta_2 x_{2i} + \epsilon_i$$

而 R 公式

$$y \sim 0 + x1 + x2$$

指定的模型是

$$y_i = \beta_1 x_{1i} + \beta_2 x_{2i} + \epsilon_i$$

另一方面,在 glm 函数中,如果 family=binomial,那么 R 公式可以指定模型

$$\log\left(\frac{P(y_i = 1)}{1 - P(y = 1)}\right) = \beta_0 + \beta_1 x_{1i} + \beta_2 x_{2i}$$

和模型

$$\log\left(\frac{P(y_i = 1)}{1 - P(y = 1)}\right) = \beta_1 x_{1i} + \beta_2 x_{2i}$$

公式可以包含数学函数和运算符,但是不能包含幂运算符,这是因为它有特殊含义(参见随后的例子),必须使用 I 函数进行转换(参见例子)。表 4.1 给出了一些使用标准统计符号的例子,把 R 对象作为统计变量进行了清楚的解释,运算符"∗"":""^"主要用于分类(AOV)模型。

表 4.1　R 中一些公式模型的例子

y ~ x1+x2-1	$\beta_1 x_1 + \beta_2 x_2$
y ~ x1+x2+x1:x2	$\beta_0 + \beta_1 x_1 + \beta_2 x_2 + \beta_3 x_1 x_2$
y ~ x1 ∗ x2	$\beta_0 + \beta_1 x_1 + \beta_2 x_2 + \beta_3 x_1 x_2$
y ~ (x1+x2+x3)^2	$\beta_0 + \beta_1 x_1 + \beta_2 x_2 + \beta_3 x_3 + \beta_4 x_1 x_2 + \beta_5 x_1 x_3 + \beta_6 x_2 x_3$
y ~ x1+I(x1^2)+log(x2)	$\beta_0 + \beta_1 x_1 + \beta_2 x_1^2 + \beta_3 \log(x_2)$

表 4.1 中模型的变量含义取决于实际情况。在线性模型中,不管哪种情况,响应变量

y 为模型左侧的变量，误差项 ϵ 添加在模型的右侧。

在广义线性模型中，表 4.1 中右列的表达式为模型中联系函数的线性部分。

formula 对象可以通过 formula 函数构造，如图 4.14 所示。

```
> model1<-formula("y~x1+x1^2+log(x2)")
> model1
y ~ x1 + x1^2 + log(x2)
> class(model1)
[1] "formula"
> reg <- lm(model1)
...
```

图 4.14　R 中的公式

4.6　评估模型的充分性

统计理论的发展都是针对具体的模型类和分布族的。对于遵循模型的数据，使用模型可以计算有意义的统计量，并可以进行检验和构造置信区间。对于真实的金融数据，模型的充分性取决于数据满足模型的程度。如果数据与模型匹配不好，那么分析的结果便不好。

在任何数据分析中，我们首先必须考虑模型是否适合数据生成过程，随后，用数据拟合模型后，我们必须评估模型的充分性。

4.6.1　拟合优度检验；正态性检验

统计应用中最简单的模型之一是数据遵循特定的分布或分布族。给定数据样本，我们可以把检验假设表示为统计假设检验。原假设为

$$H_0:样本来自分布 H_0$$

其中，"H_0" 为分布族中某个具体的分布。例如 "H_0" 可能是正态的，也就是说，H_0 来自分布族的正态分布族，或者 "H_0" 可能是 N(0,1)，也就是某个非常具体的正态分布。指定某个分布族的假设是复合假设，指定某个具体分布的假设是简单假设。

我们把样本来自特定概率模型或一类模型的假设检验称为拟合优度检验。尽管拟合优度检验适用于任何分布，如泊松分布、伽马分布等，但是最常使用的是正态分布。

一般拟合优度检验中的备择假设是"任意其他分布"。

拟合优度检验通常不同于其他假设检验，因为它不是分析的主要目标。

我们认为更为一般的拟合优度检验的原假设为

$$H_0:拟合样本的模型是 M_0$$

其中 "M_0" 是具体的模型，它可能是包括某些项的分布。例如，"M_0" 可能是 "$y_i = \beta_0 + \beta_1 x_i + \epsilon_i$"，对于某些 β_0，β_1 和 ϵ_i 同为正态分布。我们将在 4.6.3 节讨论拟合优度，进而讨论模型的选择。我们在本节讨论样本对概率分布的拟合优度。

正态性的检验

我们对自然界中各种事物分布的直觉认识，以及金融和经济数量指标的变化，都符合

正态分布。我们认为"不寻常"或"极端"事件在很大程度上是出现了正态分布的极端情况。

正态分布在数学上很容易处理，并且我们可以从文献中获得关于正态分布的丰富理论。许多标准的假设统计检验和其他检验都是基于随机变量服从正态分布的假设。即使在总体分布不是正态分布的情况下，我们也有理论结果允许我们用正态分布作为近似估计。许多近似都取决于中心极限定理中的渐近结果。

我们希望决定数据样本是来自正态分布，还是来自与正态分布非常相似的分布，如果是后者，那么总体分布与正态分布不同程度如何。我们通常都用各种图形进行直观比较。在第1章，我们把各种数量指标的样本分布与正态分布进行了比较，大部分是收益率。在图1.24、图1.25和图1.26中，为了便于比较，在样本的频率直方图中叠加了正态概率密度函数。

q-q图是确定拟合优度的有效可视化方法。我们在图1.27和图1.28中用q-q图对样本与正态样本相似程度进行了可视化评估。这些可视化评估是第2章讨论的探索性数据分析的最重要的方法之一。

除了要对样本是否来自正态分布的证据进行可视化评估，还有一些标准的统计检验用来检验样本来自正态分布的原假设。这些拟合优度检验中有些是针对正态分布的，但是也有些可以用于任意分布。一些检验要求分布是完全确定的，而其他检验可以在假设是某个分布族的情况下使用。

对于完全指定分布的原假设，两种广泛使用的统计拟合优度检验方法是卡方检验和Kolmogorov检验或Kolmogorov-Smirnov检验。

卡方拟合优度检验基于直方图的箱子数，Kolmogorov-Smirnov检验基于定义ECDF的顺序统计量。我们首先讨论这两种一般的检验。

卡方拟合优度检验

卡方拟合优度检验的计算基于落入一个箱子里的观察值数量，例如直方图中的数量。其数量与假设分布下每个箱子里的预期数量进行比较。

对于假设正态分布，图1.24所示的直方图与叠加的正态概率密度说明了这种方法。这些数据是2017年前三个季度INTC的日简单收益率。回想一下，图中使用的正态概率密度的均值等于收益率的样本均值，标准差等于收益率的样本标准差。图4.15左侧再次给出该图，同时也显示了一些箱子里的观察值个数，以及在给定样本量 $n = 188$ 时相应箱子里的预期数量。

在卡方拟合优度检验中，把假设分布的取值范围划分为不同区域或箱子。对于第 k 个箱子，卡方检验基于检验统计量

$$c = \sum_{i=1}^{k} \frac{(o_i - e_i)^2}{e_i} \tag{4.144}$$

其中 o_i 为落入第 i 个箱子中的观察值个数，e_i 为期望落入第 i 个箱子中的观察值个数，即

$$nP(X \in \text{bin}_i)$$

其中基于假设分布计算概率。对于图4.15左侧图给出的INTC收益率，o_i 和 e_i 为（小数点后一位）

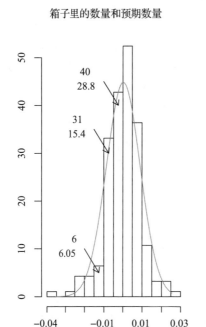

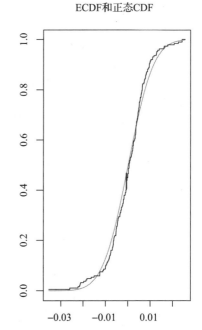

图 4.15 INTC 简单日收益率的卡方拟合优度检验和 Kolmogorov 拟合优度检验（见彩插）

1	0	1	4	4	6	31	40	49	34	10	3	3	1
0.0	0.1	0.4	1.7	6.1	15.4	28.8	39.6	40.0	29.7	16.2	6.5	1.9	2.4

在原假设条件下，卡方统计量（式（4.144））服从渐近卡方分布。近似的好坏取决于很多因素。如果 e_i 很小，比如小于 5，那么近似就不好。我们可以通过把 e_i 值很小的箱子组合起来进行补救。在本例中，把前 5 个箱子合并为 1 个，把后 3 个箱子合并为 1 个。对上面 8 个箱子的数据进行上述操作，得到

$$c_{\text{computed}} = 14.6$$

这里用 R 准确的精度（而不是显示的四舍五入值）。

卡方分布的近似还取决于是否使用了来自样本的其他计算来确定假设分布。我们根据假设分布能够得到一些估计的性质，如果计算不依赖于这些性质，那么原假设下卡方分布的自由度等于组数减 1。

在 INTC 收益率这个例子中，我们得到 8 个组，但是我们用收益率的样本均值和样本标准差确定具体的正态分布。通过从近似卡方分布的自由度中减去根据样本要估计的参数个数可以改进卡方近似。在这个例子中，我们估计了 2 个参数，因此，我们使用自由度为 5 的卡方分布。

因此，为了完成这个 INTC 收益率来自正态分布的卡方拟合优度检验，我们需要把检验统计量的计算值与自由度为 5 的卡方分布的临界值进行比较。在 5％ 的显著性水平下，有

```
> qchisq(0.95,5)
[1] 11.0705
```

由于得到的计算值大于这个临界值，所以根据卡方检验拒绝原假设：收益率服从正态分布。

R 函数 `chisq.test` 也可以执行上述检验。

Kolmogorov-Smirnov 拟合优度检验

另一个一般的拟合优度检验基于样本的 ECDF 和假设分布的 CDF。检验统计量是这两个函数差的绝对值的上确界。

我们把这个上确界称为 Kolmogorov-Smirnov 距离，并且我们把直接基于这个距离的检验称为 Kolmogorov-Smirnov 检验。另一个用来比较两个样本分布的检验，使用两个 ECDF，而不是一个 ECDF 和一个 CDF，一些人用 "Kolmogorov" 和 "Smirnov" 的不同组合作为不同检验的名称；我把它们都称作 "Kolmogorov-Smirnov 检验"。我有时也把它们称为 "KS 检验"。

使用 "KS 检验" 的主要问题在于原假设是简单假设。正如卡方拟合优度检验的情形一样，我们必须指定一个具体的分布。对于卡方检验，考虑到为了确定具体分布使用了样本估计值，我们必须进行简单调整。使用估计值改变了检验统计量的分布，不幸的是，KS 检验没有像卡方检验那样的简单调整方法。

然而，作为一种探索性方法，且由于无法说明确切的显著性水平，因此，计算一个样本的 ECDF 和一个感兴趣的 CDF 之间的 Kolmogorov-Smirnov 距离是有用的。

图 2.1 给出了上面所讨论的 INTC 收益率的 ECDF 与一个正态分布的 CDF，这个正态分布的均值和标准差等于样本均值和标准差。图 4.15 右侧再次给出了这幅图，其中还有一条线显示了 ECDF 和 CDF 之差的上确界，上确界的差值出现在收益率为 0 的地方。（图中很难看清楚，但这并不重要。）Kolmogorov-Smirnov 距离为 0.065。

R 函数 `ks.test` 对指定分布的给定样本进行 KS 检验计算。例如，对于具有某个给定均值和标准差的假设正态分布，我们可以用

```
ks.test(ret, "pnorm", mean=m, sd = s)
```

如果 m 和 s 是从样本 `ret` 得到的估计值，正如这里的情形，那么 `ks.test` 得出的 p 值也就不准确。考虑到均值和标准差都要使用相同数据集进行估计的事实，Lilliefors 修正（参见下文）调整了 p 值。

一些正态分布的特殊拟合优度检验

对于具有需要估计的参数的正态分布，有一些（非常复杂的）近似 KS 检验统计量的分布。我们把一种使用 KS 检验统计量的近似的检验称为 Lilliefors 检验。该检验统计量是 KS 距离，但是由于存在参数估计问题，所以使用蒙特卡罗模拟对 p 值进行了调整。

对于许多其他备择假设来说，Lilliefors 检验的功效并不大。

其他正态性检验使用如 ECDF 中的样本顺序统计量和来自一个标准正态分布的相应分位数期望值之间的关系。使用这些差的两个相似检验是 Shapiro-Wilk 检验和 Shapiro-Francia 检验，另外两个基于这些差的检验是 Cramér-von Mises 检验和 Anderson-Darling 检验。

另一种正态性检验的方法是使用样本偏度和峰度。正态分布的偏度为 0，峰度为 3（或超额峰度为 0）。如果样本偏度或峰度与这些值偏差太大，那么就有证据表明该样本不是来自正态总体。基于偏度和峰度的两种检验是 D'Agostino-Pearson 检验和 Jarque-Bera 检验。这两种检验在金融数据分析师中很受欢迎。

我们提到了一些正态性检验的方法，但没有明确定义它们，并且也很少谈到它们的相对优点。不幸的是，不存在最好的正态性检验；检验结果不同，这取决于给定样本偏离正态分布性质的程度。当然，这个问题就是检验功效，这取决于备择假设，也就是取决于给定样本与正态分布的预期不同的程度。如果给定的样本与正态分布相比是有偏的，或者是尾部更厚（或更薄）的，那么这时 D'Agostino-Pearson 检验和 Jarque-Bera 检验会更好一些。如果给定的样本不是有偏的或尾部不是特别厚，那么这时 Shapiro-Wilk 检验、Shapiro-Francia 检验、Cramér-von Mises 检验或者 Anderson-Darling 检验更好一些。Lilliefors 检验通常比任何这些检验方法的功效更低。练习 4.31 要求对几个不同的人工生成的样本进行这些检验。

当进行正态性检验，或者其他分布族检验时，一个好的方法就是研究它们的图形，比如 q-q 图。重要的是要认识到，如果进行多次检验，那么必须注意对显著性水平的解释。

用于检验正态分布的 R 函数

上面提到的所有正态性检验都可以用一些 R 函数执行，如：

- stats：Shapiro-Wilk，shapiro.test
- nortest：Lilliefors，lillie.test；Shapiro-Francia，sf.test；Cramér-von Mises，cvm.test；Anderson-Darling，ad.test
- fbasics：D'Agostino-Pearson，dagoTest
- tseries：Jarque-Bera，jarque.bera.test

我们下面对 INTC 收益率进行所有检验。注意对相同样本进行多次检验的结果并不独立。

```
> shapiro.test(ret)
        Shapiro-Wilk normality test
data:  ret
W = 0.9705, p-value = 0.0005501

> require(nortest)
> lillie.test(ret)
        Lilliefors (Kolmogorov-Smirnov) normality test
data:  ret
D = 0.065333, p-value = 0.05016

> sf.test(ret)
        Shapiro-Francia normality test
data:  ret
W = 0.96717, p-value = 0.0004298
> cvm.test(ret)
        Cramer-von Mises normality test
```

```
data: ret
W = 0.21225, p-value = 0.003716

> ad.test(ret)
        Anderson-Darling normality test
data: ret
A = 1.435, p-value = 0.001014

> require(fBasics)
> dagoTest(ret)
Title:
 D'Agostino Normality Test
Test Results:
  STATISTIC:
    Chi2 | Omnibus: 16.8101
    Z3   | Skewness: -2.5903
    Z4   | Kurtosis: 3.1781
  P VALUE:

    Omnibus  Test: 0.0002237
    Skewness Test: 0.009588
    Kurtosis Test: 0.001482

> require(tseries)
> jarque.bera.test(ret)
        Jarque Bera Test
data: ret
X-squared = 29.261, df = 2, p-value = 4.426e-07
```

　　除了 Lilliefors 检验的结果不同，其他所有检验都拒绝了原假设：INTC 简单日收益率服从正态分布。

4.6.2　交叉验证

　　各种统计方法中都使用交叉验证方法，比如回归、时间序列分析和密度估计，每个观察值都有拟合值。交叉验证基于重复使用样本进行预测的思想，类似于 4.4.5 节中再抽样的一般方法。

　　交叉验证是指留出一部分数据，把基本方法应用于剩余数据，用得到的结果对所留出的那部分数据进行拟合，并把拟合值与观察值进行比较。与我们在线性回归中使用外部学生化残差并评估单个观察值的影响使用的思想相同。

　　交叉验证是一种选择模型的主要方法。在选择和拟合模型时，我们关注的是均方误差（MSE），它既有方差又有偏差成分。在许多拟合方法，特别是调节推断方法中，比如用直方图估计概率密度，都要在方差和偏差之间进行权衡。

　　在交叉验证意义上，"验证"是估计偏差或者选择一个较小偏差的模型。我们不能计算方差或偏差，但是方差的估计往往很容易；一个好的估计量通常可以用样本方差的某个函数计算。然而，估计偏差并不容易。即使模型确实存在偏差，但是模型中没有偏差项。（参见 4.4.5 节关于在估计偏差中使用自助法的讨论。）重要的是我们通常有很好的样本方差估计量，但是没有直接评估估计量偏差的方法。

我们可以从样本中计算得到均方残差（MSE），但是它不是总体均方误差（也表示为 MSE）的一个很好的估计量，但它是能直接计算的最好估计量。

验证样本

一种使用给定数据拟合并评估模型的方法是把数据集分为两个子集，一个是"训练集"，另一个是"检验集"或"验证集"。用"训练集"数据拟合模型（参数估计等），然后把"检验集"中的数据与用拟合模型得到的预测值进行比较，并使用检验集残差估计总体 MSE。拟合"训练集"的 MSE 与"检验集"的 MSE 不同，但是，当然总体只有一个 MSE。

其基本思想是用样本拟合模型，也就是说，不能用"训练集"本身评估拟合的程度；总之，拟合方法（比如最小二乘法、最大似然估计法等）是基于给定数据进行尽可能好的拟合。

把原始数据分为两个集合，一个"训练集"、一个"检验集"，然而，这意味着我们并没有把所有的数据都用于拟合模型这个基本目的；也就是说，没有完成得到参数的良好估计值这个目的。

因为使用"训练集"得到的拟合不如使用所有数据得到的拟合好，且因为拟合都是通过最小化"训练集"数据方差的方式进行的，来自"验证集"的均方残差是向上偏的，也就是说，它高估了模型的误差。

因为把大部分原始数据都分配给验证样本，所以这使得验证样本的这两个问题更为严重。

留一交叉验证

如果我们选择最大的训练集，那么在确定训练集或验证集时，只用一个观察值作为验证集。此时训练集几乎是最大的，因为更多的观察值用来拟合模型，所以误差估计的偏差应该较小。然而，问题是残差 $(y_i - \hat{y}_{i(-i)})^2$ 具有很大的可变性。（这是删除的残差，已经在 4.5.5 节进行了介绍。）

显然，一个解决方法就是多次重复，取不同的观察值，然后求平均值。我们把这种方法称为留一交叉验证或 LOOCV。在 LOOCV 的 n 个步骤中，每次都留下一个观察值，并用剩下的 $n-1$ 个观察值拟合 n 次模型。

每次我们都这样做，我们就得到总体 MSE 的一个估计值，我们把它表示为 $MSE_{(i)}$，这是因为它是基于 $(y_i - \hat{y}_{i(-i)})^2$ 的。通过求它们的平均值，我们可以得到总体 MSE 的 LOOCV 估计值，为

$$CV_{(n)} = \frac{1}{n} \sum_{i=1}^{n} MSE_{(i)} \tag{4.145}$$

这个公式需要对一个模型拟合 n 次。重复拟合模型 n 次的计算量很大。

（作为附注，我们观察到使用式（4.127），$CV_{(n)}$ 可以表示为

$$CV_{(n)} = \frac{1}{n} \sum_{i=1}^{n} \left(\frac{y_i - \hat{y}_i}{1 - h_{ii}} \right)^2 \tag{4.146}$$

因此，在线性模型最小二乘拟合下，用所有数据得到的原始拟合就可以计算出 MSE 的

LOOCV 估计值。然而，在这种简单的情况下，交叉验证并不是很有用。）

LOOCV 的另一个缺点就是由于每个项都有正的协方差，所以 $CV_{(n)}$ 的方差很大。

k 折交叉验证

一种减少 LOOCV 计算负担的方法就是把样本分为大小大致相同的 k 组或 k 个折叠，然后用它们进行交叉验证。我们留下一组数据，然后用其余的数据拟合模型，用保留的一组数据计算 MSE，这便是 k 折交叉验证。用这个术语，LOOCV 是 n 折交叉检验。

对于第 j 个折叠，计算得到的 MSE 为

$$\mathrm{MSE}_{(j)} = \frac{1}{n_j} \sum_{i \in \text{第} j \text{个折叠}} (y_i - \hat{y}_{i(-j)})^2 \tag{4.147}$$

其中，$\hat{y}_{i(-j)}$ 为留下第 j 个折叠的数据，用其他数据拟合模型得到的 y_i 的预测值，n_j 是第 j 个折叠中的观察值个数。

把这些 MSE 值进行平均便得到了总体 MSE 的 k 折交叉验证估计值

$$\mathrm{CV}_{(k)} = \frac{1}{k} \sum_{j=1}^{k} \mathrm{MSE}_{(j)} \tag{4.148}$$

与具有调节参数的其他统计方法一样，在 k 折交叉验证中 k 的选择存在偏差与方差的权衡。根据上面的推断，我们发现随着 k 值增加（接近 LOOCV），MSE 估计量的偏差减小，但 MSE 估计量的方差却在增加。同时计算量也会随着 k 的增加而增加。交叉验证的计算问题可以通过并行处理得到缓解。（回忆 4.4.5 节提到的 foreach 包中的 foreach 指令。）

很多统计方法都用到交叉验证，特别是在概率密度估计、分类和聚类中。人们经常使用交叉验证评估不同的统计模型，例如不同形式的回归模型。另一种交叉验证的常见用途就是评估给定模型的不同统计拟合，例如带有不同惩罚权重值的岭回归标准。选择使得交叉验证 MSE 最小的某个具体模型或方法。

例子：使用交叉验证选择岭回归惩罚参数

我们使用交叉验证方法讨论 4.5.6 节回归模型的例子。在 4.5.6 节我们使用 MASS 包中的 R 函数 lm.ridge 进行对模型岭回归拟合。我们使用了 λ 的 4 个值，包括 $\lambda = 0$，即普通最小二乘法。随着 λ 值增加，估计值下降到 0，但是我们并没有度量模型的拟合程度。我们知道 MSE（没有计算）随着 λ 增加而增加。

尽管结果表明岭回归并不是一个好的拟合方法，但是我们仍然用 MSE 的交叉验证估计值选择 λ 的值。

编写计算机程序进行 k 折交叉验证比较简单。该过程就是首先把样本分成大小近似相等的 k 个折叠。在确定折叠后，在 k 个折叠的两部分循环进行交叉验证，除选定折叠数据外，用所有其他数据拟合模型，然后计算选定折叠的 MSE。

样本折叠的划分应当随机选择。如果样本中的序列是"随机的"，那么我们可以把折叠确定为第一个接近 n/k 个观察值、下一个也接近 n/k 个观察值，以此类推。也可能出现样本顺序不是随机的情况，例如债券收益率在不同时点的情况，那么我们可以使用 R 中 sample 函数对 n 个观察值的样本进行随机排列：

```
set.seed(5)
index <- sample(1:n,n)
permuteddata <- data[index, ]
```

在这个例子中，我们没有编写代码对岭回归进行交叉验证，只是用 R 函数进行岭回归的交叉验证。早先提到的 glmnet 包中 cv.glmnet 函数，除了指定 k 值的情况外，都是基于 10 折交叉检验进行这些计算。这个函数拟合岭回归时需要接受 λ 值向量，如果没有指定 λ 值，那么函数生成一组 λ 值。生成的数据集不包括 0，所以如果要对普通最小二乘拟合进行交叉验证，那么在调用函数时必须指定 λ 值为 0。

下面，我们指定与 4.5.6 节 R 代码相同的一组 λ 值。cv.glmnet 函数对带有参数 α 的弹性网进行交叉验证，对于岭回归，我们把参数 alpha 设为 0。（对于 lasso 回归，把参数 alpha 设为 1。）

在 cv.glmnet 函数中，折叠是随机生成的，所以为了保证结果的可再现性，必须设置随机数生成器的种子。另外还需要注意，cv.glmnet 函数的参数不能是数据框。我们使用 YX 数据框，可以设置 X<-as.matrix(YX[,2:5])。

```
> library(glmnet)
> set.seed(5)
> cv.out <- cv.glmnet(X, dBaa, alpha=0, lambda=c(0,0.25,0.5,1.0))
> lam <- cv.out$lambda.min
> lam
[1] 0
> msr <- min(cv.out$cvm)
> msr
[1] 0.001083626
> sqrt(msr)
[1] 0.03291848
```

$lambda.min 的结果表明在那些试验中 λ 的最优值为 0，也就是说，在这些试验的 λ 值中，普通最小二乘产生最小 MSE 估计。（从 4.5.6 节的结果来看，正则化对这个数据集和模型没有多大影响。）$cvm 的结果对应不同 λ 值的 MSE 估计，但是 $cvm 与 lambda 的顺序不同，所以可以明确地找到最小值，它对应于 λ 的最优值。在 λ 最优值处，式（4.148）的 $CV_{(k)}$ 是 MSE 的交叉验证估计值。

模型 MSE 的交叉验证估计值与模型最小二乘拟合计算的 MSE 相比大小如何？尽管我们在 4.5.6 节中使用普通最小二乘法用数据拟合模型，没有给出 MSE 的任何结果，但是在总结结果中给出了"残差标准误"。该值为 0.032 49，它是 MSE 的平方根。它比 $CV_{(k)}$ 的平方根小。一种可能的解释是，因为 MSE 的交叉验证估计中包含估计的偏差。然而，在我们对这个模型的假设下，估计量是无偏的。使用最小二乘法进行拟合使得给定样本的 MSE 最小。在交叉验证估计中，当把基于最小二乘的拟合估计结果用于其他样本时，其他样本的 MSE 可能较大，只是由于样本方差较大。交叉验证的 MSE 是基于给定样本拟合结果的（任意其他样本的）条件 MSE 估计值。

4.6.3　模型选择和模型复杂性

我们在 4.2 节讨论过拟合统计模型的指导原则，这为比较模型和选择最适合的模型提供了标准。两个拟合模型时最常用的准则，就是最小残差范数和最大似然，同时它们也是选择模型时最常用的准则。

然而，最优模型的选择不仅涉及由残差或似然决定的模型拟合程度，还涉及模型的复杂性。我们提到的一种极端情况为，如果允许足够多的回归变量（甚至是不在观察值内的随机变量），那么我们可以构成一个与任意给定数据集都完美拟合的线性回归模型（所有残差为 0）。因此，任何度量模型拟合的指标都必须包含对模型复杂性的惩罚项。模型的额外项不仅增加了模型的复杂性，大多数情况下正如我们所描述的那样（参见 4.5.4 节关于 VIF 的讨论），它们还增加了估计量的方差，这些估计量在拟合模型和预测时使用。

我们有很多方法可以用来衡量模型复杂性。对于参数模型，最简单的度量方法就是参数的个数。当然，至于参数模型的各种形式，这种度量方法与它没有关系。

我们曾经在 4.5.4 节讨论过选择要包含在线性回归模型中的变量，两种选择变量的度量方法就是调整的 R^2 和 Mallows C_p。这两种度量方法都包括一个度量基于平方和的拟合优度的组成部分，还有一个与模型的复杂性有关的组成部分。

我们有很多方法可以评估一般模型的拟合优度。一种常用的评估模型拟合优度的方法是使用似然，但是，正如我们前面所指出的，定义似然意味着假设分布族。

除非我们假设误差服从某个具体的分布，否则，"似然"只是一个模糊的概念。一个相关的统计量就是在给定一个完全指定的模型下计算得到的似然函数。我们用"$L(\hat{M})$"表示这个估计量；这里，$\hat{M}$ 代表所有参数都赋值的模型（假设 MLE 都来自样本）。我们用"p"表示模型的复杂性度量指标，通常是参数的个数，用"$\hat{M}_p$"表示这个参数个数为 p 的"最优"模型。

在下面一些度量指标中，特殊的似然函数就是偏差，比如 $-2\log(L(\hat{M}))$，如 4.3.3 节所给出的定义。

两种最常见的基于偏差衡量模型优劣的方法是 Akaike 信息准则（AIC）：

$$\text{AIC} = -2\log(L(\hat{M}_p)) + 2p \tag{4.149}$$

以及贝叶斯信息准则（BIC）：

$$\text{BIC} = -2\log(L(\hat{M}_p)) + \log(n)p \tag{4.150}$$

贝叶斯信息准则是从贝叶斯观点发展起来的，但它的形式和用法并不依赖于贝叶斯建模方法。我们也把 BIC 方法称为 Schwarz 信息准则（SIC）。

这两种情况下，度量指标随模型拟合程度的增加而减少，随模型复杂程度的增加而增加；因此，较小的 AIC 或 BIC 表示"更好的"模型。这两项指标往往取值为负。

它们的差别非常小；用 $\log(n)p$ 代替 p。当然，对于较大的 n 值，这个差别可能变大。由于 BIC 中模型复杂性的权重更大，它比 AIC 更强调模型的简单性。

因为这些度量方法都是用来比较模型的，所以可以增加一个常数或乘以一个正数修正它们，因此，有的 AIC 和 BIC 的定义与前面那些定义稍有不同。

在多元线性回归的简单情况下，误差独立同分布于正态分布，具有 p 个参数，模型为

$y = X\beta_p + \epsilon$，使用式（4.68）和式（4.69），我们得到偏差的简单形式，然后重新调整偏差和加性惩罚项，使得对于具有 p 个回归变量的多元线性回归，有

$$AIC = \log(\hat{\sigma}_p^2) + \frac{2p}{n} \tag{4.151}$$

和

$$BIC = \log(\hat{\sigma}_p^2) + \frac{\log(n)p}{n} \tag{4.152}$$

其中 $\hat{\sigma}_p^2$ 是使用 p 个回归变量的均方残差。

对于最小二乘拟合情况，AIC 和 BIC 可以用残差平方和 SSE 表示。AIC 和 Mallows C_p 成比例，我们在 4.5.4 节用 SSE 表示 Mallows C_p。AIC 和 BIC 都可以用来选择线性回归模型中的最优变量集。AIC 和 BIC 通常会形成相同的模型，但是偶尔 BIC 会选择一个变量较少的模型。我们在第 5 章举例说明用 AIC 和 BIC 选择 ARIMA 模型中的阶数。

AIC 还有一个"修正"形式，称为"AIC_c"，它增加了一种不同形式的加性惩罚项。它只与小样本有关。我们再次指出，在不同作者的统计文献中，AIC 和 BIC 的具体形式不同。对于模型的比较评估来说，只要比较时使用相同的定义，这些区别就不重要。

注释和深入阅读

统计建模及推断是一个范围非常广的研究领域。显然，本章只涵盖了相关主题的部分内容。许多教材都包括理论和应用方面的内容，应用既有金融领域还有其他领域。在 mason.gmu.edu/~jgentle/books/MathStat.pdf 的 3.2 节中已经对估计方法的基本理论进行了广泛的讨论，包括贝叶斯估计、最小二乘估计、最大似然估计等。Davidson 和 MacKinnon（2004）讨论了线性模型分析的各个方面，重点讨论了它们在经济和金融中的应用。

4.4 节讨论了许多统计推断的专门术语和概念，科学家和数据分析师经常对它们产生误解。特别是，有一个专门术语已经引起范围很广的误解和误用，一些统计学家对使用这个术语产生了质疑，认为人们应该停止使用它。这个术语就是"显著性"，以及其他相关术语"显著 p 值""统计显著性"等。我在本书中已经正确地定义和使用了这些术语。遗憾的是，这些术语也有非严格的意义。"显著"的一个非严格意义是"重要"。有些人混淆了"显著"和"重要"，或者他们并不理解这个术语的统计学意义。

当然，统计推断中还有一些其他专门术语，也都是日常词汇，具有一般的非专门含义，因此它们的统计用法就被误解了。

我并不想在这里列出这些词汇，但是我要提到"似然"。不管"似然"的专门含义，即使统计学高年级学生有时也错误地把它与"概率"等同。

"显著"并不意味着"重要"，"似然"并不意味着"概率"。我在这里继续正确地使用这两个词。

贝叶斯方法通常需要基本统计范式发生根本性转变。Berger（1993）对贝叶斯方法的理论和应用进行了广泛的讨论。Kruschke（2015）讨论了贝叶斯分析中的实际问题，并介绍了 JAGS 和 rjags 的使用。

Hull（2017）对股票期权等远期资产的定价分析模型进行了深入的讨论。方法包括使

用蒙特卡罗模拟。

Ehrentreich（2008）描述了 SFI 基于代理的股票市场模型。这本书还讨论了一般的基于代理的模型。

Joe（2015）描述了用数据拟合连接函数的各种方法。

优化在统计估计和其他方法中起到了重要的作用。4.3 节只是涉及了优化的表面。Griva、Nash 和 Sofer（2009）讨论了优化的背景知识和具体方法。

Friedman、Hastie 和 Tibshirani（2010）描述了 lasso 回归、岭回归和弹性网。James 等（2013）特别强调了在 R 包 `glmnet` 中执行这些的方法。

一般说来，概率分布尾部和极值都是金融分析的重要主题。Novak（2012）就极值进行了一般讨论。Gilleland、Ribatet 和 Stephenson（2013）评述了可以用于分析极值的 R 软件。

Hill（1975）最早描述了 4.4.7 节中讨论的尾部指数的估计方法，这种方法还普遍使用。尽管该方法通常是充分的，但是我们也提到过，它可能会失效并导致"Hill 可怕图"。人们提出了各种方法改进 Hill 估计量，比如 Pictet、Dacorogna 和 Müller（1998）描述的自助法。其他估计尾部指数的方法也有一定的价值，例如 Politis（2002）及 Bacro 和 Brito（1998）提出了一些其他方法。Reiss 和 Thomas（2007）讨论了极值理论的其他方面、尾部指数和尾部相依的估计方法。

Buthkhunthong 等（2015）描述了肯德尔 τ 的局部形式，用于度量尾部相依。Jones（1996）描述了局部统计度量的一般问题。

关于回归分析的书有很多，如 Kutner 等（2004）、Sheather（2009）、Harrell（2015）及 Fox 和 Weisberg（2018），后三本书讨论了回归中 R 的使用方法。Fox 和 Weisberg（2018）使用 R 文件中的术语对回归诊断进行了广泛的讨论。Harrell（2015）讨论了 logistic 模型和线性回归模型。Pinheiro 和 Bates（2009）讨论了计算线性回归模型误差的各种方差-协方差矩阵结构的广义最小二乘估计量的方法。Gentle（2009）在第 610 页到第 613 页讨论了正交回归，并给出了用最小正交残差拟合模型的方法。

Belsley、Kuh 和 Welsch（1980）最早提出了很多关于留一删除的想法。Gentle（2017）4.5.2 节和 4.5.5 节给出了关于矩阵和线性代数的各种事实的证明。

前面关于回归分析的书还讨论了模型的选择，至少是线性回归模型的选择。Harrell（2015）在更一般背景下讨论了回归模型的选择。一些准则是基于基本的拟合准则的探索，比如最小二乘的拟合准则。有几个准则是基于"信息"的，这个术语通常指对数似然的函数，并且在不同背景下，有具体合适的定义，例如：Fisher 信息、Kullback-Leibler 信息等。我们在 4.6.3 节讨论了 AIC 和 BIC，并提到了 AIC_c，但是，还有其他基于信息的准则。一些更常见的有 Watanabe-Akaike 信息准则、Shibata 信息准则和 Hannan-Quinn 信息准则。这些都涉及信息度量和模型复杂性的惩罚项。后两种方法在拟合某些时间序列模型时特别流行。Claeskens、Hjort（2008）及 Wang（2012）讨论了在模型选择中使用各种基于信息的准则。

贝叶斯分析中模型选择是一个重要的因素，尽管基本原则本质相同，但是还是有一些其他因素，Wang（2012）讨论了使用贝叶斯因子进行模型选择。一个相关的主题是模型平均或多模型推断（而不是模型选择）。虽然多模型推断在金融领域有很多可能的应用，但是它们在该领域的应用并不广泛，因此在本书中并没有讨论它。Burnham 和 Anderson（2002）从频率主义视角讨论了多模型推断和模型平均。Claeskens 和 Hjort（2008）讨论了贝叶斯模型平均以及频率模型平均。

Hastie、Tibshirani 和 Friedman（2009）和 James 等（2013）讨论了交叉验证的方法，并举例说明。

计量经济学中经常使用的回归方法，但是其中一些方法我们没有讨论过，包括似乎不相关回归的最小二乘法，工具变量的两阶段、三阶段最小二乘法。R 包 `systemfit` 有各种函数，它们能够进行这些类型的统计分析。

R 基本的 `stats` 包有许多用于回归和其他统计分析的函数。我们在本章提到和使用过的 R 包包括 `MASS`（变量选择、岭回归和其他许多计算）、`faraway`（VIF 和许多其他回归计算）、`olsrr`（几个函数，特别是诊断图）、`leaps`（变量选择）、`lmtest`（岭回归和 lasso）、`glmnet`（广义线性模型）和 `nlme`（广义最小二乘法）。这些 R 包在本章的练习中都可能很用。

练习

本章的许多练习都要求用 R（如果愿意，可以使用其他软件系统）获取或探索真实的金融数据。

这些练习并没有完全要求怎样执行操作或者做什么类型的分析，因为这些是练习的一部分，需要自己决定。

4.1　变换。

考虑参数为 λ 的泊松分布族中的随机变量 X，当 λ 取值从 1 到 9 变化时，X 的均值和方差都会从 1 增加至 9。现在做变换 $Y=\log(X+1)$，当 λ 取值从 1 到 9 变化时，Y 的均值和方差如何变化？

当 $\lambda\in\{1,2,\cdots,9\}$，模拟 X 的 1 000 个实现，对于 λ 的每个取值，计算模拟样本的样本均值和方差，并说明均值和方差是如何变化的？

4.2　最大似然估计。

（a）给定数据集 $x_1,\cdots,x_n$，根据式（4.16）中似然函数表达式，写出泊松分布的对数似然函数。

（b）确定 λ 的 MLE。

4.3　矩估计法和最大似然估计法。

给定来自正态分布 $N(\mu,\sigma^2)$ 的样本 $x_1,\cdots,x_n$，确定 σ^2 的矩估计值和 MLE。

4.4　蒙特卡罗估计。

（a）随机变量 X 的 PDF 为 f_X，假设已知随机变量 X 的函数 g，我们要估计 $E(g(X))$。首先考虑 $E(g(X))$ 是否存在。假设我们有函数 g，使得 $E(g(X))$ 存在且有限。另一个问题就是能否生成随机（或伪随机）变量来模拟随机变量 X 的观察值。

给定来自 X 分布的伪随机样本 $x_1,\cdots,x_m$，证明 $E(g(X))$ 的蒙特卡罗估计值

$$\widehat{E(g(X))}=\frac{1}{m}\sum_{i=1}^{m}g(x_i)$$

是无偏的。

（b）令 $X\sim N(0,1)$，使用蒙特卡罗估计 $E(X^2)$。

（c）使用蒙特卡罗模拟估计 t 随机变量的条件均值，假定该变量大于等于其第 95 百分位数。其中 t 的自由度为 4。

ⅰ. 在这种情况下，假设第 95 百分位数已知。在报告结果时，还应该考虑哪些其他问题？

ⅱ. 对于这个本质上的一般问题，可能总体分布的第 95 百分位数未知。如果这样，那么如何处理？

4.5　"标准化" t 分布的 MLE。

计算 Intel（INTC）2017 年 1 月 1 日到 2017 年 9 月 30 日的日调整收盘价的收益率。这些数据在 1.4.5 节 VaR 例子中使用过，但是由于 INTC 支付股利，调整后的收盘价可能略有不同。

使用最大似然法用这些数据拟合位置-尺度（"标准化"）t 分布。R 包 MASS 中的函数 fitdistr 可以执行该拟合。确定得到的参数估计值，拟合的 t 分布的标准差估计值是多少？

4.6　高斯-牛顿法。

为了拟合线性模型 $y = X\beta + \epsilon$，牛顿法第一步是推导正规方程，正规方程的解就是优化问题的解。证明线性最小二乘问题的高斯-牛顿法与牛顿法相同。

4.7　Gompertz 模型。

写出如下 Gompertz 模型中参数最小二乘估计的梯度和 Hessian：

$$x_i = \alpha e^{\beta e^{\gamma t_i}} + \epsilon_i$$

4.8　加权最小二乘法；GLS。

通过最小化残差的加权平方和，导出 $V(\epsilon) = \Sigma$ 的线性模型的加权最小二乘估计量。

4.9　置信区间和假设检验。

证明置信区间（4.70）

$$(\overline{X} + t_{n-1,0.025}\sqrt{S^2/n}, \overline{X} - t_{n-1,0.025}\sqrt{S^2/n})$$

是由式（4.73）中枢轴量 $(\overline{X}, \sqrt{S^2/n})$ 构成的。

4.10　置信区间和假设检验。

假设总体分布为正态分布 $N(\mu, \sigma^2)$，要求对参数 μ 和 σ^2 进行假设检验，并求置信区间。

给定数据集 $\{10, 8, 9, 13, 9, 11\}$，执行以下操作。

（a）求参数 μ 的 90% 的双边置信区间。

（b）在 10% 的置信水平上检验原假设 $\mu = 11$ 和备择假设 $\mu \neq 11$。

（c）求参数 σ^2 的 90% 的下限单边置信区间（即下限为 $-\infty$ 的置信区间）。

（d）在 10% 的置信水平上检验原假设 $\sigma^2 \leq 3$ 和备择假设 $\sigma^2 > 3$。

4.11　贝叶斯模型。

考虑一元正态分布 $N(\mu, \sigma^2)$ 的层次贝叶斯模型，其中均值 μ 是正态随机变量 M 的实现值，方差 σ^2 是随机变量 Σ^2 的缩放实现值，该随机变量 Σ^2 具有逆卡方分布，其自由度为 ν_0。（对于尺度因子 σ_0^2，这意味着 $1/(\sigma_0^2 \Sigma^2)$ 服从正态分布。）现给定 $\Sigma^2 = \sigma^2$，假设 M 服从均值为 μ_0，方差为 σ^2/κ_0 的条件正态分布。

（a）画一个描述该模型的有向无环图。用 4.4.4 节 DAG 中相应的变量确定每个变量。

（b）选择 μ 和 σ^2（比如 100 和 100），并从正态分布 $N(\mu, \sigma^2)$ 中生成 100 个伪随机变量。

现在选择 μ_0、σ_0^2 和 κ_0 的值（比如 90、90 和 1）建立贝叶斯公式，并分析数据。（在贝叶斯意义上，这意味着在给定模拟数据的情况下，形成 μ 和 σ^2 的后验分布。）

建议使用 R 和 BUGS/JAGS（用 rjags）进行分析。JAGS 可执行的程序必须安装在 R 可以访问的目录下，可以从 SourceForge 获得。

4.12　贝叶斯分析。

获取 2018 年 INTC 调整后的收盘价并计算日收益率。确定收益率的均值和标准差的贝叶斯估计值，类似于图 4.2～图 4.4 所给出的例子。对于均值的先验分布可以使用 $N(0, 100)$，对于方差的先验分布可以使用自由度为 10 的逆卡方分布。（"逆卡方分布"是贝叶斯分析中经常使用的概念，若 X 服从逆卡方分布，则 $1/X$ 服从卡方分布。）

JAGS 可执行程序必须安装在 R 可以访问的目录中，可以从 SourceForge 获得。

4.13　稳健拟合。

获得 2017 年 S&P 500 指数的日收盘价，并计算日收益率。

（a）计算收益率的标准差（波动率）、MAD 和 IQR。

（b）现在生成两个叠加正态概率密度曲线的直方图，并列比较，其中一个正态概率密度的均值等于样本均值，标准差等于样本标准差，另一个正态概率密度的均值等于样本中位数，标准差基于 MAD（参见式（1.64））。所生成图形应该与图 4.5 相似。哪一个图拟合得更好呢？这是否意味着如果使用适当的均值和方差，那么正态分布是很好的收益率模型？

4.14　尾部指数。

（a）令 $f_X(x)$ 为随机变量 X 的 PDF，存在 $x_u < 0$，使得 $x \leqslant x_u$ 时 $f_X(x)$ 的形式为

$$f_X(x) = c(-x)^{-(a+1)}$$

其中 $c > 0$，$a > 1$。

证明：当 $x \leqslant x_u$ 时，条件 PDF 为 $f_{X \leqslant x_u}(x) = a|x_u|^a|x|^{-(a+1)}$。

（b）对于大小为 n 的随机样本，其来自 PDF 为 $f_X(x) = c|x|^{-(a+1)}$ 的分布。设 n_{x_u} 是样本中小于等于 x_u 的顺序统计量的样本数。给定 n_{x_u} 最小顺序统计量，说明 a 的对数似然函数为

$$l_L(a) = n_{x_u}\log(a) - n_{x_u}a\log(|x_u|) - (a+1)\sum_{i=1}^{n_{x_u}}\log(|x_{(i:n)}|)$$

得出 a 的 MLE 为

$$\hat{a} = \frac{n_{x_u}}{\sum_{i=1}^{n_{x_u}}\log(x_{(i:n)}/x_u)}$$

（c）证明尾部指数得到的 Hill 估计量是第 $k-1$ 阶顺序统计量的绝对值对数与第 k 阶顺序统计量的绝对值对数之差的均值的倒数。（在计算均值之前，先减去第 k 阶顺序统计量的绝对值对数）

（d）4.4.7 节和练习 4.14a～练习 4.14c 的讨论涉及分布的下尾部指数。该讨论还假定下尾部在负半轴。为了获得类似的估计上尾部指数的方法，必须作哪些修改？

如果两端尾部落在负半轴和正半轴，那么为了获得类似的估计尾部指数的方法必须对上述方法进行哪些修改？

4.15　尾部指数。

获得 S&P 500 指数从 1990 年 1 月 1 日到 2017 年 12 月 31 日的日收盘价，并计算日对数收益率，这些数据都是图 4.6 使用过的数据。

正如练习 2.12b 一样，把 S&P 500 指数的日对数收益率分成 4 个时期，即

1992 年 1 月 1 日到 1995 年 12 月 31 日

1997 年 1 月 1 日到 2002 年 12 月 31 日

2003 年 1 月 1 日到 2005 年 12 月 31 日

2006 年 1 月 1 日到 2009 年 12 月 31 日

在这些时期中，每个时期内的波动率相对平稳，但不同时期之间的差异比较显著。

根据每个时期的数据，可以生成下尾部 Hill 图。这些图将显示我们在 Hill 图中经常看到的各种变化类型。可以使用 R 包 evir 中的 hill 函数或其他函数计算 Hill 估计量，或者也可以通过写代码计算估计值。（该算法只是简单地根据定义直接写代码。）

确定每个图的稳定区间（这是相当主观的），计算每个时期内分布的下尾部指数的估计值，作为 Hill

估计值在稳定区间内的均值。

尾部指数的估计值有何不同？与 t 分布的尾部指数相比，该估计值如何？

你发现不同时期的波动率之间有什么关系？

4.16　尾部指数的估计。

获得 2017 年 S&P 500 指数的日收盘价，并计算日对数收益率。

（a）计算该时期指数日收益率分布下尾部指数的 Hill 估计量，调节参数的范围为 11～100。可以用与练习 4.15 相同的计算方法。（可能是 R 包 evir 中的 hill 函数或者其他函数。）虽然得到的图看起来应该与图 4.6 相似，但是那个时期收益率尾部指数可能不同。

（b）调节参数分别为 20、30、40 和 50，计算这些数据的尾部指数的估计值。它们之间有什么区别？

现在，对于每个调节参数得到的估计量，使用自助法估计偏差和方差。关于方差和偏差的权衡，你能得出什么结论？

（c）对于 2017 年日指数收益率分布，计算尾部指数的基本自助法 90％ 置信区间。为此，通过检查整个数据集的 Hill 图，确定区间（主观的），然后把该区间自助法样本的 Hill 估计值的均值作为该区间的估计值。

4.17　尾部相依。

获得 INTC、GLD 和 Nasdaq 综合指数的日未调整收盘价，并计算对数收益率。这些数据显示在图 1.22 中。

（a）生成 2017 年 INTC 收益率与 Nasdaq 综合指数收益率的散点图，以及 GLD 收益率和 Nasdaq 综合指数收益率的散点图。

我们所关心的是二元分布尾部收益率之间的关系。在每个散点图收益率样本的 $p = 0.05$ 分位数处分别画一条横轴的垂线和一条纵轴的垂线。

（b）对于 $p = 0.05$ 分位数，计算 2017 年 INTC 和 Nasdaq 综合指数的收益率以及 GLD 和 Nasdaq 综合指数的收益率的样本尾部相依关系。简要评论结果。

4.18　风险值和预期损失。

获得 Intel（INTC）2017 年 1 月 1 日至 2017 年 9 月 30 日的日调整收盘价，并计算收益率。这些数据是练习 4.5 和 1.4.5 节 VaR 例子中使用过的数据，但是由于 INTC 支付股利，所以调整后的收盘价可能略有不同。

假设 2017 年 10 月 10 日持有 1 000 美元的 INTC。

（a）在 2017 年 10 月 11 日（一天后），计算在 95％ 置信区间下风险值的非参数估计值。

（b）在 2017 年 10 月 11 日（一天后），计算在 95％ 置信区间下预期损失的非参数估计值。

对比风险值和预期损失值，哪一个更大？总是这样吗？

（c）在 2017 年 10 月 17 日（一周后），计算在 95％ 置信区间下持有 INTC 的风险值的非参数估计值。这个计算应该基于最近这一段时间内的历史简单周收益率。

（d）在 2017 年 10 月 17 日（一周后），计算在 95％ 置信区间下预期损失的非参数估计值。

（e）现在获取微软（MSFT）2017 年 1 月 1 日至 2017 年 9 月 30 日的日调整收盘价，并计算收益率。

假设 2017 年 10 月 10 日持有 1 000 美元的 MSFT。

ⅰ. 在 2017 年 10 月 11 日（一天后），计算在 95％ 置信区间下持有 MSFT 的风险值的非参数估计值。

ⅱ. 在 2017 年 10 月 11 日（一天后），计算在 95％ 置信区间下持有 MSFT 的预期损失的非参数估计值。

（f）现在，考虑 2017 年 10 月 10 日由 500 美元 INTC 和 500 美元 MSFT 组成的投资组合。

为了衡量风险，需要收益率分布模型，或至少是不大于 0.05 分位数的收益率分布模型。用历史频率数据作为模型。

假设投资组合始终不断重新平衡，使 INTC 和 MSFT 的比例始终是 50/50。（当然，在实践中，投资组合不会如此频繁地进行重新平衡，但是这个假设为收益率提供了一个近似的概率分布。）

ⅰ. 在 2017 年 10 月 11 日（一天后），计算在 95％置信区间下该投资组合的风险值的非参数估计值。

与上面分别计算的 INTC 和 MSFT 的风险值进行比较，这是否表明风险值是一致的？

ⅱ. 在 2017 年 10 月 11 日（一天后），计算在 95％置信区间下该投资组合的预期损失的非参数估计值。

与上面分别计算的 INTC 和 MSFT 的预期损失进行比较，这是否表明预期损失是一致的？

4.19　样本相关系数。

获取 INTC 和 GLD 日未调整收盘价，并计算日对数收益率（练习 4.17）。对收益率之间相关系数为 0 的假设进行检验。

4.20　主成分。

获取 2017 年道琼斯工业平均指数中 30 只股票日未调整收盘价，在此期间没有股票分割。（本书的链接文本文件列出了该时期道琼斯工业平均指数包含的股票代码。随着时间推移，其中一些代码可能会失效。在这种情况下，有两种方法可以修改本练习，每种方法都保持了练习的内容。一种方法是把 2017 年改成最近某年全年的数据，在这种情况下，公司名单可能就不一样了。另一种方法是删除表中无效股票代码，并使用少于 30 只股票。）

（a）确定这 30 个变量的第一主成分。

（b）现在对于 2017 年，计算第一主成分日收盘价和道琼斯工业平均指数日收盘价之间的相关系数。

（c）根据道琼斯中 30 只股票的第一主成分构造一个市场指数。对指数进行标准化，使该指数在 2017 年的第一个交易日为 100。把 2017 年和 2018 年该指数和道琼斯工业平均指数的日收盘价画在一张图上，把这些指数标准化，以便在 2017 年的第一个交易日具有相同的值。

（d）从实际的角度看，为什么把一组股票价格的主成分作为市场指数不可取？

4.21　平方和的分解。

证明用最小二乘拟合的模型，其总平方和等于模型的平方和加上残差平方和。即证明：当残差和为 0 时，有代数恒等式

$$\sum_{i=1}^{n}(y_i-\overline{y})^2=\sum_{i=1}^{n}(\hat{y}_i-\overline{y})^2+\sum_{i=1}^{n}(y_i-\hat{y}_i)^2$$

残差和为 0，即

$$\sum_{i=1}^{n}(y_i-\hat{y}_i)=0$$

4.22　序贯回归和偏 *F* 统计。

如方程组（4.121）所示的模型

$$y=\beta_{0,0}+\epsilon_0$$
$$y=\beta_{0,1}+\beta_{1,1}x_1+\epsilon_1$$
$$y=\beta_{0,2}+\beta_{1,2}x_1+\beta_{2,2}x_2+\epsilon_2$$
$$y=\beta_{0,3}+\beta_{1,3}x_1+\beta_{2,3}x_2+\beta_{3,3}x_3+\epsilon_3$$

生成 y、x_1、x_2 和 x_3 的随机数据，即

```
n <- 100
set.seed(12345)
x1 <- runif(n)
x2 <- runif(n)
x3 <- runif(n)
y <- 4 + 1*x1 + 2*x2 + 3*x3 + .05*rnorm(n)
```

（a）拟合模型 $y = \beta_{0,0} + \epsilon_0$，计算残差 r_0。现在拟合下面两个模型

$$r_0 = \theta_{0,1} + \beta_{1,1} x_1 + \epsilon_{1p}$$
$$y = \beta_{0,1} + \beta_{1,1} x_1 + \epsilon_1$$

并比较系数估计值和偏 F 统计量。

（b）设 r_1 是练习 4.22a 中模型 $y = \beta_{0,1} + \beta_{1,1} x_1 + \epsilon_1$ 的残差向量。现在拟合下面两个模型

$$r_1 = \theta_{0,2} + \theta_{1,2} x_1 + \beta_{2,2} x_2 + \epsilon_{2p}$$
$$y = \beta_{0,2} + \beta_{1,2} x_1 + \beta_{2,2} x_2 + \epsilon_2$$

并比较系数估计值和偏 F 统计量。

（c）设 r_2 是练习 4.22b 中模型 $y = \beta_{0,2} + \beta_{1,2} x_1 + \beta_{2,2} x_2 + \epsilon_2$ 的残差向量。现在拟合下面两个模型

$$r_2 = \theta_{0,3} + \theta_{1,3} x_1 + \theta_{2,3} x_2 + \beta_{3,3} x_3 + \epsilon_{3p}$$
$$y = \beta_{0,3} + \beta_{1,3} x_1 + \beta_{2,3} x_2 + \beta_{3,3} x_3 + \epsilon_3$$

并比较系数估计值和偏 F 统计量。

4.23　回归和 β。

金融分析师最常使用的公式有，如式（1.35）给出的"市场模型"，或式（1.36）给出的简单的 β 公式，分析师必须决定如何给公式中的参数赋值。

使用历史数据（还有其他方法吗？）为这些公式中的参数赋值，需要做出下面决定：（1）哪个市场，M；（2）收益率频率；（3）数据时段；（4）调整或者未调整价格的收益率。对于某些量来说，还可以选择公式。简单收益率在这类分析中更常用，有时也会使用简单对数收益率。对于市场模型，还需要决定 $R_{F,t}$ 的值。

2019 年 1 月 11 日，TD Ameritrade 在其网站上通过用户账户链接，指定 INTC 的 β 值为 0.8。同一天，E^* Trade 在其网站上通过用户账户链接，指定 INTC 的 β 值为 1.3。

这个差别（假设每个人都正确地使用了一个"正确"的公式）取决于所使用的公式、所使用的市场、收益率的频率和时段。

在练习 A1.13 中，仅仅使用了简单的相关系数公式探索了这些选择对计算 INTC 的 β 值的影响。

在此练习中，使用根据下面市场模型（1.35）计算得到的 β 值，讨论相同的问题：

$$R_{i,t} - R_{F,t} = \alpha_i + \beta_i (R_{M,t} - R_{F,t}) + \epsilon_{i,t}$$

对于 $R_{F,t}$，使用 3 个月期美国国债利率，并且回想 FRED 的数据可能包含缺失值（参见练习 A1.7）。

根据以下 18 个组合计算 INTC 的 β 值。

- 3 个基本指数：S&P 500 指数（^GSPC）、Nasdaq 综合指数（^IXIC）和 VGT（Vanguard 旗下的信息技术 ETF）
- 2 个频率：日收益率和周收益率
- 3 个时段：从 2018-07-01 到 2018-12-31、从 2018-01-01 到 2018-12-31 和从 2017-01-01 到 2018-12-31

把这些结果与 A1.13 获得的结果进行比较。当然，需要注意的是，使用了不同的 β 定义，使用了不同类型的收益率，并且由于使用了调整的收盘价，随着时间的变化，调整的收盘价可能略有不同。

4.24　回归。

SPY ETF 旨在追踪 S&P 500 指数。获得 2017 年 SPY 未调整月收盘价和 S&P 500 指数相对应的月收

盘价。(注意,应该使用如图 1.14 所示的 SPY 调整收盘价和 S&P 500 指数总收益率,或者使用 SPY 和 S&P 500 指数本身的未调整价格,见练习 1.10。)绘制价格图并对 S&P 500 指数的 SPY 收盘价进行回归分析 (见练习 2.3)。解释你的结果。

4.25   回归。

SDS ETF 收益率是 S&P 500 指数收益率的负 2 倍 (见练习 2.3)。获得 SDS 和 S&P 500 指数的周收盘价,并计算每个周收益率。注意,对于空头 ETF,我们集中于收益率而不是价格 (见图 1.16)。

绘制收益率图。拟合简单线性回归模型,将 SDS 周收益率对 S&P 500 指数周收益率进行回归。解释你的结果。

4.26   回归残差。

回归残差的 q-q 图,如图 4.13 所示,通常是回归分析的一部分。人们为什么关心回归残差的 q-q 图?在 q-q 图中,使用哪种回归残差?为什么?

4.27   回归;公司债券收益率和收益率变化对美国国债收益率和收益率变化的回归。

获得 2008—2018 年穆迪成熟的 Aaa 级公司债券周收益率和 3 个月期国债周收益率 (从 FRED 获取数据)。

(a) 把 2008—2010 年穆迪成熟的 Aaa 级公司债券周收益率对 3 个月期国债周收益进行回归。结果令人惊讶吗?进行讨论。

(b) 把 2008—2010 年穆迪成熟的 Aaa 级公司债券周收益率变化对 3 个月期国债周收益率变化进行回归。结果令人惊讶吗?进行讨论。分析和讨论残差。

4.28   回归;公司债券收益率变化与美国国债收益率变化。

获得 2008—2018 年穆迪成熟的 Aaa 级公司债券周收益率、3 个月期短期国债周收益率、2 年期中期国债收益率、10 年期中期国债收益率和 30 年期长期国债收益率。(注意,30 年期长期国债在 2002 年 2 月 18 日停止发行,但是在 2006 年 2 月 9 日重新发行。)

(a) 建立穆迪成熟的 Aaa 级公司债券的周收益率变化对 3 个月期国债、2 年期国债、10 年期国债及 30 年期国债收益率周变化的线性回归。计算方差膨胀因子。哪些变量看起来更重要,哪些 (若有的话) 应该从模型中剔除?

(b) 生成三个图:原始残差与预测值;内部学生化残差与参考正态分布的 q-q 图;每个观察值的 Cook 距离。总结从图中得到的信息。

(c) 对线性回归模型滞后为 3,误差序列相关系数为 0 的原假设进行 Durbin-Watson 检验。总结结果。参见练习 5.27。

4.29   logistic 回归。

定义一个取值为"上升"或"下降"的因变量,代表 S&P 500 指数从前一天到第二天的价格走势。现在定义回归变量,代表当前 (收盘) 价格和 50 天移动平均线的差值,以及当前 (收盘) 价格和 200 天移动平均线的差值。

获取 2018 年 S&P 500 指数日收盘价,以及计算 200 天移动平均线所需的 2017 年的收盘价。使用 2018 年数据拟合 logistic 回归模型,以第二天的收盘价的涨跌作为响应变量。(请注意,响应变量对应回归变量的第二天。)

用 2019 年前 10 个交易日检验模型拟合程度。

4.30   收益率的正态性检验。

获取 2017 年 S&P 500 指数收盘价,并计算简单收益率。

使用 Anderson-Darling 检验、Jarque-Bera 检验和 Shapiro-Wilk 检验来检验收益率的正态性。

4.31   正态性检验。

从 4 个不同的 t 分布生成大小为 100 的样本,4 个 t 分布的自由度分别是 100、20、5 和 3 (参见

图 3.7)。从两个不同的伽马分布生成大小为 100 的样本，两个伽马分布有相同的尺度参数 1，但是其形状参数分别为 5 和 100。

现在对每个样本执行 Anderson-Darling 检验、Cramér-von Mises 检验、D'Agostino-Pearson 检验、Jarque-Bera 检验、Lilliefors 检验、Shapiro-Francia 检验及 Shapiro-Wilk 检验（有六个不同的样本）。

总结结果，说明每个分布每个检验的 p 值。

4.32 交叉验证。

（a）有人认为"因为 LOOCV 估计量 $CV_{(n)}$ 不同项之间协方差为正"，所以 $CV_{(n)}$ 有很大的方差。为什么它们之间的协方差为正？为什么这会导致 $CV_{(n)}$ 的方差很大？

（b）有人认为在 k 折交叉验证的 MSE 估计中，"随着 k 值增加（接近 LOOCV），MSE 估计量的偏差减少，但是 MSE 估计量的方差增加"。解释为什么出现这种情况。

（c）解释为什么在交叉验证估计的 MSE 中，$CV_{(k)}$ 一般比估计的方差大（即使估计量是无偏的）。

该解释与具体的回归模型联系起来，其拟合的"残差标准误"是 0.032 49，而交叉验证估计 MSE 的平方根是 0.033 31。

第 5 章　离散时间序列模型及分析

离散时间序列是一个随机过程，也就是说，它是一个随机变量序列 $\{X_t\}$，以时间为索引。对于给定时间 s，我们可以获得 $\{X_t : t \leqslant s\}$，而 $t > s$ 时不能获得 X_t。

时间是连续量，但由于在许多时间序列中，我们只在固定的时间点获得 $\{X_t\}$，所以我们把 t 看作离散量。本章讨论的大多数模型都有相应的连续时间模型。尽管这些模型在许多分析中都很有用（例如期权定价），但是我们在这里不讨论。

$\{X_t\}$ 中的点可以是相等时间间隔（或接近相等时间间隔）内观察到的数据。许多在金融领域有用的时间序列模型都假设间隔相等，尽管间隔可能不相等，但是通常接近相等间隔。（参见 1.1.3 节关于周末和假期效应的讨论。）

在本章中，我们要考虑一些常用的离散线性时间序列模型。在这些模型中，认为时间是等间隔的（或接近等间隔的）。对于这样的模型，我们使用 x_{t-1}，x_t，x_{t+1}，或者一般的 x_{t+k} 表示，其中 t 和 k 是整数。（回忆前面关于随机变量和随机变量的实现表示符号差别的评论。这里和前面一样，我们不会严格遵守用精确的符号表示两者之间差别的约定。）我们可以使用符号 $\{x_t\}$ 或 $\{X_t\}$ 表示时间序列本身，除了偶尔，我们不会区分随机变量和随机变量的实现。

基本的模型形式是

$$x_t \approx f(x_{t-1}, x_{t-2}, \cdots) \tag{5.1}$$

近似符号"$\approx$"通常只是增加一些噪声，正如 4.1 节模型加上误差项，因此，我们可以把一般的时间序列模型表示为

$$x_t = f(x_{t-1}, x_{t-2}, \cdots; \theta) + w_t \tag{5.2}$$

其中 θ 表示某些恒定但可能是未知的参数向量，w_t 表示系统的误差或噪声。在具体的模型中，我们可能对误差项 w_t 做出各种假设。

尽管人们受到急于学习更高深主题的诱惑，比如异方差和协整，但是本章的重点是基础。如果不能很好地理解这些内容，那么其他的主题就只能机械地进行。

我们从几个基本模型开始，讨论时间序列的一般性质和相关的统计度量指标，然后从 5.3 节开始，我们描述常用的 ARMA 模型及其应用。这些模型不能在金融应用中最常见的原因是异方差，在 5.4 节中，我们将讨论 ARMA 模型的扩展，以允许 GARCH 模型中存在非恒定方差或随机波动率。

在 5.5 节中，我们将简要讨论单位根过程和协整时间序列。

白噪声

过程 $\{w_t\}$ 是一个随机变量序列，其均值为 0，方差有限且恒定，所有滞后的自相关系数为 0，我们称它为白噪声。因为连续时间也有类似的模型，所以我们有时把它称为离散白噪声。自相关系数为 0 的条件可以表示为

$$\mathrm{Cor}(w_t, w_{t+h}) = 0, \quad h = 1, 2, \cdots$$

我们使用下面的符号表示序列 $\{w_t\}$ 是白噪声：

$$w_t \sim \mathrm{WN}(0, \sigma_w^2)$$

（更合适的表示法是 "$\{W_t\} \sim \mathrm{WN}(0, \sigma_w^2)$"，但在本书中，在它正确或不引起歧义的情况下，我通常选择更简单的符号。）

白噪声过程的确不需要有"开始"，对于任何 t，有 $\mathrm{E}(w_t) = 0$ 和 $\mathrm{V}(w_t) = \sigma_w^2$。

零相关并不意味着独立。

一种特殊类型的白噪声是高斯白噪声，其定义为对于某个白噪声，该白噪声中每个随机变量都服从正态（高斯）分布。在这种情况下，序列是独立同分布的，正如我们在第 3 章中看到的那样。

我们把序列是独立同分布的白噪声过程称为严格白噪声。不管是高斯噪声还是非高斯噪声，不具有独立性的白噪声过程有时被称为弱白噪声。（注意，其他作者使用这些术语的方式有些不同。有些人可能会对序列施加更多条件，把它称为白噪声。有些人要求序列中的每项除了前两阶矩相等外还具有相同的分布，或要求序列相互独立，而不仅仅是零相关，或允许均值非零。）

一个以时间为自变量带有白噪声误差项的简单线性回归

$$x_t \approx \beta t + w_t$$

是带有漂移项的白噪声。

线性过程

线性过程 $\{x_t\}$ 是白噪声变量 w_t 的线性组合，其形式为

$$x_t = \mu + \sum_{j=-\infty}^{\infty} \psi_j w_{t-j} \tag{5.3}$$

其中 ψ_j 是常数，使得

$$\sum_{j=-\infty}^{\infty} \psi_j < \infty$$

仅依赖于过去的线性过程很有趣。单边线性过程是一个线性过程，可以写成以下形式

$$x_t = \mu + \sum_{j=0}^{\infty} \psi_j w_{t-j} \tag{5.4}$$

在有限线性过程中，对于某些有限常数 k_1 和 k_2，对于 $j < k_1$ 或 $j > k_2$，有 $\psi_j = 0$。

白噪声的移动平均

白噪声的移动平均是标准化和的有限线性过程，形式为

$$x_t = \frac{1}{k} \sum_{j=1}^{k} w_{t-j} \tag{5.5}$$

我们称 k 为"窗口宽度"或"带宽"。

我们还使用术语"移动平均"指更一般的线性组合 $x_t = \sum_j \psi_j w_{t-j}$，对 ψ_j 有各种限制，但是在这种情况下，"平均"一词并不意味着加权平均。

注意，对于白噪声的有限移动平均：

$$x_t = \sum_{j=1}^{k} \psi_j w_{t-j}$$

我们有

$$\mathrm{E}(x_t) = \sum_{j=1}^{k} \psi_j \mathrm{E}(w_{t-j}) = 0 \tag{5.6}$$

以及

$$\mathrm{V}(x_t) = \sum_{j=1}^{k} \psi_j^2 \mathrm{V}(w_{t-j}) = \sum_{j=1}^{k} \psi_j^2 \sigma_w^2 \tag{5.7}$$

两项的协方差 $\mathrm{Cov}(x_t, x_{t+h})$ 取决于 x_t 和 x_{t+h} 中白噪声项是否有重叠。如果没有重叠，那么协方差为 0。

随机游动

式（5.2）的一般形式的简单模型是随机游动，其中 f 只是 x_{t-1}，

$$x_t = x_{t-1} + w_t \tag{5.8}$$

$\{w_t\}$ 是白噪声。（其他作者可能要求 w_t 是独立同分布的；也就是说，$\{w_t\}$ 是严格白噪声。）

虽然许多时间序列模型没有"开始"，但是随机游动过程需要有一个起点，我们通常将其表示为 x_0，并且要求 t 是正整数。

随机游动是一个简单的恒定扩散过程，如 3.1.12 节所述，但是，当然并非所有的扩散过程都是随机游动。

以 x_0 为起点，式（5.8）中的随机游动过程可以表示为

$$x_t = x_0 + \sum_{i=1}^{t} w_i \tag{5.9}$$

图 5.1 给出了一个模拟的随机游动。

从 x_0 开始的随机游动过程，其随机变量的均值是

$$\mathrm{E}(x_t) = \mathrm{E}(x_0) + \mathrm{E}\left(\sum_{i=1}^{t} w_i\right)$$
$$= x_0 \tag{5.10}$$

也就是说，随机游动的无条件均值是恒定的，仅取决于 x_0。另外，随机游动变量的方差是

$$\mathrm{V}(x_t) = \mathrm{V}(x_0) + \mathrm{V}\left(\sum_{i=1}^{t} w_i\right)$$
$$= 0 + \sum_{i=1}^{t} \mathrm{V}(w_i)$$
$$= t\sigma_w^2 \tag{5.11}$$

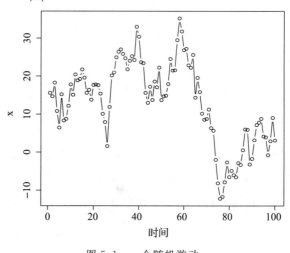

图 5.1　一个随机游动

也就是说，它取决于 t，并且，实际上随着 t 的增长而呈线性增长。我们可以从图 5.1 给出的随机游动图中发现这个结果。

R 中 cumsum 函数与产生白噪声的过程一起可用于生成随机游动。图 5.1 中随机游动由以下 R 语句生成的。

```
w <- rnorm(100, sd=4)
x <- cumsum(w) + 10
```

在金融应用中，我们经常把对数收益率建模为随机游动。与方差相比，我们更常使用标准差。标准差随着 $\sqrt{t}$ 增长。这就是我们把日波动率 σ_d 年化为 $\sqrt{253}\sigma_d$ 的原因，如 1.4.2 节所述。

累加的对数收益率

因为对数收益率是加性的（参见式（1.26）），所以对于任何时间段，在该时间段内日收益率序列 $r_1,\cdots,r_t$ 的累积收益率构成一个步长 r_t：

$$r_t = \sum_{i=1}^{t} r_i \tag{5.12}$$

如果对于单个时期，对数收益率对应均值为 0、方差有限且恒定的随机变量，并且它们之间的相关系数为 0，那么它是随机游动。我们在第 1 章提到过随机游动假设的一种形式，就是假设对数收益率服从白噪声过程；因此，在该假设下对数收益率服从随机游动。

带有漂移项的随机游动

一种变形是带有漂移项的随机游动，其形式为

$$x_t = \delta + x_{t-1} + w_t \tag{5.13}$$

或

$$x_t = x_0 + t\delta + \sum_{i=1}^{t} w_i \tag{5.14}$$

例如，在金融应用中，固定支付构成了一种漂移。

带有漂移项 δ 的随机游动，有 $\mathrm{E}(x_t) = t\delta + x_0$。这是重要的区别；随机游动的均值与时间无关（它是恒定的），但带有漂移项的随机游动，其均值取决于时间。

几何随机游动

几何随机游动是一个对数为随机游动的过程：

$$x_t = x_{t-1}\mathrm{e}^{w_t} \tag{5.15}$$

或者，从 x_0 开始，

$$x_t = x_0 \exp(w_t + \cdots + w_1) \tag{5.16}$$

在随机游动假设的形式下，累积对数收益率服从随机游动，因此资产价格遵循几何随机游动。

对数收益率的可加性质允许我们把时间 t 的本金金额 P_t 与初始金额 P_0 联系起来，有

$$P_t = P_0 \exp(r_t + \cdots + r_1) \tag{5.17}$$

其中 $r_1,\cdots,r_t$ 是对数收益率。（这个结果由式（1.20）和式（5.12）得到。）如果对数收益率 r_i 是一个白噪声过程，也就是说，如果它们的和构成随机游动，那么 $\{P_t\}$ 构成几何随机游动，然而简单收益率没有这个性质。

如果对数收益率来自高斯白噪声过程，也就是如果式（5.17）中的 r_i 为独立同分布于 $N(0,\sigma^2)$ 的随机变量，那么 P_t 服从对数正态分布。我们把该过程称为参数为 σ 的对数正

态几何随机游动。（注意，P_t 服从参数为 0 和 $t\sigma$ 的对数正态分布；练习 5.11 的一部分继续深入讨论了这方面的细节。有关对数正态分布族的一般讨论，参见 3.2.2 节。）

一般自回归过程

带有漂移项的随机游动模型（5.13）的扩展是自回归模型

$$x_t = \phi_0 + \phi_1 x_{t-1} + \cdots + \phi_p x_{t-p} + w_t \tag{5.18}$$

我们在 4.1 节简单提过，并且我们要在 5.3.2 节更全面地进行讨论。在随机游动中，$p=1$，在简单随机游动中 $\phi_0 = 0$。

多变量过程

我们前面描述的所有模型都是单变量的；也就是说，单个观察值和随机变量都是标量。然而，每个模型都有多变量推广。

这些模型的任何多变量推广都保留了模型从一个观察值到另一个观察值的基本特征；也就是说，从一个时间点到另一个时间点。然而，在给定的时间点，多变量模型中的向量变量的元素之间可以有任意的关系。

例如，一个多变量白噪声过程的元素之间可能有非零相关性，但是给定元素不同时间之间的相关性为 0。如果

$$\cdots, w_{-1}, w_0, w_1, \cdots$$

是具有常数均值 0 和常数 $d \times d$ 方差-协方差矩阵 Σ_w 的 d 维随机向量，如果 w_s 和 w_t 的协方差矩阵 $\mathrm{E}(w_s w_s^{\mathsf{T}})$ 对于 $s \neq t$ 为零，那么过程 $\{w_t\}$ 是多变量白噪声过程。

同样，我们可以定义白噪声的多变量移动平均、多变量线性过程、多变量随机游动等。例如，多变量随机游动与模型（5.8）具有相同的形式：

$$x_t = x_{t-1} + w_t$$

除了 x_t 和 x_{t-1} 是向量，$\{w_t\}$ 是多变量白噪声。

单变量过程的线性组合

涉及时间序列过程的线性模型也很有趣。然而，该过程的性质可能会影响计算得到的统计量的分布，因此可能会导致错误的推断。第 4 章提到的自相关错误就是一个例子。另一个例子是两个不相关过程之间的伪回归，我们将在 5.5.1 节开始讨论。

不相关单变量过程的线性组合可能会保留单个过程的一些显著性质；例如，不相关的白噪声过程的线性组合是白噪声，不相关的随机游动过程的线性组合是随机游动。（当我们谈到过程 $\{x_t\}$ 和 $\{y_t\}$ 是"不相关的"时，我们的意思是对于所有 s 和 t，有 $\mathrm{Cor}(x_s, y_t) = 0$。）

为了证明不相关白噪声过程的线性组合是白噪声，我们假设 $\{u_t\}$ 和 $\{v_t\}$ 是单变量白噪声过程，并且有 $\mathrm{Cor}(u_s, v_t) = 0$。对于

$$w_t = \begin{pmatrix} u_t \\ v_t \end{pmatrix}$$

$\{w_t\}$ 是一个双变量白噪声，并且

$$\Sigma_w = \begin{pmatrix} \sigma_u^2 & 0 \\ 0 & \sigma_v^2 \end{pmatrix}$$

现在对于某个常数 a，令 $x_t = au_t + v_t$。我们要证明 $\{x_t\}$ 是白噪声过程。首先，由于 $E(u_t)=0$ 且 $E(v_t)=0$，所以有 $E(x_t)=0$。现在，由于 $V(u_t)$ 是常数 σ_u^2，$V(v_t)$ 是常数 σ_v^2，所以，有 $V(x_t)$ 是常数 $a^2\sigma_u^2 + \sigma_v^2$。最后，因为对于任何 s 和 t，$s \neq t$，有 $Cor(u_s, u_t)=0$ 和 $Cor(v_s, v_t)=0$，所以有

$$Cov(x_s, x_t) = Cov(au_s + v_s, au_t + v_t)$$
$$= Cov(au_s, au_t) + Cov(au_s, v_t) + Cov(v_s, au_t) + Cov(v_s, v_t) = 0$$

因此，根据定义，$\{x_t\}$ 是白噪声过程。（这里，我们使用了 $Cov(z_s, z_t)=0 \Leftrightarrow Cor(z_s, z_t)=0$ 的事实。）

练习 5.1 要求证明两个不相关的随机游动的线性组合是随机游动。

状态空间模型

形如式（5.2）的时间序列模型可以被推广。假设我们不能直接观察 x_t，而是观察依赖于状态 x_t 的 y_t：

$$y_t = g(x_t; \delta) + u_t$$

其中 $\{u_t\}$ 是白噪声过程。状态可能是可观察的，也可能是潜在变量或参数。它们可能是随机变量，特别是在贝叶斯意义上。（术语"空间"与早期应用有关，并不表示方法的某个特征，因此不应按字面意思来理解"状态空间"。）

我们对状态进行建模，类似式（5.2），如

$$x_t = f(x_{t-1}; \theta) + w_t$$

其中 $\{w_t\}$ 是与 $\{u_t\}$ 不相关的白噪声过程。然而，该模型的分析取决于来自相应 y_t 和 y_{t-1} 的推断。

这种分开表示的处理方法允许更全面地深入讨论时间序列。对两个阶段的强调产生了一种"动态"方法，比如卡尔曼滤波等计算方法允许使用观察数据进行状态更新。

R 包 KFAS（Helske，2017）为具有各种概率分布的状态空间模型的卡尔曼滤波、平滑、预测和模拟提供了几个计算效率高的函数。

Durbin 和 Koopman（2012）讨论了时间序列分析的状态空间方法，感兴趣的读者可以参考该书。我们不会在这里进一步探讨这个话题。

5.1　基本线性运算

线性时间序列模型，就像线性回归模型一样，在数据分析中很有用。即使基本过程不是线性的，但是线性模型通常也可以作为一个很好的近似。

线性函数

如果对于任何实数 a 和 d 维实向量 u 和 v，有

$$f(au + v) = af(u) + f(v) \tag{5.19}$$

那么，我们称函数 f 是 d 维向量上的线性函数或线性算子。

例如，考虑一个 2 维向量函数 g。对于 2 维向量 $x=(x_1, x_2)$，令 $g(x)=2x_1+x_2$。则 g 是线性函数，因为对于任何实数 a 和 2 维向量 x 和 y，有

$$g(ax + y) = 2ax_1 + ax_2 + 2y_1 + y_2 = a(2x_1 + x_2) + 2y_1 + y_2 = ag(x) + g(y)$$

例如，函数 $h(x)=x_1^2+x_2$ 不是线性的，因为它没有这个性质。

线性函数的线性函数还是线性的。为了得到这个结果，假设 f 和 g 是 d 维向量的线性函数，a 是实数，而 u 和 v 是 d 维实向量。则有

$$f(g(au+v))=f(ag(u)+g(v))$$
$$=af(g(u))+f(g(v))$$

当然，这满足 $f(g)$ 为线性的定义。我们把它称为函数的组合。

线性函数具有许多有用的性质，并且有一些基本的线性函数，我们把它们称为线性算子，它们在离散时间序列的应用中很有用。我们在下面讨论。

如果某个时间序列函数在相同时域的子集上产生另一个时间序列，那么我们把这个函数称为滤子。例如，白噪声的移动平均是白噪声过程的滤子。我们现在考虑一些重要的线性滤子。

5.1.1 后移算子

一个最有用的线性滤子是后移算子 $B(\cdot)$，对于时间序列

$$\cdots,x_{i-1},x_i,x_{i+1},\cdots$$

它定义为

$$B(x_t)\equiv x_{t-1} \tag{5.20}$$

这也称为滞后算子，有时表示为 $L(\cdot)$。

我们很容易发现它是线性算子：

$$B(ax_s+y_t)=ax_{s-1}+y_{t-1}=aB(x_s)+B(y_t)$$

我们还观察到后移算子与其自身组合的很好的性质：

$$B(B(x_t))=x_{t-2}$$

我们可以把它推广到正整数 k，并引入符号 B^k：

$$B^k(x_t)=x_{t-k} \tag{5.21}$$

后移滤子的逆是算子 $B^{-1}(\cdot)$，其中

$$B^{-1}(x_t)=x_{t+1}$$

有了这个符号，我们发现式（5.21）也适用于所有整数，其中 $B^0(\cdot)$ 是恒等算子。后移算子的逆也称为前移算子。

后移算子的简单性质使我们可以把它视为普通数值变量；例如，我们可以写成

$$(1-B)^2(x_t)=(1-2B+B^2)(x_t)$$
$$=x_t-2x_{t-1}+x_{t-2} \tag{5.22}$$

后移算子 $B(x_t)$ 通常不带括号记为：Bx_t；这两种表示方法我都使用，选择哪种表示方法通常是为了更清晰。

我们有时使用符号 $B(\{x_t\})$ 表示时间序列 $\{x_t\}$ 向前移动一个时间步长而形成的时间序列。我们把它应用于有限时间序列 $x=(x_1,x_2,\cdots,x_T)$，后移算子只会产生更短的序列：

$$B(x)=(x_2,\cdots,x_T)$$

R 中时间序列的后移可以简单地通过操作向量（或矩阵）的索引执行。

```
> x <- c(1, 2, 3, 3, 2, 1)
> n <- length(x)
> x
[1] 1 2 3 3 2 1
> c(NA,x[-n])                      # backshift once
[1] 2 3 3 2 1
> c(NA,NA,x[-c(n-1,n)])            # backshift twice
[1] NA NA 1 2 3 3
> k <- 2
> c(rep(NA,k),x[-c((n+1-k):n)])    # backshift k times
[1] NA NA 1 2 3 3
> c(x[-c(1,2)],NA,NA)             # forward shift twice
[1] 3 3 2 1 NA NA
```

　　tidyverse 套件 dplyr 包的 lag 函数如上进行后移，相关的 lead 进行前移。得到的向量与操作向量的长度相同，因此它们包含一些缺失项，如上所述。（R 中 stats 包的 lag 函数不进行后移。）

多变量后移算子

　　对于向量上的操作，如在多变量过程中，后移算子有一个简单的推广。如果某个过程的元素$\cdots, x_{-1}, x_0, x_1, \cdots$是 d 维向量，那么我们把 d 维向量的后移算子 $\mathrm{B_d}$ 定义为

$$\mathrm{B_d} \begin{pmatrix} x_{1,t} \\ \vdots \\ x_{d,t} \end{pmatrix} = \begin{pmatrix} x_{1,t-1} \\ \vdots \\ x_{d,t-1} \end{pmatrix}$$

5.1.2　差分算子

　　另一个处理时间序列的有用的线性滤子是差分算子 $\Delta(\cdot)$，定义为

$$\Delta(x_t) \equiv x_t - x_{t-1} \tag{5.23}$$

差分算子与后移算子有关，

$$\Delta(x_t) = x_t - \mathrm{B}(x_t) = (1 - \mathrm{B})(x_t) \tag{5.24}$$

因此，$(1-\mathrm{B})$ 也称为差分算子。显然，差分算子也被称为后向差分算子。

　　一些作者把差分运算符表示为 ∇ 而不是 Δ。差分运算 $\Delta(x_t)$ 通常不带括号记为：Δx_t；这几种方法我都使用，选择哪种写法通常是为了更清晰。

　　差分算子是一个线性算子：

$$\begin{aligned} \Delta(ax_s + y_t) &= ax_s + y_t - (ax_{s-1} + y_{t-1}) \\ &= a(x_s - x_{s-1}) + (y_t - y_{t-1}) \\ &= a\Delta(x_s) + \Delta(y_t) \end{aligned}$$

　　我们有时使用符号 $\Delta(\{x_t\})$ 表示对时间序列 $\{x_t\}$ 进行差分形成的时间序列。我们把它应用于有限时间序列 $x = (x_1, x_2, \cdots, x_T)$，差分算子产生更短的序列：

$$\Delta(x) = (x_2 - x_1, \cdots, x_T - x_{T-1})$$

　　差分算子与自身的组合与后移算子有一个简单关系：

$$\Delta^2(x_t) = x_t - 2x_{t-1} + x_{t-2} = (1 - \mathrm{B})^2(x_t)$$

我们可以很容易发现 k 阶差分的扩展：

$$\Delta^k(x_t) = (1 - B)^k(x_t) \tag{5.25}$$

其中 k 是一个正整数。这也得出了另一个等式：

$$\Delta^k(x_t) = \sum_{h=0}^{k} (-1)^h \binom{k}{h} x_{t-h} \tag{5.26}$$

其中 $\binom{k}{h}$ 表示二项系数 $k!/(h!(k-h)!)$。

k 阶差分导致表达式涉及类似二项展开中实数的后移算子，式（5.26）等价于

$$(1 - B)^k = \sum_{h=0}^{k} \binom{k}{h} (-1)^h B^h \tag{5.27}$$

正如 $k = 2$ 的式（5.22）。

分数差分

二项式（5.27）有另一种形式：

$$(1 - B)^k = \sum_{h=0}^{\infty} \prod_{0 < j \leqslant h} \frac{j-1-k}{j} B^h \tag{5.28}$$

其中 $h = 0, 1, 2, \cdots$ 和 $j = 0, 1, \cdots, h$。注意，对于正整数 k，无限求和等同于式（5.27）中有限求和，因为对于所有 $h > k$，$\prod_{0 < j \leqslant h} \frac{j-1-k}{j}$ 项都是 0。例如，对于 $k = 2$，如预期的那样，式（5.28）产生 $(1 - B)^2 = 1 - 2B + B^2$。

如果 k 不是整数，那么我们称其为分数差分。在这种情况下，求和是 B^h 中无限级数。式（5.28）的右侧展开式对于级数收敛条件下的任何 k 值都有意义。把 B^h 应用于 x_t，我们得到一个序列 $x_{t-1}, x_{t-2}, \cdots$。

很多非常有用的金融时间序列模型都可以基于分数差分 $(1 - B)^k$ 进行构建，其中 $-0.5 < k < 0.5$。稍后我们再次提及此应用，但我们不会在本书中继续讨论这些模型的发展。

滞后

我们称式（5.23）中定义的差分算子为滞后 1 阶的差分算子。我们可以把差分算子推广到滞后 k 阶的差分，对于任何整数 k，用 $\Delta_k(\cdot)$ 表示，其定义为

$$\Delta_k(x_t) \equiv x_t - x_{t-k} \tag{5.29}$$

注意 $\Delta_{k_1}(\Delta_{k_2}(x_t)) = \Delta_{k_1+k_2}(x_t)$，并且 $\Delta_0(x_t) = 0$。我们还观察到 $\Delta_k(x_t) = (1 - B^k)(x_t)$。（练习 5.3c 要求通过简单的步骤证明后一个等价成立。）

在 R 中，diff 函数对时间序列执行差分。在数值向量或 ts 类对象上，diff 函数产生一个比操作数更短的对象；也就是说，没有缺失项，如上所述的滞后滤子。默认情况下，diff 函数在滞后 1 阶处执行差分。滞后大于 1 阶的差分可以由第二个参数指定。

```
> x <- c(1, 2, 3, 3, 2, 1)
> x
[1]  1  2  3  3  2  1
> diff(x)                    # difference of order 1
[1]  1  1  0 -1 -1
```

```
> x[-1] - x[-length(x)]    # difference of order 1
[1]  1  1  0 -1 -1
> diff(diff(x))            # difference of order 2
[1]  0 -1 -1  0
> diff(diff(diff(x)))      # difference of order 3
[1] -1  0  1
> diff(x,2)                # difference at lag 2
[1]  2  1 -1 -2
```

diff 函数对 xts 类对象执行不同的操作。在这种情况下它会产生缺失项，类似 5.1.1 节所示的滞后滤子中的缺失项。参见 A1.3 节和图 A1.51 中给出的例子，了解 diff 函数应用于 xts 对象的结果。

收益率

后移和差分算子是计算收益率的核心。单时期简单收益率（式（1.17））是

$$R = \Delta(x_t)/B(x_t)$$

对数收益率（式（1.22））是

$$r = \Delta(\log(x_t))$$

收益率序列是价格时间序列的滤子。

在 R 中，这些收益率使用 diff 函数计算：

```
xsimpret <- diff(x)/x[-length(x)]
xlogret <- diff(log(x))
```

（再次回忆在 xts 对象上操作的差别。）

对于有限向量上的产生较短向量的任何滤子，例如计算收益率、差分或后移，计算机软件设计者必须决定是返回较短的向量（如 base 包中的 diff），还是返回具有一些无意义值的相同长度的向量，通常是缺失值（如 quantmod 包中的 diff 或 dplyr 包中的 lag 函数）。当然，软件用户必须知道这个决定。

5.1.3　积分算子

式（5.24）可推导出向后差分算子的逆：

$$\begin{aligned}
\Delta^{-1}(x_t) &= (1-B)^{-1}(x_t) \\
&= (1+B+B^2+\cdots)(x_t) \\
&= x_t + x_{t-1} + x_{t-2} + \cdots \\
&= \sum_{h=0}^{\infty} x_{t-h} \\
&= S(x_t)
\end{aligned} \tag{5.30}$$

其中，如果这个序列收敛，那么逆 $S = \Delta^{-1}$ 被称为求和算子、无限求和算子或积分算子。如果它存在，那么积分算子就是一个线性滤子。

式（5.30）中各步数学运算并不精确。我们把算子 B 看成实数。这就导致了 $(1-B)^{-1}$ 的无限展开，但这种展开并不适用于所有的实数。其次，把算子的无穷级数应用到

x_t 上，得到 $x_t + x_{t-1} + x_{t-2} + \cdots$，我们必须解决这个级数的收敛问题。它的收敛性显然取决于 x_i 的值。例如，如果它们都大于任何正常数，那么级数不收敛，因此 Δ^{-1} 不存在；也就是说，在这种情况下，式（5.30）没有意义。

5.1.4 无限几何序列求和

当 k 不是非负整数时，积分算子和 $(1-B)^k$ 的展开式都涉及 B^k 无限求和。它们都是算子 B 的几何级数。由于它们是算子的无限和，这产生了级数是否收敛的问题。因为应用于实数的算子产生实数，所以收敛问题就变成了实数几何级数的收敛问题；也就是说，和是否有限。

实数几何级数，也称为幂级数，经常出现在时间序列分析中，因此在这里我们回忆一个关于无穷幂级数的众所周知的事实。

对于实数 a 和 b，当且仅当 $|b|<1$ 幂级数 $\sum_{j=0}^{\infty} ab^j$ 收敛，在这种情况下，

$$\sum_{j=0}^{\infty} ab^j = \frac{a}{1-b} \tag{5.31}$$

（首先，通过写出

$$\sum_{j=0}^{k} ab^j (1-b) = a\left(1 + \sum_{j=1}^{k} b^j\right)(1-b) = a(1-b^{k+1})$$

然后，观察到如果 $|b|<1$，则有 $\lim_{k\to\infty} b^{k+1} = 0$，因此，我们很容易地证明了命题的"充分性"。根据展开式命题，"必要性"部分同样容易证明。）

5.1.5 线性差分方程

许多有用的时间序列分析模型都具有线性差分方程的形式。对于函数 $f(t)$，考虑 t 的离散改变量 Δt 以及 f 的相应改变量

$$\Delta f = f(t+\Delta t) - f(t)$$

构造线性差分方程。（这与 5.1.2 节考虑的算子相同。）如果 t 是离散变量，也就是说，如果它可以一一映射到整数，那么我们可以把函数值写为 f_t 和 $f_{t+\Delta t}$。

j 阶的相对差分写为 $\frac{\Delta^j f}{\Delta t^j}$，类似于微分方程中 f 关于 t 的 j 阶导数 $\frac{\mathrm{d}^j f}{\mathrm{d}t^j}$。$f$ 和 t 的差分方程，一般包括 $f, t, \frac{\Delta f}{\Delta t}, \cdots, \frac{\Delta^k f}{\Delta t^k}$。

差分方程有丰富的数学理论，但是我们仅使用该理论的一些简单结果。

线性差分方程的更简单形式在离散时间序列分析中起着重要作用。在这些应用中，f 是 t 的函数，但 t 只取整数值，因此任何 Δt 都是整数，而任何 Δf 只是 t 的一个值处的 f 与 t 的某个其他值处 f 之间的差值。因此，在本书中的 p 阶差分方程具有一般形式

$$f_t - a_1 f_{t-1} - \cdots - a_p f_{t-p} - a_0 = 0 \tag{5.32}$$

或

$$(1 - a_1 B - \cdots - a_p B^p)(f_t) - a_0 = 0 \tag{5.33}$$

如果 $a_0 = 0$，那么称差分方程是齐次的。线性时间序列模型可能具有增加随机噪声项的这

种形式，并且存在是否齐次的两种可能。

如果差分方程中的某些元素是随机变量，那么该方程为随机差分方程。这类似于我们前面提到的金融过程的连续时间模型，例如式（3.80），它是随机微分方程。

时间序列分析中出现的基本线性模型是随机差分方程的形式。在分析这类模型时，我们有时可以将 ACF 表示为递归确定性差分方程。

差分方程的解

差分方程的解不涉及差分的 t 的函数（就像微分方程的解不涉及微分函数一样）。差分方程可能有涉及未定常数的通解。初始条件或边界条件可以消除未定常数。求解差分方程或微分方程通常从求通解开始。

线性差分方程和线性微分方程可能具有简单形式的通解。考虑差分方程（5.32），其中 $a_0 = 0$。现在，假设解为

$$f_t = r^t$$

现在考虑把上式代入方程（5.32），得到多项式方程，

$$r^t - a_1 r^{t-1} - \cdots - a_p r^{t-p} = 0 \tag{5.34}$$

r 多项式的任何根 r_0 都提供了差分方程的解，因为通过公式替换 $f_t = r_0^t$，它使（5.34）等式成立，因此使方程（5.32）和（5.33）也成立。

例如，假设 $a_1 = -5$ 且 $a_2 = 6$，$p = 2$，我们有差分方程

$$f_t - 5f_{t-1} + 6f_{t-2} = 0$$

和相关的多项式方程

$$r^2 - 5r + 6 = 0$$

由于 $(r-3)(r-2) = 0$，我们有两个根 $r_{01} = 3$ 和 $r_{02} = 2$，因此 3^t 和 2^t 都是差分方程的解。考虑方程解 3^t，例如：

$$3^t - 5(3)^{t-1} + 6(3)^{t-2}$$

对于任何 t，该表达式都等于 0。

特征多项式

求解齐次差分方程的一般方法，就像求解齐次微分方程一样，是确定和求解特征方程，也称为辅助方程。对于简单差分方程（5.32）或（5.33），特征方程由一个特征多项式构成，该多项式与 B 中的"多项式"具有相同的形式。

代替 $f_t = r^t$ 得出多项式（5.34），更常见的是考虑 $f_t = z^{-t}$，对于 $a_0 = 0$，对于任意变量 z，有

$$1 - a_1 z - \cdots - a_p z^p \tag{5.35}$$

特征多项式是 p 阶差分方程的 p 次多项式。

特征多项式的根

具有实系数的 p 次多项式有 p 个根，这些根可能包含虚部，并且可能并不都不相同。差分方程的解是这些根的函数。这些根的性质（它们的大小，是实数还是非实数，是否不同）决定了解的重要性质，进而决定了时间序列过程的性质。非实根仅作为复共轭对出现。

与差分方程和相应的特征多项式相关的数学理论有许多有趣和有用的结果。我们在两

种简单情况下考虑特征多项式的根与差分方程解的关系。这种关系赋予术语"单位根"的含义，我们在后面的部分中遇到。

例如，考虑一阶差分方程

$$(1-a\mathrm{B})(f_t)=0, \quad a\neq 0, \quad t=1,2,\cdots \tag{5.36}$$

注意，如果 $a=1$，那么这对应于没有添加噪声的随机游动。

观察 $f_1=af_0$，$f_2=a^2f_0$，$f_3=a^3f_0$ 等，对于任何 t，我们发现该差分方程的解是

$$f_t=a^tf_0 \tag{5.37}$$

对于简单差分方程（5.36），特征多项式为

$$1-az \tag{5.38}$$

这个多项式有一个根 $z_1=a^{-1}$。差分方程（5.37）的解是

$$f_t=z_1^{-t}f_0 \tag{5.39}$$

这两个结果之间的关系不是偶然。这个关系是根据差分方程的理论得到的，但是，我们不在这里进一步说明该理论。

方程（5.39）的解是方程（5.37）的通解，因为 f_0 可以被 f_s 代替，f_t 可以被 f_{s+t} 代替。如果已知特定值，那么这称为初始条件，当在适当的位置代入时，该解就是给定初始条件对应的特解。例如，如果 $f_0=c$，那么特解为 $f_t=z_1^{-t}c$。

我们的兴趣在于随着 t 的增加，解的行为；也就是说，随着时间的推移解的变化。

注意如果 $|z_1|>1$，那么解收敛到 0；如果 $z_1=1$，那么解为常数；如果 $|z_1|<1$，那么该解的值无限增长。

例子：二阶差分方程

例如，考虑一个二阶差分方程

$$(1-a_1\mathrm{B}-a_2\mathrm{B}^2)(f_t)=0, \quad a_2\neq 0 \text{ 和 } t=2,3,\cdots \tag{5.40}$$

特征多项式是

$$1-a_1z-a_2z^2 \tag{5.41}$$

这个多项式有两个根 z_1 和 z_2，我们可以通过二次公式确定：

$$\frac{1}{2a_2}(-a_1\pm\sqrt{a_1^2+4a_2}) \tag{5.42}$$

这些根可能有虚部，因此必须把上式绝对值准则替换为模的准则，我们用 $|z|$ 表示。如果 $z=x+\mathrm{i}y$，其中 i 是虚数元素，则 $|z|=\sqrt{x^2+y^2}$。如果 z 是实数，$|z|$ 只是普通的绝对值。同样，该准则涉及 $|z_1|$ 和 $|z_2|$ 与 1 的关系；也就是它们在单位圆外、单位圆上还是单位圆内，单位圆就是复平面上点的轨迹，使得

$$|z|=\sqrt{x^2+y^2}=1 \tag{5.43}$$

如果二次判别式 $a_1^2+4a_2$ 为零，那么特征方程的两个根相等，在这种情况下，解为

$$f_t=(c_1+c_2t)z_1^{-t} \tag{5.44}$$

其中 c_1 和 c_2 取决于初始条件的常数；也就是说，它们取决于 f_t 的两个已知值，比如：f_0 和 f_1。和前面一样，如果 $|z_1|>1$，那么解收敛到 0；如果 $z_1=1$，那么解是常数；如果 $|z_1|<1$，那么，该解无限增长。单位根 $z_1=1$，是两种解之间的临界点。

如果判别式不为零，那么特征方程有两个不同的根 z_1 和 z_2，在这种情况下，解为

$$f_t = c_1 z_1^{-t} + c_2 z_2^{-t} \qquad (5.45)$$

其中，c_1 和 c_2 取决于初始条件的常数。注意，如果 $|z_1| > 1$ 和 $|z_2| > 1$，那么解收敛到 0，但是如果 $|z_1| < 1$ 或 $|z_2| < 1$，那么，该解无限增长。同样，单位根是两种解之间的临界点。

如果判别式为负，那么 z_1 和 z_2 是彼此的共轭复根，$z_2 = \bar{z}_1$。（上横线表示复共轭；即，如果 $z = x + \mathrm{i}y$，则 $\bar{z} = x - \mathrm{i}y$。因此注意，$|\bar{z}| = |z|$。）式（5.45）中的和，即 f_t，是实数，所以 $c_1 z_1^{-t}$ 和 $c_2 z_2^{-t}$ 也是彼此的复共轭。

同样，在复根的情况下，解是否收敛取决于 $|z_1|$ 和 $|z_2|$（其中 $|z_2| = |z_1|$）。如果 $|z_1| > 1$，那么解收敛到 0。对于某个实数 ψ，把 z_1 表示为 $|z_1| \mathrm{e}^{\mathrm{i}\psi}$，因此，$z_2$ 表示为 $|z_1| \mathrm{e}^{-\mathrm{i}\psi}$，且对于任何 θ，有 $\mathrm{e}^{\mathrm{i}\theta} + \mathrm{e}^{-\mathrm{i}\theta} = 2\cos(\theta)$，因此，对于某些依赖于初始条件的实数 a 和 b，我们有

$$f_t = a|z_1|^{-t} \cos(t\psi + b) \qquad (5.46)$$

（式（5.45）中 c_1 和 c_2 所覆盖的空间需要两个自由度张成。）这个表达式表明，如果 $|z_1| > 1$，解正弦地收敛到 0。

我们在讨论时间序列性质时，不时提到特征多项式、单位圆和单位根。特征多项式的根（无论是否不同）以及它们的大小，决定了过程如何随时间变化以及过程是否平稳等性质。当特征多项式的一个或多个根等于 1 或 −1 时，就会出现单位根。我们先了解一下稍后要讨论的性质，如果根 z、z_1 或 z_2 为 ±1，那么考虑解（5.39）、（5.44）和（5.45）的性质。我们要么有常数 1，要么有 1 和 −1 之间的交替。

5.1.6　趋势和去趋势

具有常数项的时间序列模型

$$x_t \approx \alpha + f(x_{t-1}, x_{t-2}, \cdots) \qquad (5.47)$$

有一个简单的线性趋势。

式（5.47）中常数项意味着遵循该过程的观察值具有一般的线性趋势，这取决于 α 的符号为正或负。带有漂移项的简单随机游动模型就是一个例子。考虑带有漂移项的随机游动 $x_t = \delta + x_{t-1} + w_t$。图 5.2 给出了来自该模型的随机样本，其中 $x_0 = 10$ 且 $\delta = 2$。（在 R 中使用了 rnorm，种子为 12346。）

带有漂移项的随机游动模型是一个简单的线性回归模型，以时间为回归变量，$E(X_t) = x_0 + \delta t$。图 5.2 显示了随机游动数据的最小二乘回归线。

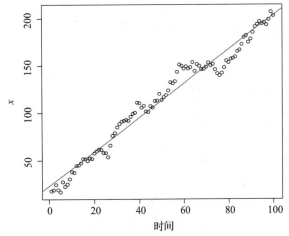

图 5.2　带有漂移项的随机游动（见彩插）

它的截距为 22.77，斜率为 1.81。线上的点对应于 $\hat{x}_t = \hat{x}_0 + \hat{\delta}t$。（带有漂移项的步长个数与图 5.1 中显示的个数完全相同。）在练习 5.5 中，需要生成一个类似的序列，但白噪声遵循学生 t 分布。

回归模型的残差应该不受趋势的影响。因此，过程 $r_t = x_t - \hat{x}_t$ 没有表现出这种趋势。然而，回归残差确实保留了随机游动的特征。（它们与图 5.1 中的 w_t 不同；回忆 4.5.2 节对残差和误差的讨论。）

通过构造残差 $r_t = x_t - \hat{x}_t$，我们使得数据"去趋势"，但由于数据存在规律，所以最小二乘拟合的残差继承了无漂移项的随机游动规律。

正如我们已经指出的，另一种消除趋势的方法是使用差分算子。然而，这会产生白噪声过程；因此，所有有关实现游走路径的信息都丢失了。

图 5.3 给出了两个去趋势的过程。Kwiatkowski-Phillips-Schmidt-Shin（KPSS）检验可用于线性趋势检验。（原假设和备择假设都相当复杂；两者都是高度复合的假设。该检验也在时间序列中作为单位根的检验，我们将在 5.5.2 节再次遇到该情况。）

KPSS 检验用 tseries 包中 R 函数 kpss.test 实现。该函数围绕"在显著性水平低于 0.01 时拒绝，在显著性大于 0.10 时不拒绝，并在 0.01 和 0.10 之间报告 p 值"的模式设计。

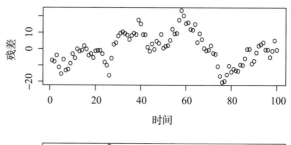

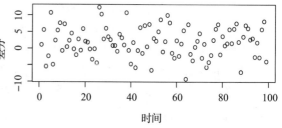

图 5.3   去趋势的过程

我们在此说明检验在随机游动数据（"Walk"）和去趋势序列（"Residuals"和"Differences"）上的应用。它以低于 0.01 的显著性水平拒绝随机游动的水平平稳性。它计算线性拟合残差的显著性为 0.069，并且不会拒绝差分序列在 0.10 水平上的平稳性。（为了紧凑，对下面的输出进行了编辑。）

```
> library(tseries)
> kpss.test(Walk)
        KPSS Test for Level Stationarity
data:  Walk
KPSS Level = 3.3156, p-value = 0.01
In kpss.test(Walk) : p-value smaller than printed p-value
> kpss.test(Residuals)
        KPSS Test for Level Stationarity
data:  Residuals
KPSS Level = 0.41942, p-value = 0.06878
> kpss.test(Differences)
        KPSS Test for Level Stationarity
data:  Differences
```

```
KPSS Level = 0.06181, p-value = 0.1
In kpss.test(Differences) : p-value greater than printed p-value
```

尽管许多金融数据的时间序列一般都有趋势,有些持续数天,有些持续数年,但任何金融数据的时间序列都不太可能长期具有图 5.2 中的这种规律模式。首先,像股票价格,其变化幅度通常与价格的数量级成正比,也就是说,这些变化用收益率衡量更合适,不管是简单收益率或对数收益率,而不是价格的改变量。带有漂移项的随机游动模型,其漂移与 x_t 成比例。其次,更重要的是随机波动性质;它们的分布有厚尾,而且分布随时间变化。(回忆第 1 章金融数据图。)

5.1.7 周期和季节性调整

"周期"是经常使用的术语,表示某个过程有重复的形式。存在各种各样的"周期",例如商业周期、太阳黑子周期、厄尔尼诺暖流周期等。周期可能有也可能没有固定的期限。

因为几乎任何衡量经济活动的指标都会随时间上下波动,所以存在"商业周期",但是周期的时间期限各不相同。

一些经济和金融周期确实有固定的期限。我们称具有固定期限的周期变化为季节效应,其中"季节"可以是任何固定的时间单位,例如季度、月、周等。例如,夏季月份的航空公司乘客数量非常多,而 10 月份糖果销量较多,因此这些周期的期限为年。

一些公司的盈利也有季节变化。为了说明季节效应,我们使用一组 R 的内置历史数据集,数据集名称为 JohnsonJohnson,包括强生公司(JNJ)1960 年到 1980 年间的季度盈利。我们可以清楚地从图 5.4 左侧图中发现盈利的季节效应。

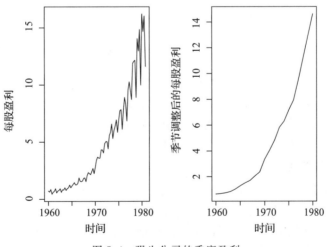

图 5.4 强生公司的季度盈利

图 5.4 是使用 R 生成的。数据集 JohnsonJohnson 是频率为 4 的 ts 对象。(这可以通过 frequency(JohnsonJohnson) 确定。)盈利在一年内呈现从一个季度到另一个季度的波动。

有时我们希望分析季节效应；其他时候，人们对于长期趋势感兴趣，而季节效应则令人讨厌。有多种调整季节效应的方法。一种简单的方法仅仅把下一个较高时间单位内所有季节的观察值相加；例如，把每日数据相加得到周数据，每周数据相加得到月数据。

以强生公司 JNJ 盈利为例，每年有四个季度，所以我们可以把四个季度相加得到年数据，取均值。相加求均值的数据显示在图 5.4 右侧图中，当然没有发现季节效应。

用 R 的 aggregate 函数去除季节效应。默认情况下，aggregate 函数对季节内的值求和，当然，在本例中，这是正确的，以此获得年度盈利。然而，在本例中，我们感兴趣的是调整后的季度盈利；因此，我们希望得到每年季度的平均值。为此，我们在对 aggregate 函数的调用中指定 FUN= mean。

```
aggregate(JohnsonJohnson, FUN=mean)
```

这种类型求和通过使用从每个时期获得的一个数值替换该时期序列中所有值，从而平滑季节数据。因此，在相同的时间间隔内，求和数据包含的数值少于原始数据。它与移动平滑（例如移动平均线）不同，因为它只为每组时期产生一个值。

不应仅仅为了平滑数据而进行季节调整。在根据季节效应进行调整前，我们应该考虑数据生成过程的性质以及我们的分析目标。就强生公司 JNJ 来说，盈利的季节变化有些神秘，但它与费用的预订有关，与销售额的季节变化无关。

与价格有关的金融数据通常没有季节效应，因此进行折现也不能得到季节效应。如果金融数据有季节效应，那么交易者就会利用它们，然后这些效应就会消失。

5.2　离散时间序列模型分析

离散时间序列的模型以一个随机变量的序列开始：

$$\cdots, x_{-2}, x_{-1}, x_0, x_1, x_2, \cdots$$

我们通常把它表示为 $\{X_t\}$。（回想一下，在本书中，我没有使用大小写字母区分随机变量和它的实现。）白噪声、移动平均白噪声、随机游动以及我们在本章介绍中定义的其他模型都是基于这样的随机序列。序列可能有一个固定的起点，例如在随机游动模型中，在这种情况下，我们只需忽略起点前序列中的任何值。

均值和方差；边际和条件

与任何随机变量一样，我们对诸如均值 $\mu_t = \mathrm{E}(x_t)$ 和方差 $\sigma_t^2 = \mathrm{V}(x_t)$ 等性质感兴趣。

我们首先关心的是它们是否对所有 t 都不变。是否依赖于 t 与我们经常提到的平稳性有关，我们在 5.2.1 节更正式地进行讨论。到目前为止我们已经讨论过的一些简单模型中，均值、方差和其他度量指标对 t 不变，但是在某些情况下，例如随机游动或带有漂移项的随机游动，它们可能取决于 t。

另一种类型的依赖是对时间序列先前值的依赖。我们经常提到一些度量指标，这些指标可能依赖于时间序列其他变量，我们称这些指标为条件指标：也就是，条件均值、条件方差、条件协方差等。我们把一些期望指标，在所有变量的整个定义域上的期望，称为边际值。（有关条件和边际概率度量的定义和讨论，参见 3.1.5 节。）

我们在本章的介绍部分，提出了一些简单模型的边际度量指标；例如，在式（5.10）和式（5.11）中，我们证明了初始值为 x_0 的随机游动过程 $\{x_t\}$，其均值等于初始值 x_0，并且 x_t 的方差是 $t\sigma_w^2$，其中 σ_w^2 是基础白噪声的方差。

现在考虑随机游动的条件均值和条件方差，给定所有先前的值 $x_{t-1}, x_{t-2}, \cdots$，根据式（5.8），我们有

$$
\begin{aligned}
\mathrm{E}(x_t \mid x_{t-1}, x_{t-2}, \cdots) &= \mathrm{E}(x_{t-1}) + \mathrm{E}(w_t) \\
&= x_{t-1}
\end{aligned}
\tag{5.48}
$$

和

$$
\begin{aligned}
\mathrm{V}(x_t \mid x_{t-1}, x_{t-2}, \cdots) &= \mathrm{V}(x_{t-1}) + \mathrm{V}(w_t) \\
&= \sigma_w^2
\end{aligned}
\tag{5.49}
$$

式（5.48）的性质意味着随机游动是鞅（这个关系式的基本性质，实质上是鞅的定义）。这个性质也和马尔可夫性质有关，马尔可夫性质是一个随机变量序列的性质，其中任何一个变量的分布除了受前一个变量的分布影响外，不依赖于序列中任何其他变量的分布。（然而，这个性质不像鞅性质一样，要求均值相同。）马尔可夫链是一般时间序列中最重要的类型之一，在马尔可夫链中，每个相邻随机变量的分布只依赖于紧接着的前一个随机变量。

自协方差和自相关系数；边际和条件

时间序列中最重要的性质通常不仅是均值和方差，还包括序列中各项之间如何相互关联。这种关系的基本度量指标是序列各项之间的协方差。

让我们把序列中第 s 项和第 t 项之间的协方差表示为 $\gamma(s, t)$：

$$
\gamma(s, t) = \mathrm{Cov}(x_s, x_t) = \mathrm{E}((x_s - \mu_s)(x_t - \mu_t))
\tag{5.50}
$$

并把序列中第 s 项和第 t 项之间的相关系数表示为 $\rho(s, t)$：

$$
\rho(s, t) = \mathrm{Cor}(x_s, x_t) = \frac{\gamma(s, t)}{\sqrt{\gamma(s, s)\gamma(t, t)}}
\tag{5.51}
$$

因为这些是单个时间序列内各项之间的关系，我们把它们称为自协方差和自相关系数。

注意，从定义来看，

$$
\gamma(t, t) = \sigma_t^2
$$

和

$$
\rho(t, t) = 1
$$

均值、方差、自协方差等都可能是时间的函数；因此，例如，我们经常提到"均值函数"或"自相关函数"。

注意，如果自协方差为 0，那么自相关系数也为 0，反之亦然。

如果 $s \neq t$，白噪声的自相关系数为 0。这只是根据白噪声的定义得到的。

白噪声过程的移动平均的自相关系数 $\rho(s, t)$ 取决于 s 和 t 的差，以及取平均的项数 k。在移动平均的窗口外，自相关系数为 0；也就是说，对于白噪声的 k 阶移动平均中的 x_s 和 x_t，如果 $|s-t| \geqslant k$，那么有 $\rho(s, t) = 0$（参见练习 5.9a）。在移动平均的窗口内，它取决于 $|s-t|$；例如，如果 $k=3$，那么有

$$\rho(s,t)=\begin{cases} 1, & s=t \\ \dfrac{2}{3}, & |s-t|=1 \\ \dfrac{1}{3}, & |s-t|=2 \\ 0, & |s-t|\geqslant 3 \end{cases} \qquad (5.52)$$

（见练习 5.9b。）

注意，白噪声过程的移动平均的自相关系数并不单独取决于 s 和 t，而仅仅取决于 $|s-t|$。

随机游动的自协方差为

$$\begin{aligned} \gamma(s,t) &= \mathrm{Cov}\Big(X_0+\sum_{i=1}^{s}w_i, X_0+\sum_{i=1}^{t}w_i\Big) \\ &= \mathrm{Cov}\Big(\sum_{i=1}^{s}w_i, \sum_{i=1}^{t}w_i\Big) \\ &= \min(s,t)\sigma_w^2 \end{aligned} \qquad (5.53)$$

注意，x_t 的方差 $\gamma(t,t)$ 是 $t\sigma_w^2$，正如我们在前面所看到的那样。

我们可以使用式（5.53）计算随机游动的自相关系数。它与 $\sqrt{s/t}$ 或 $\sqrt{t/s}$ 成正比。我们发现它在某种程度上取决于 s 和 t 的差，但是更重要的是，它分别取决于 s 和 t。

当然，去掉趋势或季节调整数据可能会改变这些性质。

这些性质是边际的，或无条件的。因为在应用中，在时间 s，我们可能得到 $\{X_r: r\leqslant s\}$，但是对于 $t>s$，我们不能得到 X_t，对于给定到该时间的观察值，我们通常对条件分布和条件期望感兴趣。时间序列中相邻各项之间关系的模型可能产生条件期望，例如 $\mathrm{V}(X_s\,|\,\{X_r: r\leqslant s\})$。时间序列模型通常根据条件期望确定。

这些具体的性质实质上把一个时间序列与另一个时间序列区别开来。一个最重要的问题是这些量是如何随时间变化的。要做出任何统计推断，我们必须有一定的随时间的不变性，或者我们必须有一个模型说明性质是如何随时间变化的。否则，如果没有不变性，那么我们就只能对模型中的每个点进行一次观察。

多变量时间序列；交叉协方差和互相关系数

我们经常对多个时间序列如何相关感兴趣。与大多数多变量分析一样，我们集中于两个变量之间关系的讨论。我们考虑同时观察到的两个离散时间序列，

$$\cdots, x_{-2}, x_{-1}, x_0, x_1, x_2, \cdots$$
$$\cdots, y_{-2}, y_{-1}, y_0, y_1, y_2, \cdots$$

无论我们有一个还是两个时间序列，只要序列本身不相关，每个序列的均值、方差和自协方差都是类似的。因此，我们要考虑的重要性质就是两个序列之间的协方差或相关系数。我们称为"交叉协方差"或"互相关系数"。当然，我们仍然关心每个序列的"本身相互之间"的关系。

我们把时间序列 $\{X_t\}$ 和 $\{Y_t\}$ 在 s 和 t 处的交叉协方差表示为 $\gamma_{XY}(s,t)$，其定义为

$$\gamma_{XY}(s,t)=\mathrm{Cov}(x_s,y_t)=\mathrm{E}((x_s-\mu_{Xs})(y_t-\mu_{Yt})) \qquad (5.54)$$

$\gamma_X(s,t)$ 中单个下标是单变量时间序列。尽管下标可能会变得有些麻烦，但是它们的

含义应该很清楚。

注意，虽然 $\mathrm{Cov}(x_s, y_t) = \mathrm{Cov}(y_t, x_s)$，但是，通常有

$$\mathrm{Cov}(x_s, y_t) \neq \mathrm{Cov}(x_t, y_s) \tag{5.55}$$

这就产生了领先指标和滞后指标的概念。

我们把时间序列的互相关系数表示为 $\rho_{XY}(s, t)$，并以显而易见的方法定义为

$$\rho_{XY}(s, t) = \mathrm{Cor}(x_s, y_t) = \frac{\gamma_{XY}(s, t)}{\sqrt{\gamma_X(s, s)\gamma_Y(t, t)}} \tag{5.56}$$

5.2.1　平稳性

我们已经观察到白噪声的移动平均和随机游动之间存在一些重要的差别。在移动平均的情况下，均值 μ_t 和方差 σ_t^2 都是常数，自相关系数 $\rho(s, t)$ 不取决于 s 和 t，仅取决于 $|s-t|$。另一方面，随机游动的方差随着 t 无限增长，并且随机游动的自相关系数取决于 s 和 t。

一个时间序列过程，如白噪声的移动平均过程，其均值和方差对所有 t 都是常数，并且 $\gamma(s, t)$ 和 $\rho(s, t)$ 仅通过 $|s-t|$ 依赖于 s 和 t，这就很容易进行分析。它们是一些金融过程的简单模型，对于更现实的金融时间序列模型来说，它们是有用的起点。

我们称那些满足这些常数均值和方差，以及自相关系数仅依赖于时间差的时间序列具有平稳性。

（事实上，我们有时称为弱平稳性，因为有一个更强的不变程度，我们称为严格平稳性。严格平稳性是指时间序列的一些变量的任意有序子集与相应那些变量的某个有序子集具有相同的多变量分布，并且每个变量在其他有序子集的时间间隔不变。我们偶尔也提到严格平稳性，但是我们不会实际应用严格平稳性。我们用"平稳性"一词表示"弱平稳性"，尽管我们偶尔为了清楚表示或者强调，也会用后者。）

平稳性可能是时间序列具有的最重要的性质之一，因为它允许我们做出在其他情况下无法进行的统计推断。

（弱）平稳时间序列的定义，具有性质：

- 均值 μ_t 都有限且是常数（也就是说，它不依赖于 t），
- 每个点处的方差都有限，
- 对于任何固定的差 $|t-s|$，自协方差 $\gamma(s, t)$ 是常数。

注意，在上面列出的所定义的平稳性性质中，我们没有要求方差是常数。方差的不变性来自这样一种说法：对于任何固定的差 $|t-s|$，包括 $|t-s|=0$，自协方差是常数。

对于平稳时间序列，我们可以省略均值 μ 和方差 σ^2 符号的时间下标。

根据我们观察到的性质，我们可以说：

- 白噪声过程是平稳的，
- 白噪声过程的移动平均是平稳的，
- 随机游动过程是不平稳的。

演变的时间序列

即使是弱平稳时间序列模型也不太可能适用于任何时期长度的金融数据生成过程。经

济在发展，公司在成长，可获得的资源也发生变化。几乎所有金融数据的时间序列都可能处在不断演变过程中。

时间序列分析的主要工作通常涉及努力把不断演化的时间序列转换为平稳时间序列。通常一个简单的不断演化的时间序列可以通过差分转换为平稳时间序列。

自协方差和自相关

因为平稳时间序列的自协方差函数 $\gamma(s, t)$ 只依赖于差 $|s-t|$，我们可以写成 $s = t + h$，把自协方差函数记为 $\gamma(h)$：

$$\gamma(h) = \mathrm{Cov}(x_{t+h}, x_t) = \mathrm{E}((x_{t+h} - \mu)(x_t - \mu)) \tag{5.57}$$

这产生

$$\gamma(0) = \sigma^2$$

和前面一样，我们定义自相关函数，并把它记为 $\rho(h)$：

$$\rho(h) = \mathrm{Cor}(x_{t+h}, x_t) = \frac{\gamma(h)}{\gamma(0)} \tag{5.58}$$

（尽管这导致 γ 和 ρ 的符号不一致，但其含义通常从上下文来看很清楚。）

我们最常使用的自相关函数，我们把它称为 ACF。注意 ACF 与样本 ACF（SACF）相似，我们在 1.4.1 节定义了样本 ACF。注意，

$$\gamma(h) = \gamma(-h), \quad \rho(h) = \rho(-h) \tag{5.59}$$

偏自协方差和偏自相关系数

除了滞后 h 的自协方差或自相关外，在给定 $x_{t+h-1}, \cdots, x_{t+1}$ 的条件下，确定 x_{t+h} 和 x_t 的协方差或相关系数也可能很有趣；也就是说，以 x_{t+h} 和 x_t 之间的时间序列数据为条件，或者考虑这两者之间的数据后对协方差或相关系数进行了调整。我们称这种调整后的度量指标为偏自协方差或偏自相关系数。我们把偏自相关函数称为 PACF。这类似于我们在 4.5.4 节讨论的偏回归、偏平方和和偏 F 值。

因为，在 x_t 和 x_{t+h} 之间有 $h-1$ 个数据，所以，偏自协方差和偏自相关的表示法变得相当麻烦。

我们在 5.3.3 节讨论 PACF。

单整

再次考虑随机游动过程，如式（5.8），

$$x_t = x_{t-1} + w_t$$

其中 $\{w_t\}$ 是白噪声。这个过程不是平稳过程。现在考虑过程 $\Delta(\{x_t\})$：

$$\Delta(x_t) = w_t$$

这个差分过程是平稳过程，因为它是白噪声。参见图 5.3 的下方图。

对一个过程进行差分可以从根本上改变过程的性质。在这种情况下，差分构成了来自非平稳随机游动的平稳白噪声。因为积分是差分的逆运算（参见式（5.27）），我们说随机游动是一个单整白噪声。

当对一个过程进行差分形成第二个过程时，我们说原始过程是第二个过程的"单整"过程。

现在考虑带有漂移项的随机游动过程，如式（5.13）所示，

$$x_t = \delta + x_{t-1} + w_t$$

其中 $\{w_t\}$ 还是白噪声。这个过程不是平稳过程，一阶差分产生一个白噪声过程加上一个常数。第二次进行差分产生

$$\Delta^2(x_t) = \widetilde{w}_t$$

它是白噪声。

如果一个白噪声过程是由 d 次差分产生的，我们称原始过程是 d 阶单整白噪声，我们用 I(d) 表示这个过程；因此，随机游动是一个 I(1) 过程，带有漂移项的随机游动是一个 I(2) 过程。注意，白噪声过程本身就是一个 I(1) 过程。

对于其他类型的过程，我们也使用类似表示法，例如：IMA(d,q) 和 ARIMA(p,d,q)，我们稍后会遇到它们。

联合平稳

如果每个过程都是平稳过程，并且对于给定的 $s-t$，也就是说，对于固定的 $h=s-t$，交叉协方差函数 $\gamma_{XY}(s,t)$ 是常数，那么我们称双变量过程 $\{(X_t,Y_t)\}$ 是联合平稳的。在这种情况下，我们把交叉协方差函数表示为 $\gamma_{XY}(h)$，把互相关系数表示为 $\rho_{XY}(h)$。

有了这些符号，我们就有了联合平稳过程的互相关函数（CCF），为

$$\rho_{XY}(h) = \frac{\gamma_{XY}(h)}{\sqrt{\gamma_X(0)\gamma_Y(0)}} \tag{5.60}$$

注意 $\gamma_{XY}(0)$ 只是相同时刻的 X 和 Y 的普通协方差，$\rho_{XY}(0)$ 是普通相关系数。

式（5.59）中的自协方差函数和 ACF 的对称性的确在这里不成立。这是因为式（5.55）的性质。一般说来，

$$\gamma_{XY}(h) \neq \gamma_{XY}(-h), \quad \rho_{XY}(h) \neq \rho_{XY}(-h) \tag{5.61}$$

这意味着我们有"领先"或"滞后"指标的性质。

然而，下述情形：

$$\gamma_{XY}(h) = \gamma_{YX}(-h), \quad \rho_{XY}(h) = \rho_{YX}(-h) \tag{5.62}$$

可以使用定义和 $\mathrm{Cov}(X,Y) = \mathrm{Cov}(Y,X)$ 的事实证明。（要求详细完成练习 5.14 的证明。）

平稳多变量时间序列

我们可以把双变量时间序列的思想扩展到多变量时间序列。大多数多变量数据的度量指标实际上是双变量的度量指标，例如协方差或相关系数。当然，对于多变量数据，我们可能会在计算变量之间的偏双变量度量指标前，对某些变量相对于其他变量进行一些调整。

首先，我们推广符号。我们不使用不同的字母区分变量，而是使用下标区分。时间序列的可能变量是向量，x_t 和 x_{t+h} 代表两个不同时间的向量。均值是向量，方差是方差-协方差矩阵。我们使用与单变量情况类似的符号，有时使用大写字母强调量是矩阵。（回想一下，我没有在向量和标量之间做任何符号的区分。）

对于平稳的多变量时间序列，均值 μ 是常数向量。

如果均值是有限且不变的，并且 x_s 和 x_t 之间的自协方差矩阵有限且仅取决于 $|s-t|$，那么多变量时间序列是平稳的。

平稳多变量时间序列的自协方差是一个矩阵函数：

$$\Gamma(h) = \mathrm{E}((x_{t+h} - \mu)(x_t - \mu)^{\mathrm{T}}) \tag{5.63}$$

矩阵 $\Gamma(h)$ 的单个元素是

$$\gamma_{ij}(h) = \mathrm{E}((x_{t+h,i} - \mu_i)(x_{tj} - \mu_j)) \tag{5.64}$$

注意，$\gamma_{ii}(h)$ 只是 x_t 向量的单个元素的时间序列的自协方差。（因此，注意，在多变量时间序列平稳性的定义中，我们不需要像定义双变量时间序列中的联合平稳性那样，指出单个序列是平稳的。$\Gamma(h)$ 与 t 的独立性意味着如此。）

注意 $\gamma_{ij}(h) = \gamma_{ji}(-h)$ 所以有

$$\Gamma(h) = \Gamma^{\mathrm{T}}(-h) \tag{5.65}$$

多变量时间序列中使用的大多数统计方法都由双变量时间序列中使用的方法发展而来。

5.2.2 样本自协方差和自相关函数：平稳性和估计

我们上面描述的所有度量，μ_t，$\gamma_x(s,t)$，$\gamma_x(h)$ 等，都是对随机变量的期望。对于平稳序列，均值是常数，所有自协方差和自相关系数只是 h 的函数。

在平稳情况下，这些度量指标都类似于有限样本的度量指标。我们假设有来自时间序列的样本 $x_1, \cdots, x_n$ 和 $y_1, \cdots, y_n$，其中时间索引具有相同的含义，即 x_t 和 y_t 对应相同时间 t。

这些样本的度量指标可以用作我们定义的总体度量指标的估计量，因此我们把它们表示为 $\hat{\mu}$、$\hat{\gamma}_r(h)$ 等。基本原则是我们用样本的均值代替期望值。

样本均值 $\hat{\mu}$ 只是样本 $\bar{x}$ 的均值。注意，在一般情况下，对于依赖于 t 的 μ_t，没有简单有用的估计量，样本自协方差函数和样本自相关函数都不适合分析。

对于平稳情况，我们有可以作为估计量的样本度量指标。重要的是要认识到非平稳过程的自协方差或自相关与非平稳过程样本的相应自协方差或自相关之间的差别（参见练习 5.12）。

- 样本自协方差函数：

$$\hat{\gamma}_x(h) = \frac{1}{n} \sum_{t=1}^{n-h} (x_{t+h} - \bar{x})(x_t - \bar{x}) \tag{5.66}$$

- 样本交叉协方差函数：

$$\hat{\gamma}_{xy}(h) = \frac{1}{n} \sum_{t=1}^{n-h} (x_{t+h} - \bar{x})(y_t - \bar{y}) \tag{5.67}$$

注意，在 $\hat{\gamma}_x(h)$ 和 $\hat{\gamma}_{xy}(h)$ 中，除数是 n 而不是 $n-1$，或项数 $n-h$。（把它与 $\hat{\sigma}^2$ 比较，$\hat{\sigma}^2$ 的除数为 $n-1$，从而使得 $\hat{\sigma}^2$ 为 σ^2 的无偏估计量。在 $\hat{\gamma}(h)$ 的情况下，除数 n 和 $n-1$ 都不能使它无偏。但是，使用 n 为除数可以保证 h 各种值的表达式产生非负定矩阵。正如我们下面看到的那样，我们通常只使用这些统计量的渐近性质，所以无偏性不是一个重要的问题。）

从协方差中，我们得到相应的相关系数。

- 样本自相关函数（SACF）：

$$\hat{\rho}(h) = \frac{\hat{\gamma}(h)}{\hat{\gamma}(0)} \tag{5.68}$$

- 样本互相关函数（CCF）：

$$\hat{\rho}_{xy}(h) = \frac{\hat{\gamma}_{xy}(h)}{\sqrt{\hat{\gamma}_x(0)\hat{\gamma}_y(0)}} \tag{5.69}$$

由于 $\hat{\gamma}(-h) = \hat{\gamma}(h)$，$\hat{\rho}(-h) = \hat{\rho}(h)$。对于任一情况，我们只需要计算非负 h 的值。然而，交叉协方差和互相关取决于 h 的符号。

相关图和互相关图

我们把 $\hat{\rho}(h)$ 的图称为相关图。由于 $\hat{\rho}(-h) = \hat{\rho}(h)$ 和 $\hat{\rho}(0) = 1$，相关图只需要包含数值 $h = 1, 2, \cdots$。图 1.30 给出了一个相关图的例子，下面图 5.5 也给出了几个相关图。

我们把 $\hat{\rho}_{XY}(h)$ 的图称为互相关图。互相关因 h 的符号而异，因此互相关图包括 h 的正值和负值。另外，$\hat{\rho}_{XY}(0)$ 不总是 1。它是 X 和 Y 在相同时间的相关系数；因此，它是互相关图的重点。互相关图的例子参见图 5.6。

例子

R 函数 acf 计算并默认绘制从 0 到指定最大滞后的样本自协方差或自相关函数。因为 $\hat{\rho}(0) = 1$，如果相关图中包含 $h = 0$，那么相关图的其他值可能会被掩盖。forecast 包中的 R 函数 Acf 执行与 acf 相同的功能，但不包括滞后 0。它是我最常使用的函数。

股票价格、股票指数、商品价格或其他经济序列（例如航空乘客数量）在任何短暂滞后期间内的自相关系数总为正。那只是因为价格从一个价格移动到附近价格，然后从那个价格移动到附近另一个价格，以此类推，并且一个时期内的航空乘客数量很可能与前一时期的数量接近。然而，对于这样的序列，变化（例如收益率）度量的自相关可能会显示出有趣的关系。虽然，正如我们所看到的那样，相关系数都相对较小，但是我们有时确实会看到先增加后减少的趋势；这是负自相关。经过一期或两期滞后后，自相关通常看起来是随机的。我们在图 1.30，从 1987 年至 2017 年 S&P 500 指数日收益率时间序列的相关图中，发现了这个结果。（该相关图由 R 函数 Acf 生成，因此在滞后 0 处自相关系数始终为 1，图中没有显示。）

其他序列可能会在与某个季节相对应的更多期滞后处，例如一年，显示出更大的（绝对值）自相关系数。

图 5.5 显示了各种金融和经济时间序列的自相关。（所有数据均由 Acf 生成，除了航空公司乘客数据，其他数据来自雅虎金融或 FRED，航空公司乘客数据是 R 的内置数据集。价格收益率和指数收益率数据是 2017 年的对数收益率。其他数据集的变化数据是简单收益率。从 FRED 获得的数据适用于不同时间段的数据。每种情形下，显示的自相关是针对 FRED 可用的所有数据集。我们在下文中描述图中的两条水平虚线。）

图 5.5 最上边两个图的 ACF 是股票价格或指数的月收益率。所有自相关似乎都相对较小，收益率的波动可能归因于固有的随机性。（图 1.30 是日收益率，与此类似。）

VIX 的月收益率显示出更有趣的规律。短期滞后的负自相关可能与其均值回归趋势有关（参见练习 1.19 和练习 A1.18）。

CPI 月度变化、Case-Shiller 月度指数（美国全国住房价格）和每月泛美航空乘客数（1949 年至 1960 年）都显示出滞后 12 个月的季节效应。经季节调整的 Case-Shiller 指数，其中数据相加并进一步平滑，没有显示出季节效应。

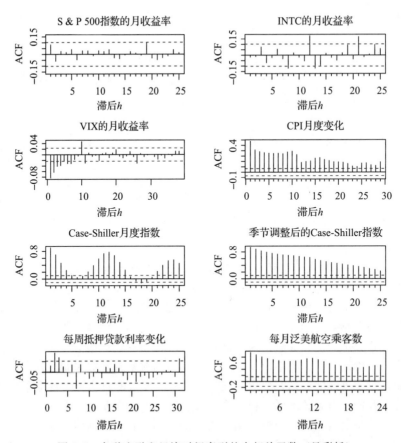

图 5.5　各种金融和经济时间序列的自相关函数（见彩插）

互相关函数 CCF

R 的 ccf 函数计算并默认绘制样本交叉协方差函数或互相关函数 CCF。

互相关图因 h 的符号而异，因此它包括正滞后和负滞后。R 函数调用 ccf(x, y) 返回的滞后 h 值就是 x_{t+h} 和 y_t 之间的样本相关性。

1987 年至 2017 年 S&P 500 指数日对数收益率和 Intel（INTC）日对数收益率的 CCF 如图 5.6 所示。（这两个序列的散点图显示在图 1.22 的散点图矩阵中。注意双变量散点图不传达时间序列信息，但是它确实给出了 $h = 0$ 时 CCF 的一个指示。）

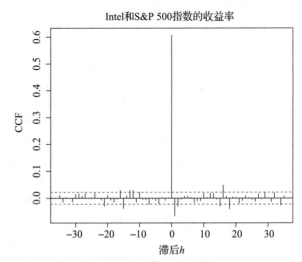

图 5.6　1987 年至 2017 年 S&P 500 指数和 Intel（INTC）日对数收益率的互相关系数（见彩插）

注意 $\hat{\rho}_{xy}(0)$ 显示了 S&P 500 指数与 INTC 日收益率之间非常强的一般相关性。（这与表 1.9 中给出的样本相关性相同。）

我们可能期望有一些有趣的互相关性其他序列，就是 S&P 500 指数收益率和 VIX，可以是 VIX 本身还可以是 VIX 的变化。图 5.7 显示了 S&P 500 指数日收益率与 VIX 日收益率的 CCF，其计算方法就是正滞后对应 VIX 领先。

一般来说，互相关性并不大。最大的（绝对值）是 S&P 500 指数收益率在两周内领先 VIX 收益率。然而，我们似乎无法从 CCF 得出任何有力的结论。

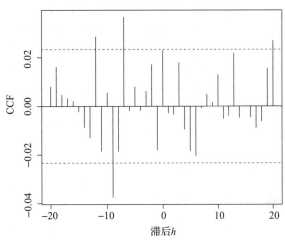

S&P 500指数日收益率与VIX日收益率

图 5.7　1987 年至 2017 年 S&P 500 指数日对数收益率与 VIX 的互相关系数（见彩插）

5.2.3　平稳时间序列中的统计推断

统计推断涉及建立模型描述数据生成过程，然后使用来自该过程的数据估计模型中的各种参数或检验有关它们的假设。

给定一个时间序列模型，如式（5.2），

$$x_t = f(x_{t-1}, x_{t-2}, \cdots; \theta) + w_t$$

统计推断基于过去的观察值。使用过去的观察值，显然这意味着某种程度的平稳性。在下文中，我们假设弱平稳性，但是在应用中，轻微偏离平稳性可能不会使方法无效。统计推断可能涉及对有关时间序列一般性质（例如均值、方差和自相关）假设的估计和检验；它可能涉及关于参数向量 θ 的估计或检验；或者它可能涉及预测 x_t 的未来值。对未来值的预报称为预测。

给定时间序列的数据，我们通过样本的类似量估计均值、方差、自协方差和自相关，它们都是概率模型中的期望值。对于一对时间序列，我们同样通过作为样本平均值的样本类似量估计交叉协方差和互相关。基本原理是我们用样本平均值代替期望值。

在 4.2.2 节中，我们讨论了统计估计量的各种标准，例如最小二乘法和最大似然估计法。使用样本平均值作为期望值的估计量，这种方法是矩估计。

在统计推断中，我们需要了解估计量或检验统计量的概率分布，以便形成置信区间或检验统计假设。当然，这些分布取决于基本模型中的概率分布。

关于自相关的推断

时间序列最重要的性质之一是自相关函数。自相关函数为零的情况是自相关系数为零。作为自相关函数为零的情况，一个重要模型是白噪声，其中 $h \neq 0$ 时 $\rho(h) = 0$，虽然定义白噪声过程的性质要增加一些约束条件，但是白噪声模型相当弱，因为它没有指定分布。尽管如此，我们可以使用中心极限定理隐含的渐近正态分布，检验该模型中 $h \neq 0$ 时

$\rho(h)=0$ 的假设。我们提出的检验也可以用于我们在 5.3 节中讨论的更强大的模型。

我们首先考虑单个 h 值的原假设，比如 $h=k$，我们假设均值和方差是常数和有限的。给定 $k\geqslant 1$，原假设是

$$H_0:\rho(k)=0 \tag{5.70}$$

这个假设是复合假设，因为它没有指定具体的分布。

显然，我们可以使用样本统计量 $\hat{\rho}(h)$，但是，我们需要在原假设下的概率分布。我们使用来自白噪声过程的概率分布，但即便如此，$\hat{\rho}(h)$ 的概率分布非常复杂。对于复杂的情况，我们寻求一般的渐近分布。

对于单个滞后，假设 $h=k$，对于来自白噪声过程的大小为 n 的样本，$\hat{\rho}(k)$ 的渐近分布为 $N(0,1/n)$。这个结果的证明超出了本书的范围。感兴趣的读者可以参考 Fuller (1995)，第 6 章。

使用 $\hat{\rho}(k)$ 的渐近分布，假设很容易进行检验。对于 α 显著性水平下的渐近检验，如果 $|\hat{\rho}(k)|$ 超过 $N(0,1/n)$ 分布的双边 $(1-\alpha)$ 分位数，那么就拒绝该假设，对于 $\alpha=0.05$，约为 $2/\sqrt{n}$。

R 函数 acf 和 Acf 在这些临界值处绘制两条线（默认为蓝色和虚线）。注意，例如，在图 1.30 中，两条水平虚线位于 ± 0.023 处。数据集有 7 813 个观察值，线位于 $\pm 2/\sqrt{n}$ 处。在图 5.5 的 ACF 图中，临界线位于不同的高度，具体取决于不同序列中的观察值个数。

对于双变量情况，如图 5.6 中 S&P 和 INTC 收益率的互相关图例子，如果 x_t 或 y_t 是白噪声过程，那么 $\hat{\rho}_{xy}(k)$ 的渐近分布也是 $N(0,1/n)$。因此，为检验原假设：过程不"一起移动"，这个结果提供了检验基础。

渐近分布为原假设的检验提供了基础，这个原假设是所有非零滞后的自相关均为零，即

$$H_0:\rho(h)=0 \quad h\geqslant 1 \tag{5.71}$$

这个假设是一组同时成立的假设，我们在 4.4.2 节讨论过。有各种各样的方法进行检验，包括使用同时检验，有时称为"组合检验"，对于某些正整数 m，原假设对于 $1\leqslant h\leqslant m$，备选假设为 $H_1:\rho(k)\neq 0$，对于某些 $k=1,\cdots,m$。

Box-Pierce 组合检验基于统计量

$$Q^*(m)=n\sum_{k=1}^{m}\hat{\rho}(k)^2 \tag{5.72}$$

在原假设下（这里我们忽略一些技术假设）它服从 m 个自由度的渐近卡方分布。（这并不奇怪，因为我们记得 m 个独立标准正态变量的平方和是卡方，而 $\sqrt{n}\hat{\rho}(k)$ 渐近服从 $N(0,1)$ 分布。）

这个检验的一个改进，叫作 Ljung-Box 检验，有时也叫 Box-Ljung 检验，它基于统计量

$$Q(m)=n(n+2)\sum_{k=1}^{m}\frac{\hat{\rho}(k)^2}{n-k} \tag{5.73}$$

在原假设下，Ljung-Box 检验也服从 m 个自由度的渐近卡方分布，但它具有更好的有效

性，因此更常用。

我们注意到，检验统计量 $Q^*(m)$ 和 $Q(m)$ 涉及相同的样本统计量 $\hat{\rho}(k)$；唯一的区别是这些统计量的加权方式。这实质上也是与 Durbin-Watson 检验相同的样本统计量。式（4.138）中的 Durbin-Watson 统计量只涉及 $\hat{\rho}(1)$。较大滞后的 Durbin-Watson 统计量对应于具有较大的 k 值的 $\hat{\rho}(k)$。

基础 stats 包中 R 函数 Box.test 实现了这些检验。我们举例说明，对于图 1.30 那段时期的 S&P 500 指数日收益率，进行前 12 期滞后的 Box-Ljung 检验。

```
> Box.test(GSPCdReturns, lag=12, type="Ljung")

        Box-Ljung test

data:  GSPCdReturns
X-squared = 97.328, df = 12, p-value = 1.907397e-08
```

我们拒绝原假设（基于计算得到的非常小的 p 值），并得出对于 1 和 12 之间的某些滞后期，自相关不是 0 的结论。这证实了我们观察图 1.30 得到的结果。

我们可能会注意到，用于计算 ACF 的样本量没有进入检验统计量的分布。渐近分布依赖于一个大的样本，但是样本量一般几百个就足够了。（例子中的样本量为 7 813 个收益率。）这些检验的统计量变化很大；对不同样本进行检验，可能会得到完全不同的结论。

对于较长时期的收益率，任何滞后期的自相关性都可能很小。回想一下 1.6 节中"典型化事实"，把图 1.32 的月收益率 ACF 与图 1.30 的日收益率 ACF 进行比较。对相同时期 S&P 500 指数月收益率的 12 期滞后进行 Box-Ljung 检验（如图 1.33 下方图所示），得出如下结果。

```
> Box.test(GSPCmReturns, lag=12, type="Ljung")

        Box-Ljung test

data:  GSPCmReturns
X-squared = 7.442, df = 12, p-value = 0.8270675
```

我们不拒绝月收益率自相关性为 0 的原假设，这证实了我们观察图 1.32 得到的结果。

在 5.3.6 节和其他章节中，我们对于具体时间序列模型，讨论其他类型的统计推断。我们还在 5.3.12 节对于回归模型中的误差分布，讨论自相关性检验。

预测

在经济和金融应用中，时间序列模型经常被用来预测序列中的未来值。

在上述时间序列模型中，

$$x_{t+1} = f(x_t, x_{t-1}, \cdots; \theta) + w_{t+1}$$

其中 $\mathrm{E}(w_{t+1}) = 0$，给定 $x_t, x_{t-1}, \cdots$，在条件均方误差最小的意义上，x_t 的最优预测是 $\mathrm{E}(x_{t+1} | x_t, x_{t-1}, \cdots)$，即 $f(x_t, x_{t-1}, \cdots; \theta)$。我们在第 4 章发现了这个事实。

当然，我们不知道 θ。

我们根据所获得的信息拟合这个模型。我们用 $\mathcal{F}_t$ 表示 t 时刻的"可利用信息"，$\mathcal{F}_t$ 包括所有观察到的数据和我们对直到 t 时刻的数据生成过程所做的假设。最优预测值 $\hat{x}_t^{(1)}$ 就是条件期望值，所以我们取

$$\hat{x}_t^{(1)} = \mathrm{E}(x_{t+1} \mid \mathcal{F}_t) \tag{5.74}$$

在时间序列应用中，所拟合的模型随着新的观察数据出现而更新。在预测中，我们称模型拟合的时间点为预测原点。

令 $\hat{f}_n(x_n, x_{n-2}, \cdots; \hat{\theta}_n)$ 表示时间 $t = n$ 时所拟合的模型，x_{n+1} 的预测值

$$\hat{x}_n^{(1)} = \hat{f}_n(x_n, x_{n-1}, \cdots; \hat{\theta}_n) \tag{5.75}$$

被称为向前 1 步预测。我们可以对其进行迭代，以获得向前 2 步预测 $\hat{x}_{n+2}$，

$$\hat{x}_n^{(2)} = \hat{f}_n(\hat{x}_n^{(1)}, x_n, x_{n-1}, \cdots; \hat{\theta}_n) \tag{5.76}$$

以此类推。

已知预测原点 n 处的信息，向前 h 步预测为 $\hat{x}_n^{(h)}$。向前的时间单位数 h 称为预测范围。术语"预测范围"也可以指进行预测的某个时间，在这个表达式中是 $n+h$。在讨论了一些具体的模型以及如何拟合它们之后，我们将举例说明预测。

5.3　自回归和移动平均模型

白噪声模型（5.5）的基本移动平均和随机游动模型（5.8）可以通过多种方式进行推广。移动平均模型的推广允许过去白噪声实现的一般线性组合，而随机游动的推广允许用过去值的线性组合构成当前步长。我们把后一种模型称为自回归（AR）模型，把前一种模型称为移动平均（MA）模型，自回归模型和移动平均模型都是时间序列分析中最常用的线性模型。

这些模型把数据生成过程中的现值 x_t 与以前时间点 $t-1, t-2, \cdots, t-n$ 对应的有限个数值联系起来。一件需要注意的重要事情是，没有起点；x_1 的模型适用于 x_{-1}, x_{-2} 等。这个事实为这些模型产生了一个有用的无穷幂级数，如下面的式（5.92）和式（5.103）所示。

ARMA 模型以及它的单整形式 ARIMA 模型，是经济和金融应用中最基本和最广泛使用的时间序列模型。模型及其扩展（如 ARMA＋GARCH，在后面的章节中讨论）不一定非常适合金融数据，但它们经常提供了有用的近似。在本节中，我们描述它们的一般性质。从一般描述经济和金融时间序列来说，我们强调 AR（1）模型是非常有用的模型。

一般性质和其他表示

因为自回归和移动平均时间序列模型没有起点或终点，所以模型有一些有趣的变换。例如，当前可观察值 x_t 与以前时间的有限个噪声值相关的移动平均模型可以进行逆转换，把某个以前的噪声值表示为过去值的无限加权和（"可逆性"见 5.3.1 节）。或者，可以把当前可观察值 x_t 与过去有限个可观察值相关的自回归模型重新改写，从而把它表示为噪声的无限加权和（"因果关系"，见下文）。

因果关系

根据现值和过去值之间的线性关系，可以将时间序列模型表示为单边线性过程：

$$x_t = \mu + \sum_{j=0}^{\infty} \psi_j w_{t-j} \tag{5.77}$$

其中 $\{w_t\}$ 是白噪声，以及有 $\sum_{j=0}^{\infty} |\psi_j| < \infty$。这是一个有趣的表示。这个表示给人的启发就是，除了一个白噪声变量，现在是由过去决定的。我们称一个可以表示为单边线性过程（5.77）的过程为因果。我们将在 5.3.2 节讨论一个例子。

另一个有趣的变换可能会把一个当前值 x_t 与以前时间的有限个值关联起来的模型更改为一个当前值 x_t 与未来时间值关联起来的模型。把现值与未来值联系起来的模型不是"因果"。（我们应该注意到，这种意义上的"因果"与统计推断中的"因果"并不相同。）

随后几节中，我们考虑自回归和移动平均模型的一般性质。在本节中，我们把参数视为已知参数。当然，要使用真实数据的模型，必须使用数据把参数估计出来。在 5.3.6 节中，我们讨论这种模型与数据的拟合问题，然后考虑在金融中的一些应用。

5.3.1　移动平均模型：MA(q)

白噪声的移动平均（5.5）可以扩展为一般的线性组合，

$$x_t = w_t + \theta_1 w_{t-1} + \cdots + \theta_q w_{t-q} \tag{5.78}$$

其中 $\theta_1, \cdots, \theta_q$ 是常数，$\{w_t\}$ 是白噪声过程。如果 $\theta_q \neq 0$，则称其为 q 阶移动平均模型，或 MA(q) 模型。

我们常把这个模型表示为 $x_t = \sum_{j=0}^{q} \theta_j w_{t-j}$，其中 $\theta_0 = 1$。

我们从（5.78）的模型表达式中可以立即发现移动平均过程是因果关系。

MA(q) 模型的性质类似于我们在 5.2 节中研究的白噪声移动平均；它仅仅是白噪声加权移动平均的倍数。x_t 的无条件或边际均值，我们用 μ_x 表示，等于常数 0：

$$\begin{aligned} E(x_t) &= E(w_t) + \theta_1 E(w_{t-1}) + \cdots + \theta_q E(w_{t-q}) \\ &= 0 \end{aligned} \tag{5.79}$$

给定 $x_{t-1}, \cdots, x_q$，x_t 的条件均值是

$$\begin{aligned} E(x_t \mid x_{t-1}, x_{t-2}, \cdots) &= E(w_t) + \theta_1 x_{t-1} + \cdots + \theta_q x_{t-q} \\ &= \theta_1 x_{t-1} + \cdots + \theta_q x_{t-q} \end{aligned} \tag{5.80}$$

边际方差也是常数，在这种情况下，与前面类似，有

$$\sigma_x^2 = (1 + \theta_1^2 + \cdots + \theta_q^2) \sigma_w^2 \tag{5.81}$$

其中 σ_w^2 是白噪声的方差。给定 $x_{t-1}, x_{t-2}, \cdots$，因为在式（5.78）的和式中，除了 w_t 外，所有项都是常数，所以条件方差仅仅是 σ_w^2。

多变量 MA(q) 模型

移动平均模型的一个简单推广就是向量移动平均模型，其中元素 x_t 和 w_t 是 d 维向量，θ 被常数 $d \times d$ 矩阵替换。

具体来说，一个 q 阶的 d 变量移动平均模型是

$$x_t = w_t + \Theta_1 w_{t-1} + \cdots + \Theta_q w_{t-q} \tag{5.82}$$

其中 x_t 和 w_t 是 d 维向量，$\Theta_1, \cdots, \Theta_q$ 是常数 $d \times d$ 矩阵，其中 $\Theta_q \neq 0$，$\{w_t\}$ 是 d 变量白噪声过程。

MA(q) 模型中的自相关：平稳性

MA(q) 过程的自相关函数 $\rho(s,t)$ 比式（5.52）中给出的白噪声简单移动平均更复杂。和前面一样，对于移动平均 $\{x_t\}$，我们从自协方差 $\gamma(s,t)$（省略下标）开始，令 $s = t+h$，我们有

$$\gamma(s,t) = \text{Cov}\left(\sum_{j=0}^{q} \theta_j w_{t+h-j}, \sum_{i=0}^{q} \theta_i w_{t-i} \right) \tag{5.83}$$

为了方便，假设 $\theta_0 = 1$。

我们从式（5.83）发现，对于固定不变的 $|s-t|$，$\gamma(s,t)$ 为常数，当 $|s-t| > q$ 时，它为 0。（证明后一种性质需要一些代数运算；从本质上讲，这与练习 5.9 中白噪声移动平均的自相关性一样。）

自相关只依赖于滞后 $|s-t|$ 长度，以及均值是常数，这些事实意味着移动平均过程是平稳的。

由于平稳性，我们现在可以把只有一个参数的自协方差函数写成 $\gamma(h)$，而自相关函数写成 $\rho(h)$。

现在，对式（5.83）中的求和进行简化，并使用 $\rho(h) = \gamma(h)/\gamma(0)$，对非负的 h，我们得到 MA(q) 模型的 ACF，

$$\rho(h) = \begin{cases} \dfrac{\sum_{j=0}^{q-h} \theta_j \theta_{j+h}}{\sum_{j=0}^{q} \theta_j^2}, & 0 \leqslant h \leqslant q \\[2ex] 0, & q < h \end{cases} \tag{5.84}$$

R 函数 ARMAacf 对于给定的系数值，能够计算理论或总体的 ACF 值，如式（5.84）所示。

统计模型对分析数据或理解数据生成过程的有用性，取决于模型与数据的拟合程度。要把 MA(q) 用于实际数据，首先要考虑 q 的选择。

ACF 对 MA 模型的阶数 q 的依赖性，提示我们使用样本 ACF 确定合适的 q 值。例如，考虑图 1.30 中 S&P 指数日收益率的 ACF。正如我们所强调的那样，样本 ACF 可能含有非常多的噪声，而且根据滞后 15 到 20 或滞后 35 左右的滞后期，相关系数非常大，可能也不能提供有用信息。然而，对于滞后 1 和 2 的滞后期，相关系数非常大，这表明如果 MA 模型是合适的，那么它的阶数应该是 2。练习 5.18 要求探索这个模型。

移动平均的运算符

注意，如果我们将后移算子的函数 $\theta(B)$ 定义为

$$\theta(B) = 1 + \theta_1 B + \cdots + \theta_q B^q \tag{5.85}$$

那么我们可以把 MA(q) 模型写为

$$x_t = \theta(B)(w_t) \tag{5.86}$$

对于给定的系数 $\theta_1, \cdots, \theta_q$，我们称式（5.85）中的 $\theta(B)$ 为 q 阶移动平均算子。

移动平均算子的一个简单推广是多变量移动平均算子，在式（5.82）中，θ 是方阵，并且后移算子被多变量后移算子代替。

移动平均特征多项式

如 5.1.5 节所述，我们确定 MA(q) 模型的特征多项式为

$$\theta(z) = 1 + \theta_1 z + \cdots + \theta_q z^q \tag{5.87}$$

（注意，θ 上的符号与 5.1.5 节的符号相反。这不会改变性质。）

符号

因为基本符号一样，所以，为了区分算子 $\theta(B)$ 和系数 $\theta_1, \cdots, \theta_q$，我用下标写系数，即使只有一个。例如，在 MA(1) 模型中，虽然把系数写成不带下标可能更自然，但是我用一个下标来写：

$$x_t = w_t + \theta_1 w_{t-1}$$

在这种情况下，$\theta(B) = 1 + \theta_1 B$。

我们还应该注意，一些作者对 MA(q) 模型使用与上述相同的符号，但 θ 的符号相反。

我使用的表示法是常用的，它对应于 R 的 stats 包所使用的表示模型的方法，但是，时间序列的其他 R 包使用不同的表示法。

MA(1) 模型：自相关和偏自相关

考虑简单的 MA(1) 模型。根据式（5.84）或直接计算，我们发现自相关系数是

$$\rho(1) = \frac{\theta_1}{1 + \theta_1^2} \tag{5.88}$$

对于 $h > 1$，$\rho(h) = 0$，如上所述。

虽然在 MA(q) 模型中当 $h > q$ 时，ACF 为零，但是，偏自相关系数不是零。

我们可以很容易地从 MA(1) 模型中发现这个结果。考虑经 x_{t-1} 调整的 x_t 和 x_{t-2} 之间的自相关系数。如果假设 $\rho_1 = \theta_1/(1 + \theta_1^2)$，$x_t$ 的调整值为 $x_t - \rho_1 x_{t-1}$，同样，x_{t-1} 的调整值为 $x_{t-1} - \rho_1 x_{t-2}$，那么 x_t 与 x_{t-2} 的偏自相关系数为

$$\frac{\mathrm{Cov}(x_t - \rho_1 x_{t-1}, x_{t-1} - \rho_1 x_{t-2})}{\mathrm{V}(x_t - \rho_1 x_{t-1})} = \frac{\theta_1^2}{1 + \theta_1^2 + \theta_1^4} \tag{5.89}$$

偏自相关系数非零。

可以将相同的过程应用于较大滞后的偏自相关系数和高阶 MA 模型。

MA(1) 模型可识别性

我们注意到式（5.88）有一个有趣的性质：当 $\theta_1 = c$ 时和当 $\theta_1 = 1/c$ 时，两个 MA(1) 模型的自相关系数相同。因此，基于自相关函数无法识别 MA 模型。

统计模型中可识别性概念一般是指模型参数的唯一性。

如果指定了 MA 模型白噪声 $\{w_t\}$ 的方差 σ_w^2，那么就解决了 θ 的不确定性，正如我们从式（5.83）发现的 $\gamma(t,t)$ 那样。两个参数 θ_1 和 $\sigma_w^2 = 1$ 与两个参数 $1/\theta_1$ 和 $\sigma_w^2 = \theta_1^2$，产生了基本相同的模型。

MA(1) 模型的可逆性

我们现在注意到另一个有趣的关系。根据

$$x_t = w_t + \theta_1 w_{t-1} \tag{5.90}$$

我们有

$$
\begin{aligned}
w_t &= -\theta_1 w_{t-1} + x_t \\
&= \theta_1^2 w_{t-2} - \theta_1 x_{t-1} + x_t \\
&= -\theta_1^3 w_{t-3} + \theta_1^2 x_{t-2} - \theta_1 x_{t-1} + x_t \\
&= (-\theta_1)^k w_{t-k} + \sum_{j=0}^{k-1} (-\theta_1)^j x_{t-j}
\end{aligned} \tag{5.91}
$$

式（5.91）对过程 $\{x_t\}$ 的含义是前面实现值 $x_{t-1}, x_{t-2}, \cdots$ 影响 x_t。在大多数应用中，我们假设这种影响随着时间的推移而减弱；因此，我们假设 $|\theta_1^j|$ 减小。如果 $|\theta_1| < 1$，那么在这种情况下（参见式（5.31）），我们有极限

$$
w_t = \sum_{j=0}^{\infty} (-\theta_1)^j x_{t-j} \tag{5.92}
$$

这意味着我们已经得到了模型的"逆"，其中可观察到的 x_t 表示为过去噪声值的线性组合（式（5.90）的 MA 模型），并得到了一个等价模型，其中把噪声 w_t 表示为过去可观察值 x_{t-j} 的和。

我们把可以用过去可观察值表示白噪声变量的过程称为可逆的。具有 $|\theta_1| < 1$ 的 MA(1) 过程是可逆的。

在条件 $|\theta_1| < 1$ 下，权重随时间滞后期增加而递减。

式（5.92）表示一个无限阶的自回归过程；也就是说，可逆 MA(1) 过程是 AR(∞) 过程，其表示法我们在 5.3.2 节中展开讨论。

注意可逆性和可识别性之间的关系。如果过程要具有可逆性，那么我们需要 $|\theta_1| < 1$，因此，θ_1 或 $1/\theta_1$ 中只有一种可能成立。

特征多项式的根

我们注意到 MA(1) 中存在可逆性和可识别性，二者等价于其特征多项式 $1 + \theta_1 z$ 的根 z_1 满足 $|z_1| > 1$。

MA(1) 模型可逆性与特征多项式根的关系可以推广到一般 MA(q) 模型中，有类似的结果：

当且仅当特征多项式所有根都位于单位圆之外时，MA(q) 模型才是可逆的。

此结果的证明超出了本书的范围。感兴趣的读者可以参考 Fuller (1995) 的证明。

单整 MA 模型：IMA(d, q)

我们在 5.2.1 节讨论了单整过程。例如，I(d) 过程是 d 阶单整白噪声过程；也就是说，它经过 d 次差分变成白噪声过程。

假设我们有一个过程 $\{y_t\}$，当 d 次差分时，它变成 MA(q) 过程。我们称 $\{y_t\}$ 过程为 d 阶单整 MA(q) 过程，表示为 IMA(d, q)。

指数加权移动平均模型，EWMA

我们经常使用 IMA(1,1) 过程作为金融时间序列模型。它还引出了一个经常用于经济预测的模型。

假设某个由差分产生的 MA(1) 过程是可逆的。然后，对于某个 λ，其中 $|\lambda| < 1$，我

们可以写成模型

$$
\begin{aligned}
x_t &= x_{t-1} + w_t - \lambda w_{t-1} \\
&= x_{t-1} + y_t
\end{aligned}
\tag{5.93}
$$

其中

$$
y_t = w_t - \lambda w_{t-1}
$$

现在因为 $\{y_t\}$ 可逆，使用式（5.92）并代入，我们有

$$
x_t = \sum_{k=1}^{\infty} (1-\lambda)\lambda^{k-1} x_{t-k} + w_t
\tag{5.94}
$$

作为一个模型，它是有意义的，因为它以指数递减的方式对过去值加权。适当地选择平滑参数 λ，对于 $k=1$，这是式（1.30）指数加权移动平均，对于 $k=2,3,\cdots$，它对应于高阶指数平滑。练习 A1.5 使用的 Holt-Winters 平滑方法就是基于这个模型。

5.3.2   自回归模型：AR(p)

式（5.2）的一般形式的最简单模型就是自回归线性模型

$$
x_t = \phi_0 + \phi_1 x_{t-1} + \cdots + \phi_p x_{t-p} + w_t
\tag{5.95}
$$

其中 $\phi_0, \phi_1, \cdots, \phi_p$ 是常数，w_t 是白噪声过程。如果 $\phi_p \neq 0$，那么模型为 p 阶。常数项 ϕ_0 通常取 0。在这个模型中，有点类似于第 4 章有"误差项"的线性回归模型，我们通常把误差项称为 w_t，又称为新息。

我们立即从模型（5.95）的表达式中发现：自回归过程是可逆的。

我们讨论过的时间序列的其他性质可能得到，也可能得不到。平稳性的重要性决定了不同作者之间对自回归过程术语有一些分歧。

简单的随机游动模型就是这种形式，其中 $p=1$ 且 $\phi_1=1$。我们记得，随机游动不是平稳的。因此，我们立即发现，与移动平均模型不同，并非所有的自回归过程都是平稳的。

关于自回归模型的术语并不相同。许多作者使用术语 p 阶自回归模型，并把它表示为 AR(p)，仅当模型平稳时才成立，这意味着对 ϕ 有限制，而不仅仅是要求 $\phi_p \neq 0$。虽然通常我仅在平稳的情况下使用该术语，我通常会预先设定"平稳"来表明该条件成立。然而，我经常把式（5.95）形式的任何模型称为自回归模型或 AR，即使它不是平稳的。

自回归算子

注意式（5.95）的模型可以写成

$$
(1 - \phi_1 B - \cdots - \phi_p B^p)(x_t) = \phi_0 + w_t
\tag{5.96}
$$

或者

$$
\phi(B)(x_t) = \phi_0 + w_t
\tag{5.97}
$$

其中

$$
\phi(B) = 1 - \phi_1 B - \cdots - \phi_p B^p
\tag{5.98}
$$

我们称算子 $\phi(B)$ 为 p 阶自回归算子。注意式（5.97）中 AR 模型的表示与式（5.86）中 MA 模型的表示相似。

如前所述，由于算子 $\phi(\mathrm{B})$ 和相关系数 $\phi_1, \cdots, \phi_p$ 的符号不明确，我通常用下标表示系数，即使只有一个。此外，我们注意到一些作者颠倒了 AR 模型中 ϕ 的符号。以上是常用的表示法，它对应于 R 的 stats 包所使用的表示模型的方法。

自回归特征多项式

从式（5.97）的形式可以看出，AR(p) 模型是 p 阶差分方程，如式（5.33），增加了随机分量 w_t。

自回归特征多项式记为 $\phi(z)$，是类似于 p 阶算子的 p 次多项式，用复数 z 代替后移算子：

$$\phi(z) = 1 - \phi_1 z - \cdots - \phi_p z^p \tag{5.99}$$

向量自回归过程

在继续研究自回归模型的性质之前，我们注意到一个对多变量过程的简单概括，即对多个可能相互关联的 AR 序列的简单概括。所有的单变量性质都推广到多变量情况。

多变量自回归模型类似于式（5.95），除了变量是向量，系数是方阵。对于 d 变量模型，我们有

$$x_t = \Phi_1 x_{t-1} + \cdots + \Phi_p x_{t-p} + w_t \tag{5.100}$$

其中 $x_t, x_{t-1}, \cdots, x_{t-p}$ 和 w_t 是 d 维向量，$\Phi_1, \cdots, \Phi_p$ 是常量 $d \times d$ 矩阵且 $\Phi_p \neq 0$，$\{w_t\}$ 是多变量白噪声过程。多变量随机游动模型具有这种形式，其中 $p = 1$ 且 $\Phi_1 = I$，即单位矩阵。（注意，我没有区分标量和向量的符号，但我通常用大写字母表示矩阵。）

多变量自回归算子与式（5.98）相同，只是标量 ϕ 被方阵 Φ 代替，并且后移算子是多变量后移算子。

式（5.100）中的多变量版本有时被称为 p 阶向量自回归模型或 VAR(p)。尽管 VAR 模型似乎是 AR 模型的简单推广，这取决于 $\Phi_1, \cdots, \Phi_p$，即使单个白噪声过程是相互独立的，x_t 也可能有一些令人惊讶的性质，正如我们将在 5.5.1 节看到的那样。

AR(1) 模型和随机游动

让我们考虑简单的 AR(1) 模型

$$x_t = \phi_0 + \phi_1 x_{t-1} + w_t$$

并观察到一些有关 ϕ_1 的有趣性质。注意，对于 $\phi_1 = 1$，该模型类似于一个没有起点的随机游动模型（t 可以取任何值）。

AR(1) 模型虽然非常简单，但是对许多经济和金融时间序列来说，它都是一个很好的近似模型。在时间序列应用中，AR(1) 模型与其他情况下的线性回归模型有些类似。

我们看到条件均值由下式给出：

$$\mathrm{E}(x_t \mid x_{t-1}) = \phi_0 + \phi_1 \mathrm{E}(x_{t-1}) \tag{5.101}$$

在 x_t 随时间变化的演变中，我们有

$$
\begin{aligned}
x_t &= \phi_0 + \phi_1 x_{t-1} + w_t \\
&= \phi_0 + \phi_1 (\phi_1 x_{t-2} + w_{t-1}) + w_t
\end{aligned}
$$

$$\vdots$$

$$= \phi_0 + \phi_1^k x_{t-k} + \sum_{j=0}^{k-1} \phi_1^j w_{t-j} \tag{5.102}$$

AR(1) 模型；平稳性和因果关系

AR(1) 模型的性质取决于自回归参数的绝对值。特征多项式只有一个根，即该参数的倒数，当然它是实数。

如果 $|\phi_1| = 1$，那么该过程是任何给定起点的随机游动。我们记得随机游动不是平稳的，而是一个 I(1) 过程。模拟的随机游动如图 5.1 所示。

我们现在考虑 AR(1) 模型的一些性质，这些性质取决于 $|\phi_1| < 1$ 或 $|\phi_1| > 1$。

具有 $|\phi_1| < 1$ 的 AR(1) 模型

现在，如果 $|\phi_1| < 1$，那么我们可以继续这个演变，得到

$$x_t = \phi_0 + \sum_{j=0}^{\infty} \phi_1^j w_{t-j} \tag{5.103}$$

这是一个单边线性过程（参见式（5.3）），因为 $\sum_{j=0}^{\infty} \phi_1^j < \infty$，因此，具有 $|\phi_1| < 1$ 的 AR(1) 模型是因果关系。

具有 $|\phi_1| < 1$ 的 AR(1) 模型的 ACF

如果对模型（5.95）没有进一步的假设，那么自协方差非常复杂，在实践中不是很有用。让我们对式（5.101）中的均值做一个简化的假设，我们有 $E(x_t) = E(x_{t-1})$。例如，如果过程是平稳的，或者只是一个鞅过程。在这个假设下，当 $\phi_1 < 1$ 时，我们得到无条件均值，

$$E(x_t) = \frac{\phi_0}{1 - \phi_1} \tag{5.104}$$

（练习 5.19 要求证明这个结果。）

现在，在假设均值是常数的情况下，自相关系数对于均值取任何值都相同，所以为了简化符号，我们令 $E(x_t) = 0$ 而不使用式（5.104）中给出的期望。因此，自协方差函数为

$$\gamma(s,t) = \text{Cov}(x_s, x_t)$$
$$= E(x_s, x_t)$$
$$= E\left(\left(\sum_{j=0}^{\infty} \phi_1^j w_{s-j} \right) \left(\sum_{j=0}^{\infty} \phi_1^j w_{t-j} \right) \right) \tag{5.105}$$

现在，当 $s = t + h$ 时，我们发现可以把 $\gamma(s,t)$ 写成 $\gamma(h)$。

如果对于 $i \neq j$，有 $E(w_i w_j) = 0$，并且对于 $i = j$，有 $E(w_i w_j) = \sigma_w^2$，我们有

$$\gamma(h) = \sigma_w^2 \sum_{j=0}^{\infty} \phi_1^j \phi_1^{j+h} \tag{5.106}$$

当 $h \geqslant 0$ 时，提出 ϕ_1^h 得到

$$\gamma(h) = \sigma_w^2 \phi_1^h \sum_{j=0}^{\infty} \phi_1^{2j}$$

如果 $|\phi_1| < 1$，根据式（5.31），我们发现序列是有限的并且收敛到

$$\gamma(h) = \frac{\phi_1^h}{1 - \phi_1^2} \sigma_w^2 \tag{5.107}$$

也就是说，当 $|\phi_1| < 1$（这是我们首先得到式（5.103）的条件）时，方差（$h = 0$）和自协方差（$h \neq 0$）是有限的。

由于均值是常数，$\gamma(s,t)$ 有限，且仅通过 $h = |s - t|$ 依赖于 s 和 t，如果 $|\phi_1| < 1$，那么 AR(1) 过程是平稳的。

由式（5.107）可得 $|\phi_1| < 1$ 的 AR(1) 过程的 ACF：

$$\rho(h) = \phi_1^h, \quad h \geqslant 0 \tag{5.108}$$

有趣的是，从这个表达式中可以看出，如果 ϕ_1 为正，那么 ACF 对于所有滞后都是正的，如果 ϕ_1 为负，那么 ACF 符号交替。

注意，虽然自相关的绝对值随着滞后 h 的增加而减小，但是对于任何有限的 h，它永远不会变为 0，这与 MA(q) 过程的 ACF 不同。

具有 $|\phi_1| > 1$ 的 AR(1) 模型

如果 $|\phi_1| \geqslant 1$，那么该过程是爆炸性的；也就是说，这些值无限制地增加。由于这种情况下的性质非常不同，一些作者认为它不是 AR(p) 模型。此外，对于正的情况，即仅当 $\phi_1 \geqslant 1$ 时，一些作者把该模型称为爆炸性模型。

当 $|\phi_1| \geqslant 1$ 时，考虑式（5.102）中步骤的逆过程：

$$
\begin{aligned}
x_t &= \phi_1^{-1} x_{t+1} - \phi_1^{-1} w_{t+1} \\
&= \phi_1^{-1}(\phi_1^{-1} x_{t+2} - \phi_1^{-1} w_{t+2}) - \phi_1^{-1} w_{t+1} \\
&\vdots \\
&= \phi_1^{-k} x_{t+k} - \sum_{j=1}^{k-1} \phi_1^{-j} w_{t+j}
\end{aligned} \tag{5.109}
$$

现在，如果 $|\phi_1| > 1$，那么 $|\phi_1|^{-1} < 1$，因此我们可以继续这种演变，得到表示

$$x_t = -\sum_{j=0}^{\infty} \phi_1^{-j} w_{t+j} \tag{5.110}$$

这与式（5.103）相似，为 $|\phi_1| < 1$ 的 AR(1) 过程。这个过程是平稳的，正如练习 5.8 中要求进行推导完成的结果。

然而，这两个 AR(1) 过程有一个重要的区别。式（5.110）中 $|\phi_1| > 1$ 的 AR(1) 过程取决于未来。作为数据生成过程的模型，它没有用。

如我们所见，$|\phi| < 1$ 的 AR(1) 模型是有因果关系的，因为它只依赖于过去，而 $|\phi| > 1$ 的 AR(1) 模型不是因果关系；线性过程（5.110）涉及未来值。（注意，有些作者只对因果模型使用术语"自回归模型"或"AR"。）

注意，当且仅当自回归多项式的根在单位圆之外时，模型才是因果关系。

图 5.8 为 ϕ_1 取不同值时模拟的 AR(1)。为了强调过程中的差异，所有的过程都基于相同的白噪声序列，这个序列实际上是 $\sigma_w^2 = 1$ 的高斯白噪声。特别要注意图中两个爆炸过程。

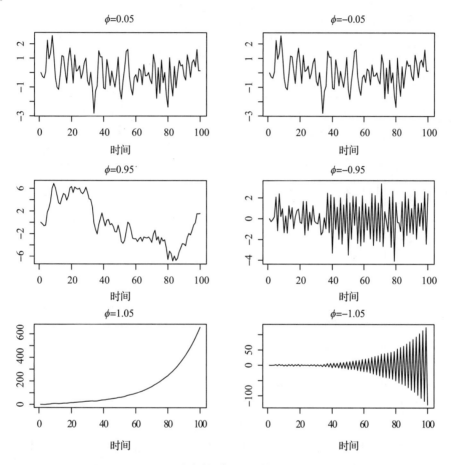

图 5.8　以 $x_0 = 0$ 为条件，ϕ 取不同值时模拟的 AR(1) 路径

对于 $|\phi_1| < 1$ 的 AR(1) 过程，由式（5.108）可知，当 ϕ_1 为正时，ACF 在所有滞后中都是正的，当 ϕ_1 为负时，ACF 在符号上正负交替。在图 5.9 中，我们给出了 ϕ_1 取不同值时 AR(1) 过程的模拟数据（见图 5.8）的样本 ACF。当 $|\phi_1|$ 很小，噪声在过程中占主导地位，因此 $\phi_1 = 0.05$ 和 $\phi_1 = -0.05$ 的 ACF 没有继承这些性质（事实上，它们几乎相同，因为在模拟中使用了相同的白噪声序列）。在 $\phi_1 = 0.95$ 和 $\phi_1 = -0.95$ 的样本 ACF 中，总体 ACF 的行为非常明显。

AR(1) 模型的平稳性和因果关系取决于 ϕ_1；因此，等价地，这些性质取决于特征多项式 $1 - \phi_1 z$ 的根。对于高阶 AR 模型，我们不能直接从 ϕ 中确定这些性质，但是，我们可以从特征多项式的根中确定这些性质，这当然取决于 ϕ。

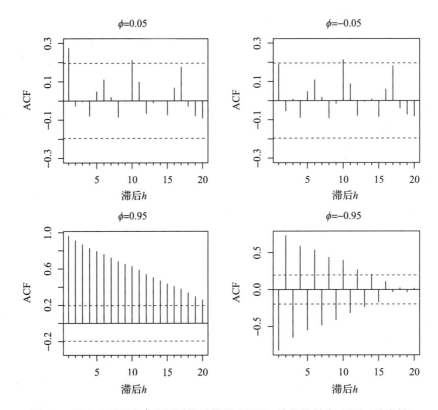

图 5.9 图 5.8 显示的 ϕ 取不同值时模拟 AR(1) 路径的样本 ACF（见彩插）

AR(1) 模型中的偏自相关函数

与前面 MA(1) 模型一样，我们现在考虑 AR(1) 模型中 x_t 和 x_{t-2} 的偏自协方差。这是经过 x_{t-1} 调整的 x_t 和 x_{t-2} 之间的自协方差。设 ρ_1 是 x_t 和 x_{t-1} 之间的相关系数。这也是 x_{t-1} 和 x_{t-2} 之间的相关系数。x_t 的调整值为 $x_t - \rho_1 x_{t-1}$，同样，x_{t-2} 的调整值为 $x_{t-2} - \rho_1 x_{t-1}$，因此偏自协方差为

$$\mathrm{Cov}(x_t - \rho_1 x_{t-1}, x_{t-2} - \rho_1 x_{t-1}) = (\rho_1^2 - \rho_1^2 - \rho_1^2 + \rho_1^2)\mathrm{V}(x_t) = 0 \qquad (5.111)$$

在平稳 AR(1) 模型中，对于滞后 $h=2$，偏自协方差和 PACF 为零。这个事实可以帮助我们将 AR(p) 模型确定为 AR(1)。在 5.3.3 节中，我们看到在 AR(p) 模型中，这个性质扩展到大于 p 的滞后情况。

AR(2) 模型

前面关于 AR(1) 模型的讨论说明了一些基本原理，并且确定了特征多项式根的重要性质，该性质能够确定自回归过程的平稳性、爆炸性和因果关系。我们这里不急于把这些性质推广到 AR(p)，首先考虑模型 AR(2) 更有意义，

$$x_t = \phi_0 + \phi_1 x_{t-1} + \phi_2 x_{t-2} + w_t$$

或

$$(1-\phi_1 B-\phi_2 B^2)(x_t)=w_t \tag{5.112}$$

我们假设该模型平稳。即使如此，我们也不能得到 ACF 或者自相关函数的简单表达式。因此，我们求出一个 h 的递推关系。

在平稳性假设下，均值为常数，因此，和式（5.104）中的 AR(1) 一样，对于 AR(2)，只要 $\phi_1+\phi_2 \neq 1$，我们有

$$E(x_t)=\frac{\phi_0}{1-\phi_1-\phi_2} \tag{5.113}$$

令 $\mu=E(x_t)$，我们有

$$x_t-\mu=\phi_1(x_{t-1}-\mu)+\phi_2(x_{t-2}-\mu)+w_t$$

现在，对于 $h>0$，考虑 $\gamma(h)$：

$$\gamma(h)=E((x_t-\mu)(x_{t-h}-\mu))$$
$$=E(\phi_1(x_{t-1}-\mu)(x_{t-h}-\mu))+E(\phi_2(x_{t-2}-\mu)(x_{t-h}-\mu))+E((x_{t-h}-\mu)w_t)$$
$$=\phi_1\gamma(h-1)+\phi_2\gamma(h-2) \tag{5.114}$$

我们有时把递推方程（5.114）称为 AR(2) 的矩方程。

对于 x_t 的方差 $\gamma(0)$，我们有

$$\gamma(0)=\phi_1\gamma(h-1)+\phi_2\gamma(h-2)+\sigma_w \tag{5.115}$$

Yule-Walker 方程

我们可以把方程（5.114）推广到 AR(p) 模型，根据前面同样的步骤，我们得到

$$\gamma(h)=\phi_1\gamma(h-1)+\cdots+\phi_p\gamma(h-p) \tag{5.116}$$

由于 $\gamma(-j)=\gamma(j)$，令 ϕ 是 p 维向量 $(\phi_1,\cdots,\phi_p)$，γ_p 是 p 维向量 $(\gamma(1),\cdots,\gamma(p))$，$\Gamma_p$ 为 $p\times p$ 自协方差矩阵

$$\Gamma_p=\begin{bmatrix} \gamma(0) & \gamma(1) & \cdots & \gamma(p-1) \\ \gamma(1) & \gamma(0) & \cdots & \gamma(p-2) \\ \vdots & \vdots & \ddots & \vdots \\ \gamma(p-1) & \gamma(p-2) & \cdots & \gamma(0) \end{bmatrix}$$

我们可以把前 p 个方程记作

$$\Gamma_p\phi=\gamma_p \tag{5.117}$$

并且对于式（5.116）中的 $h=0$，我们有关于方差的等式：

$$\gamma_p^T\phi+\sigma_w=\gamma(0) \tag{5.118}$$

（注意矩阵 Γ_p 的元素和向量 γ_p 的元素稍有不同。）

我们把这 $p+1$ 个方程称为 Yule-Walker 方程。

AR(2) 模型；Yule-Walker 方程

Yule-Walker 方程使我们可以把系数 ϕ 用自协方差函数表示，反之亦然。对于 AR(2) 模型，我们可以解出 ϕ_1 和 ϕ_2，用自协方差函数表示：

$$\phi_1=\frac{\gamma(1)\gamma(2)-\gamma(0)\gamma(1)}{(\gamma(0))^2-(\gamma(1))^2} \tag{5.119}$$

和

$$\phi_2 = \frac{(\gamma(1))^2 - \gamma(0)\gamma(2)}{(\gamma(0))^2 - (\gamma(1))^2} \tag{5.120}$$

这两个式子提供了基于样本自协方差函数的 ϕ_1 和 ϕ_2 的估计量。它们是矩估计量。我们从 5.3.6 节开始，一般性地讨论模型参数的估计方法。

AR(2) 模型；ACF

将矩方程中自协方差除以常数方差，我们得到了递推方程，也就是 ACF 的差分方程：

$$\rho(h) = \phi_1\rho(h-1) + \phi_2\rho(h-2) \tag{5.121}$$

对于任意给定的 ϕ_1 和 ϕ_2，许多 $\rho(h)$ 函数都满足方程 (5.121)。然而，如果我们固定 $\rho(0)$ 和 $\rho(1)$，对于 $h \geq 0$，根据方程 (5.121) 得到 $\rho(h)$。根据 ACF 的性质，我们有

$$\rho(0) = 1 \quad 和 \quad \rho(1) = \rho(-1)$$

因此，AR(2) 过程的 ACF 的递推表达式为

$$\rho(h) = \begin{cases} \dfrac{\phi_1}{1-\phi_2}, & h=1 \\ \phi_1\rho(h-1) + \phi_2\rho(h-2), & h \geq 2 \end{cases} \tag{5.122}$$

我们可以使用方程 (5.122)，对于任意 h 计算 ACF，但是它不能告诉我们任何关于 AR(2) 过程的性质，例如，这个 AR(2) 过程是爆炸性的还是因果关系。

AR(2) 模型；特征多项式和因果关系

我们还可以把方程 (5.121) 写为

$$(1 - \phi_1 B - \phi_2 B^2)\rho(h) = 0 \tag{5.123}$$

这是一个二阶确定性有限差分方程。按照前面的分析，我们知道差分方程的解取决于特征多项式的根 z_1 和 z_2，这两个根我们可以用二次公式 (5.42) 很容易地求出来。

对于常数 c_1 和 c_2，由式 (5.44) 和式 (5.45) 的初始条件确定，解为

$$\rho(h) = (c_1 + c_2 h)z_1^{-h} \tag{5.124}$$

或

$$\rho(h) = c_1 z_1^{-h} + c_2 z_2^{-h} \tag{5.125}$$

这取决于是否 $z_1 = z_2$。如果 z_1 有虚部，那么 $z_2 = \overline{z}_1$ 且同时也有 $c_2 = \overline{c}_1$。不管两个根是否相等（且都是实数），或者是否是不相等的实数，或者是否是不相等的复数，这都取决于判别式 $\sqrt{\phi_1^2 + 4\phi_2}$。

当且仅当两个根（相等或不相等）的模都大于 1，ACF 才收敛到 0，正如我们在式 (5.124) 和式 (5.125) 中发现的结果。如果根还有虚部，那么根据式 (5.46)，我们发现收敛按照正弦进行。如果两个根都在单位圆内，那么 ACF 增长趋向于 1，且序列本身是爆炸性的。

图 5.10 针对不同的 ϕ_1 和 ϕ_2，给出了 3 个模拟的 AR(2) 过程和它们的 ACF。图 5.10 的每个序列都由 R 函数 arima.sim 生成，使用 Acf 函数生成 ACF。每种情形中，特征多项式所有根的模都大于 1。第一个序列只有一个根，第二个序列有两个不同的实根，第三

个序列的两个根有虚部。练习 5.20a 要求解出这些过程的特征多项式并确定它们的根。

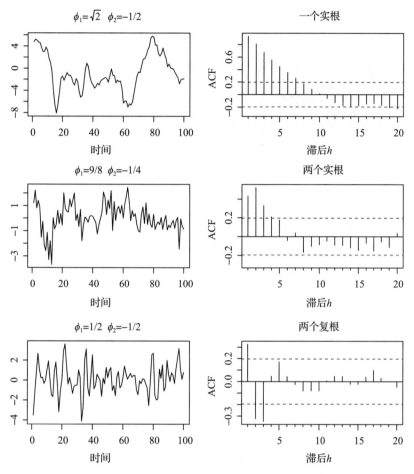

图 5.10　模拟的 AR(2) 路径和相应的样本 ACF（见彩插）

　　注意到对于 ACF 按照正弦递减的序列，其特征多项式有虚部。（我们从这个样本中发现有三个周期。）这就提示我们，满足这样模型的时间序列过程呈现出周期性。

　　对应图 5.10 中 AR(2) 过程的特征多项式，它们所有的根都在单位圆外。图 5.11 给出了特征多项式具有单位根的 AR(2) 过程的模拟路径。注意到在前几期滞后后，ACF 并不继续接近 0，即使达到 100 多期滞后。

　　尽管在 AR(1) 模型中，确定系数的条件以保证模型具有因果关系非常简单，但是对于一个 AR(2) 模型并不如此。然而，可以证明，AR(1) 模型中的因果和特征多项式的根之间的关系对于 AR(2) 模型是相同的。AR(2) 模型表示因果关系，当且仅当特征多项式的所有根都在单位圆外。

　　当然，这些根取决于二次式中的 ϕ_1 和 ϕ_2，因此我们可以根据 AR(2) 模型的系数总结确保因果关系的条件：

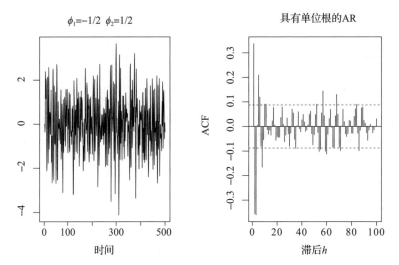

图 5.11 具有单位根的 AR(2) 过程；模拟路径和对应的样本 ACF（见彩插）

$$\phi_1 + \phi_2 < 1$$
$$\phi_2 - \phi_1 < 1$$
$$|\phi_2| < 1 \tag{5.126}$$

AR(p) 模型的性质

我们为了得到 AR(2) 模型的 ACF，首先提出 ACF $\rho(h)$ 的 h 差分方程。式 (5.122) 给出的 ACF 是差分方程 (5.121) 或 (5.123) 在 $\rho(0)=1$ 和 $\rho(h)=\rho(-h)$ 条件下的解。

AR(p) 模型的 ACF 的差分方程，可以按照式 (5.121) 或式 (5.123) 推导。用算子符号表示为

$$\phi(B)\rho(h) = 0 \tag{5.127}$$

当且仅当所有根（相等或不相等）的模都大于 1 时，ACF 收敛到 0。如果另外一些根具有虚部，那么根据式 (5.46)，我们看到收敛按照正弦进行。如果所有根位于单位圆上或单位圆内，那么 ACF 不会收敛到 0。

AR(1) 和 AR(2) 模型中的因果关系与特征多项式的根之间的关系，可以扩展到一般 AR(p) 模型中，具有相似的结论：

当且仅当特征多项式的所有根都位于单位圆之外时，AR(p) 模型才表示因果关系。

此结论的证明超出了本书的范围。感兴趣的读者可以参考 Fuller (1995) 的证明。

如果系数满足收敛条件，那么 R 函数 `ARMAacf` 可以计算给定系数值的理论值或总体 ACF 值。

5.3.3 偏自相关函数

正如我们所了解到的那样，MA(q) 模型的 ACF 与 q 阶有很强的相关性，但对于 AR 模型来说，ACF 并没有告诉我们太多关于 q 阶的信息。AR(1) 模型的 ACF（见式 (5.108)）

与 AR(2) 模型的 ACF（见式（5.122））之间没有明显的区别。

我们希望在 AR(p) 模型中，对于大于或等于 p 的滞后，有一个函数为零，类似于 MA(q) 模型中的 ACF。

因为在 AR 模型中，所建立的关系本质上是线性回归，当研究一个变量与另一个变量的关系时，我们可以对于序列中其他变量两两之间的关系调整这两个变量中的每一个。因此，我们可以确定偏相关，就像我们在 MA(1) 和 AR(1) 模型中所做的那样。4.5.4 节提出了通过在线性模型中进行调整以得到"偏"统计量的基本思想。

和以前一样，我们基于模型序列构建一个函数。我们所定义的这个函数，是在消除了短期滞后引起的任何相关影响后，得到的相关系数。然而，因为在 x_t 和 x_{t+h} 之间有 $h-1$ 个值，所以表示方法变得相当麻烦。

正如回归模型序列（4.121）一样，我们形成了一个 AR 模型序列：

$$x_t = \phi_{0,1} + \phi_{1,1} x_{t-1} + w_{1t}$$
$$x_t = \phi_{0,2} + \phi_{1,2} x_{t-1} + \phi_{2,2} x_{t-2} + w_{2t}$$
$$\vdots$$
$$x_t = \phi_{0,h} + \phi_{1,h} x_{t-1} + \cdots + \phi_{h,h} x_{t-h} + w_{ht} \tag{5.128}$$

（在下文中，我们对每个 j 取 $\phi_{0,j}=0$，只是因为扩展过程更平滑，但是可以修改以允许非零均值。）注意 $\phi_{1,1}$ 是 x_t 和 x_{t-1} 的相关系数。接下来，$\phi_{2,2}$ 是 $x_t - \phi_{1,1} x_{t-1}$ 和 x_{t-2} 的相关系数；也就是说，它是经 x_{t-1} 调整后的 x_t 和 x_{t-2} 的相关系数。继续，对于给定的 h，我们有偏自相关或 PACF：

$$\phi_{1,1}, \phi_{2,2}, \cdots, \phi_{h,h}$$

考虑一个均值为 0 的平稳 AR(p) 模型，

$$x_t = \phi_1 x_{t-1} + \cdots + \phi_p x_{t-p} + w_t$$

使用 AR 模型方程，我们可以求解方程（5.128）中的 ϕ_{ij}。

例如，如果 $p=2$，我们有

$$\phi_{1,1} = \frac{\phi_1}{1-\phi_2} = \rho(1)$$

$$\phi_{2,2} = \frac{\dfrac{\phi_1^2}{1-\phi_2} + \phi_2 - \left(\dfrac{\phi_1}{1-\phi_2}\right)^2}{1 - \left(\dfrac{\phi_1}{1-\phi_2}\right)^2} = \frac{\rho(2) - (\rho(1))^2}{1 - (\rho(1))^2}$$

$$\phi_{2,1} = \phi_1 = \rho(1)(1 - \phi_{2,2})$$

$$\phi_{3,3} = \frac{\rho(3) - \rho(2)\rho(1)(1-\phi_{2,2}) - \rho(1)\phi_{2,2}}{1 - (\rho(1))^2(1-\phi_{2,2}) - \rho(2)\phi_{2,2}} = 0 \tag{5.129}$$

我们使用 ACF 的递归方程（5.122）获得最后一个方程 $\phi_{3,3}=0$（参见练习 5.21）。

同样的扩展也适用于 AR(p) 模型。由式（5.128）可知，一般情况下，$\phi_{1,1} \neq 0, \cdots,$

$\phi_{p,p} \neq 0$，但 $\phi_{p+1,p+1} = 0$。x_t 经过 $x_{t-1}, \cdots, x_{t-p}$ 调整后，得到 x_{t-p-1} 和 x_t 的偏自相关系数，即 $\phi_{p+1,p+1}$ 等于 0。因此，如果我们有 AR 模型的 PACF，我们立即知道模型阶数的下界。

然而，在 MA 模型中，偏自相关系数不会变为 0。

R 函数 ARMAacf 可以计算给定系数值的理论值或总体 PACF 值。

因为 PACF 的递归方程（5.129）只涉及 ACF，我们立即得到样本的 ACF。样本 ACF 是一个估计量，根据方程（5.129），有

$$\hat{\phi}_{k,j} = f(\hat{\rho}(1), \cdots, \hat{\rho}(k))$$

对于样本 ACF 的某个函数 f。基于这个估计量，我们估计 AR 的阶数。

R 函数 pacf 计算并选择绘制样本 PACF。图 5.12 显示了图 5.10 和图 5.11 中给出的 AR(2) 模型的样本 PACF。

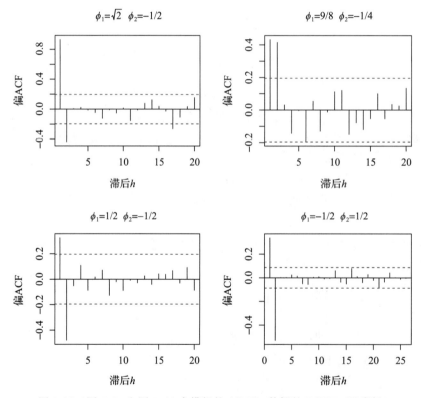

图 5.12   图 5.10 和图 5.11 中模拟的 AR(2) 数据的 PACF（见彩插）

我们发现，对于这些样本中的每个样本来说，PACF 正确地指示了该 AR 过程的阶数为 2。

把 PACF 与相同数据的 ACF 进行比较，有时会很有用。由没有自回归成分的数据生成过程产生数据，其 PACF 通常与这些数据的 ACF 非常相似。

5.3.4　ARMA 和 ARIMA 模型

我们把同时具有自回归和移动平均成分的时间序列模型称为自回归移动平均模型或 ARMA 模型；具体来说，当 $t=0,\pm1,\pm2,\cdots$ 时，p,q 阶的 ARMA 模型记为 $\text{ARMA}(p,q)$，是一个时间序列模型，

$$x_t=\phi_1 x_{t-1}+\cdots+\phi_p x_{t-p}+w_t+\theta_1 w_{t-1}+\cdots+\theta_q w_{t-q} \tag{5.130}$$

其中 $\theta_1,\cdots,\theta_q$，$\phi_1,\cdots,\phi_p$ 是常数，$\theta_q\neq0$ 和 $\phi_p\neq0$，w_t 是白噪声过程。

根据 p 阶自回归算子和 q 阶移动平均算子，我们可以把 $\text{ARMA}(p,q)$ 模型写为

$$\phi(\text{B})(x_t)=\theta(\text{B})(w_t) \tag{5.131}$$

用复数代替 B 的 AR 和 MA 算子形成的 AR 和 MA 多项式的根，是确定时间序列性质的重要工具。

ARMA 模型的分析包括同时应用我们分别为 AR 和 MA 模型扩展的分析。模型一个方面的特征可能会掩盖其他部分的特征。在 ARMA 模型中，ACF 可能不像在 MA 模型中那样趋于零，而 PACF 可能不像在 AR 模型中那样趋于零。然而，这两个函数在分析中都有用。

MA 和 AR 模型中的可逆性和因果关系等性质在 ARMA 模型中具有相同的含义。

自协方差和自相关

ARMA 模型的自相关函数取决于参数 p 和 q。

ARMA(1,1) 的自相关函数

计算 $\text{ARMA}(1,1)$ 的 ACF 是一个简单的练习。

$$x_t=\phi x_{t-1}+\theta w_{t-1}+w_t$$

我们可以把自协方差函数写为递归形式：

$$\gamma(h)-\phi\gamma(h-1)=0,\quad h=2,3,\cdots$$

初始条件为

$$\gamma(0)=\phi\gamma(1)+\sigma_w^2(1+\theta\phi+\theta^2)$$

$$\gamma(1)=\phi\gamma(0)+\sigma_w^2\theta\phi$$

由此，通过一些代数操作，我们得到自协方差函数

$$\gamma(h)=\sigma_w^2\frac{(1+\theta\phi)(\phi+\theta)}{1-\phi^2}\phi^{h-1} \tag{5.132}$$

所以

$$\rho(h)=\frac{(1+\theta\phi)(\phi+\theta)}{1+2\theta\phi+\theta^2}\phi^{h-1}$$

ARMA(p,q) 的自协方差函数

在因果模型中，对于 $h\geqslant0$，我们得到

$$\gamma(h)=\text{Cov}(x_{t+h},x_t)$$

$$=\mathrm{E}\Big(\Big(\sum_{j=1}^{p}\phi_j x_{t+h-j}+\sum_{j=0}^{q}\theta_j w_{t+h-j}\Big)x_t\Big)$$

$$=\sum_{j=1}^{p}\phi_j\gamma(h-j)+\sigma_w^2\sum_{j=h}^{q}\theta_j\psi_{j-h} \tag{5.133}$$

对于某些 $\psi_0,\cdots,\psi_{j-h}$。（最后的结果是因果关系，因为 $x_t=\sum_{k=0}^{\infty}\psi_k w_{t-k}$；另外，参见式（5.134）。）

R 函数 `ARMAacf` 可以计算给定系数值的 ACF 值。

ARMA 模型的性质

我们讨论的 MA 模型和 AR 模型或时间序列模型的性质一般都适用于 ARMA 模型，在某些情况下无须修改。我再次指出，一些作者要求一个模型是平稳的或因果的，才能称为 "ARMA(p,q)" 模型。当我假设该模型平稳时，通常使用短语 "平稳 ARMA" 模型。

与 MA 模型和 AR 模型一样，ARMA 模型的许多重要性质由特征多项式 $\theta(z)$ 和 $\phi(z)$ 的根决定。在随后两节中，我们给出模型参数与特征多项式系数的关系。我们列出模型的性质与特征多项式的根的性质之间的两个重要关系，但这些性质的推导超出了本书的范围。

因果 ARMA 模型

我们已经发现所有 MA(q) 模型都是因果关系，因为它们是单边线性过程，但是当且仅当特征多项式的根在单位圆外时，AR(p) 模型才是因果关系，在这种情况下 AR 模型可以用单边无穷级数表示，如式（5.110）。因果关系的概念立即适用于 ARMA(p,q) 模型，它仅取决于 AR 部分。

因果关系的基本思想是，现在可能取决于过去，但是不取决于未来。

一个 ARMA(p,q) 模型 $\phi(\mathrm{B})(x_t)=\theta(\mathrm{B})(w_t)$ 被称为因果的，如果 $t=0,\pm1,\pm2,\cdots$ 的时间序列 x_t 可以写成单边线性过程

$$x_t=\sum_{j=0}^{\infty}\psi_j w_{t-j}=\psi(\mathrm{B})(w_t) \tag{5.134}$$

其中 $\psi(\mathrm{B})=\sum_{j=0}^{\infty}\psi_j\mathrm{B}^j$，$\sum_{j=0}^{\infty}|\psi_j|<\infty$，$\psi_0=1$。

使用表达式 $\phi(\mathrm{B})(x_t)=\theta(\mathrm{B})(w_t)$，我们有算子的形式：

$$x_t=\psi(\mathrm{B})(w_t)=\frac{\theta(\mathrm{B})}{\phi(\mathrm{B})}(w_t)$$

这就得到了相同形式的特征多项式

$$\psi(z)=\sum_{j=0}^{\infty}\psi_j z^j \tag{5.135}$$

$$=\frac{\theta(z)}{\phi(z)} \tag{5.136}$$

我们假设 $\theta(z)$ 和 $\phi(z)$ 没有公共根。（如果它们有一个公共根，那么这两个多项式有一个公因子，分式可以化简。）

再一次，我们在没有证明的情况下给出了一个结论：

当且仅当式（5.136）中 $\phi(z)$ 的所有根都位于单位圆外时，ARMA(p,q) 模型才是因果关系模型；也就是说，对于 $|z|\leqslant 1$，$\phi(z)\neq 0$。

这个结论的证明可以在 Fuller（1995）和其他书中找到。

对于给定的系数 ϕ 和 θ 值，R 函数 ARMAtoMA 执行式（5.136）中隐含的计算。

例如，ARMA（2,2）模型

$$x_t = \frac{1}{4}x_{t-1} + \frac{1}{2}x_{t-2} + w_t - \frac{1}{5}w_{t-1} - \frac{2}{5}w_{t-2}$$

是因果关系，但模型

$$x_t = \frac{3}{4}x_{t-1} + \frac{1}{2}x_{t-2} + w_t - \frac{1}{5}w_{t-1} - \frac{2}{5}w_{t-2}$$

不是因果关系。然而，任何一种情况，ARMAtoMA 可以计算由除法得到的多项式的具体系数：

```
> ARMAtoMA(c(1,1/4,1/2), c(-1/5,-2/5), 5)
[1] 0.8000 0.6500 1.3500 1.9125 2.5750
> ARMAtoMA(c(1,3/4,1/2), c(-1/5,-2/5), 5)
[1] 0.8000 1.1500 2.2500 3.5125 5.7750
```

可逆 ARMA 模型

我们已经发现所有 AR(p) 模型都是可逆的，但当且仅当特征多项式的根在单位圆外时，MA(q) 模型才是可逆的。可逆性的概念可直接适用于 ARMA(p,q) 模型，它只依赖于 MA 部分。ARMA 模型的可逆性与 MA 部分的可识别性有关。

一个 ARMA(p,q) 模型 $\phi(\mathrm{B})(x_t)=\theta(\mathrm{B})(w_t)$ 被称为可逆的，如果时间序列可以写成

$$\pi(\mathrm{B})(x_t) = \sum_{j=0}^{\infty}\pi_j x_{t-j} = w_t \tag{5.137}$$

其中，$\pi(\mathrm{B})=\sum_{j=0}^{\infty}\pi_j \mathrm{B}^j$，$\sum_{j=0}^{\infty}|\pi_j|<\infty$ 和 $\pi_0=1$。从形式上，我们可以写作

$$w_t = \pi(\mathrm{B})(x_t) = \frac{\phi(z)}{\theta(z)}(x_t) \tag{5.138}$$

并把特征多项式 $\pi(x)$ 确定为

$$\pi(z) = \sum_{j=0}^{\infty}\pi_j z^j \tag{5.139}$$

$$= \frac{\phi(z)}{\theta(z)} \tag{5.140}$$

这里我们再次假设 $\theta(z)$ 和 $\phi(z)$ 没有公共根。

在这种形式下，我们发现了 MA 多项式的重要作用，但是我们不证明下面这个主要结论：

当且仅当式（5.140）中 $\theta(z)$ 的所有根都位于单位圆外时，ARMA(p,q) 模型才是

可逆的；也就是说，当 $|z| \leqslant 1$ 时，$\theta(z) \neq 0$。

该结论的证明可以在 Fuller（1995）和其他书中找到。

正如确定一个 ARMA 模型是否具有因果关系的方法是使用 AR 多项式一样，确定一个 ARMA 模型是否可逆的方法是使用 MA 多项式。例如，ARMA(2,2) 模型

$$x_t = \frac{3}{4} x_{t-1} + \frac{1}{2} x_{t-2} + w_t - \frac{1}{5} w_{t-1} - \frac{2}{5} w_{t-2}$$

是可逆的，但模型

$$x_t = \frac{3}{4} x_{t-1} + \frac{1}{2} x_{t-2} + w_t - \frac{3}{5} w_{t-1} - \frac{2}{5} w_{t-2}$$

不是可逆的，而且两个模型都不是因果关系。

对于给定系数 ϕ 和 θ 值，R 函数 `ARMAtoMA` 也可用于执行式（5.140）中隐含的计算，但 AR 和 MA 系数必须互换。

单整；ARIMA 模型

在时间序列中使用的专门术语中，"单整"是指差分的逆。对时间序列进行差分可以改变时间序列的简单性质。差分前的原始过程是单整过程。

正如我们所见，一些非平稳模型可以通过差分转化为平稳过程。原始的非平稳过程就是一个单整平稳过程。因此，分析过程中由原始模型的非平稳性引起的问题，可以通过平稳模型解决。

我们可以通过差分把非平稳过程变成平稳 ARMA 过程。这种情形下，原始过程是 ARIMA 过程。

如果 $\{\Delta^d x_t\}$ 是 ARMA(p,q) 过程，那么时间序列 $\{x_t\}$ 是 ARIMA(p,d,q) 过程。

由于算子 $\Delta^d(\cdot)$ 等价于 $(1-B)^d(\cdot)$，所以，我们可以写出一个 ARIMA(p,d,q) 模型

$$\phi(B)(1-B)^d(x_t) = \theta(B)(w_t) \tag{5.141}$$

如果平稳差分过程有非零均值，即 $E(\Delta^d x_t) = \mu$，那么我们可以把它提出来，把模型写为

$$\phi(B)(1-B)^d(x_t) = \alpha + \theta(B)(w_t) \tag{5.142}$$

其中，$\alpha = \mu(1 - \phi_1 - \cdots - \phi_p)$。

分数 ARIMA 模型

如果在 ARIMA(p,d,q) 模型中差分 d 阶，满足 $-0.5 < d < 0.5$ 且 $d \neq 0$，那么该模型是分数 ARIMA 模型，有时也称为 FARIMA 模型或 ARFIMA 模型。

这种模型在研究长记忆过程中很有用，在长记忆过程中自相关衰减慢于指数下降。然而，我们不会在本书中讨论这些主题。

季节性 ARMA 模型

AR 和 MA 模型都基于点 $t, t \pm 1, t \pm 2, \cdots$。季节性 AR 或 MA 过程是基于点 $t, t \pm s$，$t \pm 2s, \cdots$ 处值的线性组合，其中 $s \geqslant 1$ 是季节长度。

　　季节差异的常用符号是使用大写字母，对应于普通差异的小写字母（不要与我们之前在多变量过程中使用的大写字母混淆）。

　　季节周期为 s 的 P 阶季节性 AR 算子为

$$\Phi_P(B^s) = 1 - \Phi_1 B^s - \Phi_2 B^{2s} - \cdots - \Phi_P B^{Ps} \qquad (5.143)$$

季节周期为 s 的 Q 阶季节性 MA 算子为

$$\Theta_Q(B^s) = 1 + \Theta_1 B^s + \Theta_2 B^{2s} + \cdots + \Theta_Q B^{Qs} \qquad (5.144)$$

季节效应可以像以前一样处理低频 AR 或 MA 效应。

　　较低频率的季节效应可以叠加在普通 AR 和 MA 因子上：

$$\Phi_P(B^s)\phi(B)(x_t) = \Theta_Q(B^s)\theta(B)(w_t) \qquad (5.145)$$

显然，可以把式（5.145）的模型记为 ARMA$(p,q) \times (P,Q)_s$，符号含义很明显。

　　"纯季节性 ARMA 模型"是指在较高频率上没有依赖性的模型：

$$\Phi_P(B^s)(x_t) = \Theta_Q(B^s)(w_t) \qquad (5.146)$$

记为 ARMA$(P,Q)_s$。在这种情况下，没有季节内模型效应。

　　除了 Ps 和 Qs 的滞后，纯季节性 ARMA 模型的 ACF 和 PACF 与 ARMA 模型中的很相似。在 AR$(P)_s$ 过程中，在滞后 Ps 后，PACF 变为 0。在 MA$(Q)_s$ 过程中，在滞后 Qs 后，ACF 变为 0。

　　在 ARMA$(P,Q)_s$ 的过程中，它们在整个季节的长度上都逐渐减少。

季节性 ARIMA 模型

　　使用上面的概念和符号，我们可以构成一个季节性 ARIMA 或 SARIMA 模型：

$$\Phi_P(B^s)\phi(B)\Delta_s^D \Delta^d(x_t) = \alpha + \Theta_Q(B^s)\theta(B)(w_t) \qquad (5.147)$$

其中我们表示 ARIMA$(p,d,q) \times (P,D,Q)_s$。

5.3.5　ARMA 和 ARIMA 模型的模拟

　　对某一类数据生成模型进行研究的最好方法之一就是使用该模型模拟数据。在图 5.1、图 5.2 和图 5.3 中，我们展示了来自随机游动的模拟数据集。随机游动模型相当简单，因为通常我们假设从某个起点开始。模拟方法也简单；正如我们提到的，所需要的只是一个起点和一个白噪声源。我们描述的其他时间序列模型，包括 ARMA 和 ARIMA 模型，都是针对变量 x_i 的，其中 $i = 0, \pm 1, \pm 2, \cdots$；即没有起点。无论生成什么数据，都以前面的数据为条件。

　　一种解决这个问题的方法就是选择一个任意的起点，并生成一个被丢弃的"预热"序列。其思想就是，远离任意的起始点，对该点的任何条件依赖性都被消除。

在 R 中模拟 ARMA 和 ARIMA 模型

　　R 函数 `arima.sim` 从 ARIMA 模型生成模拟数据。它首先生成一个被丢弃的预热序列。

　　模型参数在 `model` 参数中设定，它是一个包含三部分的列表：`ar` 是指定 AR 系数的数值向量；`ma` 是指定 MA 系数的数值向量；`order`，这是可选的，如果选择，那么它是一个包含三个元素（AR 部分的阶数，ARIMA 模型的差分阶数，MA 部分的阶数）的数值向量。AR 和 MA 部分的阶数必须与 `ar` 和 `ma` 部分的长度相同。AR 和 MA 系数的形式与我们使用的形式相同。（正如我们所提到的，一些作者使用一部分值或全部值的相反符号。）
AR 系数必须产生一个因果模型。（如果没有，那么 R 给出一条错误消息，指出 AR 部分必
须是"平稳的"。）

　　arima.sim 的 n 参数指定要模拟的观察值个数。与 R 中的其他随机数生成器（参
见 3.3.3 节）不同，n 参数作为位置参数跟随在 model 参数之后。最好用关键字指定参数。

　　arima.sim 的其他参数允许使用 rand.gen 参数指定新息 w_t 的分布，以及使用
start.innov 参数指定预热的性质。

　　该函数产生一个 ts 类对象。

　　下面的 R 代码从四个不同的 ARIMA 时间序列中的每一个都生成 500 个模拟观察值。
在每种情况下，新息值都是从标准正态分布生成的，这是默认的。在生成每个序列之前使
用 set.seed(12345) 重置种子。图 5.13 给出了这些时间序列图。

```
n <- 500
x1 <- arima.sim(n, model=list(ar=c(1/4,-1/2),order=c(2,0,0)))
x2 <- arima.sim(n, model=list(ma=c(1/4,1/2),order=c(0,0,2)))
x3 <- arima.sim(n, model=list(ar=c(1/4,-1/2),ma=c(1/4,1/2),
             order=c(2,0,2)))
x4 <- arima.sim(n, model=list(ar=c(1/4,-1/2),ma=c(1/4,1/2),
             order=c(2,1,2)))
```

　　我们从图 5.13 中注意到一件事，这些不同类型的序列看上去几乎没有差异，当然，单
整序列除外，它显然是非平稳的（参见练习 5.25）。在 5.3.10 节，我们将回到这个例了，
但模型的新息服从 t 分布。

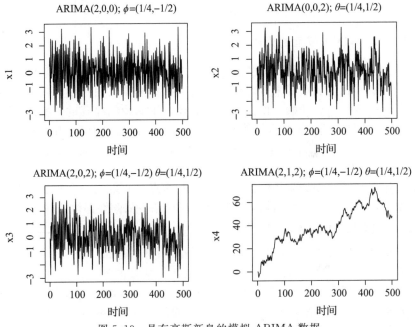

图 5.13　具有高斯新息的模拟 ARIMA 数据

5.3.6　ARMA 和 ARIMA 模型的统计推断

统计推断的第一步是构造一个初步的模型，它基于有关数据生成过程的任何可用信息和我们所具有的各种可处理模型性质的知识。探索性分析有助于识别数据生成过程的相关性质。时间序列图以及 ACF 和 PACF 的图可能反映时间序列数据的有趣性质，并可能提出一个合适的模型。该序列可能存在差别，然后进行同样的探索性分析。

如果一个 ARMA 类模型看起来是合适的，那么接下来要考虑的是 MA 和 AR 部分的阶数 p 和 q。选择比合适的 p 和 q 更大的值，会导致过度拟合。正如我们在第 4 章所讨论过的，过度拟合不仅导致模型比合适的模型更复杂，而且还增加了估计量的方差。

确定 AR 和 MA 的阶数

在纯 AR 过程中，PACF 表示阶数，而在纯 MA 过程中，ACF 表示 MA 的阶数。在 ARMA 过程中，ACF 和 PACF 都没有给出明确的阶数的信号。

另一种方法是拟合不同阶数的 ARMA 模型，并选择产生"最优"拟合的阶数。这是一个模型选择问题，我们在 4.6.3 节对其进行了一般性讨论。我们在 5.3.7 节简要讨论 ARIMA 模型的选择。

在随后几节中，我们假设阶数 p 和 q 已知且固定。

拟合 ARMA 模型

即使对于固定的 p 和 q，拟合 ARMA 模型的问题在计算上很困难，我们不会在这里讨论计算细节。

正如我们在 4.2.2 节所讨论的，有几种基于不同标准的估计方法。在时间序列统计推断中，三种最常用的方法是矩法、最大似然法和最小二乘法。每种方法都有优点和局限性。

尽管各个估计量的统计性质依赖于基本的概率分布（w_t 的分布），但是这些标准中唯一基于概率分布的是最大似然估计，为此，我们通常假设正态分布。具有较厚尾部的更符合实际的分布，在模型构建和 MLE 的计算中都存在问题。

在用数据拟合模型前，我们应该绘制数据图，并计算一些初步的统计量，如 ACF 和 PACF。通过观察图形能提示我们需要关注过程的某些性质，比如趋势或季节性。

一种估计 ARMA 模型参数的方法是分别考虑这两部分。在计算上，这样可能更简单，并且也可能有助于决定合适的 ARMA 模型。我们已经指出了一种基于 Yule-Walker 方程估计 AR 参数的方法。然后，把估计得到的 AR 参数代入模型，得到一个纯 MA 模型，然后可以有条件地估计 MA 的参数。

AR 模型的矩估计法

基于矩法的自协方差函数或 ACF 和 PACF 的估计；估计量只是样本的形式，在纯 AR 模型的情况下，自协方差函数与 AR 模型的系数之间存在直接的线性关系。这些关系是我们推导的 Yule-Walker 方程，并且对于 AR(2) 模型，使用式（5.119）和式（5.120）进行举例说明。

对于 AR(p) 模型，我们可以使用矩阵表示，把 p 个方程写为 $\Gamma_p \phi = \gamma_p$ （式（5.117）），加上方程 $\sigma_w^2 = \gamma(0) - \phi^{\mathrm{T}} \gamma_p$（来自式（5.118））。

对于给定时间序列的一组观察值，给定了样本自协方差函数 $\hat{\gamma}_p$，我们可以构造 $\hat{\Gamma}_p$ 并代入 Yule-Walker 方程。然后我们求解 Yule-Walker 方程，获得系数的估计量，

$$\hat{\phi} = \hat{\Gamma}_p^{-1} \hat{\gamma}_p \tag{5.148}$$

和白噪声的方差的估计量，

$$\hat{\sigma}_w^2 = \hat{\gamma}(0) - \hat{\phi}^T \hat{\gamma}_p \tag{5.149}$$

我们通常不使用 Yule-Walker 方程的样本自协方差函数，而是使用样本 ACF 的 $\hat{\rho}_p$ 和样本自相关矩阵，它们是等价的。

这些 Yule-Walker 估计量具有有用的性质。它们是一致估计量（参见式（4.18））。不仅如此，$\hat{\phi}$ 还具有简单的渐近正态分布：

$$\sqrt{n}(\hat{\phi} - \phi) \xrightarrow{d} N_p(0, \sigma_w^2 \Gamma_p^{-1}) \tag{5.150}$$

最大似然估计

我们在 4.2.2 节讨论了似然函数和最大似然估计（MLE）。最大似然估计的第一步是形成似然函数，正如我们所强调的，这需要概率分布。在时间序列分析的 MLE 中，概率分布的选择经常被忽略，因为分析人员立即使用由正态分布得出的公式。

模型的定义需要白噪声，只要均值为 0，白噪声几乎允许任何分布。只要它们的相关性为 0，序列实现值甚至不需要相互独立。

实际上，我们可以假设分布是对称的和单峰的。正态分布是对称的和单峰的。此外，在一些简单的假设下，其他分布相加得到的实现值服从渐近正态分布。正态分布的优点是在数学和计算上都很容易处理。

正态分布的主要缺点是，它的尾部比金融应用中遇到的许多频率分布的尾部更薄。在正态分布中，MLE 通常涉及平方和的最小化，这个事实使薄尾问题复杂化。平方因素放大了观察结果在分布尾部产生的大偏差。

尽管正态分布存在明显的问题，但是在许多方面它是一个令人满意的近似，并且它是 ARMA 模型中 MLE 的常用方法。因此，我们假设白噪声过程 $\{w_t\}$ 是高斯过程。

在一个简单模型中，$Y \sim N(\mu, \sigma^2)$，数据 $y_1, \cdots, y_n$ 独立同分布于 $N(\mu, \sigma^2)$，回想一下，似然函数是

$$L(\mu, \sigma^2; y_1, \cdots, y_n) = \frac{1}{(\sqrt{2\pi\sigma^2})^n} e^{-\sum_{i=1}^{n}(y_i - \mu)^2/2\sigma^2} \tag{5.151}$$

（这是式（4.29），与式（4.68）比较，即与具有误差正态分布的线性回归模型的对数似然函数进行比较。）

ARMA 的似然函数具有式（5.151）的一般形式，但是要复杂得多，我们不在这里写出其表达式。ARMA 模型中的参数，即似然函数的变量，它们分别是 p 个 ϕ、q 个 θ 和 σ。

最大化具有正态新息的 ARMA 模型的似然函数，计算很困难，但是可以使用好的算法实现。最大值处的值是 MLE，最大值处的二阶导数提供 MLE 方差的估计值。使得似然函数最优的算法通常是拟牛顿法。在这种情况下，为牛顿法提供一个良好的起点很重要，并且有多种方法可用于获得初步估计值以开始迭代优化过程。我们不在这里讨论计算细节。

ARIMA 模型的推断

ARIMA 模型分为两个阶段分析。第一阶段是获得 ARMA 模型的差分。差分运算的次数通常只有一两次，并且通常根据差分序列与 ARMA 模型的拟合程度决定。我们在 5.3.7 节讨论模型评估和选择问题。

残差

对任何统计模型拟合后，我们应该检查残差。残差与误差的概率分布不相同，但它们确实与误差相对应，频率分布应与误差概率分布相似。直方图或 q-q 图可能有助于评估它们的分布。虽然误差的分布可能比正态分布有更厚的尾部，但是大多数理论隐含的推断，包括通常的 MLE 拟合，都是基于误差正态分布的假设。残差与正态参考分布的 q-q 图可以显示这些近似是否合适。

在拟合时间序列模型中残差的另一个主要问题是残差中是否存在某种规律。ARMA 模型的一个假设是，误差对于所有滞后都不存在自相关；因此，残差的 ACF 或 PACF 图可能有助于评估模型与数据的拟合程度。

5.3.7　ARIMA 模型阶数选择

ARIMA 模型阶数选择很困难。正如我们在图 5.13 的前三幅图中看到的那样，不同 ARMA 模型产生的时间序列几乎没有明显差异。一般的实用规则是选择较小阶数。我们之所以这样，一个原因就是有一个一般假设，即所观察到的较大滞后的影响，小于所观察到的较小滞后造成的影响。另一个原因就是，在模型拟合数据的过程中，更复杂的模型引入了更多的噪声，如 4.6.3 节所述。

一种选择统计模型的方法，就是对于给定的数据集，使用几个不同的模型拟合，计算每个模型的拟合优度度量指标（例如，基于残差），确定每个模型复杂性的一些度量指标，然后选择产生最优组合度量指标的模型。例如，AIC 和 BIC 指标就是有用的准则，其中包括我们在第 4 章中讨论的其他准则。

5.3.8　ARIMA 模型预测

时间序列分析最重要的用途之一，就是预测或预测未来值。我们在 5.2.3 节介绍了一些符号和概念，例如预测原点和范围。

对于使用时间 t 以前的数据所拟合的模型，我们把随后时间的估计值表示为 $\hat{x}_t^{(1)}$，$\hat{x}_t^{(2)}, \cdots$。向前 h 步预测是 $\hat{x}_t^{(h)}$。（其他作者可能使用不同的符号。）

预测有两个方面：做出预测的时间，也就是预测原点，以及预测应用的未来时间点，即预测范围。在时间 t，在最小均方误差意义上，x_{t+h} 的"最优条件预测量"就是给定 $x_t, x_{t-1}, x_{t-2}, \cdots$ 下 x_{t+h} 的条件期望值，也就是

$$\hat{x}_t^{(h)} = \mathrm{E}(x_{t+h} \,|\, x_t, x_{t-1}, \cdots) \tag{5.152}$$

它是基于 t 时刻的可利用信息，有时我们把它表示为 $\mathcal{F}_t$，即 $\mathrm{E}(x_{t+h} \,|\, \mathcal{F}_t)$。

给定一个模型及其参数的线性无偏估计量，可以通过代入拟合模型计算预测值 $\hat{x}_t^{(h)}$，如式（5.75）和式（5.76）所示。这些代换通常必须用递归的形式实现。

预测值是随机变量。它们的分布相当复杂，因为它们依赖于参数估计量的分布。我们用正态近似估计它们的标准差。标准差随着时间范围的移动而增加，因为预测（在一步预测之后）依赖于以前的预测。

我们不在这里深入讨论 ARIMA 预测的细节；相反，我们下面使用 R 的例子进行举例说明。

5.3.9　R 中 ARMA 和 ARIMA 模型的分析

许多 R 包可用于时间序列分析。这些包经常更新，并且不断开发更多的包。一些 R 包可能使用稍微不同的模型定义（例如，系数的符号，正如我们所提到的）。

在本章中，我们通常使用基本 stats 包的函数，或者仅使用一小组广泛使用的时间序列包，主要是 tseries 和 forecast。forecast 包包括几个函数，这些函数复制了 stats 包中函数的功能，但是提供了更好的界面或更清晰的输出，例如用于 acf 的 Acf，用于 arima 的 Arima 和用于通常 predict 的 forecast。forecast 包还包括一些不在常用 stats 包中的有用函数，例如 auto.arima（参见 Hyndman 和 Khandakar 2008）。还有一些其他 R 包，我们将在后面的章节中使用。

在 R 中拟合 ARMA 和 ARIMA 模型

stats 包中 R 函数 arima 计算季节性或非季节性 ARMA 或 ARIMA 模型中参数的估计值。该模型使用 order 参数确定，它是标准符号 ARIMA(p, d, q) 中形式为 (p, d, q) 的 3 维向量。模型通过使用关键字参数 include.mean 确定是否包含均值。可以选择各种计算方法。

该函数生成一个列表，包括了系数估计值、方差-协方差矩阵的估计值、残差和其他计算的统计量。该列表属于 Arima 类，列表各个部分的名称，类似于第 4 章所讨论的用于分析线性模型的 R 函数生成的列表（lm 类）的各个部分名称。forecast 包中函数生成的 ARIMA 类列表，继承自 Arima。

例如，考虑图 5.13 描绘的四个模拟时间序列中的数据。图 5.14 显示了把 ARIMA 模型拟合到这些数据集的代码。输出显示省略了一些行。用于生成数据的参数值显示在标记为 "true" 的注释中。

首先，我们注意到每种情况下，我们都确定了 p、d 和 q 的 "正确" 值。我们还注意到，除了差分模型，估计值包括截距项。虽然我们知道数据在没有截距项的情况下生成，但是包含参数 include.mean= FALSE 不合适，这是因为我们正在分析性质还 "未知" 的数据。

把估计值与 "真实" 值进行比较，我们发现估计值相当不错。与用于生成数据的值相比，大多数差值不到一个标准差。

在 5.3.10 节中，我们回到这个例子，但模型的新息服从 t 分布。

残差

在拟合统计模型后，我们应该检查残差。使用 R 函数 arima 拟合 ARIMA 模型的残差，可在输出部分 $resid 获得。我们可以用直方图或 q-q 图检查异常值的残差或其频率分布。例如，对于图 5.13 和图 5.14 中的 x4 时间序列，我们执行

```
x4fit <- arima(x4, order=c(2,1,2))
qqnorm(x4fit$residuals)
```

得到图 5.15 所示的图。

　　残差似乎服从正态分布模型，表明拟合得很好。

```
> arima(x1, order=c(2,0,0))
        ar1      ar2   intercept
      0.2504  -0.5264    0.0537
s.e.  0.0380   0.0379    0.0354
# true 0.2500  -0.5000    0

> arima(x2, order=c(0,0,2))
        ma1      ma2   intercept
      0.2701   0.4727    0.1279
s.e.  0.0405   0.0401    0.0775
# true 0.2500   0.5000    0

> arima(x3, order=c(2,0,2))
        ar1      ar2      ma1      ma2    intercept
      0.1458  -0.5253   0.3516   0.5729    0.0967
s.e.  0.1115   0.0672   0.1076   0.0721    0.0629
# true 0.2500  -0.5000   0.2500   0.5000    0

> arima(x4, order=c(2,1,2))
        ar1      ar2      ma1      ma2
      0.1430  -0.5200   0.3573   0.5731
s.e.  0.1107   0.0677   0.1065   0.0717
# true 0.2500  -0.5000   0.2500   0.5000
```

图 5.14　使用图 5.13 给出的时间序列拟合的 ARIMA 模型

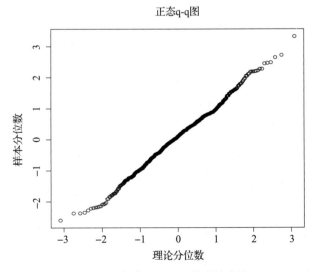

图 5.15　拟合 ARIMA 模型的残差

ARIMA 模型阶数选择

forecast 包中 auto.arima 函数可以拟合各种阶数的 ARIMA 模型，并根据 AIC 或 BIC 选择"最优"模型。该函数适用于季节性和非季节性模型，并允许区分季节性和非季节性。它还有几个控制参数。下面给出该函数一个简单应用，它使用了图 5.13 中的 x4 时间序列。我们知道"真实"模型是 ARIMA(2,1,2)（至少，它是用于生成数据的模型）。我们把每个 AR 和 MA 部分的搜索限制为最大 5 阶。

```
> library(forecast)
> auto.arima(x4, max.p = 5, max.q = 5, ic="bic")
Series: x4
ARIMA(2,1,2)
Coefficients:
          ar1      ar2      ma1      ma2
       0.1430  -0.5200   0.3573   0.5731
s.e.   0.1107   0.0677   0.1065   0.0717
sigma^2 estimated as 1.031:  log likelihood=-715.47
AIC=1440.93   AICc=1441.05   BIC=1462.01
```

在这种情况下，使用 BIC 的 auto.arima 函数，"正确"地把模型识别为 ARIMA(2, 1,2)，因此，它当然产生了与前面计算相同的估计值。

在前面例子中，如果在 x4 数据集中使用 AIC 或 AICc，对阶数有相同的限制条件，那么选择 ARIMA(3,1,5) 模型。回想一下，BIC 有时会选择比 AIC 更小或更简单的模型（见 4.6.3 节；另见练习 5.25b）。

在 ARIMA 模型中，还有其他选择阶数的方法，例如自助法或交叉验证，如 4.6 节所述。当然，该部分中的警告也适用于 ARIMA 模型中的阶数选择。

ARIMA 模型预测

ARIMA 模型预测可以用 R 来计算，使用由拟合模型的函数产生的对象。例如，arima 函数生成一个 Arima 类对象。如果把一个 Arima 对象传递给一般 R 函数 predict，它生成时间序列模型的预测值。（回想一下，在 4.5.6 节，我们使用一般 predict 函数估计使用 lm 对象的线性回归模型中的观察值。）

forecast 包还包括一个函数 forecast，它可以接受来自常用函数的 Arima 对象或来自 forecast 包中函数的 ARIMA 对象。forecast 函数基于正态近似，计算预测值的 80% 和 95% 的置信区间。注意，预测值本身不取决于假设的概率分布，但是预测值的置信区间取决于概率分布。

作为预测的例子，考虑 ARIMA(2,1,2) 模型的模拟数据，如图 5.13 右下图所示。（数据由 5.3.5 节最后显示的 R 代码生成。它是 x4 序列。）

我们使用序列前 400 个观察值拟合 ARIMA 模型，其"正确"阶数为 p、d 和 q。（我们记得在这个序列中 arima.auto 使用 BIC 选择了"正确"阶数。）然后我们使用 predict R 函数拟合对象预测未来 5 个观察值。然后，我们把预测值与模拟序列中接下来的 5 个实际值进行比较。round 函数用于比较很方便。输出的某些行省略。（我们注意到 ARMA 参数的估计值与 5.3.10 节基于 500 个观察值的估计值略有不同，两组估计值都与"真实"值（0.25，-0.50，0.25，0.50）略有不同。）

```
> x4fit400 <- arima(x4[1:400], order=c(2,1,2))
> x4fit400$coef
        ar1         ar2        ma1        ma2
 0.1815580  -0.5447515  0.3077949  0.5449485
> x4pred <- predict(x4fit400, n.ahead=5)
> round(x4pred$pred, 4)   # forecasts
[1] 54.7942 54.6500 54.2055 54.2033 54.4451
> round(x4pred$se, 5)   # standard errors
[1] 1.01363 1.81838 2.42203 2.77096 3.04020
> round(x4[401:405], 4)   # "true" values
[1] 55.1134 54.6791 54.2400 55.3459 55.8225
```

这些预测值似乎相当不错。"真实"值都在预测值的一个标准误内。

注意，随着预测范围移得更远，标准误增加。

在我们使自己相信 ARIMA 模型的预测效果很好之前，我们可以考虑 5.3.5 节生成的另一个序列，ARMA(2,2) 序列，x3。arima.auto 使用 BIC 也"正确"地识别了该序列，系数的 MLE 与上述 x4 的 MLE 相同。（再次使用 round 函数方便地进行比较，省略了部分输出行。）

```
> x3fit400 <- arima(x3[1:400], order=c(2,0,2))
> x3pred <- predict(x3fit400, n.ahead=5)
> round(x3pred$pred, 4)   # forecasts
[1] 0.1167 -0.2761 0.0695 0.3573 0.2212
> round(x3pred$se, 5)   # standard errors
[1] 1.00724 1.11842 1.12122 1.15005 1.15395
> round(x3[401:405], 4)   # "true" values
[1] -0.4343 -0.4391 1.1059 0.4766 1.4046
```

相对而言，这些预测值似乎没有那么好。它们错过"真实"值超过 100%。然而，问题在于估计量的方差相对较大，因此预测的方差也相对较大。标准误非常大，以至于在大多数情况下，预测值在真实值的一个标准误范围内。

然而，与我们对统计估计量的一般经验相比，ARIMA 模型中系数估计量和预测量的方差似乎异常大。

5.3.10 ARMA 过程的稳健性：服从厚尾分布的新息

在 ARIMA 模型中，基本随机变量是新息 w_t。模型中的所有随机性都源于它们的随机性。对新息分布的唯一限制是它们是白噪声。然而，一些统计推断方法都假设新息服从正态分布。另一方面，在对金融数据进行探索性分析的过程中，我们注意到概率分布中有厚尾。注意，白噪声的简单假设不仅包括正态分布，还包括厚尾分布。

例如，我们考虑 ARIMA 模型，其新息具有 t 分布，仍然具有不变的均值和方差以及 0 自相关。具体来说，让我们考虑在 ARIMA 模型中模拟数据发生的变化。我们使用和前面一样的 AR(2) 模型、MA(2) 模型、ARMA(2,2) 模型和 ARIMA(2,1,2) 模型，具有相同的系数，这使得模型具有因果关系和可逆性。然而，在这种情况下，新息来自具有 5

个自由度的 t 分布。和以前一样，我们在生成每个序列前，使用 arima.sim 并使用 set.seed(12345) 进行重置。

```
n <- 500
xt1 <- arima.sim(n, model=list(ar=c(1/4,-1/2),
                order=c(2,0,0)), rand.gen=rt,df=5)
xt2 <- arima.sim(n, model=list(ma=c(1/4,1/2),
                order=c(0,0,2)), rand.gen=rt,df=5)
xt3 <- arima.sim(n, model=list(ar=c(1/4,-1/2),ma=c(1/4,1/2),
                order=c(2,0,2)), rand.gen=rt,df=5)
xt4 <- arima.sim(n, model=list(ar=c(1/4,-1/2),ma=c(1/4,1/2),
                order=c(2,1,2)), rand.gen=rt,df=5)
```

虽然我们没有在这里列出它们，但是这些序列的图看起来与图 5.13 中的图有些相似，只是它们会显示出更多的可变性，可能包括一些异常值。（要求绘制练习 5.26a 中的图。）

现在，我们使用 R 函数 arima，用这些数据集拟合模型。图 5.16 显示了用于计算四个模拟时间序列系数估计值的代码和结果。在每种情况下，我们都选择了 p、d 和 q 的"正确"值。用于生成数据的参数值显示在标记为"true"的注释中。输出中的某些行省略。

由 arima 计算的估计值是最大似然估计值，这意味着在开始时，除了其他事情外，还要假设特定的概率分布族。（回想一下，虽然所得到的估计量的性质取决于基本分布，但在矩估计或最小二乘法情况下，不需要假设基本分布。）arima 中 MLE 的默认假设分布是正态分布。

```
> arima(xt1, order=c(2,0,0))
         ar1      ar2 intercept
      0.2324  -0.4821    0.0745
s.e.  0.0392   0.0391    0.0451
# true 0.2500 -0.5000        0

> arima(xt2, order=c(0,0,2))
         ma1      ma2 intercept
      0.2170   0.5147    0.1752
s.e.  0.0376   0.0398    0.0977
# true 0.2500  0.5000        0

> arima(xt3, order=c(2,0,2))
         ar1      ar2      ma1      ma2 intercept
      0.5241  -0.6115  -0.0710   0.4546    0.1267
s.e.  0.1184   0.0639   0.1278   0.0774    0.0713
# true 0.2500 -0.5000   0.2500   0.5000        0

> arima(xt4, order=c(2,1,2))
         ar1      ar2      ma1      ma2
      0.5112  -0.6039  -0.0533   0.4586
s.e.  0.1194   0.0652   0.1282   0.0765
# true 0.2500 -0.5000   0.2500   0.5000
```

图 5.16　新息服从 t 分布的时间序列所拟合的 ARIMA 模型

标准误

把估计值与"真实"值进行比较，或把这些估计值与具有正态分布的相同模型参数的估计值进行比较，我们发现这些估计值没有那么好。有几个不在真实值的一个标准误内。在这种情况下，标准误不是参数估计量标准差的良好估计量。这些估计量的分布取决于潜在的 t 分布，并且它们受 t 分布的较厚尾部的影响。（有关"标准误"的一般讨论，参见 4.4 节。）

缺乏稳健性意味着许多时间序列分析的标准过程在金融应用中可能不是很有用。练习 5.26d 需要分析拟合 ARIMA(2,1,2) 模型的残差，其中新息服从上述具有 5 个自由度的 t 分布。

5.3.11　金融数据

在本书中，对于我们最常研究的金融数据类型，也就是股票价格和收益率，ARMA 和 ARIMA 模型的效果并不好，尽管它们经常用于此类数据的分析。日数据具有太多的噪声，那些基于较长时期的低频数据，受到那段时间内单个证券或经济结构变化的影响。其他受噪声影响较小的金融数据类型，例如 GDP 数据，有时用 ARMA 或 ARIMA 过程建模更有用。

许多经济数据的数值自然地随着时间的推移而变大。在其他条件不变的条件下，由于人口增加，GDP 会随时间增加。在其他条件不变的条件下，由于通货膨胀，人均 GDP 会随时间增加。在其他条件不变的条件下，经通货膨胀调整的人均 GDP 随时间增加，原因包括生产效率和通货膨胀调整的无效（在统计意义上）。具有这些趋势的过程，不遵循 ARMA 模型，尽管有时可以在 ARIMA 模型中考虑趋势。

除了明显考虑平稳性，让我们考虑 ARIMA 对 S&P 500 指数日对数收盘价的建模。任何两个时间点的价格对数差异是相应该时期的对数收益率。

S&P 500 指数日收盘价是一个有趣的时间序列。我们在图 1.10 给出了从 1987 年到 2017 年 31 年的数据，并在图 1.13 中再次以对数形式表示。在此期间，指数普遍增加，因此很明显它不遵循平稳时间序列。

使用 forecast 包中 auto.arima 函数为数据集 GSPCdlog 中的日对数收盘价选择一个 ARIMA 模型，我们得到 ARIMA(1,1,1) 模型。

```
> auto.arima(GSPCdlog, ic="bic")
ARIMA(1,1,1)
Coefficients:
        ar1      ma1
      0.6506  -0.7037
s.e.  0.0763   0.0712
```

注意，ARIMA(1,1,1) 模型的一阶差分生成 ARMA(1,1) 模型。

图 5.17 是根据指数取对数后拟合 ARIMA(1,1,1) 模型画出的实际收盘价的残差时间序列图。

图 5.17 的残差表明对数序列中的趋势已被差分消除。然而，该图清楚地表明该过程不

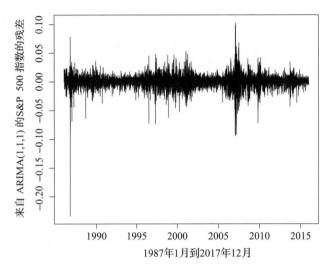

图 5.17   拟合的 ARIMA(1,1,1) 模型中 S&P 500 指数日对数收盘价的残差

是平稳的。残差的波动率显示了存在高波动率和其他相对较低的波动率的聚集现象。这种波动率的聚集类似于图 1.29 中 S&P 500 对数收益率出现的明显波动率。（这些图看起来几乎相同，但是实际上并非如此。）图 5.17 出现的规律性表明模型的 ARMA(1,1) 部分并没有很好地拟合。

使用拟合的 ARIMA 模型预测 2017 年 12 月 31 日以后的前几天 S&P 500 指数收盘价，产生了无用的结果。例如，使用 forecast 函数对 2018 年第一个交易日的对数收盘价进行预测，我们得到预测值 7.891 725，80% 置信区间 (7.88, 7.91)：

```
> forecast(GSPCdfit,h=1)
       Point Forecast    Lo 80    Hi 80    Lo 95    Hi 95
7815        7.891725 7.877063 7.906386 7.869301 7.914148
```

2018 年 1 月 2 日的实际收盘价为 2 696，而预测值为 2 675（$e^{7.891\,725}$）。在 1 月接下来的 13 天里，预测值和实际值变得更不匹配。然而，我们可能注意到，市场在 2018 年 1 月 22 日前一直处于牛市，然后在 2 月 5 日前出现了大幅下跌。在下跌期间，它开始匹配预测值，并持续到 2 月 5 日，其收盘价低于 80% 置信区间的下限。

这个例子的重点不仅仅是强调 S&P 500 指数实际收盘价的分布比正态分布的尾部更厚（尽管情况确实如此）。虽然 ARIMA 模型可能有助于研究随机过程的结构，但它们对于股票价格或股票指数的预测并不是很有用。

5.3.12   带有 ARMA 误差的线性回归

我们在第 4 章详细地讨论过线性回归模型 (4.106)，

$$y_i = \beta_0 + \beta_1 x_{i1} + \cdots + \beta_m x_{im} + \epsilon_i \tag{5.153}$$

是最有用的统计分析模型之一。它有助于理解各种金融变量之间的关系。它还可以根据回归变量或预测变量 x 的具体值，预测因变量 y 的值。

我们假设"误差" ϵ 是 $E(\epsilon_i)=0$ 且互不相关的随机变量。在这种假设下,普通最小二乘法(OLS)通常是拟合模型的最优方法。

在经济和金融应用中,每个观察值 $(y_i, x_{i1}, \cdots, x_{im})$ 只是特定时间不同变量的观察值或计算值。然而,涉及经济数据的线性回归模型的误差,通常都无法满足相关性为 0 的一般假设,因为一个变量从一个时间到另一个时间的变化与其他变量在这两个时间点之间的变化有关。

我们可以使用 Durbin-Watson 检验确定对于较小的 h 值,$\mathrm{Cor}(\epsilon_i, \epsilon_{i-h})=0$ 的假设是否合理。如果 Durbin-Watson 检验表明拒绝原假设:零序列相关,那么我们得出结论,回归模型误差存在序列相关,因此误差随机向量的方差-协方差矩阵 $V(\epsilon)$ 不是对角矩阵 $\sigma^2 I$(正如式(4.108)中的情形)。相反,我们有更一般的矩阵 $V(\epsilon)=\Sigma$。

广义最小二乘法

如果方差-协方差 Σ 已知,那么我们使用第 4 章描述的加权最小二乘法(GLS)而不是 OLS,并且所有结果仍然有效。这里的问题是我们不知道 Σ。

各个 ϵ 之间的相关性存在许多可能的结构。然而,我们可以合理地假定,只在相邻观察值之间 ϵ 存在非零相关;也就是说,对于相对较小的 h,$\mathrm{Cor}(\epsilon_i, \epsilon_{i-h})$ 可能非零,但是对于较大的 h,$\mathrm{Cor}(\epsilon_i, \epsilon_{i-h})$ 为零。如果 ϵ 平稳并且我们可以估计相关系数,那么我们就可以估计自协方差,并根据这些估计值构造 Σ 的估计值。

我们可以直接估计 Σ,这可能会混淆这些关系,或者我们可以假设误差服从某个 ARMA 过程,拟合该过程,并使用根据 ARMA 过程的系数得到的相关系数的估计结果。

把因变量建模为 ARMA 过程

另一种考虑误差序列相关性的方法是把 ARMA 项直接包含在模型的因变量中。我们把模型写为

$$y_i = \beta_0 + \phi_1 y_{i-1} + \cdots + \phi_p y_{i-p} + \theta_1 \epsilon_{i-1} + \cdots + \theta_q \epsilon_{i-q} + \beta_1 x_{i1} + \cdots + \beta_m x_{im} + \epsilon_i$$

$$(5.154)$$

这个模型包括式(5.153)中的普通回归变量,并通过滞后变量考虑序列相关性。

例子

在 4.5.6 节,我们讨论了一个多元线性回归的例子,并说明了分析中的许多相关方法。我们在图 4.12 中给出了残差,除了一些明显的大值聚集外,看起来没有异常。然而,关于拟合模型残差的 Durbin-Watson 检验表明存在自相关。结果为

```
lag Autocorrelation D-W Statistic p-value
  1    0.52982469     0.9385733   0.000
  2    0.27848495     1.4297074   0.000
  3    0.09229081     1.7996013   0.272
Alternative hypothesis: rho[lag] != 0
```

该结果表明滞后 1 期和滞后 2 期的序列相关性都非零。我们计算残差的 ACF,它也表明存在显著的自相关;参见图 5.18。

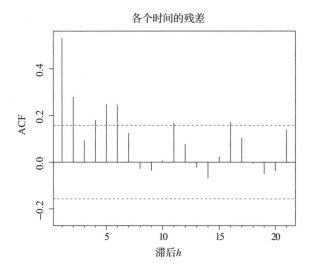

图 5.18　公司债券和国债残差的 ACF（见彩插）

例子：估计 ARIMA 误差结构

现在让我们看看什么样的低阶 ARIMA 模型能够很好地拟合残差。我们使用 auto.arima 和 BIC 准则。（回归模型的原始 OLS 拟合结果存储在 regr 中，因此残差在 regr$residuals 中。参见 4.5.6 节关于数据集、变量名称等内容的描述。）

```
> library(forecast)
> arfit <- auto.arima(regr$residuals, ic="bic")
> arfit
Series: regr$residuals
ARIMA(2,0,1) with zero mean
Coefficients:
          ar1      ar2     ma1
      -0.1857   0.4197  0.6848
s.e.   0.2398   0.1309  0.2391

sigma^2 estimated as 0.0007436:  log likelihood=339.71
AIC=-671.43    AICc=-671.16   BIC=-659.26
```

使用这个拟合模型，我们得到回归模型中误差的方差-协方差估计值。

例子：GLS 拟合

我们现在可以使用广义最小二乘法重做回归。前面提到的 nlme 包中的 R 函数 gls 允许我们指定方差-协方差矩阵（实际上是相关系数），然后执行 GLS 计算。gls 函数具有用于各种相关结构的关键字参数。在此例子中相关性具有 ARMA 结构，corARMA。

```
> library(nlme)
> glsarfit <- gls(dBaa ~ dfed + d3m + d2y + d30y, data=YX,
```

```
+                correlation = corARMA(arfit$coef[1:3],form=~1,2,1))
> glsarfit$coef
(Intercept)        dfed          d3m          d2y         d30y
-0.00258232 -0.01919563  0.04414342 -0.13200955  0.93614909
```

OLS 拟合的系数是

```
> regr$coef
 (Intercept)         dfed           d3m           d2y          d30y
-0.003300489  0.001432205  0.128557641 -0.146626730  0.903769166
```

在 dfed 和 d3m 的系数之间存在较大的差别，但是 d2y 和 d30y 的系数差别很小。然而，正如我们在 OLS 分析中看到的，dfed 和 d3m 的系数都与 0 不存在显著的差异。同样，在 GLS 拟合中它们与 0 也不存在显著的差异：

```
> summary(glsarfit)
Coefficients:
                Value  Std.Error    t-value p-value
(Intercept) -0.0025823 0.00509587 -0.506748  0.6131
dfed        -0.0191956 0.03874977 -0.495374  0.6211
d3m          0.0441434 0.08001335  0.551701  0.5820
d2y         -0.1320095 0.05757529 -2.292816  0.0232
d30y         0.9361491 0.03713014 25.212646  0.0000
```

（为了紧凑对输出结果进行了编辑。）

然而，我们首先选择 GLS 拟合，因为数据更接近满足具有相关误差的模型假设。

例子：把因变量建模为具有协变量的 ARMA 过程

对于给定阶数 (p,d,q)，R 函数 arima 实现了式（5.154）建议的方法。因变量指定为时间序列，回归变量在 xreg 参数中指定。当然，arima 需要指定模型的形式，对于前面的例子，我们使用 ARIMA$(2,0,1)$，因为 BIC 准则选择了它作为 OLS 拟合残差的 ARIMA 模型。我们得到以下内容。

```
> arima(dBaa, order=c(2,0,1), xreg=cbind(dfed,d3m,d2y,d30y))

Call:
arima(x=dBaa, order=c(2,0,1), xreg = cbind(dfed,d3m,d2y,d30y))

Coefficients:
      ar1    ar2    ma1 intercept    dfed     d3m     d2y    d30y
  -0.1473 0.4186 0.6689   -0.0026 -0.0193  0.0448 -0.1323  0.9362
s.e. 0.2629 0.1474 0.2621    0.0050  0.0388  0.0795  0.0574  0.0372

sigma^2 estimated as 0.0007158: loglikelihood=341.14, aic=-664.29
```

注意，回归系数估计值与 GLS 拟合的估计值相同，GLS 拟合使用来自拟合 ARIMA$(2,0,1)$ 模型的估计方差（四舍五入除外）。

在后一种方法中，具有 ARMA 误差的线性回归模型表述为因变量的 ARMA 过程，回归变量作为协变量的时间序列过程（经济学术语中的"外生"变量）。带有协变量的 ARMA 时间序列模型有时称为 ARMAX 过程（"X"代表回归变量）。

5.4 条件异方差

我们已经观察到对于一些重要的金融时间序列来说，ARMA（或 ARIMA）模型并不能很好地拟合。例如，对于 5.3.11 节所分析的 S&P 500 指数对数收盘价，拟合 ARIMA 模型得到的预测值，通常不接近实际值。当然，一个问题是分布存在厚尾。这会影响估计或拟合参数的方差估计值。通常实际方差大于估计的方差。如果其他因素不变，那么这意味着计算的置信区间没有达到应有的宽度。预测值虽然方向正确，但是与预测相关的置信区间并未反映出过程存在潜在的可变性。

拟合 ARIMA 模型的一个主要问题是在金融模型中分布方差随时间变化。平稳性的关键性质不存在。图 1.29 给出的 1987 年至 2017 年 S&P 500 指数收益率的经典时间序列图，生动地说明了收益率的波动率；波动率本身是不稳定的或随机的。这在图 5.17 中也很明显，显示了 S&P 500 指数实际对数收盘价的残差，该残差来自一个不合适的平稳模型，使用该模型拟合收盘价的时间序列。

图 1.29 显示了波动率的一种随机模式。它的变异发生在聚集中。某一点的波动率似乎与附近时间点的波动率相关。我们称为条件异方差。

在本节中，我们讨论把条件异方差纳入时间序列模型的方法。正如我们所强调的，为了应用统计方法，我们必须假设一定程度的不变性。即使存在条件异方差，我们也会假设某些方面是无条件不变的。

5.4.1 ARCH 模型

具有加性误差项的一般时间序列模型（如式（5.2））为

$$x_t = f(x_{t-1}, x_{t-2}, \cdots; \theta) + w_t \tag{5.155}$$

其中 f 是某个函数，θ 是某个常数（可能未知）参数的向量，而 w_t 是白噪声随机误差项。由于 $\mathrm{E}(w_t) = 0$，这是 x_t 的条件均值模型。

该模型的关键是假设 w_t 是白噪声，因此对于所有 t（在考虑的时间范围内），方差 $\mathrm{V}(w_t)$ 都相等。

违反这个假设是本节的重点。

具有异方差新息的模型

到目前为止，我们考虑的时间序列模型都是基于式（5.155）的变形，也就是说，它们是条件均值的模型，具有简单的加性误差项。为了保留用 w_t 表示白噪声的符号，我们现在把基本模型写为

$$x_t = f(x_{t-1}, x_{t-2}, \cdots; \theta) + a_t \tag{5.156}$$

其中，如式（5.155）中 w_t 的分布，随机误差项或新息 a_t 的分布不一定不变。

我们的目标是为 x_t 建立一个适当的模型。这也涉及 a_t 的分布。我们对 a_t 的主要兴趣在于它的条件方差 $\mathrm{V}(a_t \mid a_{t-1}, a_{t-2}, \cdots)$，因为 x_t 的条件方差与它直接相关。

与大多数统计模型一样，a_t 的模型有一个系统分量和一个随机分量，由于我们感兴趣

的是 a_t 的方差而不是它的均值，具有乘法随机分量的模型是合适的。一般形式是

$$a_t = \epsilon_t g(a_{t-1}, a_{t-2}, \cdots; \psi) \tag{5.157}$$

其中 g 为具有参数 ψ 的函数，ϵ_t 为随机误差。

误差项 a_t 在模型（5.156）中为 x_t 的加性误差，误差项 ϵ_t 在模型（5.157）中为 a_t 的乘性误差。（这种形式的统计模型在 4.1 节中讨论过，具体在式（4.4）中，它有一般形式

$$x_t = f(x_{t-1}, x_{t-2}, \cdots; \theta) + \epsilon_t g(x_{t-1}, x_{t-2}, \cdots; \psi) \tag{5.158}$$

加性误差本身由系统分量和纯随机因子 ϵ_t 组成。）

在下文中，我们将假设 ϵ_t 是严格的白噪声。

a_t 的条件期望为 0，

$$\mathrm{E}(a_t | a_{t-1}, a_{t-2}, \cdots) = 0 \tag{5.159}$$

因此模型（5.156）的系统分量 $f(x_{t-1}, x_{t-2}, \cdots; \theta)$ 是 x_t 的条件期望值，就像在具有白噪声新息的时间序列模型中一样。

异方差建模

a_t 的方差是 a_t^2 的期望值。我们把 a_t^2 建模为过去值和随机噪声的函数。这是基本的时间序列问题，不包含明显误差项的一般模型是

$$a_t^2 \approx h(a_{t-1}^2, a_{t-2}^2, \cdots; \psi) \tag{5.160}$$

对于某个函数 h 和某个常数参数向量 ψ。（这是我们在本章中使用的时间序列模型的一般形式。）例如，在一般形式（5.160）的 AR(1) 模型中，我们有

$$a_t^2 \approx \psi_0 + \psi_1 a_{t-1}^2$$

在我们前面使用的一般时间序列模型中，我们增加了一个随机误差项，通常假设它为白噪声。在这里，由于我们对 a_t 的方差感兴趣，所以，我们使用乘性误差。如果我们使用类似于 AR(1) 模型的模型，但是具有乘性误差，我们有

$$a_t^2 = \epsilon_t^2(\psi_0 + \psi_1 a_{t-1}^2) \tag{5.161}$$

其中，我们假设 a_t 和 ϵ_t 是独立的。我们还要求 $\psi_0 > 0$ 且 $\psi_1 \geqslant 0$ 以确保平方值为正。

回想一下，我们已经把 ϵ_t 限制为严格的白噪声；也就是说，ϵ_t 是独立同分布的，并且 $\mathrm{E}(\epsilon_t) = 0$。此外，为了简化但不失一般性，我们假设 $\mathrm{V}(\epsilon_t) = 1$。根据式（5.159）和式（5.161）以及这些假设，我们有

$$
\begin{aligned}
\mathrm{V}(a_t | a_{t-1}, a_{t-2}, \cdots) &= \mathrm{E}((\psi_0 + \psi_1 a_{t-1}^2)\epsilon_t^2 | a_{t-1}, a_{t-2}, \cdots) \\
&= (\psi_0 + \psi_1 a_{t-1}^2)\mathrm{E}(\epsilon_t^2 | a_{t-1}, a_{t-2}, \cdots) \\
&= \psi_0 + \psi_1 a_{t-1}^2
\end{aligned} \tag{5.162}
$$

我们注意到，条件异方差的这个表达式可以解释遵循模型（5.156）的一般时间序列的波动率聚集。以 a_{t-1} 的大小为条件，a_t 的方差可能更大或更小。

尽管条件方差不是常数，但我们假设隐含的无条件方差 $\mathrm{V}(a_t)$ 是常数。因为条件均值是常数（式（5.159）），我们可以在式（5.162）两边取期望，得到无条件方差：

$$\mathrm{V}(a_t) = \psi_0 + \psi_1 \mathrm{V}(a_{t-1}) \tag{5.163}$$

并且 $V(a_{t-1}) = V(a_t)$，可得

$$V(a_t) = \psi_0 / (1 - \psi_1) \tag{5.164}$$

为了使其有效，我们对模型施加了另一个限制；我们要求 $\psi_1 < 1$。

满足式（5.161）和所述条件的过程被称为一阶自回归条件异方差模型或 ARCH(1) 模型。

我们把一般时间序列模型（5.156）中的这种异方差称为 ARCH 效应。

ARCH(p) 模型

ARCH(1) 模型可以很容易地扩展到更高阶，对于 p 阶，我们称为 ARCH(p)。式（5.161）扩展为

$$a_t^2 = \epsilon_t^2 \left(\psi_0 + \sum_{i=1}^{p} \psi_i a_{t-i}^2 \right) \tag{5.165}$$

给定 $a_{t-i}, \cdots, a_{t-p}$，$\psi_0 + \sum_{i=1}^{p} \psi_i a_{t-i}^2$ 项是 a_t 的条件方差。把条件方差表示为 σ_t^2，我们可以写出

$$a_t = \epsilon_t \sigma_t \tag{5.166}$$

我们提出了一个由潜在时间序列的一部分（均值）和新息方差的 ARCH 模型组成的模型。例如，p_M 阶自回归过程与 p_V 阶 ARCH 新息可以称为 $AR(p_M) + ARCH(p_V)$ 模型。（下标显然代表"均值"和"方差"。）

另一种对异方差建模的方法是变换时间轴；也就是说，我们不是以通常的单位 t 度量时间，而是以 $\tilde{t}$ 为单位度量时间，其中 $\tilde{t}$ 是 t 的某个非线性函数。其思想是，一般时间尺度中的异方差可以在转换后的时间尺度中变为同方差。这与第 4 章中不同地方提到的任何方差稳定化变换的想法相同。一种可能是，变换 t 是具有调节参数 λ 的 Box-Cox 幂变换族。R 的 fitAR 包中 BoxCox.Arima 函数在 Arima 对象中接受拟合的 ARIMA 模型，并计算与 λ 值范围对应的似然值。（这类似于我们在第 4 章提到的用于 lm 对象的 MASS 包中的 boxcox 函数。）我不会在这里继续讨论这种方法。

这些对条件异方差过程建模的方法，都没有为过程的行为增加任何有意义的见解。它们只是一种机械性的建模手段，用于具有变化条件方差的系统，对那些所观察到的行为进行建模。

ARCH 效应的检验

在时间序列中，均值偏差的平方之间存在非零自相关，这是异方差过程的一般标志。其含义不明确。我们可以构建某个系统模型，其均值偏差的平方之间具有非零自相关，但是使得该过程与这个系统模型之间的差具有零自相关。尽管如此，模型（5.156）中 x_t 中心化和平方之间的自相关系数，可以用来代替 a_t 之间的自相关系数。

因此，我们可以使用 Box-Ljung 检验对中心化和平方数据的自相关性进行检验，从而检验时间序列的 ARCH 效应。

例如，使用 1987 年至 2017 年 S&P 500 指数日收益率（与 5.3.11 节使用的数据相同），我们有以下结果

```
> xsqd <- (GSPCdReturns-mean(GSPCdReturns))^2
> Box.test(xsqd, lag=12, type="Ljung")

        Box-Ljung test

data:  xsqd
X-squared = 1390.4, df = 12, p-value < 2.2e-16
```

该检验强烈表明均值偏差的平方之间存在非零自相关，而这又表明存在非恒定的方差；即存在 ARCH 效应。

正如第 1 章所指出的，收益率绝对值的 ACF，如图 1.31 所示，也表明波动率具有正的自相关。

遵循与上述使用简单均值拟合的残差相同的想法，使用 ARIMA 拟合的残差可能更可取。使用上面的日收益率数据，我们得到拟合的 ARIMA$(1,1,1)$ 模型。然后我们计算残差，并对残差平方的自相关执行 Box-Ljung 检验。

```
> resd<-auto.arima(GSPCdReturns)$residuals
> Box.test(resd^2, lag=12, type="Ljung")

        Box-Ljung test

data:  resd^2
X-squared = 1181.7, df = 12, p-value < 2.2e-16
```

这个检验与前面对中心化后平方的数据进行的检验类似，它也强烈地表明了拟合的 ARIMA 模型的残差平方之间存在非零的自相关。同样，所得到推论就是日对数收益率存在 ARCH 效应。

我们应该注意到 Box-Ljung 检验基于平稳性假设，因此与这里的检验相关的置信水平只是近似值。然而，非常大的检验统计值表明存在非恒定的方差。还有其他正式检验 ARCH 效应的方法，但我们不会在这里描述它们。正式的统计假设检验很少能增加我们的理解。

5.4.2　GARCH 模型和扩展

ARCH(p) 模型通常需要较大的 p 值充分模拟资产收益率的波动率过程。（这里的"大"是指 9 或 10。）通过使用类似 MA 部分增强模型（5.165）中 a_{t-i}^2 的 AR 部分，可以形成更有效的模型。

在与 ARCH(p) 过程相同的基本模型中，

$$a_t = \epsilon_t \sigma_t \tag{5.167}$$

其中 ϵ_t 是严格的白噪声，我们把 σ_t^2 表示为

$$\sigma_t^2 = \psi_0 + \sum_{i=1}^{p} \psi_i a_{t-i}^2 + \sum_{i=1}^{q} \beta_i \sigma_{t-i}^2 \tag{5.168}$$

这称为广义 ARCH 过程，或 GARCH(p,q) 过程。

该模型对于基本模型（如式 (5.156)）中的新息 a_t，允许 x_t（感兴趣变量）的方差发生变化。

我们还注意到对于 ϵ_t 是严格白噪声的限制，允许正态分布和厚尾分布。（这里省略了一些关于独立同分布的 ϵ_t 假设的技术细节。）

ARIMA(p_M, d, q_M)＋GARCH(p_V, q_V) 模型

我们现在回到对感兴趣变量的时间序列模型的考虑，其一般形式是式 (5.156)。GARCH(p, q) 过程是随机分量的模型。系统分量可以是与我们迄今为止讨论的任何时间序列模型相同的系统分量。就像我们把 ARCH 模型与 AR 模型结合一样，我们把 GARCH 模型与 ARIMA 模型结合，形成 ARIMA(p_M, d, q_M)＋GARCH(p_V, q_V) 模型。同样，下标代表"均值"和"方差"。

除了模型的 ARIMA 部分的差分阶数外，该模型中还有 $p_M + q_M + p_V + q_V + 3$ 个未知参数。（这里的 3 个增加参数是两个均值（通常假定为 0），以及总体方差。）但是，只有一个潜在的随机变量 ϵ_t；其他随机变量是 ϵ_t 的函数。因此，只有一种概率分布可以建模。如果我们假设概率分布的形式，那么我们可以得到似然函数并获得所有参数的 MLE。

拟合 ARIMA(p_M, d, q_M)＋GARCH(p_V, q_V) 模型的残差

拟合 ARIMA＋GARCH 模型的一般残差，与以相同的方法拟合的同一个 ARIMA 模型的残差非常相似。它们应该模拟 a_t。它们显示出类似的相关结构，通过对其平方值进行 Box-Ljung 检验来发现结构。

当用它们的标准差标准化时，一般残差都是同方差的，这些标准化残差对应于式 (5.168) 中的 ϵ_t。标准化残差不是 ϵ_t 的"估计值"（参见 4.5.2 节关于残差和误差的讨论），但是如果拟合模型充分考虑了随机波动率，那么它们应该具有不显著的自相关。

使用一般残差作为观察值方差的度量是合适的，例如，在确定预测值的置信区间时使用一般残差。

GARCH 模型的 R 包

GARCH 建模在 R 包 tseries 中实现，我们已将其用于时间序列的各种任务。GARCH 建模也在 rugarch 包和 fGarch 包中实现，我们在第 3 章中使用了它们的概率分布函数。

由 Alexios Ghalanos 开发的 rugarch 包含有一个用于拟合 ARMA＋GARCH 模型的函数，以及许多用于分析 ARMA＋GARCH 模型的其他函数。（相关的 rmgarch 包含有许多用于计算多变量 GARCH 模型的类似函数。）rugarch 中函数接受许多 R 数据对象（特别是 xts 对象）。

rugarch 包中的 ugarchspec 函数用于指定 ARMA＋GARCH 模型的阶数。这个函数有一个参数 mean.model，它是一个列表，用于指定条件均值的模型，以及一个参数 variance.model，它也是一个列表，用于指定条件方差的模型。尽管允许其他可能性，但是该函数主要用于 ARMA＋GARCH 模型，因此 mean.model 列表的一个部分是向量 armaOrder，variance.model 列表的一个部分是向量 garchOrder。

ugarchspec 函数还允许指定不同的概率分布。对于正态分布，可以把 distribution.model 参数设置为 norm，这是默认值；偏正态分布用 snorm；t 分布用 std；偏 t 分布用 sstd；广义误差分布用 ged；偏广义误差分布用 sged。

对于指定的 ARMA＋GARCH 模型，rugarch 包中的 ugarchfit 函数执行拟合计算。

例子

我们用前面使用过的 S&P 500 指数日对数收益率数据进行举例说明。我们使用 5.3.11 节指数日对数收盘价说明 ARIMA 模型。S&P 500 指数日对数收益率的时间序列是对数收盘价的差分序列。我们在第 1 章中观察到了这个序列的几个特征，重要的是它具有厚尾特点，正如我们在图 1.25 的直方图和图 1.27 的 q-q 图中看到的那样。图 1.29 给出的收益率的 ACF 值相对较小，表明时间序列的新息可能具有白噪声的 0 相关性。然而，这个特征明显违反 ARMA 模型假设，说明序列明显存在异方差。这种随机波动在图 1.29 的时间序列图中很明显。

在 5.3.11 节的例子中，基于 BIC 的 auto.arima 函数选择了拟合日收盘价的 ARIMA(1,1,1)。因此，我们选择 ARMA(1,1) 作为日收益率均值的可能模型。我们为方差选择 GARCH(1,1) 模型。除了阶数选择较小值的一般规则外，没有特别的理由选择此模型，就像拟合 ARIMA 模型一样。

```
library(rugarch)
agmodel <- ugarchspec(mean.model=list(armaOrder=c(1,1)),
                      variance.model=list(garchOrder=c(1,1)))
agfit <- ugarchfit(data=GSPCdReturns, spec=agmodel)
```

ugarchfit 返回的对象属于 uGARCHfit 类，它是 R 类的 S3 类型。各个部分，例如系数或残差，都由应用 uGARCHfit 类方法的函数提取。例如，由 ugarchfit 执行的拟合系数由下式给出。

```
> round(coef(agfit),3)
    mu    ar1    ma1  omega alpha1  beta1
 0.001  0.881 -0.908  0.000  0.098  0.890
```

残差由 residuals 函数得到。

本例中 uGARCHfit 对象包含更多的统计信息，包括 AIC、BIC、Shibata 信息准则和 Hannan-Quinn 信息准则。这些准则分开看没有意义，但是如果使用不同的模型，那么它们可能有助于评估模型的相对优缺点。

ugarchfit 函数还对标准化残差和标准化残差的平方进行 Box-Ljung 检验。检验结果如下所示。

```
Weighted Ljung-Box Test on Standardized Residuals
-------------------------------------
                        statistic p-value
```

```
Lag[1]                           2.648  0.1037
Lag[2*(p+q)+(p+q)-1][5]          4.319  0.0282
Lag[4*(p+q)+(p+q)-1][9]          5.488  0.3494
d.o.f=2
H0 : No serial correlation

Weighted Ljung-Box Test on Standardized Squared Residuals
------------------------------------
                           statistic p-value
Lag[1]                        0.4355  0.5093
Lag[2*(p+q)+(p+q)-1][5]       2.4446  0.5177
Lag[4*(p+q)+(p+q)-1][9]       3.3823  0.6945
d.o.f=2
```

这些结果似乎表明没有剩余的自相关。

虽然来自拟合 ARMA$(1,1)$＋GARCH$(1,1)$ 模型的残差之间的自相关性，比来自拟合 ARMA$(1,1)$ 模型的残差更接近于 0，但是我们还不清楚 ARMA$(1,1)$＋GARCH$(1,1)$ 模型对于 S&P 500 指数收益率时间序列提供了哪些方面的见解。

5.5　单位根和协整

金融分析的一个目标是找出价格、利率、指数和其他可观察变量的时间序列之间的关系。这些关系有助于我们理解各种潜在过程，如果这些关系涉及滞后变量，那么可以根据对另一个过程的观察预测一个过程的发展。不幸的是，系统的噪声使大多数预测模型几乎无用。

一些金融变量以它们的线性组合几乎是平稳的这种方式一起移动，我们把这些变量称为协整变量。（我们将在下面更精确地定义这个概念。）协整变量的识别在一般金融分析和制定投资策略（例如配对交易）中都很有用。

两个变量的各自时间序列内的关系可能会模糊这两个变量之间的关系。两个独立时间序列自身内部关系可能会使这两个时间序列看起来存在协整。

5.5.1　伪相关：相关系数的分布

相关系数是决定两个变量是否存在线性关系的主要统计量。在计算相关系数之前，还可以通过对变量的变换确定两个变量之间的非线性关系。如果涉及两个以上的变量，偏相关或回归系数是决定变量是否有关系的基础，同样可能根据变量的变换计算。

许多金融过程似乎是相互关联的，因为它们是一致的。例如，最近几年，美国电动汽车的生产率和航空客运里程数都在稳步增长，因此两个时间序列的互相关系数可能显著非零。另一个例子是房屋开工数量和 MSFT 股票的价格。从 2006 年到 2008 年年中，房屋开工数量和 MSFT 股票价格都在上涨，然后在接下来的 18 个月里一起下降，但是这两个序列存在直接相关值得怀疑。

不相关且一致移动的金融时间序列，在统计上具有显著的相关性，这称为"伪相关"；一个不相关的序列对另一个序列进行回归，且回归结果具有明显显著的估计系数和较大的 R^2，这样的回归称为"伪回归"。伪"显著性"是对计算出来的统计量使用错误分布的临界值的结果。

具有线性时间漂移的变量之间具有显著的相关性，但是伪相关的现象远不止于此。例如，两个不相关的随机游动通常会出现非零相关性。

独立随机游动

随机游动在概念上很简单：资产的价格今天收盘于某个水平；它明天以该价格开始，然后从那里向前迈出一步，以明天的价格收盘；这个过程继续进行。（这些是随机游动的基本部分，但随机游动在定义中包括其他性质，而随机游动假设包括其他部分。）

不相关的随机游动往往表现出非零相关性。我们通过模拟两个大小为 1 000 的独立随机游动来说明这个结果，如图 5.19 所示。

```
> n <- 1000
> set.seed(128)
> white1 <- rnorm(n)
> white2 <- rnorm(n)
> walk1 <- cumsum(white1)
> walk2 <- cumsum(white2)
> cor(white1, white2)
[1] 0.03261427
> cor(walk1, walk2)
[1] 0.9257856
```

图 5.19　独立随机游动之间高度正相关的例子

图 5.19 中两个独立随机游动 walk1 和 walk2 之间的大样本相关系数 0.93 是"统计显著的"。（参见 4.5 节描述的 t 检验，它基于独立正态样本的假设。这个值太大了，在假设下不需要进行显著性计算。）我们注意到图 5.19 中较大的相关系数不是来自两个潜在的高斯白噪声过程 white1 和 white2 之间的关系，其样本相关系数为 0.03。

图 5.19 中的模拟数据仅代表一个"随机样本"。现在假设我们使用不同的随机样本再次执行此操作。我们选择一个不同的种子，并再次模拟两个随机游动，每个大小为 1 000，如图 5.20 所示。

```
> set.seed(145)
> white3 <- rnorm(n)
> white4 <- rnorm(n)
> walk3 <- cumsum(white3)
> walk4 <- cumsum(white4)
> cor(white3, white4)
[1] 0.02377493
> cor(walk3, walk4)
[1] -0.9192005
```

图 5.20　独立随机游动之间高度负相关的例子

同样，我们有一个样本相关系数 -0.92，即"统计上显著不等于零"，但与前面其他双变量样本的符号相反。同样，两个潜在的高斯白噪声过程之间的样本相关系数在 0.02 处不显著。

尽管这两个随机游动在任何一种情况下都不相关，但基于 4.5 节描述的相关系数的渐近零分布，样本相关系数在统计上具有高度显著性。（与渐近分布这个事实没有关系；样本量 1 000 就足够了。）

该问题源于以下事实：服从不相关随机游动的两个变量，与不服从不相关随机游动的两个变量（例如白噪声变量），二者样本相关系数的分布不同。为了说明这一点，我们模拟来自两个长度为 1 000 的白噪声过程的 5 000 个样本相关系数的样本，以及来自两个长度为 1 000 的随机游动的 5 000 个样本相关系数的样本。

图 5.21 显示了 5 000 个相关系数的两个样本的直方图。每个直方图覆盖的总面积为 1。上面显示了单独缩放的直方图，以便最好地显示总体图形。下面直方图与上面直方图相同，但下面的两个图具有相同的尺度（同样，总面积为 1），方便对两个分布进行比较。与两个独立正态样本之间的相关系数对应的近似 t 分布图叠加在每个直方图上。t 分布曲线的大部分在随机游动相关系数的未缩放直方图上看不到（在图的右上角）。

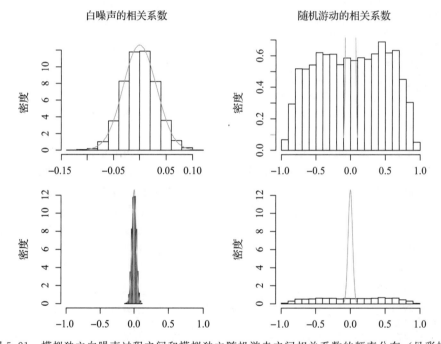

图 5.21   模拟独立白噪声过程之间和模拟独立随机游走之间相关系数的频率分布（见彩插）

这些模拟表明了为什么随机游动过程可能会表现出伪相关。它们之间的相关系数的零分布不同于白噪声过程之间的相关系数的零分布。

如果来自任一独立随机游动过程的数据对另一个过程的数据进行线性回归，那么可以获得显著的线性回归。这种相关性在金融应用中，会出现即使考虑到序列中存在漂移项，但是某个时间序列似乎与另一个时间序列相关，但事实上它们没有关系。

AR（1）过程之间的相关性

前面举例说明的关键是，两个独立随机游动之间的相关系数的零分布与两个白噪声过程之间的相关系数分布不同。这一点很重要，因为如果忽略它，那么可能会导致数据分析误解。

我们现在研究与随机游动相关的另一个背景下的相关系数分布，即在 AR(1) 过程中。

两个系数 ϕ_{11} 和 ϕ_{12} 的 AR(1) 过程之间的相关系数分布与 $|\phi_{11}|$ 和 $|\phi_{12}|$ 有关。

图 5.22 为 AR(1) 过程之间相关系数的模拟样本的一些直方图，每个 AR(1) 过程的均值为 0，但一阶系数不同。每个直方图都基于 5 000 次模拟。所有过程的长度是 1 000。（这是式（4.96）中 n 的值，表示两个独立高斯白噪声样本之间的相关系数与一个 t 随机变量的关系。）直方图中的尺度相同，便于比较。每个直方图所覆盖的总面积为 1。两个独立样本之间的相关系数对应的近似 t 分布图叠加在每个直方图上。

图 5.22 中 AR 系数为 0.99 的两个 AR(1) 过程之间的相关系数分布（特征多项式的根为 1.010 1）表明，这些过程的随机样本往往会显示出与独立正态样本计算出的相关系数相比较大的相关性，因此，是"伪相关"。

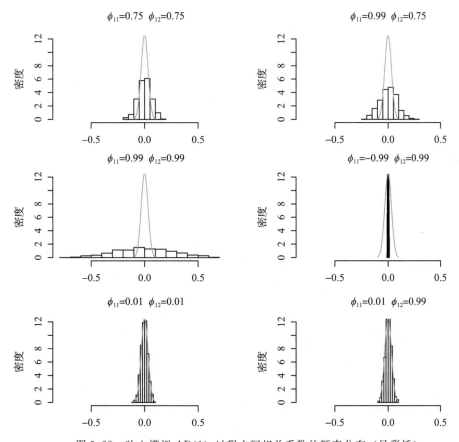

图 5.22　独立模拟 AR(1) 过程之间相关系数的频率分布（见彩插）

差分 AR(1) 过程：残差

正如我们所指出的，差分随机游动是白噪声。两个不同的随机游动之间的相关系数分布与图 5.21 右侧直方图所显示的分布不对应，而与左侧显示的白噪声过程之间相关系数的直方图对应。

同样，对于其他 AR(1) 过程，相应差分过程的相关系数分布与白噪声过程之间的相关系数分布相似。这在图 5.23 中差分序列的相关系数直方图中进行了说明。图 5.23 中的两个直方图分别对应图 5.22 中第一行第二列直方图和第二行第一列直方图。

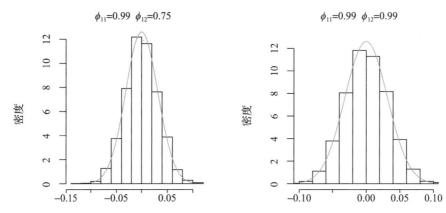

图 5.23   独立差分模拟 AR(1) 过程之间相关系数的频率分布（见彩插）

不同的 AR(1) 过程之间的相关系数分布实际上略有不同。然而，图 5.23 中两个直方图中存在明显的差别，主要由于抽样变化。它们都很好地对应于零 t 分布，但当 $\phi_1 = 0.99$ 时，分布更接近零 t 分布。

虽然两个差分 AR(1) 过程之间的相关系数分布类似于两个白噪声过程之间的分布，但 AR(1) 过程不是 I(1)，除非 $\phi_1 = 1$。

AR(2) 过程的相关性

AR(1) 过程之间出现的伪相关也可能出现在 AR(p) 过程中。

例如，考虑两个 AR(2) 过程，每个过程都遵循模型

$$x_t = \phi_0 + \phi_1 x_{t-1} + \phi_2 x_{t-2} + w_t$$

我们考虑分别具有 $\phi_1 = -0.25$ 和 $\phi_2 = 0.25$ 的两个过程，以及分别具有 $\phi_1 = -0.7499$ 和 $\phi_2 = 0.25$ 的两个过程。我们为每个过程模拟了 5 000 对 1 000 个观察值，并为两对过程中的每一对计算了普通相关系数。图 5.24 显示了模拟样本的直方图。为了便于比较，直方图具有相同的尺度。

图 5.24 的直方图中显示，AR(2) 过程的相关系数分布的异常形状，像上面考虑的 AR(1) 过程那样，通过简单的差分不会变得更像 t 分布。

向量自回归过程

上面考虑的一对不相关的 AR(1) 过程和一对不相关的 AR(2) 过程，都是具有对角系数矩阵的向量自回归（VAR）过程。

我们从 5.3.2 节开始简要讨论了向量自回归模型。d 维向量自回归模型具有以下形式

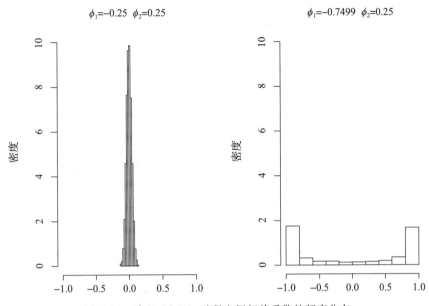

图 5.24　独立 AR(2) 过程之间相关系数的频率分布

$$x_t = \Phi_1 x_{t-1} + \cdots + \Phi_p x_{t-p} + w_t$$

其中 $x_t, x_{t-1}, \cdots, x_{t-p}$ 和 w_t 是 d 维向量，$\Phi_1, \cdots, \Phi_p$ 是常数 $d \times d$ 矩阵，$\Phi_p \neq 0$，$\{w_t\}$ 是 d 变量白噪声过程。

x_t 向量的多变量分布显然取决于白噪声的多变量分布，但正如我们在上面的例子中看到的，即使 w_t 不相关，x_t 的分布也可能具有有趣的相关结构。

在上面的 AR(1) 示例中，$d=2$，$p=1$，并且

$$\Phi_1 = \begin{bmatrix} \phi_1 & 0 \\ 0 & \phi_1 \end{bmatrix}, \quad \mathrm{V}(w_t) = \begin{bmatrix} 1 & 0 \\ 0 & 1 \end{bmatrix} \sigma_w^2$$

这是一个非常简单的 VAR，但我们已经观察到 $\{x_t\}$ 的一些有趣的分布性质；特别是 2×2 矩阵 $\mathrm{Cor}(x_t)$ 的非对角元素。这些量的模拟分布如图 5.22 所示。

5.5.2　单位根

往往产生伪回归的随机游动是 AR(1) 过程，且 $\phi_1 = 1$。它们是具有单位根的过程。

事实证明，特征多项式的根与相关系数的分布有关。根接近于 1 的独立 AR 过程具有不寻常的相关系数分布。这就是我们在图 5.22 中观察到的具有接近单位根的 AR(1) 过程。（我们还注意到，每一对过程的 AR 系数的相对值会影响相关系数的分布，但我们没有对此进行探讨。）

我们把这些结果推广到具有单位根或接近单位根的 AR(p) 过程。图 5.24 中两对 AR(2) 过程之间的一个重要区别是特征多项式根的模。第二对过程有非常接近单位圆的根。第一对过程的特征多项式根的模是

```
> Mod(polyroot(c(1, 0.25, -0.25)))
[1] 2.561553 1.561553
```

第二对过程的特征多项式的根的模是

```
> Mod(polyroot(c(1, 0.7499, -0.25)))
[1] 1.00008 3.99968
```

其中一个非常接近 1。

　　相关系数的异常分布还体现在互相关系数的分布上。图 5.25 显示了一对独立 AR(2) 过程的 CCF，每个过程都有一个模为 1.000 08 的根。它们都具有相同的系数 $\phi_1 = -0.749\,9$ 和 $\phi_2 = 0.25$，如图 5.24 的右侧图形所示。绝对值相对较大的 ϕ_1 的负值导致 CCF 符号交替。滞后 0 处的值恰好为负，约为 -0.5，当然这是两个序列之间的普通相关系数。注意，虽然图 5.24 显示了 5 000 对样本的蒙特卡罗模拟结果，但是图 5.25 表示来自两个过程的单个样本；不同的样本可能表现出非常不同的性质。

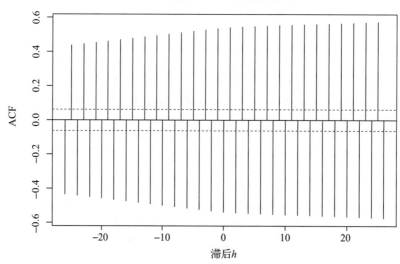

两个模拟AR（2）过程之间的CCF

图 5.25　两个模拟独立 AR(2) 过程之间的 CCF，每个过程中 $\phi_1 = -0.749\,9$ 和 $\phi_2 = 0.25$（见彩插）

　　前面的例子说明了两个独立时间序列的相关系数和互相关系数的异常行为，这些时间序列的特征根接近于 1。模型中参数的不同值，当然会产生不同的结果，大多数情况下不会像所示的例子那样极端。有关两个过程遵循不同 AR(1) 模型的例子，参见图 5.22 中的模拟分布。

　　正如我们所看到的，在很多情况下，尤其是类似于随机游动的过程，时间序列的差分可能会影响相关系数的分布。在随机游动的情况下，差分序列是白噪声，如果过程是独立的，那么差分过程之间的相关系数分布服从渐近 t 分布。

　　本节要点是具有单位根（或接近单位根）的过程产生的统计量，例如相关系数，其分布与从其他时间序列计算的相同统计量的分布完全不同。Engle 和 Granger（1987）列出了其中一些差异（另外参见 Choi，2015，特别是第 4 页，对这些差异进行的讨论）。在练习 5.30 中，要求通过蒙特卡罗模拟探索一些差分过程。

单位根对于识别可能表现出异常行为的过程很重要。根据图形或由时间序列计算得到的简单统计量，并不能明显地立刻发现该过程的特征多项式具有单位根。在下一节中，我们考虑对是否存在单位根进行一些统计检验。

单位根检验

在简单的情况下，我们可以在时间序列图中或在 ACF 中直观地把单位根过程与没有接近单位根的过程区分开来；例如，对 AR(1) 过程，参见图 5.8 和图 5.9，对于 AR(2) 过程，参见图 5.10 和图 5.11。然而，一般来说，单位根的存在可能并不那么明显。

单位根有多种统计检验。我们将描述得到单位根检验的基本思想，但是我们不会描述检验的所有考虑因素。随后的讨论得到了 Dickey-Fuller 检验。

考虑一个 AR(1) 模型，

$$x_t = \phi_1 x_{t-1} + w_t \tag{5.169}$$

如果特征多项式有单位根，那么 $|\phi_1| = 1$。让我们只关注 $\phi_1 = 1$ 的情况；也就是说，随机游动的情况。虽然随机游动不平稳，但它是 I(1)。

我们把感兴趣的统计假设设定为

$$H_0 : \phi_1 = 1$$
$$H_a : \phi_1 < 1$$

（参见 4.4.2 节）。就特征多项式的根而言，等价假设是 $H_0 : z_1 = 1$ 和 $H_a : z_1 > 1$。注意，这些假设排除了 $\phi_1 > 1$ 的爆炸式情况。我们通常也排除了 $\phi_1 < -1$ 的情况，尽管通常没有正式说明。

把原假设表述为存在单位根，这似乎不是建立要检验的统计假设的自然方式。未能拒绝该原假设，表明存在单位根。（未能拒绝原假设不会产生与拒绝假设相同的置信水平；参见 4.4.2 节的讨论。）

就特征多项式的根而言，比如说 z_1，原假设是相同的，都是 $z_1 = 1$，但是备择假设是根在单位圆之外，或者简单地说 $z_1 > 1$，因为它是实数。

我们把模型（5.169）重写为

$$\Delta(x_t) = (\phi_1 - 1)x_{t-1} + w_t$$

或

$$\Delta(x_t) = \pi x_{t-1} + w_t \tag{5.170}$$

这是数据对 $(\Delta(x_2), x_1), (\Delta(x_3), x_2), \cdots$ 的简单线性回归模型的形式。

回归系数 π 可以通过普通最小二乘法估计。然而，模型（5.170）不满足 4.5.2 节中回归模型的假设，这导致了有关回归系数的统计检验。特别是，π 的 OLS 估计量 $\hat{\pi}$ 可能不服从 t 分布，甚至不存在渐近 t 分布。这是因为 $(\Delta(x_t), x_{t-1})$ 之间存在序列相关。

然而，与式（4.115）中 t 统计量形式相同的统计量，即本例中的 $t = \hat{\pi} / \sqrt{\text{MSE}}$，可能

有助于检验 $H_0:\pi=0$ 与 $H_a:\pi<0$。必须计算其分布以确定临界值。Fuller（1995）和其他人使用蒙特卡罗方法计算了检验统计量的临界值。基于这种方法的检验称为 Dickey-Fuller 检验。注意，t 检验统计量的极端值表示拒绝原假设；也就是说，小（负）值表示没有单位根。

还有许多其他的考虑因素可能会影响这个检验过程。一是回归误差可能相关，正如我们在 5.3.12 节中讨论的。通常采用的解决这种可能性的方法与式（5.154）所建议的方法相同。通常只包括 AR 部分。我们扩充模型（5.170）以形成模型

$$\Delta(x_t)=\pi x_{t-1}+\sum_{j=1}^{k}\gamma_j\Delta(x_{t-j})+w_t \tag{5.171}$$

人们已经提出了各种方法确定 AR 模型的最大滞后阶数 k。有些可能使用信息准则，例如 AIC 或 BIC（例如，正如 auto.arima 所使用的方法），或者对不同阶数的 AR 模型的残差进行 Box-Ljung 检验。

另一个考虑因素是数据存在确定性趋势。简单的 AR(1) 模型不考虑趋势，但是经济数据（例如 GDP 和其他生产或财富指标）或金融数据（例如股票价格）通常具有上升趋势。

数据的简单线性趋势可以通过在 $\Delta(x_t)$ 的模型中包含恒定漂移项 α 来解释，而二次趋势可以通过在 $\Delta(x_t)$ 模型中包含线性项建模。因此，扩充模型（5.171）以形成模型

$$\Delta(x_t)=\alpha+\beta t+\pi x_{t-1}+\sum_{j=1}^{k}\gamma_j\Delta(x_{t-j})+w_t \tag{5.172}$$

模型（5.172）中 $\pi=0$ 的扩充 Dickey-Fuller 检验基于与 t 统计量形式相同的检验统计量，如基于模型（5.170）的 Dickey-Fuller 检验。但是，它与更简单的检验统计量的分布不同。t 检验统计量的临界值已通过蒙特卡罗方法计算。它们在已出版的表格中可以找到，并包含在 R 检验函数中。

如果检验表明拒绝原假设，那么决策是没有单位根。虽然这不是平稳的充分条件，但是我们经常把拒绝解释为表明序列是平稳的。

如果不拒绝原假设，那么我们有条件地决定 $\pi=0$，但是未能拒绝可能是由于时间趋势。如果不拒绝原假设，那么我们可以继续检验趋势项；也就是说，在模型（5.172）中检验 $\beta=0$。

如果给定 $\pi=0$，我们不能拒绝 $\beta=0$ 的原假设，那么我们可以继续检验漂移项；也就是说，以 $\beta=0$ 为条件检验 $\alpha=0$。

最后，如果给定 $\pi=0$ 和 $\beta=0$，我们不能拒绝模型（5.172）中 $\alpha=0$ 的原假设，那么我们返回模型（5.171），并在该模型中检验原假设 $\pi=0$。在这种情况下，AR 阶数 k 的选择变得更加重要。在这种情况下未能拒绝原假设也表明存在单位根。

这个过程的条件性质意味着显著性水平的概念是没有意义的；该过程不是正式的统计推断。相反，这个分析是探索性的，仅仅是描述性的。

例子

我们现在考虑一个例子，对来自我们知道没有单位根的过程和我们知道有单位根的过程的模拟数据进行扩充 Dickey-Fuller 单位根检验。

扩充 Dickey-Fuller 检验由几个不同的 R 函数执行，例如，urca 中的 ur.df、tseries 中的 adf.test 和 dUnitRoots 中的 adfTest。

我们在 tseries 中使用 adf.test 说明扩充 Dickey-Fuller 检验。对图 5.19 中生成的来自白噪声过程的数据和来自随机游动的数据进行检验。R 代码如下所示。

```
library(tseries)
n <- 1000
set.seed(128)
white1 <- rnorm(n)
walk1 <- cumsum(white1)
adf.test(white1)
adf.test(walk1)
```

检验结果如图 5.26 所示。在每种情况下，既没有确定对应于式（5.172）中 α 的漂移项，也没有确定对应于 β 的线性趋势。

```
        Augmented Dickey-Fuller Test
data:  white1
Dickey-Fuller = -10.254, Lag order = 9, p-value = 0.01
alternative hypothesis: stationary
Warning message:
In adf.test(white1) : p-value smaller than printed p-value

        Augmented Dickey-Fuller Test
data:  walk1
Dickey-Fuller = -2.2177, Lag order = 9, p-value = 0.4861
alternative hypothesis: stationary
```

图 5.26　白噪声和随机游动的扩充 Dickey-Fuller 检验结果

我们发现，正如预期的那样，对于白噪声，单位根的原假设在 p 值小于 0.01 时被拒绝；但是在随机游动的情况下检验的 p 值不会被拒绝。

其他单位根检验

我们从式（5.169）～式（5.172）遵循的步骤，在发展扩充 Dickey-Fuller 检验背后的思想时，可以在每个步骤中以各种方式进行修改。例如，在式（5.171）中，我们可以使用一些其他方法，例如 2.3 节描述的核方法，直接估计自相关系数，而不是通过合并 AR 部分在式（5.170）的基本回归模型中考虑序列相关性。这就是 Phillips-Perron 检验的处理方法。

还有其他几种单位根检验，并且有多个 R 函数可以实现它们。这些检验彼此不同，并且与扩充 Dickey-Fuller 检验在不同方面也不同。我们不在这里描述这些检验，而是在表 5.1 中列出一些更常用的检验。（还记得我们使用了 Kwiatkowski-Phillips-Schmidt-Shin (KPSS) 检验方法检验趋势。）

在表 5.1 中，我们列出了执行这些检验的 tseries 和 urca 包中的 R 函数。一些检验不包含在 tseries 包中。此外，某些函数不是专门为检验单位根的原假设设计的，因此 R 函数的输出结构可能与图 5.26 所示由 adf.test 进行的扩充 Dickey-Fuller 检验的结果不同，urca 包中大多数函数都需要使用 summary 函数显示相关统计量。

检验方法非常多，而且没有一个检验比其他检验更好。我们在这里列出它们只是给出一些信息，我们努力描述它们的优点和缺点。但是，在练习 5.32 中，需要对同一组数据使用表 5.1 中列出的所有六个检验，以发现异同。

表 5.1   tseries 和 urca 包中单位根检验的 R 函数

扩充 Dickey-Fuller 检验	adf.test	ur.df
Elliott-Rothenberg-Stock 检验		ur.ers
Kwiatkowski-Phillips-Schmidt-Shin（KPSS）检验	kpss.test	ur.kpss
Phillips-Perron 检验	pp.test	ur.pp
Schmidt-Phillips 检验		ur.sp
Zivot-Andrews 检验		ur.za

检验单位根的其他方法和一般考虑因素

单位根检验取决于基本模型假设。模型的各种变化，例如季节性、时间的一般结构变化、厚尾分布等，可能导致不同的检验，即使基于同样的一般方法。我们上面考虑的检验是 Wald 型检验，但还有其他构造检验的一般方法，例如基于似然比的检验，以及拉格朗日乘数或"分数"。有关定义参见 Gentle（2019），但是，这里这些区别并不重要，我们不会讨论这些方法。其他方法基于贝叶斯模型，其中模型中的参数是随机变量。Choi（2015）描述了各种单位根检验及其背后的一般方法。

单位根检验有点不寻常，因为原假设是存在单位根，因此，显著性度量指向单位根不存在。统计假设检验不对称地处理原假设和备择假设。存在单位根的原假设被接受为默认值，拒绝该假设与置信水平（p 值）相关联。对于存在单位根的决策没有明确的置信水平。当不拒绝原假设时做出该决策。

统计假设检验的基本范式导致了一个困境。一般来说，"统计显著性"可能在决策中发挥的作用大于适当的作用。当然，计算统计量的显著性是重要的，但经验证据应该得到更广泛地检查。统计假设检验中的这些问题在 4.4.2 节中进行了讨论。

在检验单位根时还有其他问题。我们可能会考虑模恰好等于 1 而不是略小于 1 的根有什么特别之处。实际参数恰好是特定值，并决定模型的重要行为特征，这样的模型是病态的模型。为了说明 AR(1) 模型中的这一点，单位根的相关性等效于 $\phi_1 = 1$ 处的不连续性。这就是数学上的情况，正如我们在均值和方差表达式中发现的那样（式（5.104））和式（5.107）），但是来自 AR(1) 模型且 $\phi_1 = 1$ 或 $\phi_1 > 1$ 的有限数据样本不会表现出不连续性，因为 ϕ_1 从 $1 - \epsilon$ 到 $1 + \epsilon$ 变化。

5.5.3 协整过程

金融时间序列的线性组合很有趣。正如在本章开始讨论的那样，某些类型的单独过程的线性组合保留了各个过程的性质。独立白噪声过程的线性组合是白噪声。独立随机游动的线性组合是随机游动。确定某些不是白噪声的过程是否可以组合以形成白噪声过程或至少是平稳过程可能很有趣。

一类重要的时间序列线性组合是产生平稳过程的线性组合，特别是如果组合的过程是白噪声过程。如果存在这样的组合，那么这些时间序列是协整的。

正式地，如果 $\{x_t\}$ 是一个 m 变量时间序列，每个时间序列都是 I(d)，并且存在一个非零常数 m 维向量 c，使得 $\{c^T x_t\}$ 是 I($d-1$)，那么我们说 $\{x_t\}$ 是具有协整向量 c 的协整时间序列。如果存在线性无关向量 $c_1,\cdots,c_r$，使得每个向量都是 $\{x_t\}$ 的协整向量，那么我们称 $\{x_t\}$ 为秩为 r 的协整。

我们感兴趣的通常是两个 I(1) 时间序列 $\{x_t\}$ 和 $\{y_t\}$ 的简单情况，其中存在一个非零常数 c，使得

$$\{cx_t + y_t\} \tag{5.173}$$

是平稳的。在这个简单的例子中，显然 $\{x_t\}$ 和 $\{y_t\}$ 是协整的。

两个时间序列协整的一个简单情况是，每个序列都遵循相同（或相似）的基本过程。例如，如果序列 $\{x_t\}$ 和 $\{y_t\}$ 使得 $x_t = z_t + w_{x,t}$ 和 $y_t = z_t + w_{y,t}$。当 $c = -1$ 时，过程 $\{cx_t + y_t\}$ 是白噪声，当然是平稳的。

尽管两个时间序列的模型看起来很简单，每个序列都是相同的潜在随机游动加上独立的白噪声误差，但实际上，这是许多金融时间序列的一个很好的近似模型。

确定两个序列是否相关的一个明显方法，是将一个序列回归到另一个序列上，并检查残差的平稳性；也就是说，我们构造回归模型

$$y_t = \alpha + \beta x_t + u_t \tag{5.174}$$

来拟合模型，并检查残差 $r_t = y_t - \hat{y}_t$。如果这两个序列确实是协整的，那么过程 $\{r_t\}$ 应该是平稳的（受由估计量 $\hat{\alpha}$ 和 $\hat{\beta}$ 的性质产生的 $\hat{y}_t$ 性质的约束）。

协整检验

基于这些思想的三个协整检验是 Engle-Granger 检验、Phillips-Ouliaris 检验和 Johansen 检验。这些检验的不同之处在于它们如何进行回归，以及它们如何检验残差的平稳性。

这些检验中的每一个原假设都是"序列不是协整的"。因此，拒绝原假设会导致这些序列是协整的决策。与单位根检验相比，这是一种更自然的假设表述。

这些检验中的每一个都通过检验单位根来评估平稳性问题。它们各自得出结论，如果单位根检验未被拒绝，那么残差是平稳的。（回想一下单位根检验中标准假设的性质。）

这些检验的回归步骤存在三个主要问题：选择哪个变量作为因变量；对式 (5.174) 中残差 u_t 分布做什么假设；以及如何对残差建模（回忆回归建模中残差和误差之间的差异）。在 Phillips-Ouliaris 检验中，检验残差是否存在单位根，正如我们所见，有多种方法对此进行检验。例如，用于协整检验的 Phillips-Ouliaris 检验使用了针对单位根检验的 Phillips-Perron 检验。

Johansen 检验是为多个序列设计的，并对称地处理这些序列。（这个方法和其他方法的区别类似于回归模型（不对称）和主成分模型（对称）的区别。）问题是协整向量是否存在；也就是说，时间序列是否包含在较低秩空间中。这类问题可以通过使用交叉乘积矩阵的迹或通过该矩阵的特征分解（类似于识别主成分）解决。显然，如果存在低维子空间，那么时间序列是协整的。Johansen 检验就是基于这些思想。当然，在一个常见的应用

中，只有两个时间序列（秩为 2），而较低秩的空间是一维的。

Phillips-Ouliaris 检验在 tseries 包中的 R 函数 po.test 中实现，并使用该包中的 pp.test 函数进行单位根 Phillips-Perron 检验。urca 包中的 ca.po 函数也进行 Phillips-Ouliaris 检验，但是结果输出的组织方式完全不同。

urca 包中的 ca.jo 函数执行 Johansen 检验。

例子

因为平稳序列表现出均值回归，所以，协整金融时间序列的识别允许确定一些点，在该点处一个序列相对于其他序列通常取值较大。在金融资产交易中，这允许统计套利，并为配对交易提供了指导。

不幸的是，噪声、外生事件和结构变化通常会使协整模型变得无用。

协整分析常用于模拟外汇汇率，并取得一些成功。在图 5.27 中，我们说明 Phillips-Ouliaris 协整检验对每日美元兑欧元汇率和加元兑美元汇率序列的使用。

```
> library(quantmod)
> library(tseries)
> dollareuro <- getSymbols("DEXUSEU", env=NULL, src="FRED")
> candollar <- getSymbols("DEXCAUS", env=NULL, src="FRED")
> rates <- na.omit(merge(dollareuro, candollar, all=FALSE))
> po.test(rates)
        Phillips-Ouliaris Cointegration Test

data:  rates
Phillips-Ouliaris demeaned = -27.67, Truncation lag parameter = 52,
p-value = 0.01216
```

图 5.27　1999 年 1 月至 2019 年 8 月美元/欧元和加元/美元每日汇率的 Phillips-Ouliaris 协整检验

该检验表明拒绝两个序列不存在协整的原假设。两个序列之间的关系可以通过一个序列对另一个序列的回归进一步探索。可以随时间检查这些关系是否成立。可以纳入其他变量，例如 GDP 度量指标。在这个例子中，我们只是简单给出了检验本身。

进行 Phillips-Ouliaris 检验和 Johansen 检验的 R 函数允许两个以上的序列。（po.test 函数把 Phillips-Ouliaris 检验的序列数限制为 6，ca.jo 函数把 Johansen 检验的序列数限制为 11。）

误差修正模型

在前面协整分析的一般方法中，回归步骤需要选择因变量。选择哪一个作为因变量会对结果产生影响。差异通常很小。例如，使用图 5.27 中数据，但变换变量的顺序，以便选择另一个作为因变量，我们得到图 5.28 所示的结果。

为了消除选择哪个变量作为因变量的影响，我们可以使用从观察点到线的距离，而不是使用式（5.174）中的垂直残差，就像我们在第 4 章中所提到的正交回归。

然而，协整模型通常使用的方法不是正交回归，而是称为"误差修正"的方法。对于 $m+1$ 个单变量序列 $\{y_t\}, \{x_{1,t}\}, \cdots, \{x_{m,t\}}$，在误差修正方法中，选择一个特定的序列作

```
> rates1 <- na.omit(merge(candollar, dollareuro, all=FALSE))
> po.test(rates1)
        Phillips-Ouliaris Cointegration Test

data:  rates1
Phillips-Ouliaris demeaned = -25.856, Truncation lag parameter = 51,
p-value = 0.01819
```

图 5.28　从 1999 年 1 月至 2019 年 8 月期间美元/欧元和加元/美元每日
汇率的 Phillips-Ouliaris 协整检验；与图 5.27 进行比较

为回归方程中的因变量，但是回归模型适用于改变量 $\{\Delta y_t\}$, $\{\Delta x_{1,t}\}$, $\cdots$, $\{\Delta x_{m,t}\}$。误差修正回归模型包含一个项，该项按顺序排列以有利于每个时间点残差符号的变化：

$$\Delta y_t = \beta_1 \Delta x_{1,t} + \cdots + \beta_m \Delta x_{m,t} + \lambda (y_{t-1} - \hat{y}_{t-1}) + \epsilon_t \tag{5.175}$$

我们把该模型称为误差修正模型或 ECM。我们还把它称为向量误差修正模型，或 VECM。

为了完成协整分析，必须对 ECM 拟合模型的残差进行平稳性检验，可能使用单位根检验，正如前面描述的在 Phillips-Ouliaris 协整检验中一样。

ecm 包中的 R 函数 ecm 执行模型的拟合。ecm 函数的结果是 lm 类的对象，与 lm 函数线性回归结果相同。

注释和深入阅读

本章的主题非常广泛。我试图仔细和详细地介绍基本概念。但是，随着主题变得更深入，详细程度会降低。

由于时间是连续过程，因此在连续时间内对时间序列进行建模可能是合适的。这种方法在衍生品定价中很常见，并且在许多著作中都有涉及，包括 Hull（2017）的经典著作。

由于所有观察数据都是在离散时间获取的，时间序列的离散时间模型通常是合适的，因为它直接映射到真实数据。离散时间序列模型的分析通常采用两种方法之一，这两种方法分别称为"频域"和"时域"。频域方法从使用周期性正交函数的数据变换开始。这种方法适用于物理波动过程，但它在金融应用中的用处有限。它已被用于研究金融"周期"。

离散时域分析的领域很大，该领域的著作也很多。我第一次研究时间序列时使用的是 Box 和 Jenkins（第一版，1970），目前的版本是 Box、Jenkins、Reinsel 和 Ljung（2015）。我最近最常使用的是 Fuller（1995），尽管我的符号并不总是与 Fuller 的一致。

Granger 和 Joyeux（1980）提出和描述了在他们分析中有用的长记忆过程和分数单整 ARMA 模型。

许多时间序列模型的失败源于平稳性假设或波动率不变假设。GARCH 序列模型解决了这个问题。Tsay（2010）介绍了 GARCH 模型及其在金融中的应用。Duan（1995）提出了一种 GARCH 方法进行期权定价。Lütkepohl（2007）包括了多变量的标准 ARIMA 模型和 GARCH 模型。

单位根和协整近年来受到广泛关注。关于此内容的讨论应该表明该主题中有许多未解决的问题，5.5.2 节和 5.5.3 节中内容仅触及表面。Maddala 和 Kim（1998）提供了这些主题的研究背景。Choi（2015）非严格地讨论了单位根检验和具有单位根的序列的性质。Sims（1988）从贝叶斯和频率学派的角度讨论了检验单位根的一般问题。Herranz（2017）报告了比较各种情景下的不同单位根检验的模拟研究，包括结构变化。

自助法可用于时间序列分析，例如用于估计参数的置信区间，或用于检验单位根。但是，由于数据的结构，必须谨慎使用诸如自助法等重抽样方法，这在通常的独立重抽样下会被掩盖。已经提出了各种方法，有些是特别的。一种通用方法称为块自助法，其中子序列被一起抽样。Lahiri（2003）描述了时间序列数据中的块自助法和其他重抽样方法。

R 包

R 中 base 和 stats 包具有许多用于时间序列分析的函数。我们在本章中使用或提到的其他 R 包还有 tseries、forecast、FitAR、rugarch、urca、car、lmtest、nlme、ecm 和 KFAS。这些包在练习中也可能有用。

- tseries 包含许多用于时间序列分析的函数，包括拟合优度检验、单位根检验和平稳性检验。它特别面向金融时间序列，包括许多有趣的旧金融数据集。
- forecast（参见 Hyndman 和 Khandakar，2008）包含许多实用函数（例如 Acf，我更喜欢 acf），它还包含非常有用的 auto.ariam 函数，用于在 ARIMA 模型中选择阶数。
- FitAR 还包含阶数选择函数。
- rugarch（和 rmgarch）包含用于指定、拟合、预测和模拟单变量（多变量）GARCH 模型的函数。
- urca 包含用于单位根检验和协整分析的函数。
- car、lmtest 和 nlme 包含几个函数，用于在具有序列相关性的线性模型中进行推断。
- ecm 包含 ECM 模型的基本拟合函数。
- KFAS 包含用于时间序列分析的状态空间方法的函数和数据对象。

Pfaff（2008）和 Berlinger 等人（2015）讨论用于单位根检验和协整时间序列分析的 R 函数。

练习

5.1 随机游动的线性组合。

令 $\{x_t\}$ 和 $\{y_t\}$ 是单变量随机游动过程，对于所有 s 和 t，$\mathrm{Cor}(x_s, y_t) = 0$。现在对于常数 a，令 $z_t = ax_t + y_t$。证明 $\{z_t\}$ 是一个随机游动过程。

5.2 线性算子。

证明 $h(x) = x_1^2 + x_2$ 不是线性的。（这里，$x = (x_1, x_2)$ 是一个 2 维实向量。）

5.3 后移和差分算子。

(a) 证明 $(1 - B^2)(x_t) = (1 - B)(1 + B)(x_t)$。

(b) 证明 $\Delta^k(x_t) = \sum_{h=0}^{k} (-1)^h \binom{k}{h} x_{t-h}$（式（5.26））。

　　(c) 证明对于任何整数 k，$(1-\mathrm{B}^k)(x_t)=\Delta_k(x_t)$。

5.4　差分方程。

　　考虑差分方程 (5.33) 的一个具体例子：

$$(1-3\mathrm{B}+2\mathrm{B}^2)(x_t)=0, \quad t=2,3,\cdots$$

　　(a) 这个差分方程的特征多项式是什么？写出形如式 (5.35) 的特征多项式（即，$x_t=z^{-t}$）。求特征多项式的根。

　　(b) 这个差分方程的通解是什么？证明你给出的解确实是差分方程的解。

5.5　随机游动；去趋势。

　　在随机游动过程中生成 100 个观察值，从 $x_0=10$ 开始，漂移项为 $\delta=2$。使用方差为 16 的白噪声过程，如图 5.2 所示，但分布为多个具有自由度 4 的 t 随机变量。（这是一个 $(4,0,4)$ 位置-尺度 t 分布；参见练习 3.13。）

　　(a) 绘制观察值并拟合最小二乘趋势线。有效地生成观察结果。

　　(b) 通过减去趋势线上的拟合值，去除具有漂移的随机游动数据的趋势，并绘制结果的观察值。

　　(c) 现在使用差分算子去除具有漂移的随机游动数据的趋势，并绘制结果的观察值。

　　(d) 此时，有三个序列。使用 KPSS 检验评估每个序列是否具有线性趋势。

5.6　白噪声。

　　(a) 假设 $\{w_t\}$ 是一个具有不变方差 σ_w^2 的白噪声。过程 $\{\Delta(w_t)\}$ 的方差为多少？为什么会这样？

　　(b) 生成方差为 1 的白噪声序列的 100 个实现值。计算样本 w 的方差和 diff(w) 的方差。

　　(c) 生成三个双变量白噪声序列，每个序列有 100 个实现值。

　　在所有三个过程中，令双变量中第一个变量的方差为 1，并令双变量中第二个变量的方差为 2。对于第一个序列，令两个变量之间的相关系数为 0.5；对于第二个序列，令两个变量之间的相关系数为 0.0；对于第三个序列，令两个变量之间的相关系数为 -0.5。

　　在单独的图（总共三个图）上绘制每个双变量时间序列。在每个图中，对每个双变量时间序列的每个变量使用不同的线型或颜色。

5.7　d 阶单整过程。

　　假设 $\{x_t\}$ 是 $d>k$ 的 I(d) 过程，对于某个整数 $k>1$。

　　(a) 证明 $\{x_t\}$ 是 I($d+k$) 过程。

　　(b) 证明 $\Delta^k(\{x_t\})$ 是一个 I($d-k$) 过程。

5.8　非因果过程。

　　证明式 (5.110) 中的过程 $x_t=-\sum_{j=0}^{\infty}\phi_1^{-j}w_{t+j}$ 是平稳的，其中 $|\phi_1|<1$。

　　注意一个重要的性质：在这个表示中 x_t 取决于白噪声的未来值。（这是非因果关系。）

5.9　白噪声移动平均的 ACF。

　　(a) 证明白噪声过程 $x_t=\dfrac{1}{k}\sum_{j=1}^{k}w_{t-j}$ 的移动平均的 ACF 在移动平均窗口外为 0；也就是说，对于白噪声的 k 阶移动平均中的 x_s 和 x_t，如果 $|s-t|\geqslant k$，那么有 $\rho(s,t)=0$。

　　(b) 证明 $k=3$ 的白噪声过程的移动平均的 ACF 与式 (5.52) 中给出的一样。

5.10　白噪声移动平均。

　　考虑白噪声的移动平均 $x_t=\dfrac{1}{k}\sum_{j=1}^{k}w_{t-j}$，其中 w_i 具有自由度 4 的独立 t 分布。生成此过程的长度为 1 000 的随机样本，$k=1$（这只是白噪声），$k=2$、$k=4$ 和 $k=8$。在每种情况下，计算并绘制 ACF。ACF 与窗口宽度 k 有何关系？

5.11 对数正态过程。

令

$$P_t = P_0 \exp(r_t + \cdots + r_1)$$

其中 r_i 独立同分布于 $N(\mu, \sigma^2)$。证明 P_t 为具有参数 $t\mu + \log(P_0)$ 和 $t\sigma$ 的对数正态分布。（如果 $\mu = 0$，那么这是一个参数为 σ 的对数正态几何随机游动。）

5.12 趋势和平稳性。

假设 x_t 是一个具有线性和二次趋势的时间序列，叠加了白噪声：

$$x_t = \beta_0 + \beta_1 t + \beta_2 t^2 + w_t, t = 1, 2, \cdots$$

其中 β_0、β_1 和 β_2 是常数，w_t 是方差为 σ^2 的白噪声。

(a) $\{x_t\}$（弱）平稳吗？为什么？

(b) $\{x_t\}$ 的 ACF 是多少？

(c) 对 $\{x_t\}$ 之后的 $t = 1, 2, \cdots, 500$ 的 200 个观察值进行模拟，其中 $\beta_0 = 1$、$\beta_1 = 0.1$ 和 $\beta_2 = 0.01$，并计算样本 ACF。绘制序列图和 ACF。与练习 5.13b 相比如何？

5.13 趋势和平稳性。

假设 x_t 是一个具有线性和二次趋势的时间序列，如练习 5.12 所示，

$$x_t = \beta_0 + \beta_1 t + \beta_2 t^2 + w_t, t = 1, 2, \cdots$$

其中 β_0、β_1 和 β_2 是常数，w_t 是方差为 σ^2 的白噪声。

令 $\{y_t\}$ 为 $\{x_t\}$ 的一阶差分过程：

$$y_t = \Delta(x_t) = x_t - x_{t-1}, t = 2, 3, \cdots$$

并令 $\{z_t\}$ 为 $\{x_t\}$ 的二阶差分过程：

$$z_t = \Delta^2(x_t) = y_t - y_{t-1}, t = 3, 4, \cdots$$

在回答以下问题时，请务必注意该问题涉及哪个序列。"x_t""y_t"和"z_t"看起来非常相似！

(a) $\{y_t\}$（弱）平稳吗？为什么？

(b) $\{z_t\}$ 是平稳的吗？为什么？

5.14 双变量过程。

对于联合平稳双变量过程 $\{(x_t, y_t)\}$，证明

$$\gamma_{xy}(h) = \gamma_{yx}(-h)$$

和

$$\rho_{xy}(h) = \rho_{yx}(-h)$$

5.15 收益率的 ACF 和 CCF。

获取 2017 年 1 月 1 日至 2017 年 12 月 31 日 MSFT 和 S&P 500 指数收盘价，并计算此期间的日对数收益率。

(a) 计算并绘制 MSFT 和 S&P 500 指数在此期间的收益率的 ACF。

(b) 检验 MSFT 收益率的 ACF 在所有滞后为 0 的假设。（统计检验不仅仅包括计算 p 值；陈述并解释结果。）

检验 S&P 500 指数收益率的 ACF 在所有滞后为 0 的假设。陈述并解释你的结果。在任何一种情况下都很少获得指导。在练习过程中需要做一些决策，这是练习的一部分。

(c) 计算并绘制 MSFT 和 S&P 500 指数在此期间的收益率的 CCF。

5.16 经济时间序列改变量的 CCF。

获取所有城市消费者的消费者价格指数（CPI）：2000 年 1 月 1 日至 2018 年 12 月 31 日的所有类别。这些月度数据（截至每月第一天）可从 FRED 以 `CPIAUCSL` 形式获得。计算此期间每月价格指数的简单

涨跌幅度。（第一个涨跌幅度是 2000 年 2 月 1 日；参见练习 A1.23。）

现在获取 2000 年 1 月 1 日至 2018 年 12 月 31 日美国每个月的 15 年期固定利率抵押贷款平均值。

每周数据（在周四公布）可从 FRED 以 MORTGAGE15US 形式获得。该序列包含四个值。"close" 是第四个变量（列）。为了把这些数据转换为与 CPI 数据大致相同的月度数据，我们取每个月最后一个星期四的数据作为下个月第一天的数据；因此，第一个"月度"数据日期是 1999 年 12 月最后一个星期四。计算这一时期的简单月度改变量。（第一个改变量对应于 2000 年 2 月 1 日。）另外，注意，这些改变量是百分数，因此为了使它们与 CPI 的涨跌幅度有可比性，我们都除以 100。

现在计算并绘制这两个月度涨跌幅度和改变量序列（从 2000 年 2 月 1 日到 2018 年 12 月 1 日）的 CCF。

5.17　MA(2) 模型的自协方差。

计算 MA(2) 模型的自协方差 $\gamma(h)$。

5.18　MA(2) 模型。

获取 1987 年 1 月至 2017 年 12 月 S&P 500 指数的日收盘价，并计算对数收益率。（这些数据如图 1.30 所示。）把 MA (2) 模型拟合到收益率中。

评论拟合和这种分析方法。ARMA 模型能否增加对股票收益率有意义的见解？

5.19　AR(1) 和 AR(2) 模型。

(a) 在 AR(1) 模型 $x_t = \phi_0 + \phi_1 x_{t-1} + w_t$，其中 $\phi_1 < 1$ 且 $E(x_t) = E(x_{t-1})$，证明：

$$E(x_t) = \frac{\phi_0}{1 - \phi_1}$$

(b) 在 AR(2) 模型 $x_t = \phi_0 + \phi_1 x_{t-1} + \phi_2 x_{t-2} + w_t$，有常数均值，$E(x_t) = E(x_{t-1}) = E(x_{t-2})$，只要 $\phi_1 + \phi_2 \neq 1$，证明：

$$E(x_t) = \frac{\phi_0}{1 - \phi_1 - \phi_2}$$

5.20　AR(2) 模型的特征根。

(a) 对于每对系数，写出特征多项式，计算判别式，求出特征根，并计算它们的模。

ⅰ. $\phi_1 = \sqrt{2}$；$\phi_2 = -1/2$

ⅱ. $\phi_1 = 9/8$；$\phi_2 = -1/4$

ⅲ. $\phi_1 = 1/4$；$\phi_2 = 1/2$

ⅳ. $\phi_1 = -1/2$；$\phi_2 = 3/4$

ⅴ. $\phi_1 = -1/2$；$\phi_2 = 1/2$

(b) 对于每对根，写出具有这些根的特征多项式，并写出具有给定根的特征多项式的 AR(2) 过程的系数。

ⅰ. 根 $z_1 = 2$ 和 $z_2 = 4$。

ⅱ. 根 $z_1 = 1 + 2i$ 和 $z_2 = 1 - 2i$。

5.21　AR(2) 模型的 ACF。

对于每对系数，确定达到指定滞后的 ACF 并评论结果。可能要使用 R 函数 ARMAacf。

(a) $\phi_1 = 2$；$\phi_2 = -1/2$；滞后期 15

(b) $\phi_1 = 9/8$；$\phi_2 = -1/4$；滞后期 15

(c) $\phi_1 = 1/4$；$\phi_2 = 1/2$；滞后期 15

(d) $\phi_1=-1/2$；$\phi_2=3/4$；滞后期 100

5.22 AR(2) 模型的 PACF。

(a) 对于 AR(2) 模型，证明式（5.129）中 $\phi(3,3)=0$。

(b) 对于 $\phi_1=\sqrt{2}$，$\phi_2=-1/2$ 的 AR(2) 模型，计算 PACF。可能要使用 R 函数 `ARMAacf`。

5.23 AR(2) 模型的 Yule-Walker 方程。

(a) 证明 Yule-Walker 方程（5.119）和（5.120）的解中，分母 $(\gamma(0))^2-(\gamma(1))^2$ 为正且小于 1。

(b) 假设对于某个过程，我们有 $\gamma(0)=2$、$\gamma(1)=0.5$ 和 $\gamma(2)=0.9$。如果该过程是 AR(2) 模型，那么 ϕ_1 和 ϕ_2 是多少？

(c) 给定一个带有 ϕ_1 和 ϕ_2 的 AR(2) 模型，如练习 5.23b 所示，滞后 1 到 5 的 ACF 是多少？可能要使用 R 函数 `ARMAacf`。

5.24 由 AR(2) 模型生成的数据。

前面一些练习涉及 AR(2) 过程的模型（理论）性质。在本练习中，使用来自 AR(2) 过程的模拟数据。数据可以按照 5.3.5 节中的讨论进行模拟。对于本练习的每个部分，从因果 AR(2) 模型生成 1 000 个观察值：

$$x_t=\sqrt{2}\,x_{t-1}-\frac{1}{2}x_{t-2}+w_t$$

其中 w_t 有一个标准化的 t 分布，自由度为 5，方差为 1（式（3.96））。

(a) 编写代码以生成指定的数据，并绘制时间序列图。

(b) 计算 15 期滞后的 ACF 和 PACF；与练习 5.21a 和练习 5.22b 进行比较。

(c) 使用 Yule-Walker 方程和样本 ACF 计算 ϕ_1 和 ϕ_2 的估计值。

(d) 使用最大似然估计 ϕ_1 和 ϕ_2（假设正态分布）。

5.25 ARMA 和 ARIMA 模型。

从图 5.13 中可以发现，具有不同系数值的 ARMA 模型看起来差别可能很小。然而，$d>0$ 的 ARIMA 模型通常是非平稳的。

(a) 使用高斯新息生成 ARIMA(2,1,2) 过程的 500 个值，并生成差分时间序列图。差分序列看起来是平稳的吗？

(b) 现在使用具有 AIC 和 BIC 的 `auto.arima` 拟合原始序列和差分序列。选择了哪些模型？

5.26 具有厚尾新息的 ARIMA 模型。

(a) 使用与生成图 5.13 所示序列相同的模型生成四组 ARIMA 数据，除了新息使用具有 5 个自由度的 t 分布。（这些模型与 5.3.10 节用于生成图 5.16 的模型相同。）

以类似图 5.13 的方式绘制四个序列，其中使用正态分布。评论你的图和图 5.13 的差异。

(b) 与练习 5.25a 一样，生成 ARIMA(2,1,2) 过程的 500 个值，除了新息使用具有 5 个自由度 t 分布。（这是练习 5.26a 生成的一个数据集合。）生成差分的时间序列图。差分序列看起来平稳吗？

(c) 现在使用带有 AIC 和 BIC 的 `auto.arima` 拟合原始序列和差分序列。选择了哪些模型？

(d) 使用"正确"模型拟合练习 5.25b 中生成的数据，并根据拟合模型计算残差。画出残差的两个 q-q 图，一个使用正态参考分布，另一个使用自由度为 5 的 t 分布。

5.27 带有 ARMA 误差的线性回归。

本练习是第 4 章练习 4.28 的继续，使用相同的数据，穆迪成熟的 Aaa 级公司债券的周收益率、3 个月期短期国债收益率、2 年期中期国债收益率、10 年期长期国债收益率，以及从 2008 年至 2018 年 30 年期国债收益率。使用 OLS，拟合穆迪成熟的 Aaa 级公司债券周收益率变化对 3 个月期短期国债、2 年期国债、10 年期国债和 30 年期国债的收益率周变化的线性回归。

对线性回归模型中误差的序列相关性直到滞后 3 都为 0 的原假设，进行 Durbin-Watson 检验。（这是练习 4.28c。）

讨论 Durbin-Watson 检验的结果。现在根据这些结果，使用 GLS 重新拟合线性回归模型。讨论结果。

5.28　带有 ARMA 误差的线性回归。

考虑美国国内生产总值（GDP）对与劳动力相关的其他一些经济指标的回归。

GDP 有多种衡量指标。我们使用 FRED 的 GDP 数据集，这是一个经季节调整的季度数据序列，始于 1947 年，由美国经济分析局维护。对于回归变量，使用

- 失业率：15—64 岁：在美国的所有人 LRUN64TTUSQ156S
- 平均周生产时间和非管理员工：制造业 AWHMAN
- 居民就业人口比率 EMRATIO
- 自然失业率（长期）NROU

可以在 FRED 网站获得有关这些数据序列的准确信息。

使用从 1987 年第一季度到 2018 年最后一个季度的所有季度数据。从 FRED 获得的数据是季度数据，除了 AWHMAN 和 EMRATIO 中月度数据必须转换为季度数据外。

（a）使用前面列出的所有四个回归变量，拟合 GDP 线性回归模型。

（b）根据练习 5.28a 的回归拟合，分析残差时间序列。

（c）根据练习 5.28b 对残差的分析，确定自相关结构，并使用广义最小二乘法拟合线性回归模型。

（d）假设 ARMA 过程存在高斯白噪声，使用最大似然把四个回归变量作为协变量来拟合 GDP 的 ARIMA 模型。

5.29　GARCH 模型。

获取 1978 年 1 月 1 日至 2017 年 12 月 31 日 S&P 500 指数的日对数收益率，并计算周对数收益率。（5.3.11 节使用了相同时期的日数据。）

（a）在这个时间序列中检验 ARCH 效应。

（b）使用 ARIMA(1,1,1)＋GARCH(1,1) 模型拟合 1978 年 1 月 1 日至 2017 年 12 月 31 日的 S&P 500 指数周对数收益率。（参见 S&P 例子。）

5.30　单位根。

（a）ⅰ．生成长度为 10 的随机游动，并对序列进行单位根的扩充 Dickey-Fuller 检验。

ⅱ．生成长度为 100 的随机游动，并对序列进行单位根的扩充 Dickey-Fuller 检验。

ⅲ．生成长度为 1 000 的随机游动，并对序列进行单位根的扩充 Dickey-Fuller 检验。

（b）确定根为 1.000 08 和 3.996 8 的 AR(2) 过程的系数（参见练习 5.20b 和前面的例子），并用该模型模拟长度为 500 的序列。并对序列进行单位根的扩充 Dickey-Fuller 检验。

5.31　单位根。

（a）获取 MSFT2007 年 1 月 1 日至 2007 年 12 月 31 日的日调整后收盘价。

ⅰ．对调整后的收盘价序列进行单位根的扩充 Dickey-Fuller 检验。

ⅱ．现在计算该时期的收益率，并对收益率序列进行单位根的扩充 Dickey-Fuller 检验。

（b）获取 MSFT2018 年 1 月 1 日至 2018 年 12 月 31 日的日调整后收盘价。

ⅰ．对调整后的收盘价序列进行单位根的扩充 Dickey-Fuller 检验。

ⅱ．现在计算该时期的收益率，并对收益率序列进行单位根的扩充 Dickey-Fuller 检验。

5.32　单位根；其他检验。

从 FRED 数据集 GDP（始于 1947 年）中获取经季节调整的美国国内生产总值（GDP）季度数据。检验 GDP 对数的单位根。

使用六种不同的检验方法：扩充 Dickey-Fuller、Elliott-Rothenberg-Stock、Kwiatkowski-Phillips-Schmidt-Shin（KPSS）、Phillips-Perron、Schmidt-Phillips 和 Zivot-Andrews。参见表 5.1。

5.33 协整。

模拟长度为 500 的随机游动 $\{z_t\}$。现在生成两个序列 $\{x_t\}$ 和 $\{y_t\}$，每个序列都服从带有加性白噪声的随机游动，一个方差为 $\sigma_1^2 = 1$，另一个方差为 $\sigma_2^2 = 9$。

对两个模拟序列进行 Phillips-Ouliaris 协整检验。

5.34 协整。

获取从 1999 年 1 月 4 日至今美元兑欧元的汇率和同期日元兑美元的汇率，并检验协整。结论是什么？进行讨论。

参考文献

Achelis, Steven B. (2001), *Technical Analysis from A to Z*, McGraw-Hill, New York.

Adler, Robert J.; Raisa Feldman; and Murad S. Taqqu (Editors) (1998), *A Practical Guide to Heavy Tails*, Birkhäuser, Boston.

Arnold, Barry C. (2008), Pareto and generalized Pareto distributions, in *Modeling Income Distributions and Lorenz Curves* (edited by Duangkamon Chotikapanich), Springer, New York, 119–146.

Azzalini, A. (1985), A class of distributions which includes the normal ones, *Scandinavian Journal of Statistics* **12**, 171-178.

Azzalini, Adelchi (2005). The skew-normal distribution and related multivariate families, *Scandinavian Journal of Statistics* **32**, 159-188.

Bacro, J. N., and M. Brito (1998), A tail bootstrap procedure for estimating the tail Pareto-index, *Journal of Statistical Planning and Inference* **71**, 245–260.

Belsley, David A.; Edwin Kuh; and Roy E. Welsch (1980), *Regression Diagnostics: Identifying Influential Data and Sources of Collinearity*, John Wiley & Sons, New York.

Berger, James O. (1993), *Statistical Decision Theory and Bayesian Analysis*, second edition, Springer, New York.

Berlinger, Edina; Ferenc Illés; Milán Badics; Ádám Banai; Gergely Daróczi; Barbara Dömötör; Gergely Gabler; Dániel Havran; Péter Juhász; István Margitai; Balázs Márkus; Péter Medvegyev; Julia Molnár; Balázs Árpád Szücs; and Ágnes Tuza; Tamás Vadász; Kata Váradi; Ágnes Vidovics-Dancs (2015), *Mastering R for Quantitative Finance*, Packt Publishing, Birmingham.

Box, George E. P.; Gwilym M. Jenkins; Gregory C. Reinsel; and Greta M. Ljung (2015), *Time Series Analysis: Forecasting and Control*, fifth edition, John Wiley & Sons, New York.

Burnham, Kenneth P., and David R. Anderson (2002), *Model Selection and Multimodel Inference: A Practical Information-Theoretic Approach*, second edition, Springer, New York.

Buthkhunthong, P.; A. Junchuay; I. Ongeera; T. Santiwipanont; and S. Sumetkijakan (2015), Local Kendalls tau, in *Econometrics of Risk. Studies in Computational Intelligence, volume 583* (edited by V. N. Huynh, V. Kreinovich, S. Sriboonchitta, and K. Suriya), Springer, Cham, 161–169.

CBOE (2019), "Cboe SKEW Index (SKEW)", URL `www.cboe.com/SKEW` (accessed December 1, 2019).

Chambers, John M. (2008), *Software for Data Analysis. Programming with R*, Springer, New York.

Chambers, John M. (2016), *Extending R*, Chapman & Hall / CRC Press, Boca Raton.

Chen, Ying, and Jun Lu (2012), Value at risk estimation, in *Handbook of Computational Finance* (edited by Jin-Chuan Duan, Wolfgang Härdle, and James E. Gentle), Springer, Berlin, 307–333.

Cherubini, Umberto; Sabrina Mulinacci; Fabio Gobbi; and Silvia Romagnoli (2012), *Dynamic Copula Methods in Finance*, John Wiley & Sons, New York.

Choi, In (2015), *Almost All About Unit Roots*, Cambridge University Press, Cambridge.

Chotikapanich, Duangkamon (Editor) (2008), *Modeling Income Distributions and Lorenz Curves*, Springer, New York.

Choudhry, Moorad (2004), *Analysing & Interpreting the Yield Curve*, John Wiley & Sons, New York.

Claeskens, Gerda, and Nils Lid Hjort (2008), *Model Selection and Model Averaging*, Cambridge University Press, Cambridge.

Cotton, Richard (2017), *Testing R Code*, Chapman & Hall / CRC Press, Boca Raton.

Cox, John C.; Stephen A.Ross; and Mark Rubinstein (1979), Option pricing: A simplified approach, *Journal of Financial Economics* **7**, 229–263.

Davidson, Russell, and James G. MacKinnon (2004), *Econometric Theory and Methods*, Oxford University Press, Oxford.

Drees, Holger; Laurens de Haan; and Sidney Resnick (2000), How to make a Hill plot, *Annals of Statistics* **28**, 254–274.

Duan, Jin-Chuan (1995), The garch option pricing model, *Mathematical Finance* **5**, 13–32.

Duan, Jin-Chuan; Wolfgang Härdle; and James E. Gentle (Editors) (2012), *Handbook of Computational Finance*, Springer, Berlin.

Durbin, J., and S. J. Koopman (2012), *Time Series Analysis by State Space Methods*, second edition, Oxford University Press, Oxford.

Eddelbuettel, Dirk (2013), *Seamless R and C++ Integration with Rcpp*, Springer, New York.

Efron, Bradley, and Robert J. Tibshirani (1993), *An Introduction to the Bootstrap*, Chapman & Hall / CRC Press, Boca Raton.

Ehrentreich, Norman (2008), *Agent-Based Modeling: The Santa Fe Institute Artificial Stock Market Model Revisited*, Springer, New York.

Engle, Robert F., and C. W. J. Granger (1987), Co-integration and error correction: representation, estimation, and testing, *Econometrica* **55**, 251–276.

Fama, Eugene F., and Richard Roll (1968), Some properties of symmetric stable distributions, *Journal of the American Statistical Association* **63**, 817-836.

Fama, Eugene F., and Richard Roll (1971), Parameter estimates for symmetric stable distributions, *Journal of the American Statistical Association* **66**, 331–338.

Fernandez, Carmen, and Mark F. J. Steel (1998). On Bayesian modeling of fat tails and skewness, *Journal of the American Statistical Association* **93**, 359-371.

Fischer, David Hackett (1996), *The Great Wave. Price Revolutions and the Rhythm of History*, Oxford University Press, New York.

Fisher, Mark; Douglas Nychka; and David Zervos (1995), Fitting the term structure of interest rates with smoothing splines, Working Paper No. 95-1, *Finance and Economics Discussion Series*, Federal Reserve Board.

Fouque, Jean-Pierre; George Papanicolaou; and Ronnie Sircar (2000), *Derivatives in Financial Markets with Stochastic Volatility*, Cambridge University Press, Cambridge.

Fouque, Jean-Pierre; George Papanicolaou; Ronnie Sircar; and Knut Sølna (2011), *Multiscale Stochastic Volatility for Equity, Interest Rate, and Credit Derivatives*, Cambridge University Press, Cambridge.

Fox, John, and Sanford Weisberg (2018), *An R Companion to Applied Regression*, third edition, Sage Publications, Inc., Washington.

Fraser, Steve (2005), *Every Man a Speculator. A History of Wall Street in American Life*, HarperCollins Publishers, New York.

Fridson, Martin S. (1998), *It Was a Very Good Year. Extraordinary Moments in Stock Market History*, John Wiley & Sons, New York.

Friedman, Jerome H.; Trevor Hastie; and Rob Tibshirani (2010), Regularization paths for generalized linear models via coordinate descent, *Journal of Statistical Software* **33**(1), doi: 10.18637/jss.v033.i01.

Fuller, Wayne A. (1995), *Introduction to Statistical Time Series*, second edition, John Wiley & Sons, New York.

Galbraith, John Kenneth (1955) *The Great Crash 1929*, Houghton Mifflin, Boston. (Revised edition, 2007, Mariner Books, Boston.)

Gentle, James E. (2003), *Random Number Generation and Monte Carlo Methods*, second edition, Springer, New York.

Gentle, James E. (2009), *Computational Statistics*, Springer, New York.

Gentle, James E. (2017), *Matrix Algebra. Theory, Computations, and Applications in Statistics*, Springer, New York.

Gentle, James E. (2019), *Theory of Statistics*,
`mason.gmu.edu/~jgentle/books/MathStat.pdf`

Gilleland, Eric; Mathieu Ribatet; and Alec G. Stephenson (2013), A software review for extreme value analysis, *Extremes* **16**, 103-119.

Glasserman, Paul (2004), *Monte Carlo Methods in Financial Engineering*, Springer, New York.

Glosten, Lawrence R.; Ravi Jagannathan; and David E. Runkle (1993), On the relation between the expected value and the volatility of the nominal excess return on stocks, *The Journal of Finance* **48**, 1779–1801.

Gordon, John Steele (1999), *The Great Game. The Emergence of Wall Street as a World Power 1653–2000*, Scribner, New York.

Granger, C. W. J., and Roselyne Joyeux (1980), An introduction to long-memory time series models and fractional differencing, *Journal of Time Series Analysis* **1**, 15-30.

Griva, Igor; Stephen G. Nash; and Ariela Sofer (2009), *Linear and Nonlinear Optimization*, second edition, Society for Industrial and Applied Mathematics, Philadelphia.

Harrell, Frank E., Jr. (2015), *Regression Modeling Strategies: With Applications to Linear Models, Logistic and Ordinal Regression, and Survival Analysis*, second edition, Springer, New York.

Haug, Espen Gaarder (2007), *The Complete Guide to Option Pricing Formulas*, second edition, McGraw-Hill Education, New York.

Hastie, Trevor; Robert Tibshirani; and Jerome Friedman (2009), *The Elements of Statistical Learning. Data Mining, Inference, and Prediction*, second edition, Springer, New York.

Helske, Jouni (2017), KFAS: Exponential family state space models in R, *Journal of Statistical Software* **78**(10), doi: 10.18637/jss.v078.i10.

Herranz, Edward (2017), Unit root tests, *WIREs Computational Statistics*, **9**:e1396. doi: 10.1002/WICS.1396

Hill, Bruce M. (1975), A simple general approach to inference about the tail of a distribution, *Annals of Statistics* **3**, 1163–1174.

Hull, John C. (2015) *Risk Management and Financial Institutions*, fourth edition, John Wiley & Sons, Inc., Hoboken.

Hull, John C. (2017) *Options, Futures, and Other Derivatives*, tenth edition, Pearson, New York.

Hyndman, Rob J., and Yeasmin Khandakar (2008), Automatic time series forecasting: The forecast package for R, *Journal of Statistical Software* **26**(3), doi 10.18637/jss.v027.i03.

James, Gareth; Daniela Witten; Trevor Hastie; and Robert Tibshirani (2013), *An Introduction to Statistical Learning with Applications in R*, Springer, New York.

Joanes, D. N., and C. A. Gill (1998), Comparing measures of sample skewness and kurtosis, *Journal of the Royal Statistical Society (Series D): The Statistician* **47**, 183–189.

Jobson, J. D., and B. Korkie (1980), Estimation for Markowitz efficient portfolios, *Journal of the American Statistical Association* **75**, 544–554.

Joe, Harry (2015), *Dependence Modeling with Copulas*, Chapman & Hall / CRC Press, Boca Raton.

Jondeau, Eric; Ser-Huang Poon; and Michael Rockinger (2007), *Financial Modeling Under Non-Gaussian Distributions*, Springer, New York.

Jones, M. C. (1996), The local dependence function, *Biometrika* **83**, 899-904.

Jorion, Philippe (2006), *Value at Risk: The New Benchmark for Managing Financial Risk*, third edition, McGraw-Hill Education, New York.

Karian, Zaven A., and Edward J. Dudewicz (2000), *Fitting Statistical Distributions: The Generalized Lambda Distribution and Generalized Bootstrap Methods*, Chapman & Hall / CRC Press, Boca Raton.

Keen, Kevin J. (2018), *Graphics for Statistics and Data Analysis with R*, second edition, Chapman & Hall / CRC Press, Boca Raton.

Kindleberger, Charles P., and Robert Aliber (2011), *Manias, Panics, and Crashes. A History of Financial Crashes*, sixth edition, John Wiley & Sons, Inc., Hoboken.

Kleiber, Christian (2008), A guide to the Dagum distributions, in *Modeling Income Distributions and Lorenz Curves* (edited by Duangkamon Chotikapanich), Springer, New York, 97–118.

Knight, Frank (1921), *Risk, Uncertainty, and Profit*, Hart, Schaffner & Marx, Boston.

Krishnamoorthy, K. (2015), *Handbook of Statistical Distributions with Applications*, second edition, Chapman & Hall / CRC Press, Boca Raton.

Kruschke, John K. (2015), *Doing Bayesian Data Analysis. A Tutorial with R, JAGS, and Stan*, second edition, Academic Press / Elsevier, Cambridge, Massachusetts.

Kutner, Michael; Christopher Nachtsheim; John Neter; and William Li (2004), *Applied Linear Statistical Models*, fifth edition, McGraw-Hill/Irwin, New York.

Lahiri, S. N. (2003), *Resampling Methods for Dependent Data*, Springer, New York.

Leemis, Lawrence M., and Jacquelyn T. McQueston (2008), Univariate distribution relationships, *The American Statistician*, **62**, 45–53.

Lehalle, Charles-Albert, and Sophie Laruelle (2013), *Market Microstructure in Practice*, World Scientific Publishing Company, Singapore.

Lo, Andrew W., and A. Craig MacKinlay (1999), *A Non-Random Walk Down Wall Street*, Princeton University Press, Princeton.

Lütkepohl, Helmut (2007), *New Introduction to Multiple Time Series Analysis* Springer, New York.

Maddala, G. S., and In-Moo Kim (1998), *Unit Roots, Cointegration, and Structural Change*, Cambridge University Press, Cambridge.

Malkiel, Burton G. (1999), *A Random Walk Down Wall Street*, revised edition, W. W. Norton and Company Inc., New York.

Mandelbrot, Benoit B., and Richard L. Hudson (2004), *The (mis)Behavior of Markets. A Fractal view of Risk, Ruin, and Reward*, Basic Books, New York.

Markowitz, H. M. (1952), Portfolio selection, *Journal of Finance* **7**, 77–91.

McMillan, Lawrence G. (2012), *Options as a Strategic Investment*, fifth edition, Prentice Hall Press, Upper Saddle River, NJ.

McNeil, Alexander; Rüdiger Frey; and Paul Embrechts (2015), *Quantitative Risk Management: Concepts, Techniques and Tools*, revised edition, Princeton University Press, Princeton.

Michaud, Richard O. (1989), The Markowitz optimization enigma: Is "optimized" optimal? *Financial Analysts Journal* **45**, 31–42.

Murrell, Paul (2018), *R Graphics*, third edition, Chapman & Hall / CRC Press, Boca Raton.

Nelson, Charles R., and Andrew F. Siegel (1987), Parsimonious modeling of yield curves, *Journal of Business* **60**, 473-489.

Niederreiter, Harald (2012), Low-Discrepancy Simulation, in *Handbook of Computational Finance* (edited by Jin-Chuan Duan, Wolfgang Härdle, and James E. Gentle), Springer, Berlin, 703–730.

Nolan, Deborah, and Duncan Temple Lang (2014), *XML and Web Technologies for Data Science with R*, Springer, New York.

Nolan, John P. (1997), Numerical calculation of stable densities and distribution functions, *Communications in Statistics: Stochastic Models* **13**, 759-774.

Novak, Serguei Y. (2012), *Extreme Value Methods with Applications to Finance*, CRC Press, Boca Raton.

O'Hagan, A., and Tom Leonard (1976), Bayes estimation subject to uncertainty about parameter constraints, *Biometrika* **63**, 201–203.

Okhrin, Ostap (2012), Fitting high-dimensional copulae to data, in *Handbook of Computational Finance* (edited by Jin-Chuan Duan, Wolfgang Härdle, and James E. Gentle), Springer, Berlin, 469–501.

Pinheiro, Jose, and Douglas M. Bates (2009), *Mixed-effects Models in S and S-PLUS*, Springer, New York.

Perlin, Marcelo S. (2017), *Processing and Analyzing Financial Data with R*, Independently Published, ISBN: 978-85-922435-5-5.

Petitt, Barbara S.; Jerald E. Pinto; and Wendy L. Pirie (2015), *Fixed Income Analysis*, third edition, John Wiley & Sons, Inc., Hoboken.

Pfaff, Bernhard (2008), *Analysis of Integrated and Cointegrated Time Series with R*, Springer, New York.

Pictet, Olivier V.; Michel M. Dacorogna; and Ulrich A. Müller (1998), Hill, bootstrap and jackknife estimators for heavy tails, in *A Practical Guide to Heavy Tails* (edited by Robert J. Adler, Raisa Feldman, and Murad S. Taqqu), Birkhäuser, Boston, 283–310.

Politis, Dimitris N. (2002), A new approach on estimation of the tail index, *Comptes Rendus Mathematique* **335**, 279–282.

R Core Team (2019), *R: A language and environment for statistical computing*, R Foundation for Statistical Computing, Vienna, Austria. URL www.R-project.org/.

Ramberg, John S., and Bruce W. Schmeiser (1974), An approximate method for generating asymmetric random variables, *Communications of the ACM* **17**, 78–82.

Reiss, Rolf-Dieter, and Michael Thomas (2007), *Statistical Analysis of Extreme Values with Applications to Insurance, Finance, Hydrology and Other Fields*, third edition, Birkhäuser, Boston.

Royall, Richard (1997), *Statistical Evidence: A Likelihood Paradigm*, Chapman & Hall / CRC Press, Boca Raton.

Scott, David W. (2015), *Multivariate Density Estimation: Theory, Practice, and Visualization*, second edition, John Wiley & Sons, Inc., Hoboken.

Sharpe, W. F. (1966), Mutual fund performance, *Journal of Business* **39**, 119–138.

Sharpe, William F.; Gordon J. Alexander; and Jeffrey W. Bailey (1999), *Investments*, sixth edition, Prentice-Hall, Upper Saddle River, NJ.

Sheather, Simon J. (2009), *A Modern Approach to Regression with R*, Springer, New York.

Sims, Christopher A. (1988), Bayesian skepticism on unit root econometrics, *Journal of Economic Dynamics and Control* **12**, 463–474.

Smithers, Andrew (2009), *Wall Street Revalued: Imperfect Markets and Inept Central Bankers*, John Wiley & Sons, Inc., Hoboken.

Stuart, Alan, and J. Keith Ord (1994), *Kendall's Advanced Theory of Statistics: Volume 1: Distribution Theory*, sixth edition, Hodder Education Publishers, London.

Svensson, Lars (1994), *Estimating and Interpreting Forward Interest Rates: Sweden 1992 – 1994*, Working Paper No. 4871, National Bureau of Economic Research

Taleb, Nassim Nicholas (2010), *The Black Swan: The Impact of the Highly Improbable*, second edition, Random House, New York.

Taveras, John L. (2016), *R for Excel Users: An Introduction to R for Excel Analysts*, CreateSpace Independent Publishing Platform.

Thaler, Richard H. (2015), *Misbehaving. The Making of Behavioral Economics*, W. W. Norton and Company Inc., New York.

Tsay, Ruey S. (2010), *Analysis of Financial Time Series*, third edition, John Wiley & Sons, Inc., Hoboken.

Tukey, John W. (1962), The future of data analysis, *Annals of Mathematical Statistics* **33**, 1–67.

Vidyamurthy, Ganapathy (2004), *Pairs Trading. Quantitative Methods and Analysis*, John Wiley & Sons, Inc., Hoboken.

Wang, Yuedong (2012), Model Selection, in *Handbook of Computational Statistics: Concepts and Methods*, second revised and updated edition, (edited by James E. Gentle, Wolfgang Härdle, and Yuichi Mori), Springer, Berlin, 469–497.

Wasserstein, Ronald L.; Allen L. Schirm; and Nicole A. Lazar (2019), Moving to a world beyond "$p < 0.05$", *The American Statistician* **73**, 1–19.

Wickham, Hadley (2019), *Advanced R*, second edition, Chapman & Hall / CRC Press, Boca Raton.

Wickham, Hadley (2016), *ggplot2. Elegant Graphics for Data Analysis*, second edition, Springer, New York.

Wilder, J. Welles, Jr. (1978), *New Concepts in Technical Trading Systems* Trend Research.

Wiley, Matt, and Joshua F. Wiley (2016), *Advanced R: Data Programming and the Cloud*, Apress, New York.

Williams, John Burr (1938), *The Theory of Investment Value*, North Holland, Amsterdam.

推荐阅读

计算贝叶斯统计导论
ISBN：978-7-111-72106-2

高维统计学：非渐近视角
ISBN：978-7-111-71676-1

最优化模型：线性代数模型、凸优化模型及应用
ISBN：978-7-111-70405-8

统计推断：面向工程和数据科学
ISBN：978-7-111-71320-3

概率与统计：面向计算机专业（原书第3版）
ISBN：978-7-111-71635-8

概率论基础教程（原书第10版）
ISBN：978-7-111-69856-2